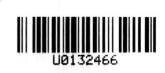

故宮

博物院藏文物珍品全集

故宮博物院藏文物珍品全集

晉唐五代書法

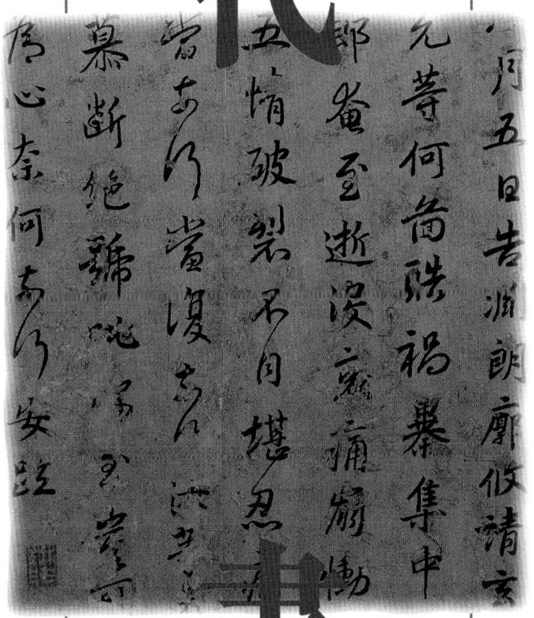

主編：施安昌

商務印書館

晉唐五代書法

Calligraphy of the Jin, Tang and Five Dynasties

故宮博物院藏文物珍品全集

The Complete Collection of Treasures of the Palace Museum

主　編……………………施安昌
副主編……………………華　寧
編　委……………………李艷霞
攝　影……………………馮　輝

出版人……………………陳萬雄
編輯顧問……………………吳　空
責任編輯……………………段國強
設　計……………………張婉儀
出　版……………………商務印書館（香港）有限公司
香港筲箕灣耀興道 3 號東滙廣場 8 樓
http://www.commercialpress.com.hk
發　行……………………香港聯合書刊物流有限公司
香港新界大埔汀麗路 36 號中華商務印刷大廈 3 字樓
製　版……………………中華商務彩色印刷有限公司
香港新界大埔汀麗路 36 號中華商務印刷大廈
印　刷……………………中華商務彩色印刷有限公司
香港新界大埔汀麗路 36 號中華商務印刷大廈
版　次……………………2009 年 12 月第 2 次印刷

ISBN 978 962 07 5324 4

All inquiries should be directed to:
The Commercial Press (Hong Kong) Ltd.
8/F., Eastern Central Plaza, 3 Yiu Hing Road, Shau Kei Wan, Hong Kong.

故宮博物院藏文物珍品全集

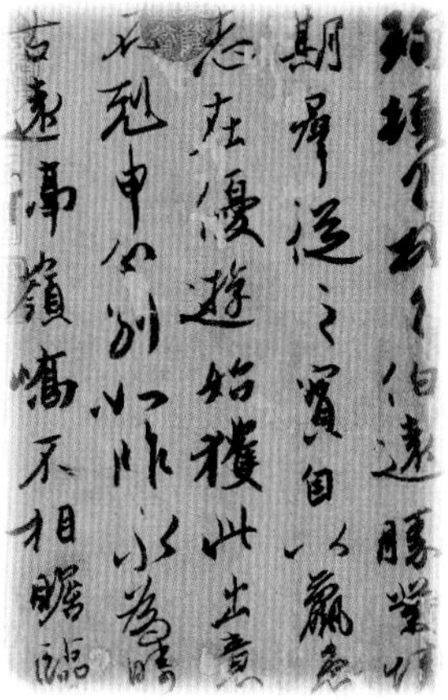

總序

楊新

故宮博物院是在明、清兩代皇宮的基礎上建立起來的國家博物館，位於北京市中心，佔地72萬平方米，收藏文物近百萬件。

公元1406年，明代永樂皇帝朱棣下詔將北平升為北京，翌年即在元代舊宮的基址上，開始大規模營造新的宮殿。公元1420年宮殿落成，稱紫禁城，正式遷都北京。公元1644年，清王朝取代明帝國統治，仍建都北京，居住在紫禁城內。按古老的禮制，紫禁城內分前朝、後寢兩大部分。前朝包括太和、中和、保和三大殿，輔以文華、武英兩殿。後寢包括乾清、交泰、坤寧三宮及東、西六宮等，總稱內廷。明、清兩代，從永樂皇帝朱棣至末代皇帝溥儀，共有24位皇帝及其后妃都居住在這裏。1911年孫中山領導的“辛亥革命”，推翻了清王朝統治，結束了兩千餘年的封建帝制。1914年，北洋政府將瀋陽故宮和承德避暑山莊的部分文物移來，在紫禁城內前朝部分成立古物陳列所。1924年，溥儀被逐出內廷，紫禁城後半部分於1925年建成故宮博物院。

歷代以來，皇帝們都自稱為“天子”。“普天之下，莫非王土；率土之濱，莫非王臣”（《詩經．小雅．北山》），他們把全國的土地和人民視作自己的財產。因此在宮廷內，不但匯集了從全國各地進貢來的各種歷史文化藝術精品和奇珍異寶，而且也集中了全國最優秀的藝術家和匠師，創造新的文化藝術品。中間雖屢經改朝換代，宮廷中的收藏損失無法估計，但是，由於中國的國土遼闊，歷史悠久，人民富於創造，文物散而復聚。清代繼承明代宮廷遺產，到乾隆時期，宮廷中收藏之富，超過了以往任何時代。到清代末年，英法聯軍、八國聯軍兩度侵入北京，橫燒劫掠，文物損失散佚殆不少。溥儀居內廷時，以賞賜、送禮等名義將文物盜出宮外，手下人亦效其尤，至1923年中正殿大火，清宮文物再次遭到嚴重損失。儘管如此，清宮的收藏仍然可觀。在故宮博物院籌備建立時，由“辦理清室善後委員會”對其所藏進行了清點，事竣後整理刊印出《故宮物品點查報告》共六編28冊，計有文物117萬餘件（套）。1947年底，古物陳列所併入故宮博物院，其文物同時亦歸故宮博物院收藏管理。

二次大戰期間，為了保護故宮文物不至遭到日本侵略者的掠奪和戰火的毀滅，故宮博物院從大量的藏品中檢選出器物、書畫、圖書、檔案共計13427箱又64包，分五批運至上海和南京，後又輾轉流散到川、黔各地。抗日戰爭勝利以後，文物復又運回南京。隨着國內政治形勢的變化，在南京的文物又有2972箱於1948年底至1949年被運往台灣，50年代南京文物大部分運返北京，尚有2211箱至今仍存放在故宮博物院於南京建造的庫房中。

中華人民共和國成立以後，故宮博物院的體制有所變化，根據當時上級的有關指令，原宮廷中收藏圖書中的一部分，被調撥到北京圖書館，而檔案文獻，則另成立了"中國第一歷史檔案館"負責收藏保管。

50至60年代，故宮博物院對北京本院的文物重新進行了清理核對，按新的觀念，把過去劃分"器物"和書畫類的才被編入文物的範疇，凡屬於清宮舊藏的，均給予"故"字編號，計有711338件，其中從過去未被登記的"物品"堆中發現1200餘件。作為國家最大博物館，故宮博物院肩負有蒐藏保護流散在社會上珍貴文物的責任。1949年以後，通過收購、調撥、交換和接受捐贈等渠道以豐富館藏。凡屬新入藏的，均給予"新"字編號，截至1994年底，計有222920件。

這近百萬件文物，蘊藏着中華民族文化藝術極其豐富的史料。其遠自原始社會、商、周、秦、漢，經魏、晉、南北朝、隋、唐，歷五代兩宋、元、明，而至於清代和近世。歷朝歷代，均有佳品，從未有間斷。其文物品類，一應俱有，有青銅、玉器、陶瓷、碑刻造像、法書名畫、印璽、漆器、琺瑯、絲織刺繡、竹木牙骨雕刻、金銀器皿、文房珍玩、鐘錶、珠翠首飾、家具以及其他歷史文物等等。每一品種，又自成歷史系列。可以說這是一座巨大的東方文化藝術寶庫，不但集中反映了中華民族數千年文化藝術的歷史發展，凝聚着中國人民巨大的精神力量，同時它也是人類文明進步不可缺少的組成元素。

開發這座寶庫，弘揚民族文化傳統，為社會提供了解和研究這一傳統的可信史料，是故宮博物院的重要任務之一。過去我院曾經通過編輯出版各種圖書、畫冊、刊物，為提供這方面資料作了不少工作，在社會上產生了廣泛的影響，對於推動各科學術的深入研究起到了良好的作用。但是，一種全面而系統地介紹故宮文物以一窺全豹的出版物，由於種種原因，尚未來得及進行。今天，隨着社會的物質生活的提高，和中外文化交流的頻繁往來，無論是中國還是西方，人們越來越多地注意到故宮。學者專家們，無論是專門研究中國的文化歷史，還是從事於東、西方文化的對比研究，也都希望從故宮的藏品中發掘資料，以探索人類文明發展的奧秘。因此，我們決定與香港商務印書館共同努力，合作出版一套全面系統地反映故宮文物收藏的大型圖冊。

要想無一遺漏將近百萬件文物全都出版，我想在近數十年內是不可能的。因此我們在考慮到社會需要的同時，不能不採取精選的辦法，百裏挑一，將那些最具典型和代表性的文物集中起來，約有一萬二千餘件，分成六十卷出版，故名《故宮博物院藏文物珍品全集》。這需要八至十年時間才能完成，可以說是一項跨世紀的工程。六十卷的體例，我們採取按文物分類的方法進行編排，但是不囿於這一方法。例如其中一些與宮廷歷史、典章制度及日常生活有直接關係的文物，則採用特定主題的編輯方法。這部分是最具有宮廷特色的文物，以往常被人們所忽視，而在學術研究深入發展的今天，卻越來越顯示出其重要歷史價值。另外，對某一類數量較多的文物，例如繪畫和陶瓷，則採用每一卷或幾卷具有相對獨立和完整的編排方法，以便於讀者的需要和選購。

如此浩大的工程，其任務是艱巨的。為此我們動員了全院的文物研究者一道工作。由院內老一輩專家和聘請院外若干著名學者為顧問作指導，使這套大型圖冊的科學性、資料性和觀賞性相結合得盡可能地完善完美。但是，由於我們的力量有限，主要任務由中、青年人承擔，其中的錯誤和不足在所難免，因此當我們剛剛開始進行這一工作時，誠懇地希望得到各方面的批評指正和建設性意見，使以後的各卷，能達到更理想之目的。

感謝香港商務印書館的忠誠合作！感謝所有支持和鼓勵我們進行這一事業的人們！

1995年8月30日於燈下

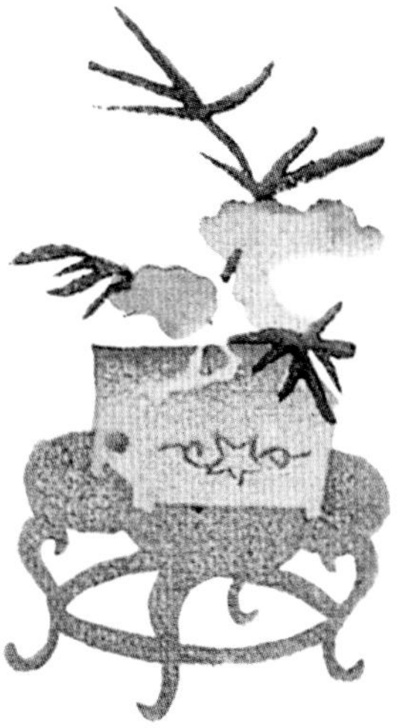

目錄

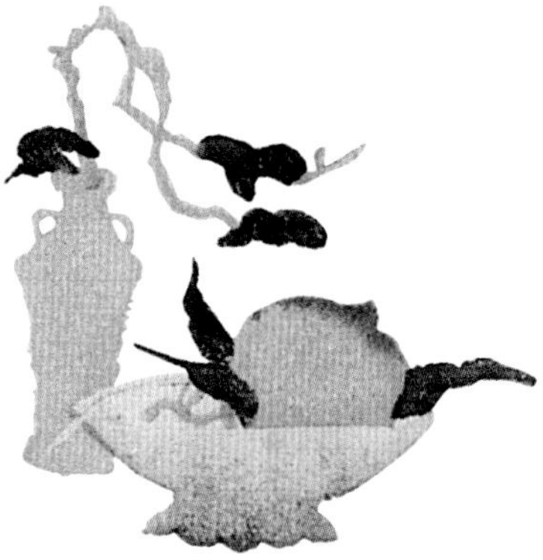

文物目錄

傳世法帖

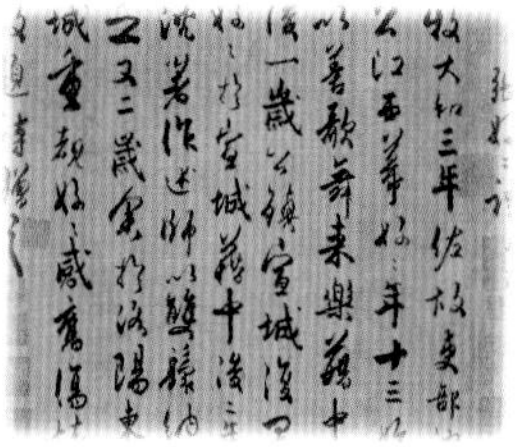

寫經、寫本

高昌磚

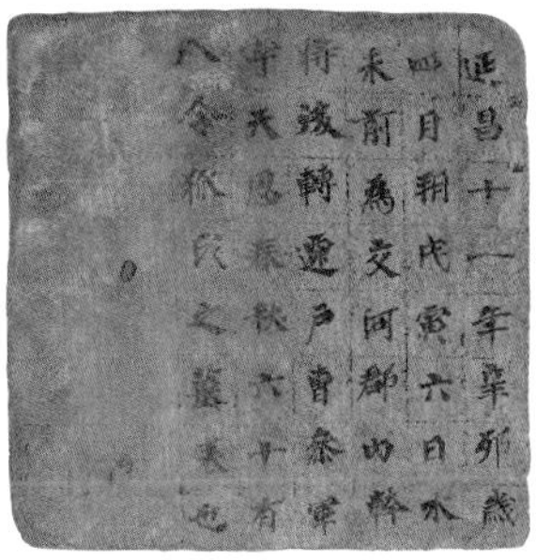

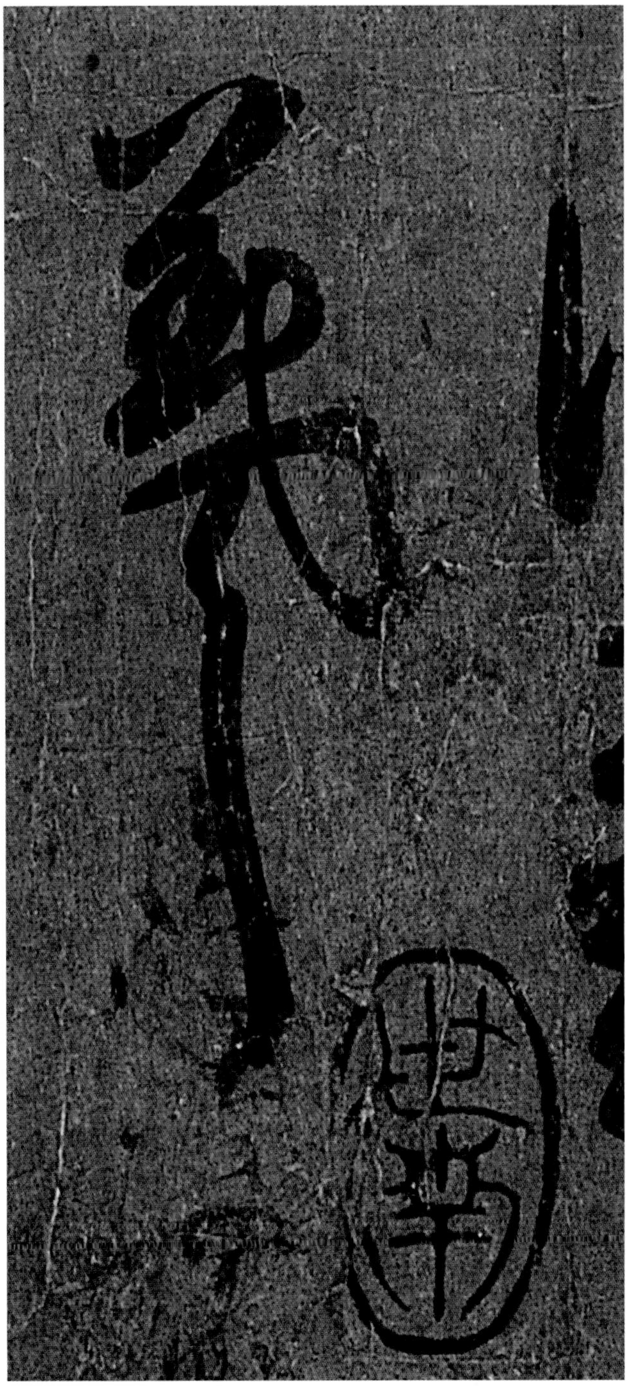

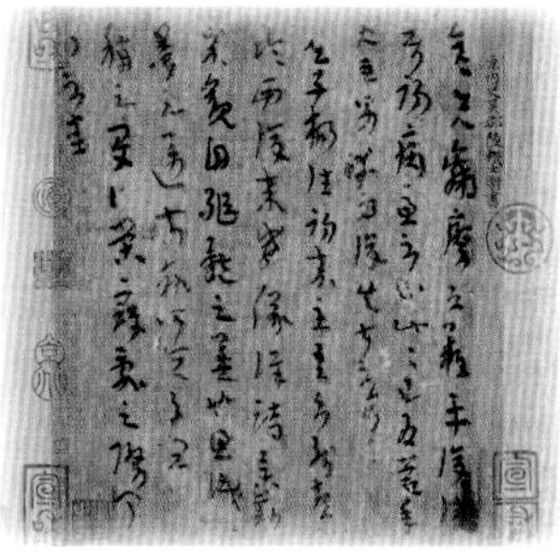

導言

晉唐五代書法

施安昌
華寧

故宮博物院收藏的晉唐五代書法作品包括名家法帖、敦煌寫經和高昌磚三部分，可代表這時期書法藝術的主要成就。

晉唐名家法帖

故宮博物院典藏的晉唐五代法書，在書法史研究上有着重要的地位。這些名家法書能夠傳世至今，有賴於歷代公私藏家的不懈積累和謹慎呵護。它們承載着千年歷史變遷的印記，其聚散分合記錄着人世滄桑。

本世紀初，清代末帝退位前後，庋藏於宮廷的大批歷代名品流散而出，其中也包括素有“三希”盛名的王獻之《中秋帖》和王珣《伯遠帖》。二帖流出宮後，輾轉歸古董商郭世五，郭遂在《伯遠帖》上鈐“郭氏觶齋祕笈”印。1949年其子郭昭俊在香港借款，將二帖抵押給銀行。1951年借款到期，郭家無力贖出。在此情勢下，中國政府決定購回。至今，故宮博物院檔案中還保存着1951年11月8日由總理周恩來批覆此事的電報抄文。與二帖相比，陸機《平復帖》的回歸更為漫長曲折。此帖原存清乾隆內府，乾隆四十三年（1777）從宮中賜出後在王孫國戚手中遞傳了160年。1937年，帖的主人溥儒為籌集喪費將其待價而沽，經傅增湘等從中斡旋，著名收藏家張伯駒以巨金易此寶翰。1956年張氏夫婦將《平復帖》無償捐獻給國家，同時捐獻的還有李白《上陽台帖》、杜牧《張好好詩》等鉅迹。其它如謝安《中郎帖》、王羲之《雨後帖》、楊凝式《夏熱帖》等也陸續收回充實原藏，故宮晉唐五代法書遂成大觀。

本卷將故宮博物院藏晉唐五代名家法帖全部收入。目前所知存世兩晉法書作品（包括唐宋臨摹本）約二十餘件，故宮存六件，代表着由古風向今體轉型的書勢。唐、五代藏品又可分為兩類：一類是書家名作，像歐、虞、褚、顏、柳、楊凝式等作品，有十一件；三卷臨摹本“蘭亭”，各有千秋。另一類是詩人書迹，李白《上陽台帖》和杜牧《張好好詩》，皆為詩書合璧之作。

（一）西晉與東晉

談到兩晉書法，首推陸機《平復帖》（圖1），此乃年代最早並且真實可信的名家法帖，是書史研究不可缺少的作品，歷代著錄，評價甚高，可謂眾口一詞。但論及其書體，則仁智互見，有“章草”、“非章草”、“存篆法”三說。拿《平復帖》與傳世章草作品如皇象《急就章》（附圖一）、索靖《出師頌》、《月儀帖》相對照，可以看出兩者結體頗有差異，很難將其歸入章草體。那麼，對《平復帖》應如何認識呢？魏晉時期的書體大致分為隸書、章草書、早期行書、今草書、楷書以及介於隸書和楷書之間的“新隸體”，從新疆羅布泊古樓蘭遺址及西北其他古代遺址出土的簡牘、文書、寫經中都可真切見到，這也是我們認識《平復帖》的可靠依據。如《十二月等字殘紙》、《書不得等字簡》（附圖二）、《小人董奔等字殘紙》等，其字形均與《平復帖》相類。其特點是字與字不相牽連引帶，但筆斷意連，禿筆中鋒直下，較少頓挫而多圓轉隨意性，不帶燕尾。晉代書論評漢晉書家十之八九善“隸草”、“隸藁”應指這類，也就是隸書的率意、簡省、快速的書寫形式。樓蘭簡紙文字是魏晉時期日常所用文字，其中有不少字與《平復帖》毫無二致，可以互證，因此，其在文字演變史研究上的地位亦不可低估。古人未能見樓蘭諸帖，面對《平復帖》洞心駭目，驚曰“高古”，“奇古”，使其成為後世書家孜孜以求而又難以企及的崇高境界。

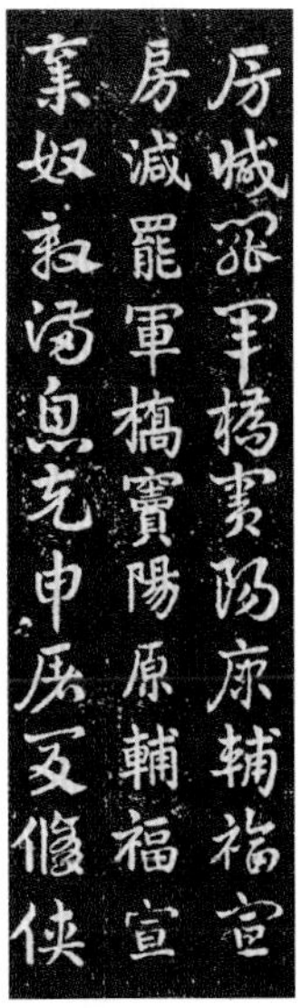

附圖一　皇象《急就章》

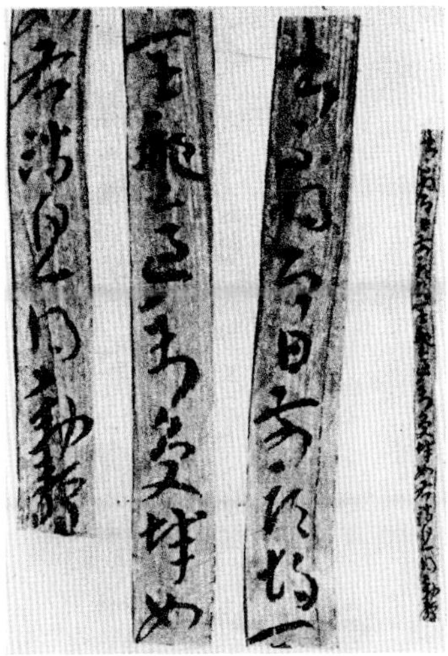

附圖二　《書不得等字簡》

進入東晉以後，隨着筆墨技巧的日臻完善，今草和行書逐漸盛行和成熟起來。以王羲之、王獻之父子為代表的新穎姿媚的風格，脱去了隸意，更多地融入楷書技法。

其實，王羲之學書之初也是由隸書着手，師法張芝、鍾繇，隨叔父王廙學習隸、草、飛白諸體。《晉書．王羲之傳》云：“羲之書初不勝庾翼、郗愔，及其暮年方妙。”梁陶弘景《論書啟》也說：“逸少自吳興以前諸書，猶為未稱，凡厥好迹，皆是向在會稽時永和十許年中者。”從被認為是他早期作品的《姨母帖》（附圖三）中可見其筆畫短促而較少變化，結字疏朗，風格

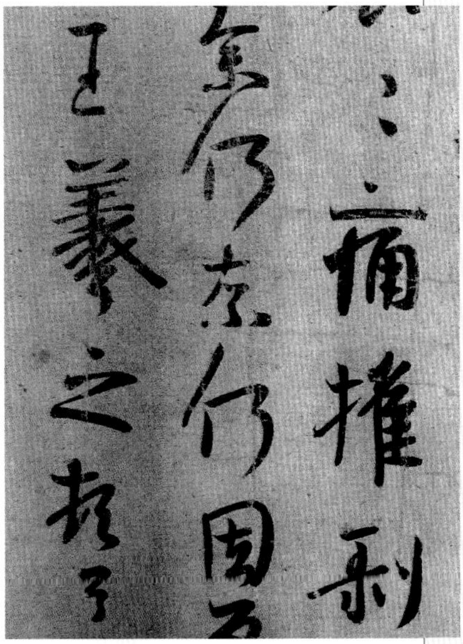

附圖三　《姨母帖》

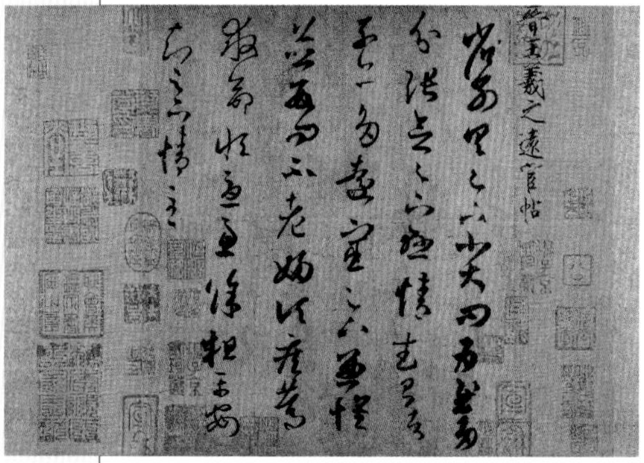

附圖四　《遠宧帖》

質樸，與樓蘭文書中晉人殘紙行書頗多相近。《遠宧帖》（附圖四）筆致轉折多姿，部分筆法保存章草遺意。而後兼撮眾法，脫盡隸意，變質為妍，突破鍾書籠罩而創新格，形成自家體式。從現存唐搨王羲之諸帖如《初月帖》、《頻有哀禍、孔侍中帖》、《喪亂、二謝、得示帖》、《平安、何如、奉橘帖》、《快雪時晴帖》等作品中，我們可欣賞到羲之書體與筆法的變化多姿和書風的妍美韻致。《蘭亭序》歷來被視為王羲之生平傑作，久已成為法書的冠冕，故宮收藏三件唐人臨摹本，即虞世南摹《蘭亭序帖》（圖 8）、馮承素摹《蘭亭序帖》（圖 7）、褚遂良臨《蘭亭序帖》（圖 9），應是眾多傳本中最忠實於原作的。

“右軍肇變古質”（唐李嗣真《書後品》），突破舊風創新體，將書法帶進技巧華美的境界，而獻之猶嫌不足，遂變右軍法為今體，字畫秀媚，妙絕時倫。他順應追求妍美的時尚趣味，發展了王羲之的新體，創造出一種介乎行、草之間的書體，即“非草非行，流便於草，開張於行，草又處其間”（唐張懷瓘《書議》）。父子二人相比，羲之書含蓄平和，以內涵風骨為美；獻之書灑脫豪邁，以開張奇麗為美，對形式美的追求更甚於其父。從獻之傳世作品《鴨頭丸帖》、《十二月帖》、《鵝羣帖》、《地黃湯帖》（附圖五）到本卷收入的《中秋帖》（圖 5）、《東山松帖》（圖 4），都有助於考索王獻之在書法史上的深刻影響。

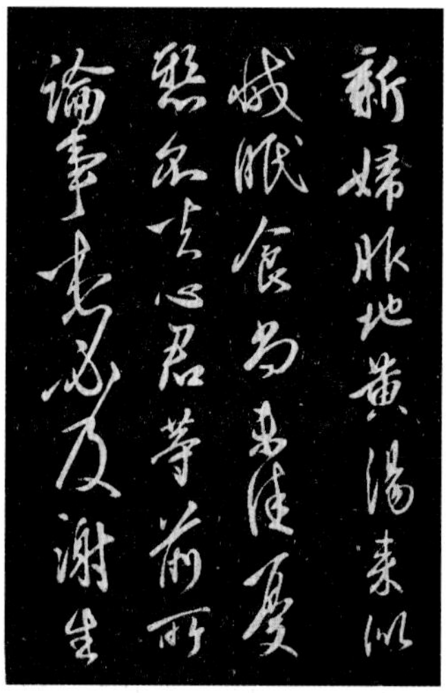

附圖五　《地黃湯帖》

除羲獻父子外，王氏家族書家輩出，王珣即其中之一。他的傳世之作《伯遠帖》是現存東晉可信的名家真迹，從無爭議。此書多側鋒用筆，橫向取勢，字與字間絕少連屬，書風率真隨意，風神瀟灑超脫，奇逸遒健，可睹晉人行草書真面。

（二）唐代與五代

唐代吏部銓選人材方法有四：“一曰身（取其體貌豐偉），二曰言（取其言辭辯證），三曰書（取其楷法遒美），四曰判（取其文理優長）”（唐《通典》卷 15）。楷法遒美的標準則是“二王”。唐太宗篤好右軍書，親為《晉書》本傳作讚。還重金購求羲、獻遺墨，敕命臨摹《蘭亭序》以賞賜朝貴，其時士大夫宗法王書蔚然成風。本書的三卷唐摹“蘭亭”，公認為最精緻、切近，足以取信於人，它們是初唐書史的絕好見證。

“晉韻”之下便是“唐法”。“唐法”即指楷法的嚴謹、成熟。楷體的流變，隋代分界。前期的楷書往往遺存隸書筆畫的澀重味道，又常常隨字型結構而自然安排筆畫，疏密懸殊。直到唐初才變得方正勻圓，筆畫相互顧盼。這個大變化，從本書中隋朝前後的佛經、鈔書來觀察，耐人尋味。

上述兩方面對於唐和唐以後書法影響至深且廣。下邊再談本卷中有作品的八位名家。

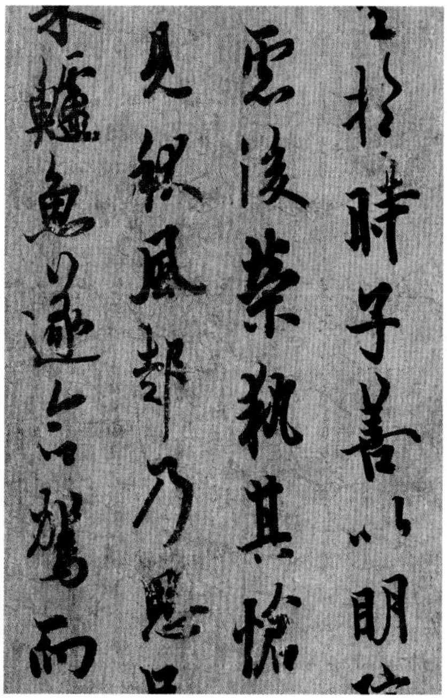

圖10 《張翰帖》

歐陽詢真行書在結體形態與用筆方面兼取二王法度，又吸收了北碑奇險勢態，點畫方正斬截，結體中宮緊聚，筆勢外展，法度工巧森嚴。從《張翰帖》（圖10）和《卜商讀書帖》（圖11）中，我們可領略其兼容南北眾法的本領。和歐陽詢相比，虞世南的書法更多地保留了純正的大王（羲之）法，書風妍美端莊，於溫潤沉實中見剛柔，評者謂“虞得晉風之飄逸，歐得晉書之規矩”（明郁逢慶《書畫題跋記》）。褚遂良書的法度和意趣在歐、虞之間，沉穩嚴整而又空靈豐豔。

初唐書家將師法二王和創立新法相結合，取得了卓越成就，但真正走出二王格局，樹立唐代風規的當屬顏、柳兩家。顏真卿用筆圓渾沉勁，追求力感，結體飽滿寬博，字字雄渾凝重，平正端整，一改傳統妍媚古法，氣度雍容。其行草書點畫飛揚，天真發露，具有獨特體貌和情境。柳公權書從顏體脱出，點畫瘦挺，方圓互用，體勢茂密奇峭，與顏書的平正豐腴異趣，於當時趨於肥俗的書風形成對照。米芾評其書“神氣清健，無一點塵俗”（《海岳名言》）。

詩歌與書法，前者發乎心聲，後者形諸筆墨。二者之間的共性，使得唐代詩人多能書。《宣和書譜》在評價這種現象時稱：“大抵書法至唐，自歐、虞、柳、薛振起衰陋，故一時詞人墨客，落筆便有佳處。”書道的繁盛造就出眾多詩人書家，李白與杜牧便是其中佼佼者。《山谷題跋》云：“李白在開元天寶間不以能書傳，今其行草殊不讓古人，蓋所謂不煩繩削而自合者歟。”本卷所收《上陽台帖》（圖12），字畫飄逸，詩情豪邁，極見詩仙本色。杜牧《張好好詩》（圖15）乃自書詩稿，用筆、結體皆不甚經營，表現出蕭散拙樸的逸趣，具文獻與書法雙重價值。

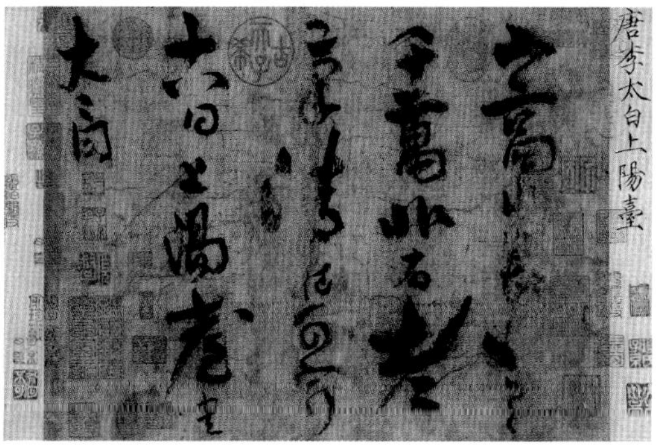

圖12 《上陽台帖》

五代書法承唐代餘緒，啟宋人新風，楊凝式所作貢獻尤為突出。他的真書“自顏柳入二王之妙，楷法精絕”（《邵氏聞見錄》），真書中略帶行體，跌宕有致，風韻獨到。其行草“橫風斜雨，落紙雲煙，淋漓快目，天真爛熳”（米芾語），精神內蘊十分突出。其傳世墨迹現只有《盧鴻草堂圖》跋、《韭花帖》、《夏熱帖》（圖 19）、《神仙起居法帖》（圖 18），後二種收入本卷，均為赫赫名作。

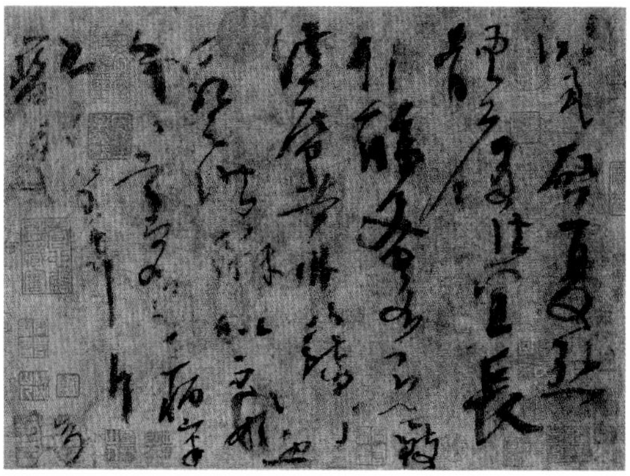

圖19 《夏熱帖》

從印鑑看法帖承傳的軌迹

古代印鑑是考察傳世法帖承傳軌迹的時代標誌，也是我們鑑別真偽的重要依據。印鑑有官私之分，官印指皇室內府之印，私印即私家鑑藏印。鈐押印記以為徵信之用，是鑑藏活動中不可或缺的重要內容。

皇家收藏印，唐代有“貞觀”印和“神龍”印。五代南唐有“集賢院御書印”、“建業文房之印”、“內合同”印。宋徽宗有宣和七璽，即：“御書”、雙龍圓形印、“宣”“龢”、“宣和”、“政”“龢”、“政和”、“內府圖書之印”。南宋高宗有“希世藏”、“紹”“興”、“睿思東閣”、“內府圖書”、“機暇清玩之印”等。金章宗有“明昌”、“明昌寶玩”、“御府寶繪”、“內殿珍玩”、“羣玉中祕”、“明昌御覽”、“祕府”等七璽。元文宗有“天曆之寶”、“天曆”、“奎章”、“都省圖書之印”、“奎章之寶”等印。明洪武內府有“典禮紀察司印”。清乾隆有五璽，即“乾隆御覽之寶”、“乾隆鑑賞”、“石渠寶笈”、“三希堂精鑑璽”、“宜子孫”，有時增至八璽或更多。

與官印相同，私印見於書法也始於唐代，但歷代收藏家舉不勝舉，因此數量上私印要比官印多。僅舉重要的，像唐代李泌的“鄴侯圖書刻章”，王涯的“永存珍祕”。北宋蘇耆、蘇舜欽有“四代相印”、“許國後裔”、“武鄉之記”等印。米芾有“米黻之印”、“米姓之印”、“米芾”等印。南宋賈似道有“魏國公”、“悅生”、“秋壑圖書”、“似道”、“長”等印。元魯國大長公主有“皇姊圖書”、“皇姊珍玩”等印。此外，郭天錫、趙孟頫、喬簣成等人都是極有鑑賞力的，他們的印記在古法帖上也常可見到。

明代大收藏家項子京的鑑藏印數量驚人，常見的有“項元汴印”、“子京珍祕”、“項子京家珍藏”、“項元汴氏審定真迹”、“檇李項氏世家珍藏”、“天籟閣”等印。清代梁清標富藏書畫，有“甲天下”之稱，所藏歷代名品，絕大部分是真迹，屬於他的印記有“梁清標印”、“河北棠村”、“蕉林書屋”、“蒼巖子”、“冶溪漁隱”等。繼梁氏之後，安岐是又一重要收藏家，許多墨林鉅迹都經他鑑藏，僅本卷就涉及十二件。常用印記有“安岐之印”、“朝鮮人”、“安儀周家珍藏”、“麓邨”、“思原堂”等。

近現代收藏大家張伯駒曾藏多件法帖名迹，上鈐張氏夫婦之印有“張伯駒父珍藏印記”、“張伯駒珍藏印”、“伯駒”、“吳郡潘素”等。

上述印鑑多見於本卷作品當中。熟識歷代鑑藏印記，掌握其鈐押規律，可輔助我們斷定時代，辨認真偽。也正因為如此，作偽者往往採取各種手段偽造、鈐押假印章，以欺騙世人。而在本書傳世法帖上存有唐、宋、元、明、清直至現代大量完好的官、私印鑑，不僅反映了作品鑑別和流傳情況，而且也為讀者提供了真實而系統的印鑑資料。

從題跋看歷代學者的鑑識

與印鑑相比，古人的題跋對判定作品的時代與作者，無疑更具影響力。題跋所涉及的內容十分廣泛，有的記敘作品的來歷和流傳情況，有的考辨真贗是非，而那些善鑑者的題跋對後人認識作品尤其起到關鍵性作用，甚至藉此而奠定其名品的地位。

以虞世南摹《蘭亭序帖》為例，明代董其昌跋中稱：“此卷似永興（虞世南）所臨，曾入元文宗御府”，清代梁清標遂將董其昌的推測鑿實，題簽為“唐虞永興臨禊帖”。此後，清乾隆皇帝便在題跋中說：“此卷經董其昌定為虞永興摹，以其於褚法外別有神韻也。”《石渠寶笈》著錄此卷時也標稱虞世南。這樣虞摹之説就被沿襲下來。

馮承素摹《蘭亭序帖》的定名也有類似情形。元代郭天錫在獲此初唐精摹本後，跋謂：“右唐賢摹晉右軍《蘭亭宴集敘》，字法秀逸，墨彩豔發，奇麗超絕，動心駭目。此定是太宗朝供奉搨書人直弘文館馮承素等，奉聖旨於蘭亭真迹上雙鈎所摹。”明代文嘉跋語也稱：“若其摹搨之精，鈎填之妙，信非馮承素諸公不能也。”而項元汴遂將此帖確認為“馮承素奉敕摹晉右軍將軍王羲之蘭亭禊帖”，此後遂無異議。

宋徽宗為歐陽詢《張翰帖》跋云：“唐太子率更令歐陽詢書《張翰帖》，筆法險勁，猛銳長驅，智永亦複避鋒。雞林嘗遣使求詢書，高祖聞而嘆曰：詢之書名，遠播四夷。晚年筆力益剛勁，有執法庭爭之風。孤峯崛起，四面削成，非虛譽也。”這段論述對歐體的典型特徵作了精辟概括，至今為研究歐書者奉為圭臬。

除上述題跋之外，本卷見識獨到、足資借鑑的題跋還很多，如鄧文原跋王羲之《雨後帖》，宋濂跋虞世南摹《蘭亭序帖》，米芾詩題褚遂良臨《蘭亭序帖》，鮮于樞跋馮承素摹《蘭亭序帖》，宋徽宗、張晏、歐陽玄跋李白《上陽台帖》，王欽若、鮮于樞、趙孟頫跋《夏熱帖》等等。可以說，這些名品的地位與後世名家的題跋是密不可分的。

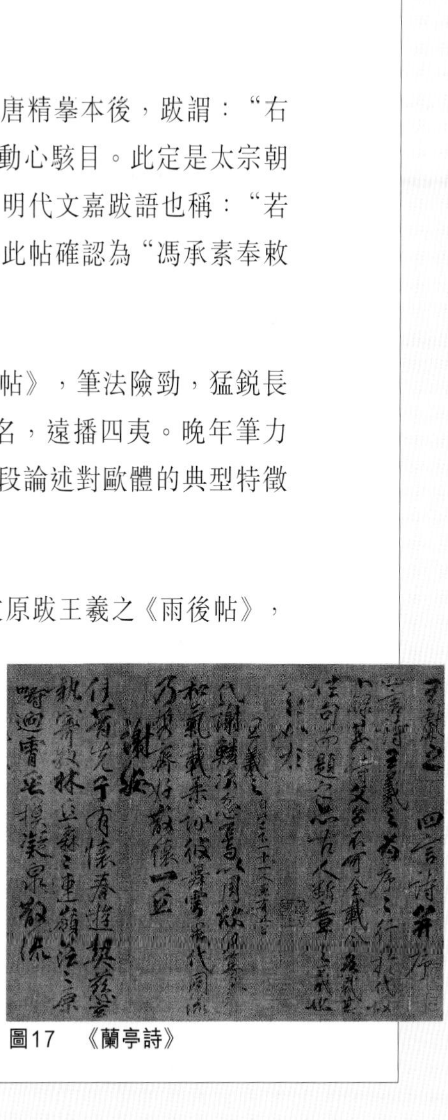
圖17 《蘭亭詩》

但古人題跋中也有不足為憑者，如柳公權《蘭亭詩》（圖 17）是憑借宋代黃伯思的題跋而定名的，跋中稱：“此卷唐諫議大夫柳公權書，故自不凡，當為希世藏也”。但與黃氏《東觀餘論》相校，跋文中有多處改竄，所具官銜與年代不相符合，再結合黃跋筆法和書風等方面考察，可判斷黃跋屬明人偽迹，因此所謂柳公權書就難以成立了。儘管此卷自明中期以來被一致推崇為柳氏真迹，並被列入清乾隆帝的《蘭亭八柱》，但從書法特徵和藝術水平來鑑別，可以斷定非柳公權之筆，而是一般書手的抄本。

傳世的摹本和臨本

與考古發掘出土的其它文物不同，傳世法帖因流傳千百年，遞傳情況複雜，因此存在真偽鑑別問題。就本卷作品而言，也並非全部是真迹，其中有臨本，有摹本，也有仿本。臨本是面對原作，邊看邊臨；摹本是將透明的蠟紙蒙在原迹上面，映着日光，仔細鉤摹輪廓再填墨，即“雙鉤廓填本”，又稱“響搨”；仿本是在沒有藍本的情況下，憑自己的印象，仿學某人筆迹。三種方法相比較，在忠實存真方面，當以精細的摹搨本最具神形兼備的特點，在真迹無存的情況下，“下真迹一等”的唐宋摹本自是價值連城。這中間，又以唐摹本最精。拿王羲之諸帖來説，《姨母帖》、《初月帖》、《遠宦帖》、《寒切帖》、《平安》等三帖、《喪亂》等三帖、《頻有哀禍》等二帖、《快雪時晴帖》等，都是唐摹精品，保存了王羲之書法原本的面貌，是供研究探索的第一手材料。這些唐摹本在宋代已被重視，視與真迹等同了。與摹本相比，臨、仿本雖與原作品的形貌存在一定的差異，但顯出自然生動之趣，因此自古為世人所珍重。在鑑別真偽時，對古臨、摹、仿本應區別對待，慎重去取。

可以這樣説，在五代以前，名家法書賴摹本得以傳真、流布。宋興刻帖，又增一途。但人們仍看重摹本，常以“真迹”相稱，與刻帖有所區別。直至近代，照像印刷技術發達，才將摹本取而代之。不過，摹搨仍可作為學書的有效方法之一，這當然是摹本的另外一種意義了。

故宮博物院收藏的晉至五代墨迹還包括寫經和其他寫本、高昌磚。它們是近百年來發現的書法史新資料，倍受學界看重。

敦煌寫經

寫本中絕大多數是佛經，道經甚少。其它寫本有韻書、題寫、賬契、十二時歌等。其來源，基本上是從敦煌藏經洞所出，後經私家（如徐石雪、邵洵美先生）收藏再捐獻故宮，或由國家文物局撥給。個別的則是中原和內府故物，雖累經塵劫，賴神力呵護，至今完好，如唐代吳彩鸞《書刊謬補缺切韻》、國詮寫《善見律》、《黃庭經》等。此外，尚有古藏文、梵文、日文等寫卷，不在本書選取範圍之內。

佛經計一百餘件，有標題的六十五件，有題記的十八件。上至晉，下迄宋，歷代都有。紀年最早的是元魏延昌二年（513年），最遲者是北宋太平興國十年（985年）。其內容包括三十多種經、論。字體不同，草書兩件，行書六件，其它為隸楷和楷書。還有小字寫經和朱墨寫經。

佛經是為信徒作功德用的。為此，寺院要準備大量已寫好的經卷供施主選購，買定後再寫題記，此種經卷多施捨入寺院經藏內。寺院為補充經藏不時地也要僱人書寫所需的佛經。

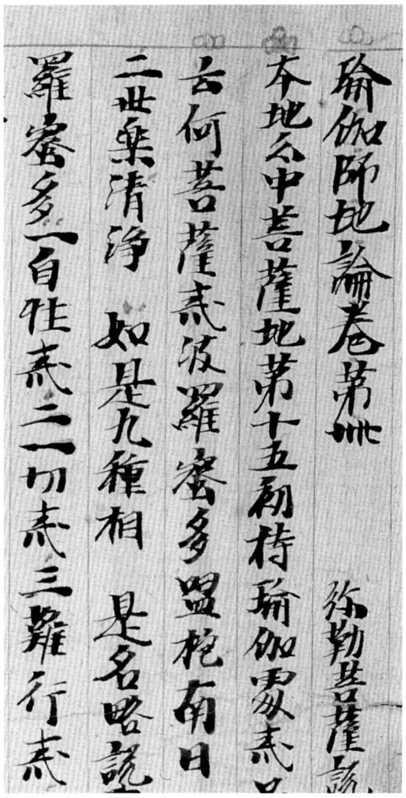
圖29 《瑜珈師地論》

敦煌數萬經卷中附寫題記者僅千餘件，儘管題記甚少，卻能說明許多事情。一類為誦讀、抄寫，校勘尾題，若僧尼、經生所寫則文字簡單，如本卷所收唐僧智行書《瑜珈師地論》卷第四十題記："大中十年（856年）六月十六日沙門僧智惠山隨聽學書記"（圖29）。若官府所寫則較詳。另一類是祈願、修功德寫經題記，題記人上自帝王貴族，下至坊裏百姓，除祈願文字外還每每交代時間、地點、背景、供養人狀況等等。

抄經有一定格式：先在寫經紙上畫出烏絲界欄，每紙為十九到廿一行，每行一般寫十七字。卷首寫經名、品名，卷尾寫卷號和題記。寫經者有官家與個人之分，下面着重談談官寫本。

（一）中央政府的寫經

敦煌佛經中有不少是唐中央政府寫校的原本，或者從政府校寫本轉抄的寫經。這些原本或轉抄本的卷尾，時常保留着翻譯人、譯定人和最初校寫人的題銜。這些本子書寫正確，工整，書法精妙，傳到地方起着範本的作用。

唐代內閣六省之一的門下省下設門下坊，專事詔令經典抄寫，其人員稱"羣書手"。門下省下屬的弘文館也有專職抄寫經典的人員稱"楷書"或"楷書手"。秘書省隸中書下，有楷書手八十人。政府部門之外，還有左書坊、左春坊僱用楷書寫經人，從佛經題記可以看到這些情況：

國詮《善見律》題記："貞觀廿二年（648年）十二月十日□□國詮寫，用大麻紙七張二分。淨住寺沙門道嶷初校，會昌寺沙門法倫再校，會昌寺輔文開裝，門下坊主事臣馬仁義監，右內率府錄事參軍事臣趙模監，左武衛倉曹參軍事盧爭臣監，殿中尚乘直長僧蔚丹監，銀青光祿大夫行家令臣閻立本總監"（圖24）。

從題記中可知，此卷出門下坊，國詮上蓋缺"羣書"兩字，不知何由刮去。國詮，太宗時

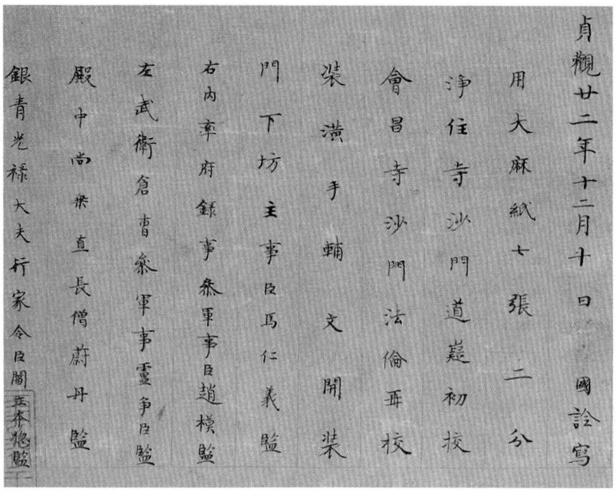

圖24　國詮《善見律》

人，貞觀中經生高手，細楷精熟勻淨而近媚。趙模，太宗時翰林供奉搨書人，正書甚工，尤擅臨仿。始習羲、獻，將王字集成“千文”，其合處不減懷仁（按：釋懷仁曾集王羲之書綴成《聖教序》，摹刻於碑，今在西安碑林）。又許敬宗所撰《高士廉塋兆記》，由趙模為其書（《金石錄》、《宣和書譜》）。閻立本是大畫家。

觀經卷筆鋒使轉，墨華絢爛，神契虞（世南）、褚（遂良）韻致。《唐六典》卷八載：“貞觀元年（627年），敕現任京官文武職事五品以上，有性愛學書而及有書性者，聽於館內（按：弘文館）學書，其法書內出。其年，有二十四人入館，敕虞世南、歐陽詢教示楷法。”這裏“法書內出”即指觀內府所藏法帖，其內容從褚遂良《右軍書目》、李嗣真《書後品》可以了解。當中的小楷名帖《曹娥碑》、《樂毅論》、《東方畫像讚》、《洛神賦十三行》今天還可以從刻帖看到。由此可知，楷書、羣書手們是在得天獨厚的環境下訓練出來的。學者啟功先生評謂：“唐人楷書高手寫本，莫不結體精嚴，點畫飛動，有血有肉，轉側照人。校以著名唐碑，虞、歐、褚、薛，乃至王知敬、敬客諸名家，並無遜色。”（《論書絕句》）

（二）敦煌經坊寫經

為了分析敦煌鎮經坊情況，不妨將北魏令狐崇哲經坊寫經題記十則錄寫出來：

（1）永平四年（511年）《誠實論》卷第十四：“七月廿五日敦煌鎮官經生曹法壽所寫論成訖。典經師令狐崇哲，校經道人惠顯”（斯1427）。

（2）延昌元年（512年）《誠實論》卷第十四：“八月五日敦煌鎮官經生劉廣周所寫論成訖。典經師令狐崇哲，校經道人洪儁”（斯1547）。

（3）延昌二年（513年）《華嚴經》卷第四十一：“四月十五日敦煌鎮官經生曹法壽所寫此經成訖。用紙廿三張，典經師、校經道人令狐崇哲”（圖21）。

（4）同年，《華嚴經》卷第十六：“七月十九日敦煌鎮官經生令狐禮太寫此經成訖。典經師令狐崇哲”（斯2067）。

（5）同年，《華嚴經》卷第三十五：“七月廿三日敦煌鎮經生師令狐崇哲所寫經成訖記”（伯

2110）。

(6) 同年，《華嚴經》卷第三十七：“七月十八日敦煌鎮經生張顯昌所寫經成訖記竟。典經師令狐崇哲，校經道人……”(大谷二十三號）。

(7) 同年，《大樓炭經》卷第七：“六（月）□日敦煌鎮經生張顯昌所寫經成訖，用紙廿。典經師令狐崇哲，校經道人”(斯341）。

(8) 延昌三年（514年)《大方等佗羅尼經》卷一：“四月十二日敦煌經生張阿勝所寫經成竟，用紙廿一張，校經道人，典經師令狐崇哲”(斯6727）。

(9) 同年，《誠實論》卷第八：“六月十四日敦煌經生帥（師）令狐崇哲於法海寺寫此論成訖竟。用紙廿六張，校經道人”(伯2179）。

(10) 同年，《大品經》卷第八：“七月廿二日敦煌經生曹法壽所寫成訖，校經道人，典經師令狐崇哲”(守屋孝藏氏藏）。

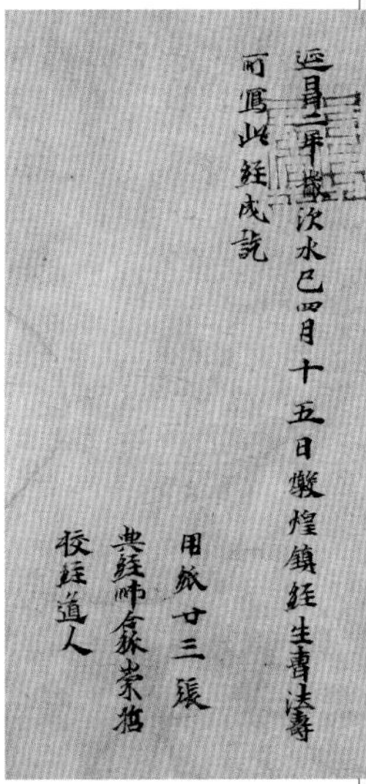

圖21　《華嚴經》卷第四十一

十則題記集中在五年間，從中可以了解：第一，經坊內有典經師、經生師、官經生（曹法壽、劉廣周、令狐禮太)、經生(張顯昌、張阿勝)、校經道人(惠顯、洪儁)等不同職務。第二，典經師可兼任經生帥和校經道人。第5、8兩則令狐本人抄經題記中頭銜都是“經生師”而不用“典經師”，原因是司職有別：典經師掌管經坊，經坊所出寫本均需署名；寫經是經生與經生師份內事，令狐親自寫經不再具典經師銜。第三，第9則點出令狐“於法海寺寫”，可理解為經坊當時設於該寺內，或者是令狐受該寺延請寫經。第四，細審六人寫卷，筆迹自有差異，“大抵劉書稍姿肆，曹書整飭，張書取態跌宕”(饒宗頤《法藏敦煌書苑叢刊》第六冊）。但是它們明顯帶有共性：體勢傾仄、茂密，起筆細，收筆飽滿，頓挫有力。五位經生與令狐師手筆如出一轍，反映出師從關係和經坊對書體有統一的要求，這對提高經坊的名氣無疑是有利的。經坊的書風有自己的特色，很可能有普遍性。

(三) 從寫經看字體的演變

漢字字體的演變過程是：篆－古隸－漢隸與隸草－隸楷－楷書與今草。漢代通行漢隸與隸草，漢、魏之際出現隸楷與楷書，入晉以後楷書漸廣，這是一般情況。敦煌經卷中反映的是從隸到楷與今草的變化。隸與楷的不同包含兩方面：其一是筆畫姿態，如隸書體勢平正，楷書多為傾仄；隸書橫筆有波勢，有“蠶頭燕尾”，楷書失去波勢，改燕尾為收鋒。這些差異一目了然。其二是字形結構，既表現在許多字上，也表現在組成字的偏旁部首上。這些差別比較細微，容易被人忽略。在隸體向楷體過渡之際，作為漢隸的遺子和楷書的雛形，出現隸楷體（或叫新隸體），其筆畫較漢隸輕便，蠶頭燕尾不大明顯，但許多字的結構仍是隸書。

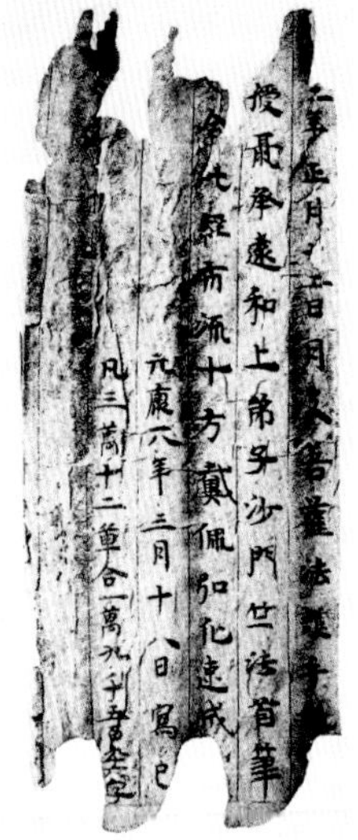

附圖六　《諸佛集要經》

敦煌寫經的情形是這樣的：西晉、十六國和北魏前期（公元三世紀末到五世紀）是用隸楷或仍帶隸意的楷體。所見如西晉元康六年（296年）《諸佛集要經》（附圖六）、三國吳建衡二年（270年）《太上玄元道德經》、前涼升平十二年（368年）《道行品法句經》（附圖七）、北涼玄始十六年（427年）《優婆塞戒經》（附圖八）。此四種寫本皆有紀年，時在樂僔法師366年（前秦建元二年）開窟建寺前後，為敦煌早期經卷。它們的筆法各有千秋，但體兼隸楷則相同。其中第四種結體奇倔、開張，橫筆特長，與北涼《沮渠安周造像碑》等多種銘刻、墨迹相仿，故稱北涼體。[1] 本書內安弘嵩寫經（圖20）也應屬於這一種書體。而無款《大集經》（六朝）行筆澀重仍帶隸腳，似《道行品法句經》。直到北魏後期（六世紀中葉）寫經才轉為楷體字，如北周建德二年（573年）《大般涅槃經》（圖22）和隋開皇十五年（595年）《大方等大集經》（圖23）。漢字書寫向來存在着“古體為尊”的觀念，信徒寫經又懷着虔誠鄭重的心態，這兩者結合再加上經生世代相習保守舊規的因素，形成了寫經方面的字體演變比社會一般情況滯後的局面。

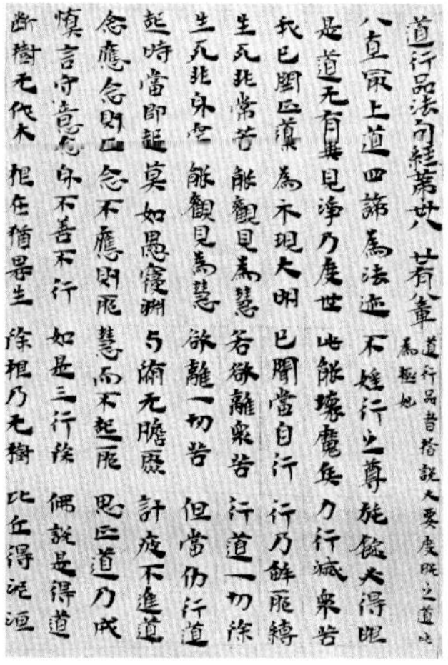

附圖七　《道行品法句經》

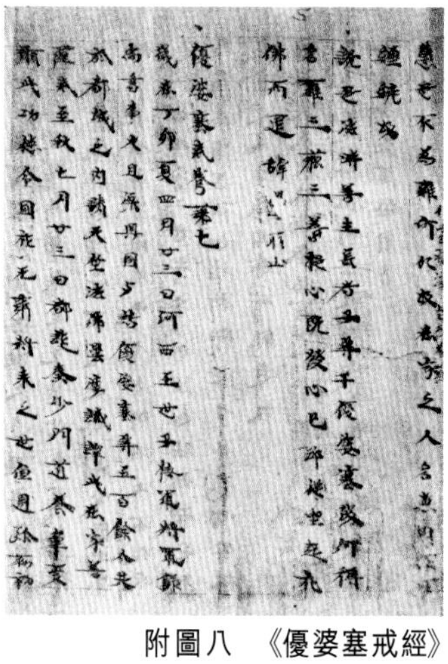

附圖八　《優婆塞戒經》

（四）寫經中遞變字羣的規律

敦煌幾萬漢文經卷中有紀年的極少，絕大部分都需要考證斷代。前面已經提到字體的演變包含文字結構，這裏將略述寫經字形變化的規律以及遞變字羣的斷代方法。

漢字中音同、義同而字形結構不同的字為異體字。就某一字而言，其異體會有幾個甚至十幾個，如“邊”字，有a.[illegible]、b.[illegible]、c.[illegible]、d.邉、e.邊 等字形，在歷史上演變的順序也大致如此。按演變順序排列的異體字稱為異體序列。異體序列內兩個緊相銜接的字之間（例如“邊”字的a與b，b與c）存在着遞變關係。遞變關係涉及前後兩個字，稱為前字與後字。遞變關係發生是有一定的時間的。遞變過程是新字初用和舊字消亡的新陳代謝。從寫經看，有些字發生遞變的時間相當接近，也就是說，相對地在同一段時間裏，它們分別從前字遞變到後字。這些有着共時關係的遞變前字和後字構成了遞變字羣。

考察遞變字羣的途徑是：對有紀年的同名、同品的經卷作逐字校對和分析。考察發現如下遞變情況：（1）北魏中期由於隸體向楷體演變而引起的字形楷化。（2）唐初開始由於政府正字政策而推動字形的規範化。（3）武周時期由於武則天造新字而使十七字改寫，其中“月”字改寫出兩種字形，共十八個新字。（4）唐代後期由於國力衰弱和戰亂而引起字形的繁化與復古。這是晉唐文字的四次顯變，詳見《敦煌寫經遞變字羣字例表》，其中四個表正反映了四次遞變。將四個表連續起來看，可以揭示出五個不同時期寫經用字的特徵。（即：五世紀末葉之前與後，七世紀中葉之前與後，武周時期，八世紀中葉之前與後。）

敦煌寫經遞變字羣字例表

北魏中期前後 前字	後字	組詞	前字	後字	組詞	初唐前後 前字	後字	組詞	前字	後字	組詞	武周 前字	後字	起始時間	晚唐前後 前字	後字	組詞	前字	後字	組詞
㝵	得		飛			㝵	礙	障礙	宍	肉	骨肉	日	𡆠	載初元年正月	嘿	默	默然	鞍	鞌	鞌馬
通	通		狩	獸	禽獸	離	離	離相	嗺	唯	唯喋	月	𡝝	同上	塠	堆	土堆	怨	怨	怨憎
耶	耶		滜	澤	香澤	家	寂	寂滅	炎	焰	火焰	星	〇	同上	血	𧖧		極	極	
起	起		𠮛	多	多少	涅	涅	涅槃	臭	臭	臭烟	天	𠀑	同上	互	㸦	㸦相	与	与	
養	養	供養	身	身	身體	蔽	蔽	掩蔽	茵	裀	裀褥	地	埊	同上	隱	隱	安隱	門	门	
緣	緣		兰	蘭		率	率	率土	蓐	褥	裀褥	年	𠡦	同上	置	置	安置	乖	乖	
惟	惟		寧	寧	安寧	苷	甘	甘蔗	鼻	鼻		正	𠙺	同上	切	切	一切	插	插	
就	就		氣	氣		辤	辭	有辭	駄	駞	駱駞	載	𡕀	同上	貌	貌		懦	懦	
外	外	外現	非	非		餝	飾	嚴飾	痤	痤	痤陋	初	𡔈	同上	蠱	蠱	毒蠱	慧	慧	智慧
友	友	親友	夜	夜	夜叉	坑	坑	坑坎	啞	瘂	聾瘂	臣	𢘑	同上	獸	獸	毒獸	仰	仰	
師	師	師佛	甚	甚		瑠	琉	琉璃	嶮	險	凶險	君	𠺞	同上	厭	厭	生厭	曙	曙	曙色
慢	慢		不	不	不能	笇	筭	筭數	暫	暫	暫時		𡈚	同上	蟻	蟻	蟻子	斗	㪷	戴㪷
神	神	神通	溝	溝	溝瀆	瑙	瑙	馬瑙	獵	獵	田獵	授	𥠢	天授元年九月	斷	斷	不斷	齋	斎	斎戒
我	我		強	强	强作	邊	邊		弓	卷	經卷	證	𧗟	证圣元年正月	因	囙	囙緣	腰	腰	
直	直		乾	乾		鼓	鼓	法鼓	魄	珀	虎珀	聖	𨲢	同上	老	老	老死	胸	胷	
其	其		眉	眉	眉間	迊	帀	百帀	鬧	鬧	憒鬧	國	圀	证圣元年四五月	能	能		園	園	故園
德	德		于	于	入于	螺	螺	法螺	鳥	鳥	大鳥	人	𤯔	圣历元年正月	懸	懸		雖	雖	雖然
披	婆	優婆夷	乎	乎		陀	陀	阿弥陀	席	席	牀席	𡝝	𠥱	同上	葉	葉	樹葉	朋	朋	朋友
泥樓	㝹樓	阿㝹樓馱	希	希	希有	義	義		燋	焦	熱焦			神龙元年	似	佀		再	再	
詰	詰	維摩詰	鮮	鮮		耨	耨	阿耨多羅	劈	劈	劈裂			新字废止	芽	芽	稻芽	頗	恣	恣意
老	老	生老	對	對		呵	訶	度阿羅訶	注	澍	澍雨				共	共		沉	沉	沉淪
識	識		竭	竭	竭力	燃	然	然燈	鳳	鳳	鳳凰				喜	喜	悲喜	店	居	居肆
引	引	引導	假	假	假使	懈	懈	懈怠	鷍	凰	鳳凰				勒	勒		體	躰	身躰
所	所	所以	風	風		耶	斜	傾斜	岸	岸	海岸				鎖	鏁	枷鏁	低	低	高低
是	是		罝	罝		塗	泥	泥塗	稽	稽	稽首				楫	檝	舟檝	婿	壻	
謀	謀		於	於		鴆	鳩	鳩鴿	醫	醫	醫藥				協	愶	迫愶	狗	狗	
壞	壞	斷壞	愶	恊		猫	猫	猫狸	豬	猪	犬猪				奸	姧	行姧	爺	耶	耶孃
兵	兵		法	法		鼠	鼠		觸	觸	觸犯				毀	毀		奮	奮	
釋	釋		深	深	深奧	齒	齒	牙齒	胡	瑚	珊瑚				梯	梯	梯橙	喚	喚	喚叫
猛	猛		佐	佐		嚼	嚼	咀嚼	矛	矛	矛盾				曬	曬	乾曬	歸	歸	歸回

如何運用遞變字羣來斷代呢？遞變關係涉及兩個字（也有的一個字出現多個異體字），前字通行於早期，後字通行於晚期。那麼依據某一經卷所含哪個表中的前、後字情況，便可推測其抄寫時間。文獻書寫有兩條法則：（1）早期文獻用早出字，晚期文獻用晚出字，不同時期的文獻含不同的遞變字羣。（2）前人不會用後代才出現的字，後人可以用前代通行的字，文獻書寫的上限應斷在晚出字使用的時間上。這便是遞變字羣斷代方法。將此方法與經文內容、題識、書法風格、紙、墨諸方面結合考慮，是可以作出較客觀的判斷的。[2]

說高昌磚

從敦煌沿着絲綢之路西去六百公里，便可到達位於吐魯番盆地的高昌，高昌磚就在此發現。高昌磚是指在新疆吐魯番地區的阿斯塔那與哈拉和卓晉唐古墓羣中的墓誌磚。這些墓誌磚多數是麴氏高昌國（499－640年）時期的，故名高昌磚。高昌磚零散出土，始於本世紀初日本人大谷光瑞及英國人斯坦因等的發掘。1930年春，考古學家黃文弼先生（附圖九）在西北科學考察團考古發掘中，出土122方高昌磚，是歷次發現中最多的一次。事後將磚運北京整理研究，翌年出版《高昌第一分本》和《高昌磚集》（附圖十），編出《高昌國麴氏紀年》、《高昌國官制表》。由此世人知道了它們對研究西北民族歷史文化有相當價值。1960年9月經國家文物局調撥，這批高昌磚從北京大學歷史文化研究所轉歸故宮博物院保存庋藏。

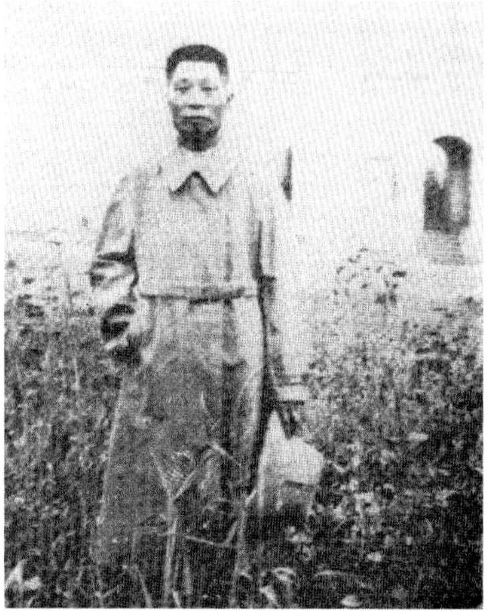

附圖九　考古學家黃文弼先生

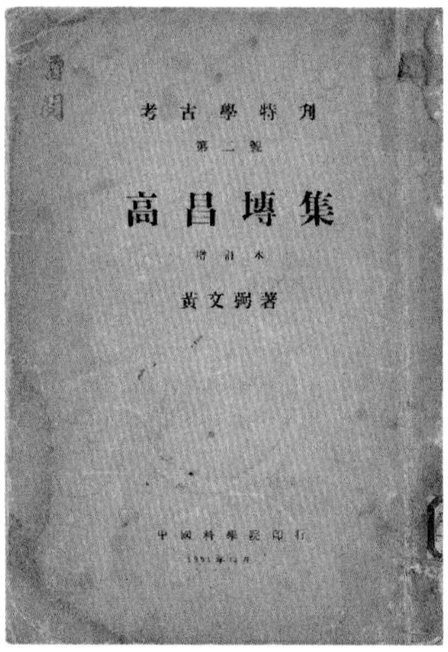

附圖十　高昌磚集

高昌磚自名“墓表”，在地下時皆砌入墓道牆壁中，字面向裏。磚方形，泥製燒煉而成，表面光平。大小為36－42厘米見方。磚文用朱寫（122件中有96例），或用墨寫，或刻字填朱（9例），有些有界格。墓表文通例：死者埋葬年月日，生時職官，姓名，年齡，葬地，內容極簡。墓無棺槨，亡人橫臥席上，隨葬陶器放置頭旁。

和高昌磚不同，晉唐墓誌均石質，放在墓室中間。晉誌多是小碑型，北魏遷洛以後改為誌石在下，誌蓋在上的盒型。墓誌所述內容比磚詳細得多，卒葬年月日在後。誌文鐫刻，不填色。

葬俗差異總與地域、民俗、歷史相關。高昌自古有漢魏屯戍西域的漢人後裔和多種民族雜居，務農、牧業，信仰佛教、祆教、摩尼教，世代臣服柔然、高車和突厥。公元442年羯胡沮渠無諱率北涼餘眾逐高昌太守，次年自立涼王，為高昌地區建國之始。公元460年柔然滅沮渠氏立闞伯周為高昌王，遂以高昌為國號。公元491年高車滅闞氏，改立張孟明為王，公元496年改立馬儒為王，公元499年改立麴嘉為王。麴氏傳九世十王141年，至公元640年被唐朝所滅，以其地為西州，治所高昌城。故宮收藏最早的一方高昌磚是高昌章和七年(537年)的，最晚的是唐神龍元年(705年)的，跨北朝、隋、唐三代。磚上紀年在公元640年前用麴氏年號，以後改李唐年號。

若將高昌磚視為法書是不妥的。就象漢晉簡牘、敦煌文書一樣，它是古代一地區的文字實物資料，是書法史研究的重要依據。早期的《畫承及夫人張氏墓表》(546年－550年)(圖34)、《氾靈岳墓表》(548年)，其字古拙雄肆，起收多見方筆，饒有《爨寶子碑》、《爨龍顏碑》意趣。晚些的《令狐天恩墓表》(571年)(圖38)、《畫神邕妻周氏墓表》(582年)，字體橫側生姿，刀斬斧截，是墨寫而非刻石的邙山體。北魏太和十八年(494年)拓拔氏遷洛改制，命鮮卑貴族死後安葬邙山，不許回歸平城。於是一種新的銘石書風靡一時，即邙山體[3]。觀此令狐、周氏兩表，正是一家眷屬。

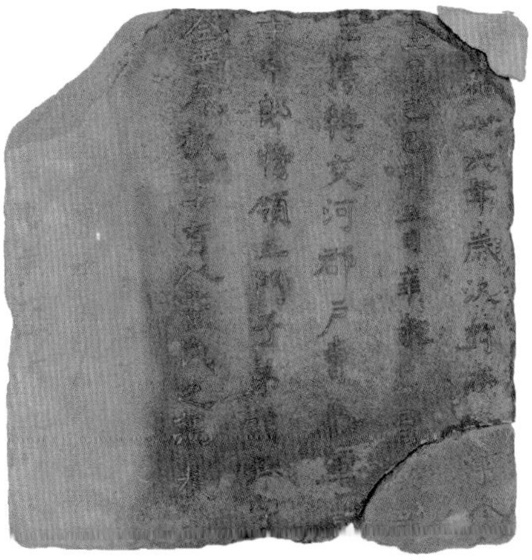

圖34 《畫承及夫人張氏墓表》

碑誌上楷書，隋代走入佳境，唐代登峯造極。此時高昌磚也出現了嫻熟、端秀的正書，《儒子墓表》(579年)、《畫伯演墓表》(591年)(圖43)即是。唐太宗書《溫泉銘》、《晉祠銘》開行草書上石風氣之先。流利、活潑的行楷也呈現在磚上，《王闍桂墓表》(636年)(圖46)、《任相住墓表》(656年)即是。

唐代的墓表上還有一些現象值得注意：凡干支有"丙"字多作"景"，以避李世民祖諱(昺)。再者，《史建洛妻馬氏墓誌》葬年磨失，志文中"國"、"月"、"日"三字均採用武周新字，其中"月"字寫作"匨"(按：聖曆元年，公元698年出現的新字，詳見《敦煌寫經遞變字羣字例表》)。由此可斷馬氏葬於聖曆元年至神龍元年(705年)之間。另可看到有的磚文有序有銘，文辭潤飾，韻句迭出，明顯是盛唐詩文浸染的結果。人們可以由此感悟到：邊塞高昌和長安、洛陽始終是氣息相通的，歷史文化風雲的變幻，在遙遠的沙漠綠洲也會引起合拍的律動。

本卷在編寫上的三點説明

(1) 本卷中的傳世法帖以接近原大尺寸展示。作品上的印鑑，元代以上的加以説明，本幅後邊的題跋、題記、詩文一概收入，以便了解古卷的全貌，領略歷代士人的翰墨，探究過眼雲煙背後的是非曲直。

(2) 刻帖是古代法書的另一寶庫。聯繫本卷有兩方面值得注意。一方面：本卷作品有的曾刻入叢帖，將墨迹同帖本比較，長短自見。另一方面：某一書家，在本卷作品之外還有作品只賴刻帖傳世，將本卷作品同刻帖內其它作品比較，可知風貌之異同，內容之關聯，有益鑑賞。因此，我們在作品説明中往往提到相關的刻帖（存世可見的），指明出處並附圖版。

(3) 我們將本院藏品以外的晉唐名家墨迹選編出一個簡錄殿後，如此則提供了一份考察現存晉唐法書的資料。

註釋：

(1) 施安昌：《北涼體析——探討書法的地方體》，《書法叢刊》第30輯，文物出版社，1993年。

(2) 施安昌：《敦煌寫經斷代發凡——兼談遞變字羣規律》、《敦煌寫經遞變字羣及其命名》，兩文分別刊於《故宮博物院院刊》1985年第4期、1988年第4期。

(3) 施安昌：《北魏邙山體析——兼談皇室與貴族的銘石書》、《北魏邙山體書迹目錄》分別載於《書法叢刊》第38輯(1993年)和43輯(1996年)。

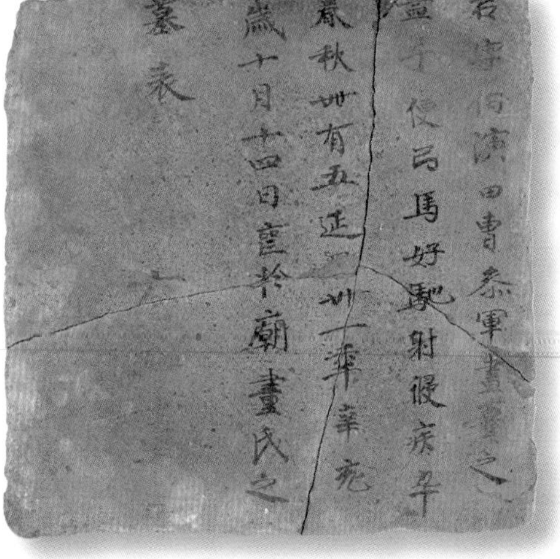

傳世法帖

Specimens of Calligraphy Handed Down from Ancient Times

1

陸機　草隸平復帖

晉
紙本　草隸　9行
縱23.7厘米　橫20.6厘米
清宮舊藏

Ping Fu Tie in cursive-official script
By Lu Ji, Jin Dynasty
Ink on paper
H. 23.7cm　L. 20.6cm
Qing court collection

陸機(261－303年)，字士衡，晉代吳郡(今蘇州)人。受成都王司馬穎重用，官平原內史，並從其起兵擊長沙王司馬乂，為後將軍、河北大都督，兵敗被殺。少有異才，文章冠世，以《文賦》最知名。書法能章草，但被才智所掩。

《平復帖》自宋代《宣和書譜》將其歸入章草體，後世多沿襲之。此帖應是介乎章草和今草之間的過渡性書體，有學者認為是草隸。帖中用禿穎勁毫，筆意生動，風格平淡質樸，是流傳有緒的西晉名家法書鉅迹。

幅前有古題簽"晉平原內史吳郡陸機士衡書"。前隔水有宋徽宗題簽"陸機平復帖"。尾紙有明代董其昌、近現代溥偉、傅增湘、趙椿年題跋，詳載《平復帖》歷代遞藏始末。

鑑藏印記："殷浩□□"(朱文)，宋徽宗雙龍圓璽(朱文)、"宣""龢"(朱文)、"政和"(朱文)、"政""龢"(朱文)。明代韓世能、韓逢禧父子，張丑，清代梁清標、安岐、永瑆、載治、奕訢等諸家印鑑多方。近現代溥儒、傅增湘、張伯駒鈐印多方。

本幅為原大。

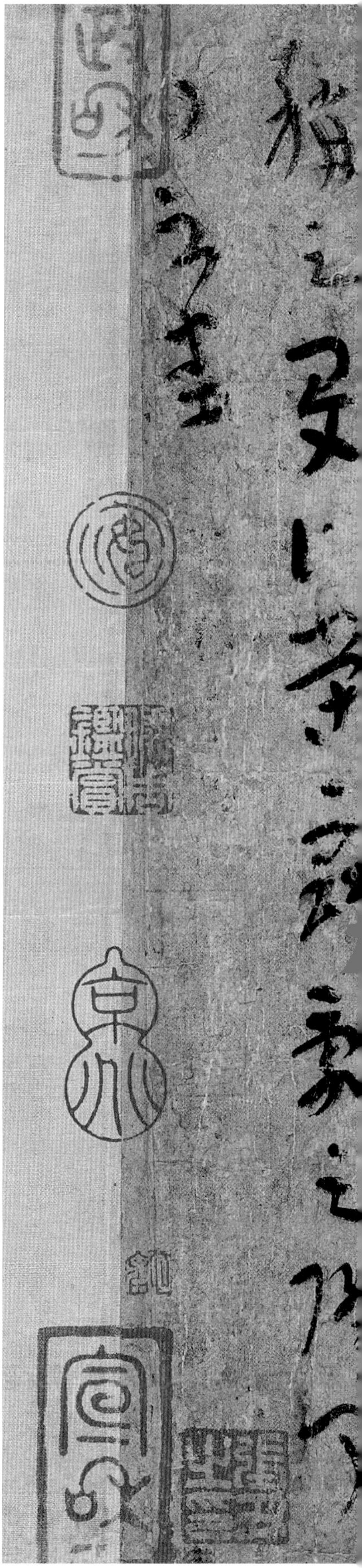

釋文：
彥先羸瘵，恐難平復。往屬初病，慮不止此，此已為慶。承使(唯)男，幸為復失前憂耳。(吳)子楊往初來主，吾不能盡，臨西復來，威儀詳跱，舉動成觀，自軀體之美也。思識□量之邁前，執所恒有，宜□稱之。夏(伯)榮寇亂之際，聞問不悉。

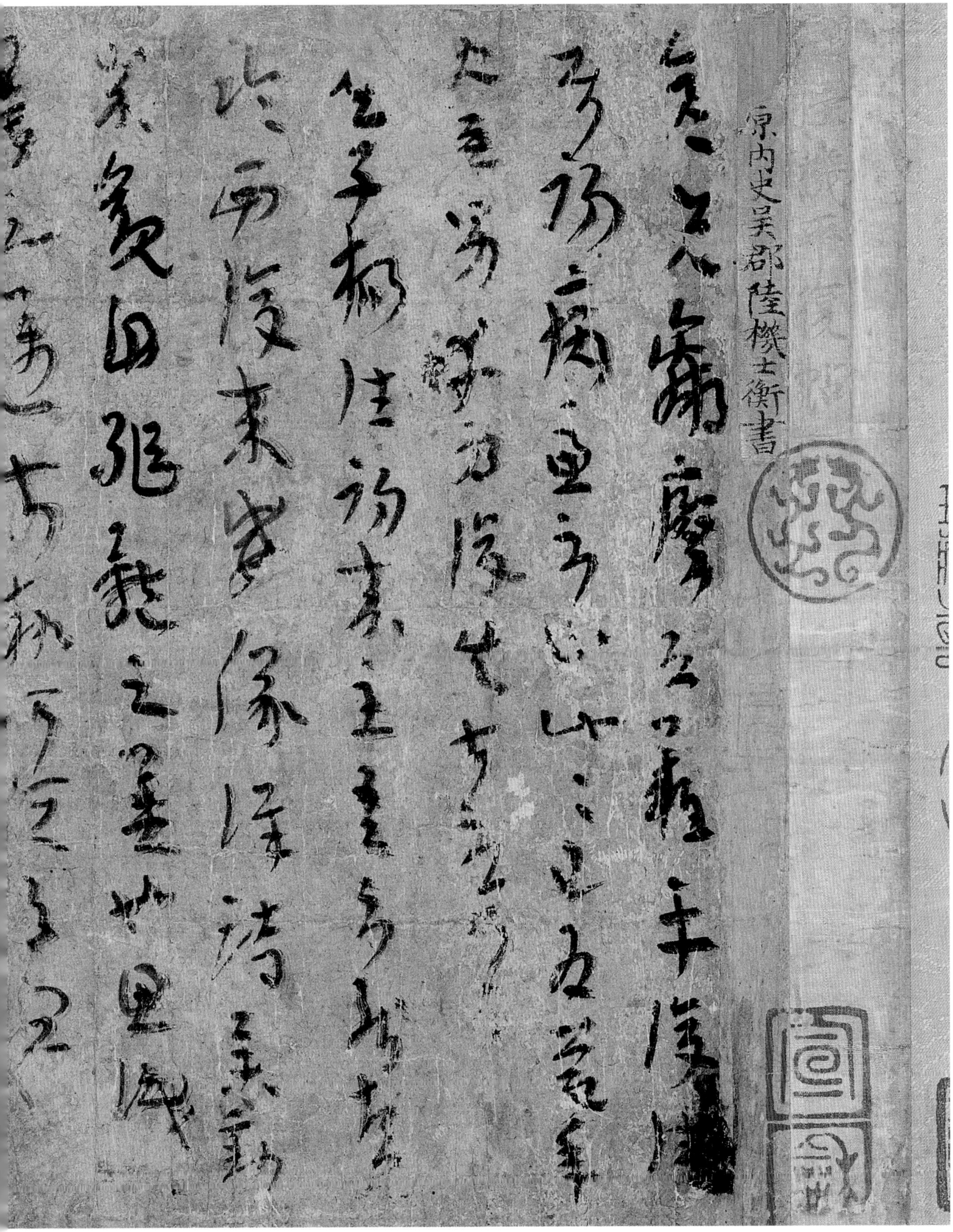
內史吳郡陸機士衡書

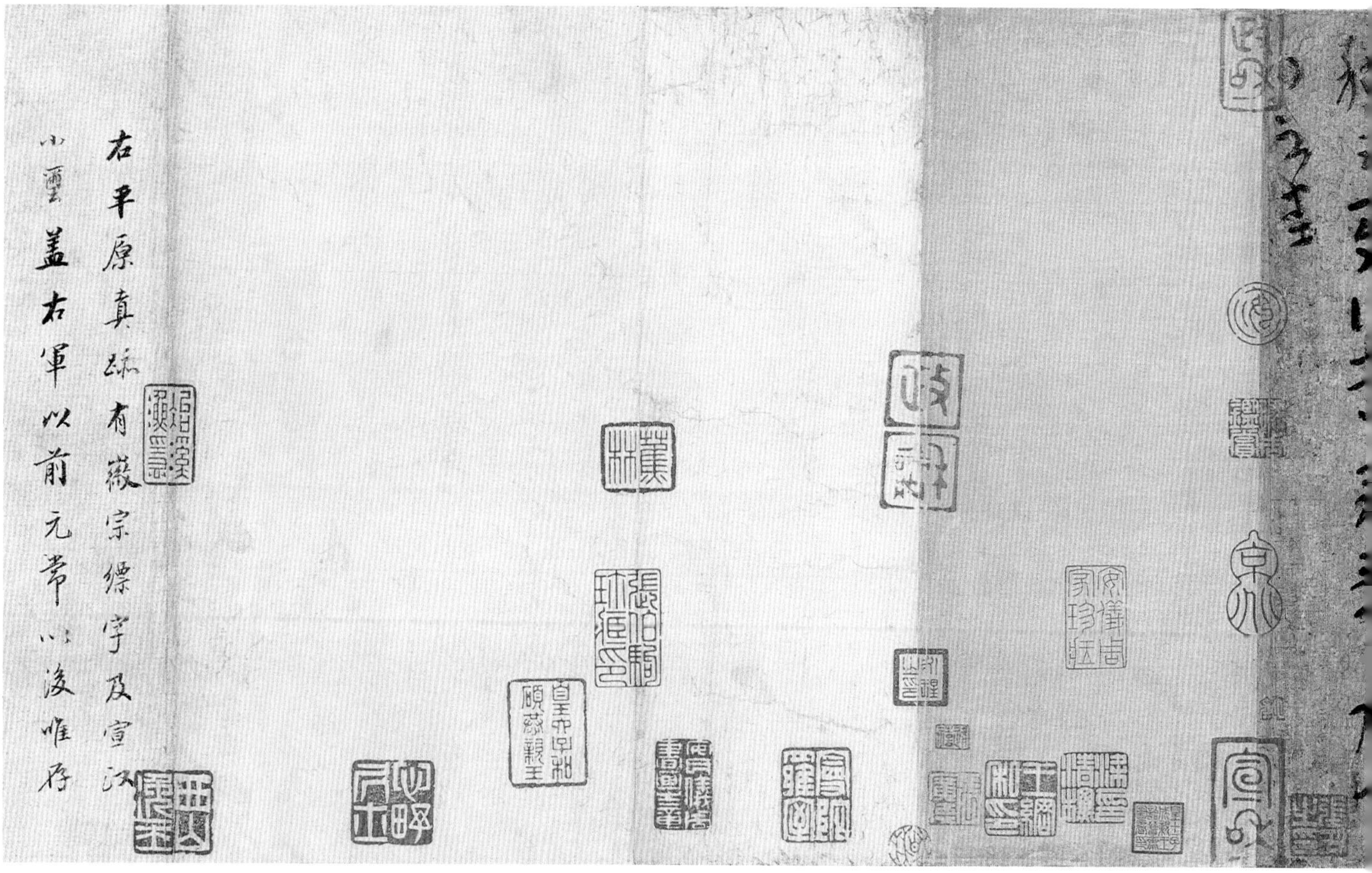
右平原真跡有徽宗標字及宣和
小璽蓋右軍以前元常以後唯存

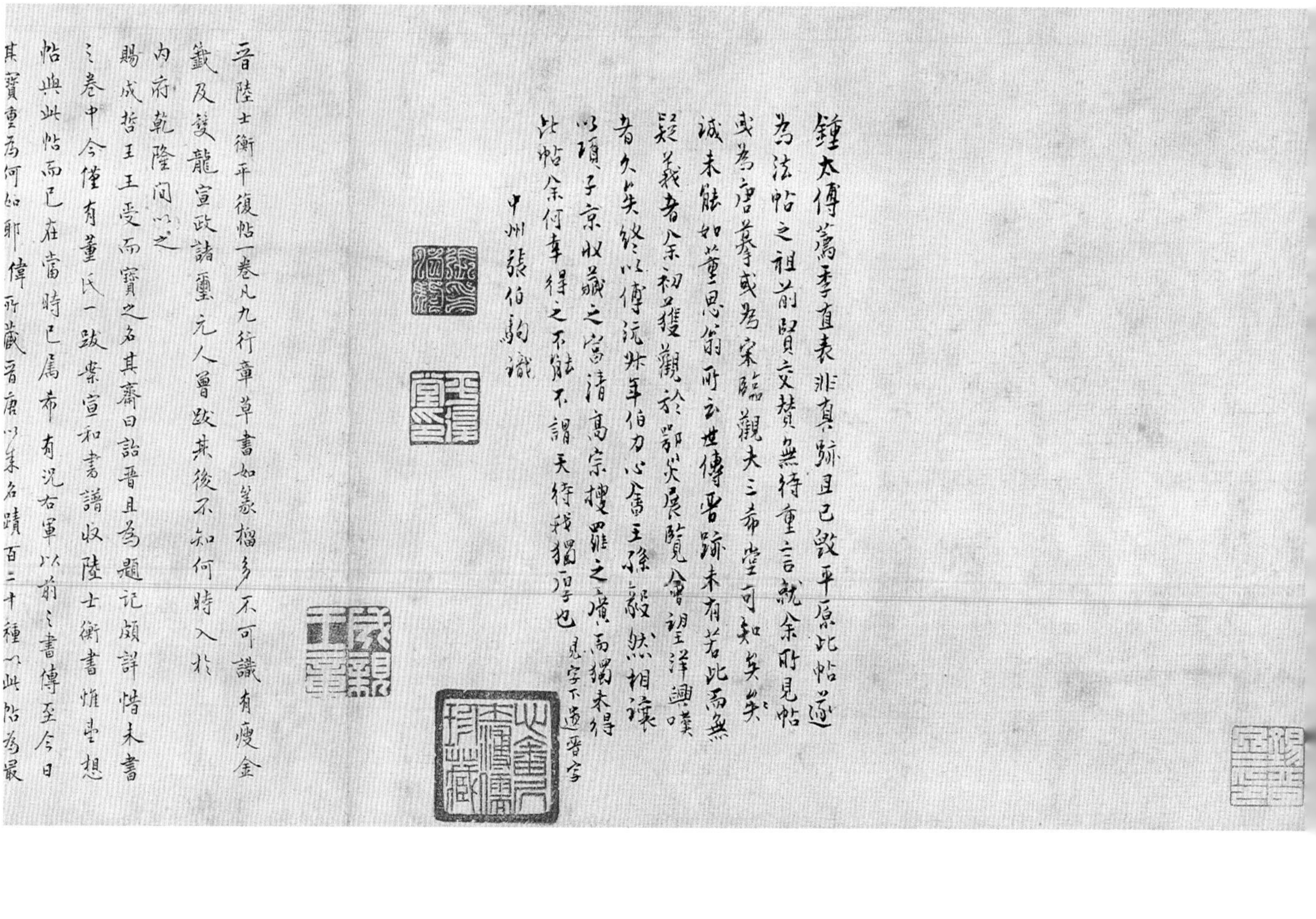
鍾太傅薦季直表非真跡且已毀平原此帖遂
為法帖之祖前賢文賛無待重言就余所見帖
或為唐摹或為宋臨觀夫三希堂可知矣吳
誠未能如董思翁所云世傳晉跡未有若此而無
疑義者余初獲觀於鄂次展覽會望洋興嘆
者久矣終以傅沅叔年伯力必當王孫毅然相讓
以項子京收藏之富清高宗搜羅之廣而獨未得
此帖余何幸得之不能不謂天待我獨厚也 見字下遺晉字
中州張伯駒識
晉陸士衡平復帖一卷凡九行章草書如篆籀多不可識有瘦金
籤及雙龍宣政諸璽元人曾跋其後不知何時入於
內府乾隆間以之
賜成哲王王受而寶之名其齋曰詒晉且為題記頗詳惜未書
之卷中今僅有董氏一跋案宣和書譜收陸士衡書惟望想
帖與此帖而已在當時已屬希有況右軍以前之書傳至今日
其寶重為何如耶 偉 所藏晉唐以來名蹟百二十種以此帖為最

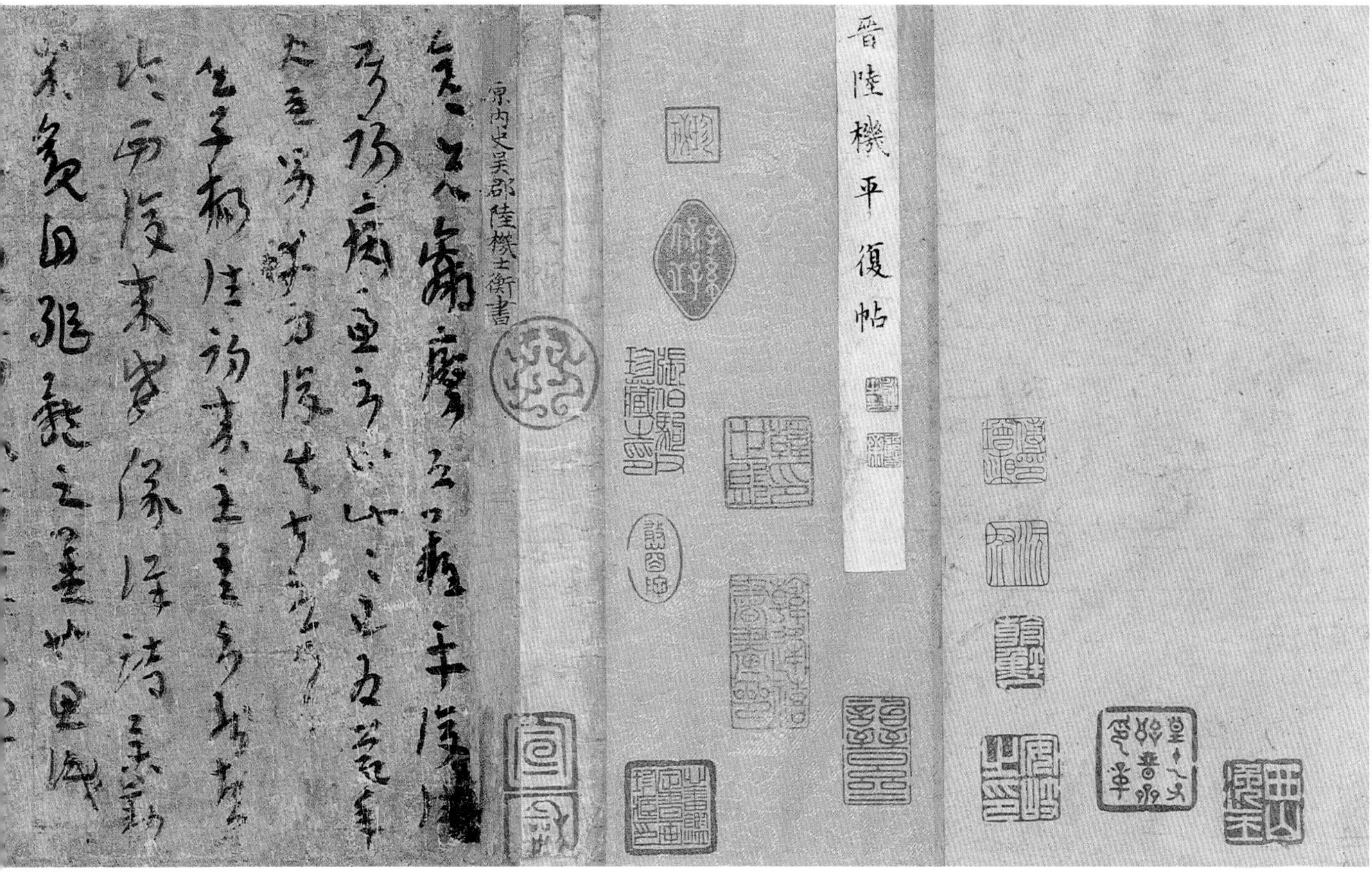

《平復帖》之一

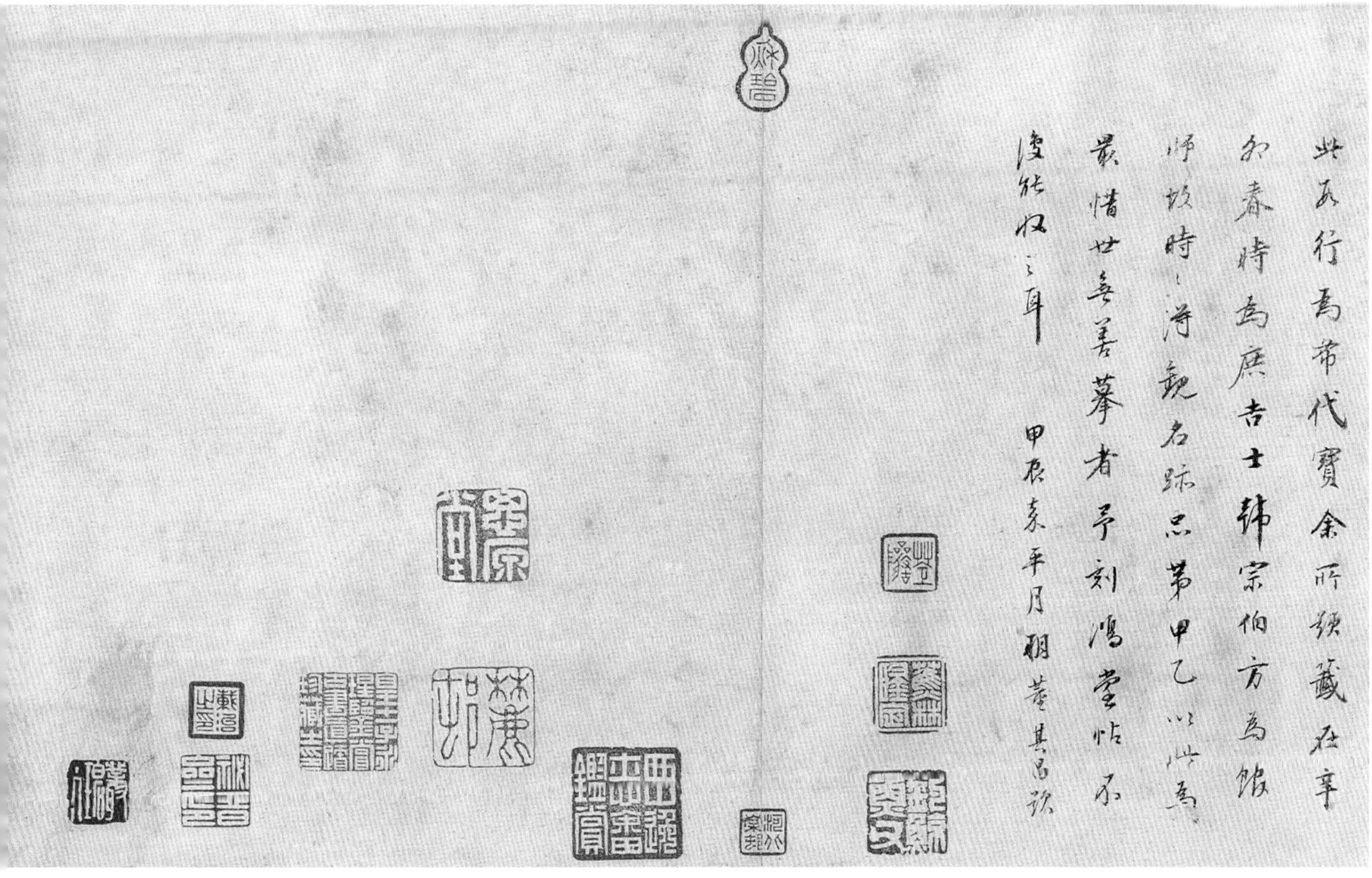

《平復帖》之二

千年來孤行天壤間此洵曠代之奇珍非僅墨林之
瑰寶也董玄宰謂右軍以前元常以後惟此數行為
帝代寶至哉言乎宣和書譜言平服帖作於晉武帝
初年前右軍蘭亭燕集敘大約百有餘歲此帖當、
屬最古云今人得右軍書數行已動色相告矜為星
鳳翽此為晉初開山第一祖墨乎此亦董玄宰語第此帖自宣
和御府著錄後祇存徽宗泥金籤題六字相傳有元
代濟南張斯立東鄆楊青堂雲間郭天錫滏陽馮詗
諸人題名亦早為肆估拆去其宗元以來流轉踪迹殆
不可考至明萬歷時始見於吳門韓宗伯世能家由是
張氏清河書畫舫陳氏妮古錄咸著錄之李本寧及
董玄宰摩觀之餘亦各有撰述載之集中清初歸真
定梁蕉林侍郎家曾摹刻於秋碧堂帖安麓邨初
得觀於梁氏記入墨緣彙觀中然攷卷中有安儀
周珍藏印則此帖旋歸安氏可知至由安氏以入內府
其年月乃不可悉乾隆丁酉成親王以孝聖憲皇后
遺賜得之遂以詒晉名齋集中有一跋二詩紀之嗣傳
於貝勒載治跋題為秘晉齋同光間轉入恭親王邸
嗣王溥偉為文詳誌始末并補錄成邸詩文於卷
尾此近世授受源流之大略也或疑純廟留情翰墨
凡秘府所儲名賢墨妙靡不遍加品題弁萃成寶
刻冠以三希何乃快雪之前獨遺平原此帖顧愚
意揣之不難索解觀成邸手記明言為壽康宮
陳列之品宮在乾隆時為聖母憲皇后所居緣
其地屬東朝未敢指名宣索洎成邸以皇孫拜賜

宇相望頻歲過從嘗奇析異為樂無極今者鴻
寶來投蔚然為法書之弁冕墨緣清福殆非偶
然從此牙籤錦裹什襲珍藏且視在々處々有神
物護持永離水火蟲魚之厄使昔賢精魄長存
於尺幅之中與日月山河而並壽寧非幸歟
歲在戊寅正月下澣江安傅增湘識

此帖本末沅叔同年之跋言之詳矣顧尚有軼聞可補者
翁文恭日記辛巳十月初十於蘭翁處得見陸平原平復帖
手迹紙墨沈古筆法全是篆籀正如禿管鋪於絹上不見
起止之迹後有香光一跋而已前後宣和印安岐印張丑印
宗高宗題籤董香光籤成親王籤此卷為成哲親王分府
時其母太妃所手授故以詒晉名齋後傳至治貝勒貝勒
死今歸恭邸邸以贈蘭孫相國文恭所言如此辛巳為光
緒七年是在李文正處矣何以又歸恭邸詢之文正長公
子符曾侍郎始知帖留數月即以還邸故今仍自邸出也
伯駒屬為記此不使後之讀文恭日記者有所疑也惟
据詒晉齋詩帖為孝聖憲皇后遺賜而文恭言分府
時母太妃手授則傳聞之誤當為訂正戊寅九月武進趙
椿年識於北京漢魏五甎之館時年七十有一

高宗為徽宗之誤 叢碧

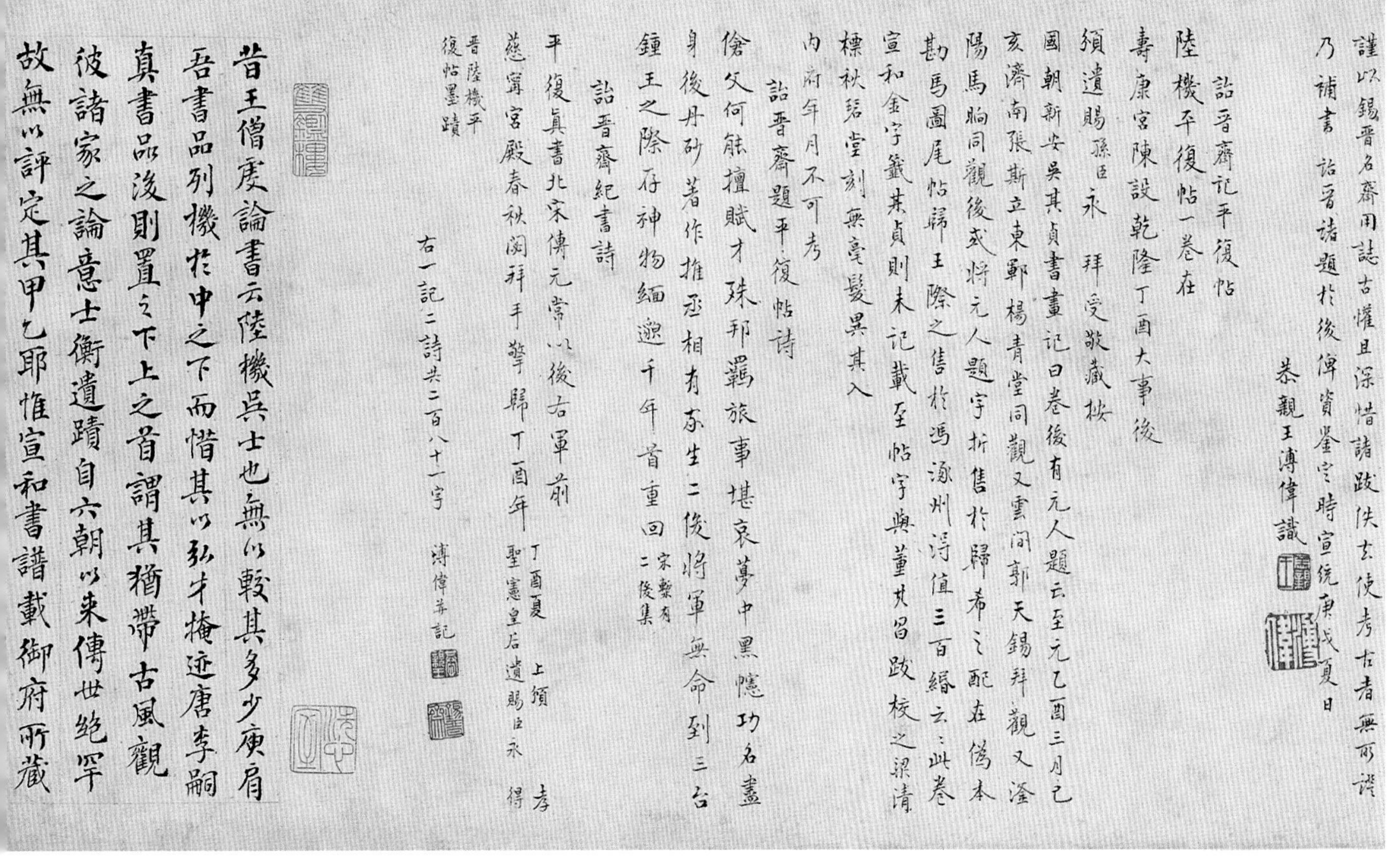
謹以錫晉名齋用誌古懽且深惜諸跋佚去使考古者無可證
乃補書 詒晉諸題於後俾資鑒定時宣統庚戌夏日
恭覲王溥偉識
詒晉齋記平復帖
陸機平復帖一卷在
壽康宮陳設乾隆丁酉大事後
須遺賜孫臣永 拜受敬藏按
國朝新安吳其貞書畫記曰卷後有元人題云至元乙酉三月己
亥濟南張斯立東鄆楊青堂同觀又雲間郭天錫拜觀又滏
陽馮胸同觀後試將元人題字折售於歸希之配在僞本
勘馬圖尾帖歸王際之售於馮涿州得值三百緡云云此卷
宣和金字籤朱貞則未記載至帖字與董其昌跋校之梁清
標秋碧堂刻無毫髮異其入
內府年月不可考
詒晉齋題平復帖詩
傖父何能擅賦才殊邦羈旅事堪哀夢中黑幰功名盡
身後丹砂著作推丞相有求生二陸將軍無命到三台
鍾王之際存神物緬邈千年首重回 宋犖有二陸集
詒晉齋紀書詩
平復眞書北宋傳元常以後右軍前
慈寧宮殿春秋閟拜手擎歸丁酉年 丁酉夏上須孝聖憲皇后遺賜臣永得
晉陸機平復帖墨蹟 右一記二詩共二百八十一字 溥偉草記
昔王僧虔論書云陸機吳士也無以較其多少庾肩
吾書品列機於中之下而惜其以弘才掩迹唐李嗣
眞書品後則置之下上之首謂其猶帶古風觀
彼諸家之論意士衡遺蹟自六朝以來傳世絕罕
故無以評定其甲乙耶惟宣和書譜載御府所藏

《平復帖》之三

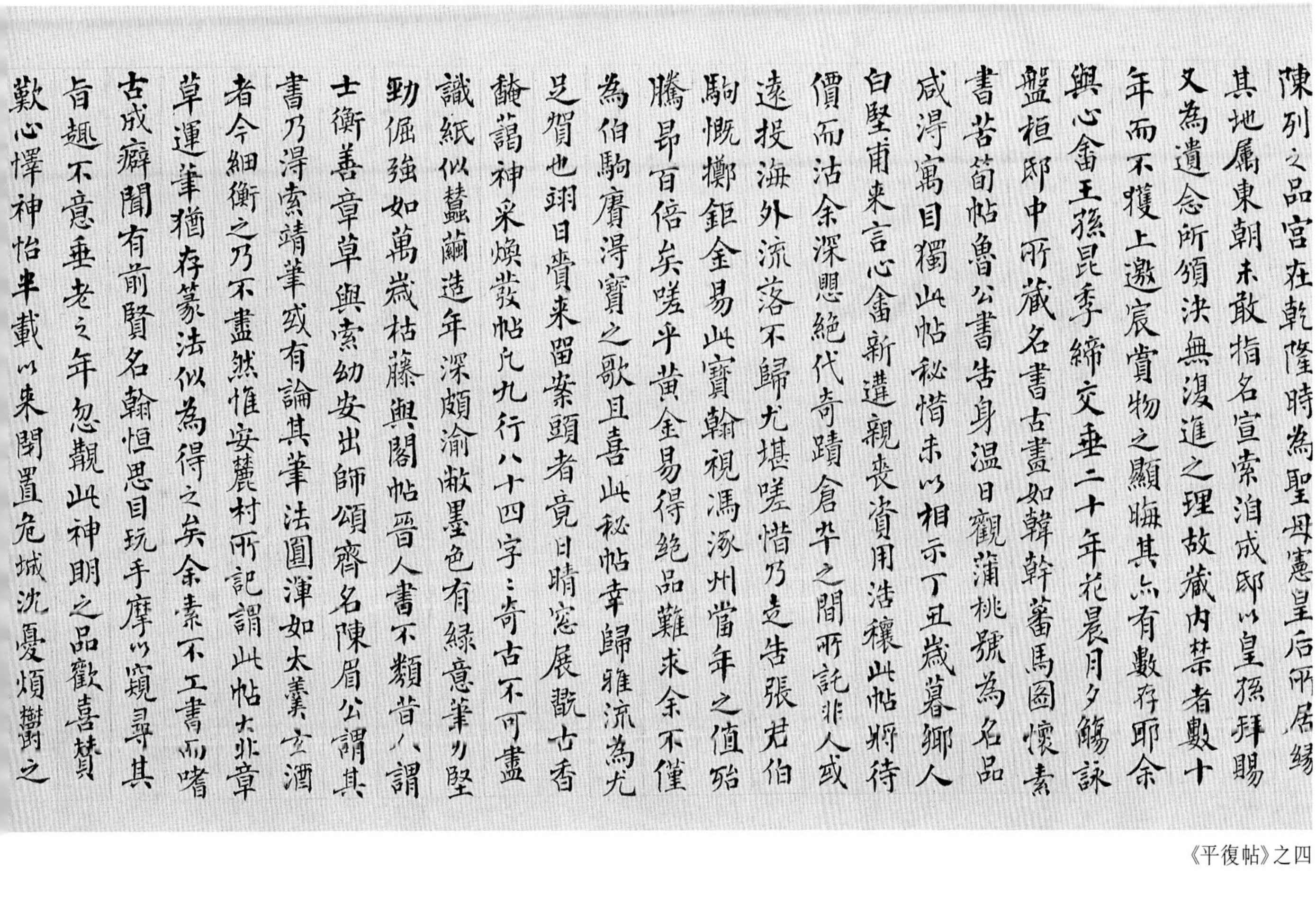
陳列之品宮在乾隆時為聖母憲皇后所居緣
其地屬東朝未敢指名宣索泊成邸以皇孫拜賜
又為遺念所頒決無復進之理故藏內禁者數十
年而不獲上邀宸賞物之顯晦其亦有數存耶余
與心畬王孫昆季締交垂二十年花晨月夕觴詠
盤桓邸中所藏名書古畫如韓幹蕃馬圖懷素
書苦筍帖魯公書告身溫日觀蒲桃號為名品
咸得寓目獨此帖祕惜未以相示丁丑歲暮鄉人
白堅甫來言心畬新遭親喪資用浩穰此帖將待
價而沽余深恐絕代奇蹟倉卒之間所託非人或
遠投海外流落不歸尤堪嗟惜乃走告張君伯
駒慨擲鉅金易此寶翰視馮涿州當年之值殆
騰昂百倍矣嗟乎黃金易得絕品難求余不僅
為伯駒賡得寶之歌且喜此祕帖幸歸雅流為尤
足賀也翊日賫來留案頭者竟日晴窗展翫古香
馣藹神采煥發帖凡九行八十四字字奇古不可盡
識紙似藍繭造年深頗渝敝墨色有綠意筆力堅
勁倔強如萬歲枯藤與閣帖晉人書不類昔人謂
士衡善章草與索幼安出師頌齊名陳眉公謂其
書乃得索靖筆或有論其筆法圓渾如太羹玄酒
者今細衡之乃不盡然惟安麓村所記謂此帖大非章
草運筆猶存篆法似為得之矣余素不工書而嗜
古成癖聞有前賢名翰恒思目玩手摩以窺尋其
旨趣不意垂老之年忽覩此神明之品歡喜贊
歎心懌神怡半載以來閉置危城沈憂煩鬱之

《平復帖》之四

2

謝安　行書中郎帖

晉
紙本　行書　信札　7行　65字
縱23.3厘米　橫25.7厘米
清宮舊藏

Zhong Lang Tie in running script
By Xie An, Jin Dynasty
Ink on paper
H. 23.3cm　L. 25.7cm
Qing court collection

謝安（320－385年），字安石，晉代陳郡陽夏（今河南太康）人。任吳興太守、吏部尚書。淝水之戰，為征討大都督，破秦軍後，以功進拜太保。善書，唐代李嗣真《書後品》讚曰："縱任自在，有螭盤虎踞之勢"。

此帖又稱《八月五日帖》，本幅左邊可見南宋高宗"德壽"小璽。根據此帖璽印及紙、墨，當屬南宋紹興御書院所臨摹的古帖。米芾有《謝帖讚》云："山林妙寄，巖廓英舉。不錄不羲，自發淡古。"今見謝安書迹還有《悽悶帖》、《六月廿日帖》（《淳化閣法帖》）、《八月五日帖》（《寶晉齋法帖》）。

帖後有宋張逸、陸琰觀款，璿政和明代王鏊、焦竑、張英題跋。

鑑藏印記："德壽"（朱文）、"吳楨"（朱文）、"黃琳美之"（朱文）、"琳印"（白文）、"新安吳廷"（白文）、"許叔次家藏"（白文）、"楊嘉"、"堵氏"（白文半方）、"許"（白文）、"叔次氏"（白文）、"□單"（白文半方）、"吾衍"（白文半方），乾隆、宣統內府諸印，"蒼巖子"（朱文）、"觀其大略"（白文）等。

本幅為原大。

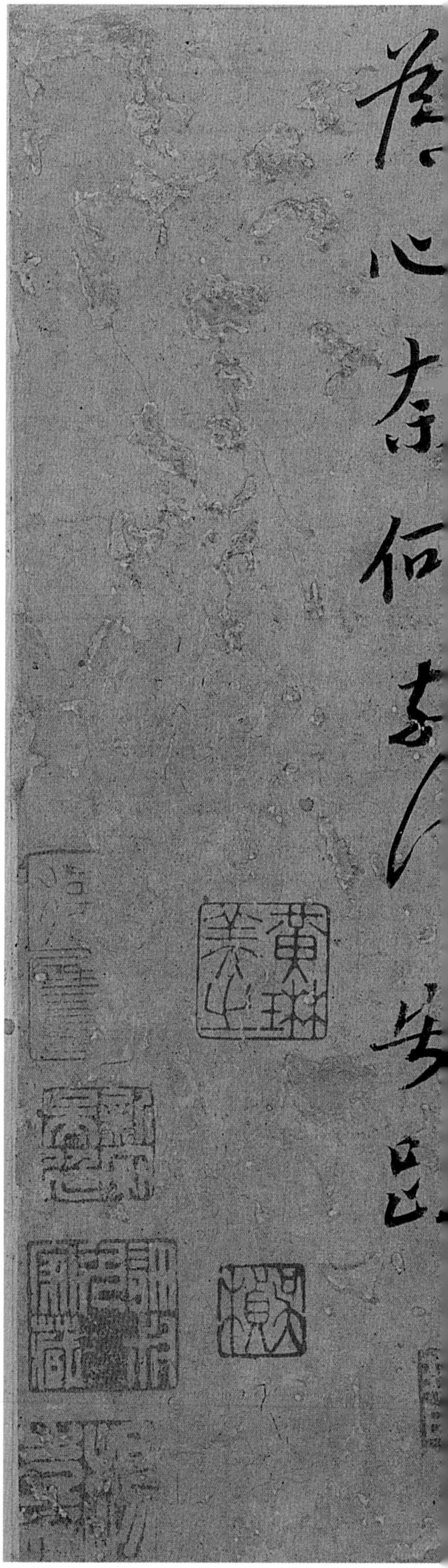

釋文：
八月五日告淵、朗、廓、攸、靖、玄、允等。何圖酷禍暴集，中郎奄至逝沒。哀痛崩慟，五情破裂，不自堪忍，痛當奈何，當復奈何。汝等哀慕斷絕，號咷深至，豈可為心。奈何，奈何。安疏

八月五日告淵朗廓攸靖玄
允等何圖禍舋集中
郎奄至逝沒哀痛摧慟
五情破裂不自堪忍痛
當奈何當復奈何汝等哀
慕斷絕號咷不可忍言

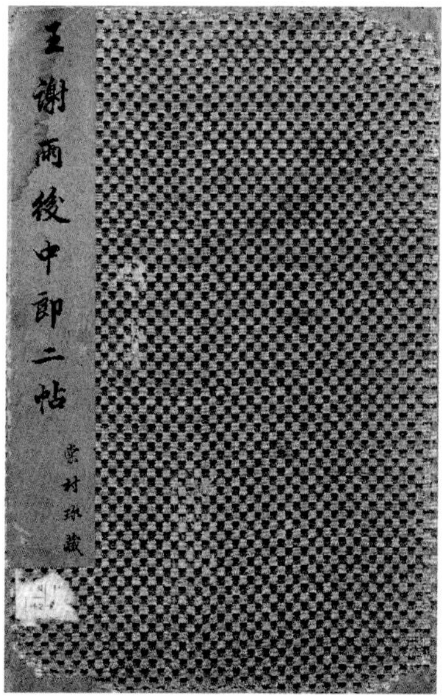

《中郎帖》之一

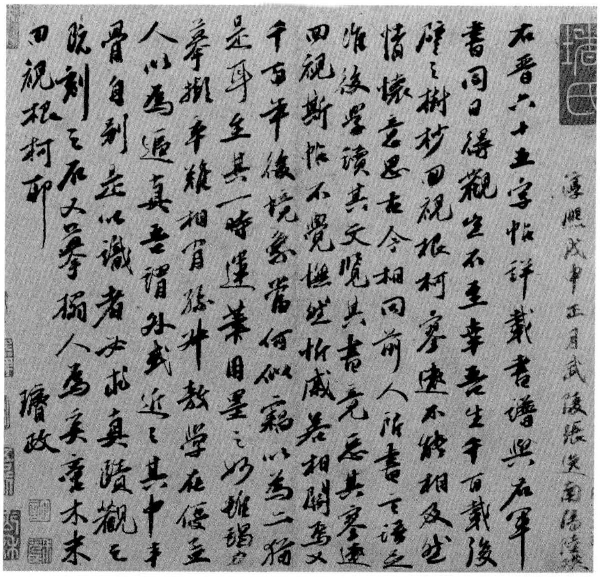

《中郎帖》之二

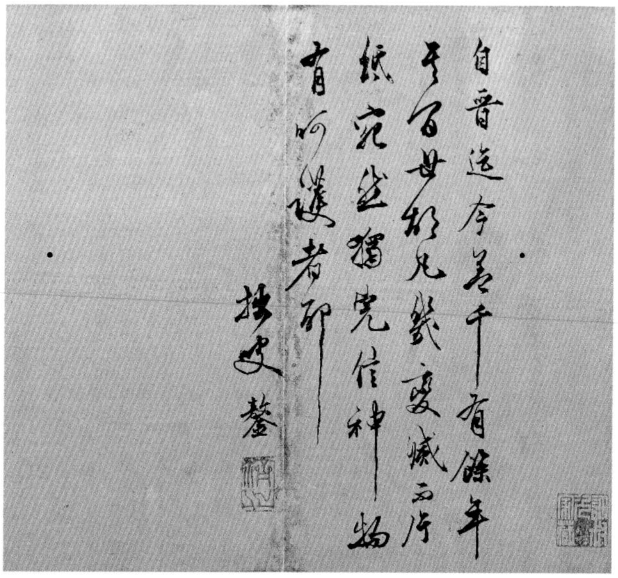

《中郎帖》之三

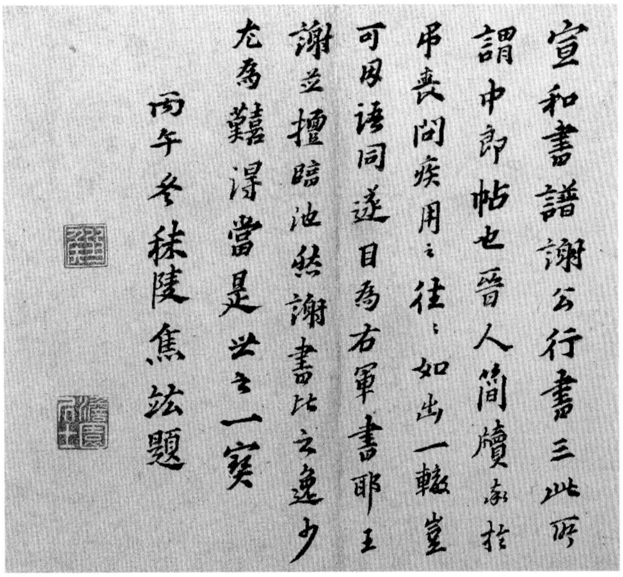

《中郎帖》之四

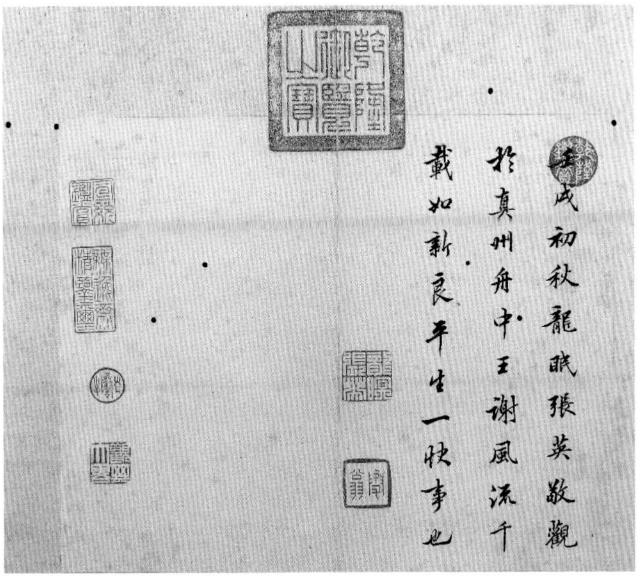

《中郎帖》之五

3

王羲之　行草書雨後帖

晉
紙本　行草書　信札　5行　44字
縱25.7厘米　橫14.9厘米
清宮舊藏

Yu Hou Tie in running script
By Wang Xizhi, Jin Dynasty
Ink on paper
H. 25.7cm　L. 14.9cm
Qing court collection

王羲之（303－361年，或作321－379年），字逸少，晉時瑯琊臨沂（今山東臨沂）人。曾官右軍將軍，因此後世又稱"王右軍"。少時學衛夫人書，後見前代名家法帖，博採眾長，一變漢魏樸質書風，創妍美流便之體，有"書聖"之稱。

此帖最早見於清代安岐《墨緣彙觀·法書繼錄》："雨後帖，草書，紙本，唐模，有'世南'墨印。"今鑑定家認為：清代以前鈐印中除"紹興"小璽外皆不真；書法確有沉雄古雅之氣，但與《姨母》、《喪亂》諸帖和《蘭亭序》對比，相去較遠；墨色有濃淡變化，同運筆的啟收、頓挫轉折的徐疾和用力相吻合，無勾摹痕迹，因此，帖是古臨寫本。該帖所用細橫簾紋竹紙在唐以前不會有，因此，書寫年代在北宋至南宋紹興年以前。

古人所稱"真迹"有兩種含義：一是原迹，以別於臨摹；一是墨迹，以別於拓本。南宋岳珂《寶真齋法書讚》稱唐摹晉人帖謂"真迹"，就是指後一種含義。

此帖署款"羲之"，一草押不識，又"禹民"二字題名。帖後有元代鄧文原，明代董其昌題跋各一段，鄒之麟題跋兩段。

鑑藏印記："世南"、"貞觀"（畫描墨印），"四代相印"（朱文，偽）、"志東奇玩"（朱文，偽）、"紹興"（朱文連珠），清乾隆、嘉慶、宣統內府諸印。

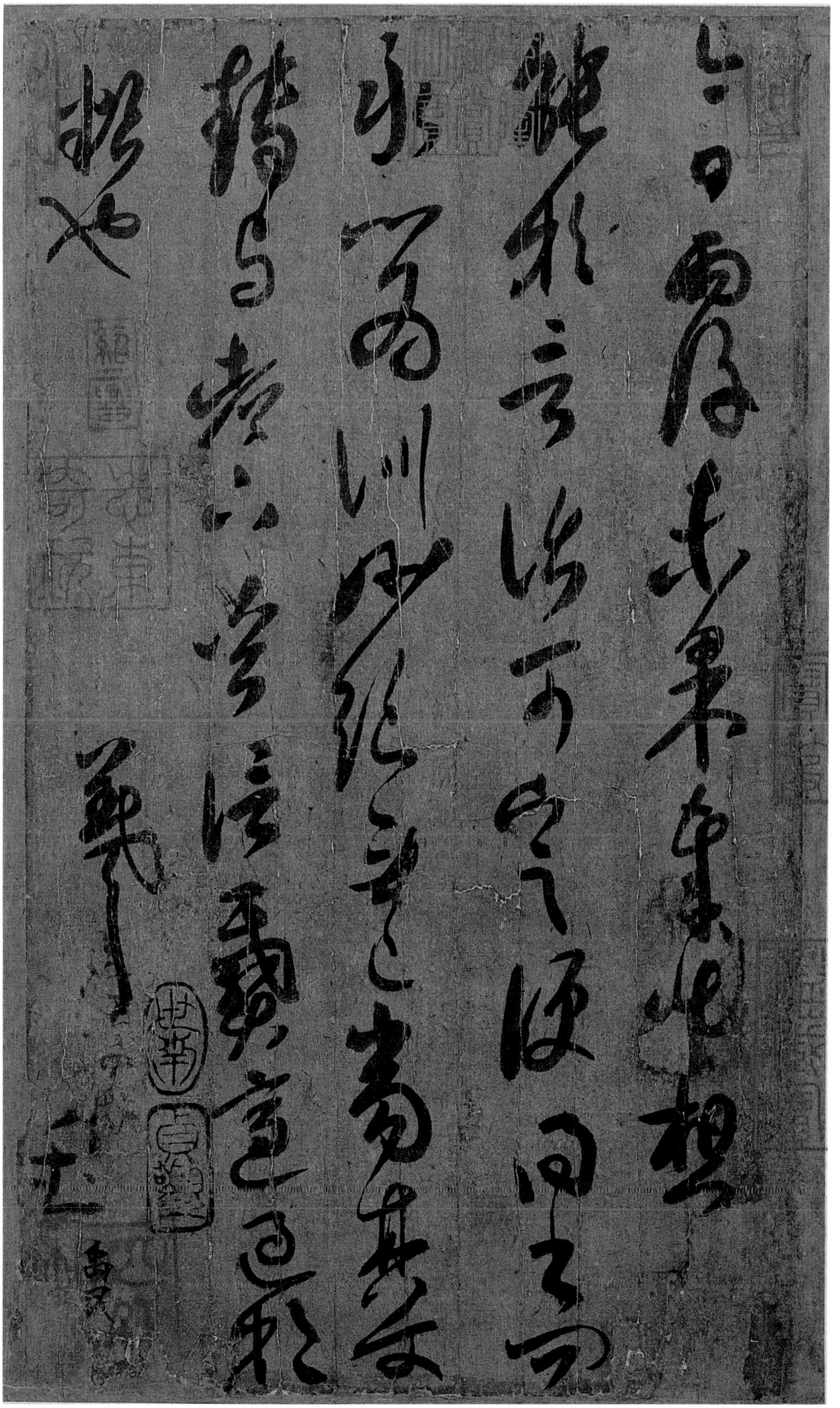

釋文：
今日雨後未果奉狀，想□
能於言話，可定便得書問，
永以為訓。絕妙無已，當其使
轉。與都下□信，戴適過於
□也。羲之

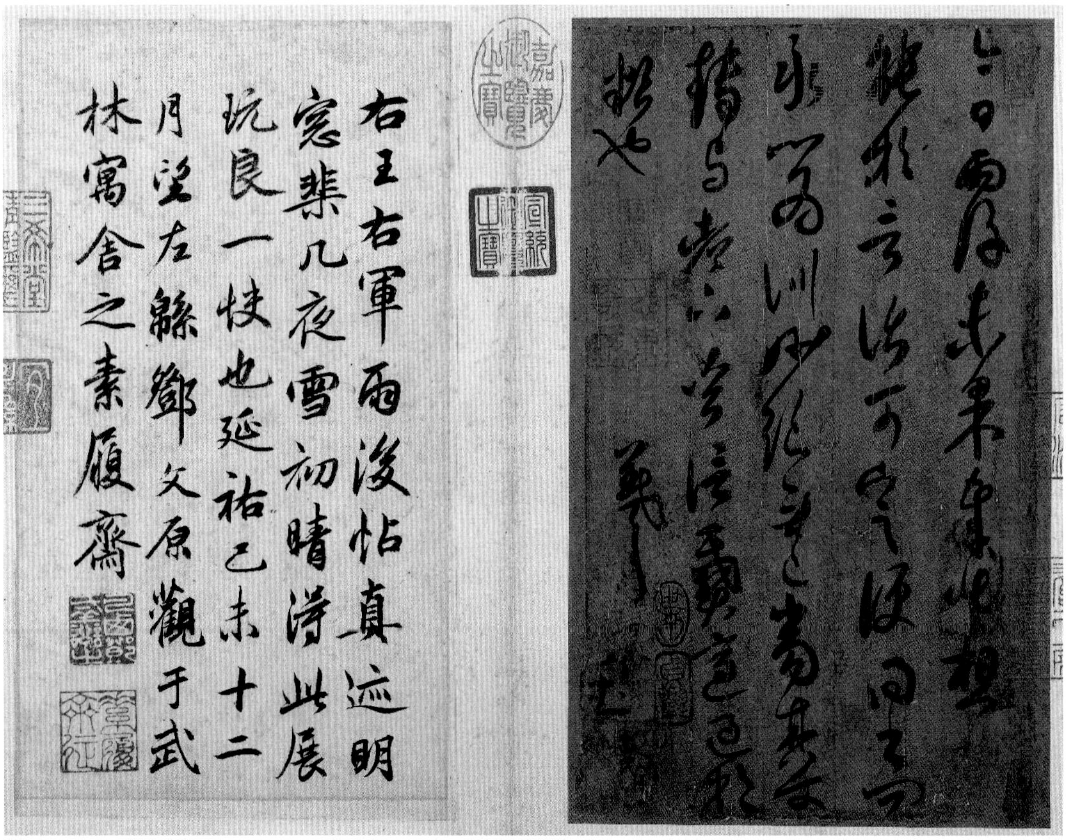

《雨後帖》之一

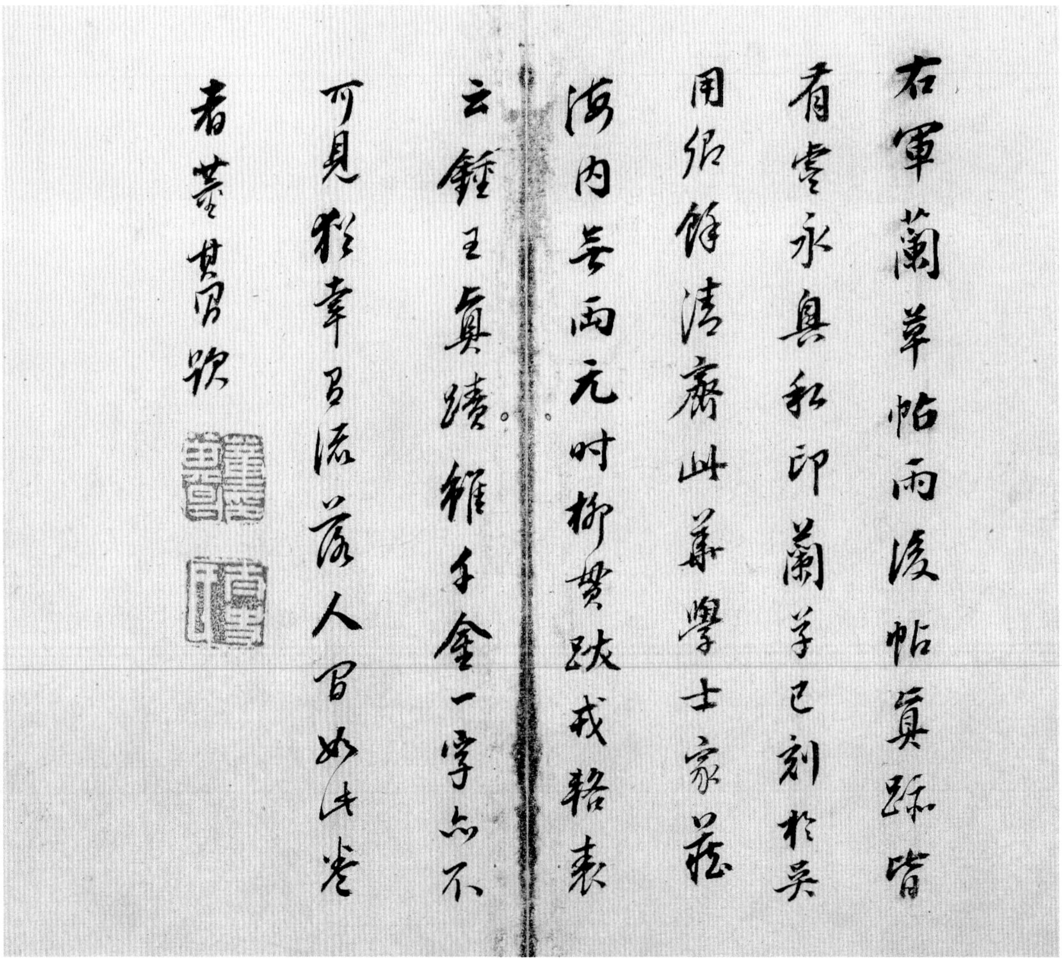
《雨後帖》之二

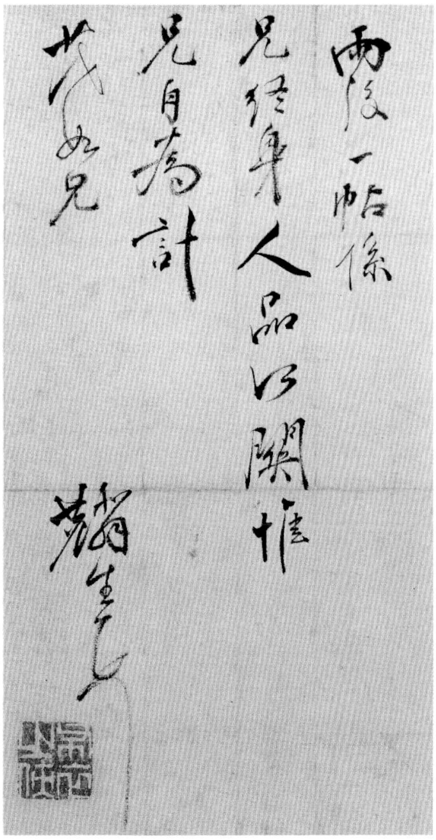

《雨後帖》之三

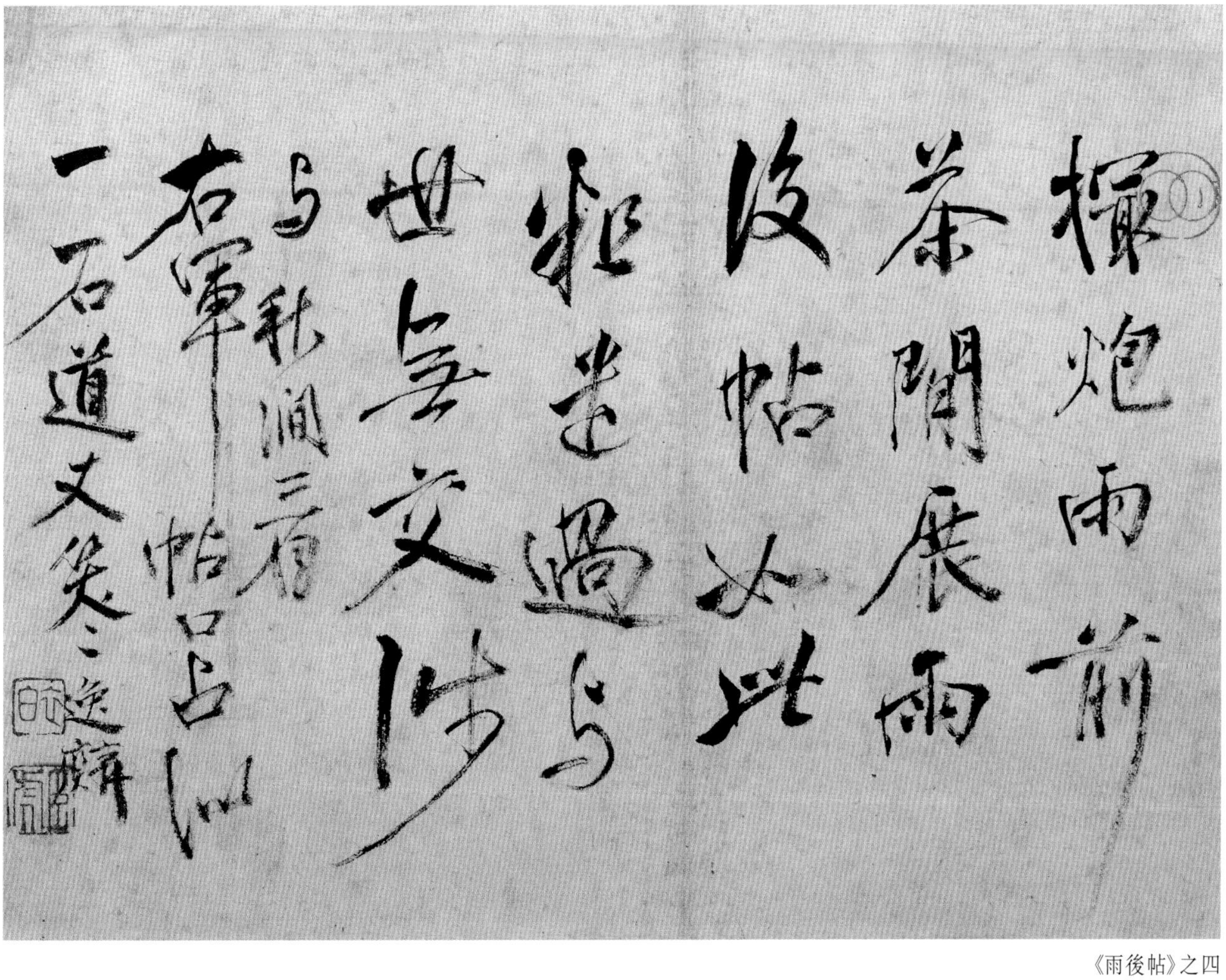

《雨後帖》之四

4

王獻之　行書東山松帖

晉
紙本　行書　4行　33字
縱22.8厘米　橫22.3厘米
清宮舊藏

Dong Shan Song Tie in running script
By Wang Xianzhi, Jin Dynasty
Ink on paper
H. 22.8cm　L. 22.3cm
Qing court collection

王獻之(343－387年)，字子敬，小名官奴，王羲之第七子。累遷建威將軍、吳興太守，至中書令，人稱王大令。書精諸體，尤以行草擅名。與父並享書名，史稱“二王”。

帖為斷札，有四字磨滅，歷來釋文至多二十九字。文中“埭”(dai，讀帶)即堵水的土堤。“東山松更送八百”，意思是再需植松八百棵作護堤、美化之用。此帖下筆婆娑，百態橫生，蕭散秀異。獻之傳世墨迹除本書二帖外還有《鴨頭丸帖》、《二十九日帖》、《新婦地黄帖》等。獻之少年時就對父親說：“古之章草未能弘逸”，“大人宜改體”。(張懷瓘《書議》)他自己寫今草妍美流便，比其父更有過之。於是在南朝百餘年間出現了重獻之輕羲之的情形。

鑑藏印記：南宋“紹興”(朱文連珠)、“內府書印”(朱文)、“機暇清玩之印”(朱文)，明代文徵明、劉承禧、吳廷，清代曹溶等印。原有清乾隆內府諸印和題語，現已被刮去。

本幅為原大。

釋文：
新埭無乏，東山松更送八百，敘奴□已到，汝等慰安之，使不失所。□□□給，勿更須報。

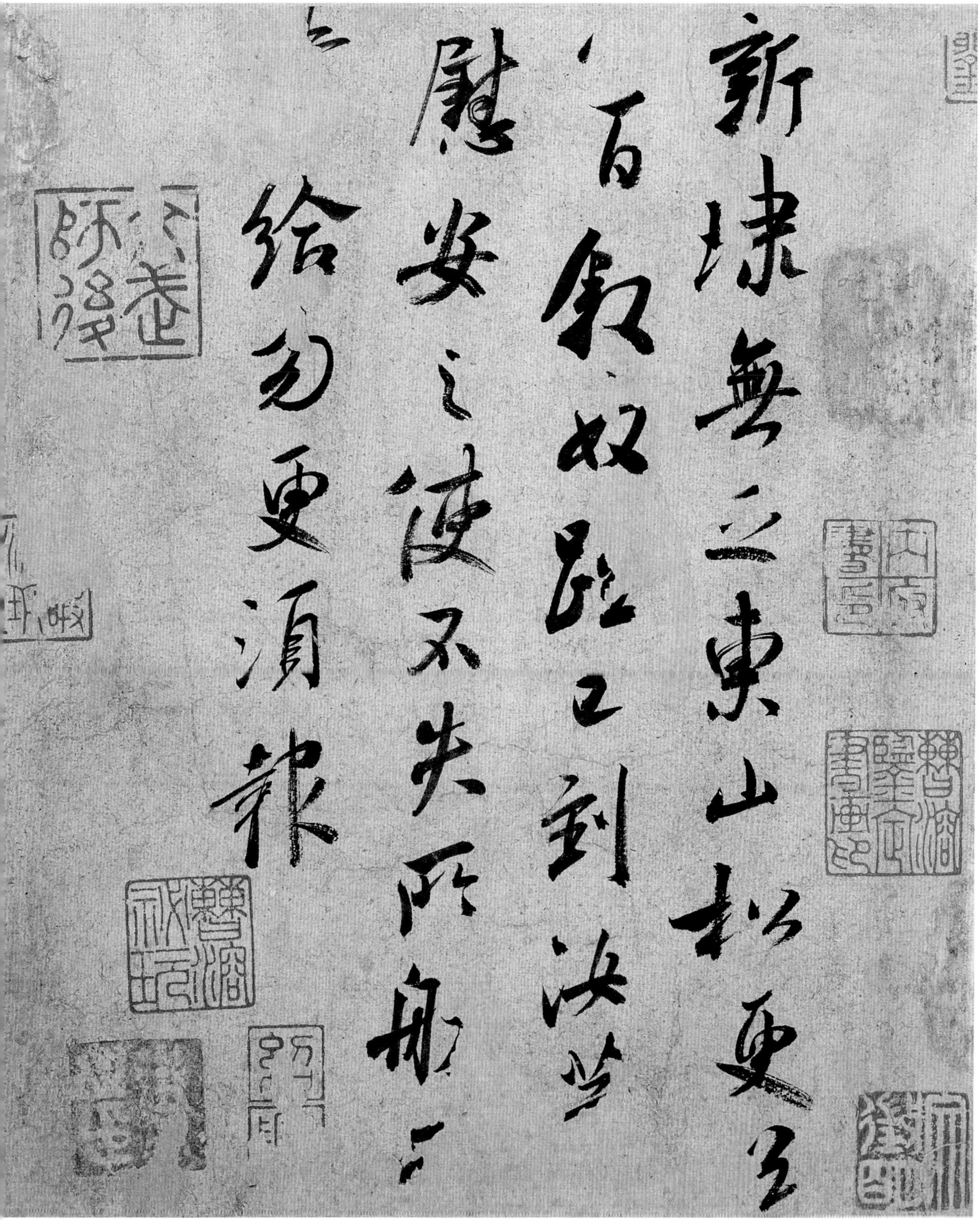

新埭無二東山松更三
百斛奴跪已到汝些
慰安之使不失所稱二
給句更須隸

5

王獻之　行書中秋帖

晉
紙本　行書　3行　22字
縱27厘米　橫11.9厘米
清宮舊藏

Zhong Qiu Tie in running script
By Wang Xianzhi, Jin Dynasty
Ink on paper
H. 27cm　L. 11.9cm
Qing court collection

《中秋帖》為宋代米芾據王獻之《十二月割帖》的不完全臨本。原帖“中秋”之前還有“十二月割至不”六字，為米芾所藏，後刻入《寶晉齋法帖》。此帖用竹料紙寫成，這種紙到宋代才流行，不可能為獻之所用。筆迹流悍，情馳神縱，有若風行雨散，潤色開花。米芾是二王的繼承者和精鑑家，他說小王“運筆如火筋劃灰，連屬無端末，如不經意，所謂一筆書。”(《書史》)將《中秋帖》與《十二月割帖》相比較，不難看出經米芾“不經意”的臨仿，其“火筋劃灰”、“一筆書”皆昭昭然。

清乾隆帝欣賞王羲之《快雪時晴帖》、獻之《中秋帖》和王珣《伯遠帖》，合稱“三希”，珍藏於宮內三希堂中。民國時溥儀將後兩帖攜出，流散民間，1951年自香港購回。

帖左下邊有小正書“君倩”二字，卷前引首乾隆行書題“至寶”兩字及題記一段，題簽“晉王獻之中秋帖”一行。卷後有明代董其昌、項元汴，乾隆題跋，當中附乾隆、丁觀鵬繪畫各一。

鑑藏印記：“宣和”(朱文半方)、“御書”(朱文葫蘆)、“紹興”(朱文連珠)、“弘文之印”(朱文)、“賢志主人”(白文)、“廣仁殿”(朱文)，又明代項元汴、吳廷，清乾隆、嘉慶內府，近人郭葆昌諸印。

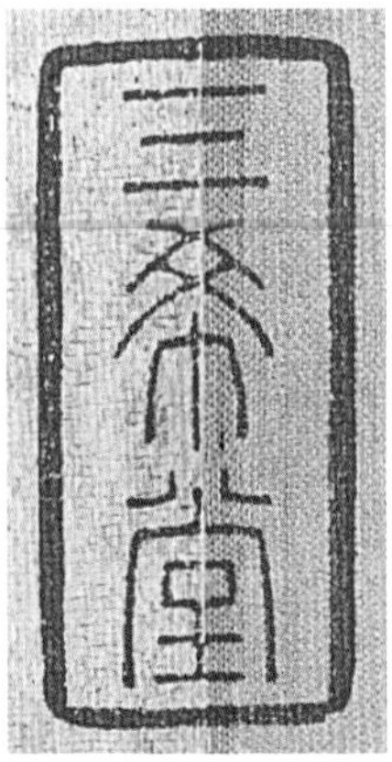

釋文：
中秋不復不得相還
為即甚省如何然勝
人何慶等大軍

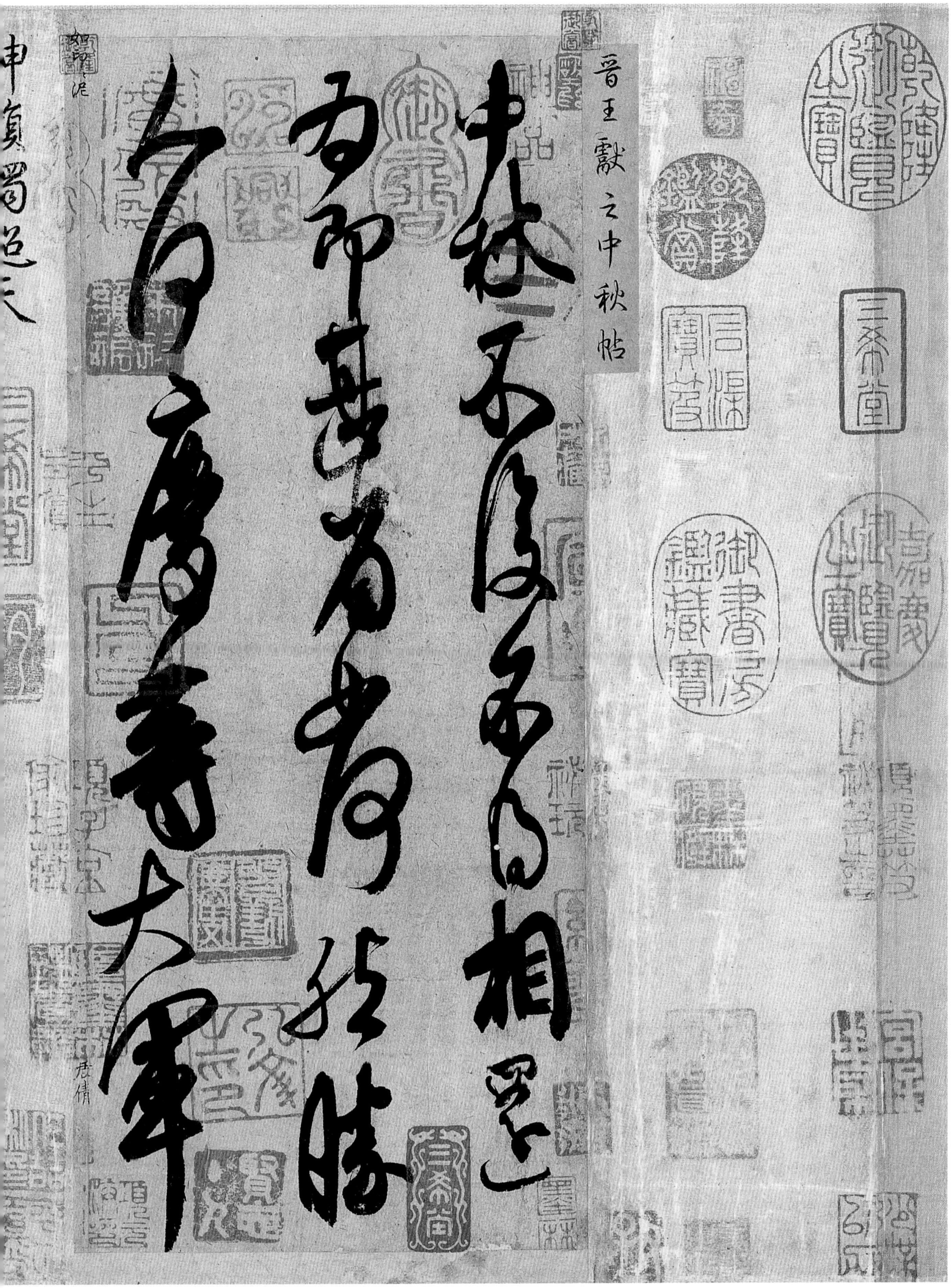
晉王獻之中秋帖

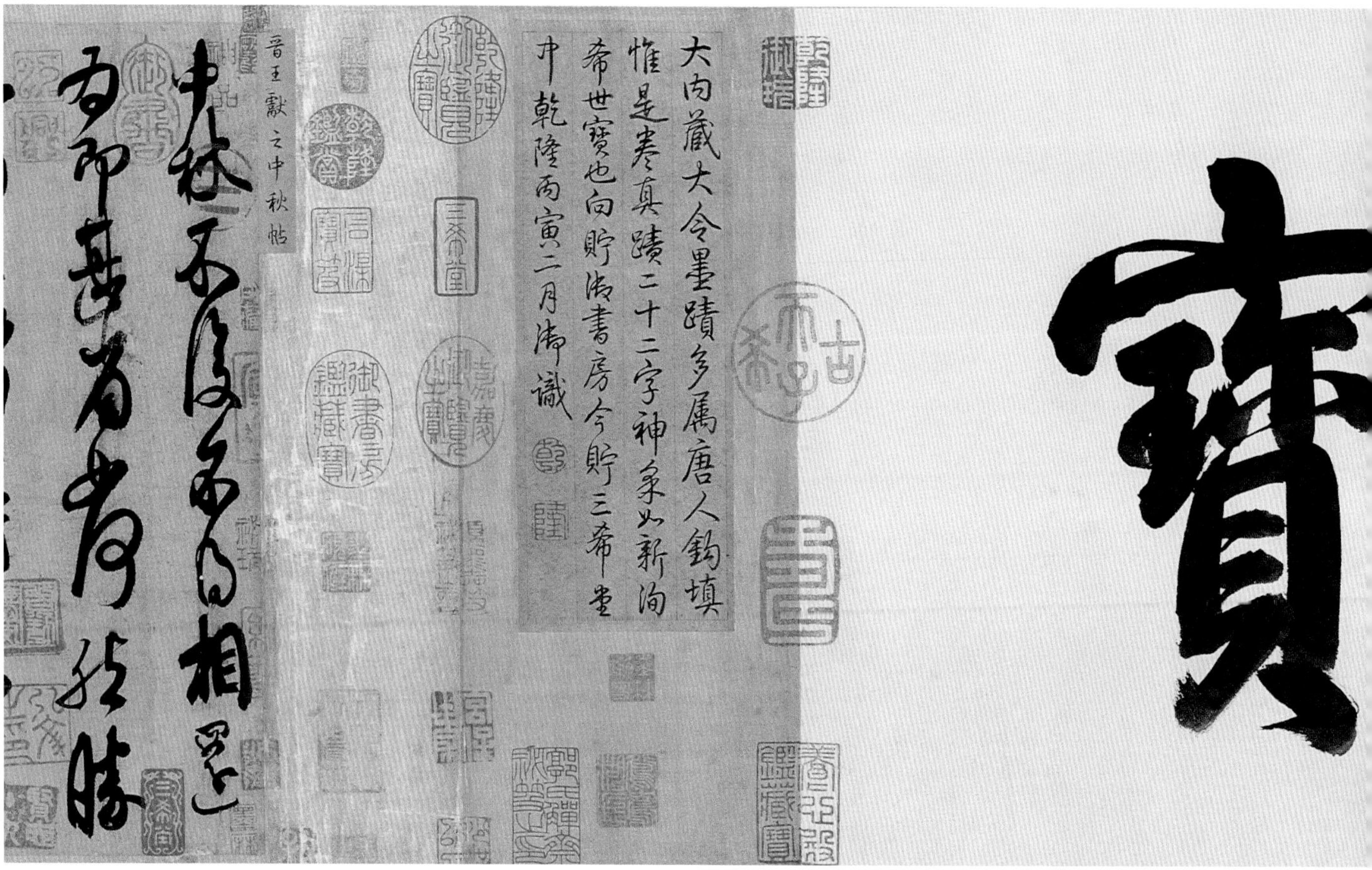
寶
大內藏大令墨蹟多屬唐人鉤填惟是卷真蹟二十二字神采如新洵希世寶也向貯御書房今貯三希堂中乾隆丙寅二月御識
晉王獻之中秋帖

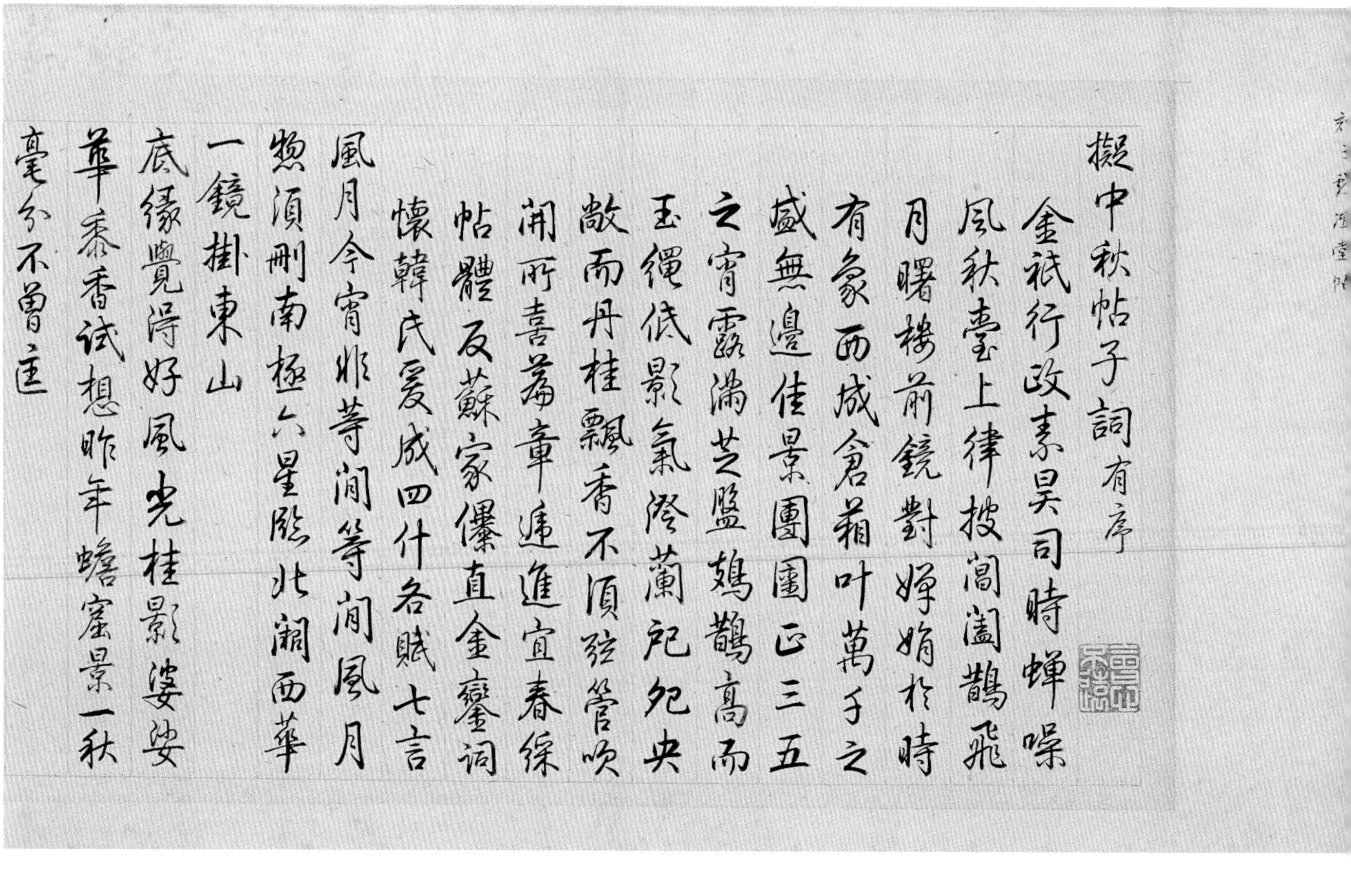
擬中秋帖子詞有序
金祇行政素昊司時蟬噪風秋臺上律披閶闔鵲飛月曙樓前鏡對嬋娟於時有象西成倉箱叶萬千之盛無邊佳景團圓正三五之宵露滿芝盤鳷鵲高而玉繩低影氣浮蘭苑兜央散而丹桂飄香不須弦管吹開所喜篇章進宜春綵帖體反蘇家儼直金鑾詞懷韓氏爰成四什各賦七言
風月今宵非等閒等閒風月煞須刪南極六星臨北澗西華一鏡掛東山
底緣覺得好風光桂影婆娑華黍香試想昨年蟾窟景一秋毫分不曾差

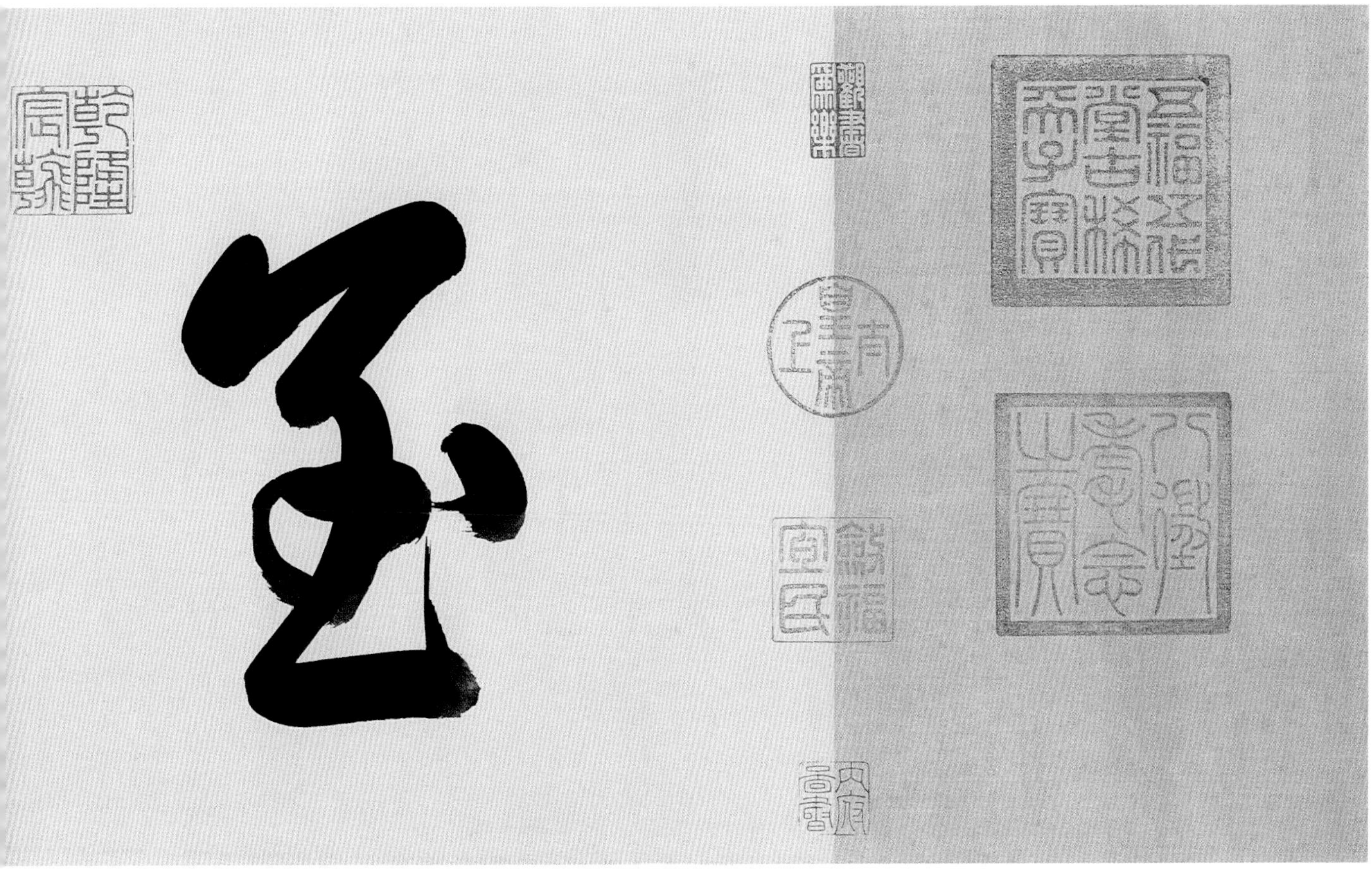

《中秋帖》之一

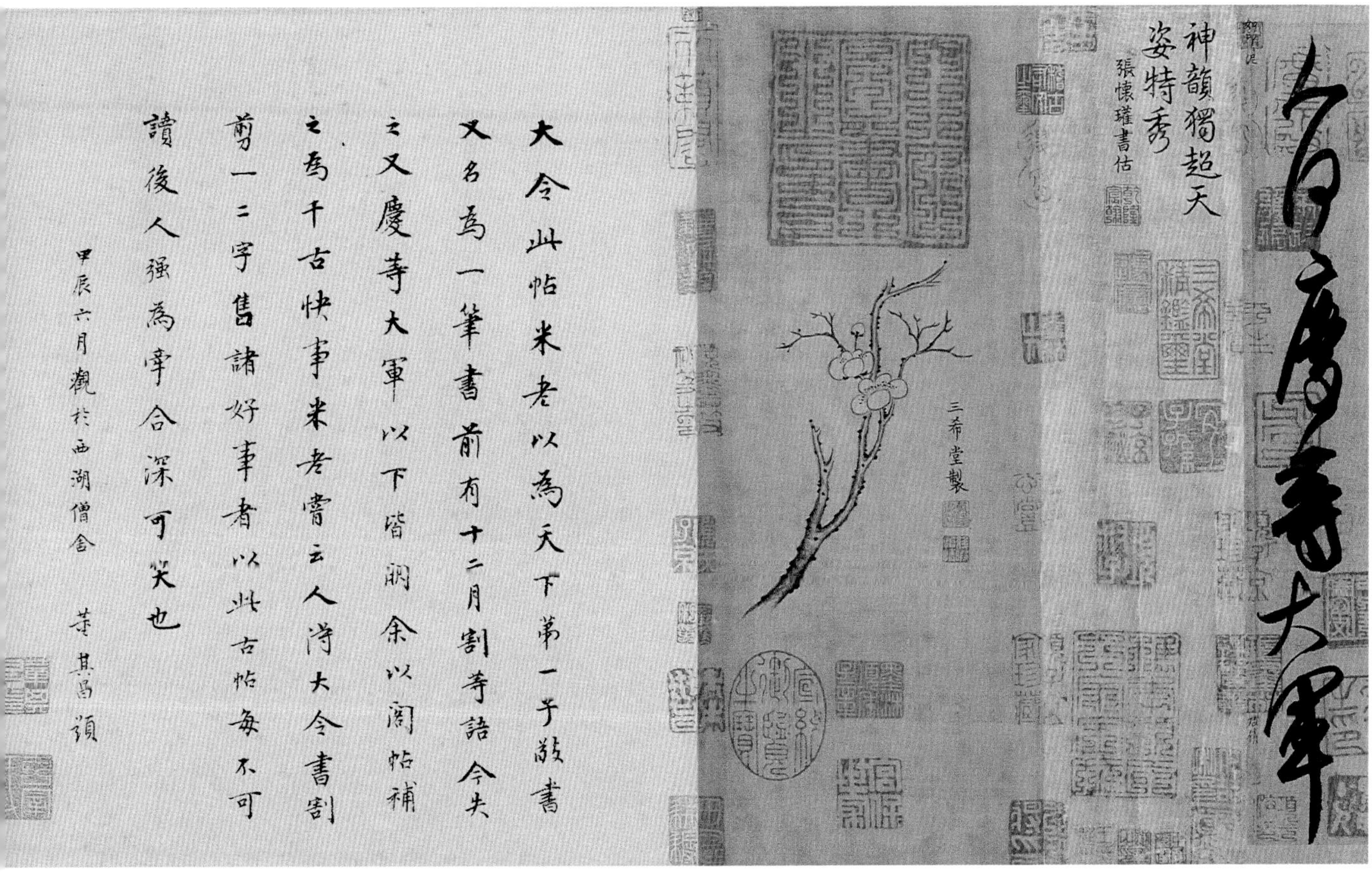
神韻獨超天姿特秀
張懷瓘書估
三希堂製
大令此帖米老以為天下第一子敬書又名為一筆書前有十二月割等語今失之又慶等大軍以下皆闕余以閣帖補之為千古快事米老嘗云人得大令書割剪一二字售諸好事者以此古帖每不可讀後人強為牽合深可笑也
甲辰六月觀於西湖僧舍 董其昌題

《中秋帖》之二

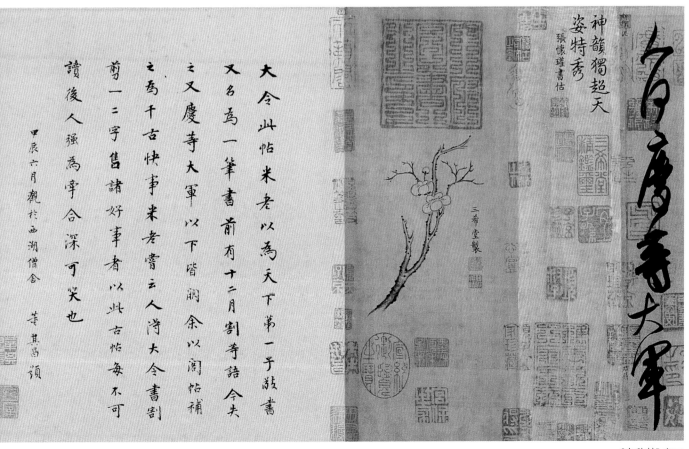

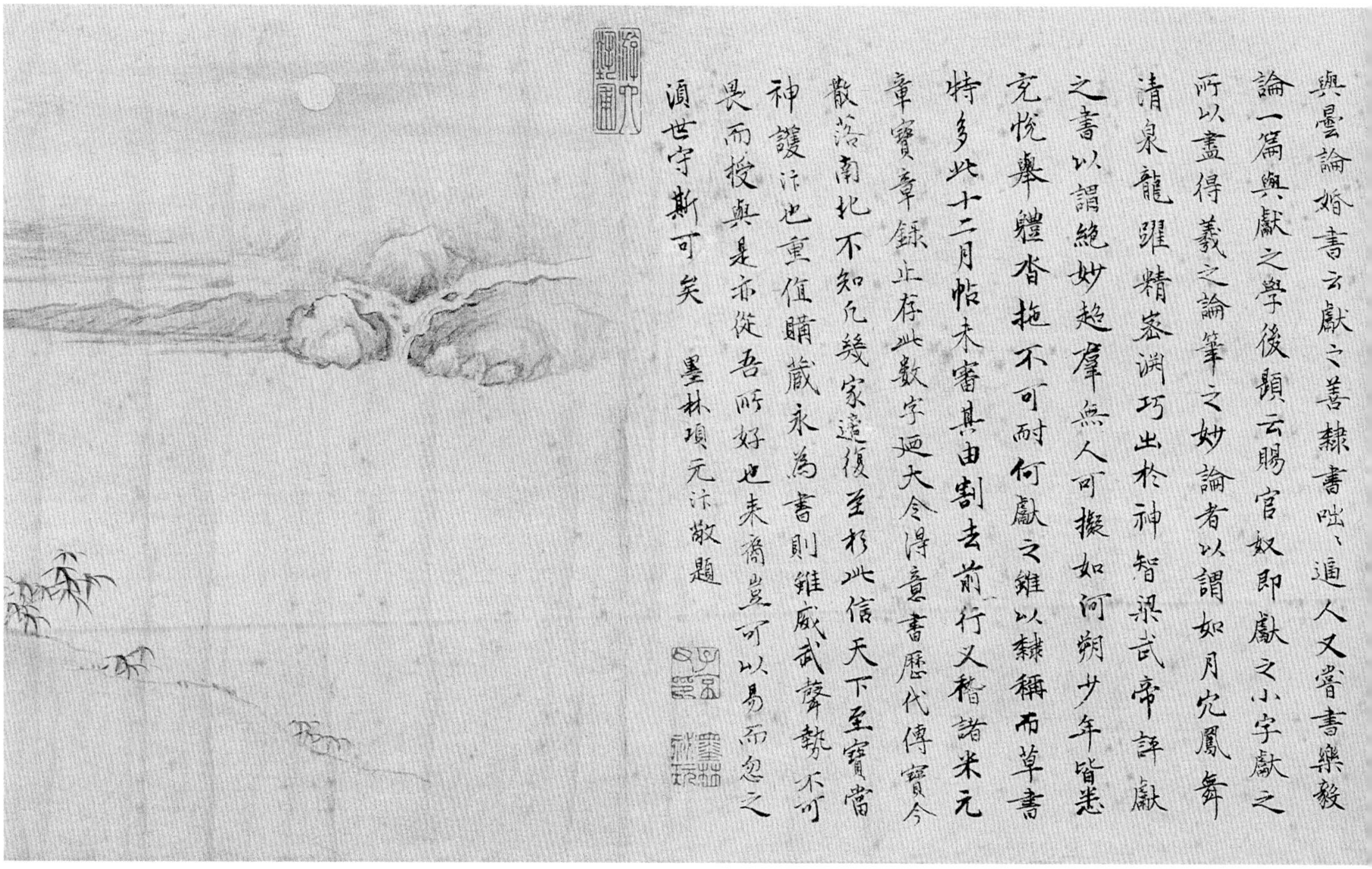
與曇論婚書云獻之善隸書咄咄逼人又嘗書樂毅
論一篇與獻之學後題云賜官奴即獻之小字獻之
所以盡得羲之論筆之妙論者以謂如月穴鳳舞
清泉龍躍精密淵巧出於神智梁武帝評獻
之書以謂絕妙超羣無人可擬如河朔少年皆悉
充悅舉體沓拖不可耐何獻之雖以隸稱而草書
特多此十二月帖未審其由割去前行又稽諸米元
章寶章錄止存此數字廼大令得意書歷代傳寶今
散落南北不知凡幾家遠復至於此信天下至寶當
神護汴也重值購藏永為書則雖威武聲勢不可
畏而授與是亦從吾所好也來裔豈可以易而忽之
須世守斯可矣
墨林項元汴敬題

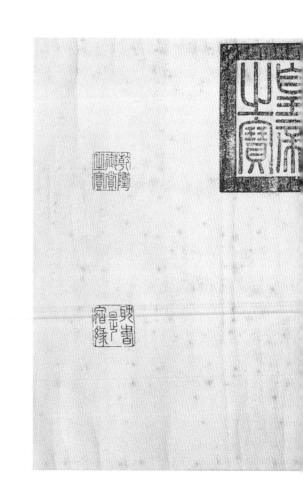

而高邁不羈風流蘊藉為一時之冠方學書次羲之容

晉王羲之字子敬羲之弟七子官至中書令清俊有美譽

毫分不曾逵

闤闠萬物騐素師圎餅雕瓜

入好詩太澱秋風激金轂不頊

重拓影蛾池

也讓秋試劎玉堂新事例㩁牋

璇霄珠露五雲樓可識春光

催進月詞頭

乾隆丙寅八月擬成此詞阮

命内廷詞臣屬和遞梅大今

中秋帖目錄於卷後隙此

良時實獲心賞並誌之以

紀幾餘雅興三希堂偶筆

《中秋帖》之三

乾隆丙寅春暮

賜觀王獻之中秋帖真蹟令臣觀鵬繪

圖卷尾秋色平分榜前賢

天題御陛此景伏維前賢女星重以

目眩星辰自娛鵡鷘真成貽譏

臣丁觀鵬恭記

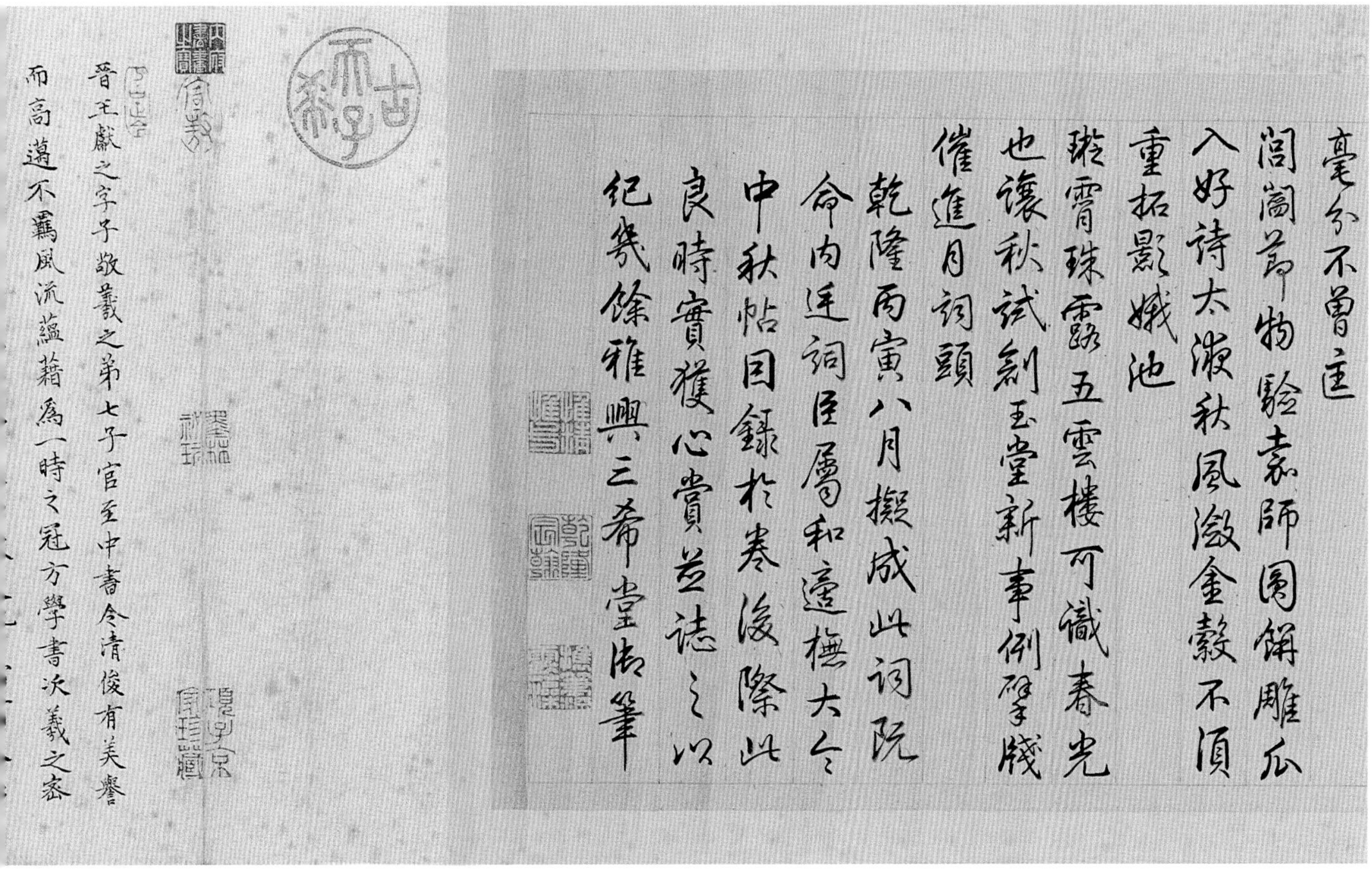

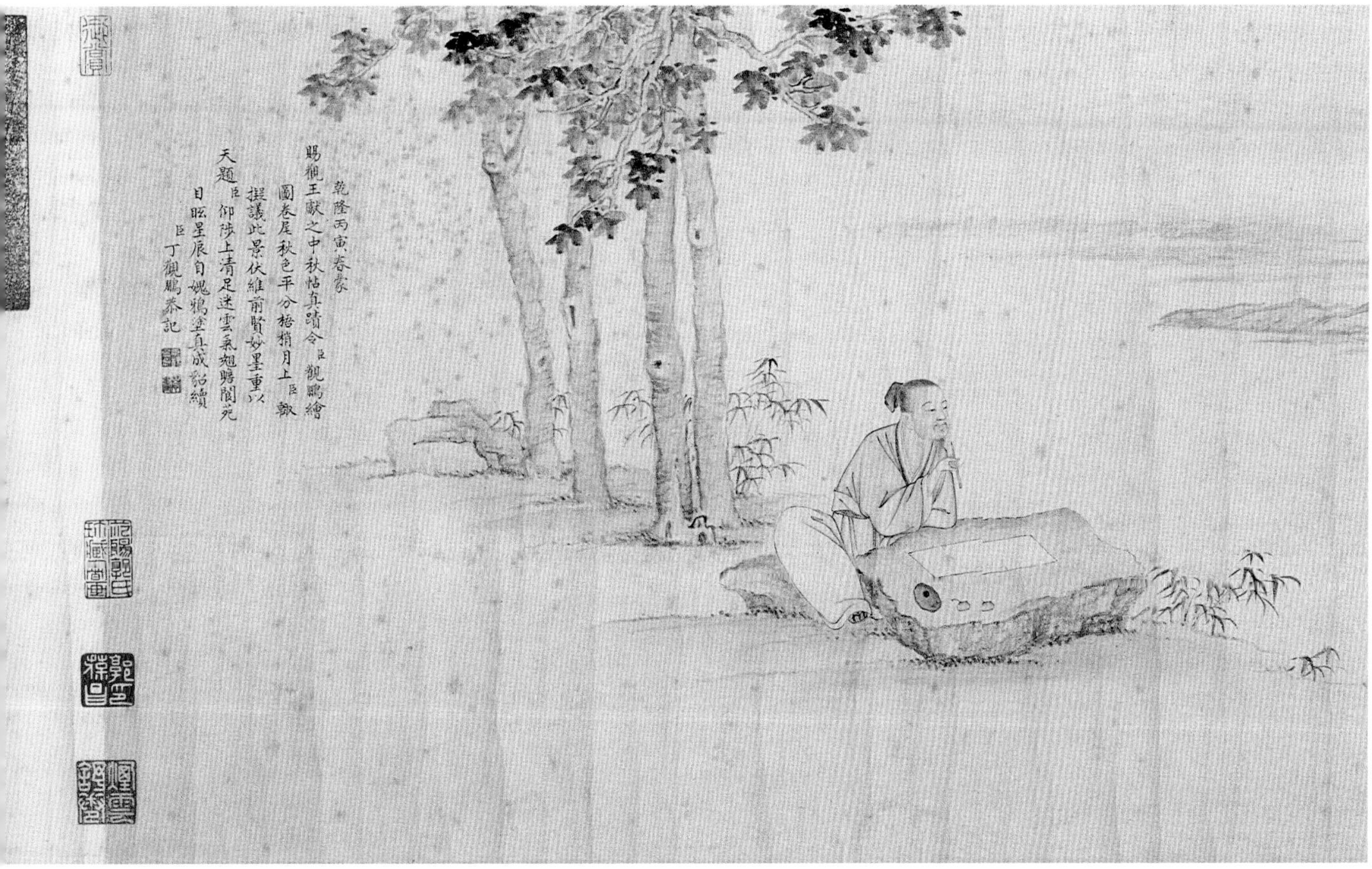

《中秋帖》之四

6

王珣　行書伯遠帖

晉
紙本　行書　書札　5行　47字
縱25.1厘米　橫17.2厘米
清宮舊藏

Bo Yuan Tie in running script
By Wang Xun, Jin Dynasty
Ink on paper
H. 25.1cm　L. 17.2cm
Qing court collection

王珣（349－400年），字元琳，小名法護，晉時琊琊臨沂（今山東臨沂）人。王羲之族侄，世代善書。受封東亭侯，累官輔國將軍、吳國內史、尚書僕射、尚書令等。以辭翰著稱，善行草，《宣和書譜》稱他"草聖"。

《伯遠帖》是王珣寫的一通信札，也是傳世晉人墨迹中唯一具有名款的真迹。行筆出入頓挫，鋒棱俱在；筆筆有濃淡變化，後筆過搭前筆處毫鋒重疊，筆順天成，絕無鈍滯之迹，落簡揮毫，字字顧盼，盡得優遊俊朗之風神。

王導、王洽、王珣三世以能書稱。張懷瓘《書斷》講："王逸少與從弟洽變章草為今草，韻媚婉轉，大行於世。"將《伯遠帖》放在羲之《喪亂》、《平安》帖下比觀，其言自明。

卷前引首清乾隆帝行書"江左風華"四字並題記三段，題簽"晉王珣伯遠帖"一行。卷後有明代董其昌、王肯堂，清乾隆（三段）、沈德潛題跋，又乾隆、董邦達繪畫並題記各一。

鑑藏印記：清乾隆、嘉慶、宣統內府諸印，"郭氏觶齋祕笈之印"（朱文）、"范陽郭氏珍藏書畫"（朱文）、"郭葆昌印"（白文）。

釋文：
珣頓首，頓首。伯遠勝業情期，羣從之寶，自以羸患。志在優遊，始獲此出，意不剋申，分別如昨，永為疇古。遠隔嶺嶠，不相瞻臨。

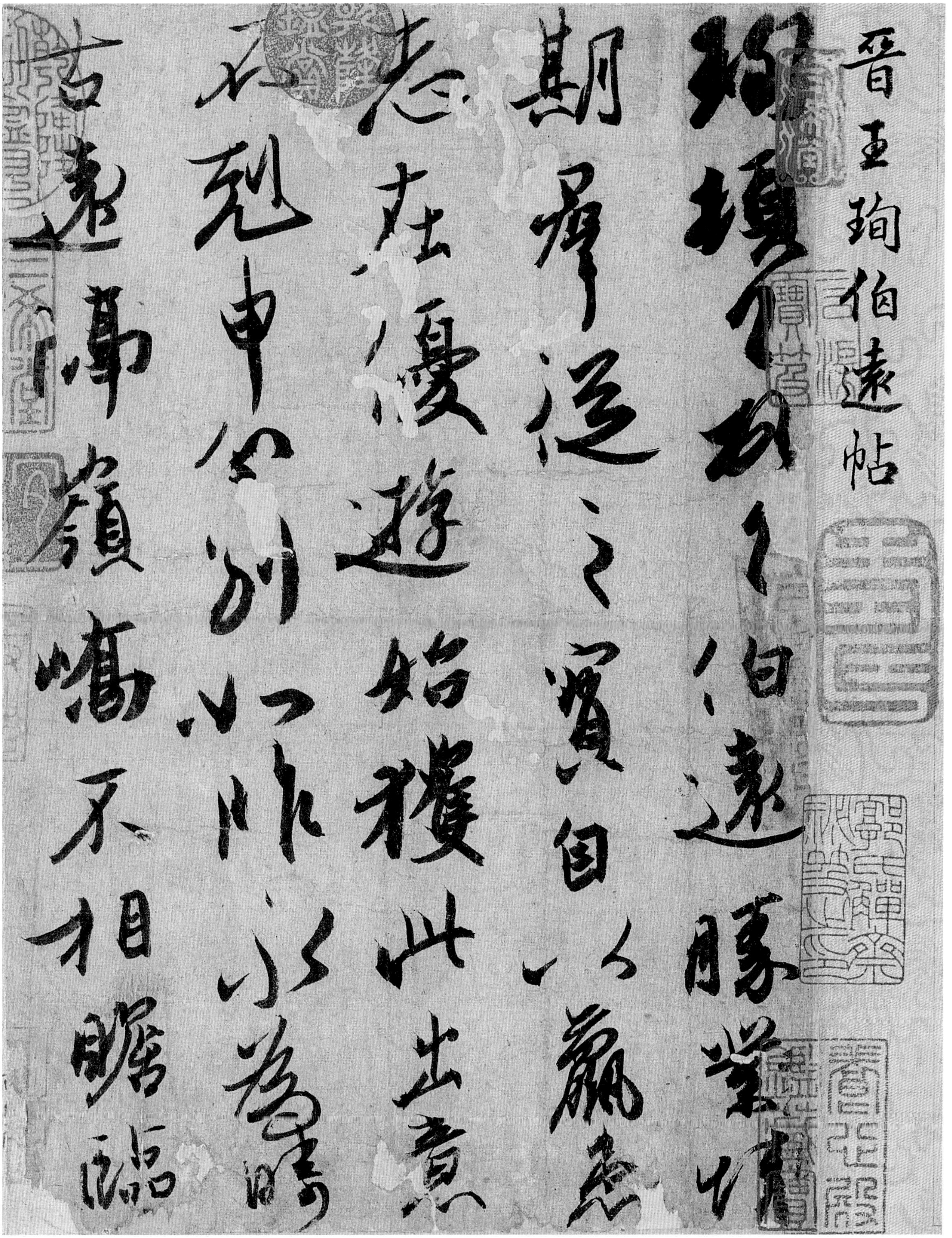
晉王珣伯遠帖
珣頓首頓首伯遠勝業情
期群從之寶自以羸患
志在優遊始獲此出意
不剋申分別如昨永為疇
古遠隔嶺嶠不相瞻臨

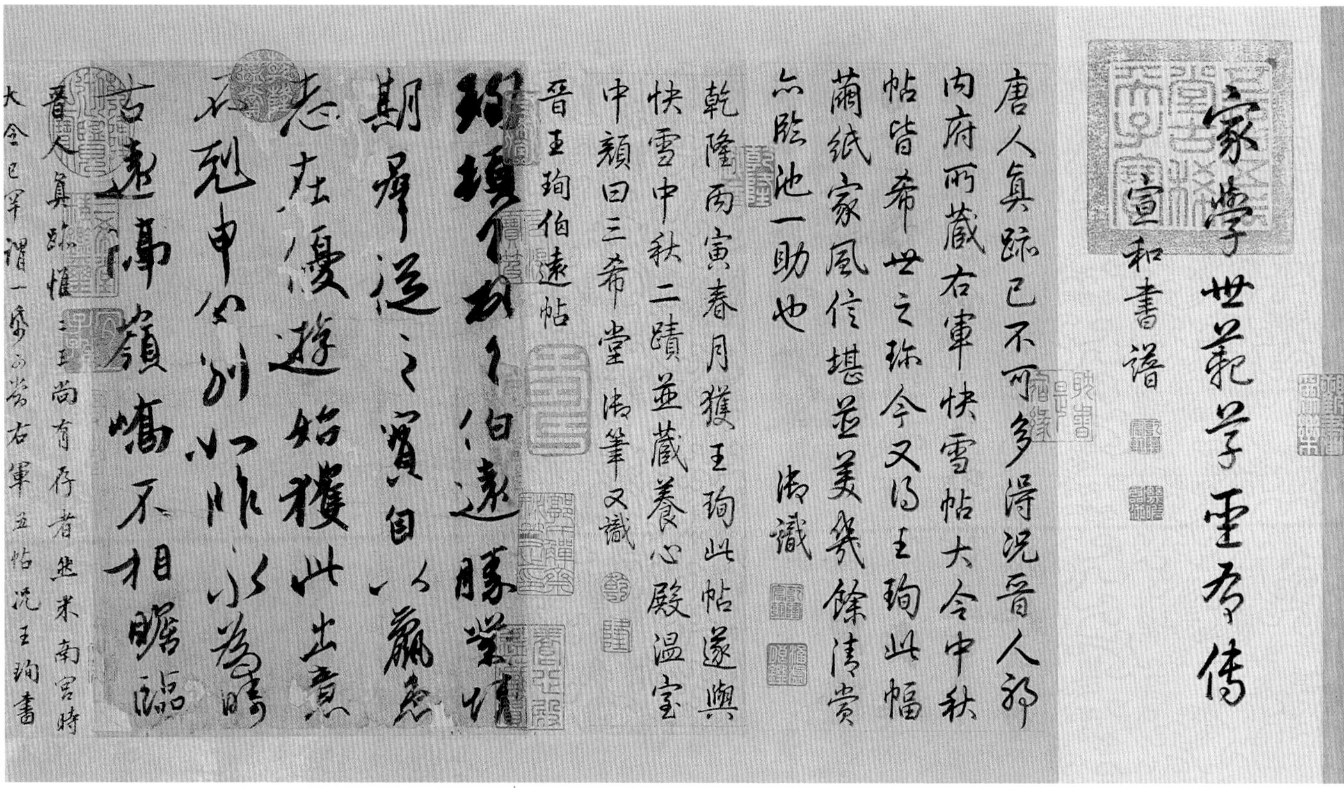
宣和書譜
唐人真跡已不可多得況晉人耶
內府所藏右軍快雪帖大令中秋
帖皆希世之珍今又得王珣此幅
繭紙家風信堪並美幾餘清賞
亦臨池一助也 御識
乾隆丙寅春月獲王珣此帖遂與
快雪中秋二蹟並藏養心殿溫室
中顏曰三希堂 御筆又識
晉王珣伯遠帖
珣頓首頓首伯遠勝業情
期群從之寶自以羸患
志在優遊始獲此出意
不剋申分別如昨永為疇
古遠隔嶺嶠不相瞻臨
晉人真跡惟二王尚有存者然米南宮時
大令已罕謂一紙可當右軍五帖況王珣書

謂是乙巳冬十二月至新安吳新宇中
秘出示留賞信宿書以歸之
延陵王肯堂

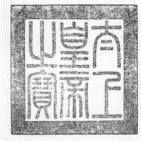

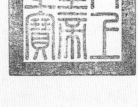

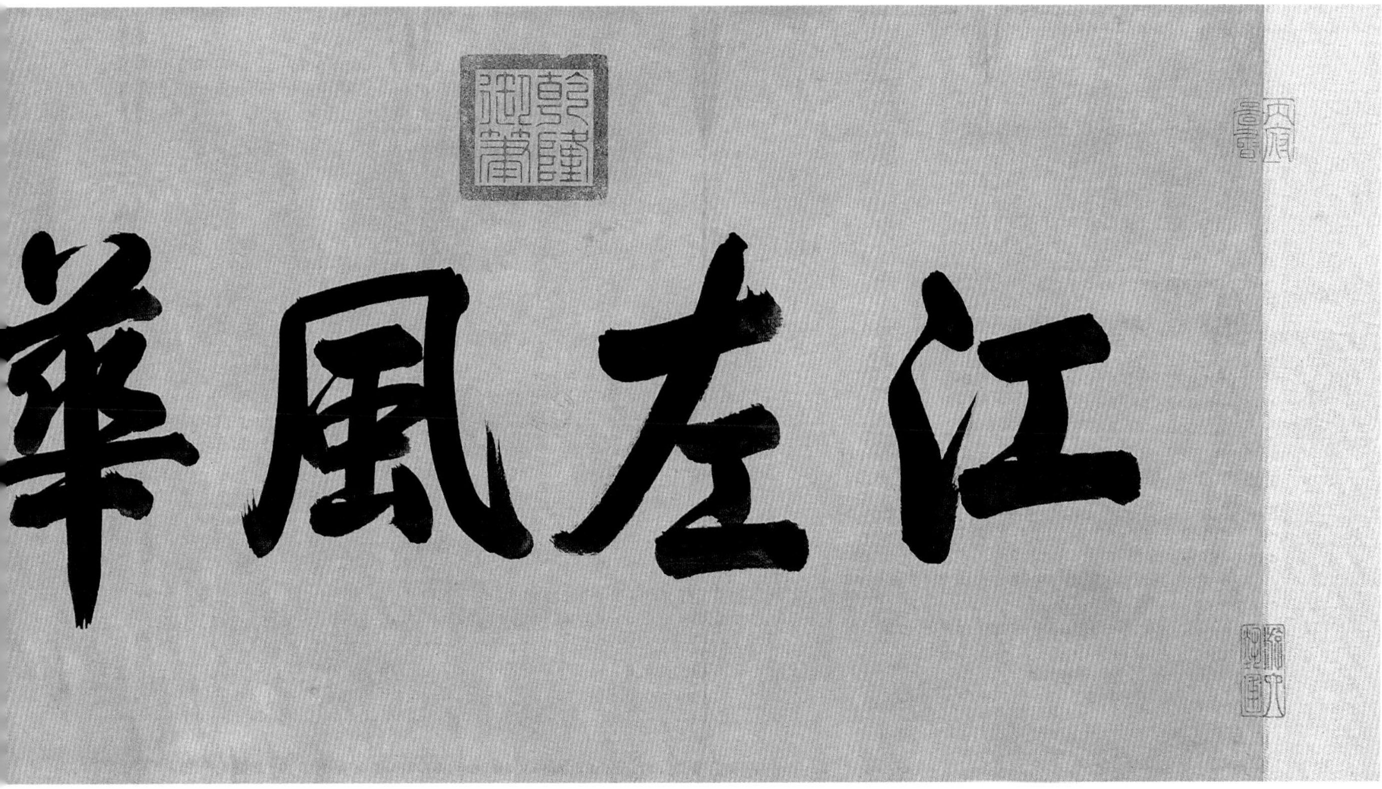

《伯遠帖》之一

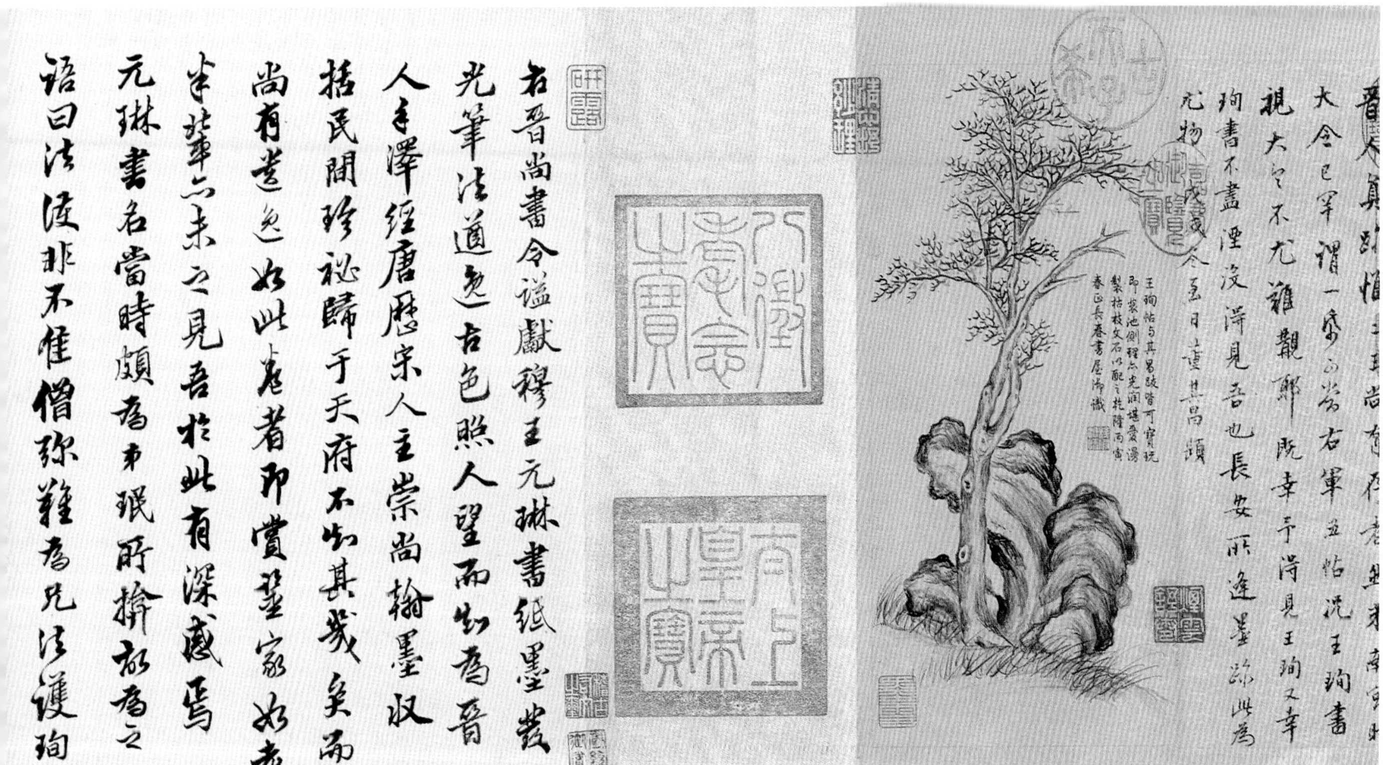

《伯遠帖》之二

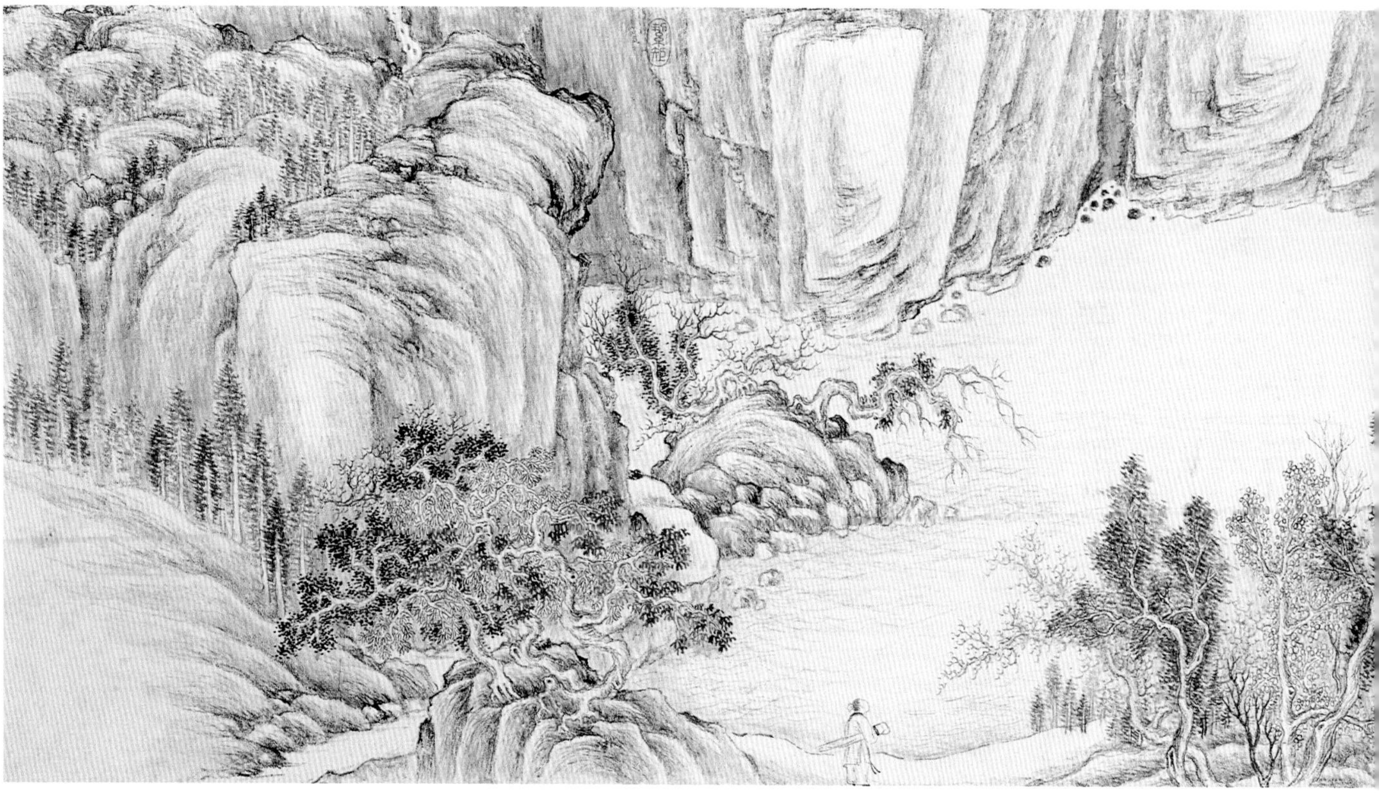

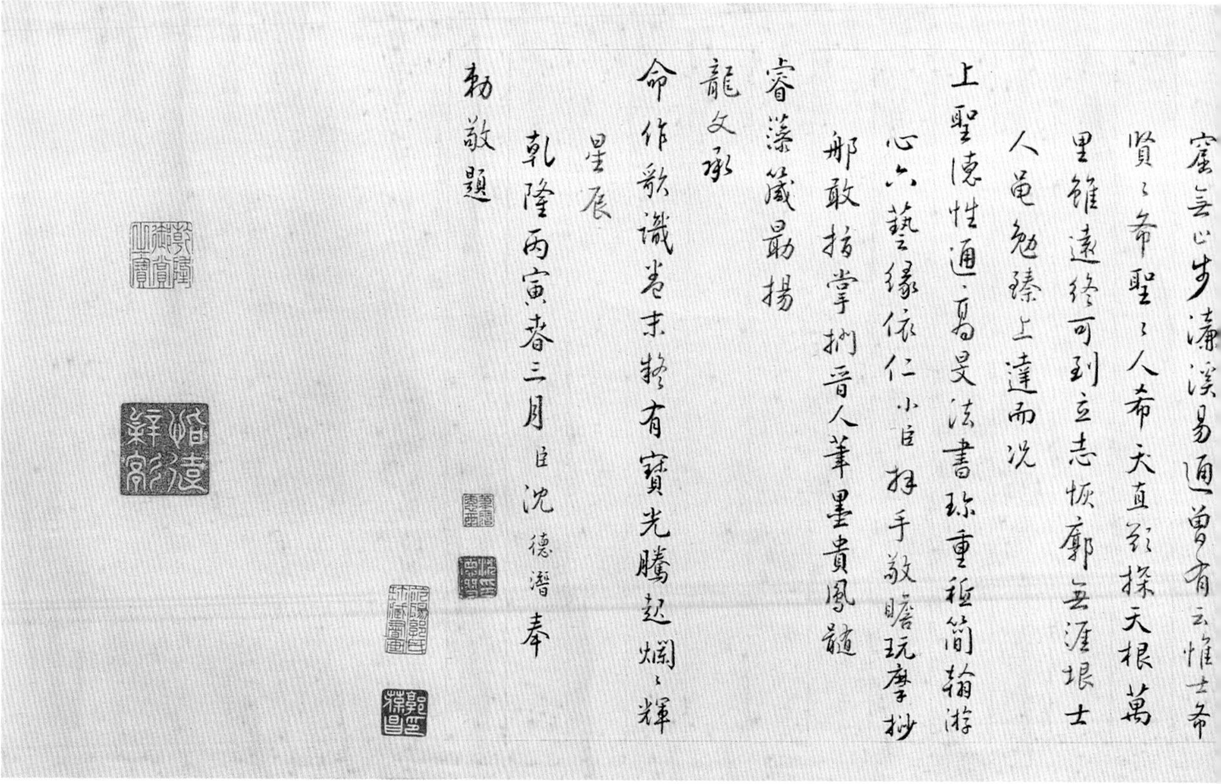
窒無心步濂溪易通曾有云惟士希
賢賢希聖聖希天直欲探天根萬
里雖遠終可到立志恢廓無涯垠士
人尚勉臻上達而況
上聖德性通通曷是法書珍重極簡翰游
心六藝緣依仁小臣拜手敬瞻玩摹抄
那敢指掌捫晉人筆墨貴風韻
睿藻箴勗揚
龍文承
命作歌識卷末務有寶光騰起爛爛輝
星辰
乾隆丙寅春三月臣沈德潛奉
敕敬題

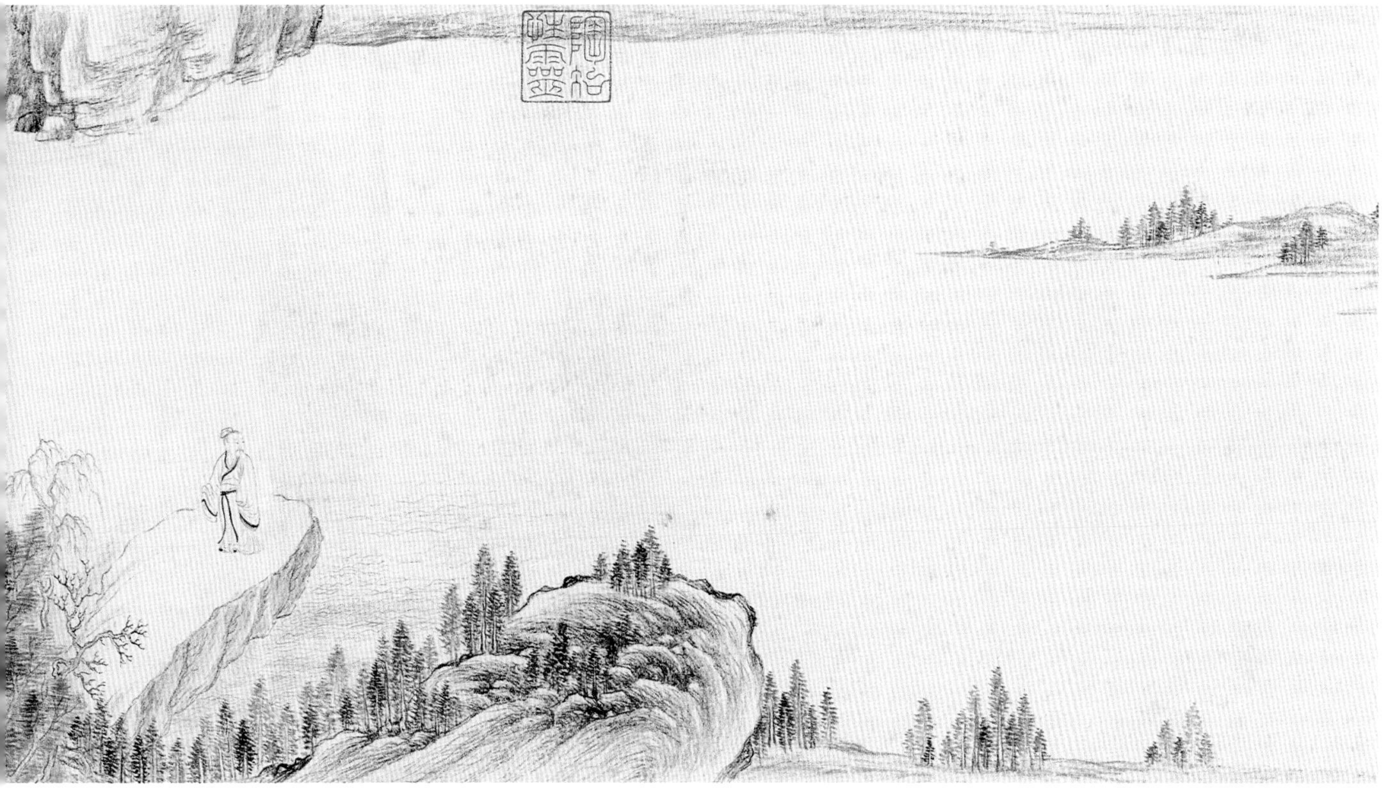

《伯遠帖》之三

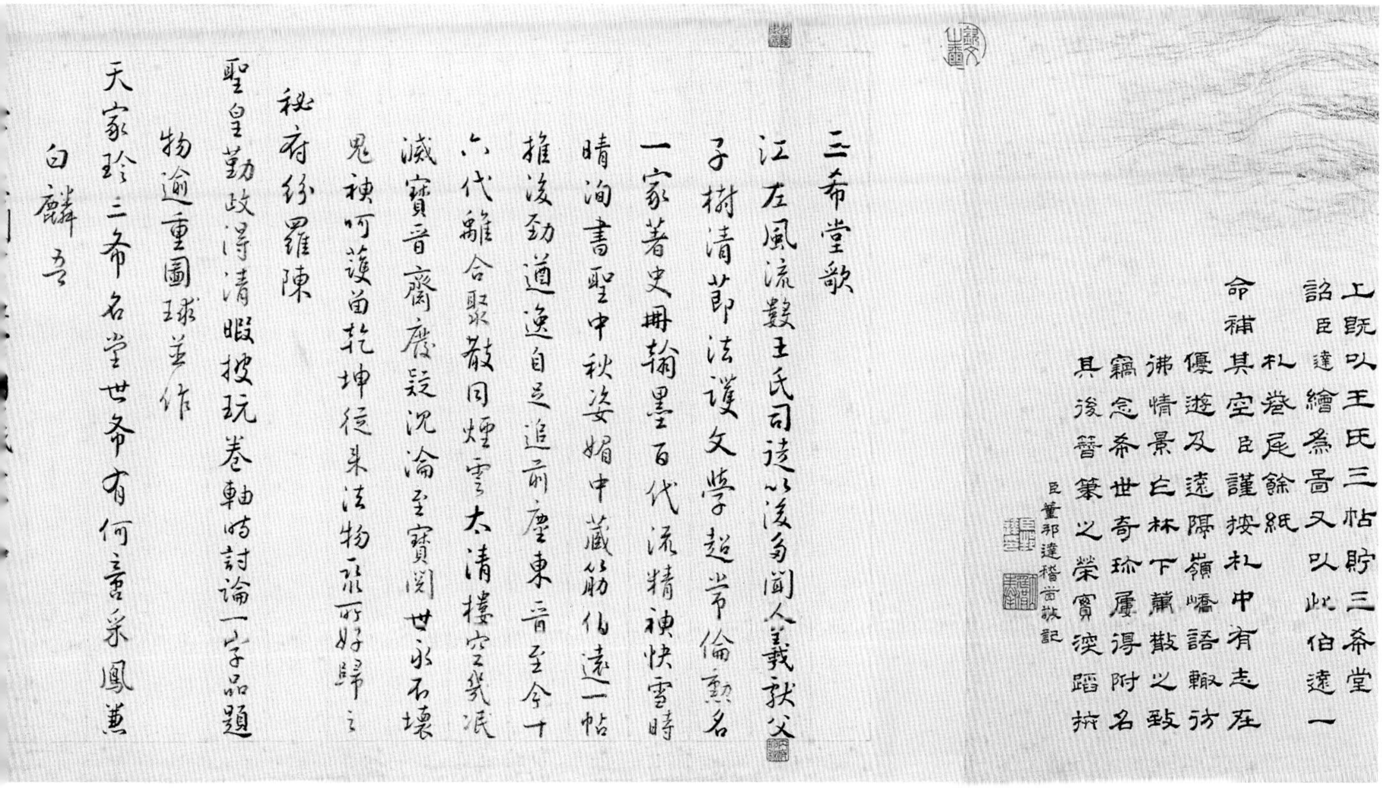
上既以王氏三帖貯三希堂
詔臣遠繪為圖又以此伯遠一
札卷尾餘紙
命補其空臣謹按札中有志在
優游及遠隔嶺嶠語輒彷
彿情景臣林下蕭散之致
竊念希世奇珍屢得附名
其後昔筆之榮實深蹈抃
臣董邦達楷書敬記
三希堂歌
江左風流數王氏司徒以後多聞人羲獻父
子樹清節法護文學超常倫勳名
一家著史冊翰墨百代流精神快雪時
晴洵書聖中秋姿媚中藏筋伯遠一帖
推後勁道逸自足追前塵東晉至今十
六代離合聚散同煙雲太清樓空紫泯
滅寶晉齋廢疑沉淪至寶閱世永不壞
鬼神呵護由乾坤從來法物亦所好歸之
秘府紛羅陳
聖皇勤政得清暇披玩卷軸時討論一字品題
物逾重圖球並作
天家珍三希名堂世希有何啻采鳳兼
白麟

《伯遠帖》之四

7

馮承素　行書摹蘭亭序帖

唐
紙本　行書　28行
縱24.5厘米　橫69.9厘米
清宮舊藏

Mo Lanting Xu Tie in running script
By Feng Chengsu, Tang Dynasty
Ink on paper
H. 24.5cm　L. 69.9cm
Qing court collection

馮承素，唐太宗時人。為將仕郎，直弘文館。唐太宗曾出王羲之《樂毅論》真迹，令馮摹以賜諸臣。馮又與趙模、諸葛貞、韓道政、湯普徹等人奉旨勾摹王羲之《蘭亭序》數本，太宗以賜皇太子諸王。時評其書"筆勢精妙，蕭散樸拙。"

唐初，臨摹《蘭亭序》風行，在眾多摹本中，尤以此本最精妙。因鈐有唐中宗年號"神龍"印，被稱為"神龍本"。字體不但間架結構優美，而且行筆的蹤迹、墨彩的濃淡，也都十分清楚。另外，將若干有破鋒("歲"、"羣"等字)、斷筆("仰"、"可"等)、賊毫("躉"之"足"旁)的字均摹得很精確。再者，改寫字顯現出先後書寫的層次，墨色濃淡、乾濕的差異，為其它摹本所未見("因"、"向之"、"痛"、"夫"、"文"、"每"等字)。因此，歷代評家均認為其表現原作筆墨最為真切。

此卷本元代郭天錫認為是馮承素等摹，明代時項元汴確定為馮摹，後來沿襲此說。

卷前右下有項元汴"柒"字編號，引首清乾隆帝行書"晉唐心印"四字，題簽"蘭亭八柱第三"一行，題記一段，前隔水上有"唐摹蘭亭"四小字標題。卷後有宋代許將、王安禮、黃慶基、朱光裔、李之儀、李秬、王景通、王景修、張太寧、張保清、馮澤縱、仇伯玉、朱光庭、石蒼舒、永陽清叟，元代趙孟頫、郭天錫、鮮于樞、鄧文原、吳彥輝、王守誠，明代李廷相、項元汴、文嘉題跋和觀款。題跋中除郭天錫、鮮于樞、鄧文原、李廷相、文嘉、項元汴外，其餘則不是本帖原題。

鑑藏印記：唐代"神龍"(朱文半印)，宋代"副騑書府"(朱文)、"紹興"(朱文連珠)，元代"趙"(朱文)、"吳興"(朱文連珠)、"趙子昂氏"(朱文)、"松雪齋"(朱文)、"趙孟頫印"(朱文)，明代洪武內府、王濟、項元汴，清代陳定、季寓庸、乾隆內府諸印。

本幅頁為原大。

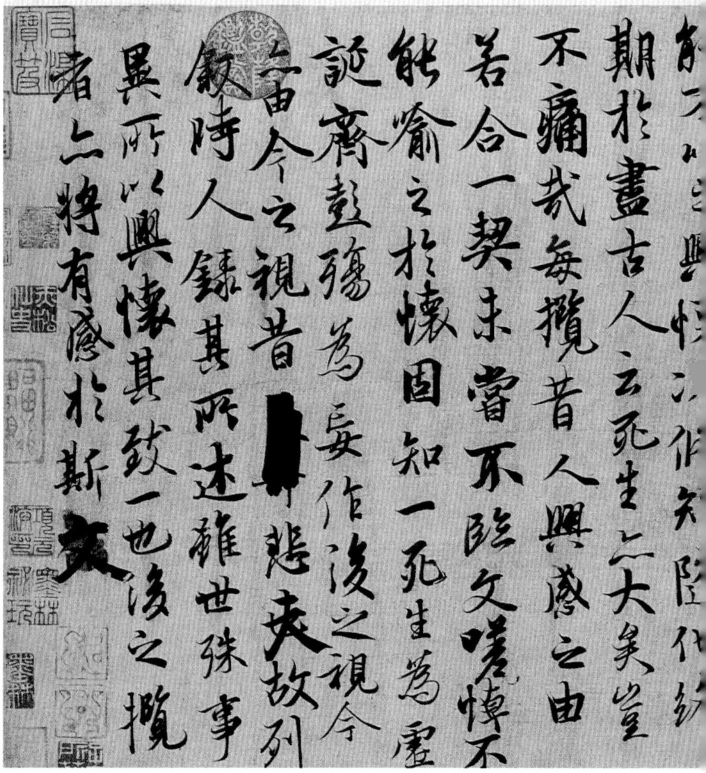

於所遇暫得於己快然自足不
知老之將至及其所之既惓情
隨事遷感慨係之矣向之所
欣俛仰之間以為陳迹猶不
能不以之興懷況脩短隨化終
期於盡古人云死生亦大矣豈
不痛哉每攬昔人興感之由
若合一契未嘗不臨文嗟悼不
能喻之於懷固知一死生為虛
誕齊彭殤為妄作後之視今
亦由今之視昔[redacted]悲夫故列
敘時人錄其所述雖世殊事
異所以興懷其致一也後之攬
者亦將有感於斯文

釋文：

永和九年，歲在癸丑。暮春之初，會于會稽山陰之蘭亭，修禊事也。羣賢畢至，少長咸集。此地有崇山峻領，茂林修竹。又有清流激湍，暎帶左右，引以為流觴曲水。列坐其次，雖無絲竹管弦之盛，一觴一詠，亦足以暢敘幽情。是日也，天朗氣清，惠風和暢。仰觀宇宙之大，俯察品類之盛，所以遊目騁懷，足以極視聽之娛，信可樂也。夫人之相與，俯仰一世。或取諸懷抱，悟言一室之內；或因寄所託，放浪形骸之外。雖趣舍萬殊，靜躁不同，當其欣於所遇，蹔得於己，快然自足，不知老之將至。及其所之既倦，情隨事遷，感慨係之矣。向之所欣，俛仰之間，以為陳迹，猶不能不以之興懷。況修短隨化，終期於盡。古人云：死生亦大矣。豈不痛哉！每攬昔人興感之由，若合一契，未嘗不臨文嗟悼，不能喻之於懷。固知一死生為虛誕，齊彭殤為妄作。後之視今，亦由今之視昔，悲夫！故列敘時人，錄其所述。雖世殊事異，所以興懷，其致一也。後之攬者，亦將有感於斯文。

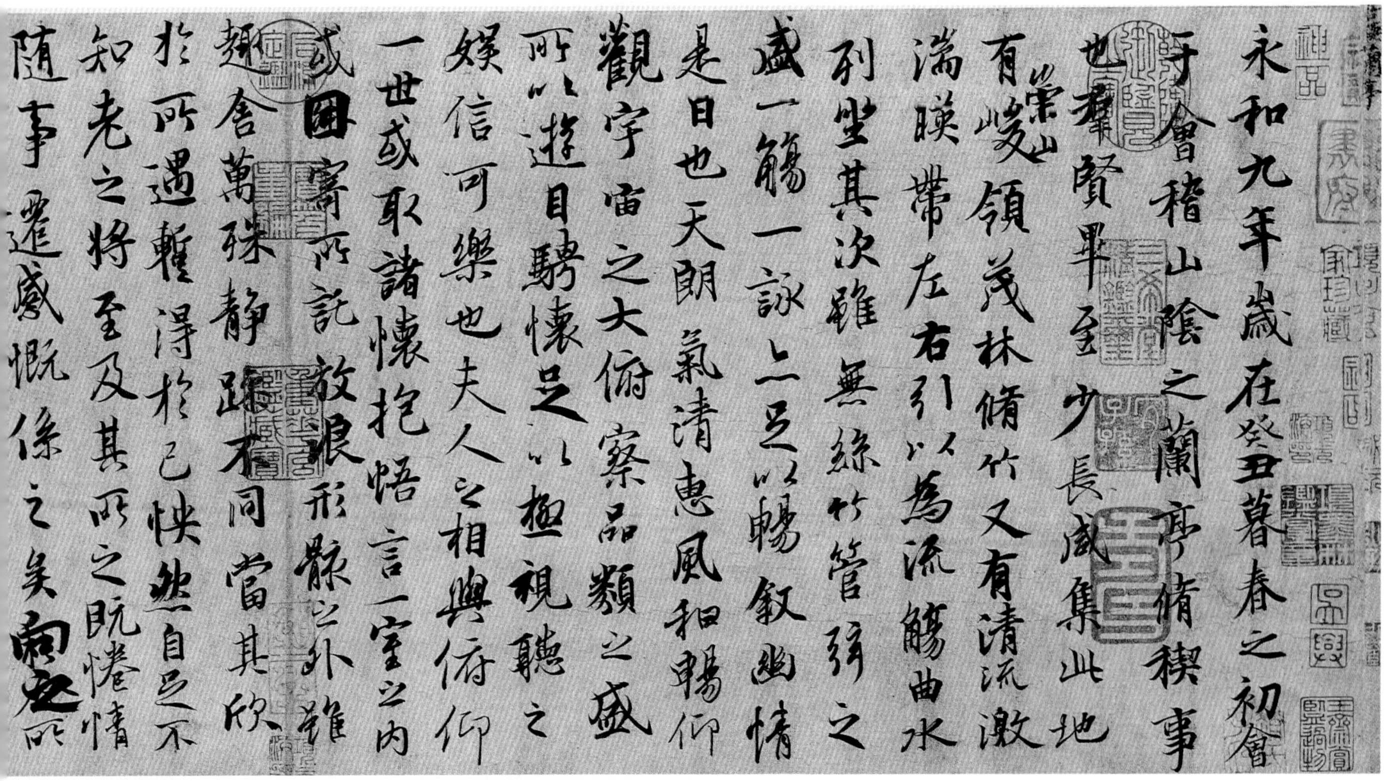

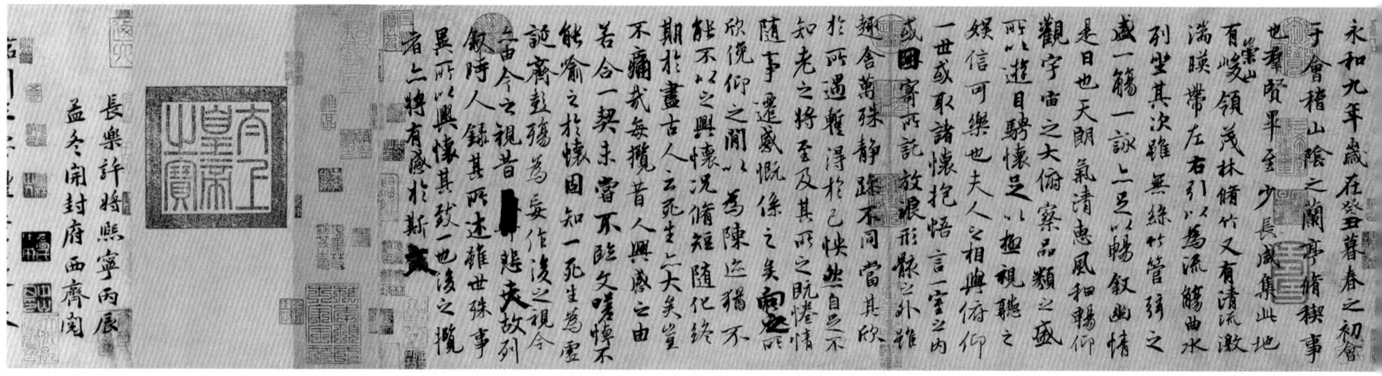

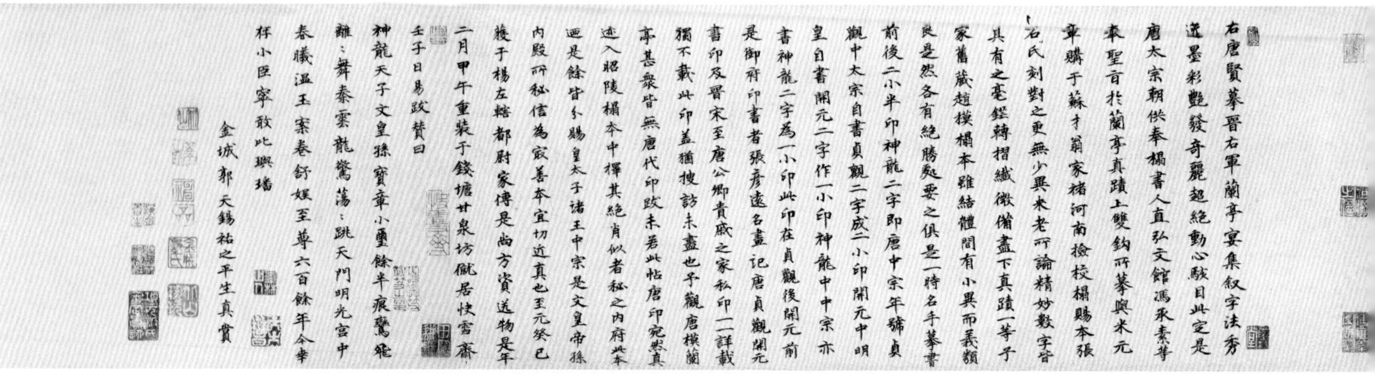

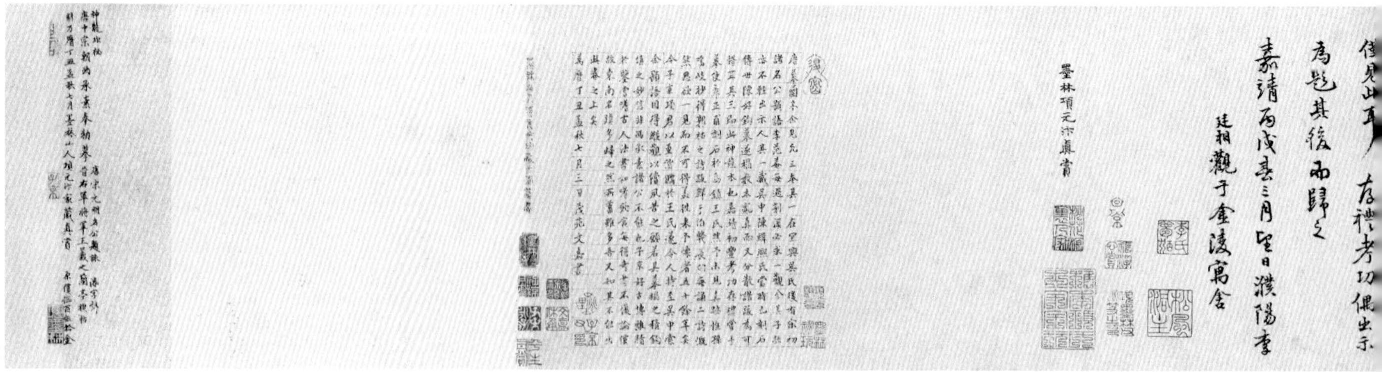

永和九年歲在癸丑暮春之初會
于會稽山陰之蘭亭脩稧事
也羣賢畢至少長咸集此地
有崇山峻領茂林脩竹又有清流激
湍暎帶左右引以為流觴曲水
列坐其次雖無絲竹管弦之
盛一觴一詠亦足以暢敘幽情
是日也天朗氣清惠風和暢仰
觀宇宙之大俯察品類之盛
所以遊目騁懷足以極視聽之
娛信可樂也夫人之相與俯仰
一世或取諸懷抱悟言一室之內
或因寄所託放浪形骸之外雖
趣舍萬殊靜躁不同當其欣

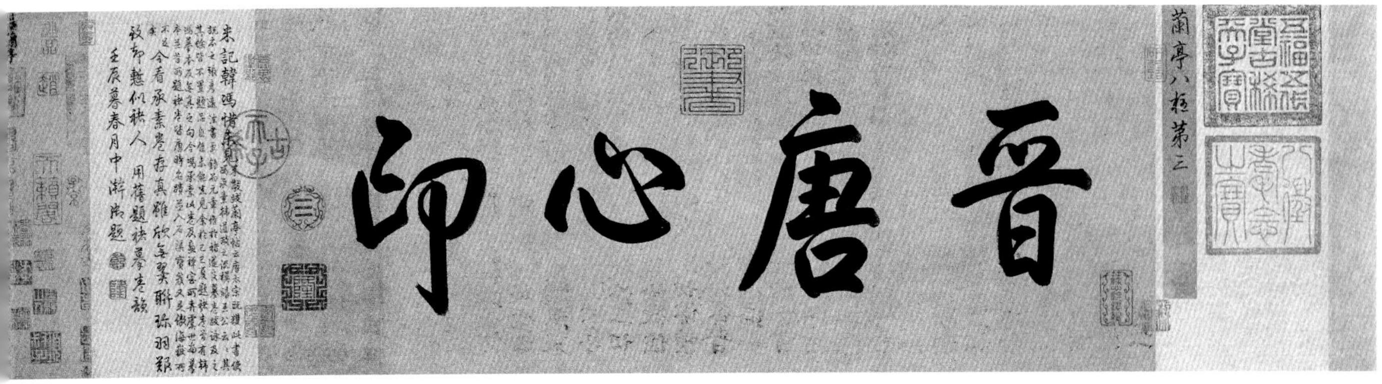

《摹蘭亭序帖》之一

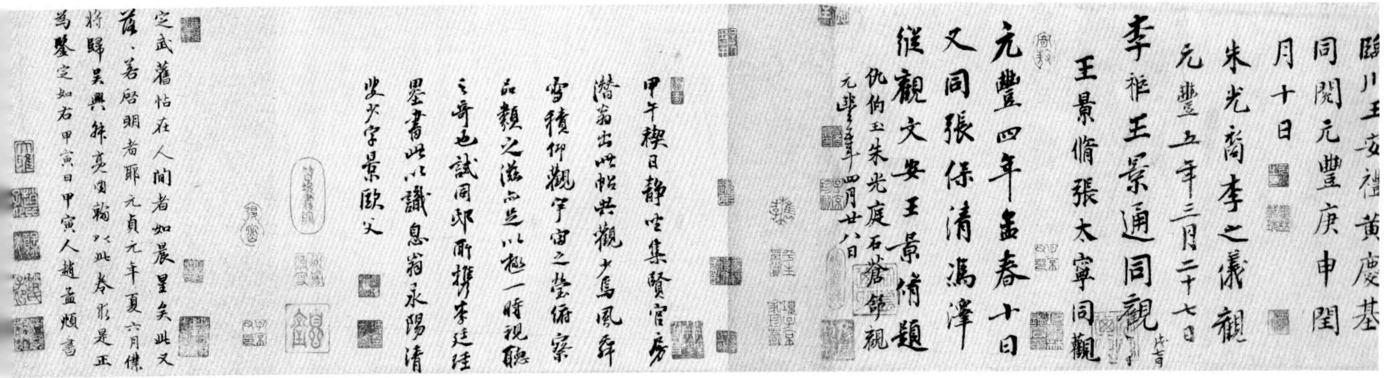

《摹蘭亭序帖》之二

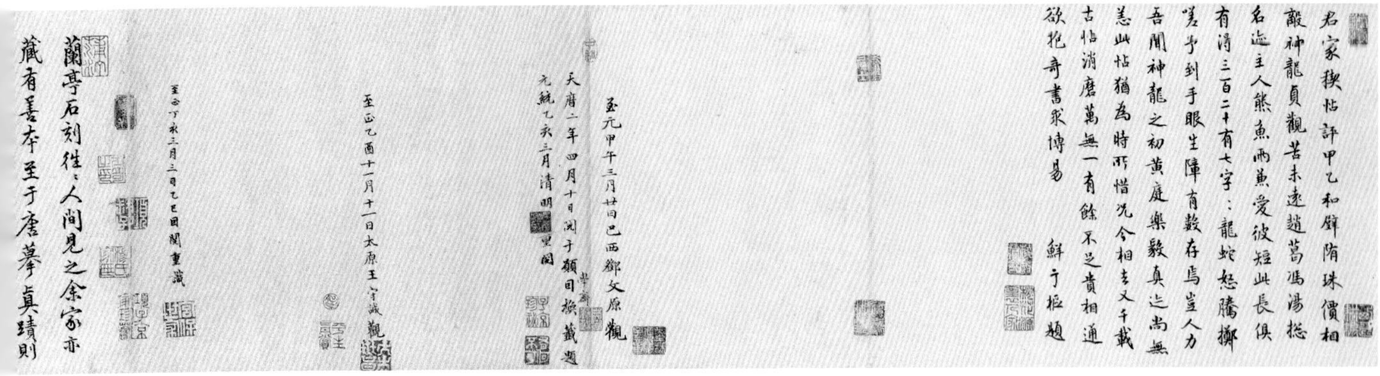

《摹蘭亭序帖》之三

8

虞世南　行書摹蘭亭序帖

唐
紙本　行書　28行
縱24.8厘米　橫75.5厘米
清宮舊藏

Mo Lanting Xu Tie in running script
By Yu Shinan, Tang Dynasty
Ink on paper
H. 24.8cm　L. 75.5cm
Qing court collection

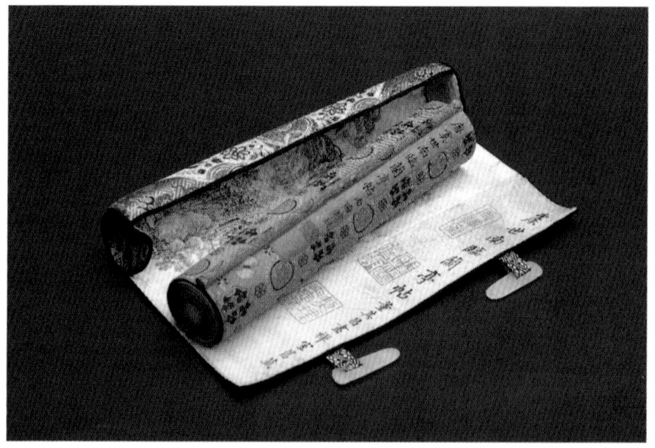

虞世南（558－638年），字伯施，唐時越州余姚（今浙江余姚）人。初仕陳、隋，入唐為秦王府參軍，弘文館學士，授祕書監，封永興縣子，人稱"虞祕監"、"虞永興"。書承王羲之七世孫僧智永傳授，凝重安詳，圓融遒麗。存世行草書迹有《大運》、《去月》、《疲朽》、《鄭長官》、《潘六》各帖（《淳化閣帖》），《汝南公主墓誌銘》（摹本）。

《蘭亭序》又名《蘭亭宴集序》、《蘭亭集序》、《臨河序》、《禊序》、《禊帖》。東晉穆帝永和九年（353年）三月三日，王羲之與謝安、孫綽等文士名流及親友四十一人，在會稽山陰（今浙江紹興）蘭亭集會"修禊"（在水邊除災求福的活動），與會者飲酒賦詩，事後將詩篇彙編成集，王羲之作序，稱《蘭亭序》。序中記敘了蘭亭周圍山水之美和聚會情景，抒發了文人情懷。王羲之所書的《蘭亭序》後成為名帖，真迹據傳在唐太宗死後殉葬於昭陵。現在能看到的最早摹本是唐代的，此即其中一件。

此帖是由元代張金界奴進呈給元文宗的，鈐印"天曆之寶"，後稱其為"天曆蘭亭"或稱"蘭亭張金界奴本"。明代董其昌鑑定此本為虞世南摹本。由於此帖是勾摹，墨色入紙浮淺，紙上又帶有油、蠟，所以筆劃多是添湊描補，又經裝裱時衝洗，墨色脱落很多，僅有個別字中還保留着一些濃墨痕迹，但筆劃未損，字形完整。

此帖無署款，左下邊有小正書"臣張金界奴上進"。卷前乾隆題"蘭亭八柱〔註〕冊並序"一長段，梁清標題簽"唐虞

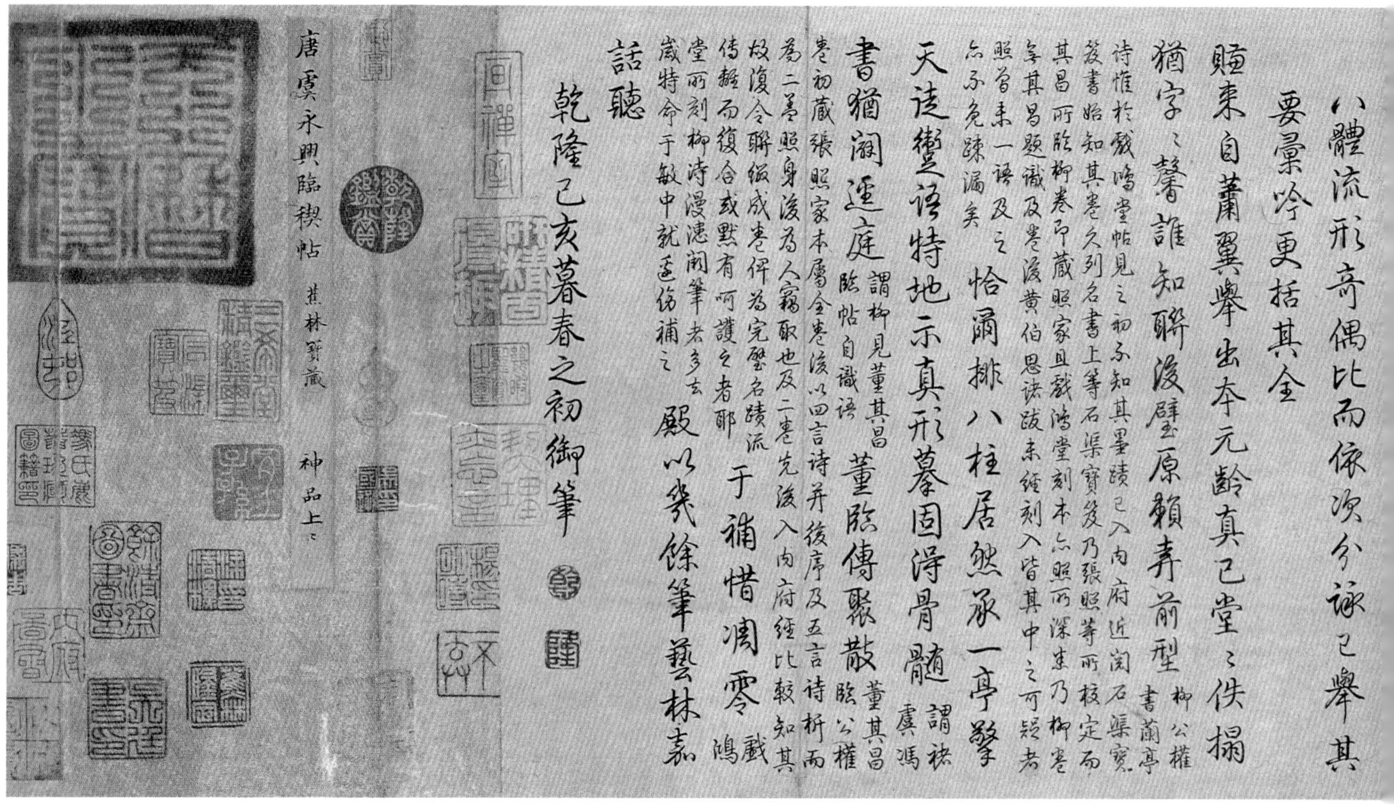

永興臨禊帖”一行。卷後有宋代魏昌、楊益，明代宋濂、董其昌、王祐、徐尚賓、張弼、蔣山卿、吳廷、朱之蕃、王衡、王制、楊鼎熙、王應侯、陳繼儒、楊嘉祚，清乾隆帝題跋和觀款。

鑑藏印記：宋代“內府圖書”（朱文）、“紹興”（朱文連珠）、“御府之印”（朱文），明代楊明時、吳廷、董其昌、茅止生、楊宛、馮銓，清代梁清標、高士奇、安岐、乾隆內府諸印。

本幅頁為原大。

[註]：蘭亭八柱——清乾隆帝時將八種有關蘭亭帖本分別摹勒上石，稱蘭亭八柱，其初拓本合冊現存故宮，刻石在北京中山公園。即有：

唐虞世南摹《蘭亭序》
褚遂良臨《蘭亭序》
馮承素摹《蘭亭序》
柳公權書《蘭亭詩》
清內府勾填《戲鴻堂》刻柳公權書《蘭亭詩》
清于敏中補《戲鴻堂》刻柳公權書《蘭亭詩》
明董其昌臨柳公權書《蘭亭詩》
清乾隆臨董其昌《臨柳公權書蘭亭詩》

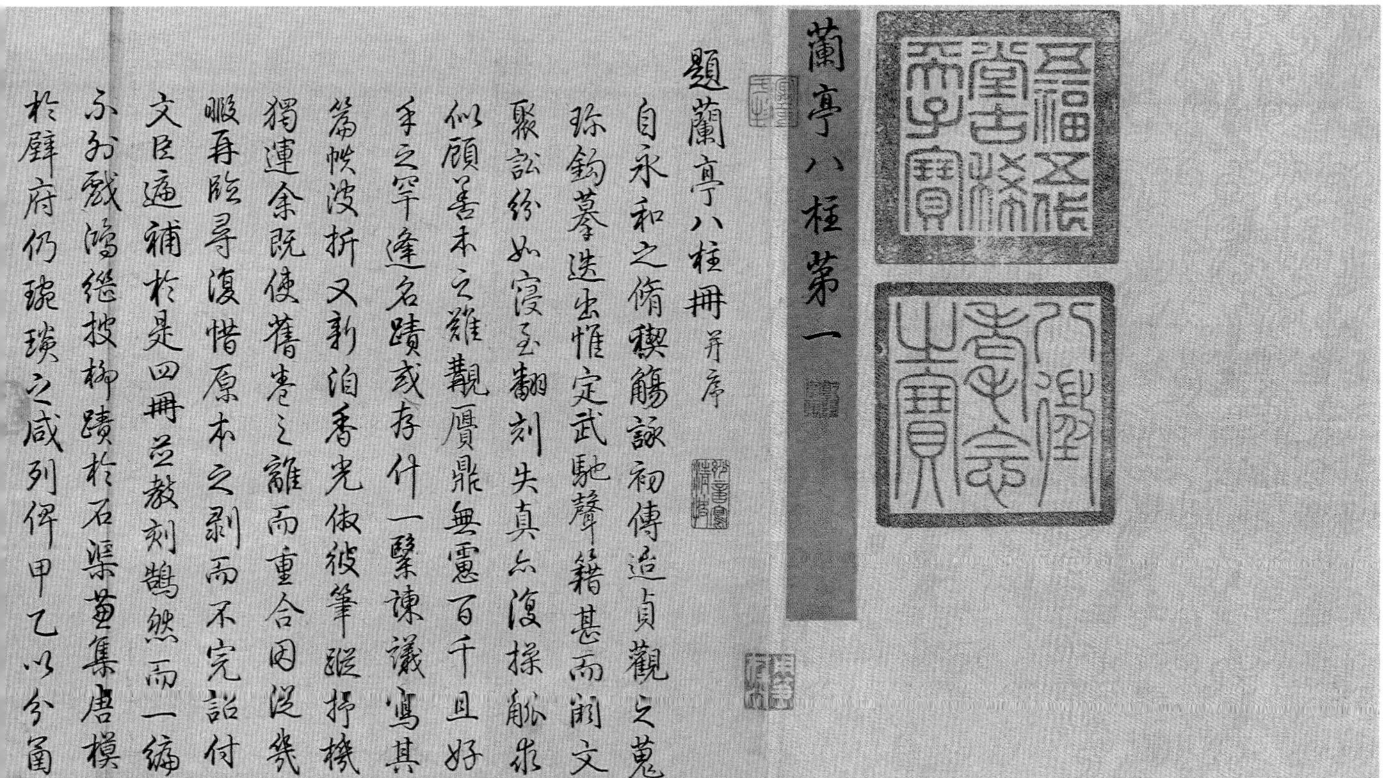

《蘭亭序》之一

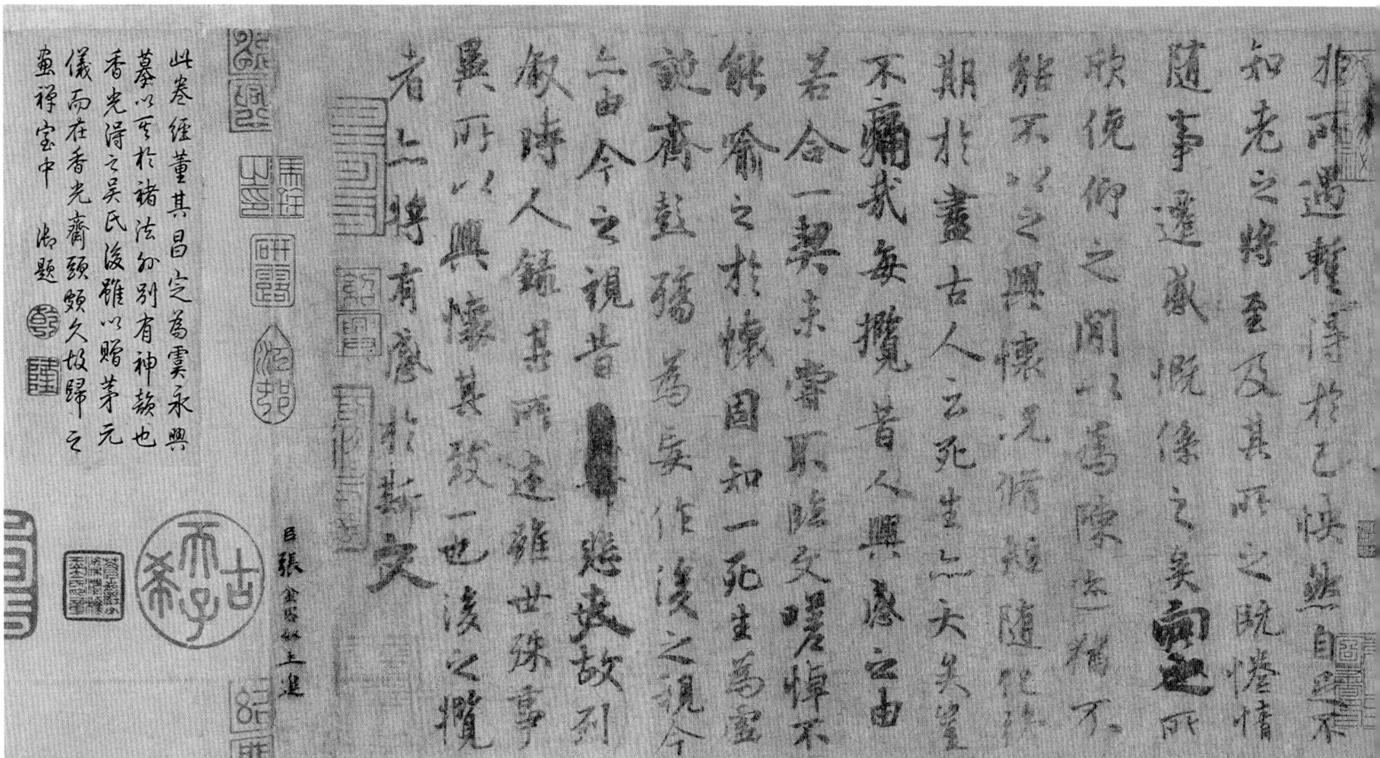
所遇輒得於己快然自足不
知老之將至及其所之既惓情
隨事遷感慨係之矣向之所
欣俛仰之間以為陳迹猶不
能不以之興懷況脩短隨化終
期於盡古人云死生亦大矣豈
不痛哉每攬昔人興感之由
若合一契未嘗不臨文嗟悼不
能喻之於懷固知一死生為虛
誕齊彭殤為妄作後之視今
亦由今之視昔悲夫故列
敘時人錄其所述雖世殊事
異所以興懷其致一也後之攬
者亦將有感於斯文
臣張金界奴上進
此卷經董其昌定為虞永興
摹以予於褚法別有神韻也
香光得之吳氏後離以贈茅元
儀而在香光齋頭頗久故歸之
畫禪室中 浩題

萬曆丁酉觀於真州吳山人孝甫所藏以
此為甲觀後七年甲辰上元日吳用卿攜
至畫禪室時余已摹刻此卷於鴻堂帖中
董其昌題
天順甲申五月望後二日王䄷與徐尚賓
同往崑山閱于雪篷舟中
成化戊戌二月丙午葉瑩周
同軌古中靜與予同觀于
楊士傑之衍澤樓張弼記

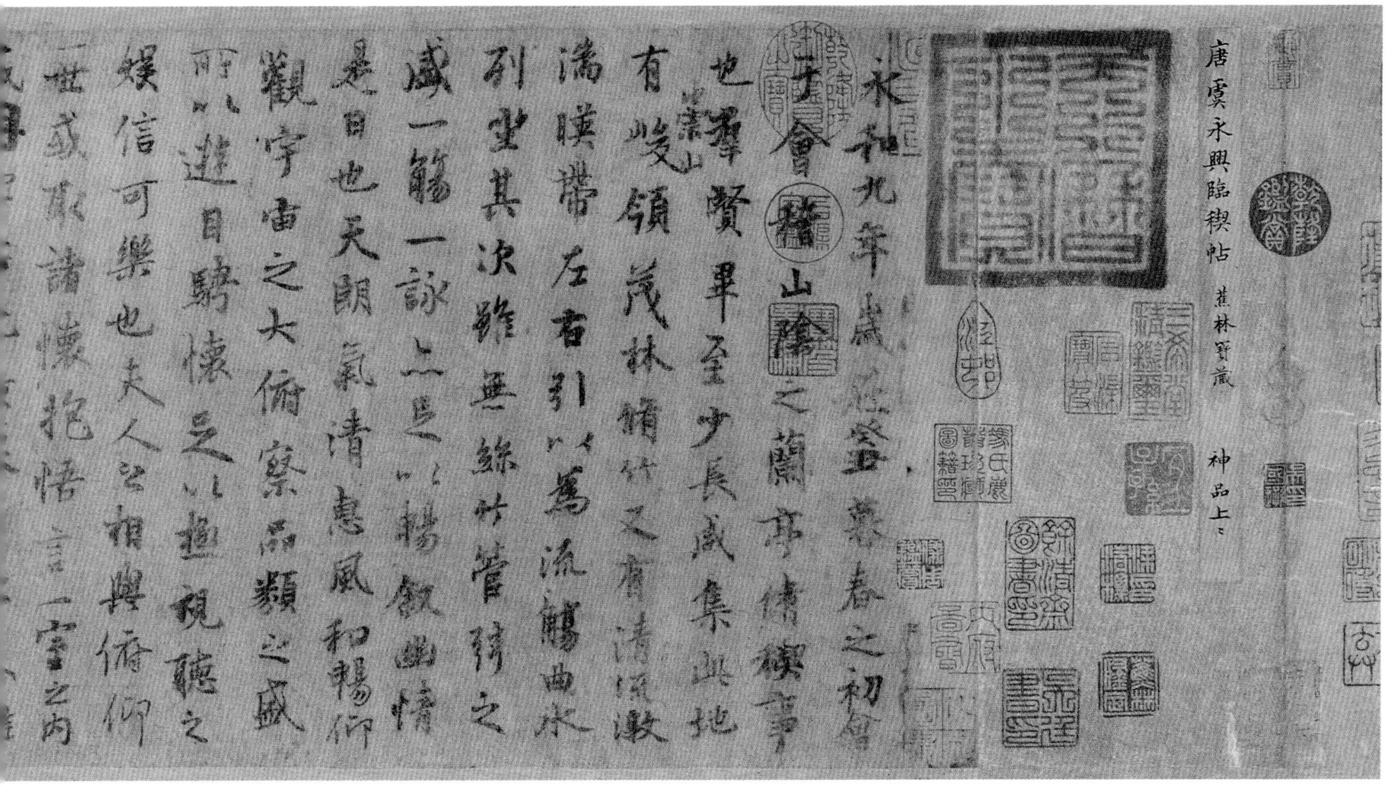

《蘭亭序》之二

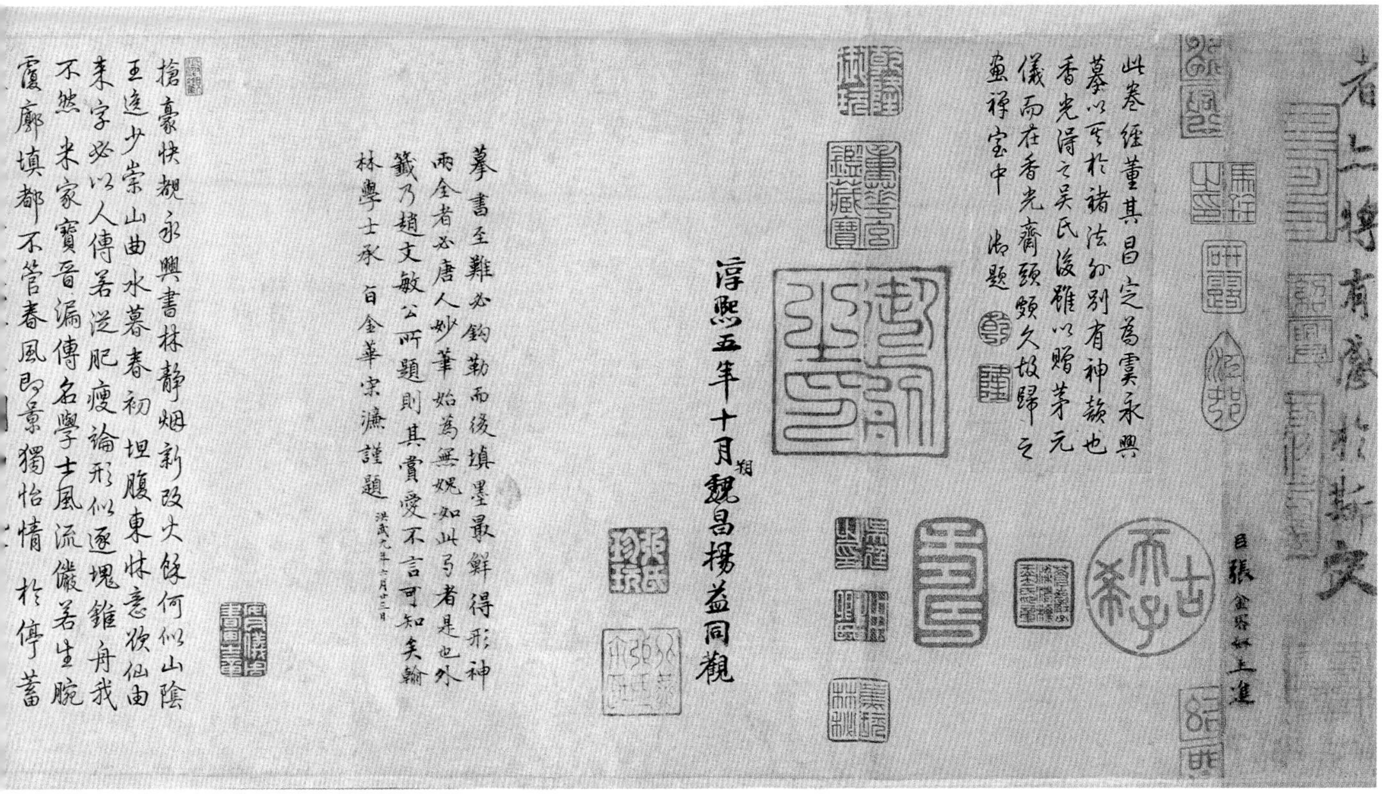

《蘭亭序》之三

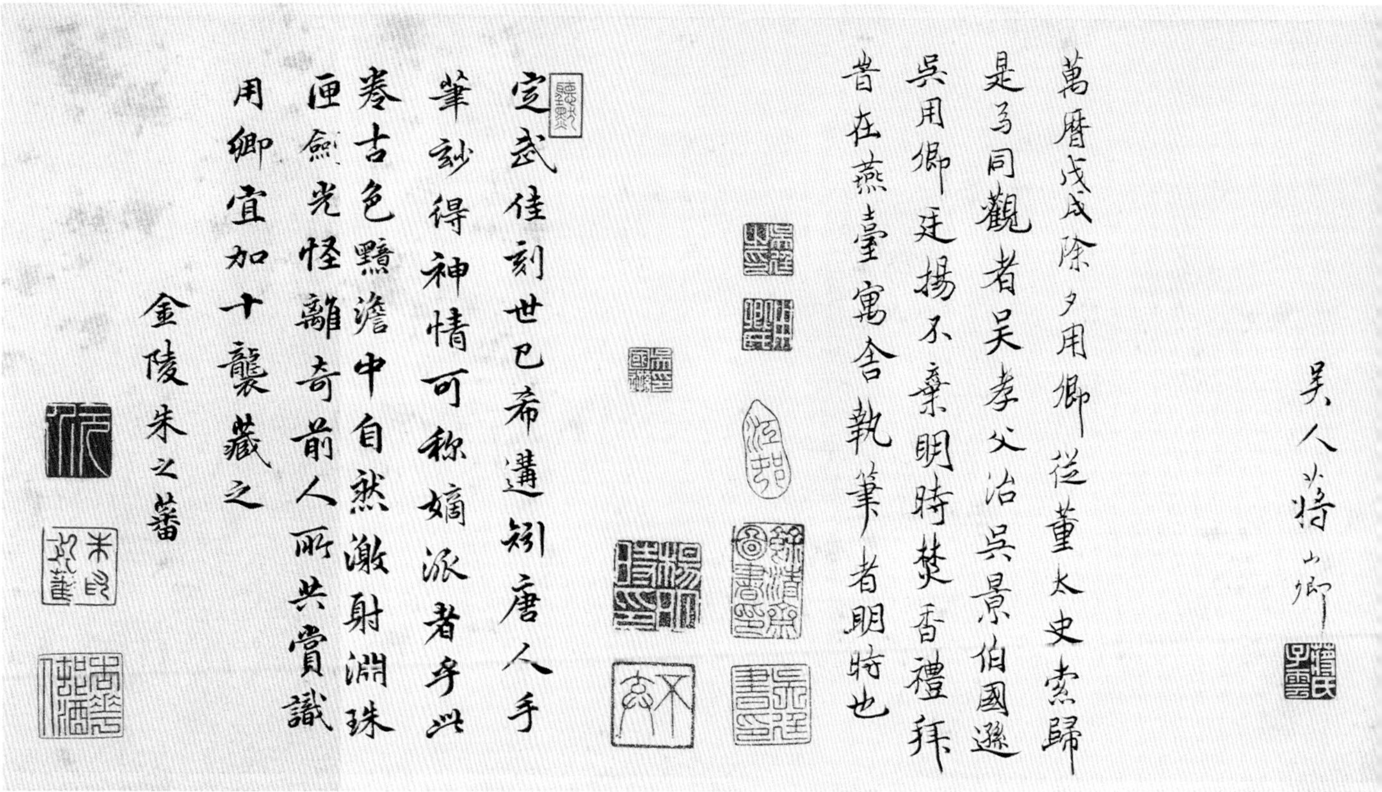
吳人將山卿
萬曆戊戌除夕用卿從董太史玄歸
是夕同觀者吳孝父治吳景伯國遜
吳用卿廷楊不棄明時焚香禮拜
昔在燕臺寓舍執筆者明時也
定武佳刻世已希遘矧唐人手
筆妙得神情可稱嫡派者乎此
卷古色黯澹中自然激射淵珠
匣劍光怪離奇前人所共賞識
用卿宜加十襲藏之
金陵朱之蕃

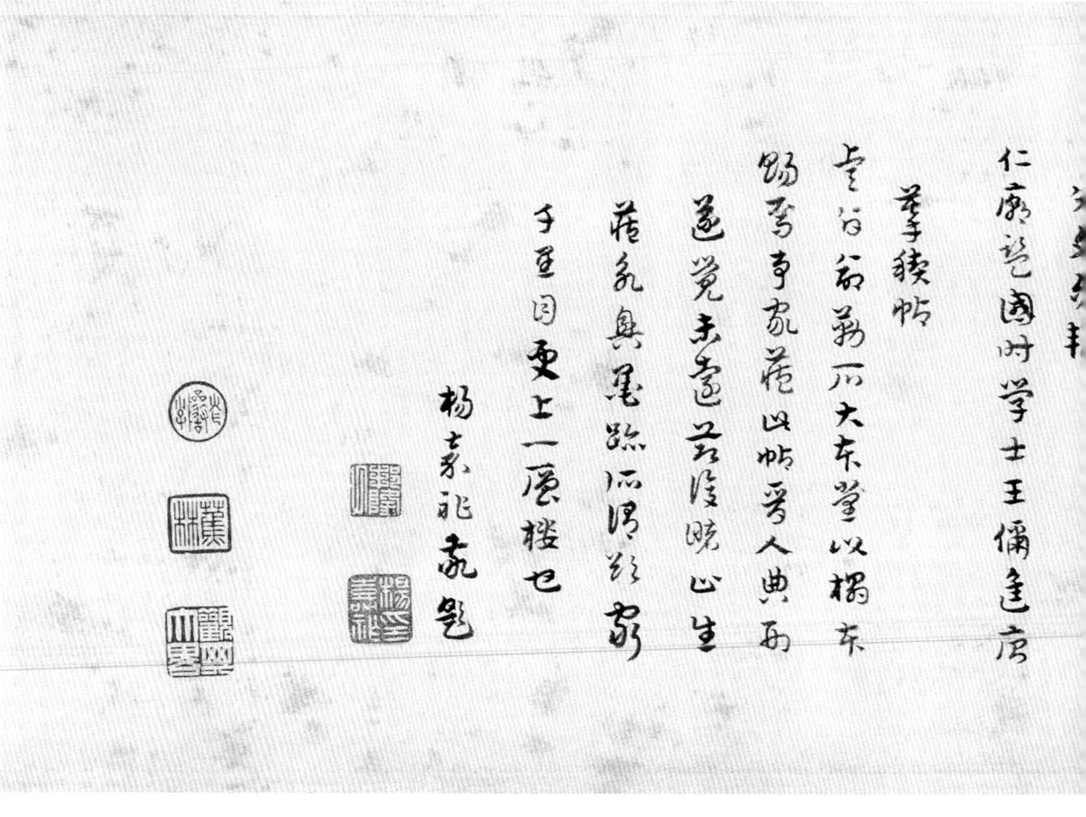
仁廟監國時學士王偁進唐
摹稧帖
壹谷翁而大宗以搨本
歸予亭家藏以帖爲人典去
遂覺未遂其後曉心生
舊氣與墨跡而得縱觀
于至日更上一層樓也
楊家龍

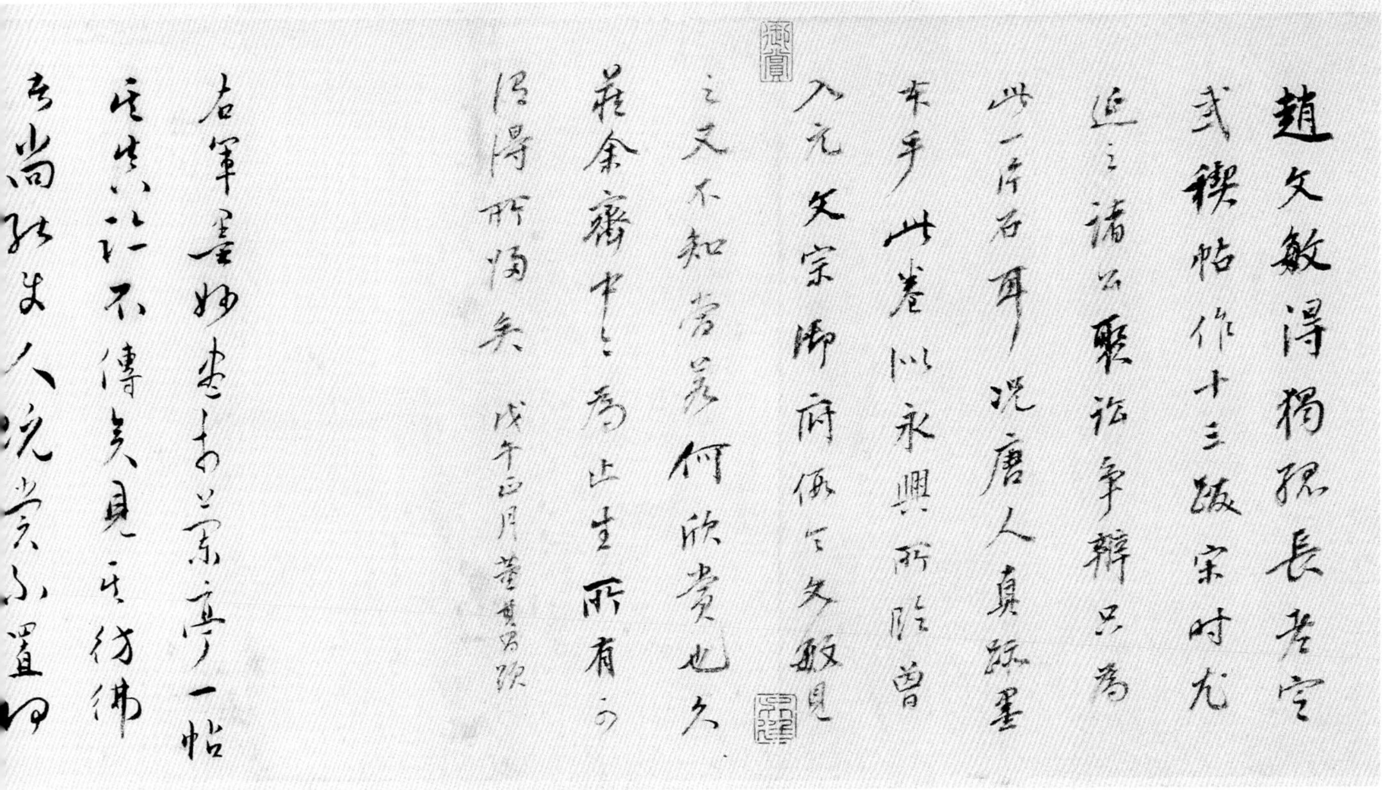
趙文敏得獨孤長老定
武禊帖作十三跋宋时尤
延之諸公聚訟争辨只爲
此一序石耳况唐人真跡墨
本乎此卷以永興所臨曾
入元文宗御府假令文敏見
之又不知當若何欣賞也久
藏余齋中今爲止生所有可
謂得所付矣
戊午四月董其昌跋

《蘭亭序》之四

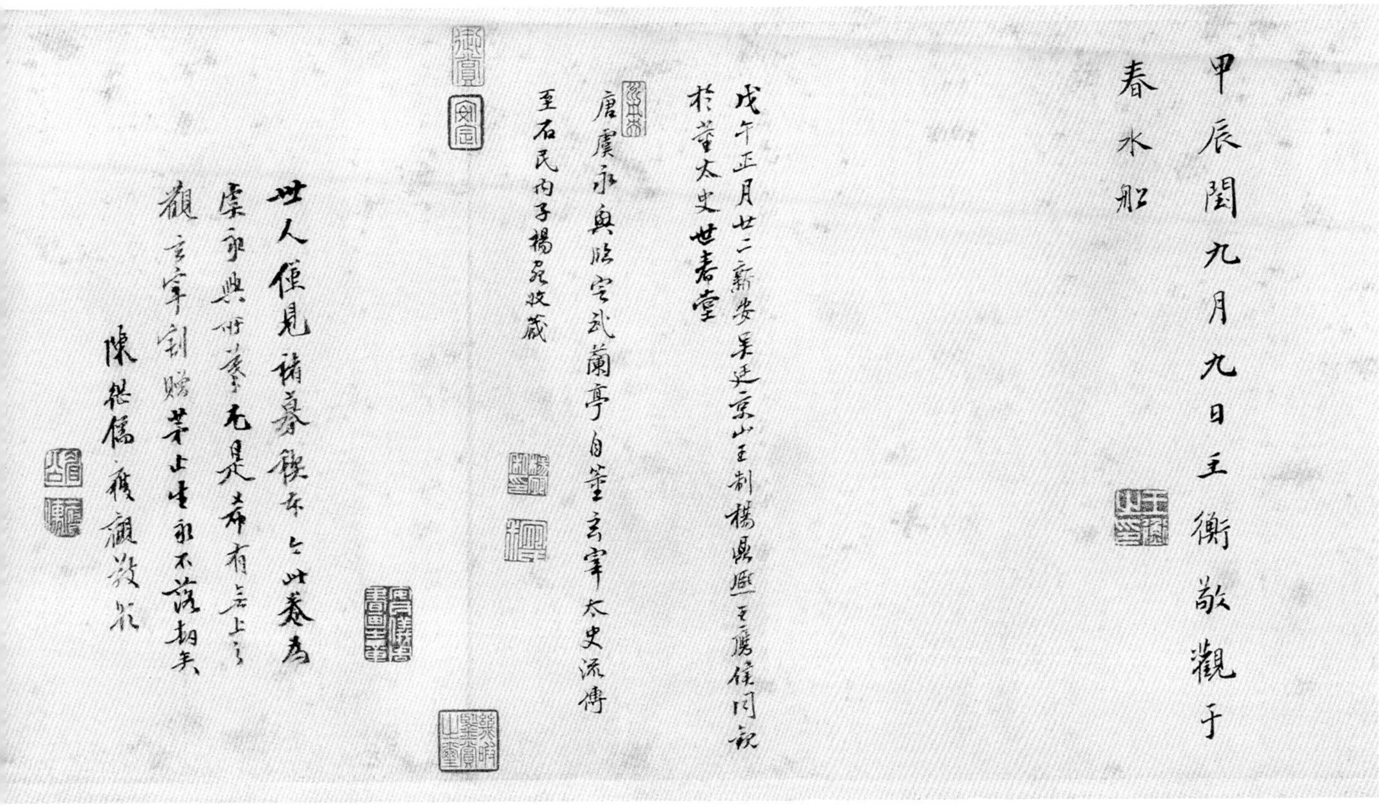
甲辰閏九月九日王衡敬觀于
春水船
唐虞永興臨定武蘭亭自董玄宰太史流傳
至右民內子楊君收藏

《蘭亭序》之五

湍暎帶左右引以為流觴曲水
列坐其次雖無絲竹管弦之
盛一觴一詠亦足以暢敘幽情
是日也天朗氣清惠風和暢仰
觀宇宙之大俯察品類之盛
所以遊目騁懷足以極視聽之
娛信可樂也夫人之相與俯仰
一世或取諸懷抱悟言一室之内

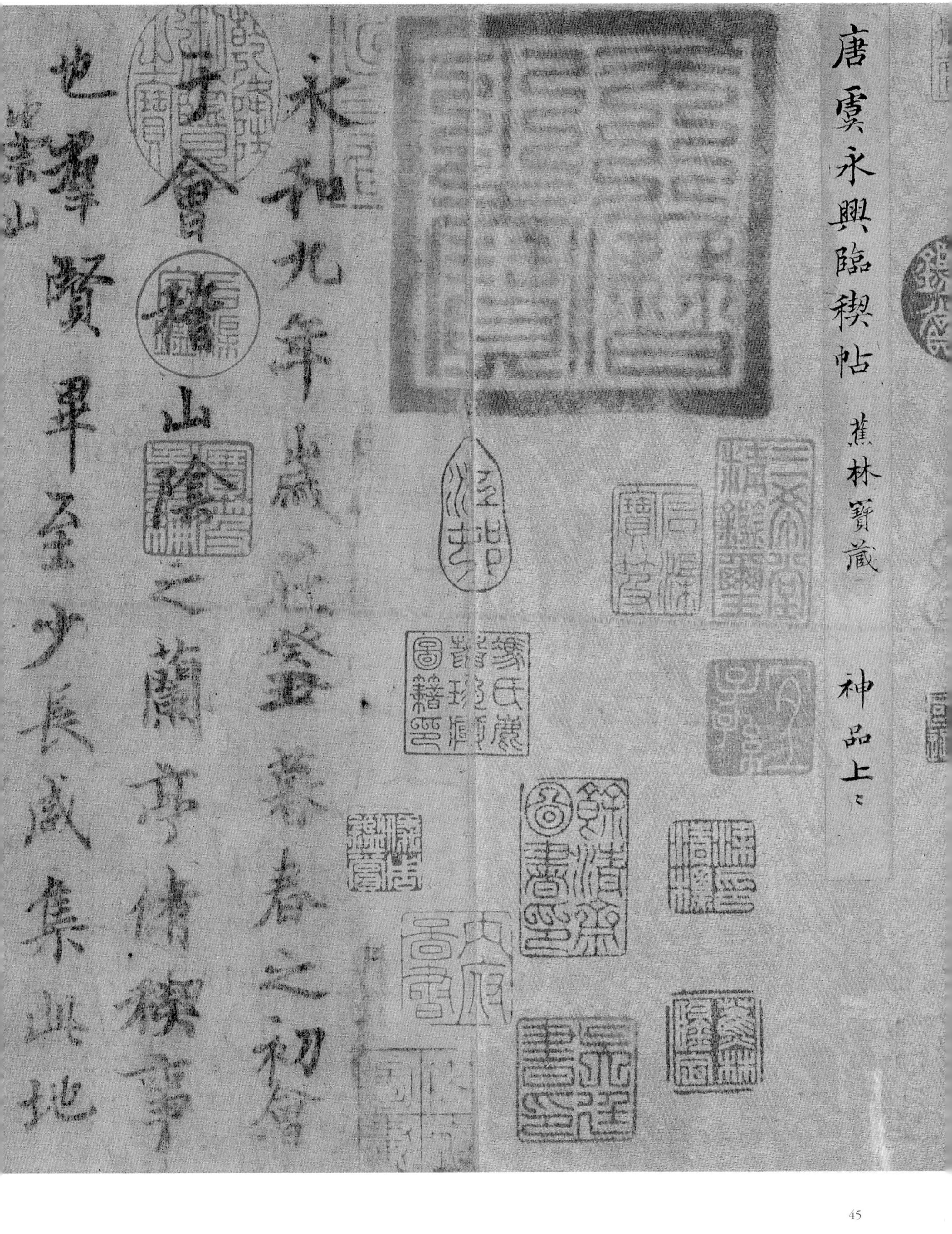

唐虞永興臨禊帖

蕉林寶藏

神品上上

永和九年歲在癸丑暮春之初會
于會稽山陰之蘭亭脩稧事
也羣賢畢至少長咸集此地
崇山

不痛哉每攬昔人興感之由
若合一契未嘗不臨文嗟悼不
能喻之於懷固知一死生為虛
誕齊彭殤為妄作後之視今
亦由今之視昔悲夫故列
敘時人錄其所述雖世殊事
異所以興懷其致一也後之攬
者亦將有感於斯文

臣張金界奴上進

或因寄所託放浪形骸之外雖
趣舍萬殊靜躁不同當其欣
於所遇暫得於己快然自足不
知老之將至及其所之既惓情
隨事遷感慨係之矣向之所
欣俛仰之閒以為陳跡猶不
能不以之興懷況脩短隨化終
期於盡古人云死生亦大矣豈

9

褚遂良　行書臨蘭亭序帖

唐
紙本　行書　28行
縱24厘米　橫88.5厘米
清宮舊藏

Lin Lanting Xu Tie (After Preface to the Orchid Pavilion) in running script
By Chu Suiliang, Tang Dynasty
Ink on paper
H. 24cm　L. 88.5cm
Qing court collection

褚遂良（596－658或659年），字登善，唐時杭州錢塘（今浙江杭州）人，一作河南陽翟（今河南登封）人。貞觀中被魏徵推薦侍書，為唐太宗鑑定二王故帖。褚早年向史陵學書，甚得歐陽詢、虞世南器重。後習右軍法，筆致端勁清拔，雍容柔婉，運以分隸遺法，異乎尋常蹊徑。留下正書碑版以《雁塔聖教序》最受推崇，從存世寫經中可見其流風廣被。行書有《潭府》、《山河》、《家侄》諸帖（《淳化閣帖》）。

此帖舊題為“唐褚遂良摹蘭亭帖”。清代王澍《竹雲題跋》又稱：“此本筆力縱橫排奡，有不可控勒之勢，與尋常褚本不同，疑是米老（芾）所作，托諸褚公以傳者。”故今人亦有持此說者。又有認為是以臨為主的臨摹結合本，出自米芾同時代人所作。

明代陳敬宗題跋云：“右蘭亭墨本一卷，說者以為褚遂良所臨。”卷前明代項元汴小正書題簽“褚摹王羲之蘭亭帖”一行，清乾隆帝行書題記一段及題簽“蘭亭八柱第二”一行。卷後有宋代米芾、蘇耆、范仲淹、王堯臣、劉涇、巨濟，元代龔開、羅源、王申、朱葵、羅應龍、楊載、白珽、仇幾、舒穆、張翥、朱方、吳霖、張澤之、程嗣翁，明代陳敬宗，清代卞永譽、卞巘題跋和觀款。

鑑藏印記：“太簡”（白文）、“滕中”（朱文）、“機暇清賞之印”（朱文）、“紹興”（朱文連珠）、“內府書印”（朱文）、“睿思東閣”（白文）、“機暇珍賞”（白文）、“御府圖書”（朱文）、“秋壑圖書”（朱文）、“忠孝之家”（白文）、“子固”（白文）、“彝齋”（朱文）、“趙孟頫印”（朱文）、“松雪齋”（朱文），明代浦江鄭氏、項元汴，清代卞永譽、安岐、乾隆內府諸印。

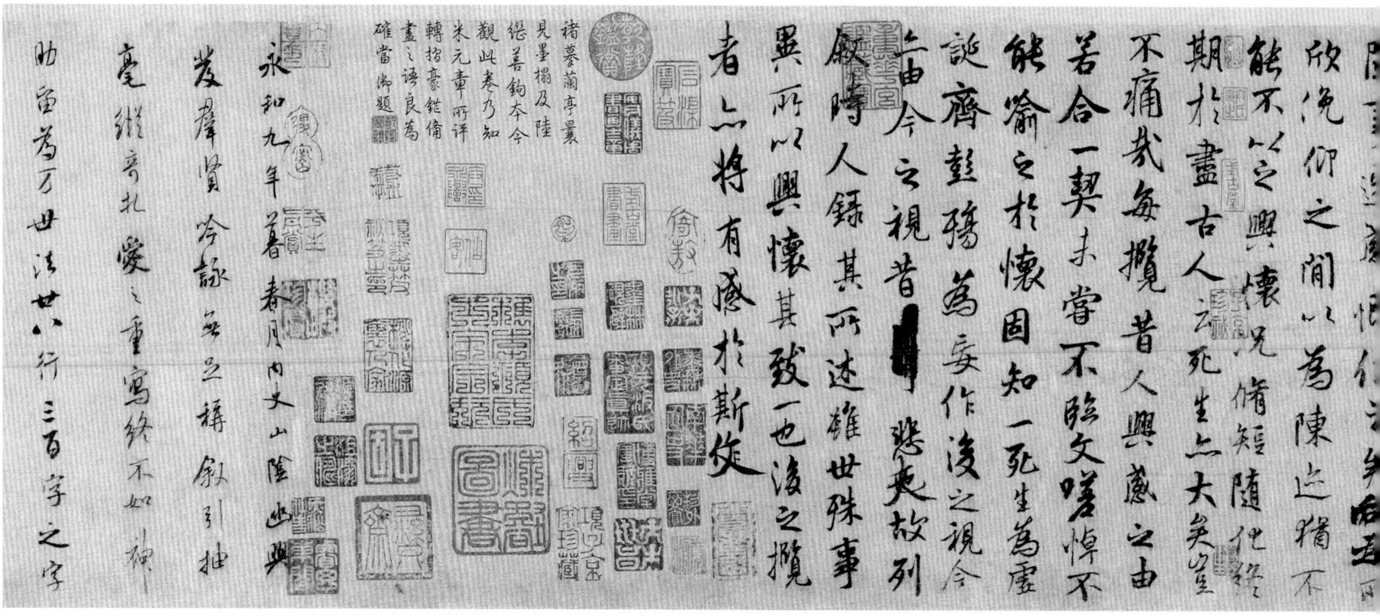

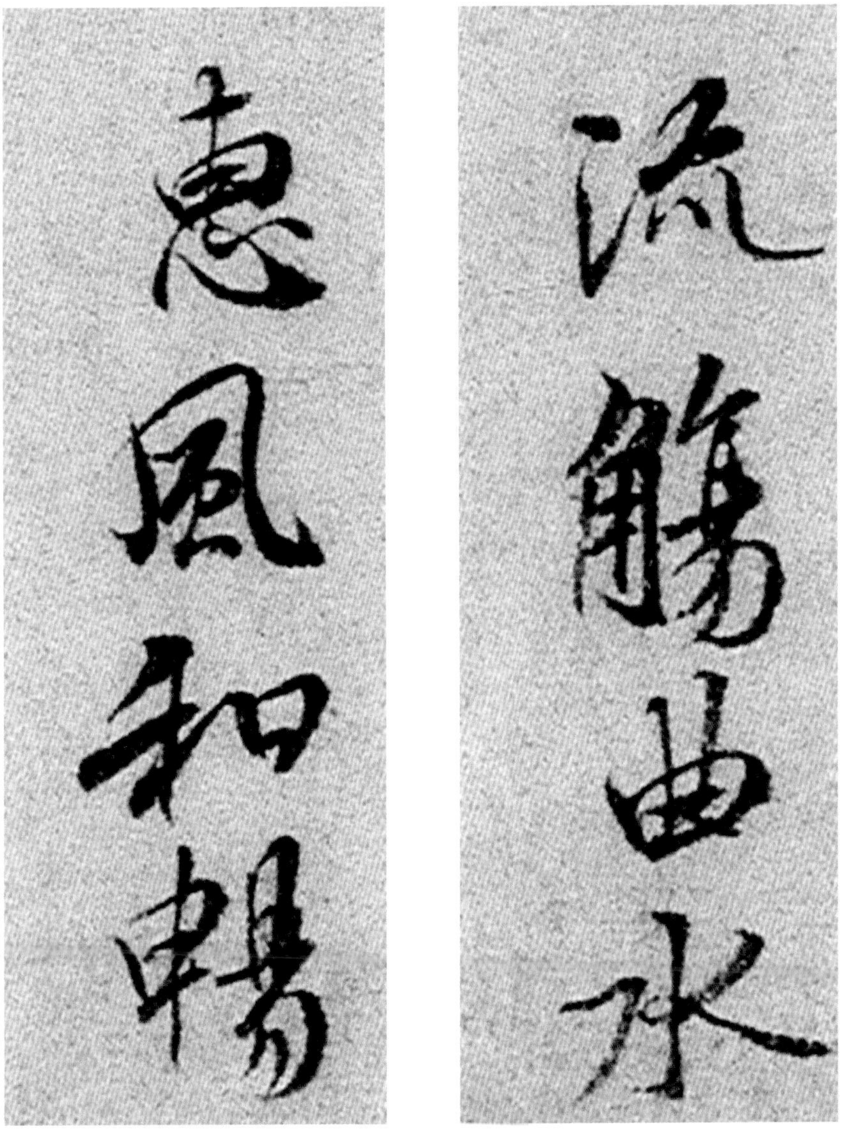

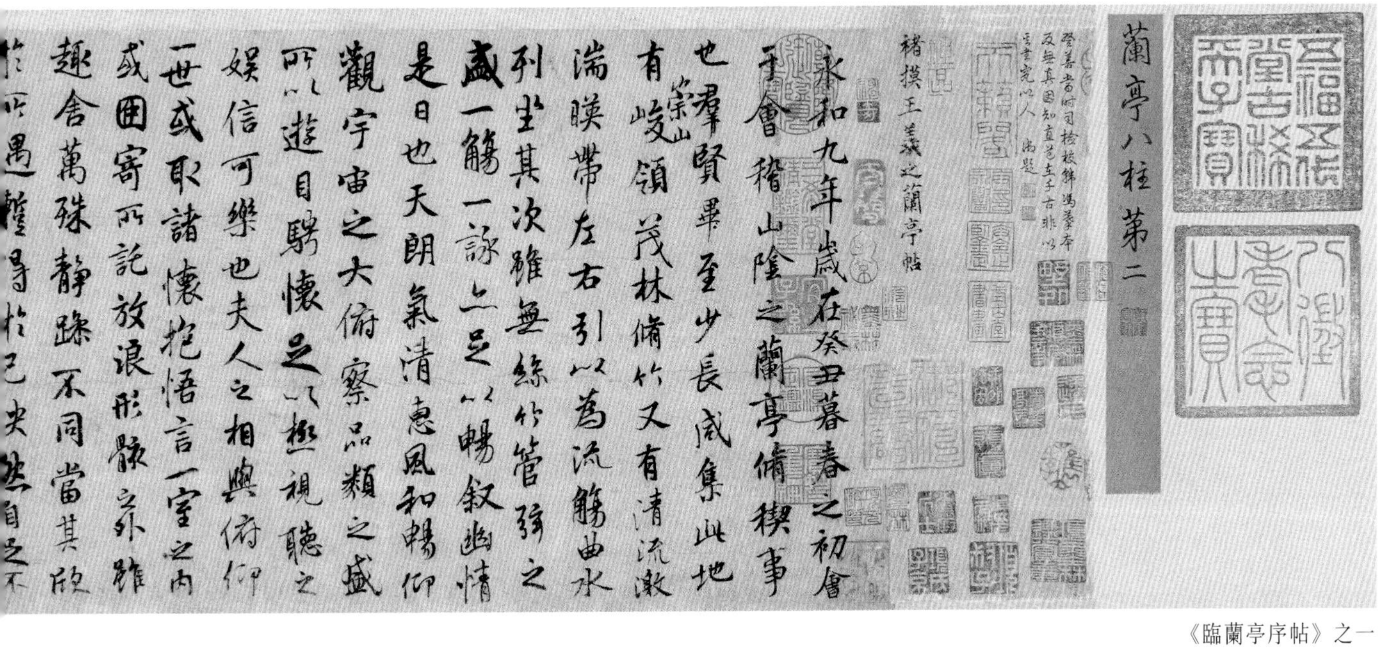

《臨蘭亭序帖》之一

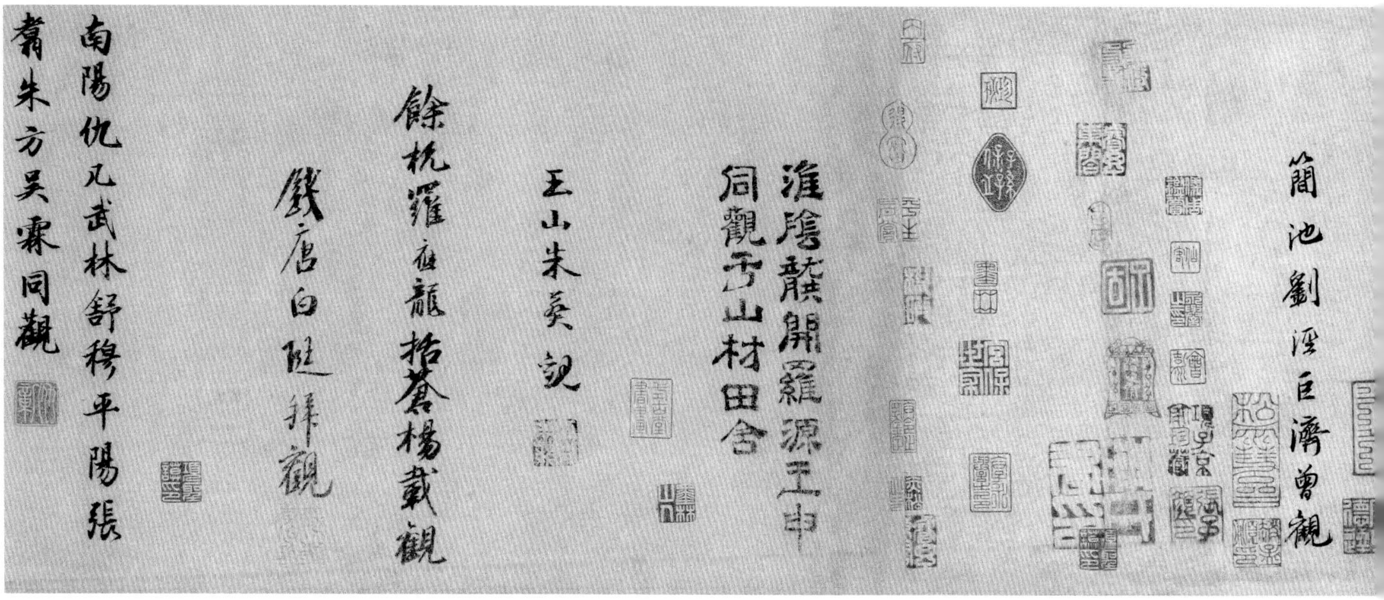
簡池劉涇巨濟曾觀
淮陰龔開羅源王中
同觀于山村田舍
王山朱葵觀
餘杭羅在龍括蒼楊載觀
錢唐白珽拜觀
南陽仇遠武林舒穆平陽張
翥朱方吳霖同觀

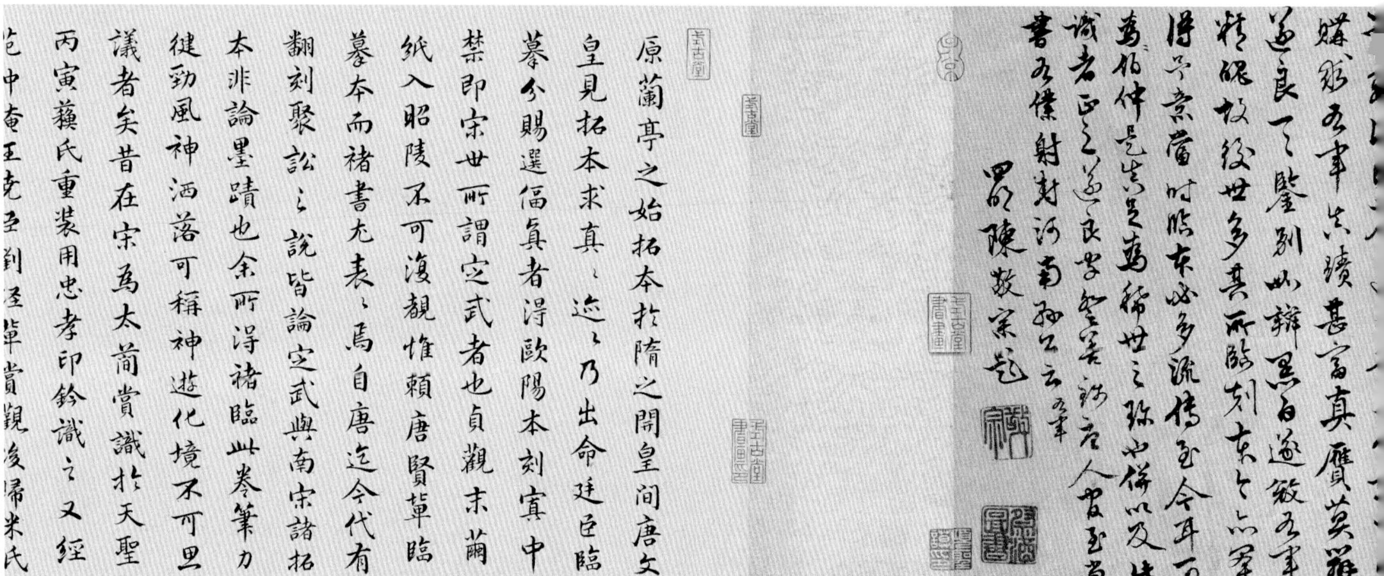
陳敬宗題
原蘭亭之始拓本於隋之開皇間唐文
皇見拓本求真迹迹乃出命廷臣臨
摹分賜選偏真者得歐陽本刻寘中
禁即宋世所謂定武者也貞觀末蘭
紙入昭陵不可復覩惟賴唐賢葦臨
摹本而褚書尤表表焉自唐迄今代有
翻刻聚訟之說皆論定武與南宋諸拓
本非論墨蹟也余所得褚臨此卷筆力
健勁風神洒落可稱神遊化境不可思
議者矣昔在宋爲太簡賞識於天聖
丙寅蘇氏重裝用忠孝印鈐識之又經
范中立王堯臣劉涇輩賞觀後歸米氏

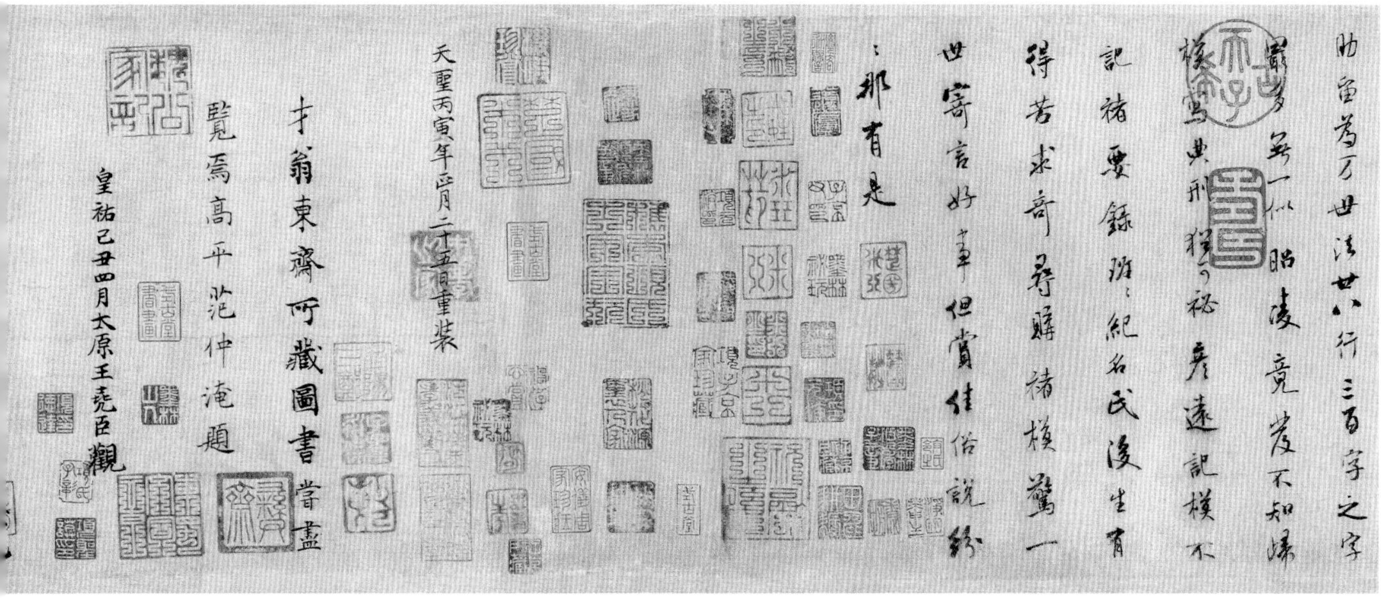

《臨蘭亭序帖》之二

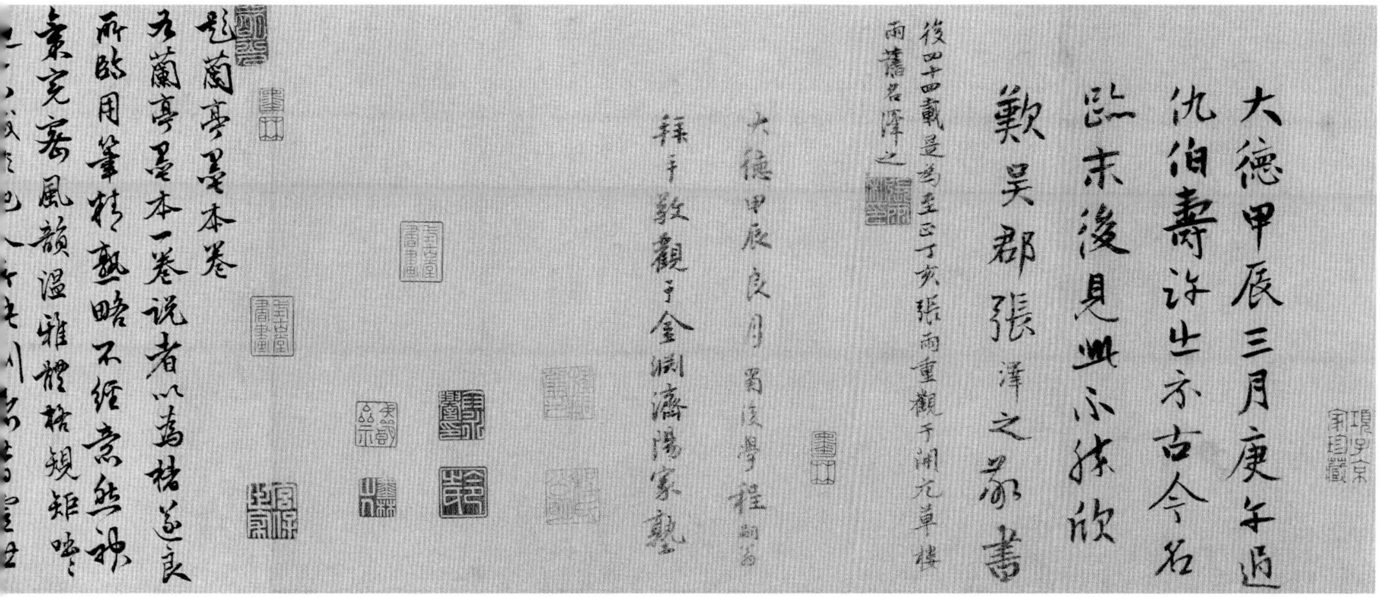

《臨蘭亭序帖》之三

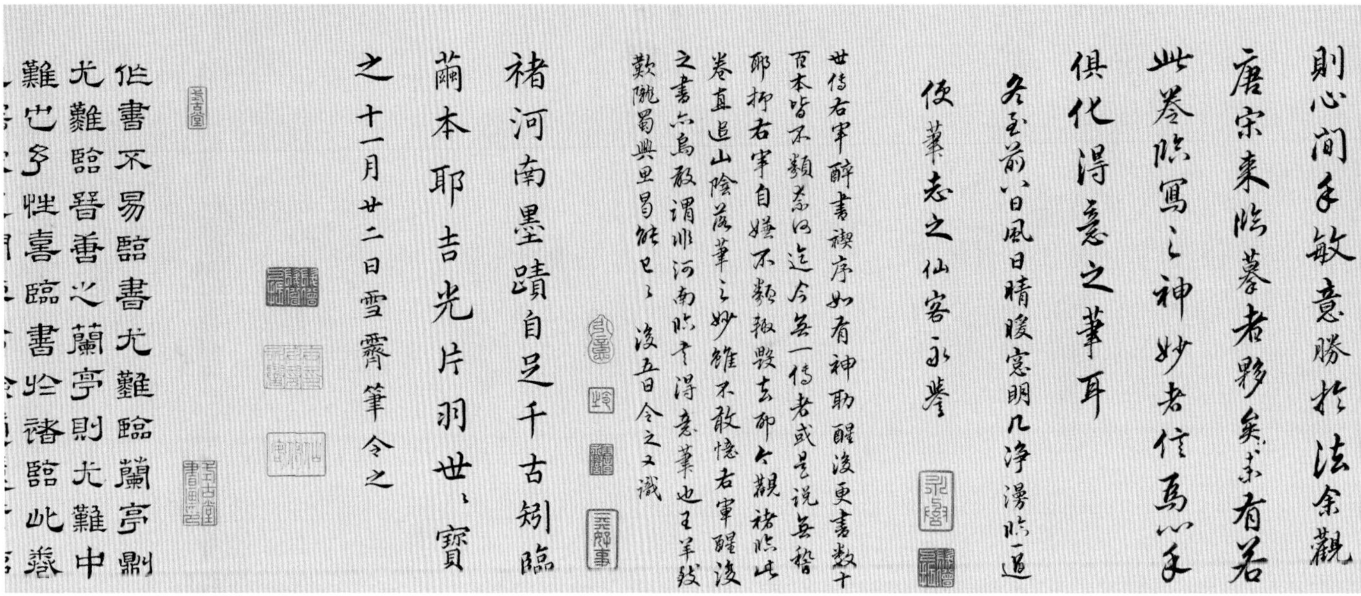
則心閒手敏意勝於法余觀
唐宋來臨摹者夥矣求有若
此卷臨寫之神妙者信爲心手
俱化得意之筆耳
冬至前八日風日晴暖窗明几淨漫臨一過
俊華志之 仙客永譽
世傳右軍醉書禊序如有神助醒後更書數十
百本皆不類茲何迄今無一傳者或是說無稽
耶抑右軍自嫌不類輒毀去耶今觀褚臨此
卷直追山陰落筆之妙雖不敢憶右軍醒後
之書亦爲啟謂非河南臨時得意筆也王羊致
歎隴蜀興旦昌然已之 後五日令之又識
褚河南墨蹟自足千古矧臨
蘭本耶吉光片羽世世寶
之 十一月廿二日雪霽筆令之
作書不易臨書尤難臨蘭亭則
尤難臨晉唐之蘭亭則尤難中
難也予性喜臨書於諸臨此卷

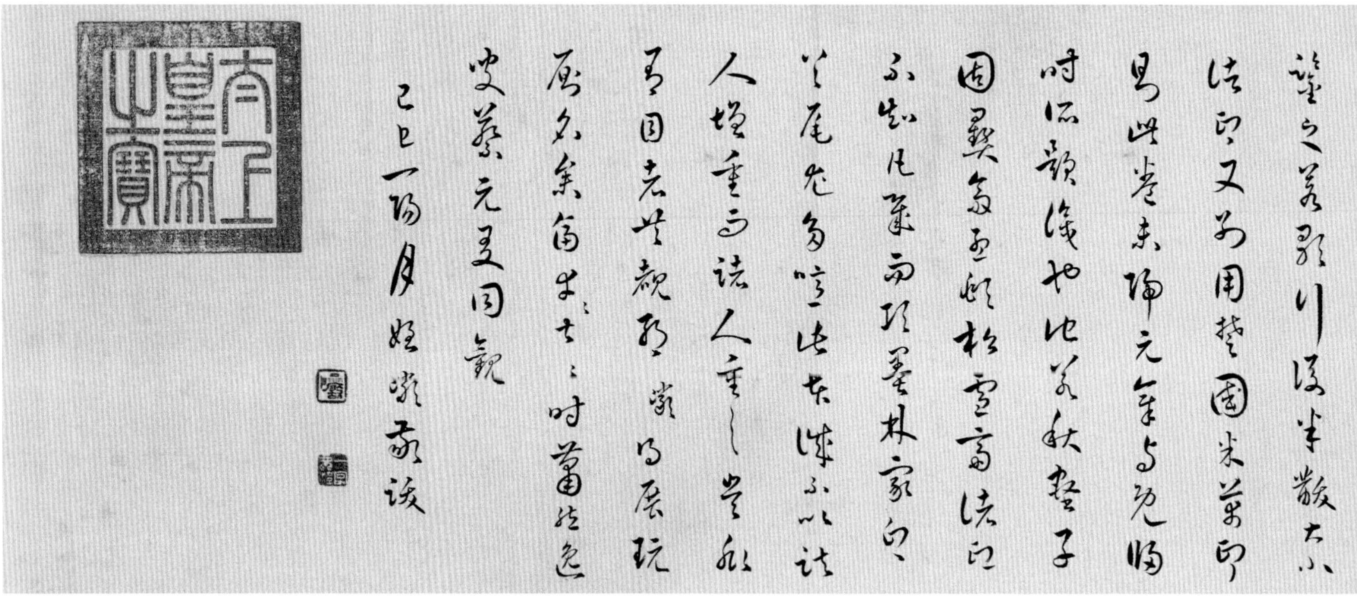
謹之篆額刂後半散大小
法印又另用楚國米芾印
是此卷未歸元章与先時
時作題後此篆秋壑子
固暴氣至賊於電高請印
不出凡蕭而非墨林家印
首尾先多唆跡若諸不以請
人増重而諸人重之豈能
為固先世觀故[illegible]乃展玩
屢不余備申之時當能忘
吏蒙元夏同觀
己巳一陽月姪[illegible]識

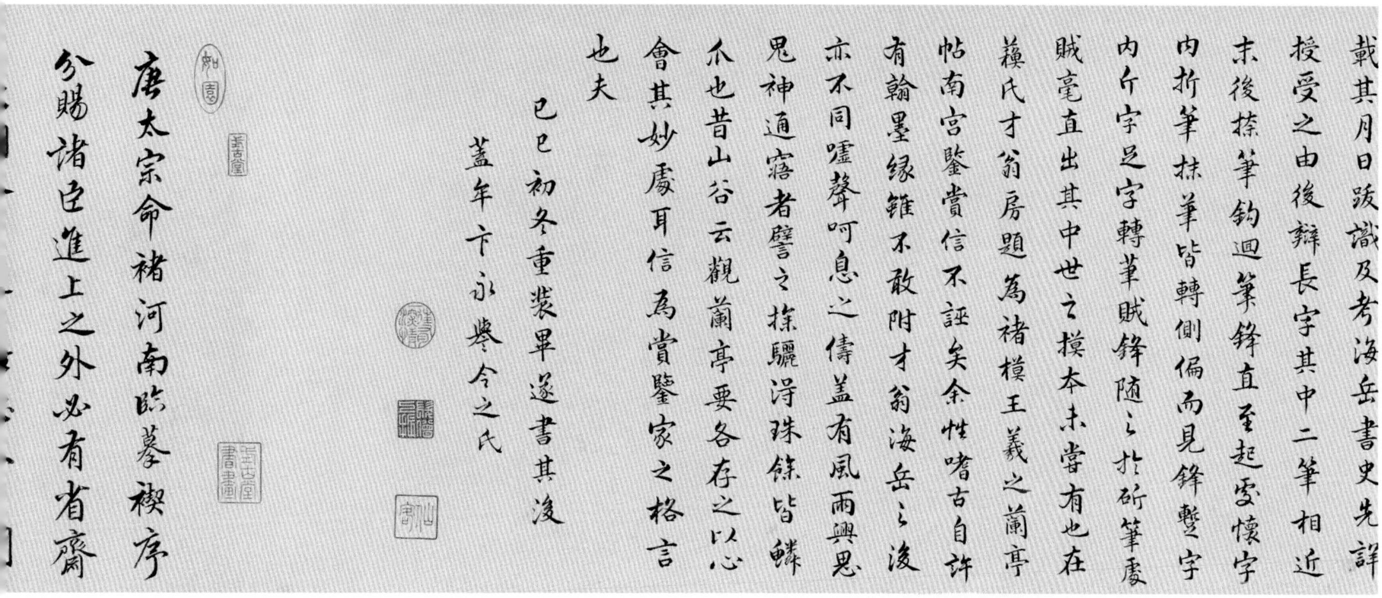

《臨蘭亭序帖》之四

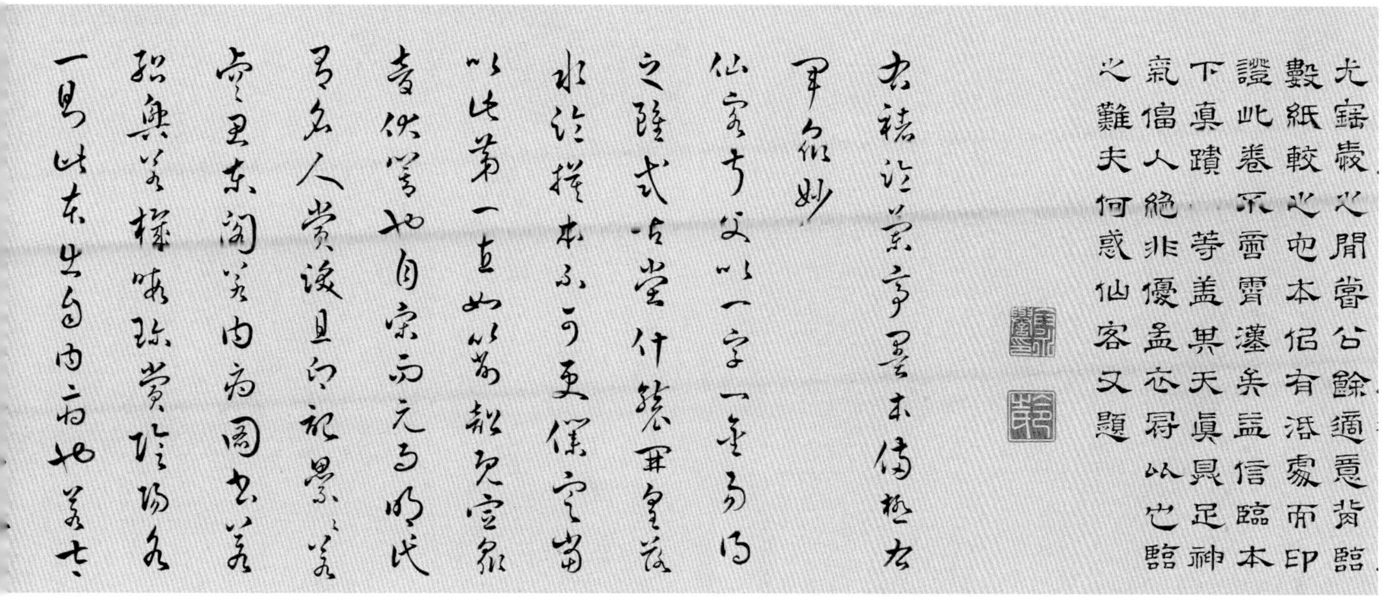

《臨蘭亭序帖》之五

湍暎帶左右引以為流觴曲水
列坐其次雖無絲竹管弦之
盛一觴一詠亦足以暢敘幽情
是日也天朗氣清惠風和暢仰
觀宇宙之大俯察品類之盛
所以遊目騁懷足以極視聽之
娛信可樂也夫人之相與俯仰
一世或取諸懷抱悟言一室之內

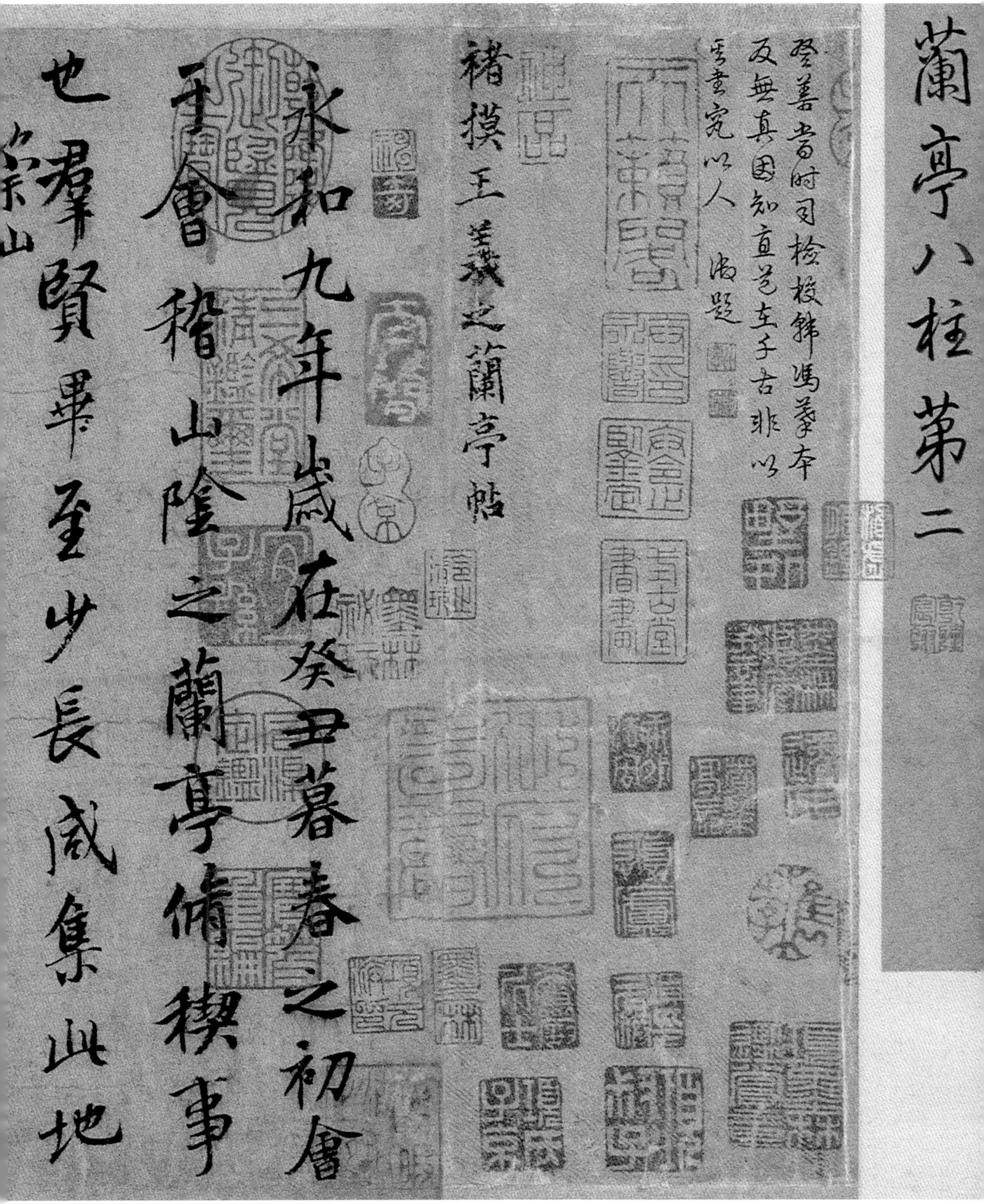
蘭亭八柱第二
登善當時司檢校韓馮著奉
及無真因知直筆在千古非以
名書究以人 浩題
褚摹王羲之蘭亭帖
永和九年歲在癸丑暮春之初會
于會稽山陰之蘭亭脩稧事
也羣賢畢至少長咸集此地
崇山

不痛哉每攬昔人興感之由
若合一契未嘗不臨文嗟悼不
能喻之於懷固知一死生為虛
誕齊彭殤為妄作後之視今
亦由今之視昔悲夫故列
敘時人錄其所述雖世殊事
異所以興懷其致一也後之攬
者亦將有感於斯文

一世或取諸懷抱悟言一室之內
或因寄所託放浪形骸之外雖
趣舍萬殊靜躁不同當其欣
於所遇暫得於己快然自足不
知老之將至及其所之既惓情
隨事遷感慨係之矣向之所
欣俛仰之間以為陳迹猶不
能不以之興懷況脩短隨化終
期於盡古人云死生亦大矣豈

10

歐陽詢　行楷書張翰帖

唐
紙本　行楷書　11行
縱25.1厘米　橫31.7厘米
清宮舊藏

Zhang Han Tie in running-regular script
By Ouyang Xun, Tang Dynasty
Ink on paper
H. 25.1cm　L. 31.7cm
Qing court collection

歐陽詢（557－641年），字信本，唐代潭州臨湘（今湖南臨湘）人。歷仕南朝、隋、唐三代，官至太子率更令、弘文館學士，封渤海縣男。為初唐四大書法家之一，以真行二體最勝，將二王遒媚與北碑峭拔結合，字形修長，體勢險勁，法度森嚴，世稱"歐體"。有《虞恭公碑》、《化度寺邕禪師塔銘》、《九成宮醴泉銘》、《皇甫誕碑》諸名碑傳世，行草書有《蘭惹》、《靜思》各帖，刻入《閣帖》。

《張翰帖》亦稱《季鷹帖》，記張翰故事。張翰乃西晉吳郡人，其事迹見《晉書》、《世説新語》等書。此帖書法具歐字險勁挺拔特點，若與羲之《奉桔帖》、《孔侍中帖》對照，可看出師法右軍之處。宋徽宗評價此帖："筆法險勁，猛鋭長驅"，並稱歐陽詢書名遠播四方，雞林國（即高麗）曾遣使求詢書。此件為唐人鈎填本，筆墨厚重，鋒棱稍差。

此帖與《卜商讀書帖》均為安岐所有，後入乾隆內府，輯入《法書大觀》冊。對開有瘦金書題跋一則，無名款印記，為宋徽宗早年所書。

鑑藏印記："紹興"（朱文連珠）、"儀周鑑賞"（白文）、"朝鮮人"（白文）、"安岐之印"（白文）等。原有清內府璽印及乾隆題字被刮去。

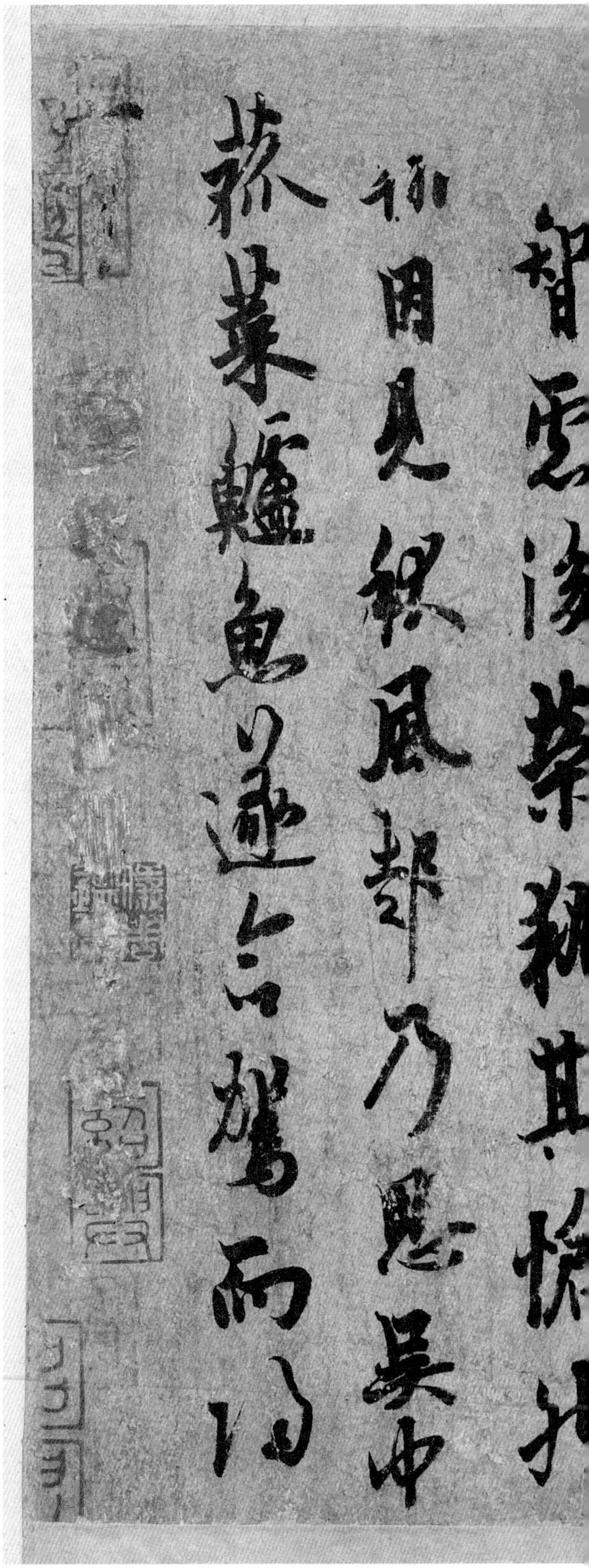

釋文：
張翰，字季鷹，吳郡人。有清才，善屬文，而縱任不拘，時人號之為江東步兵。後謂同郡顧榮曰：天下紛紜，禍難未已。夫有四海之名者，求退良難。吾本山林間人，無望於時。子善以明防前，以智慮後。榮執其（手），愴然。翰因見秋風起，乃思吳中菰菜鱸魚，遂命駕而歸。
（囗內字據《晉書》補）

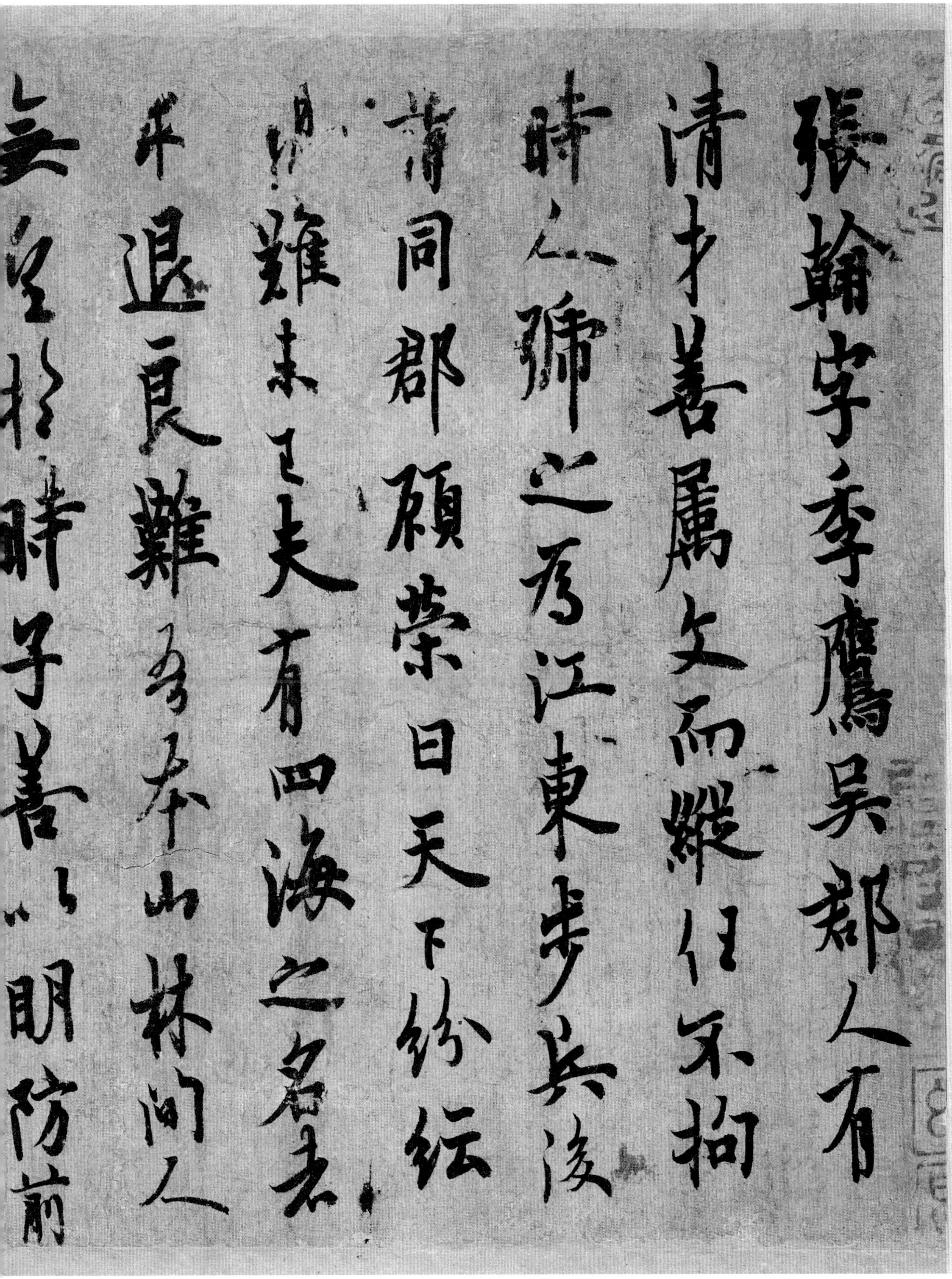
張翰字季鷹吳郡人有
清才善屬文而縱任不拘
時人號為江東步兵後
謂同郡顧榮曰天下紛紜
禍難未已夫有四海之名者
求退良難吾本山林間人
無望於時子善以明防前

遠播四夷晚年筆力益
剛勁有執法面折庭爭
之風孤峯崛起四面削
成非虛譽也

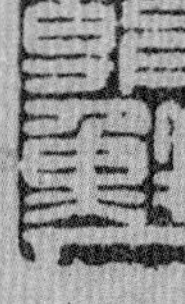

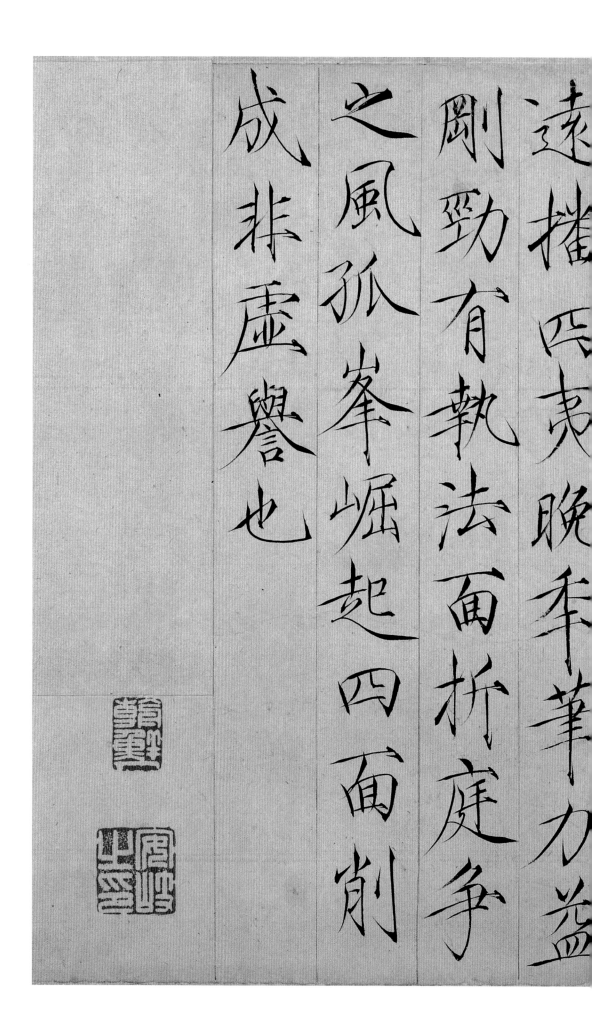

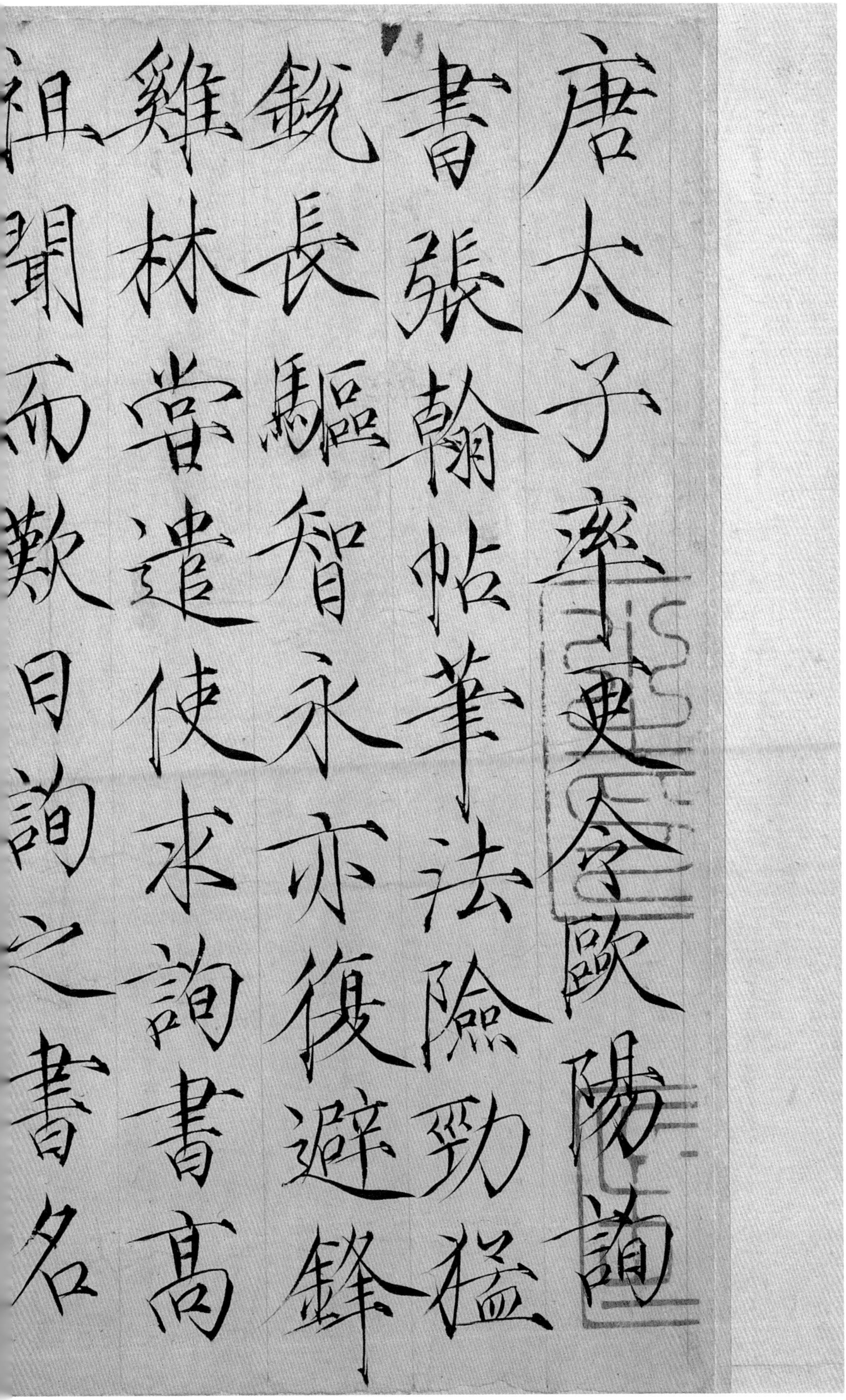
唐太子率更令歐陽詢
書張翰帖筆法險勁猛
銳長驅智永亦復避鋒
雞林嘗遣使求詢書高
祖聞而歎曰詢之書名

宋徽宗跋《張翰帖》

11

歐陽詢　行楷書卜商讀書帖

唐
紙本　行楷書　6行
縱25.2厘米　橫16.5厘米
清宮舊藏

Bu Shang Du Shu Tie in running-regular script
By Ouyang Xun, Tang Dynasty
Ink on paper
H. 25.2cm　L. 16.5cm
Qing court collection

帖中文字見於《尚書．大傳》，並收入歐陽詢著《藝文類聚》，兩相比較，帖中個別字有出入。卜商，春秋時衛國人，字子夏，為孔子弟子（《史記．仲尼弟子列傳》）。

現存歐陽詢四件墨迹中，除《千字文》外，其餘三種《卜商讀書帖》、《張翰帖》、《夢奠帖》均記歷史人物，原屬《史事帖》。歐陽詢有記述古人逸傳數種，彙為一集，總稱《史事帖》或《故事帖》。歐陽詢博貫經史，嘗收隋以前遺文祕籍，詳加考證，著成《藝文類聚》一百卷。所謂《史事帖》，或是當年著作手稿。

此帖書體兼真行，用筆挺勁。唐人雙鈎廓填，墨氣精彩，具歐書典型風格。

帖前黃絹隔水原有宋徽宗墨筆題簽“唐歐陽詢書”，清末為人揭去。

鑑藏印記："之印"（朱文半印）、"安"（朱文）、"儀周鑑賞"（白文），又古半印三方不可識。又有清乾隆帝題字及璽印，為人刮去。當是安岐所藏，後入乾隆內府。

釋文：

卜商讀書畢，見孔子。孔子問焉，何為於書。商曰，書之論事，昭昭如日月之代明，離離如參辰之錯行。商所受於夫子者，志之於心，弗敢忘也。

（□內字據《藝文類聚》補）

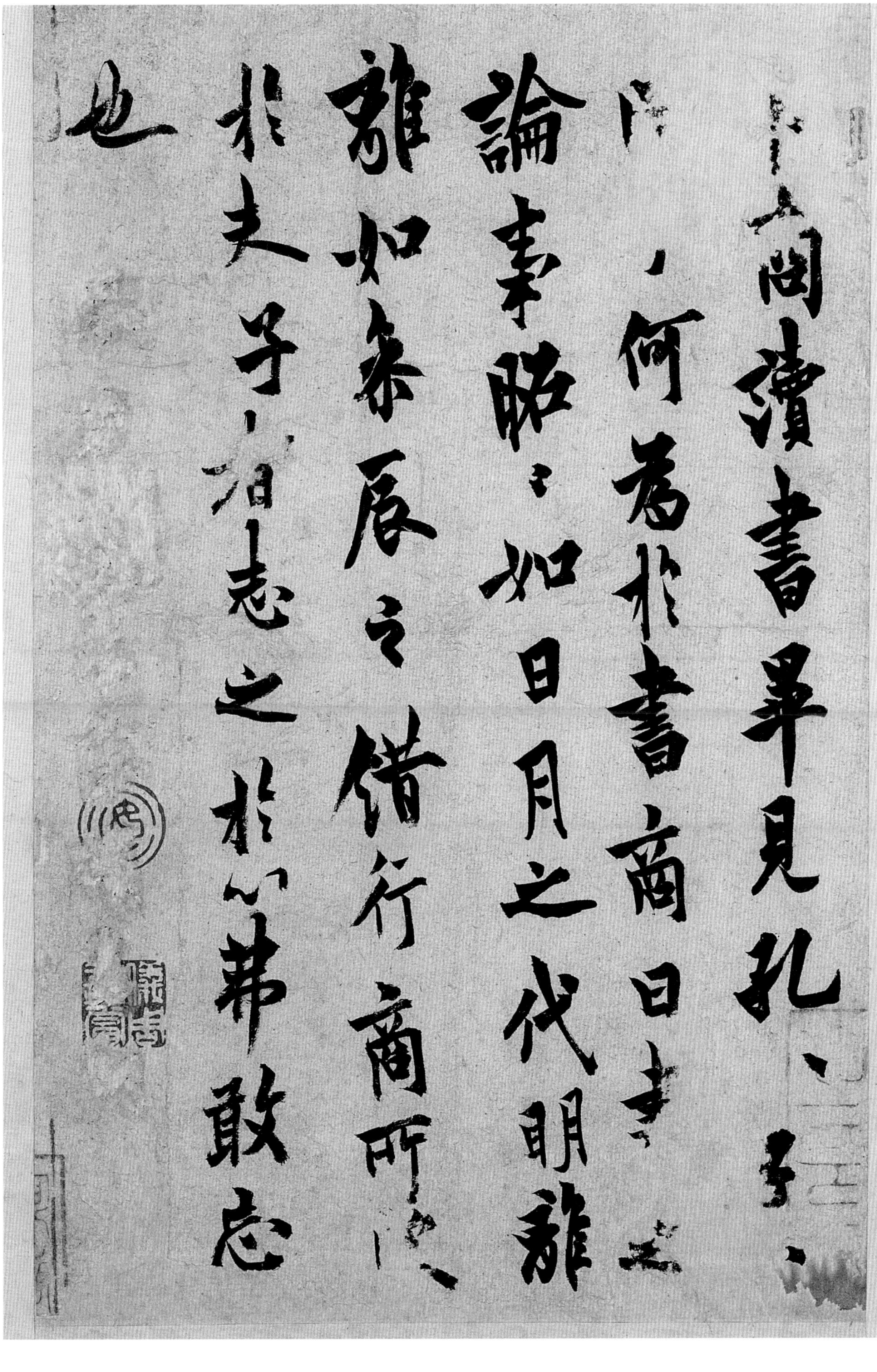
商讀書畢見孔〻子〻
問〻何為於書商曰書之
論事昭〻如日月之代明離
離如參辰之錯行商所受
於夫子者志之於心弗敢忘
也

12

李白　草書上陽台帖

唐
紙本　草書　5行　25字
縱28.5厘米　橫38.1厘米
清宮舊藏

Shang Yang Tai Tie in cursive script
By Li Bai, Tang Dynasty
Ink on paper
H. 28.5cm　L. 38.1cm
Qing court collection

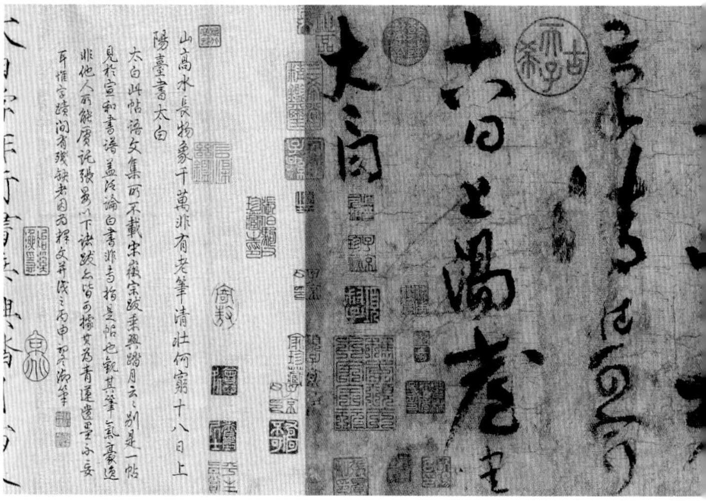

李白(701－762年)，字太白，一字長庚，號青蓮居士，祖籍隴西成紀(今甘肅秦安)，曾寓居山東。唐代偉大詩人，亦擅長書法。

本帖落筆天縱，收筆處一放開鋒，毫無含蓄，更顯蒼勁。看來筆已頹，人也醉。紙敝墨渝，筆泐意連，點畫行走於雲煙明滅中。現存詩仙遺墨，唯此一卷。宋代黃庭堅評李白的詩與書時説："及觀其藁書，大類詩，彌使人遠想慨然。白在開元、至德間，不以能書傳，今其行、草殊不減古人。"(《山谷題跋》)

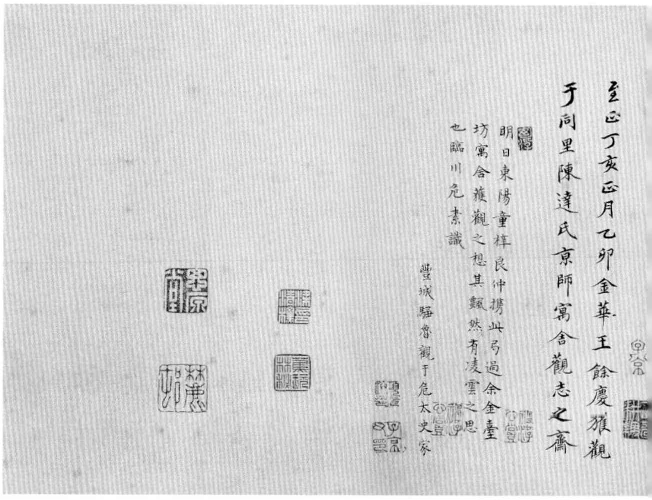

刻帖中李白書迹有五、六種(有的是冒名)。將此本同《翰香館法帖》卷五"天若不愛酒"詩比較，字迹磊落，神采遠勝。《佩文齋書畫譜》卷七十三另載太白一帖："樓虛月白，秋宇物化，於斯憑欄，身勢飛動。非把酒忘意，此興何極！"發想超曠，簡潔雋妙，可惜今已不見。

帖前引首清乾隆帝楷書題"青蓮逸翰"四字，宋徽宗瘦金書題簽"唐李太白上陽臺"一行。後有宋徽宗，元代張晏、杜本、歐陽玄、王餘慶、危素、騶魯，清乾隆帝等題跋和觀款。

鑑藏印記："子固"(白文)、"彝齋"(朱文)、"秋壑圖書"(朱文)、"張晏私印"(朱文)、"歐陽玄印"(白文)，明代項元汴，清代梁清標、乾隆內府、嘉慶內府，現代張伯駒諸印。

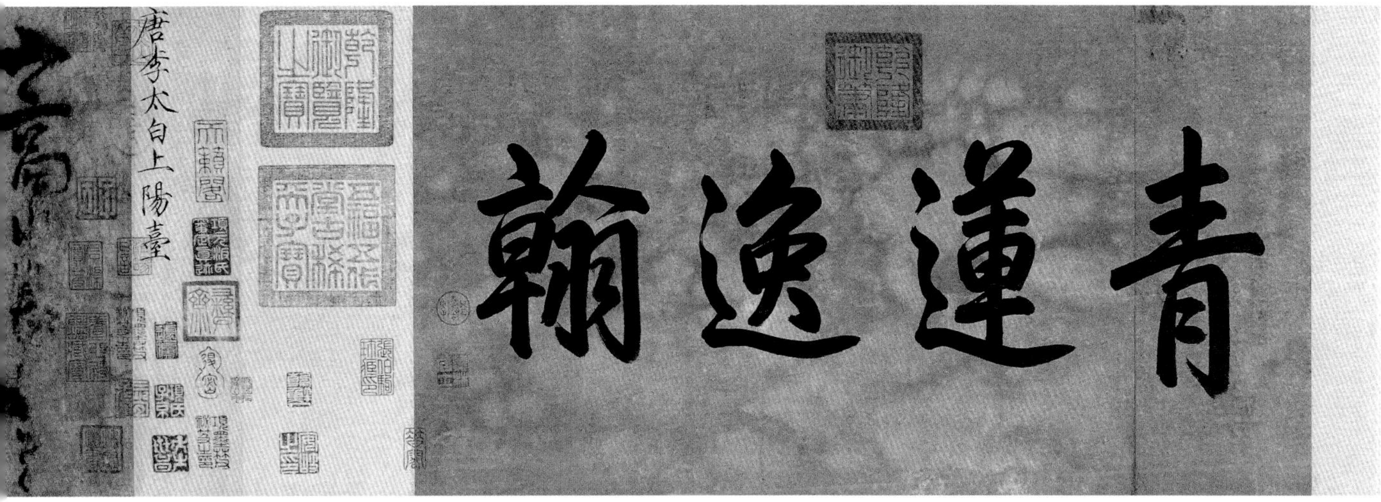

《上陽台帖》之一

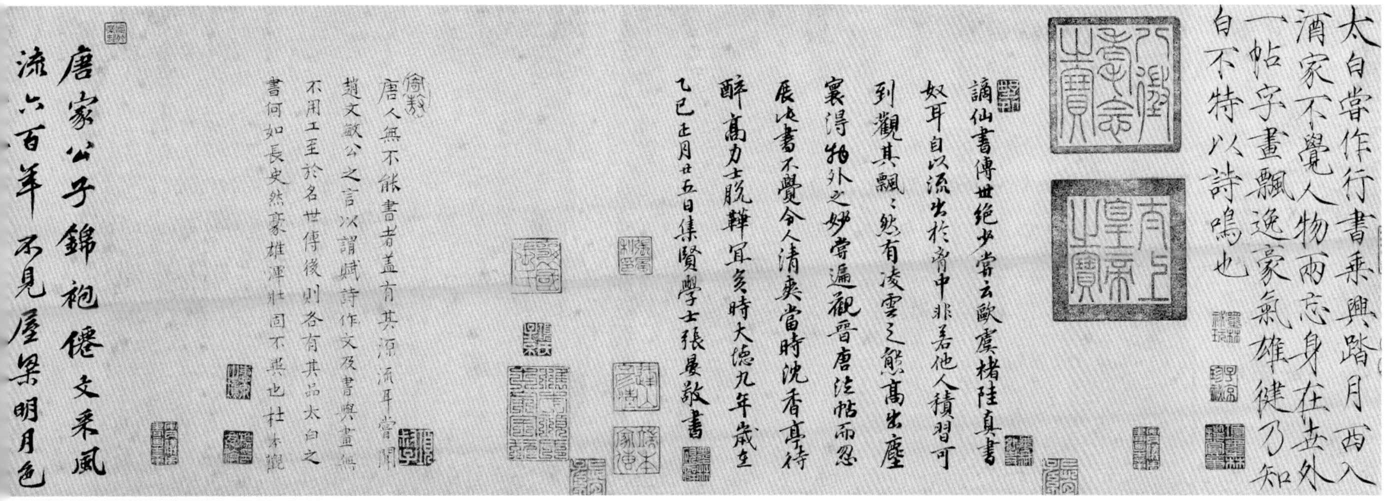

《上陽台帖》之二

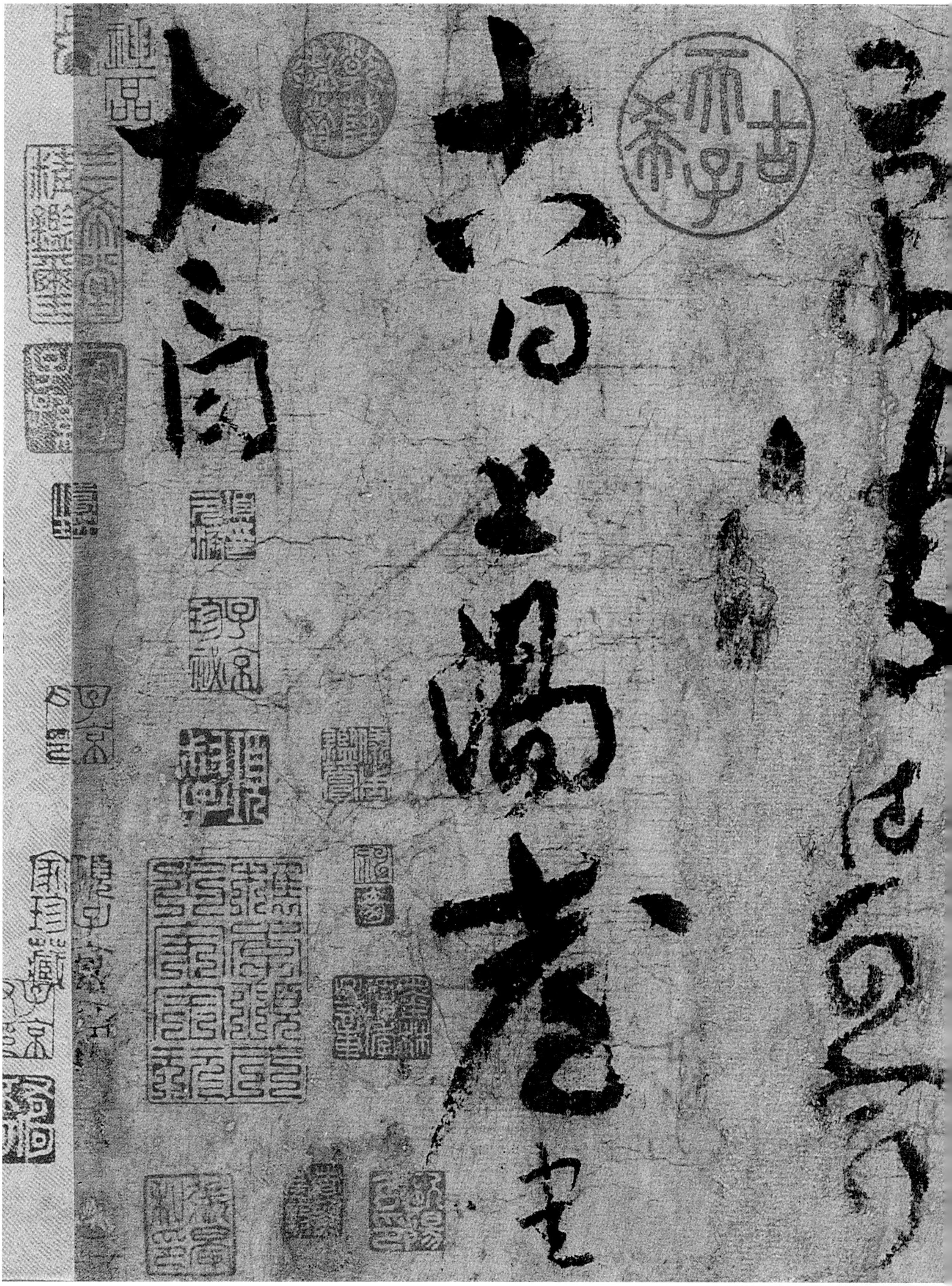

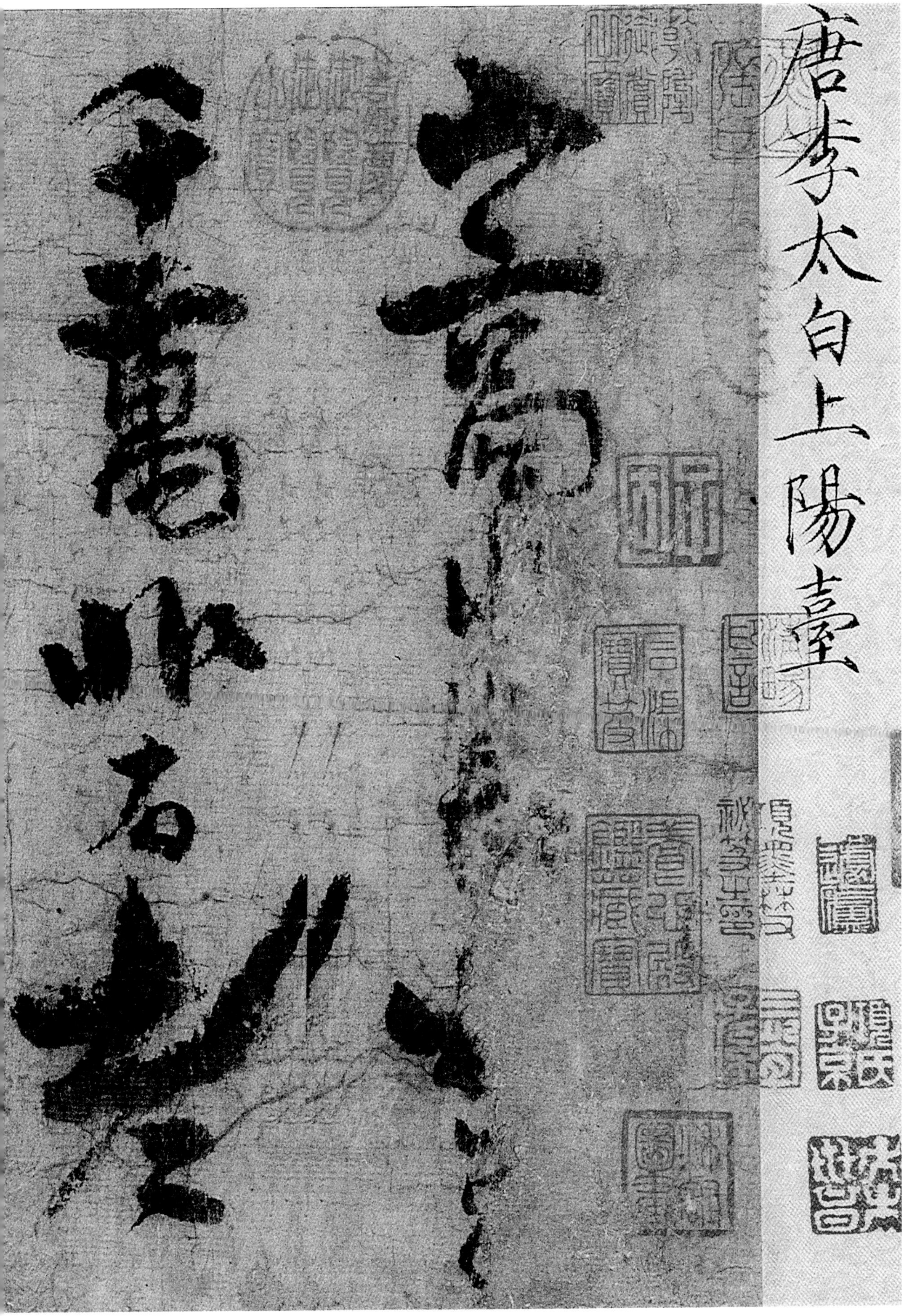

釋文：
山高水長，物象
千萬，非有老
筆，清壯可窮。
十八日上陽臺書
太白

13

顏真卿　行書湖州帖

唐
紙本　行書　8行
縱27.6厘米　橫50.2厘米
清宮舊藏

Huzhou Tie in running script
By Yan Zhenqing, Tang Dynasty
Ink on paper
H. 27.6cm　L. 50.2cm
Qing court collection

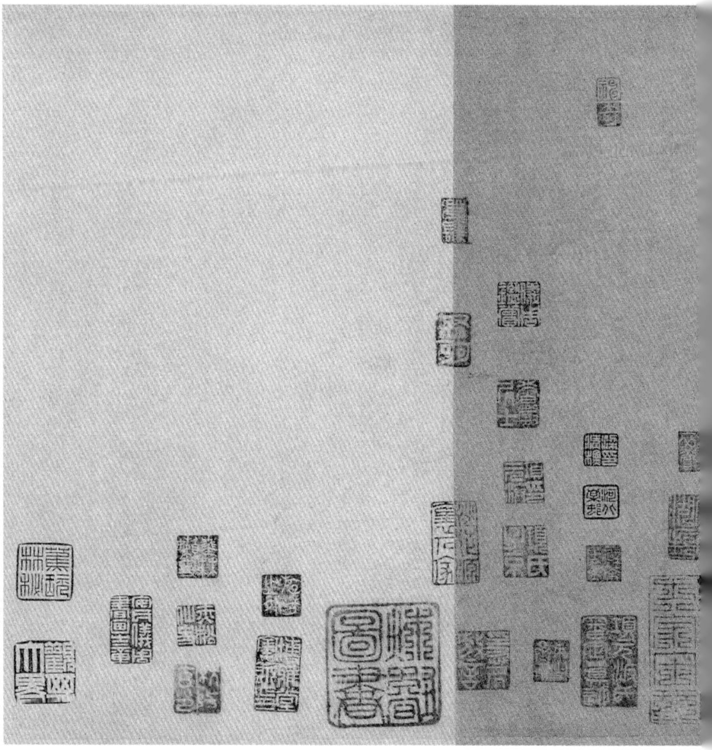

顏真卿(708－784年)，字清臣，號應方，祖籍瑯琊(今山東臨沂)人。五代祖是北齊著名學者顏之推，曾祖是唐初學者顏師古，世學淵博。安祿山叛亂，他聯絡從兄顏杲卿起兵抵抗。歷官至吏部尚書、太子太師，封魯郡開國公，世稱"顏魯公"。工正書，擅草法，從褚遂良、張旭得筆法。其書渾厚清峻，沉着遒勁，被世人譽為"顏體"。

《湖州帖》為宋人仿本。文字言及湖州水災，百姓得到安撫。原帖書寫時間應在唐大曆七年(772年)以後，顏真卿任職湖州刺史期間。書法圓轉連綿，豐麗超動，墨色華潤，心境安然見於紙上，同《祭侄文稿》的悲切，《爭座位》的激昂意態迴別。

魯公碑版最多，今存見者二十多種，均楷書。行草書甚少，墨迹除本帖外還有《祭侄季明文稿》。其他均散見於刻帖中，如《爭座位稿》(西安本)、《與蔡明遠書》、《乍奉辭帖》、《鹿脯帖》(以上三帖刻入《快雪堂法帖》)、《告伯父文稿》(《甲秀堂帖》)、《送劉太沖敘》、《送裴將軍詩》(《忠義堂帖》)。

鑑藏印記："政和"(朱文兩方，皆偽)、"紹興"(朱文連珠三方，右上、中邊兩印偽)、"機暇清賞"(朱文)、"內府書印"(朱文)、"北燕張氏珍藏"(朱文)、"端本"(朱文)，明代洪武內府、項元汴，清代梁清標、安岐諸印。

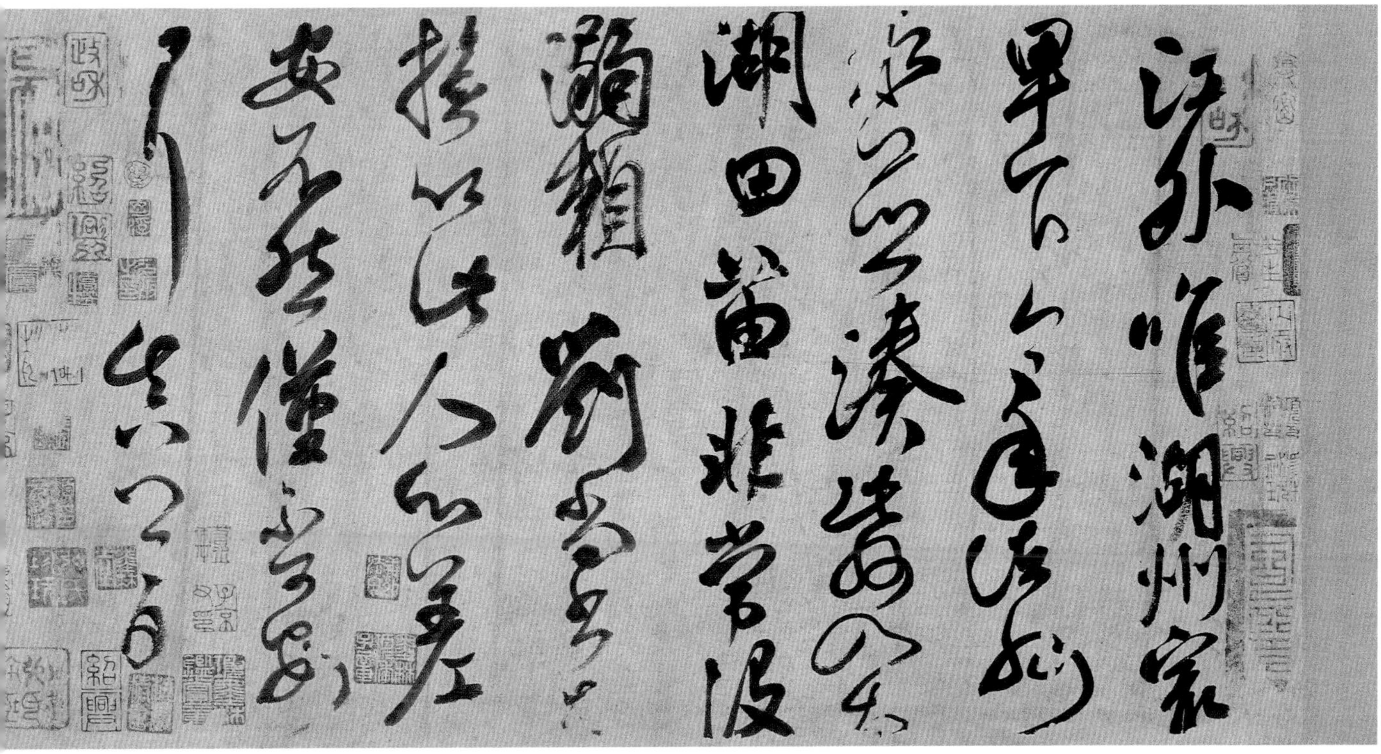

釋文：
江外唯湖州最
卑下，今年諸州
水並湊此州入太
湖，田苗非常沒
溺，賴劉尚書□
撫，以此人心差
安，不然，僅不可安
耳。真卿白

溺粗
稀朝
擾兄
安人
不從
喜僕

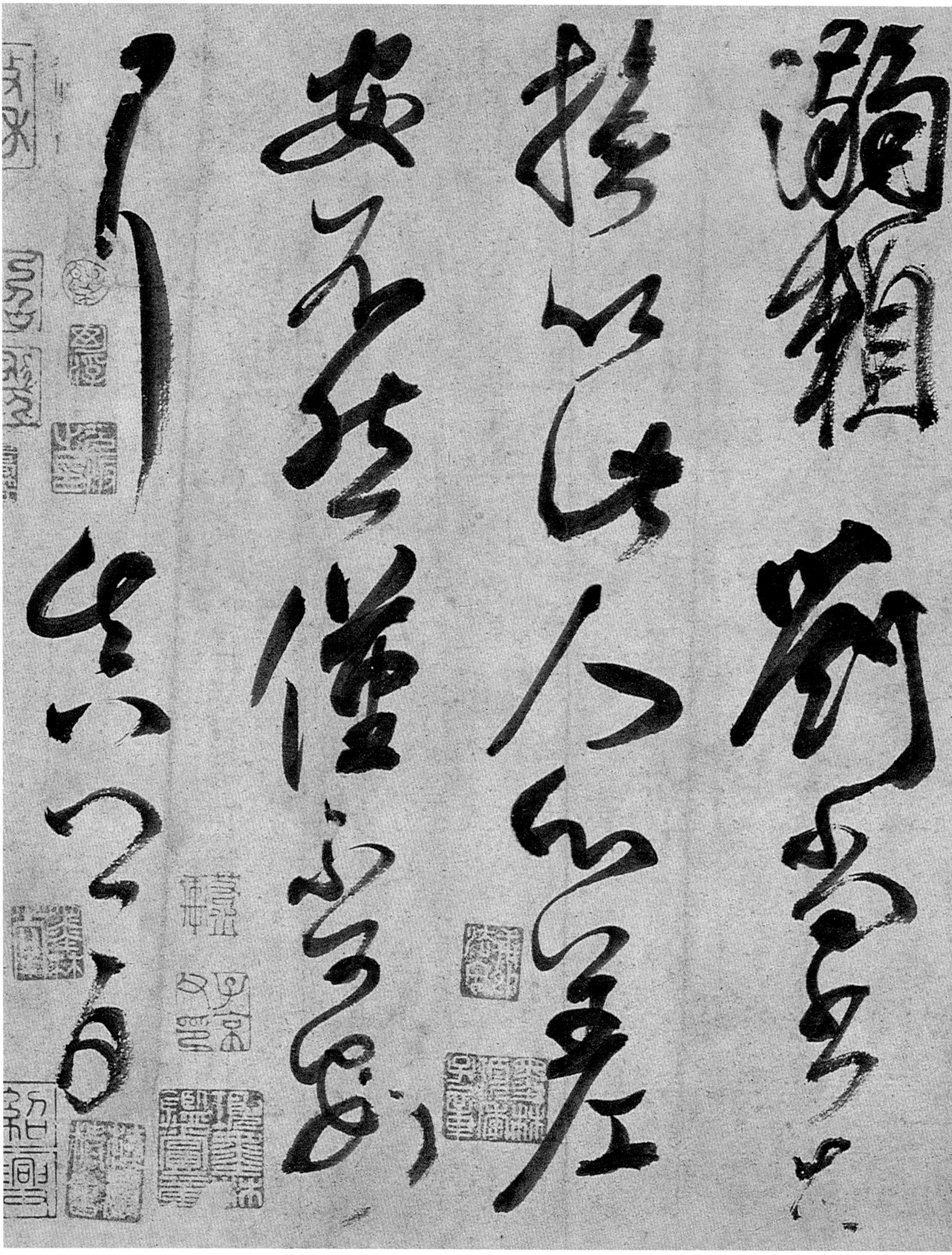

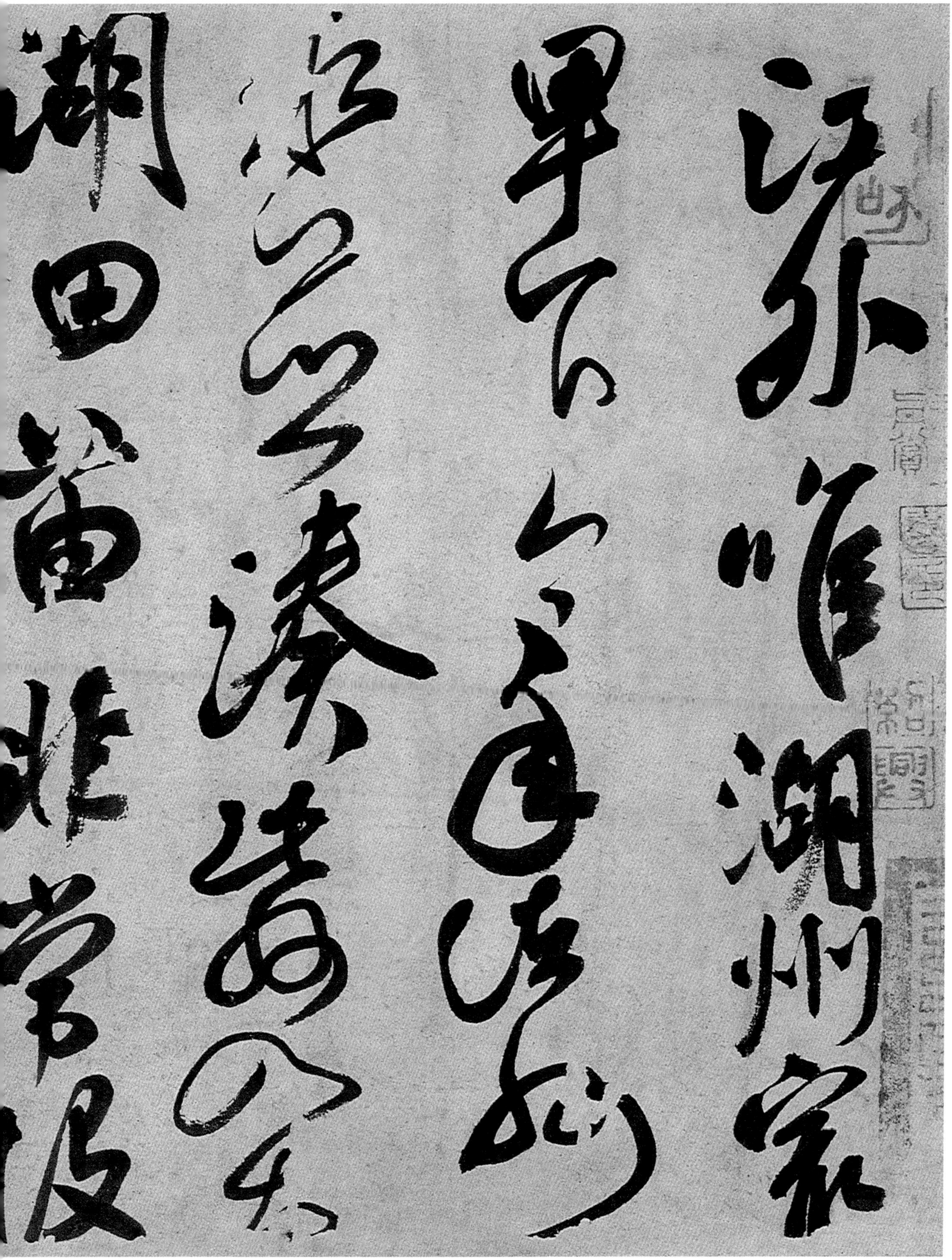

14

顏真卿　楷書竹山堂連句
唐
絹本　楷書　15開　60行
各開縱28.2厘米　橫13.7厘米不等

Zhu Shan Tang Lian Ju in regular script
By Yan Zhenqing, Tang Dynasty
Ink on silk
H. 28.2cm　L. 13.7cm

本品來歷是：大曆九年（774年）三月，時任湖州刺史的顏真卿在潘述家的竹山堂中，與友人及部屬李崿、陸羽、釋皎然、陸士修、韋介、柳淡等人聚會飲宴。席間吟詩各出兩句，依次而下，相聯成篇。後由顏氏書錄，時年六十六歲。此作原是整幅，後割裱成冊，幾近百衲，章法已破。明代王世貞評："遒勁雄逸而時吐媚姿，真蠶頭鼠尾得意筆。"魯公楷書墨迹首推《自書告身》，清雄嚴謹。此帖為唐人臨本。

連句是舊時作詩的一種方式，兩人或多人共作一詩，一人一句或兩句，一句一韻或兩句一韻。相傳始於漢武帝時《柏梁台詩》。此冊有米友仁奉宋高宗命跋尾二行，確是紹興御府故物，並知其裁減最遲不晚於紹興時。清初梁清標將其刻入《秋碧堂法帖》。史學家岑仲勉在《金石論叢．續貞石證史》中指出：首"題潘書"為"題潘氏書堂"之誤，結銜"光祿"前缺"金紫"，"公"前缺"開國"。

本幅前裱邊有楷書"顏魯公竹山連句詩帖，上上品"一行。幅後有宋代米友仁，清代姚鼐、鐵保，近代葉恭綽題跋。

鑑藏印記：宋代"紹興"（朱文連珠）、"御府之印"（朱文）、"緝熙敬之"（朱文半印），明代晉王府、王世懋，清代梁清標、安岐，近代葉恭綽，現代張珩諸印。

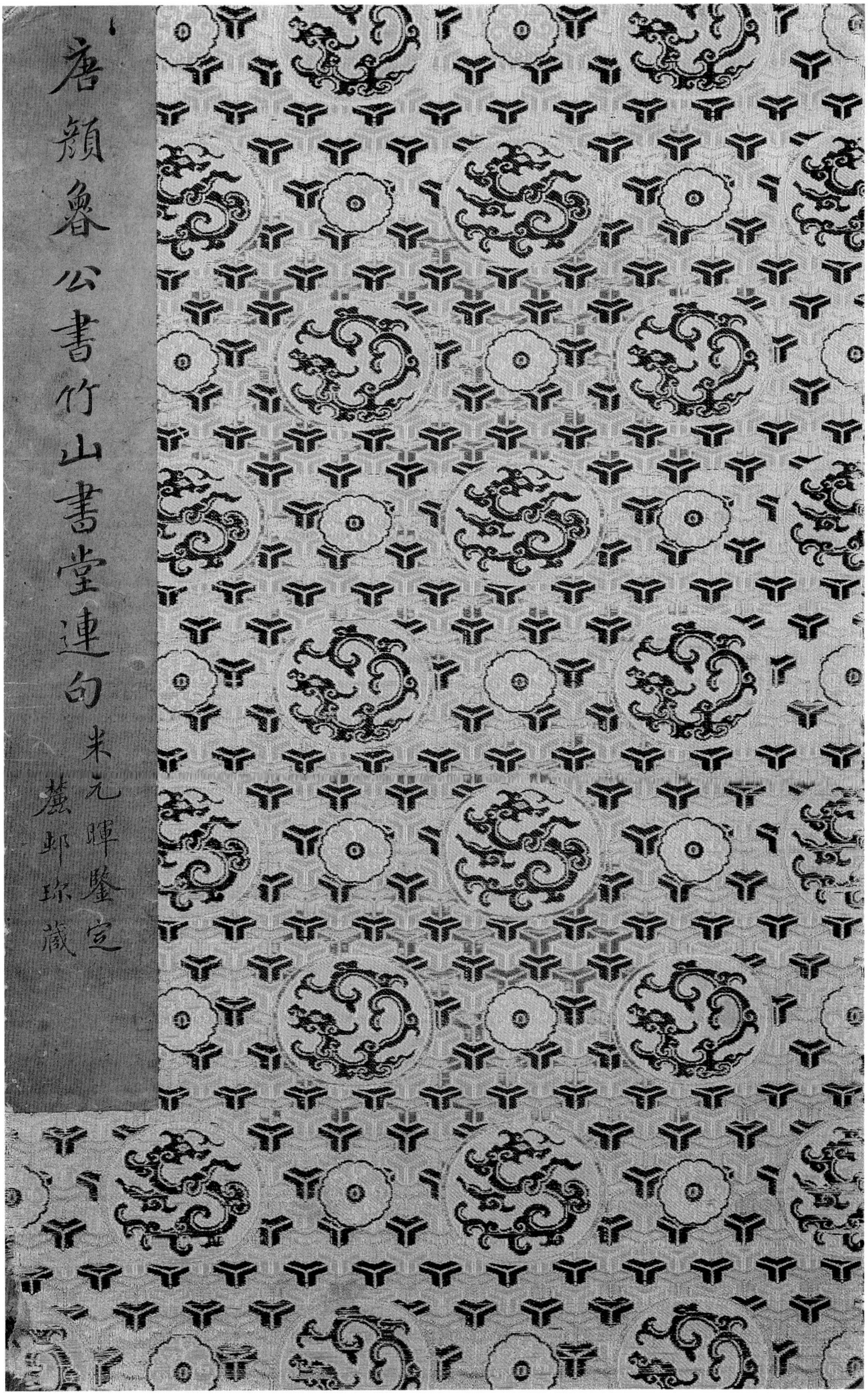
唐顏魯公書竹山書堂連句
米元暉鑒定
麓邨珍藏

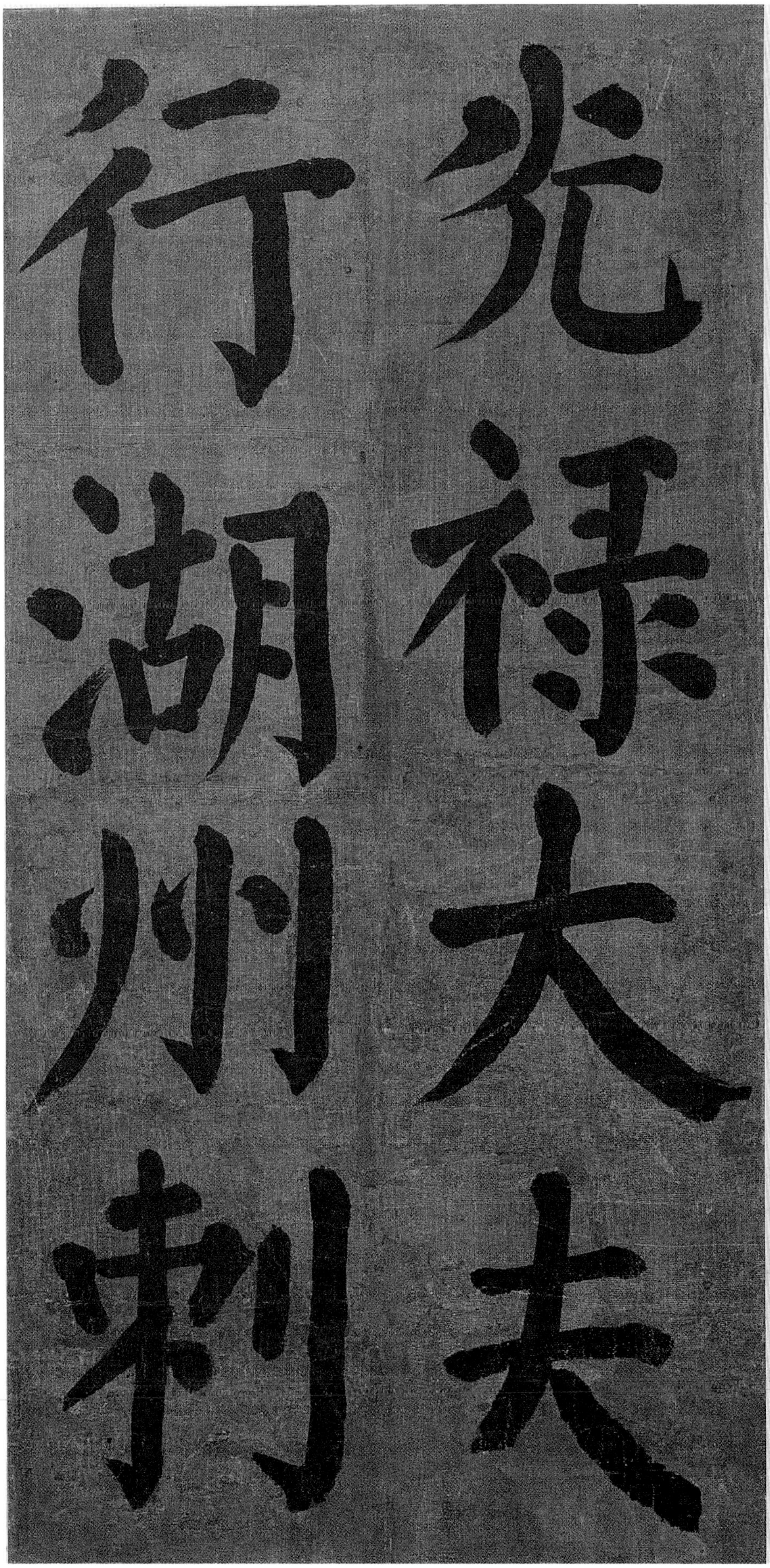

光祿大夫
行湖州刺

第一開

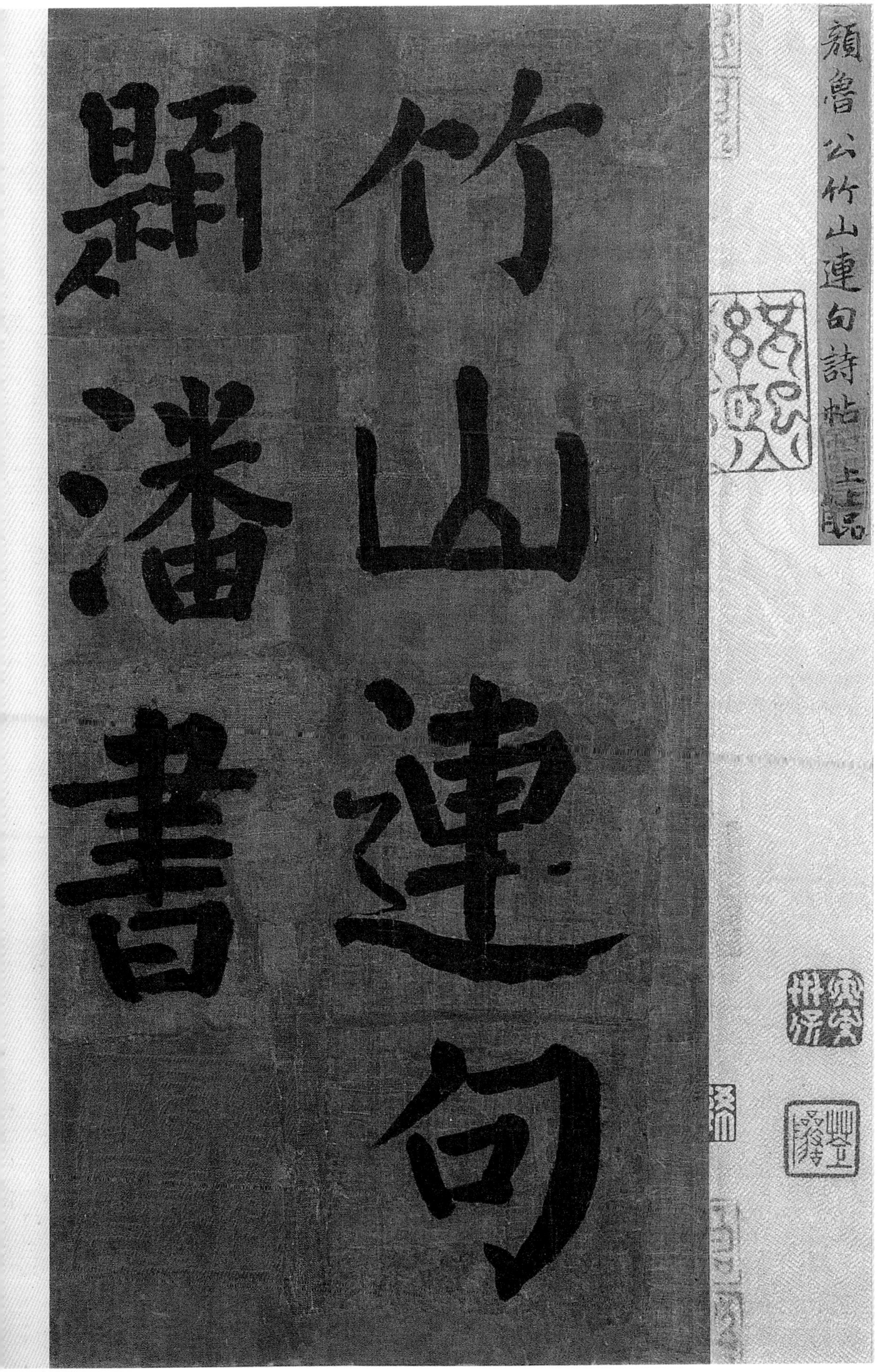

釋文：
竹山連句
題潘書，

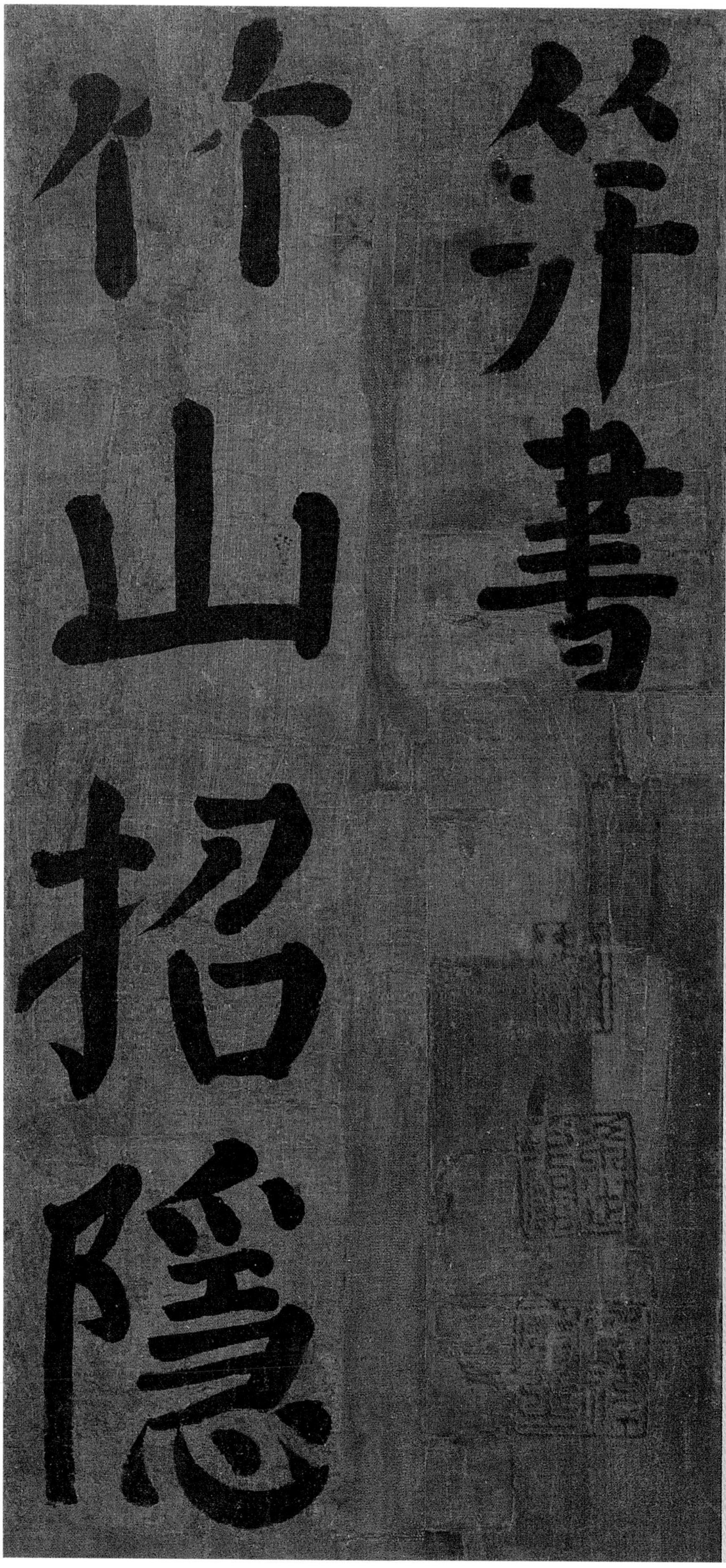

並書。
竹山招隱

第二開

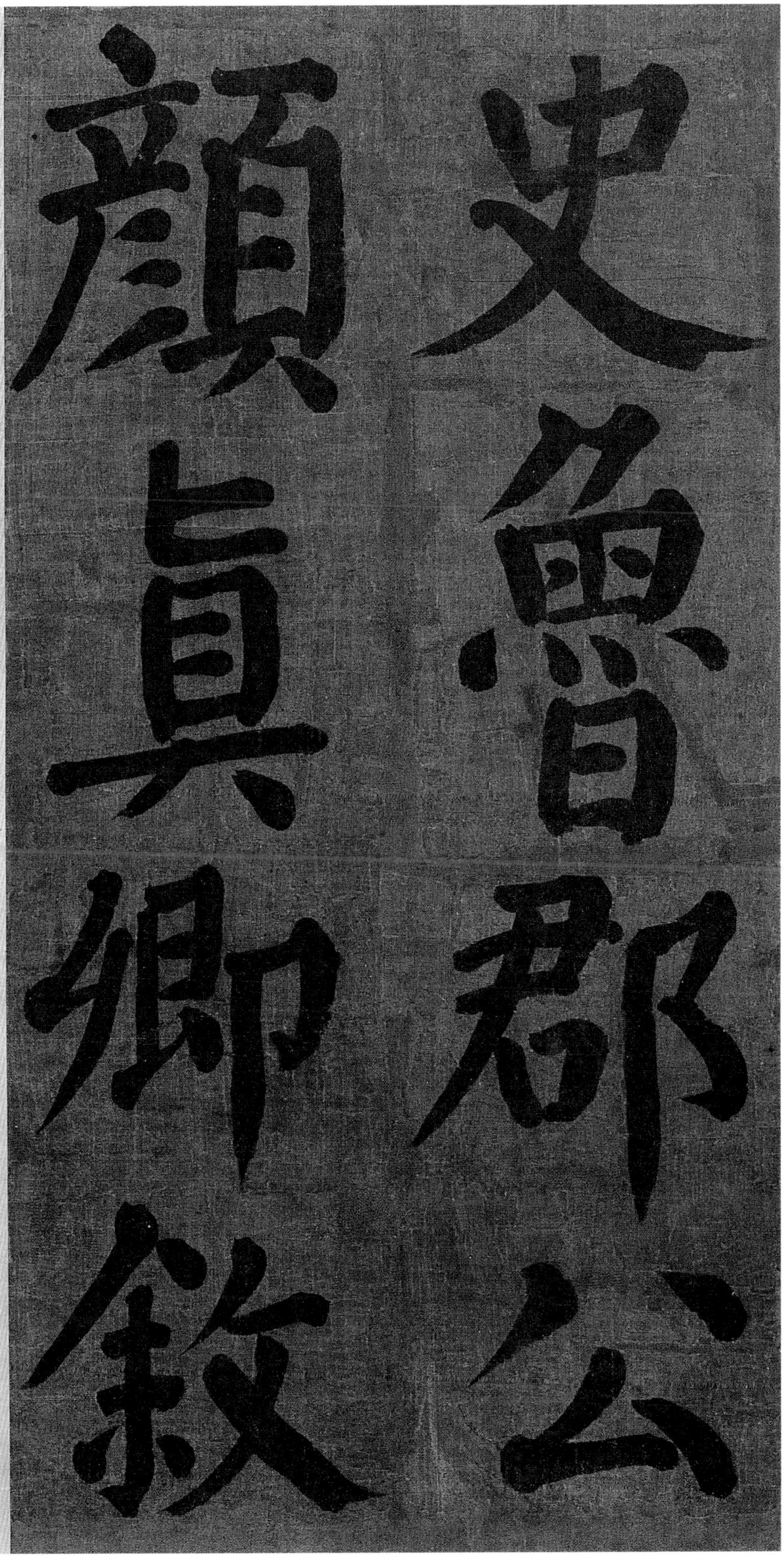

史魯郡公
顏真卿敘

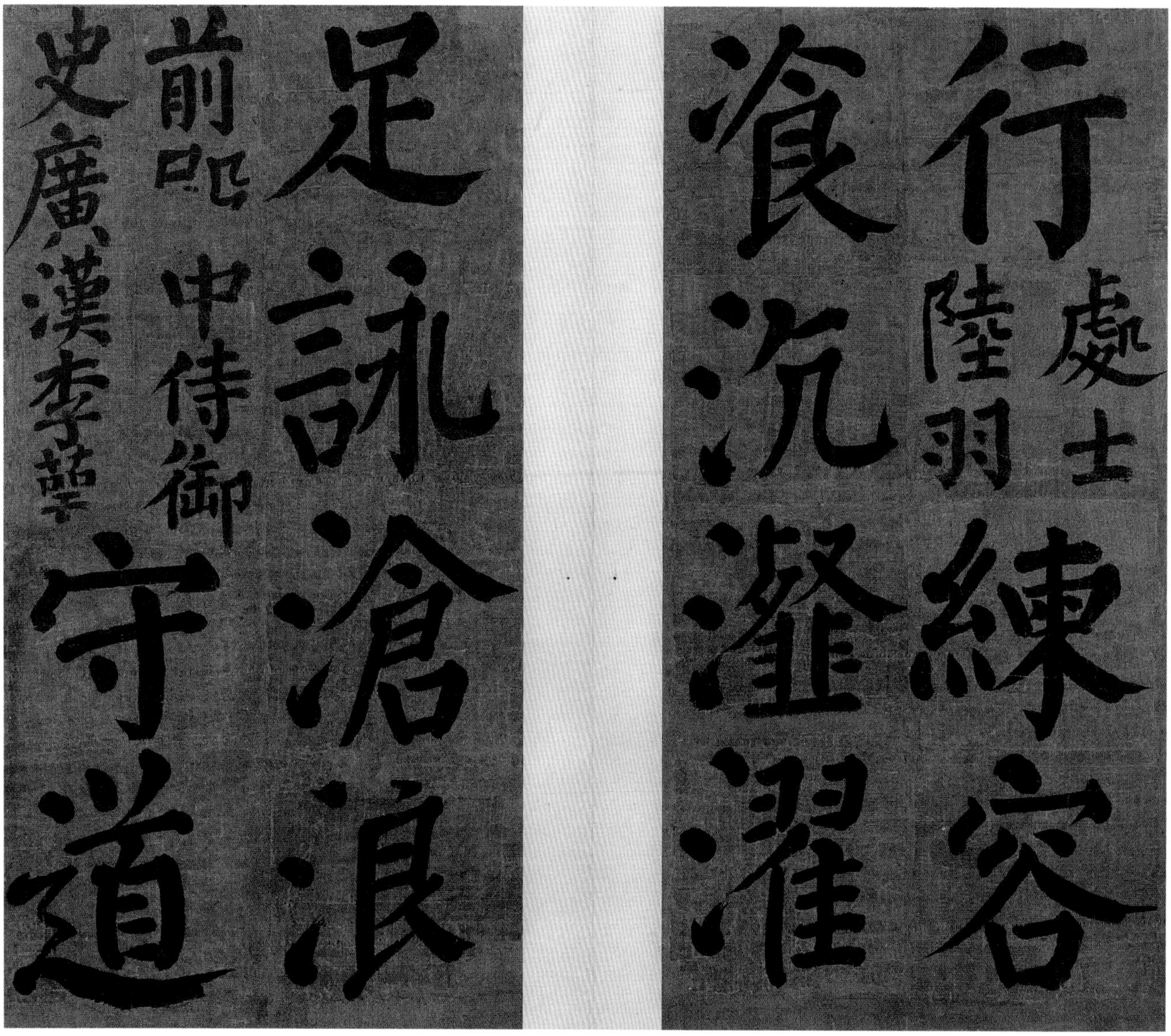

行處士陸羽。練容
滄沆瀣，濯

足詠滄浪
（前殿中侍御史廣漢李萼）。守道

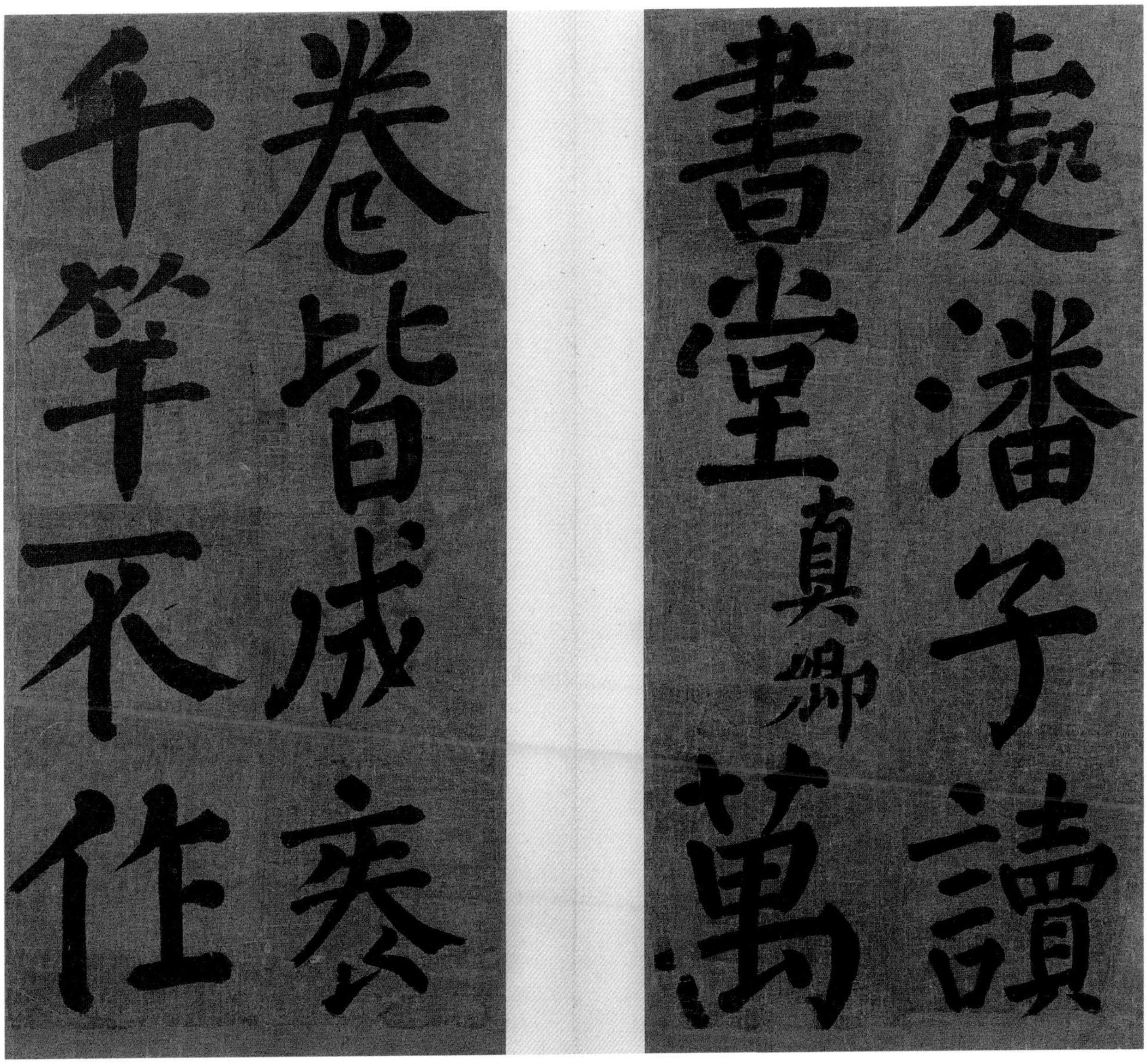

處，潘子讀
書堂真卿。萬

卷皆成帙，
千竿不作

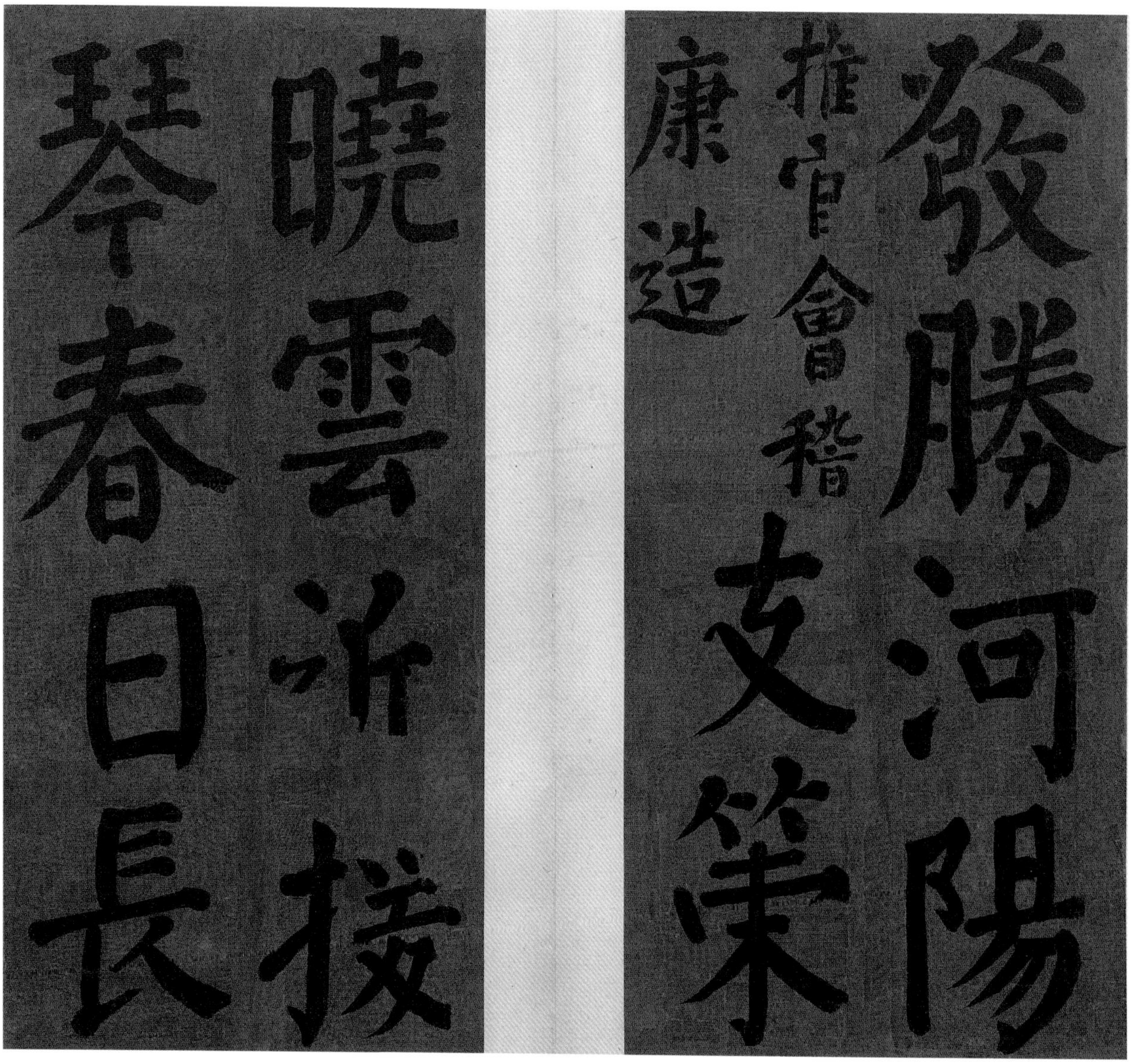

發勝河陽
推官會稽康造。支策

曉雲近，援
琴春日長

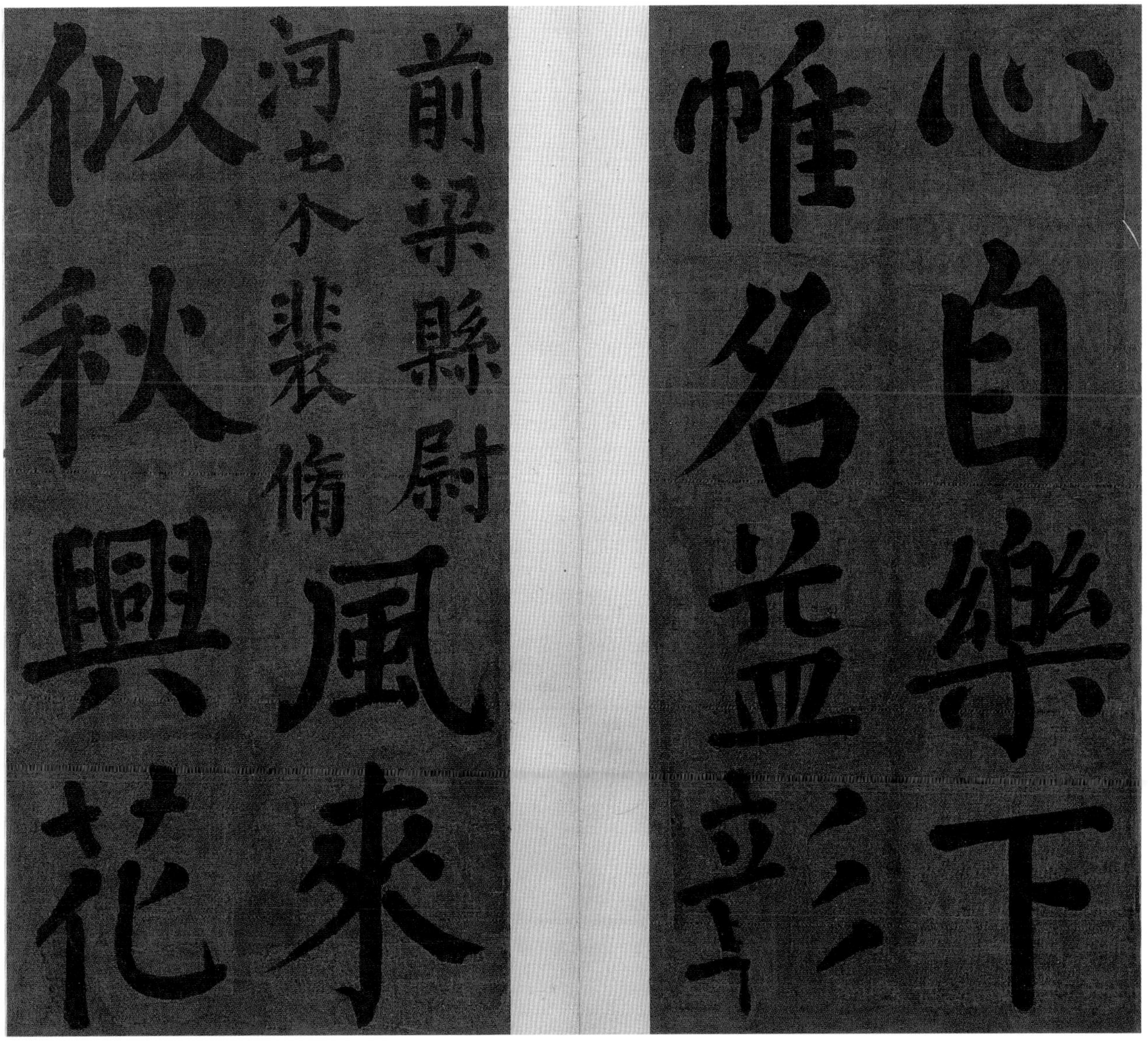

心自樂，下
帷名益彰

前梁縣尉河內裴修。風來
似秋興，花

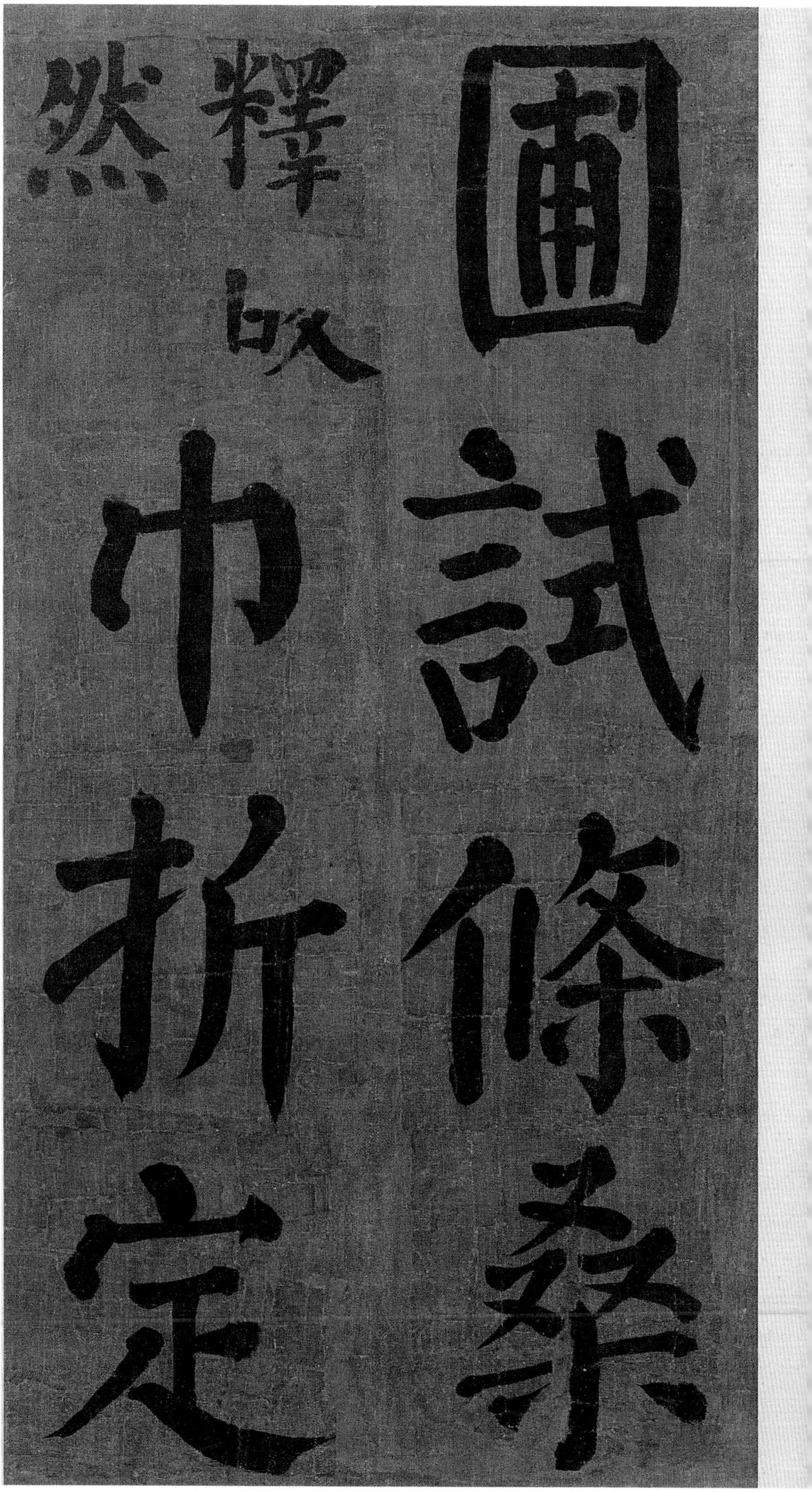

圃試條桑
釋皎然。巾折定

第七開

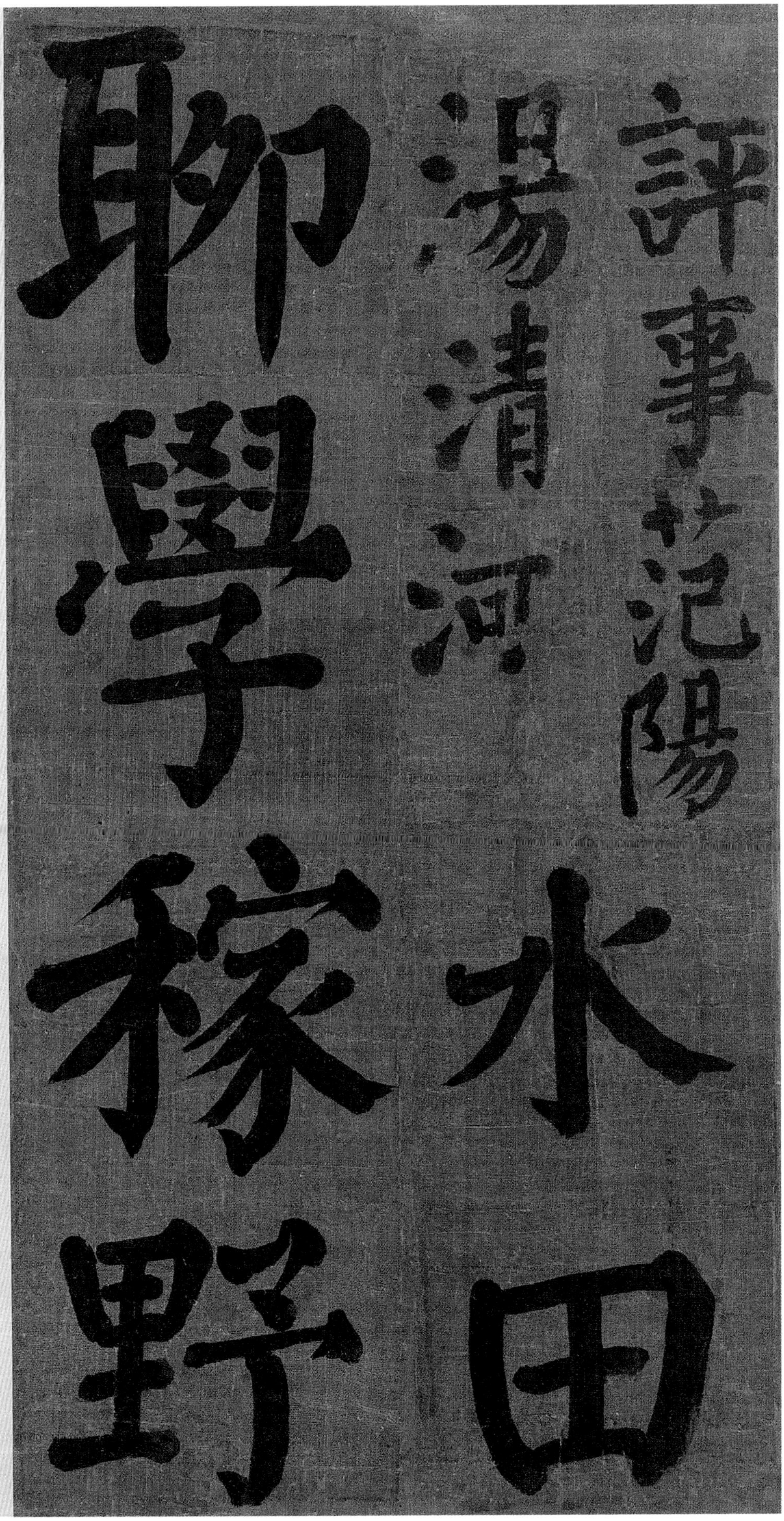

評事范陽湯清河。水田聊學稼，野

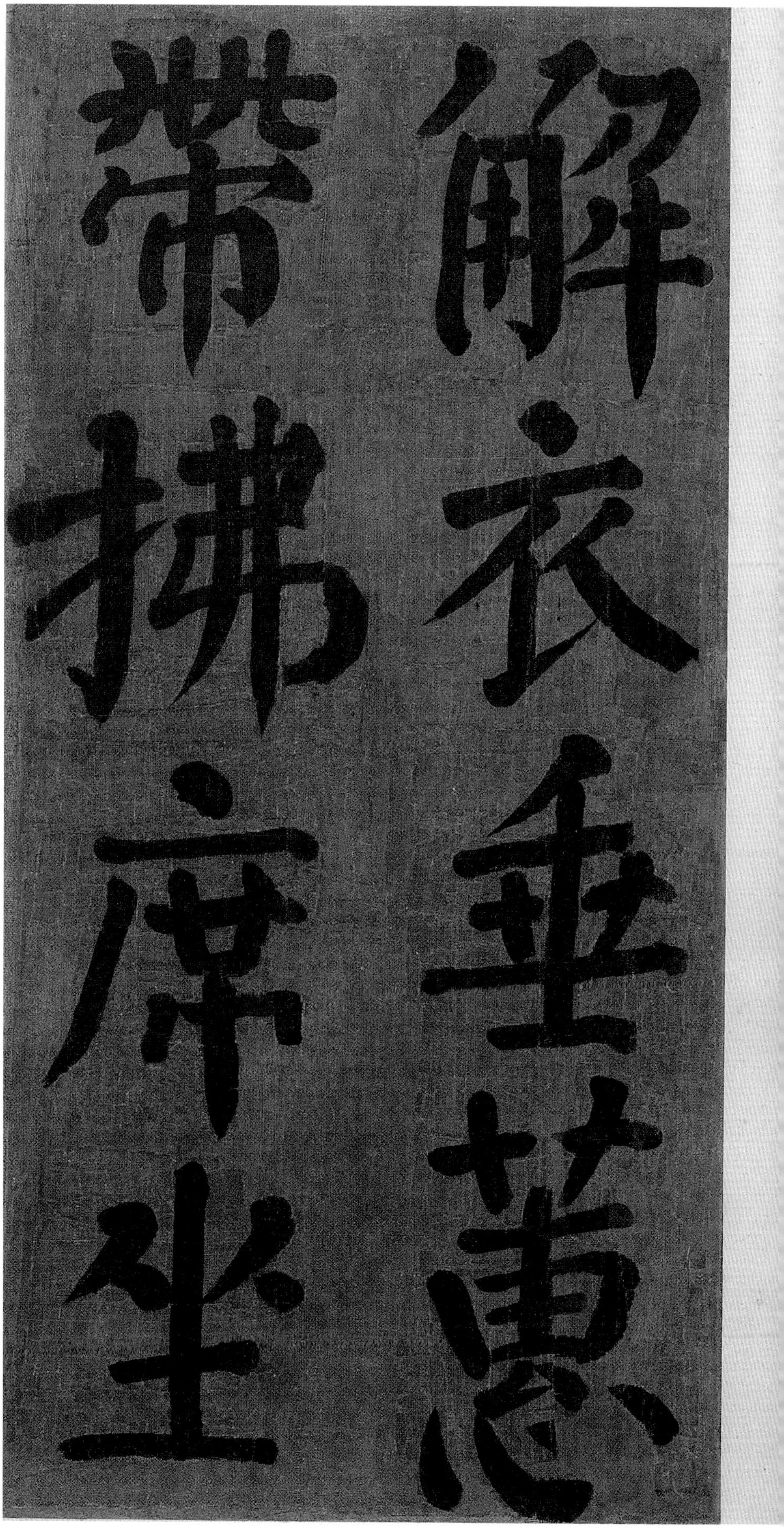

解衣垂蕙帶，拂席坐

第八開

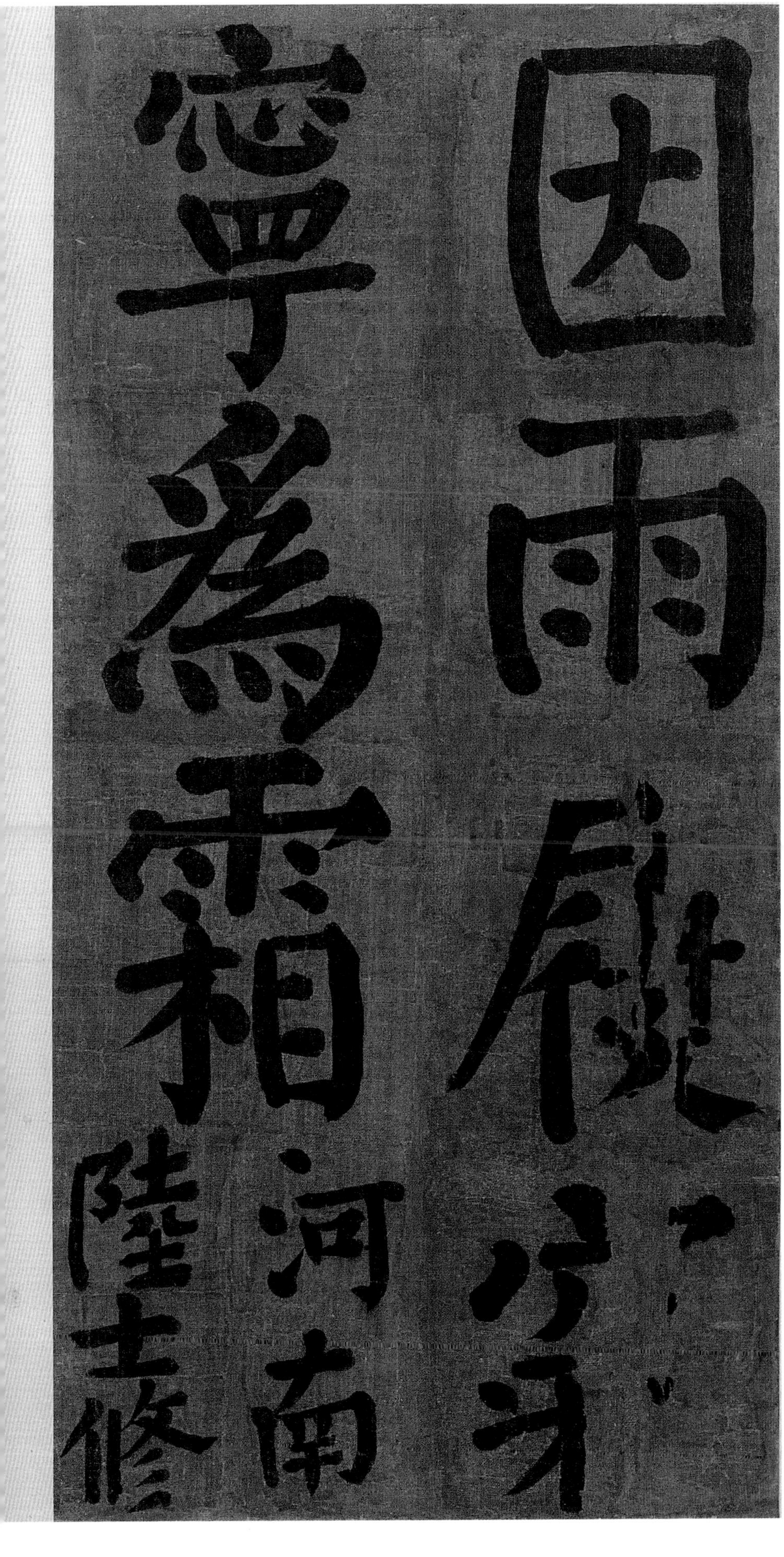

因雨，□□
寧為霜河南陸士修。

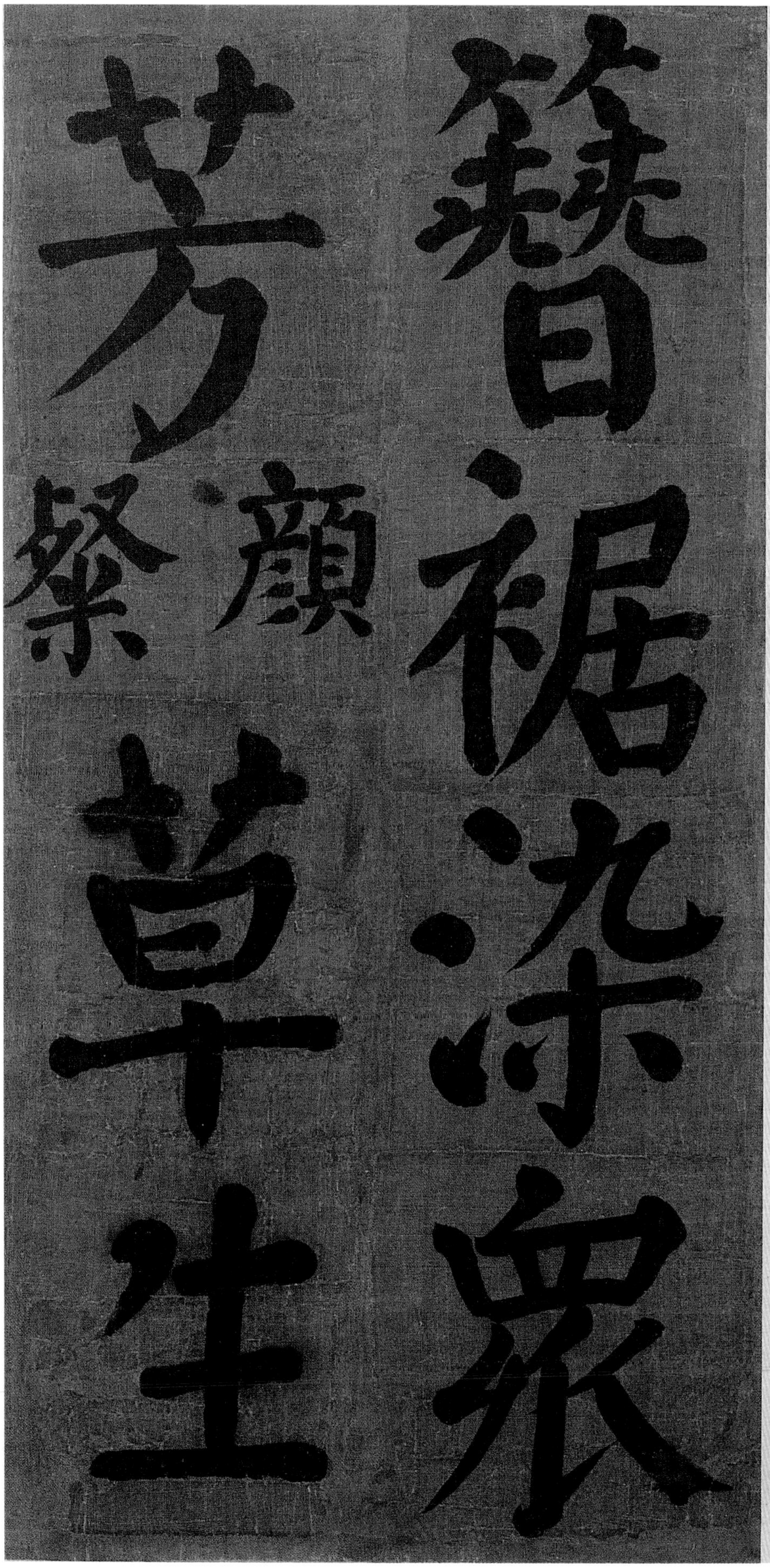

簪裾染眾
芳顏粲。草生

第九開

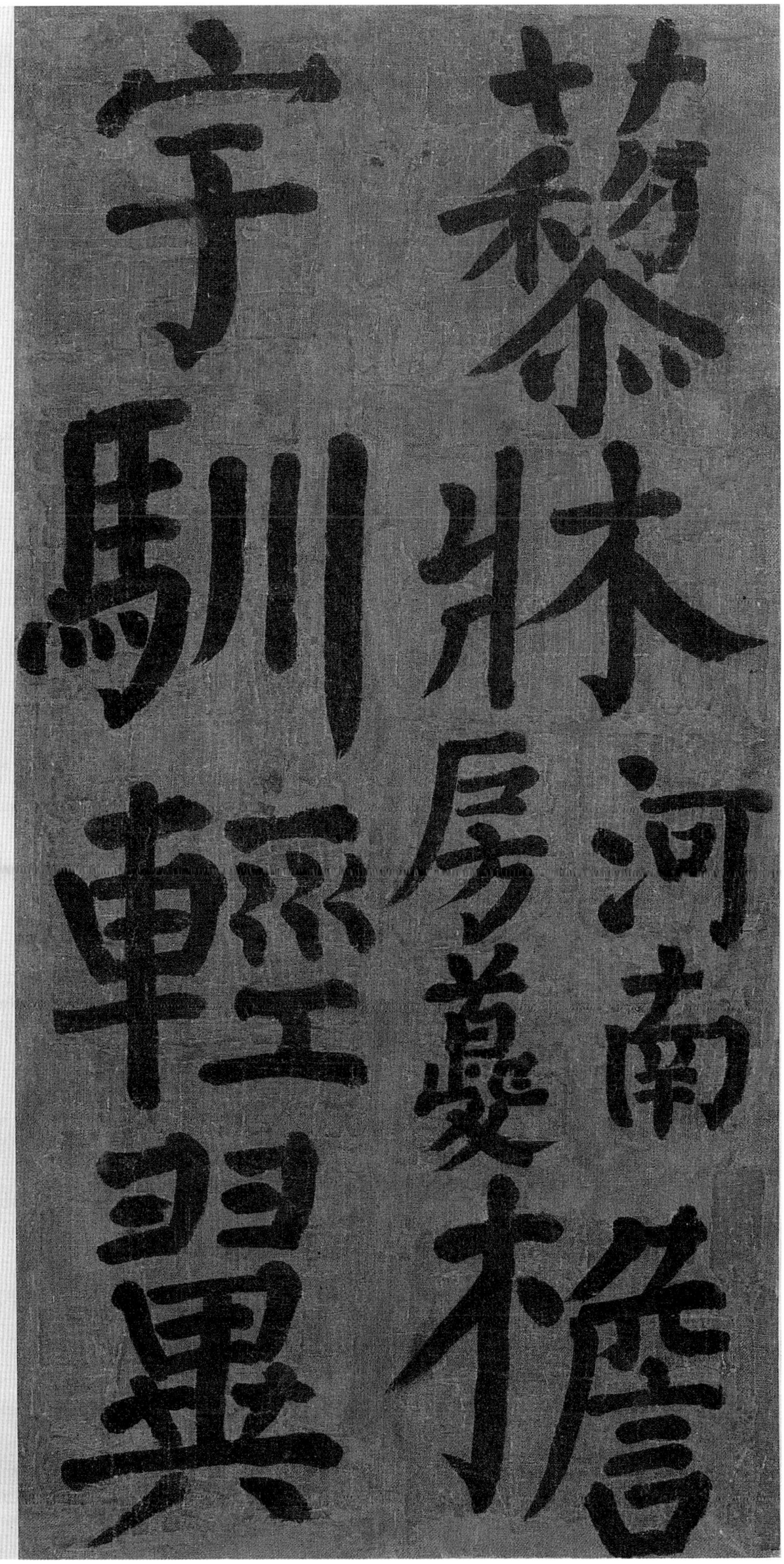

藜床河南房夔。檐
宇馴輕翼，

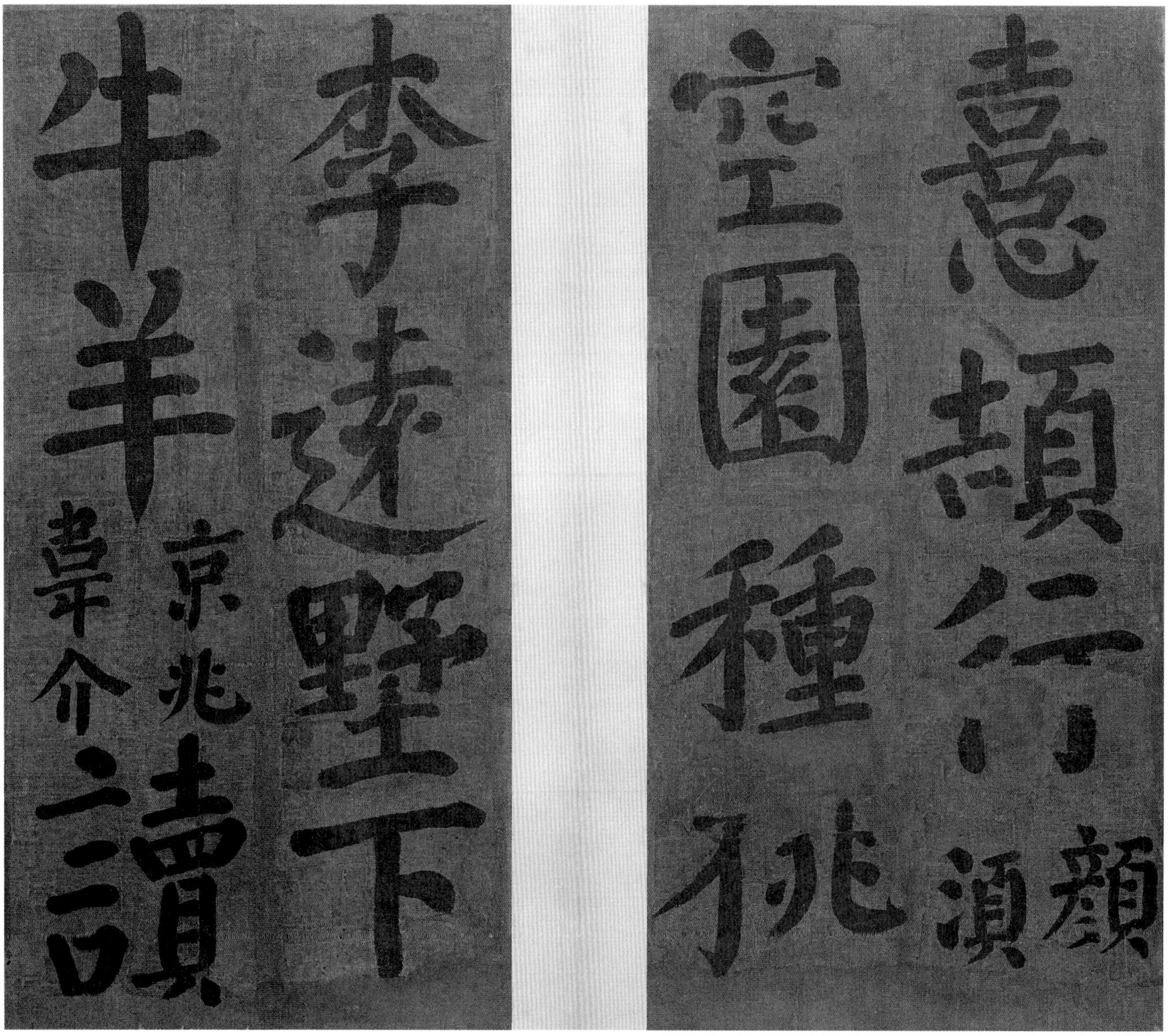

憙頡行顏須。
空園種桃

李，遠墅下
牛羊京兆韋介。讀

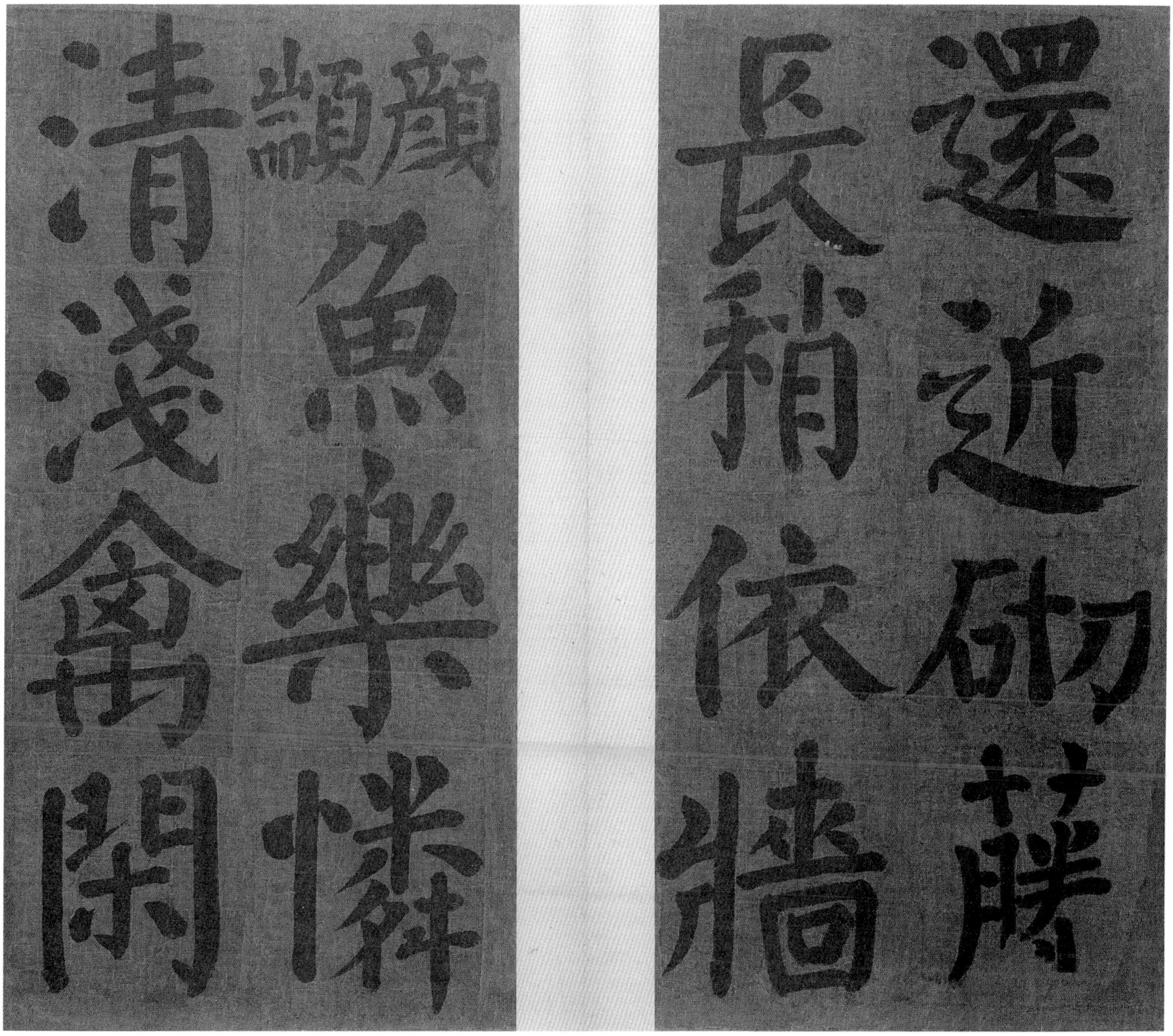

還近砌，藤
長稍依牆

顏頷。魚樂憐
清淺，禽閑

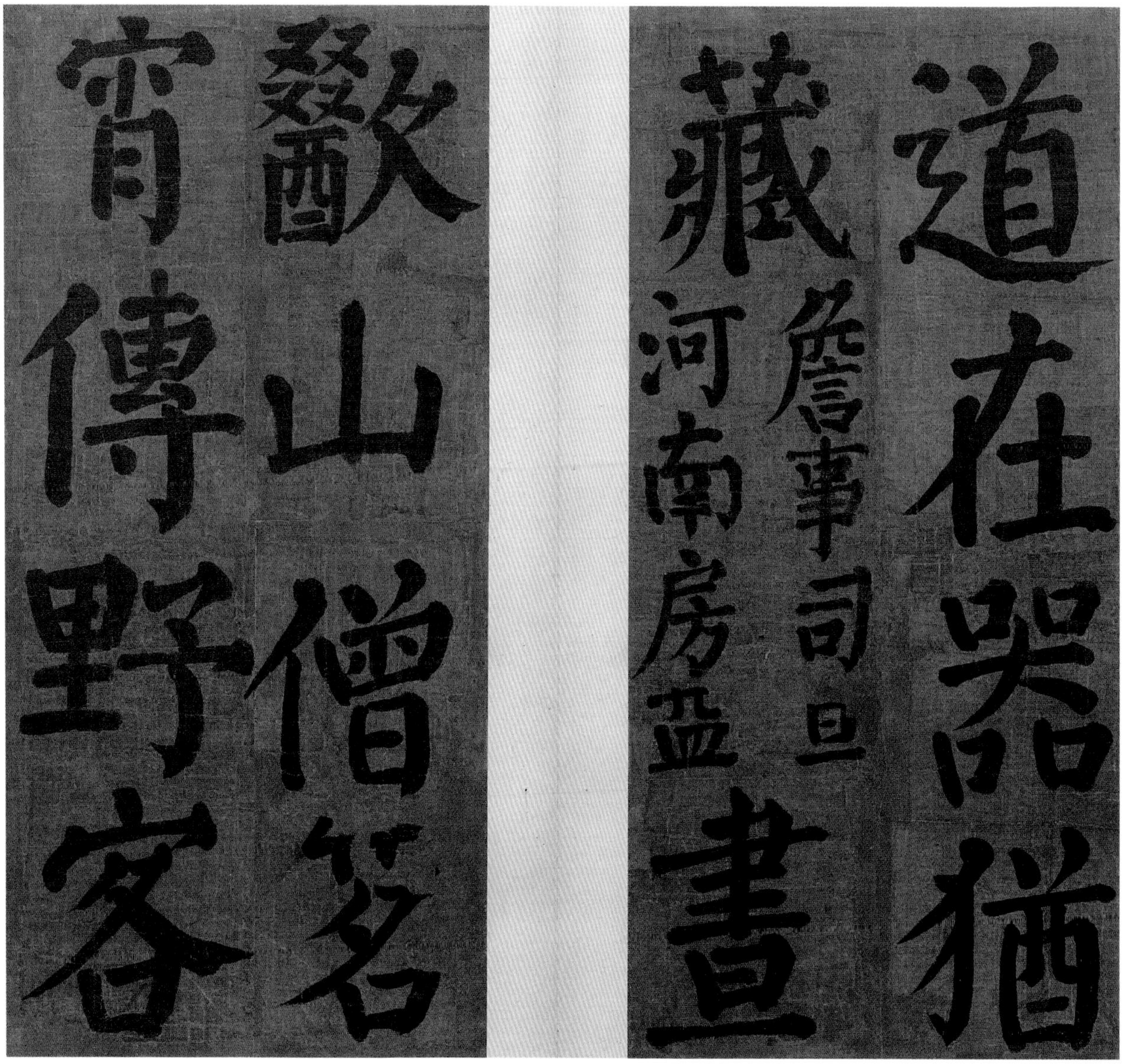

道在器猶
藏。詹事司旦河南房益書

歙山僧茗，
宵傳野客

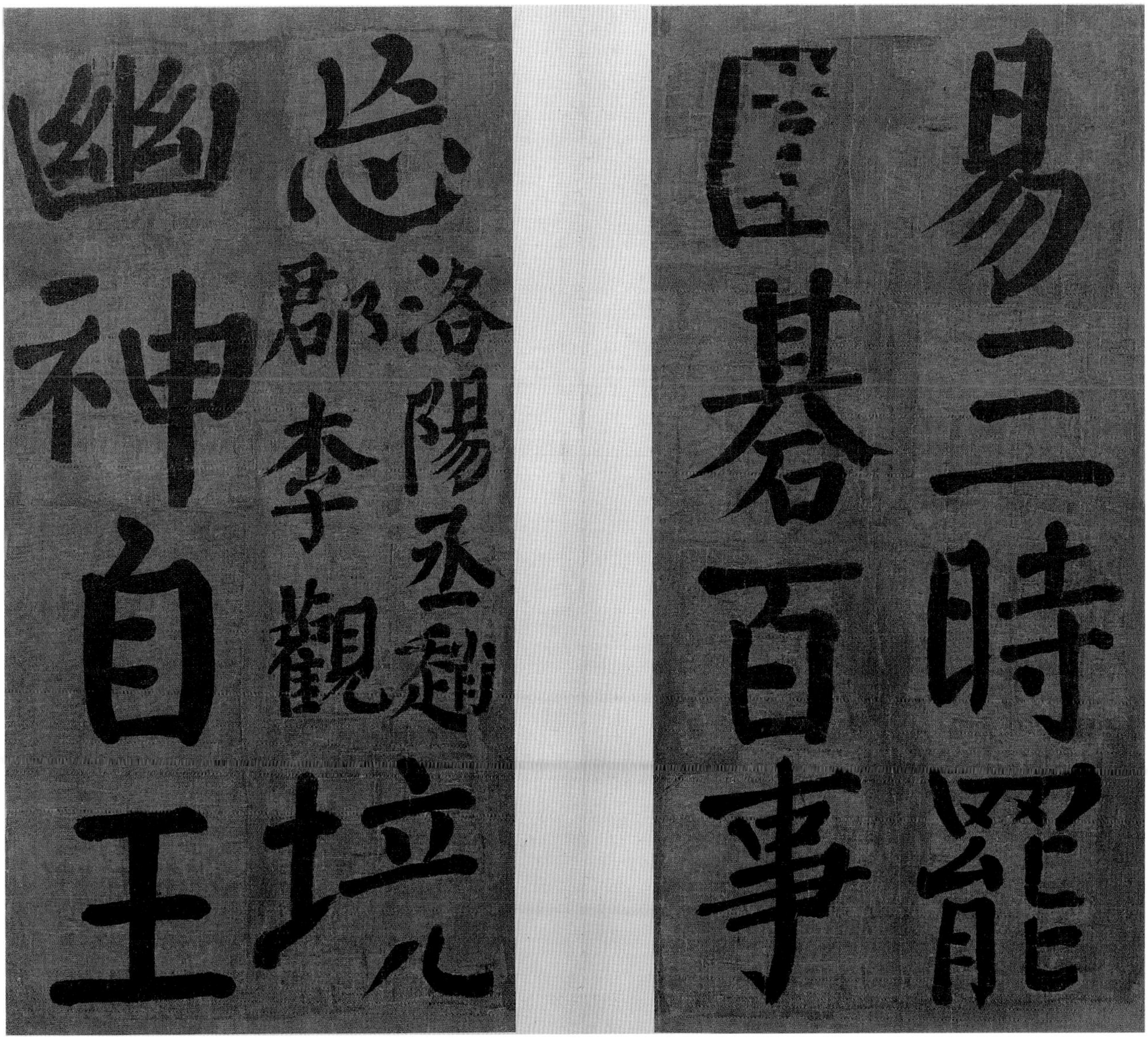

易三時罷，
圍碁百事

忘。洛陽丞趙郡李觀境
幽神自王，

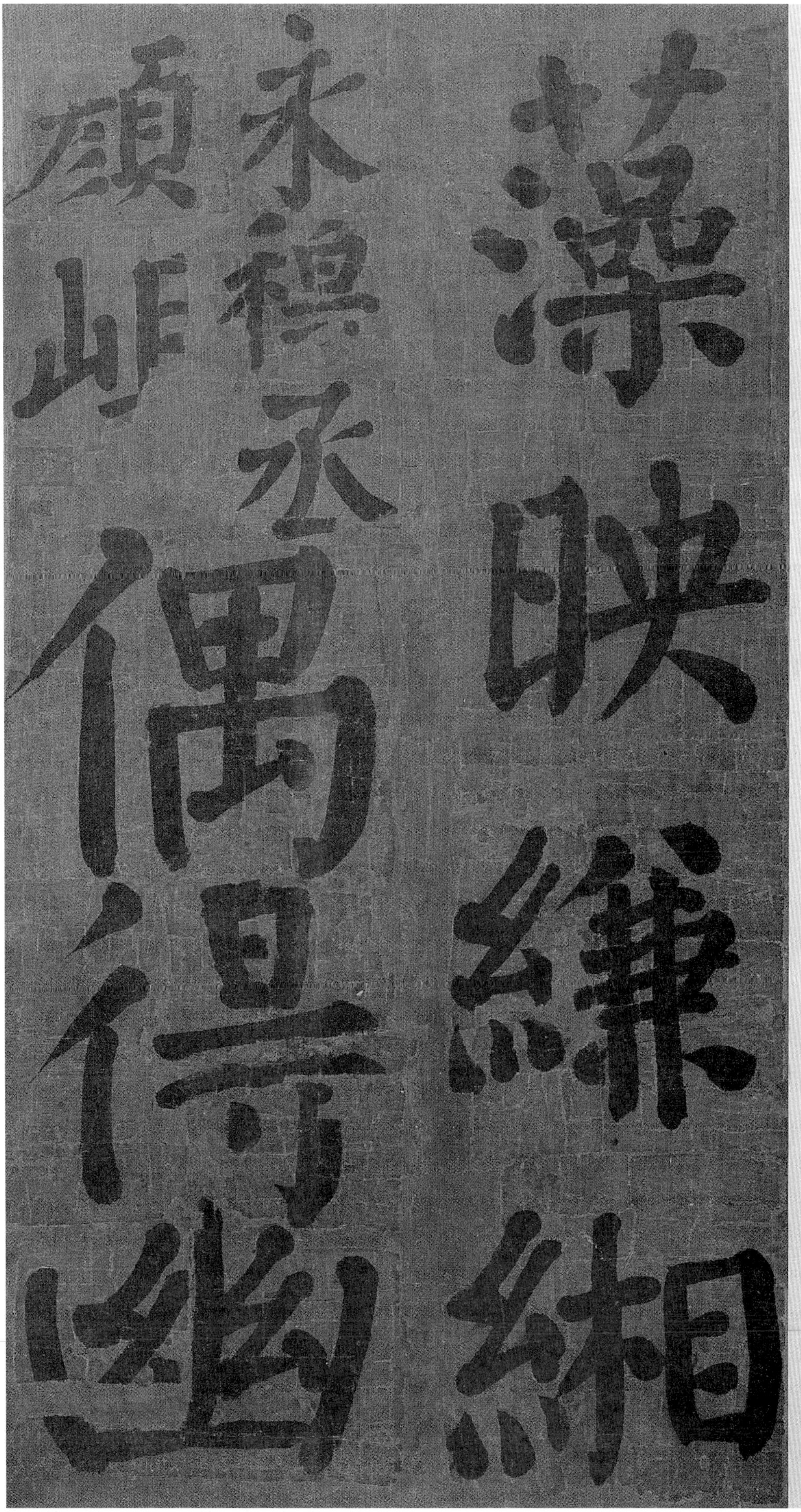

藻映縑緗。
永穆丞顏岨偶得幽

第十四開

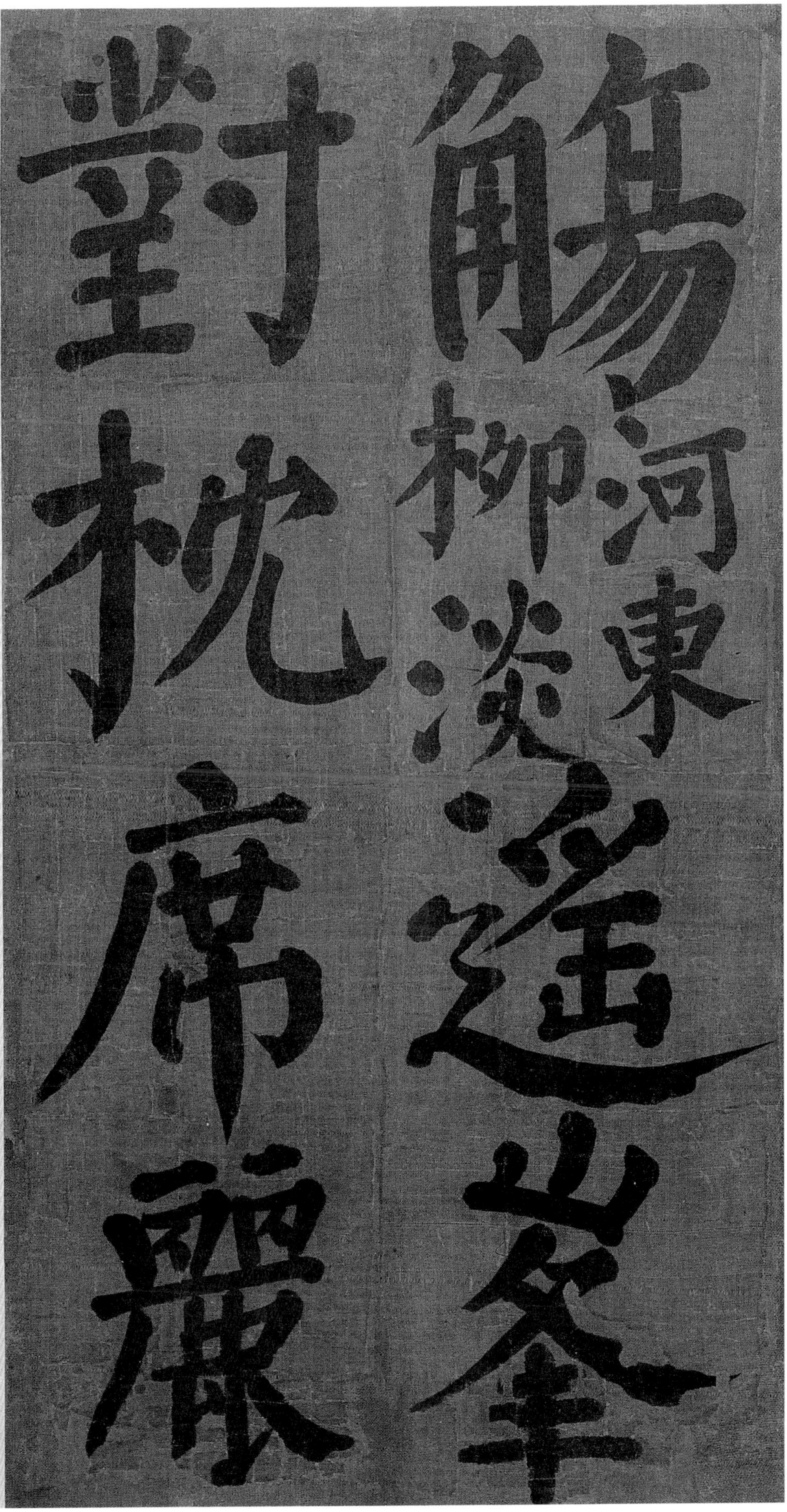

觴河東柳淡。遙峯
對枕席，麗

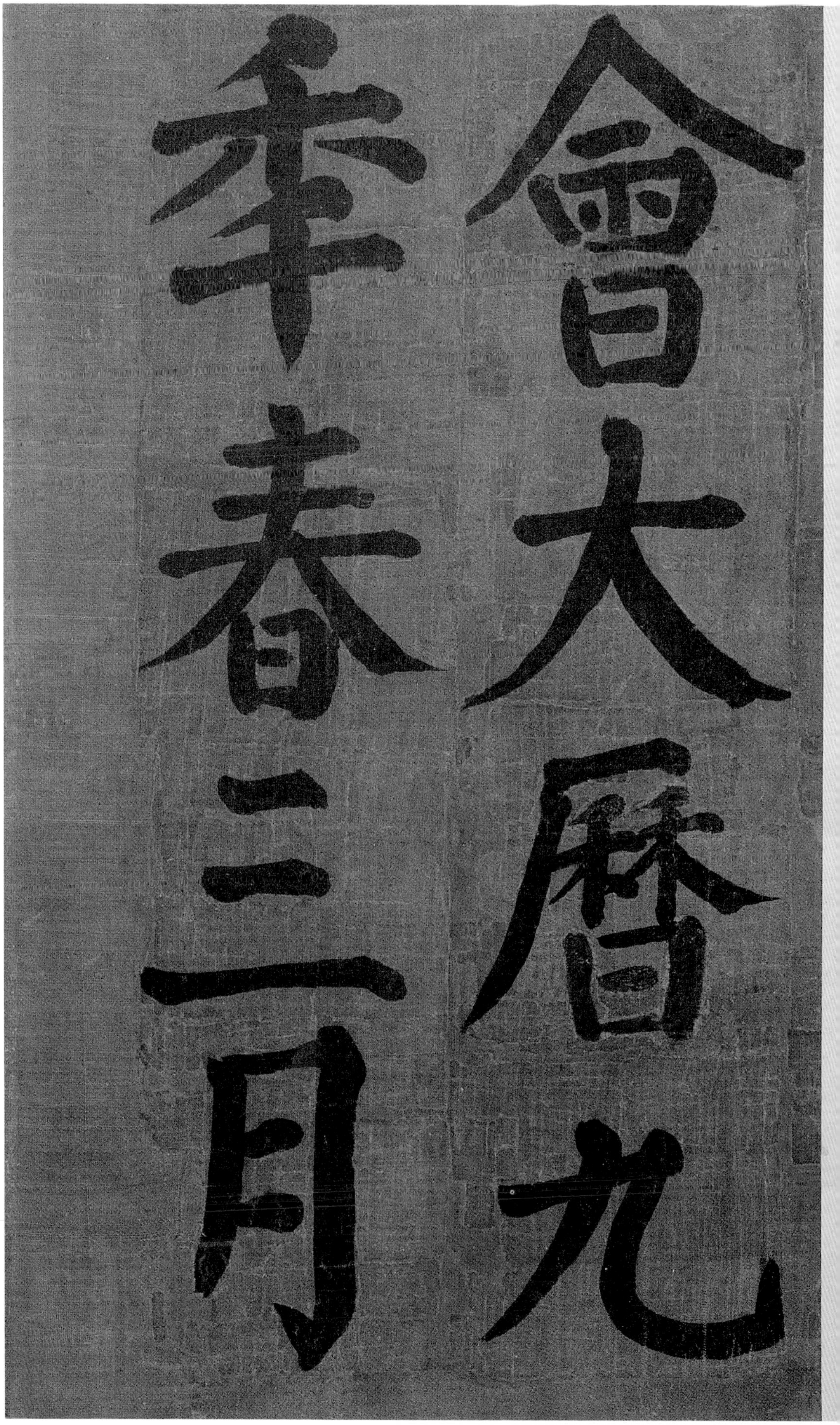

會大曆九
年春三月。

第十五開

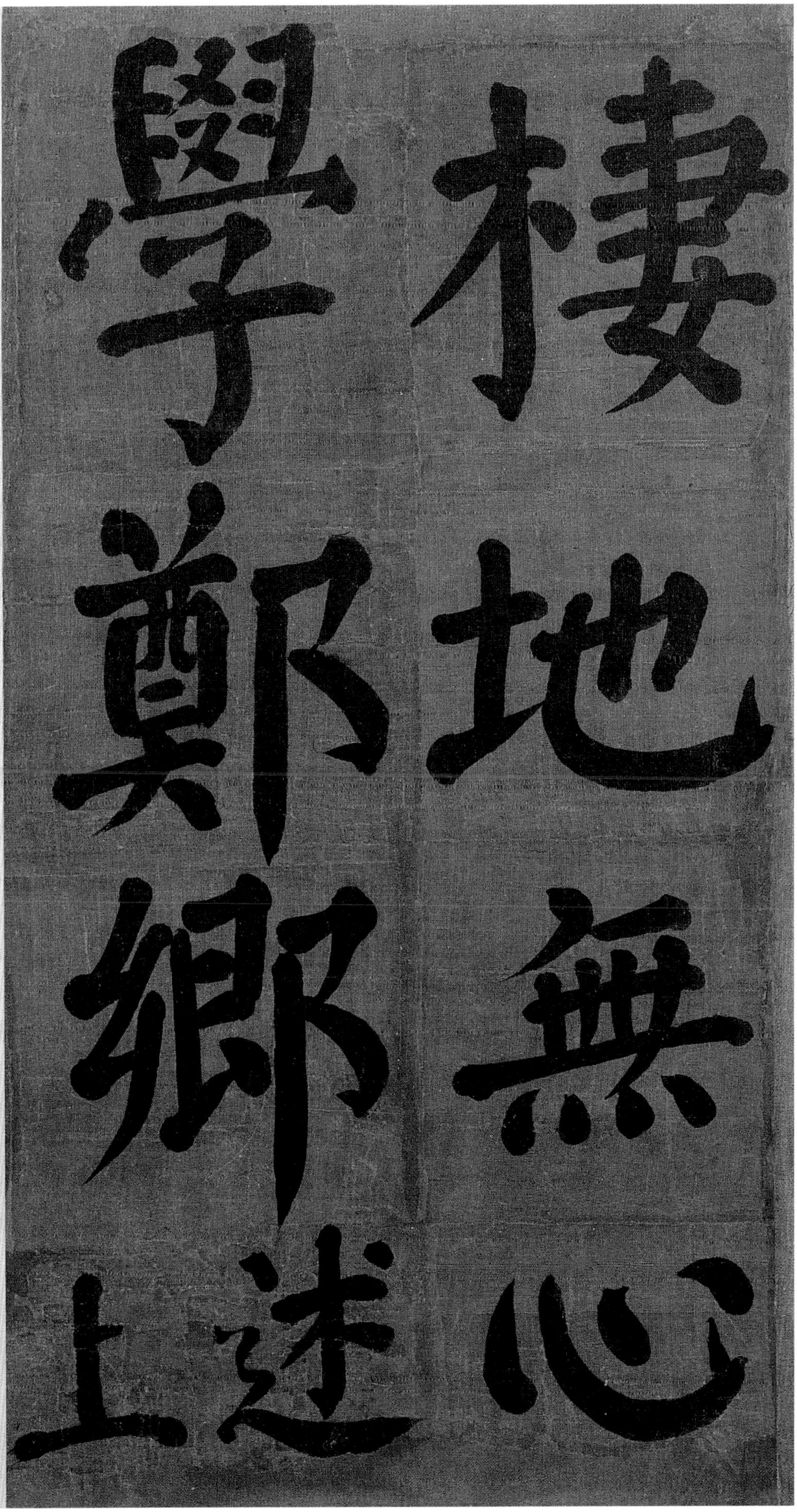

棲地，無心
學鄭鄉。上述

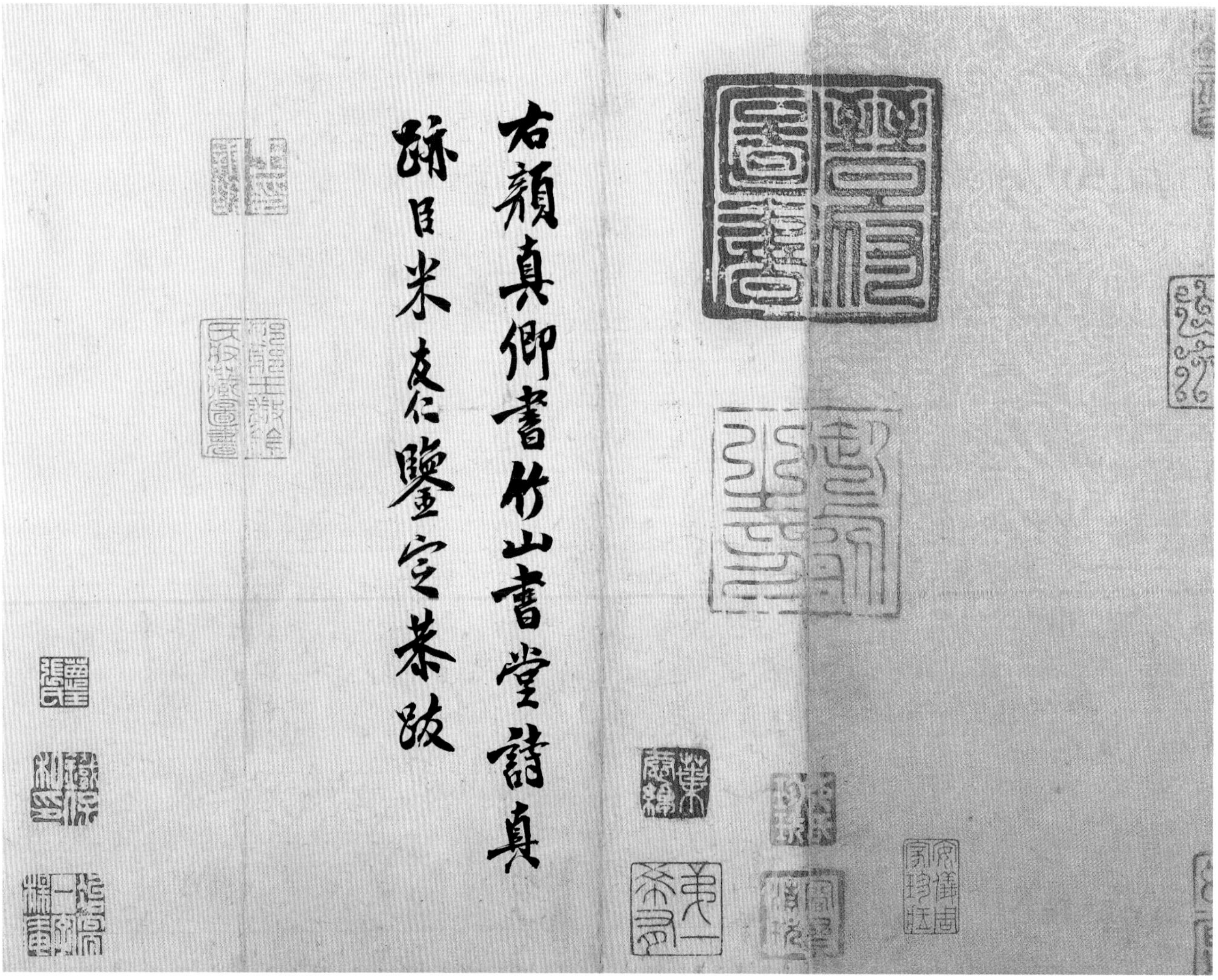
右顏真卿書竹山書堂詩真
跡臣米友仁鑒定恭跋

第十六開

第十七開

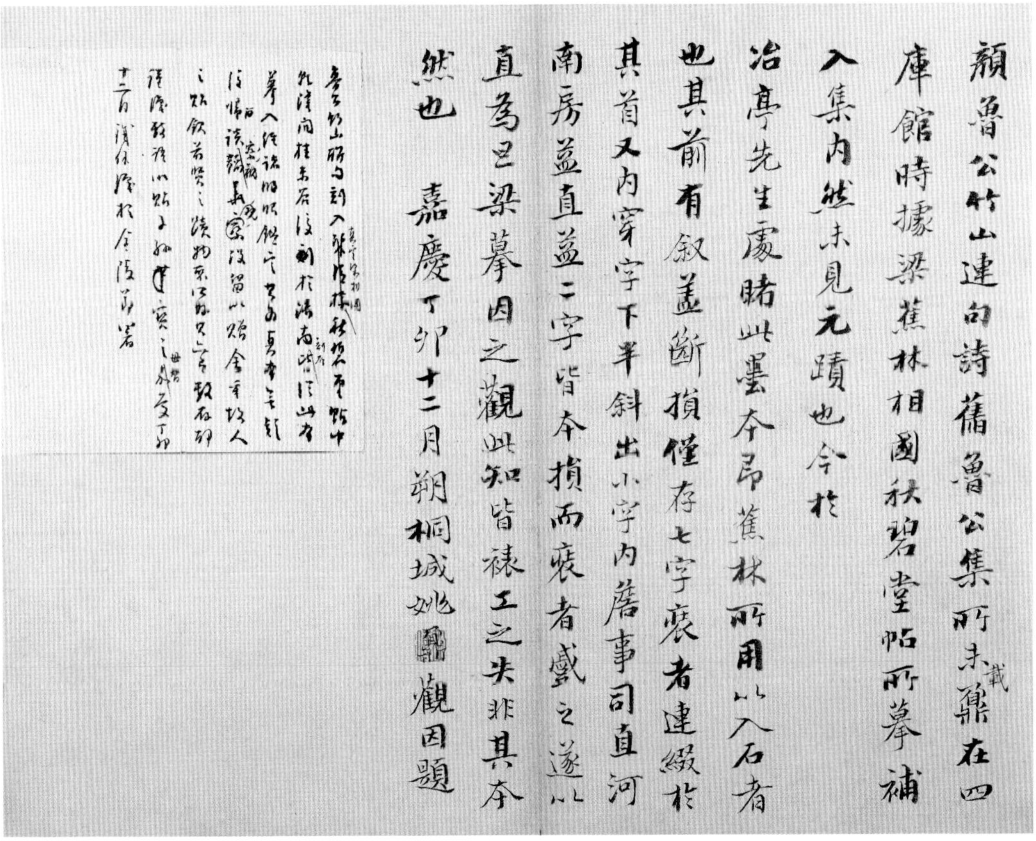
顏魯公竹山連句詩舊魯公集所未載槩在四
庫館時據梁蕉林相國秋碧堂帖所摹補
入集內然未見元蹟也今於
冶亭先生處睹此墨本即蕉林所用以入石者
也其前有敘蓋斷損僅存七字裒者連綴於
其首又內穿字下半斜出小字內磨事司直河
南房益直益二字皆本損而裒者戲之遂以
直為足梁摹因之觀此知皆隸工之失非其本
然也 嘉慶丁卯十二月朔桐城姚觀因題

第十八開

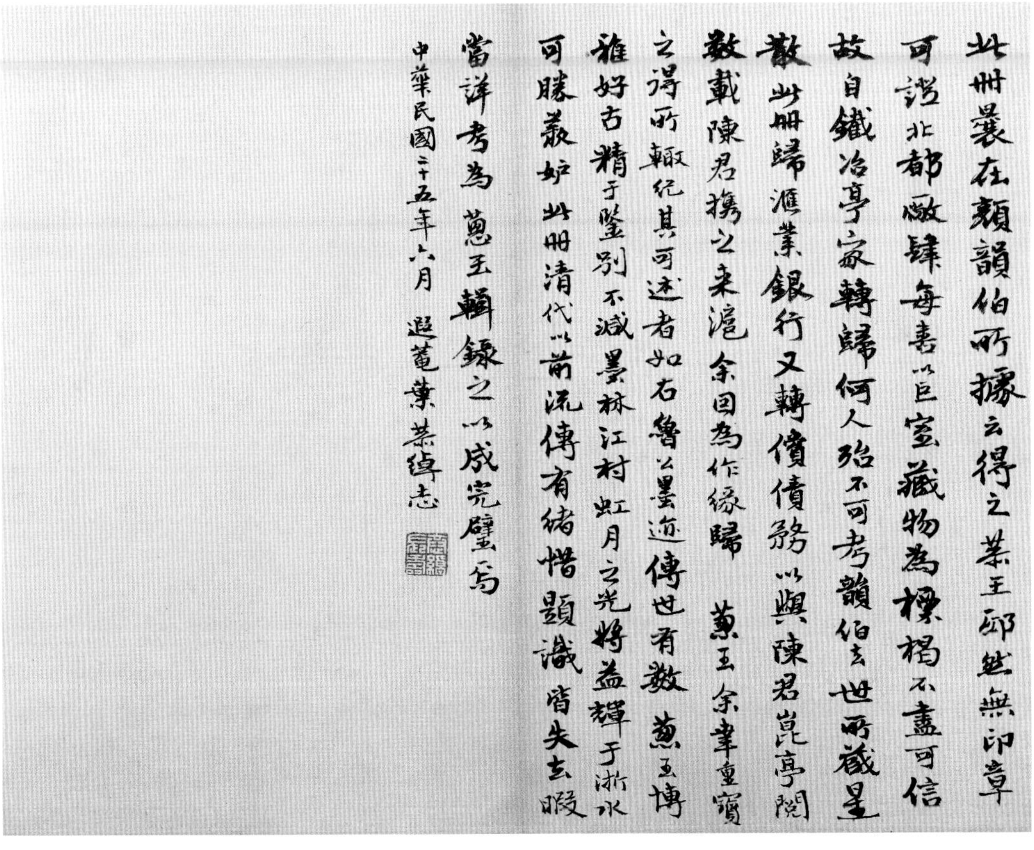
此册裝在顏韻伯所據云得之某王邸然無印章
可證北都敝肆每喜以巨室藏物為標榜不盡可信
故自鐵冶亭家轉歸何人殆不可考韻伯去世所藏星
散此冊歸滙業銀行又轉償債務以與陳君崑亭閱
數載陳君攜之來滬余因為作緣歸 蕙玉余韋重寶
之謂所輙紀其可述者如右魯公墨迹傳世有數蕙玉博
雅好古精于鑒别不減墨林江村虹月之光將益輝于淞水
可勝羨妒此冊清代以前流傳有緒惜題識皆失去暇
當詳考為蕙玉輯錄之以成完璧焉
中華民國二十五年六月 遐菴葉恭綽志

15

杜牧　行書張好好詩

唐
紙本　行書　48行
縱28.1厘米　橫161厘米
清宮舊藏

Zhang Haohao Shi in running script
By Du Mu, Tang Dynasty
Ink on paper
H. 28.1cm　L. 161cm
Qing court collection

杜牧（803－852年），字牧之，唐代京兆萬年（今陜西西安）人。杜佑孫。唐文宗大和二年（828年）中進士，曾任左補闕、史館修撰，改膳部員外郎，歷任黃、池、睦、湖四州刺史。善屬文，尤以詩見稱於世。情致豪邁，號為“小杜”，以別杜甫。作行草“氣格雄健，與其文章相表。”（《宣和書譜》）

《張好好詩》見於杜牧《樊川集》，墨迹與文集諸刻本多有出入。此詩創作於唐大和九年（835年），書寫時間當稍微晚些。此帖墨痕濃淡相間，時有枯筆飛白。書風古樸流美，董其昌評價為“深得六朝人氣韻”。除書法價值外，作為唐代著名詩人遺世的唯一一件詩稿，其在文學、文獻等方面同樣具有珍貴價值。

前隔水有宋徽宗瘦金書題簽“唐杜牧張好好詩”，下押雙龍圓璽。裝裱形式是著名的宣和裝。尾紙有題名凡七則，依次是明代張孝思，清代年羹堯，元代錢良佑，伯顏，班惟志同仲亨、子正、敬思，汪鵬升與薛漢，吾衍、又張伯駒書揚州慢詞一段。據卞永譽《式古堂書畫彙考》記載，自錢良佑以下諸跋原是唐代趙模所書《千字文》題跋，後被移裝在本卷之後。

鑑藏印記：“弘文之印”（朱文）、“宣”“龢”（朱文）、“宣和”（朱文）、“政和”（朱文）、“政”“龢”（朱文）、“內府圖書之印”（朱文）、“秋壑圖書”（朱文），又明代張孝思、項元汴，清代宋犖、年羹堯、梁清標諸家鑑藏印及乾隆、嘉慶、宣統內府諸璽。現代曾經張伯駒收藏，鈐印多方。

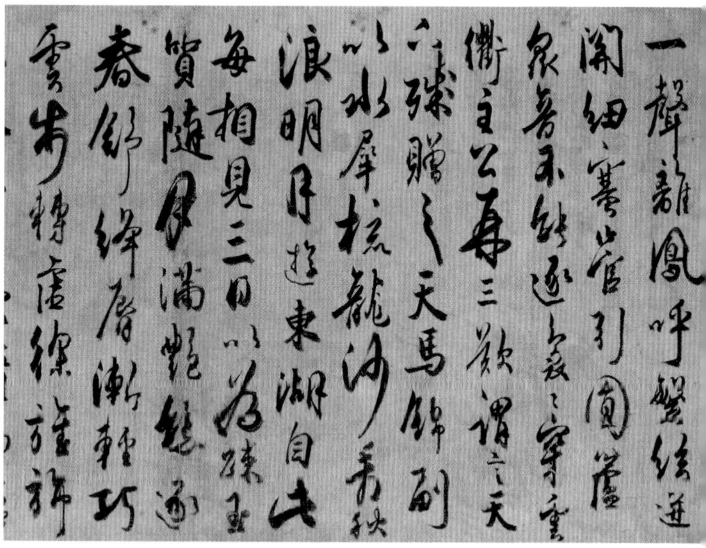

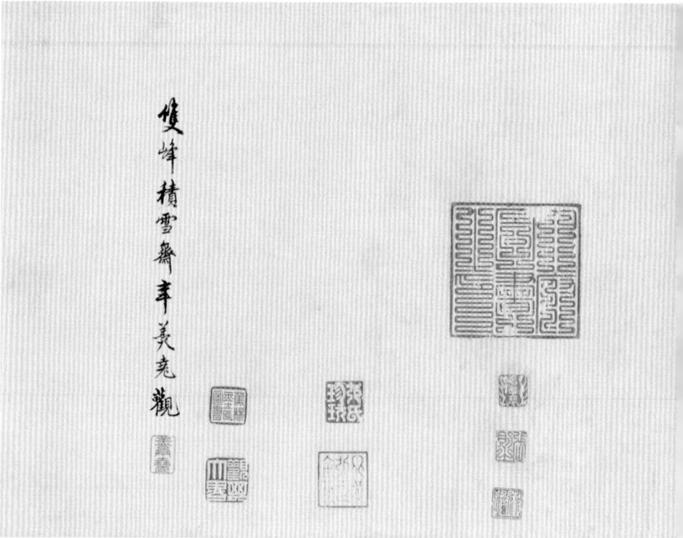

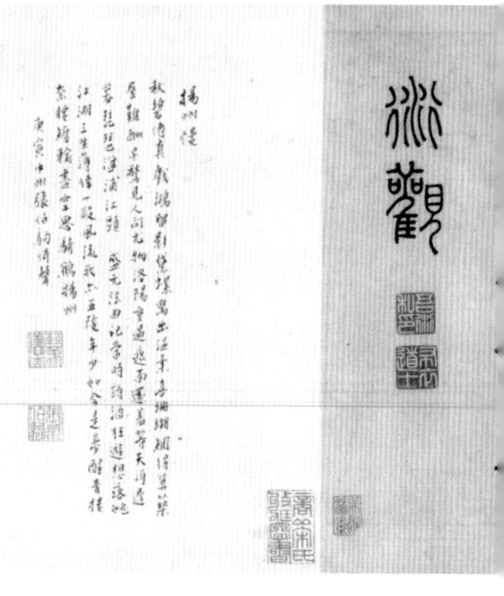

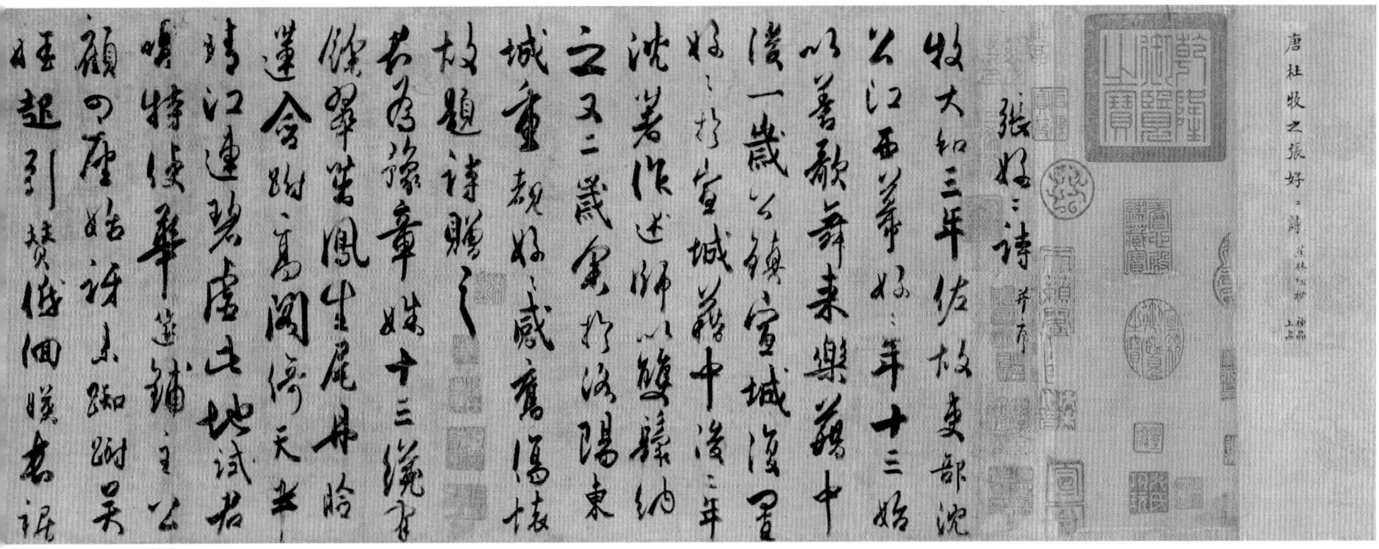

《張好好詩》之一

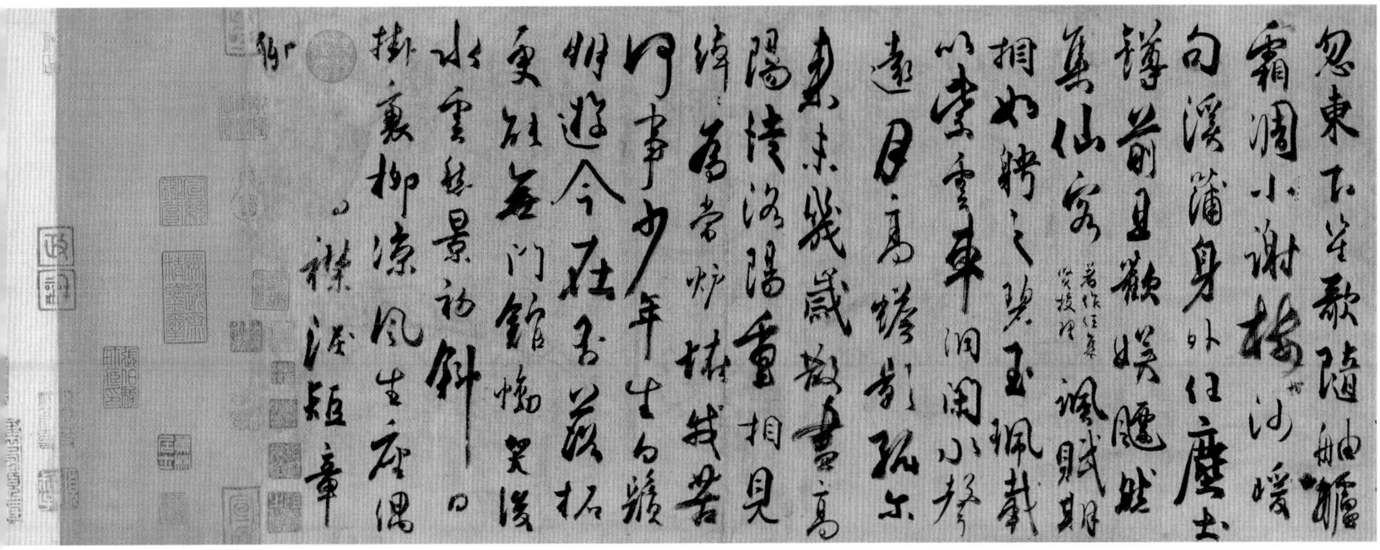

《張好好詩》之二

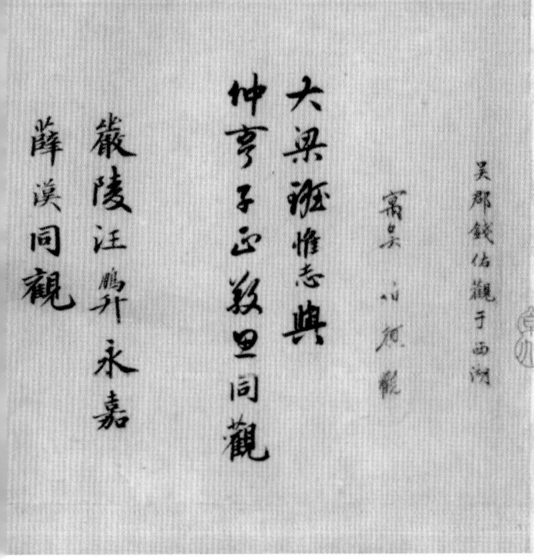

《張好好詩》之三

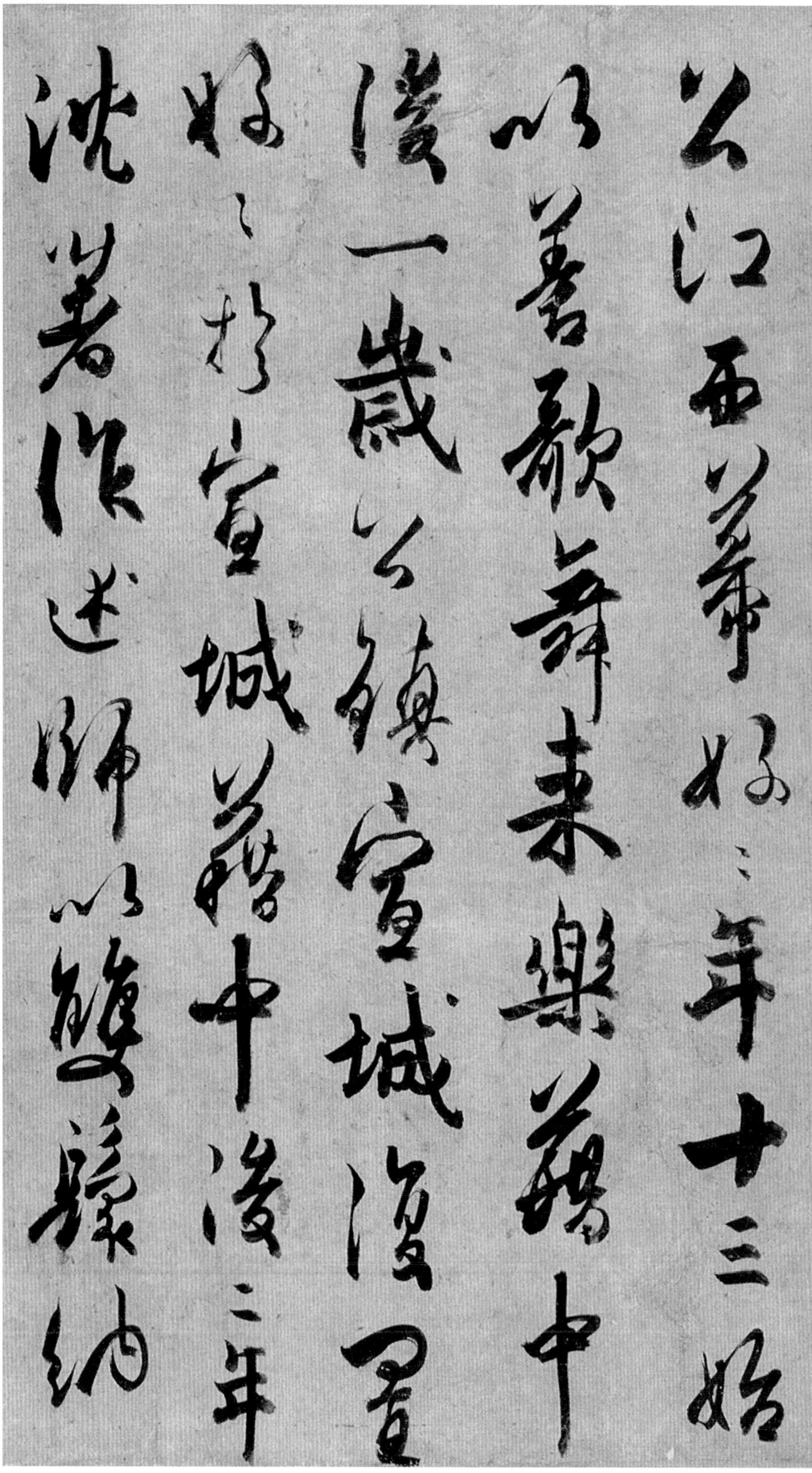

釋文：
張好好詩並序。牧大和三年佐故吏部沈公江西幕。好好年十三，始以善歌舞來樂藉中。後一歲，公鎮宣城，復置好好於宣城藉中。後二年，沈著作述師以雙鬟納

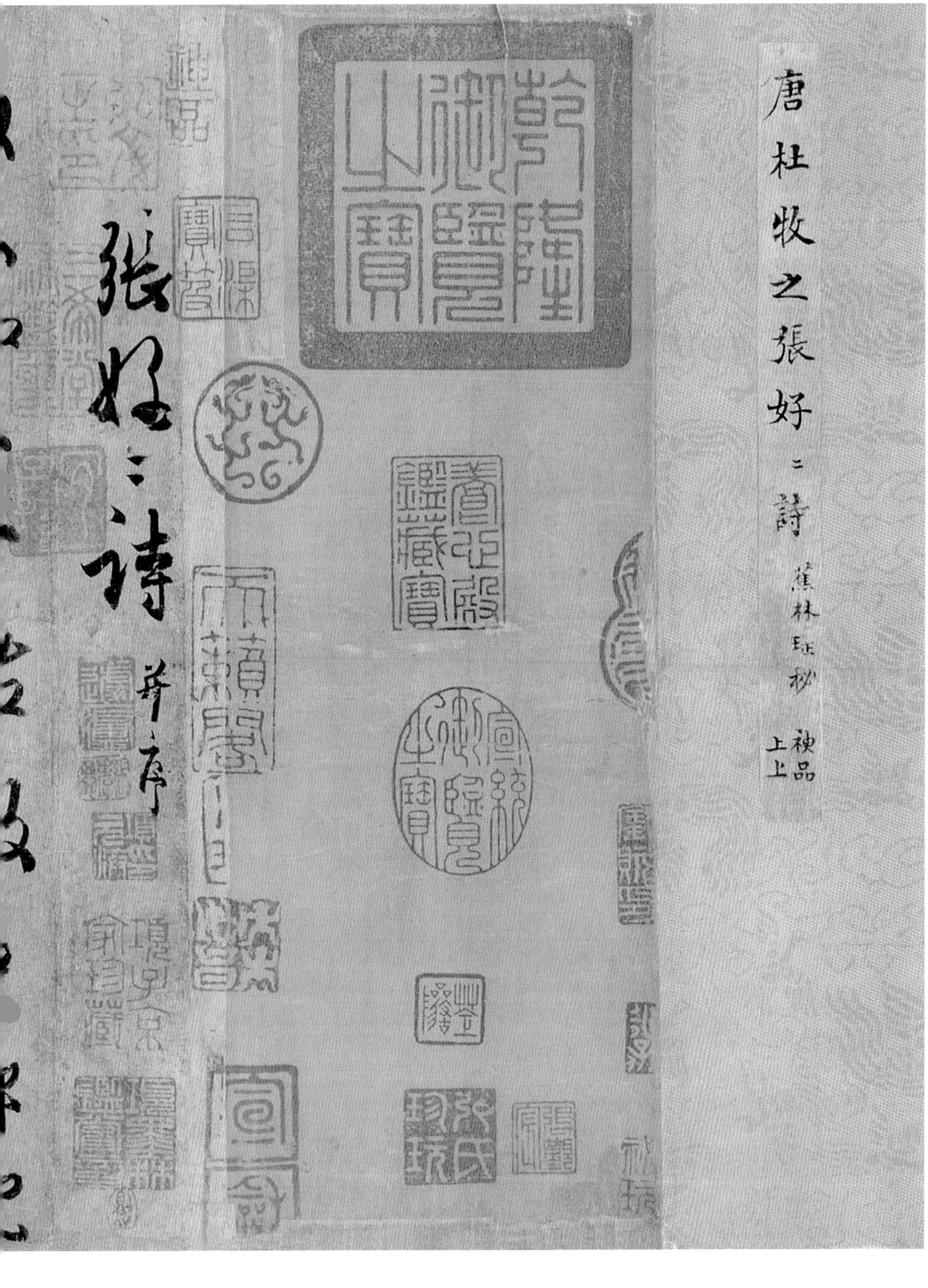
唐杜牧之張好好詩
蕉林珍秘
神品上上
張好好詩
并序

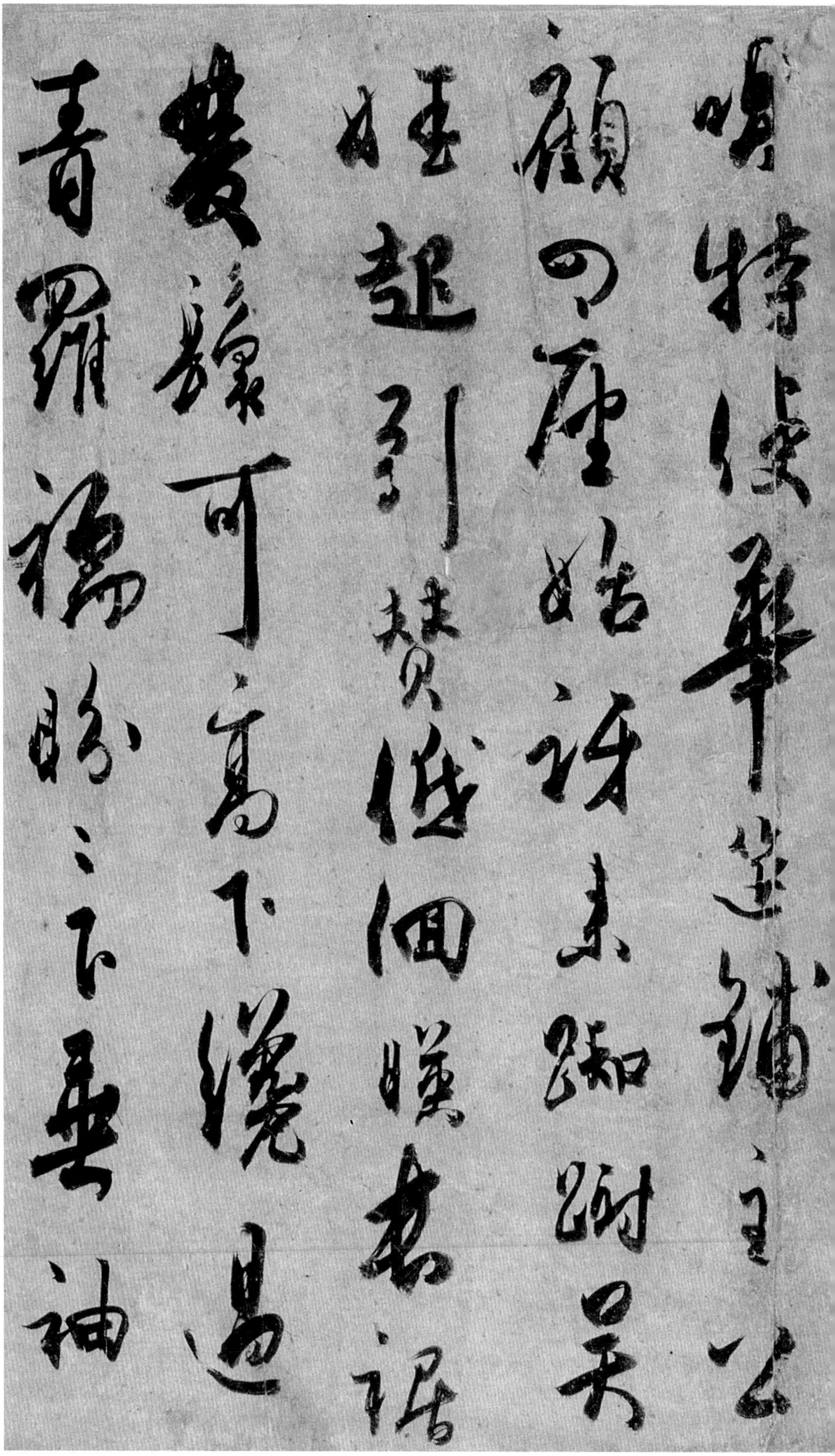

之。又二歲，余於洛陽東城重覩好好，感舊傷懷，故題詩贈之。

君為豫章妹，十三纔有余。翠茁鳳生尾，丹臉蓮含跗。高閣倚天半，晴江連碧虛。此地試君唱，特使華筵鋪。主公顧四座，始訝來踟躕。吳娃起引贊，低佪暎長裾。雙鬟可高下，纔過青羅襦。盼盼下垂袖，

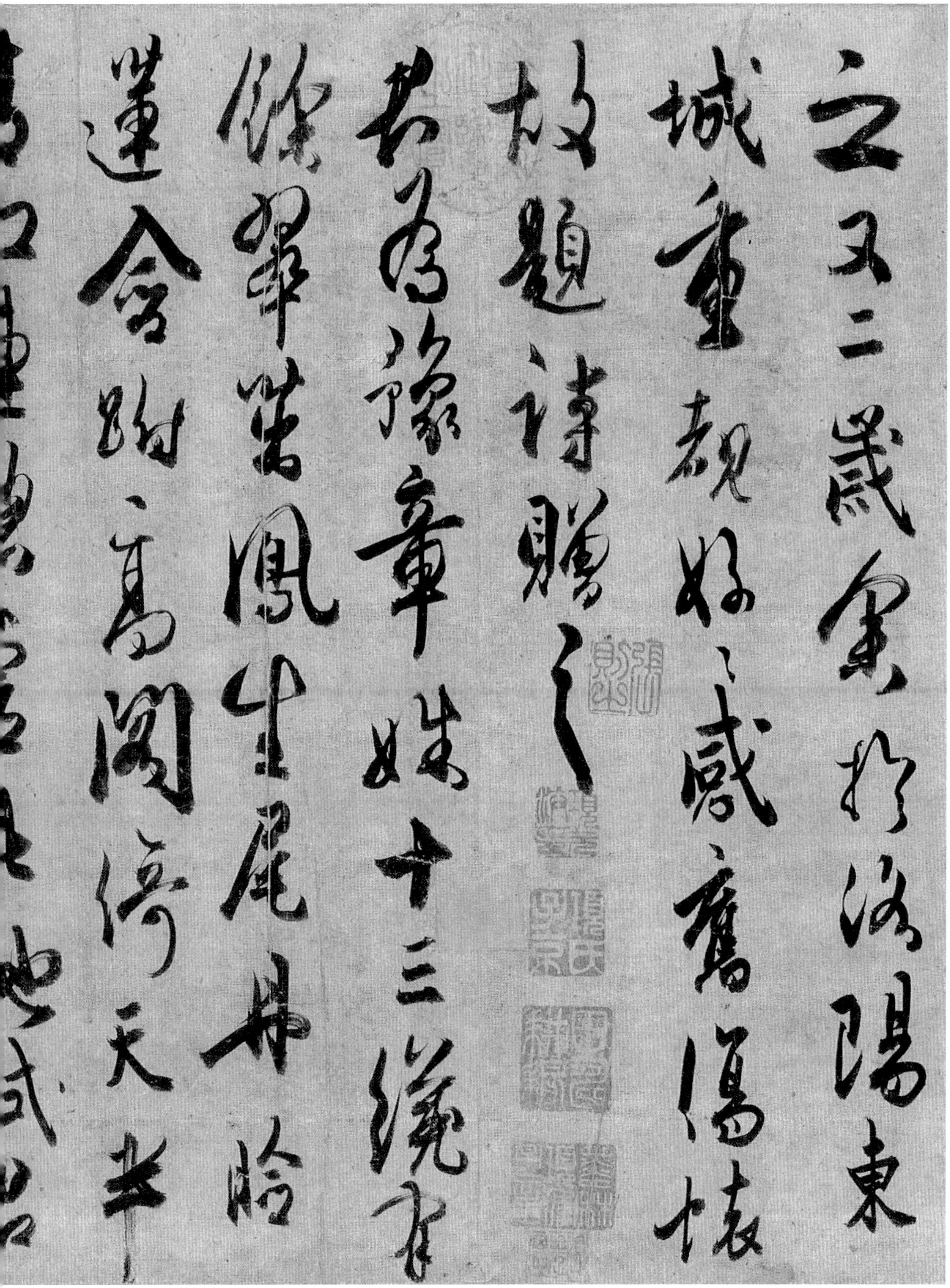
之又三歲寓於洛陽東
城重覩好好感舊傷懷
故題詩贈之
君為豫章姝十三纔有
餘翠茁鳳生尾丹葉
蓮含跗高閣倚天半

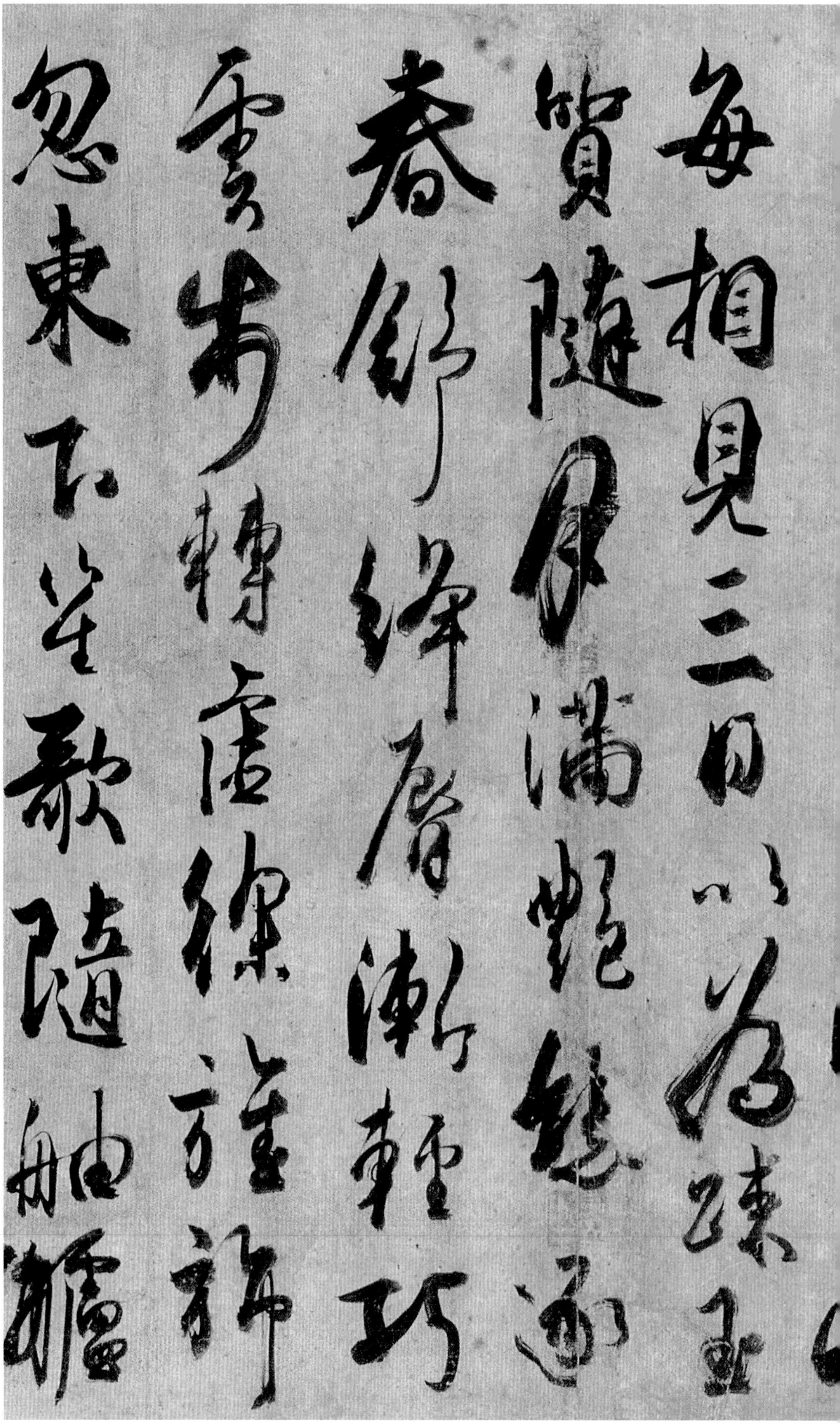

一聲離鳳呼。繁弦迸關紐，塞管引圓蘆。眾音不能逐，裊裊穿雲衢。主公再三嘆，謂言天下殊。贈之天馬錦，副以水犀梳。龍沙看秋浪，明月游東湖。自此每相見，三日以為踈。玉質隨月滿，艷態逐春舒。絳唇漸輕巧，雲步轉虛徐。旌旆忽東下，笙歌隨舳艫。

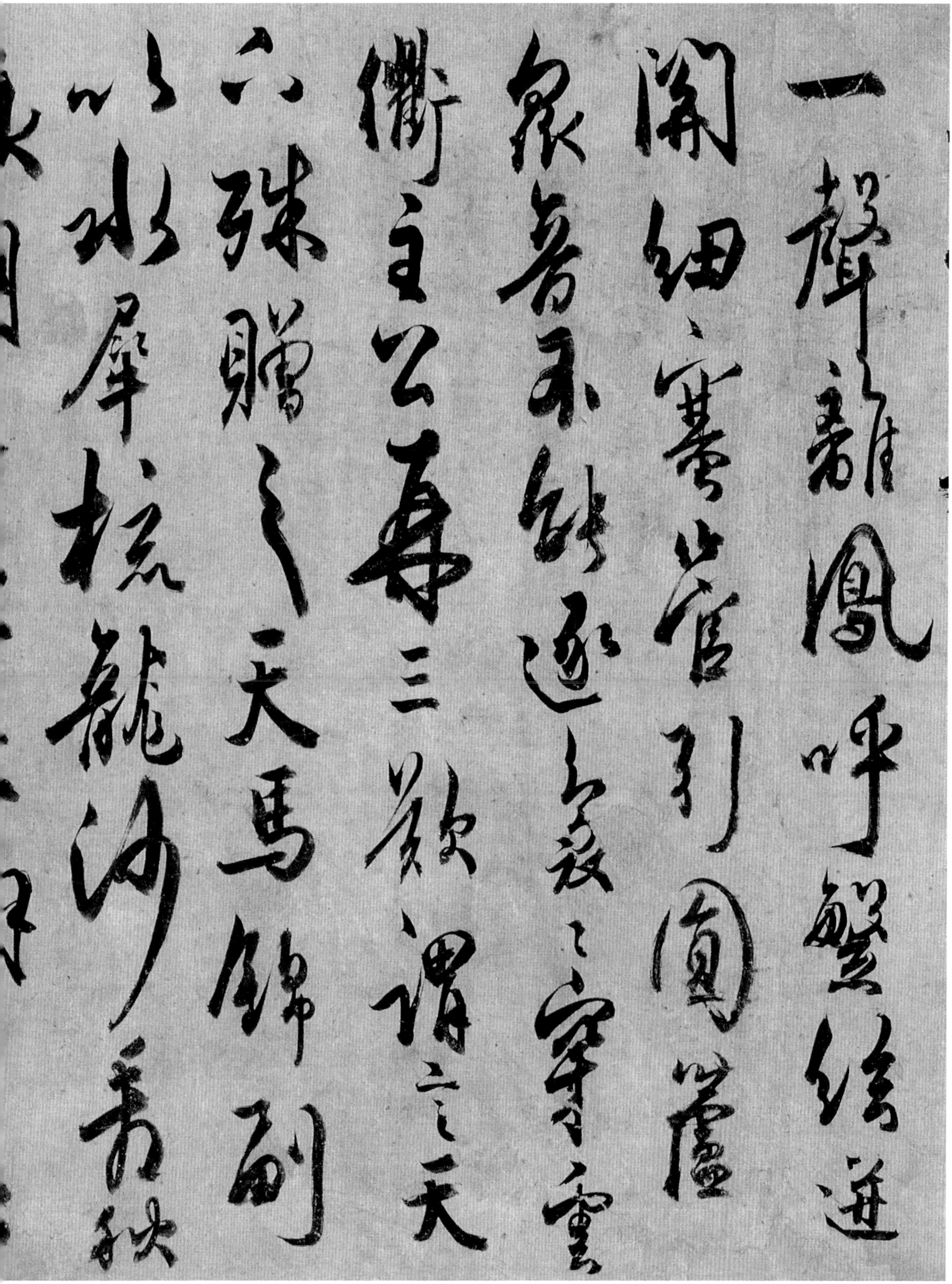
一聲離鳳呼鸞繞遊
閑細篁管引圓蘆
象吾家鐵遂衰之寧雲
衛主公尊三歎謂之天
下殊贈之天馬錦副
以冰犀枕龍湖香秋

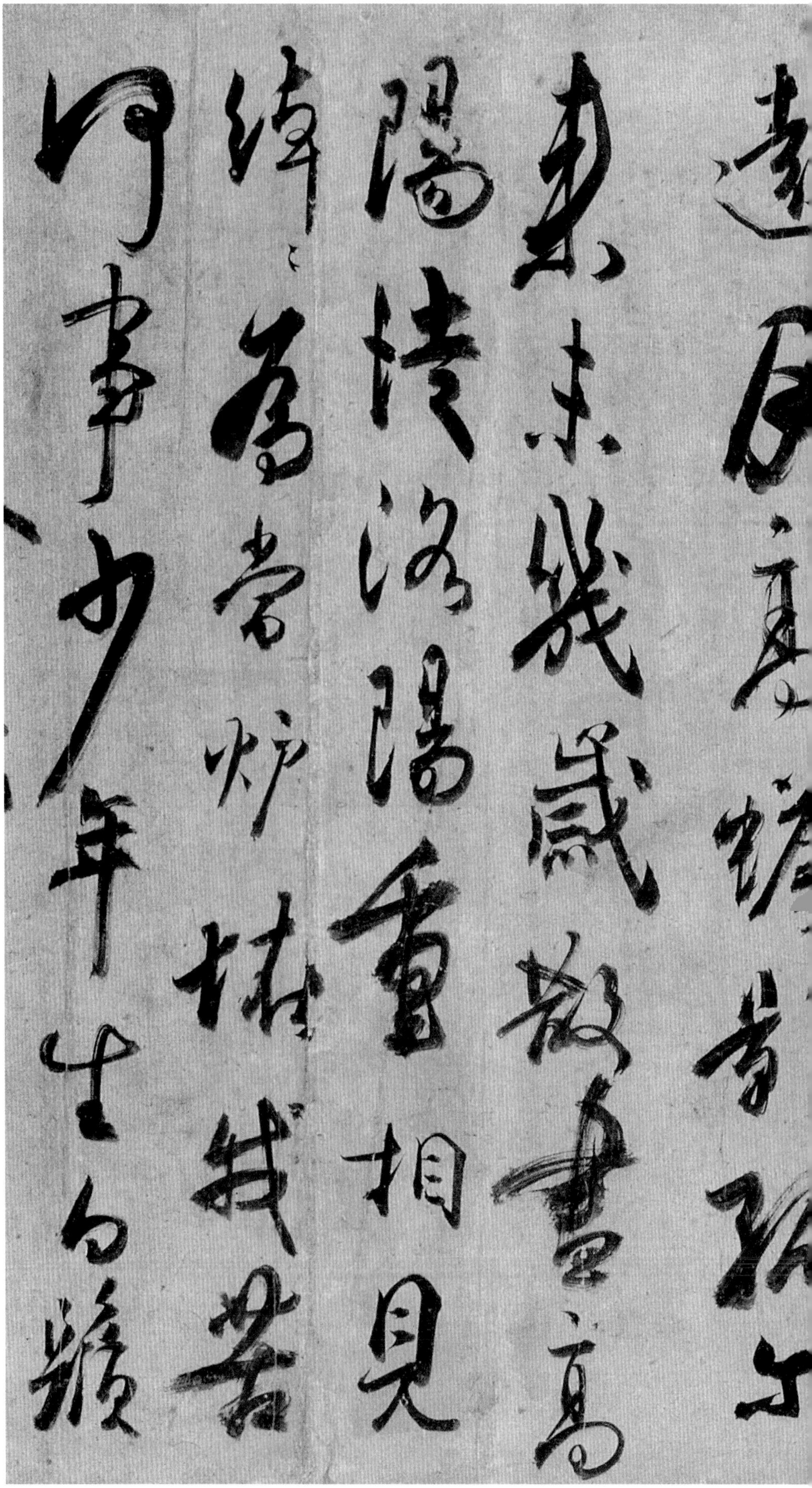

霜凋小（此字點去）謝樓樹，沙暖句溪蒲。身外任塵土，罇前且歡娛。颺然集仙客，著作任集賢校理（上七字雙行小字注）諷賦期相如。聘之碧玉珮，載以紫雲車。洞閑水聲遠，月高蟾影孤。爾來未幾歲，散盡高陽徒。洛陽重相見，綽綽為當爐。恠我苦何事，少年生白鬚。

霜潤小謝梅汕暖

句漢蒲身外任塵土

鑄前且歡娛隨娃

真仙宗　若作任集

捐如騁之玟玉珮載

以陵雲車洞闬小桴

賞拔甩　諷賦期

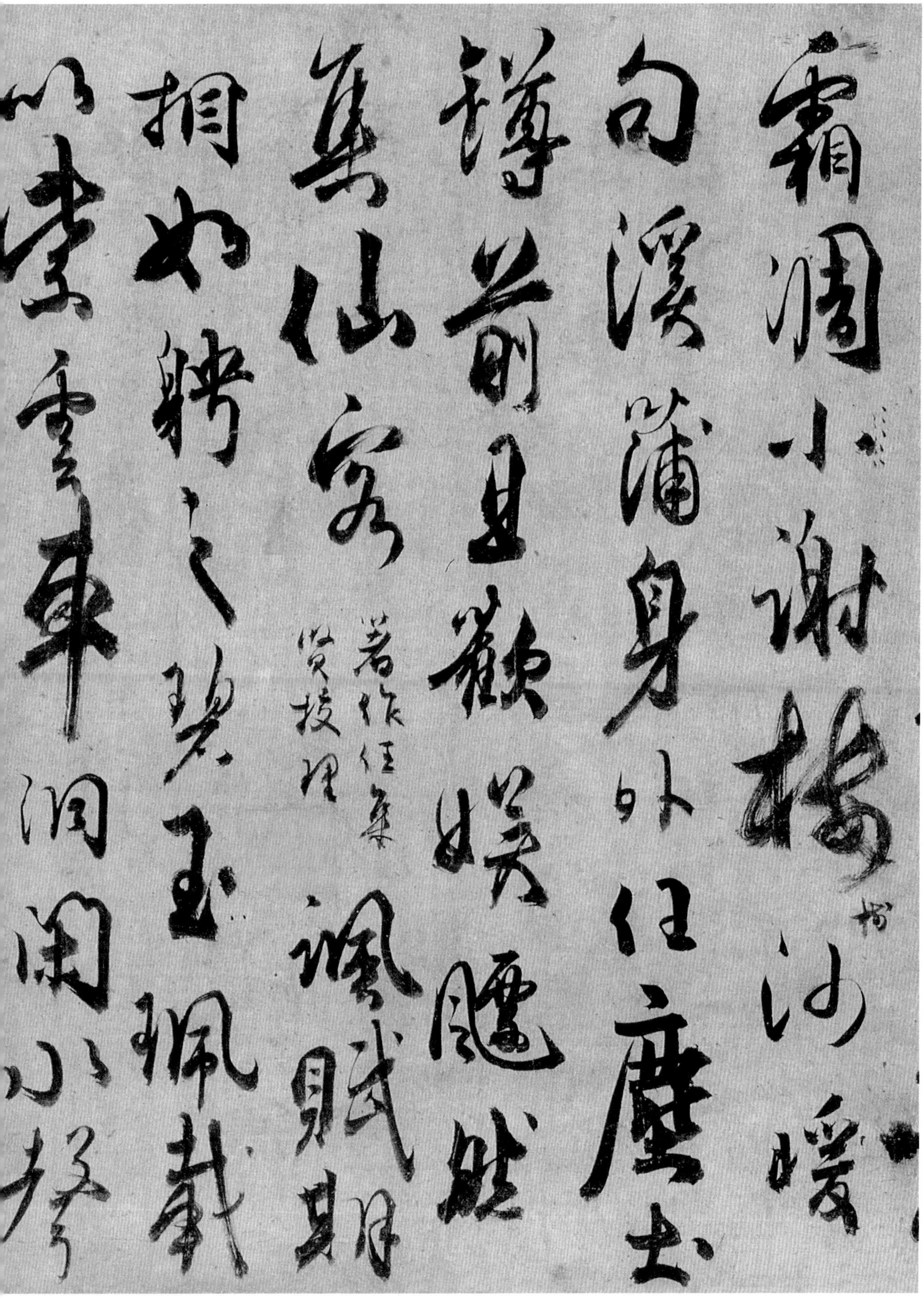

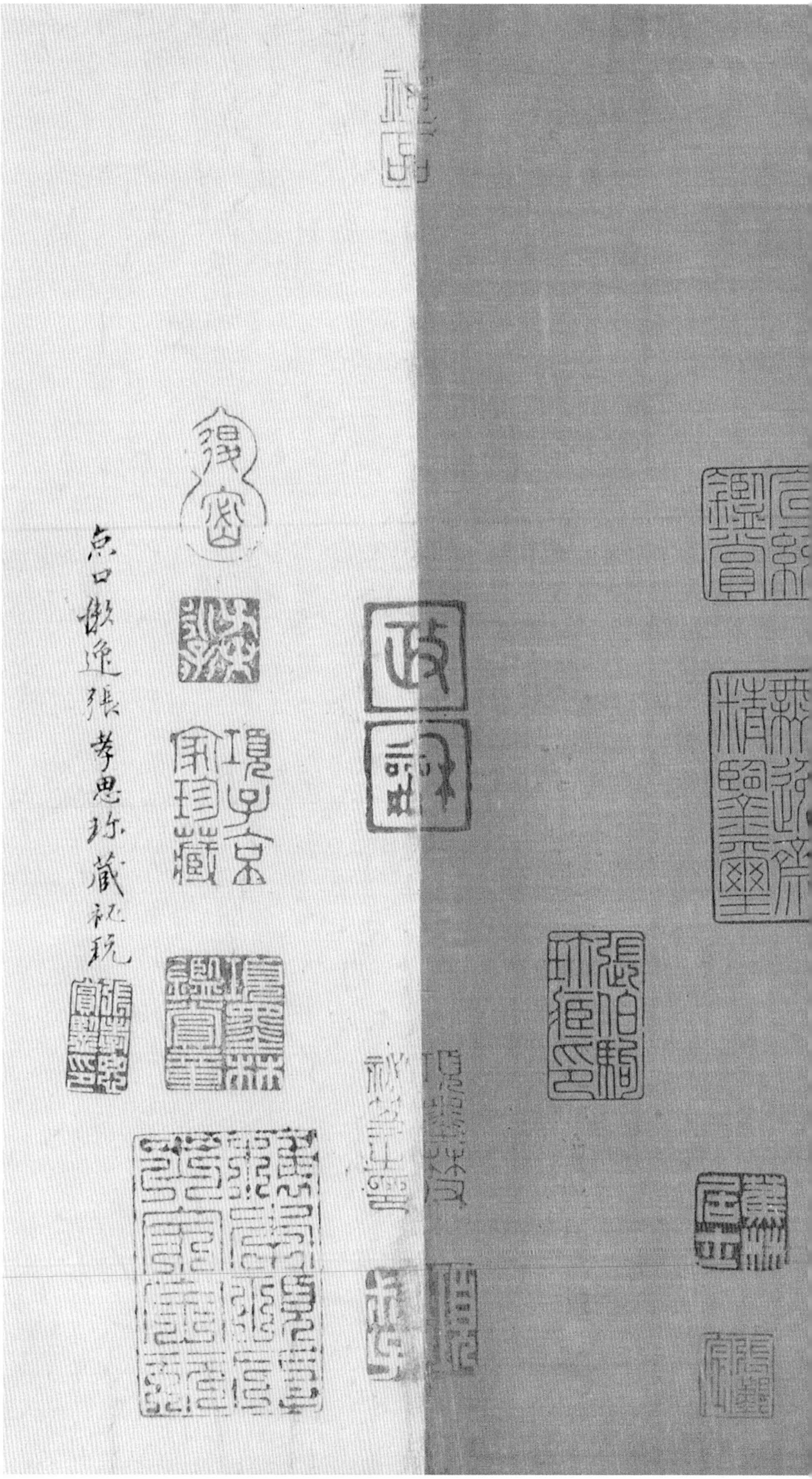

朋遊今在否，落拓更能無。門館慟哭後，水雲愁景初。斜日掛衰柳，涼風生座偶。灑盡滿襟淚，短章聊一書。（口內字據《樊川集》補）

州遊今在書蔽拓

東往無門館慞惘後

北雲無景訪斜

掛裏柳凉風生庭偶

襟深題章

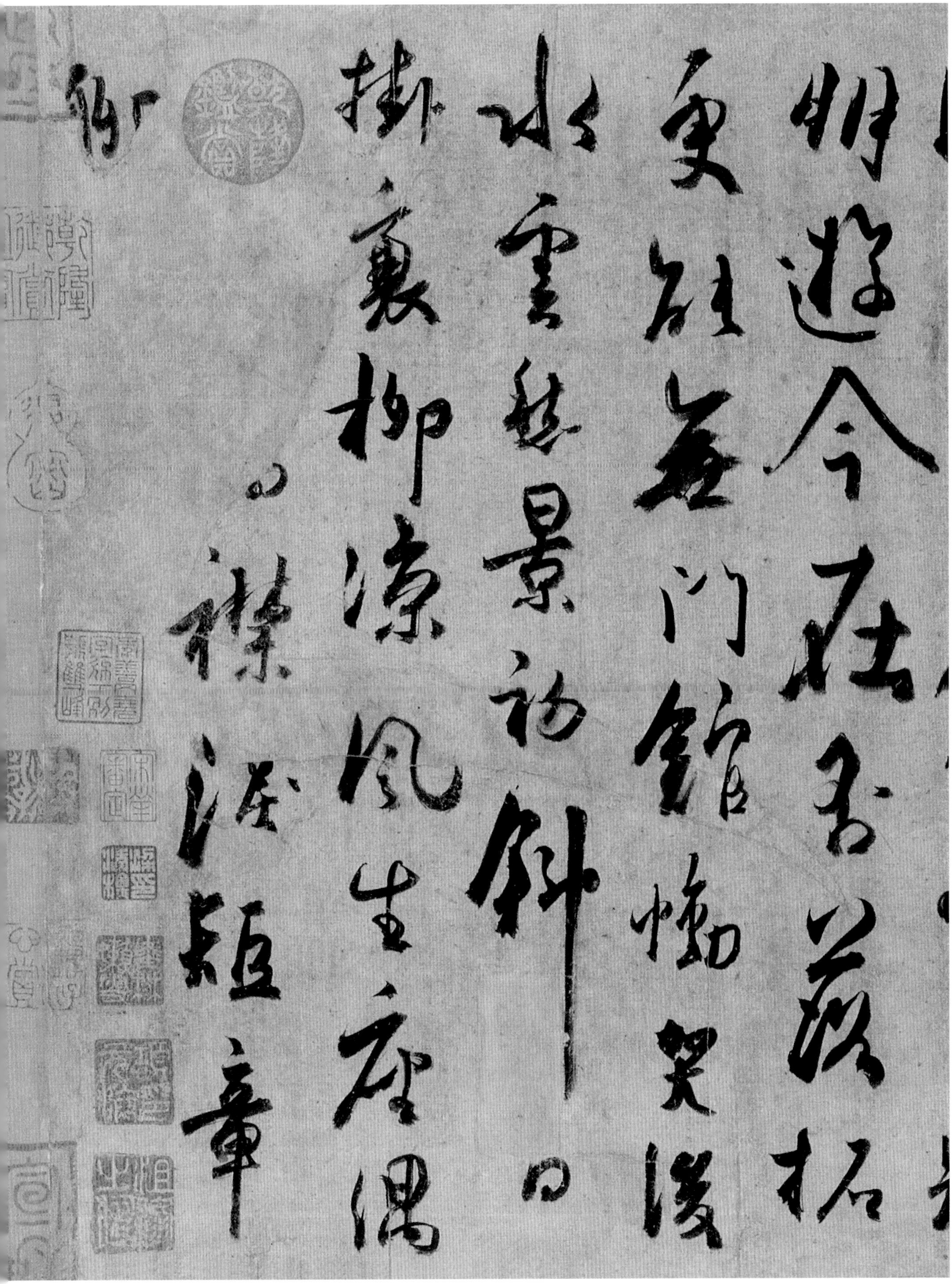

16

柳公權　行書蒙詔帖

唐
紙本　行書　7行　27字
縱26.8厘米　橫57.4厘米
清宮舊藏

Meng Zhao Tie in running script
By Liu Gongquan, Tang Dynasty
Ink on paper
H. 26.8cm　L. 57.4cm
Qing court collection

柳公權（778－865年），字誠懸，唐代京兆華原（今陝西耀縣）人。唐憲宗元和初年進士，拜侍書學士，歷中書舍人、諫議大夫、太子賓客，至太子少師，封河東郡公。唐穆宗嘗問其用筆法，答曰："用筆在心，心正則筆正。"語意雙關，既講寫字，又講筆諫。當時公卿士臣碑版，若不得公權手筆，人以為不孝。外夷入貢，另備資財，專求柳書。書法學顏出歐，正楷最佳，遒媚勁健，端莊縝密，自立法門，世稱"柳體"，與顏真卿書並有"顏筋柳骨"之稱。

《蘭亭續帖》刻帖中收《翰林帖》（或稱《蒙詔帖》），其文曰："公權年衰才劣，昨蒙恩放出翰林，守以閒冷，親情囑托，誰肯響應，惟深察。公權敬白"按文意估計寫於文宗時柳氏任翰林院書詔學士期間。此本《蒙詔帖》墨迹可

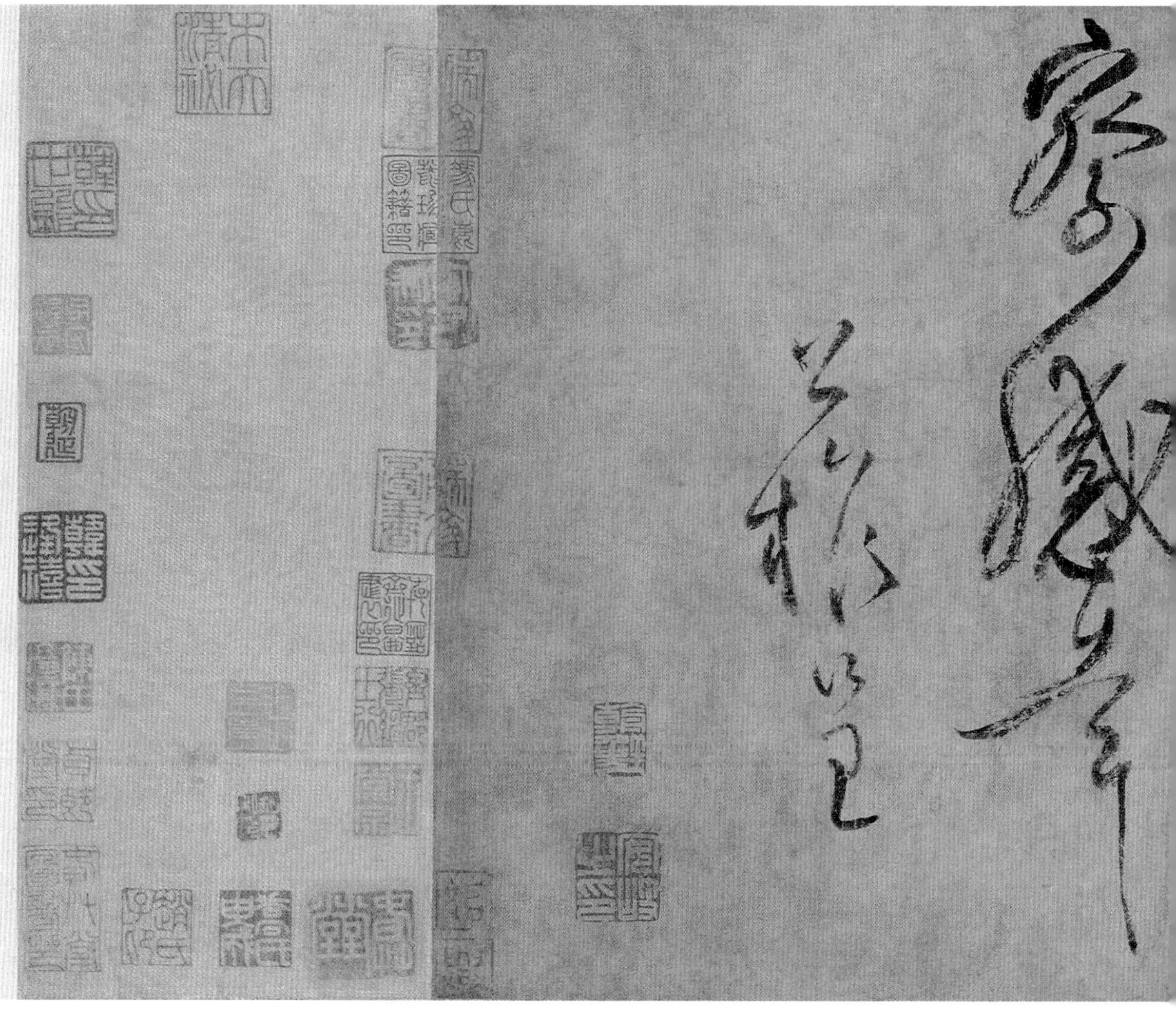

能是宋人據《翰林帖》大意寫出。

柳公權行草書今見於刻帖有以下幾種：宋刻《大觀帖》有《聖慈》、《伏審》、《奉榮》、《十六日》、《辱問》帖，《蘭亭續帖》中收《翰林》、《紫絲靸鞋》、《張蘭亭詩》帖，宋刻《汝帖》收《噌瓜》、《泥甚》帖，這十餘帖留下的筆迹是一致的。

鑑藏印記："紹興"(朱文連珠)、"瑞文圖書"(朱文)、"賢志堂"(白文)、"趙氏子昂"(朱文)、"喬氏簣成"(白文)、"齊郡張紳士行"(朱文)，及馮銓、王常宗、陳彥廉、韓世能、韓逢禧諸印。

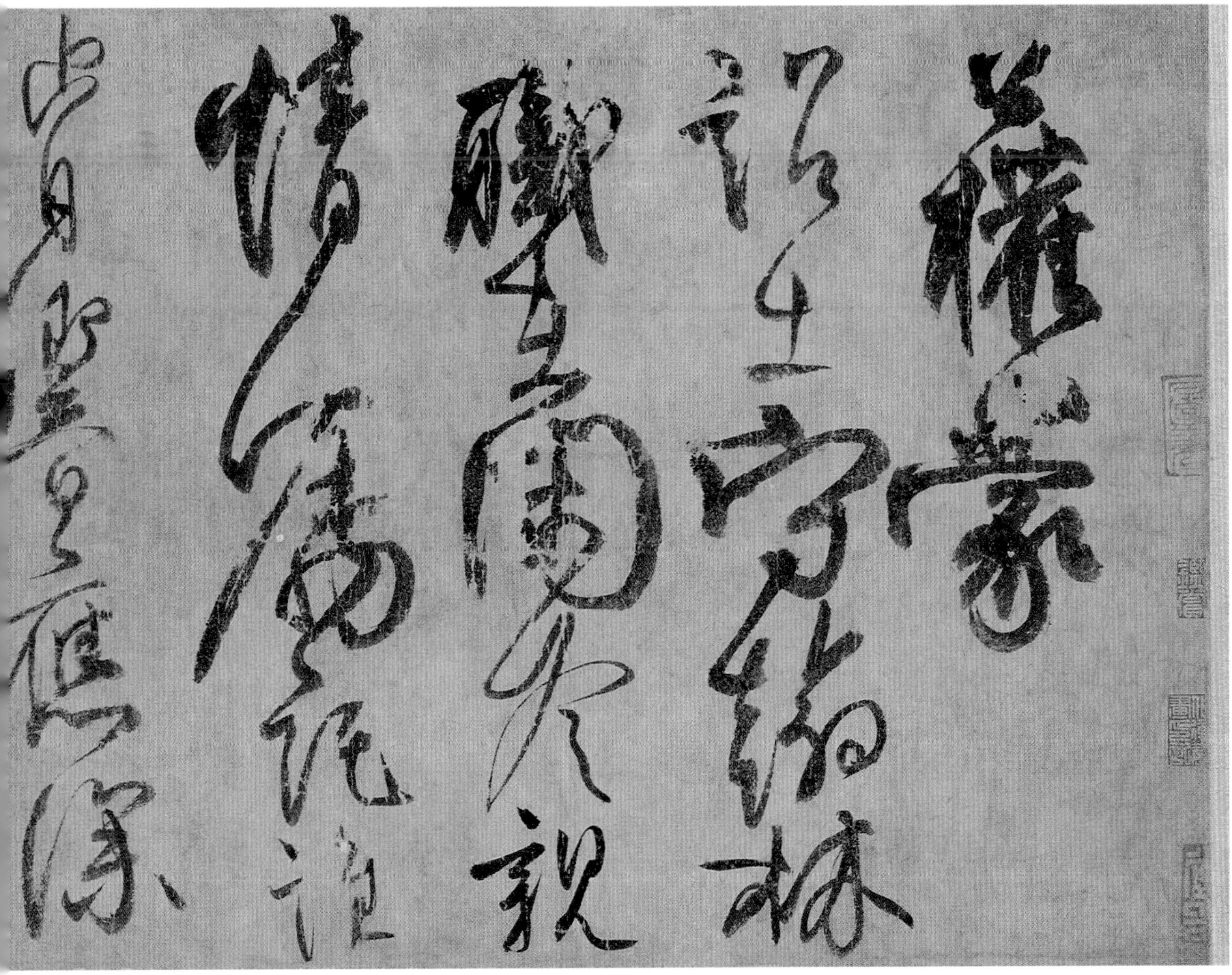

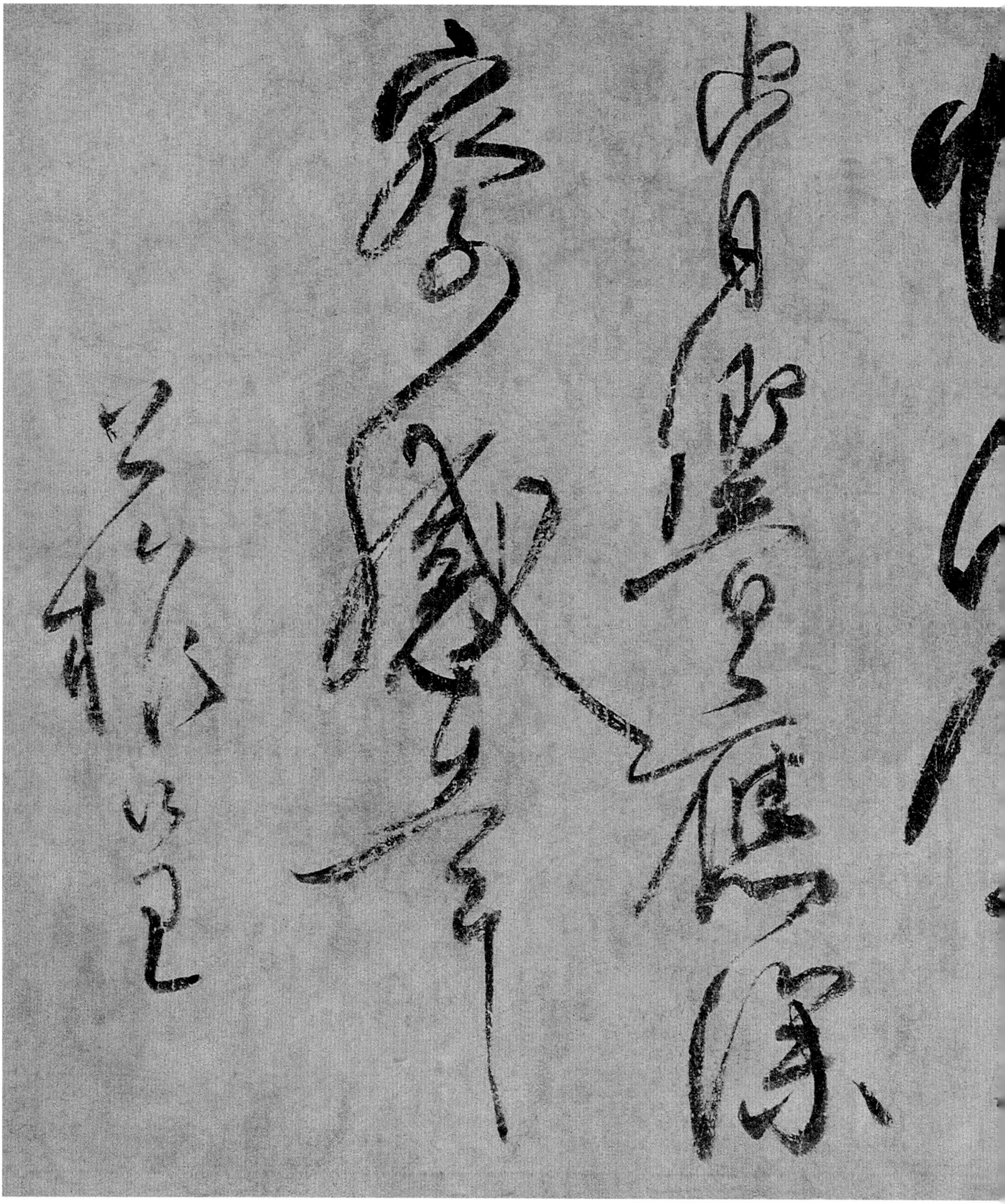

釋文：
公權蒙
詔，出守翰林，
職在閒冷，親
情囑托，誰
肯響應，深
察感幸
公權呈

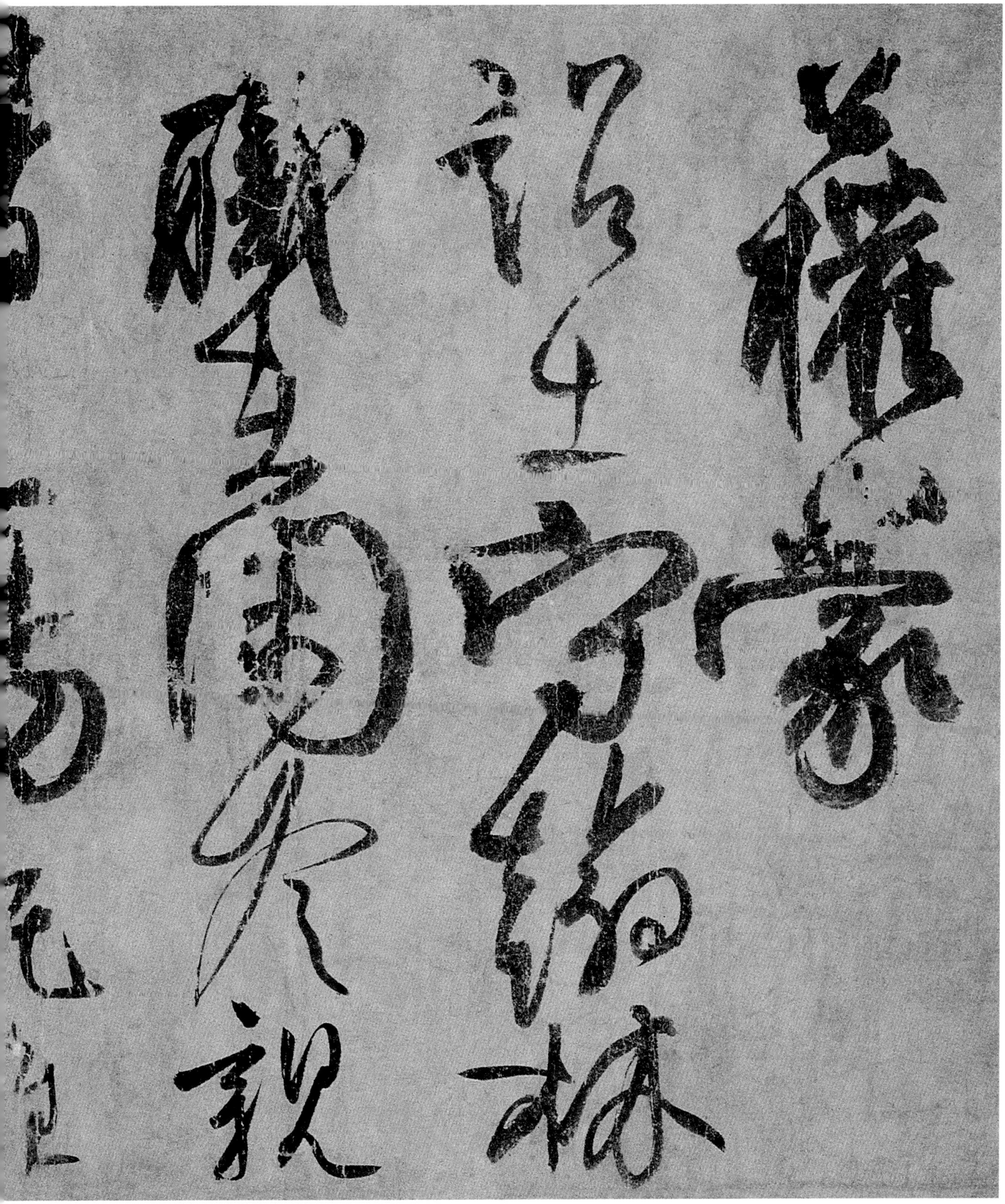

17

柳公權　行書蘭亭詩

唐
絹本　行書　37首
縱26.5厘米　橫365.3厘米
清宮舊藏

Lanting Shi in running script
By Liu Gongquan, Tang Dynasty
Ink on silk
H. 26.5cm　L. 365.3cm
Qing court collection

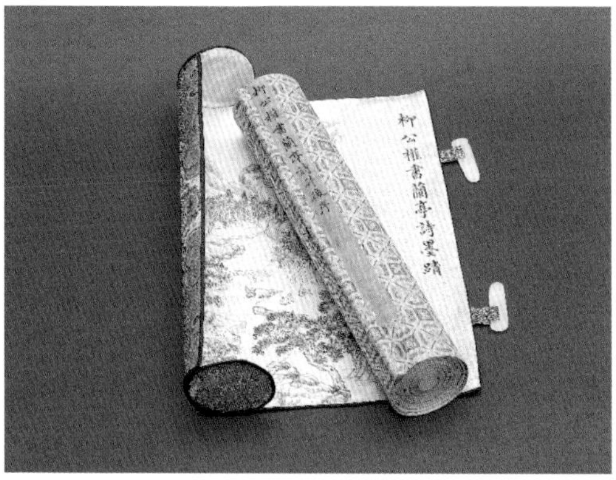

唐代張彥遠《法書要錄》載，褚遂良撰《右軍王羲之書目》記蘭亭序和蘭亭詩。同書卷十《右軍書記》也有類似記錄。蘭亭詩帖最早見此，而且只是羲之的詩。本卷包括羲之、謝安、謝萬、孫綽等二十六人的詩，又王獻之"四言詩序"、孫興之"五言詩序"。此外，香港另有五言蘭亭詩一卷，為王羲之詩五首全文，署款"陸柬之書"為後添。宋代以來流傳的蘭亭詩卷有多種，內容不一，皆託名唐代名家。本卷僅憑宋代黃伯思尾題（偽）傳為柳書，然風格與柳書不合。作為唐抄古本，與敦煌遺書中《文撰·陸機短歌行等殘卷》（伯2554）、《玉台新詠卷第二殘卷》（伯2503）有同樣的文學價值，不獨書法耳。

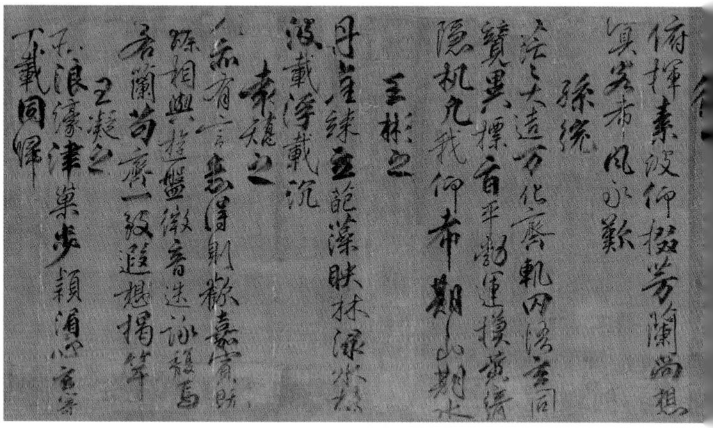

卷前引首清乾隆帝行書題"筆諫遺型"，題簽"蘭亭八柱第四"，題記一段，有瘦金書題簽"唐柳公權書羣賢詩"。卷後有宋代邢天寵、楊希甫、習之、蔡襄（後添）、李處益、孫大年、王易、黃伯思（偽）、宋適，金代王萬慶，明代王世貞、莫是龍、文嘉、張鳳翼，清代王鴻緒等題跋和觀款。

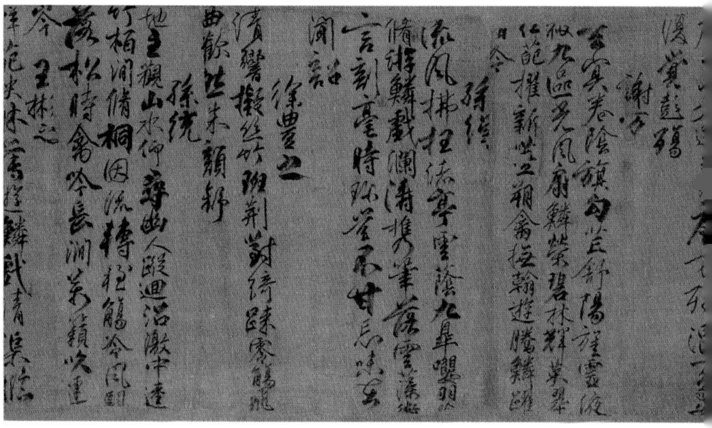

鑑藏印記：宋代"御書"（朱文葫蘆半印）、"雙龍"（朱文）、"宣和"（朱文連珠）、"政和"（朱文）、"內府圖書"（朱文）、"奉華寶藏"（朱文）、"內殿書印"（白文）、"睿思東閣"（白文），以上均偽，"紹興"（朱文連珠），元代"喬簣成氏"、"柯九思"均墨印，明代王世貞，清代高士奇、乾隆內府諸印。

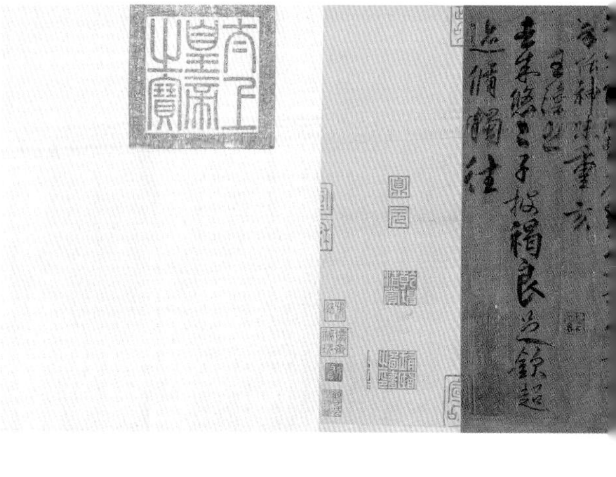

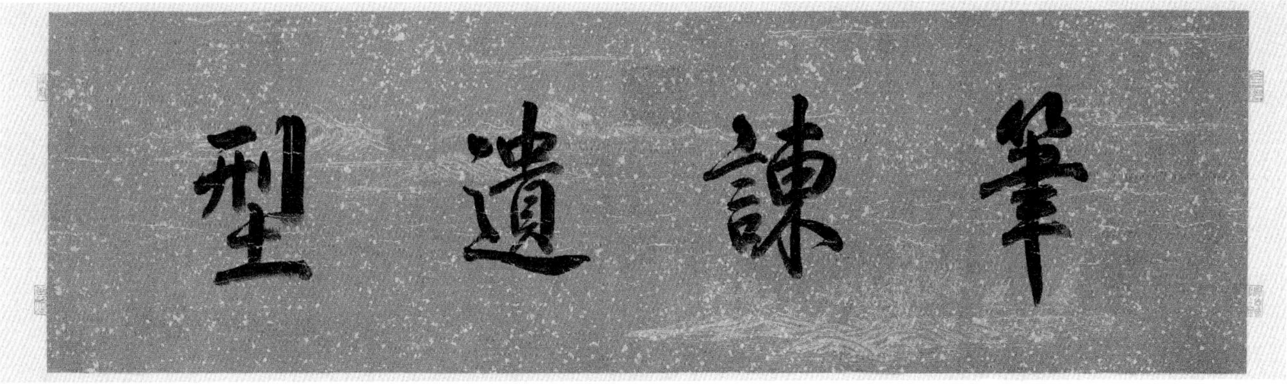

《蘭亭詩》之一

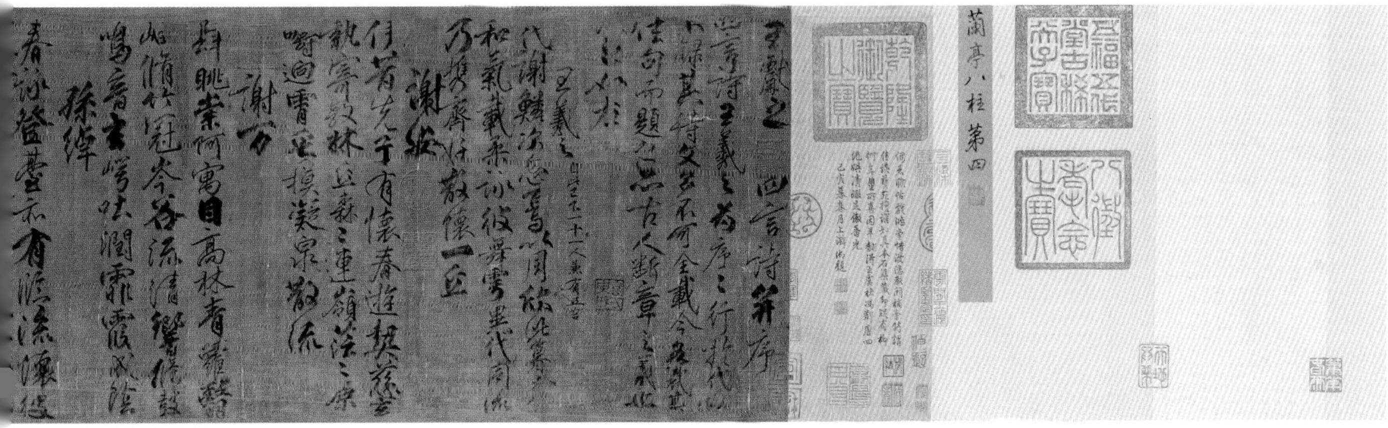

《蘭亭詩》之二

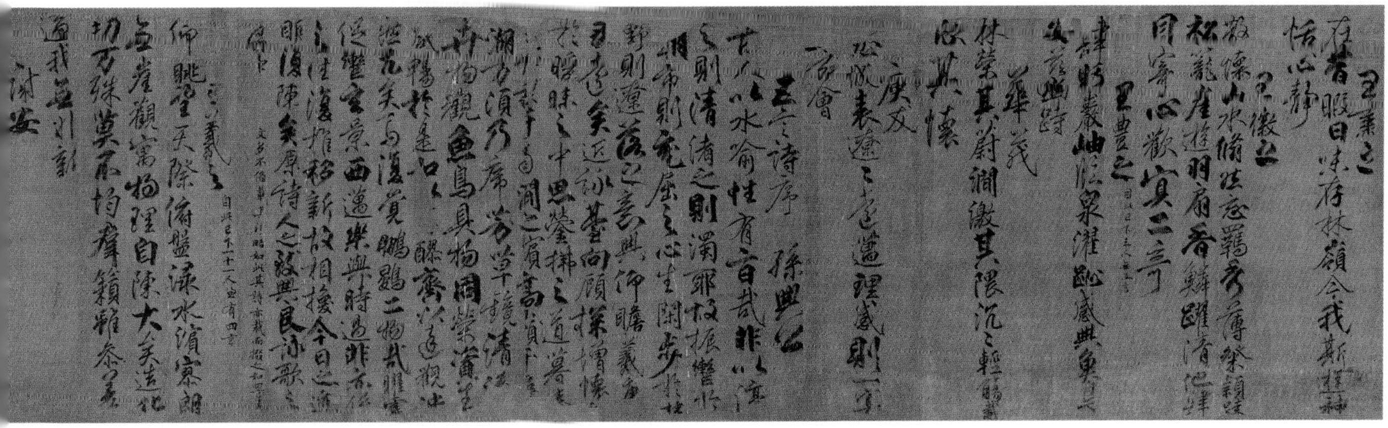

《蘭亭詩》之三

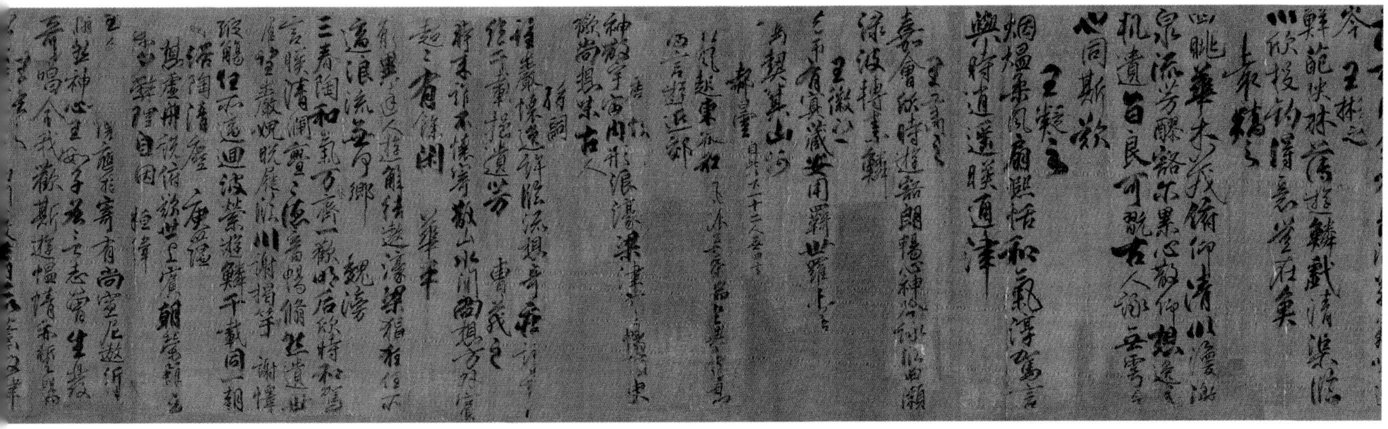

《蘭亭詩》之四

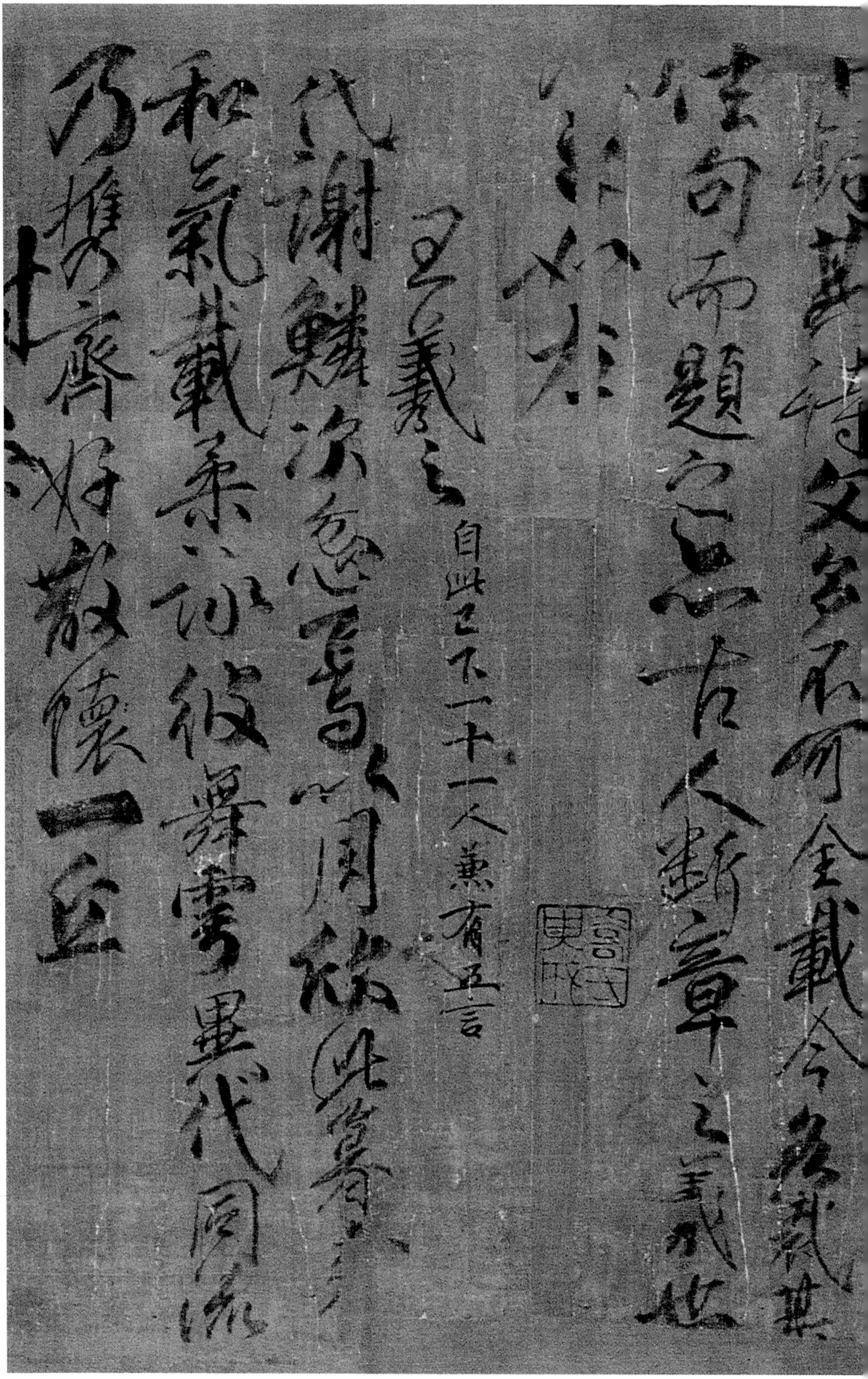

釋文：

王獻之四言詩並序。四言詩，王羲之為序，序行於代，故不錄。其詩文多不可全載，今各裁其佳句而題之，亦古人斷章之義也，次之如左。

王羲之自此已下　十一人，兼有五言代謝鱗次，忽焉以周。欣此暮春，和氣載柔。詠彼舞雩，異代同流。乃攜齊好，散懷一丘。

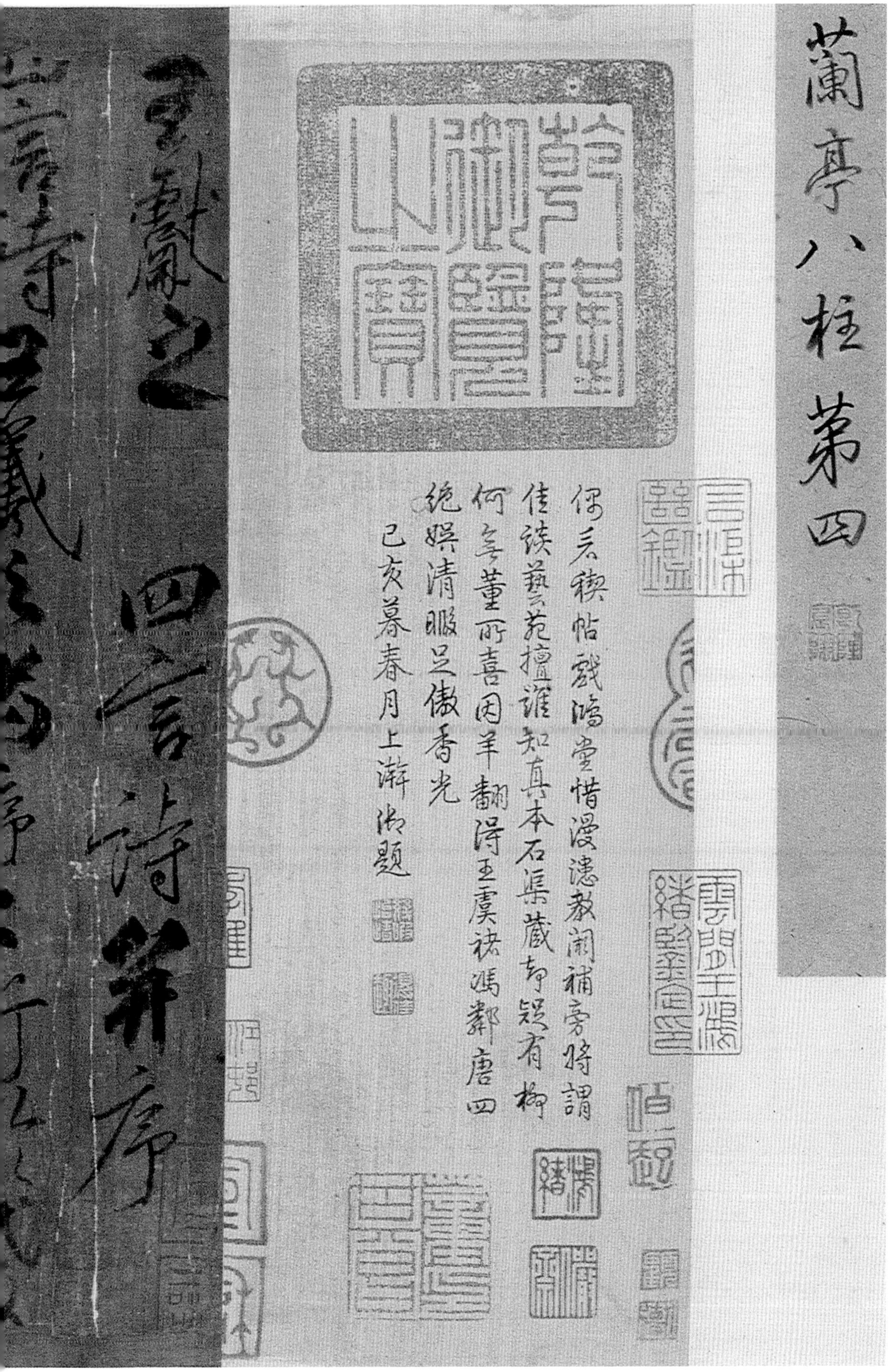
蘭亭八柱第四
乾隆御覽之寶
何云穆帖戲鴻堂惜漫遽教闕補旁將謂
佳談藝苑擅誰知真本石渠藏亭疑有柳
何無董所喜因羊翻得王虞褚馮鄭唐四
絕娛清暇足傲香光
己亥暮春月上澣御題
四言詩并序

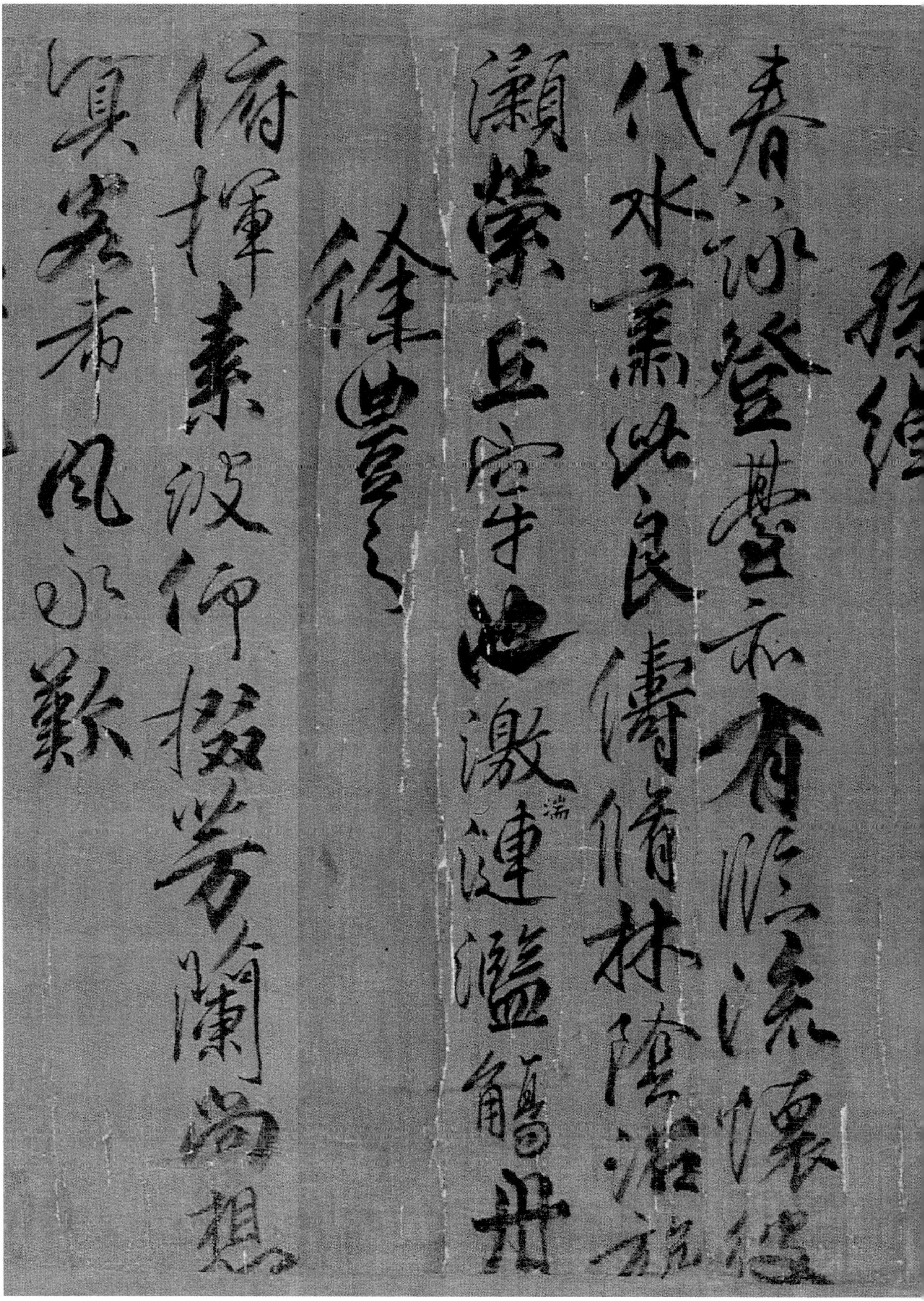

謝安伊昔先子，有懷春遊。契慈玄執，寄教林丘。森森連嶺，茫茫原疇。迴霄乎摸，凝泉散流。
謝万肆眺崇阿，寓目高林。青蘿翳岫，修竹冠岑。谷流清響，條鼓鳴音。玄崿吐潤，霏霞成陰。
孫綽春詠登臺，亦有臨流。懷彼代水，肅此良儔。修林陰沼，旋瀨縈丘。穿池激湍，連濫觴舟。
徐豐之俯揮素波，仰掇芳蘭。尚想冥客，希風永嘆。

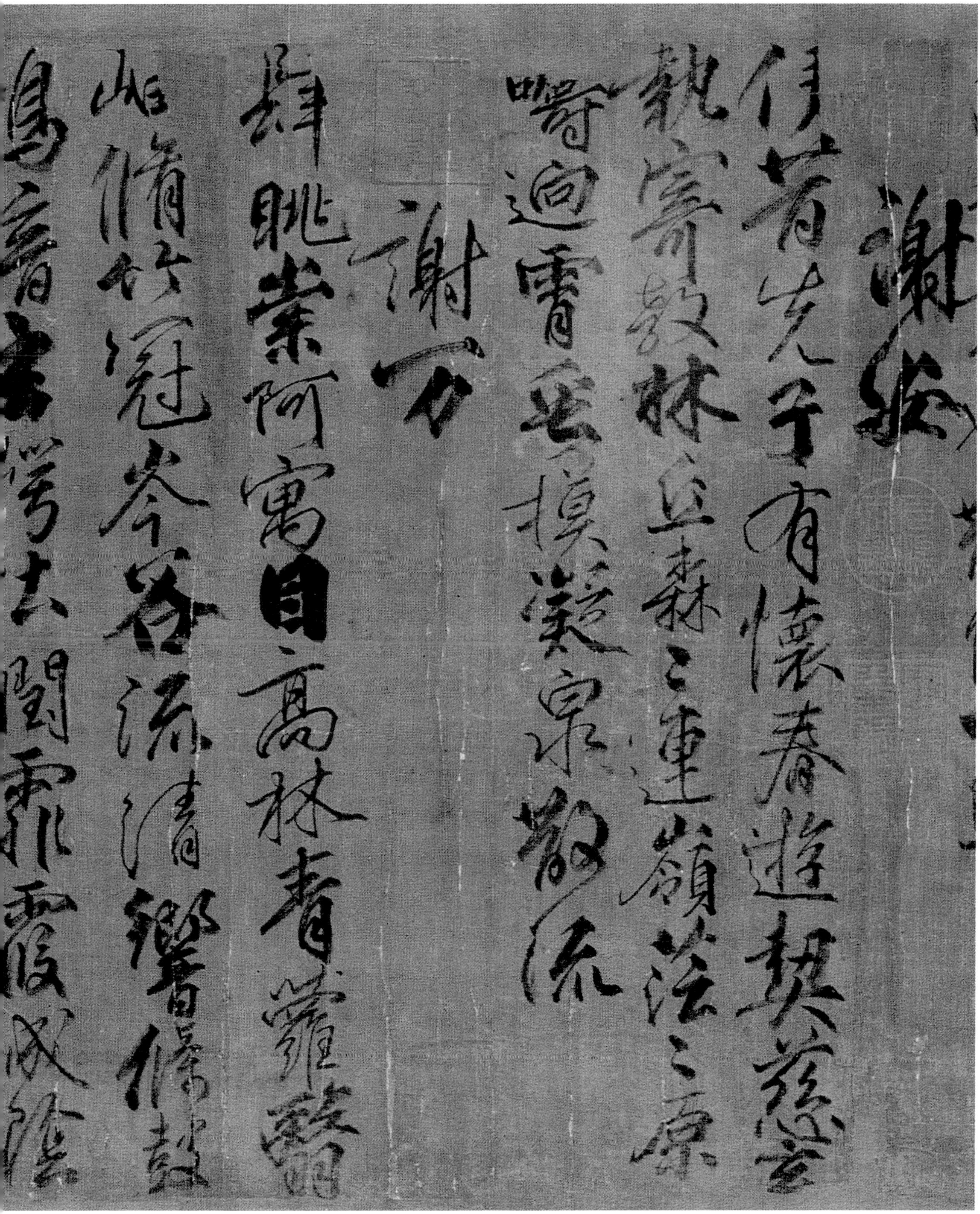
謝安
伊昔先子有懷春遊契茲言
執寄傲林丘森森連嶺茫茫原
疇迥霄垂霧凝泉散流
謝萬
肆眺崇阿寓目高林青蘿翳
岫脩竹冠岑谷流清響條鼓
鳴音玄崿吐潤霏霧成陰

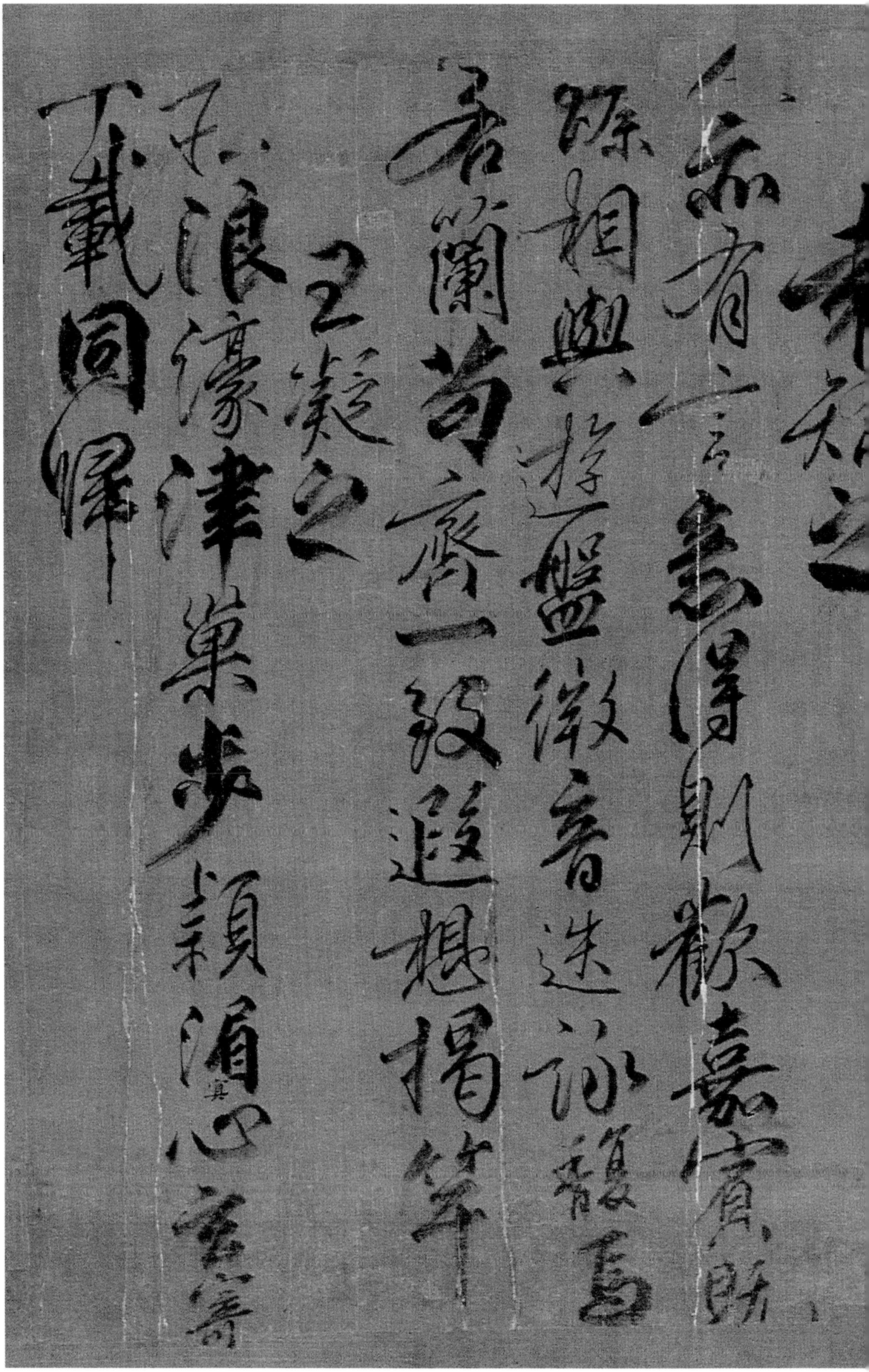

孫統茫茫大造，萬化齊軌。罔悟玄同，竟異標旨。平勃運摸，黄綺隱機。凡我仰希，期山期水。
王彬之丹崖竦立，葩藻映林。綠水揚波，載浮載沉。
袁嶠之人亦有言，意得則歡。嘉賓既臻，相與遊盤。微音迭詠，馥焉若蘭。苟齊一致，遐想揭竿。
王凝之莊浪濠津，巢步穎湄。冥心玄寄，千載同歸。

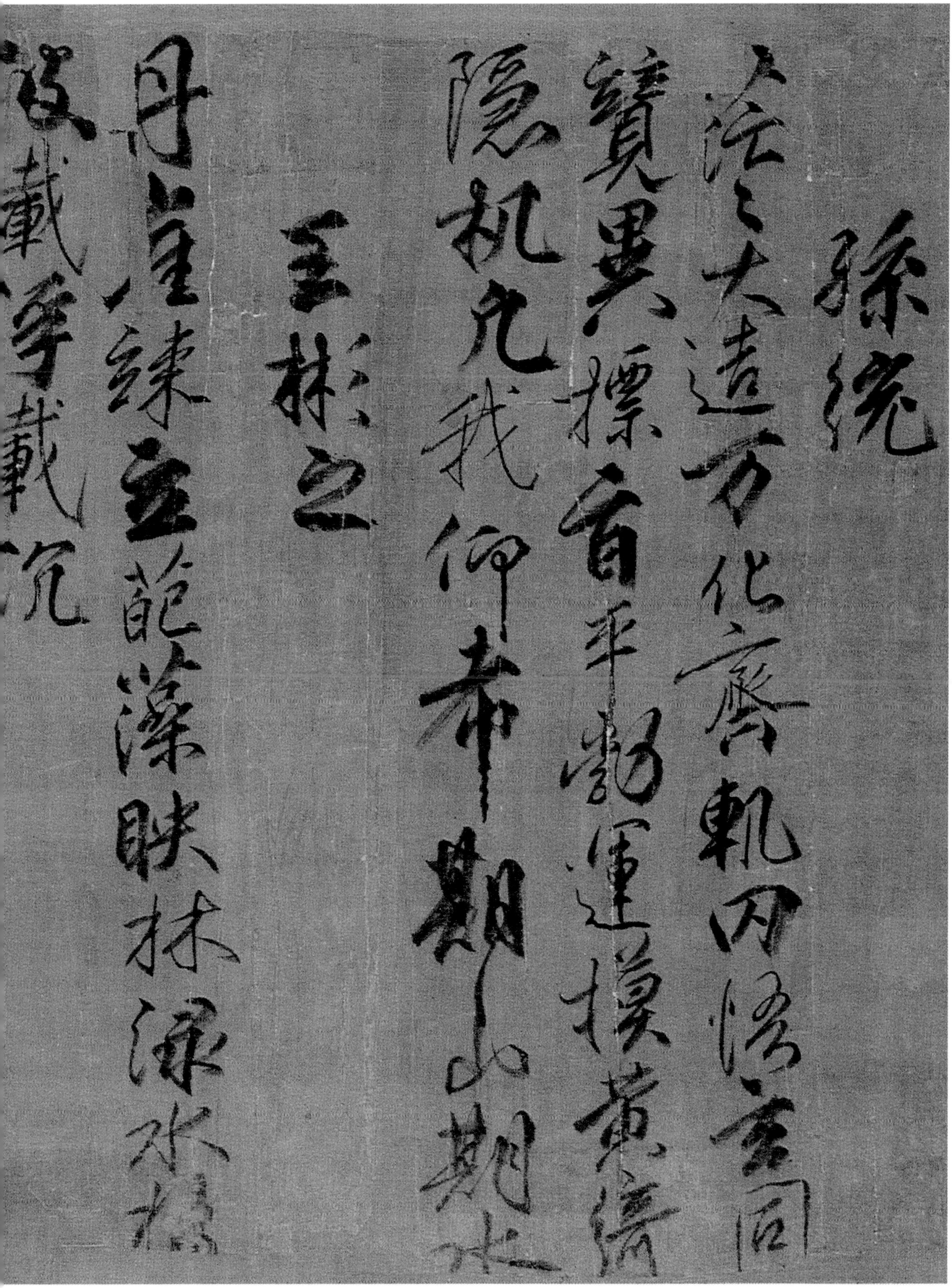
孫綽
茫茫大造万化齊軌罔悟玄同
競異摽旨平勃運謨黃綺
隱机凡我仰希期山期水
王彬之
丹崖竦立葩藻映林淥水揚
波載浮載沉

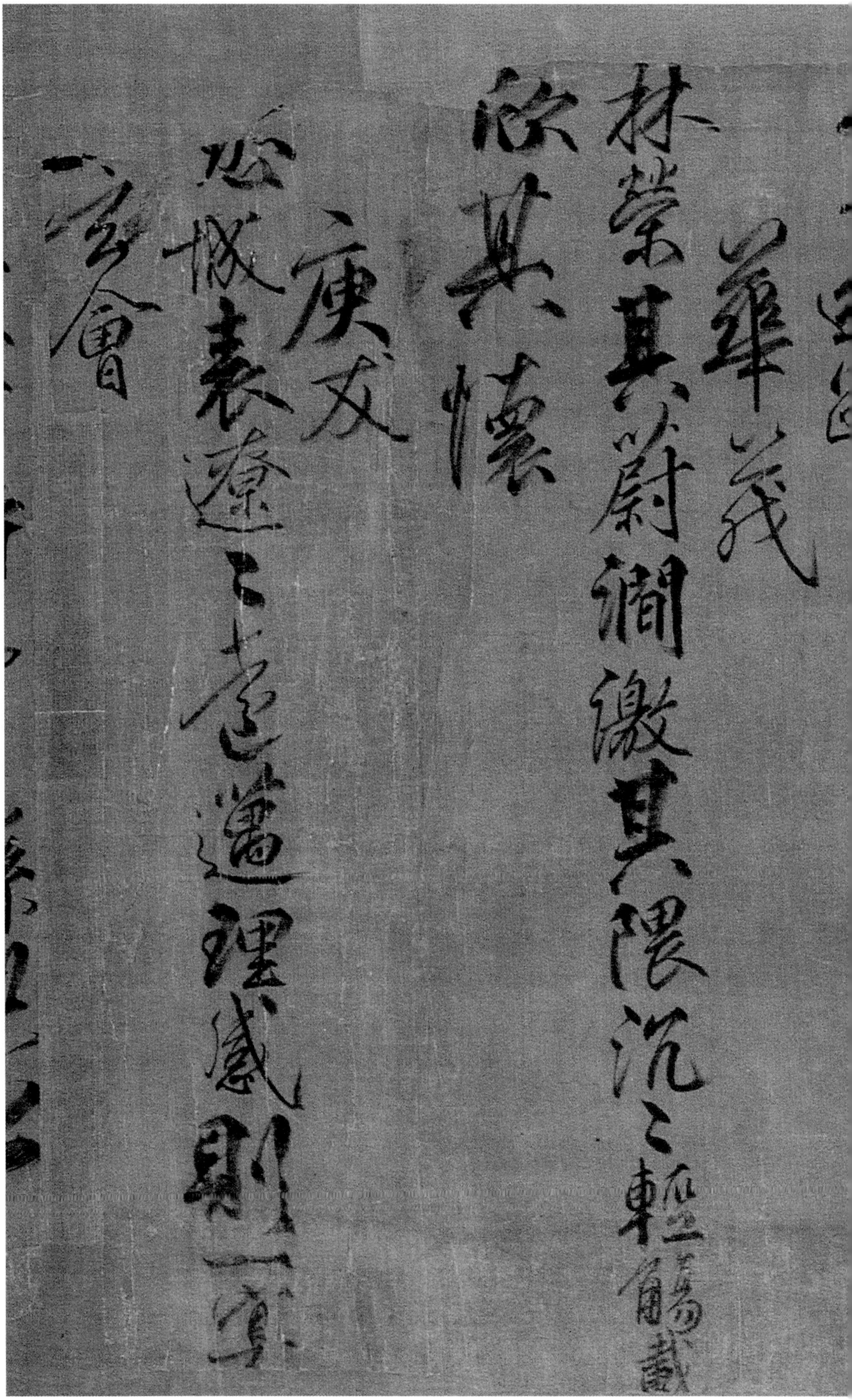

王肅之在昔暇日，味存林嶺。今我斯遊，神怡心靜。
王徽之散懷山水，翛然忘羈。秀薄粲穎，疏松籠崖。遊羽扇香，鱗躍清池。肆目寄心，歡冥二奇。
王豐之自此已下三人無五言肆眄巖岫，臨泉濯趾。感興魚鳥，安茲幽跱。
華茂林榮其蔚，澗激其隈。沉沉輕觴，載欣其懷。
庾友寄心城表，遼遼遠邁。理感則一，冥心玄會。

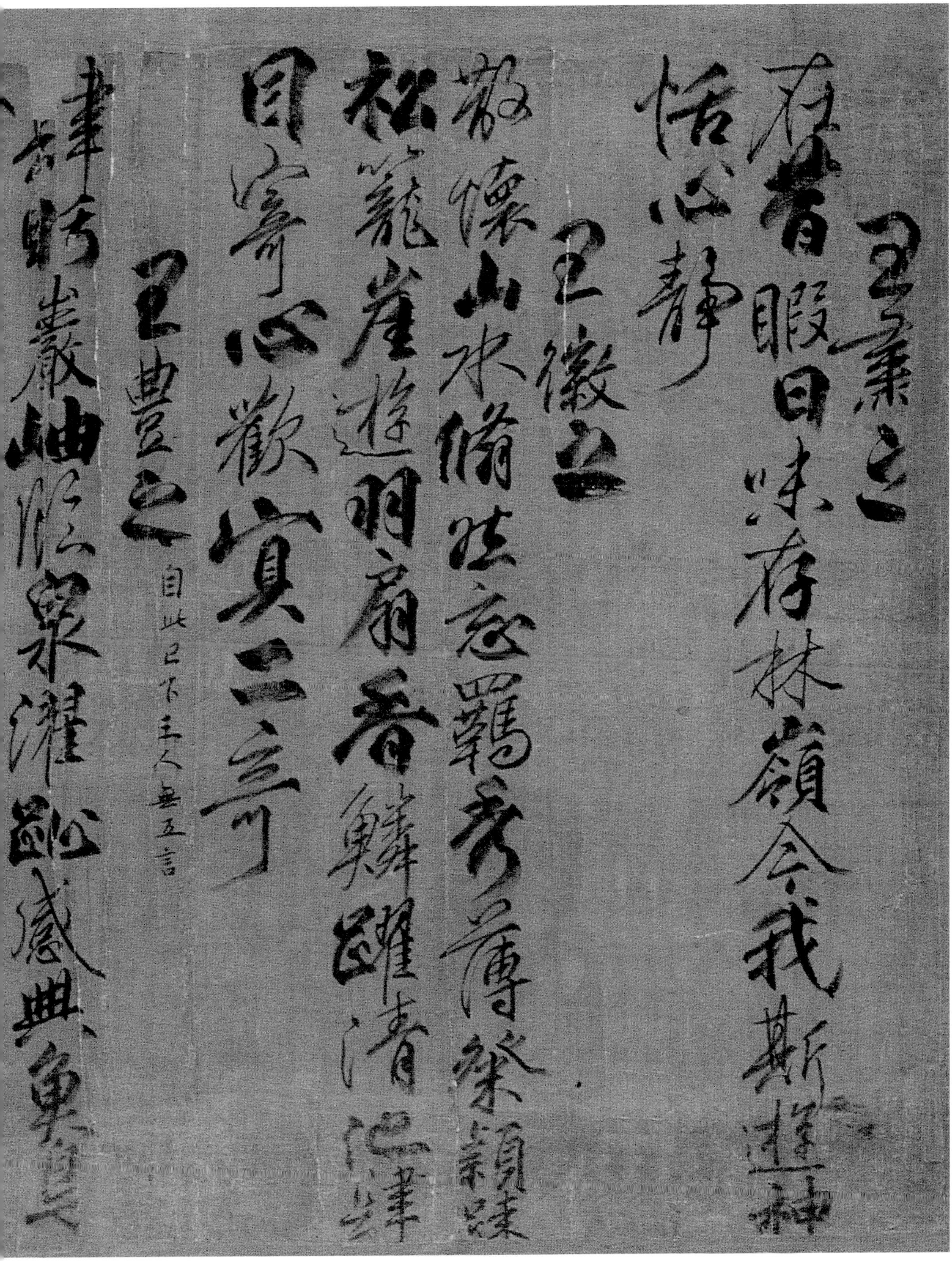
又兼之
存者暇日味存林嶺今我斯遊神
怡心靜
又徽之
散懷山水蕭然忘羈秀薄粲穎疏
松籠崖遊羽扇霄鱗躍清池歸
目寄心歡冥二奇
又豐之
自此已下主人無五言
肆眺巖岫臨泉濯趾感興魚鳥安

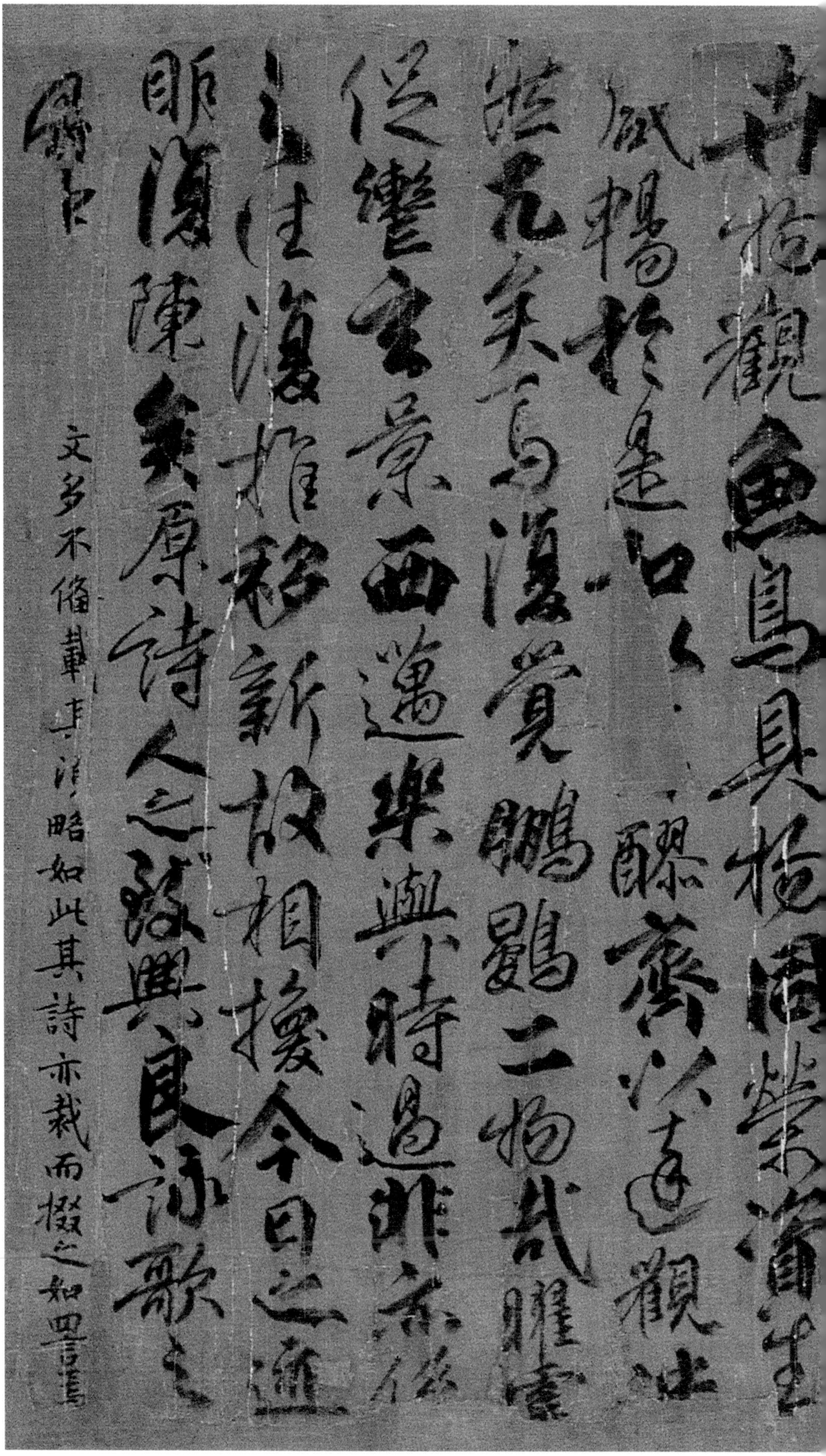

五言詩序　孫興公古人以水喻性有旨哉，非以渟之則清，諸之則濁耶！故振轡於朝市則充屈之心生，閒步於林野則遼落之意興。仰瞻羲唐既遠矣，近詠臺向顧探增懷□於曖昧之中，思鎣拂之道。暮春之始，禊於南澗之濱，高嶺千尋，澄湖万頃，乃席芳草，鏡清流卉。物觀魚鳥，具物同榮，資生咸暢。於是和以醇醪，齊以達觀，泱然兀矣。焉復覺鵬鷃二物哉！曜靈促轡，玄景西邁，樂與時過，非亦係之，往復推移，新故相換，今日之迹，明復陳矣，原詩人之致興，良詠歌之□□。文多不備載，其□略如此，其詩亦裁而掇之，如四言焉。

五言詩序　孫興公

古人以水喻性有旨哉非以湛

之則清渟之則濁邪故振響於

相府則宛爾忘心生開意於林

野則遼落遺世之意興俯睇義庸

嘉意矣近詠甚多向顧探懷增

於瞻眛之中思鑒揚之道藐然

于...澗之濱寓高...真未青

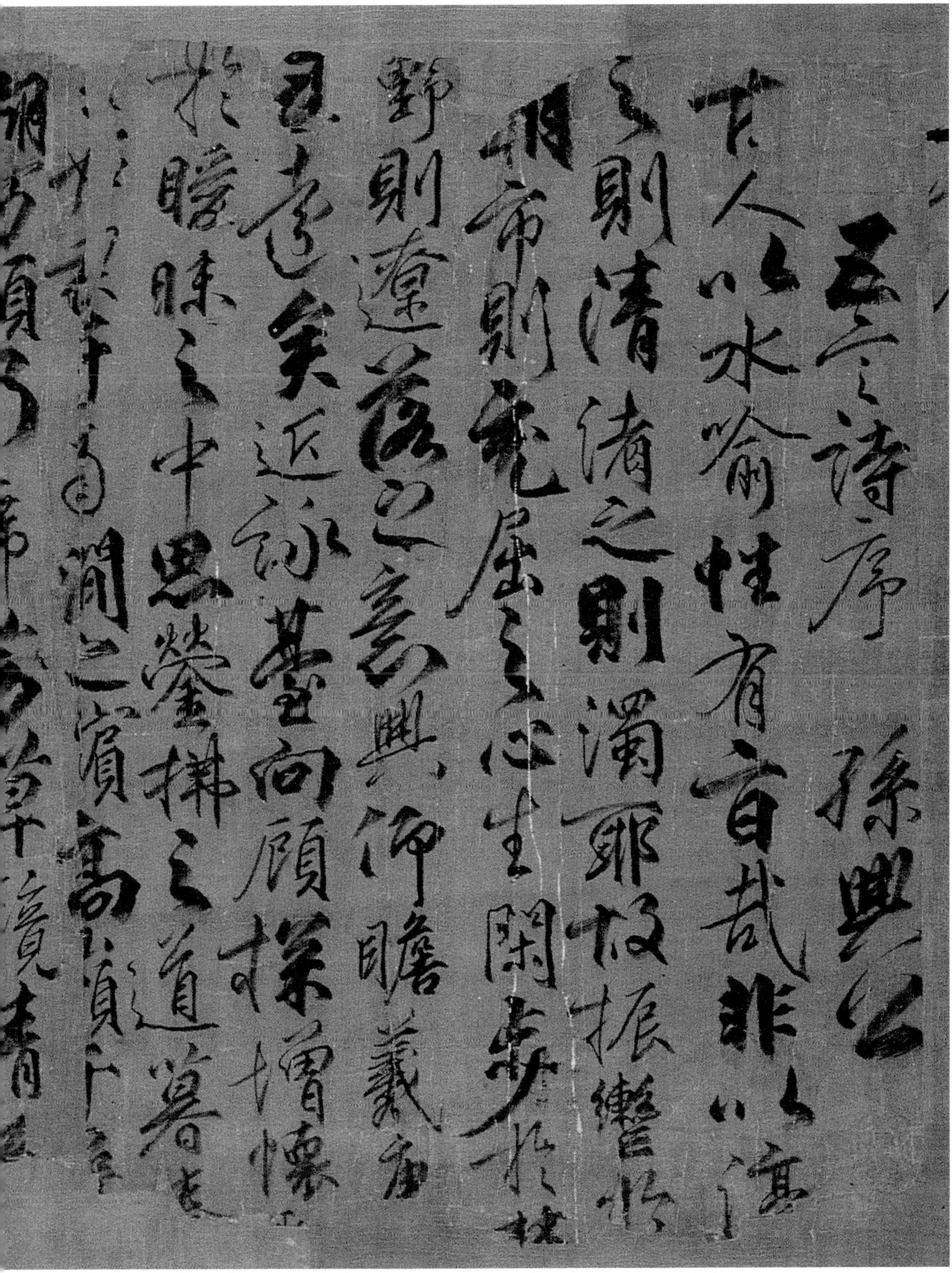

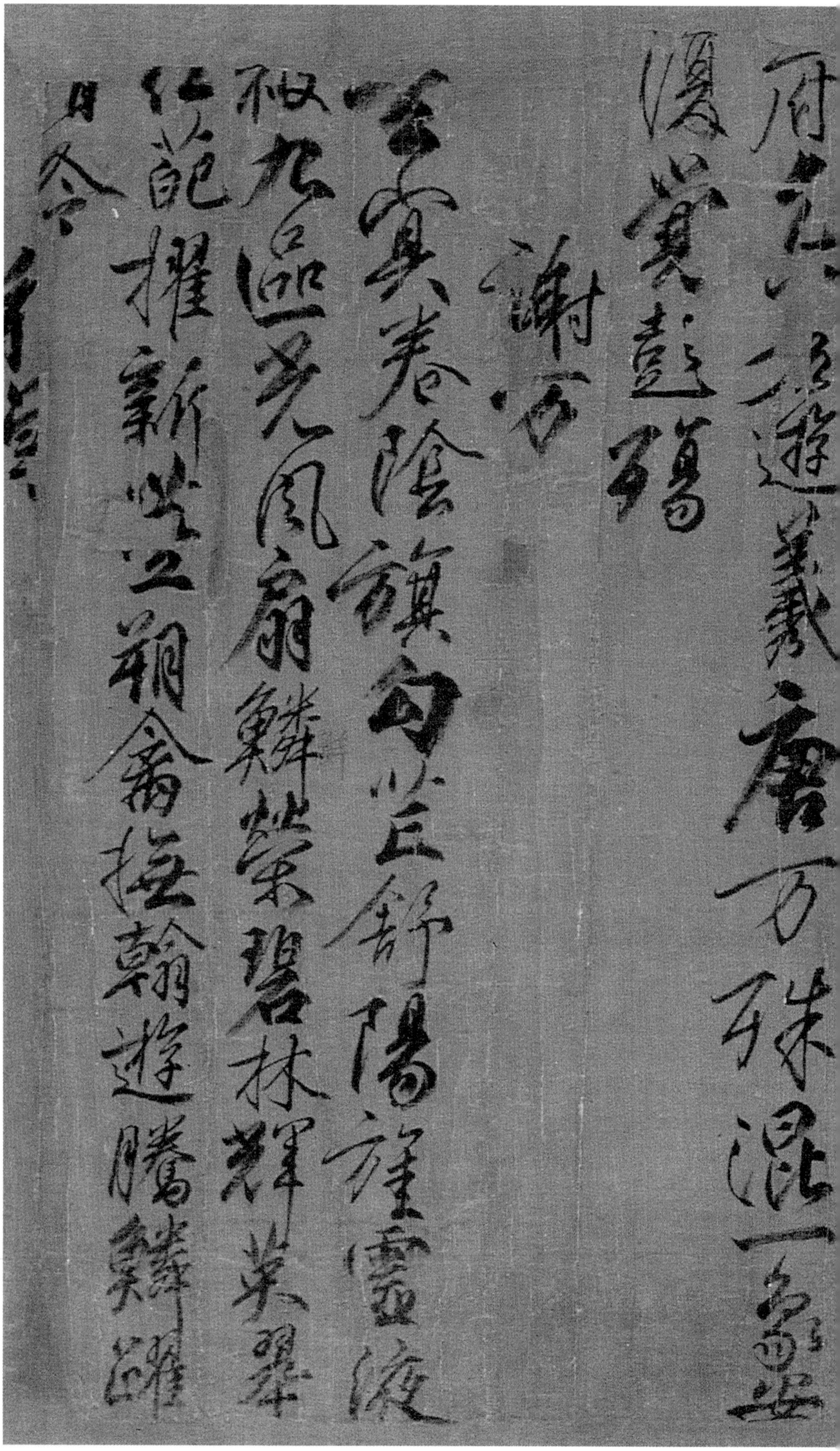

王羲之自此已下一十一人，兼有四言仰眺望天際，俯盤淥水濱。寥朗無崖觀，寓物理自陳。人矣造化功，万殊莫不均。羣籟雖參差，適我無非新。

謝安相與欣嘉節，率爾同褰裳。薄雲羅陽景，微風翼輕航。淳醪陶玄府，兀若遊羲唐。万殊混一象，安復覺彭殤。

謝万玄冥卷陰旗，句芒舒陽旌。靈液被九區，光風扇鱗榮。碧林輝英翠，紅葩擢新莖。翔禽撫翰遊，騰鱗躍清泠。

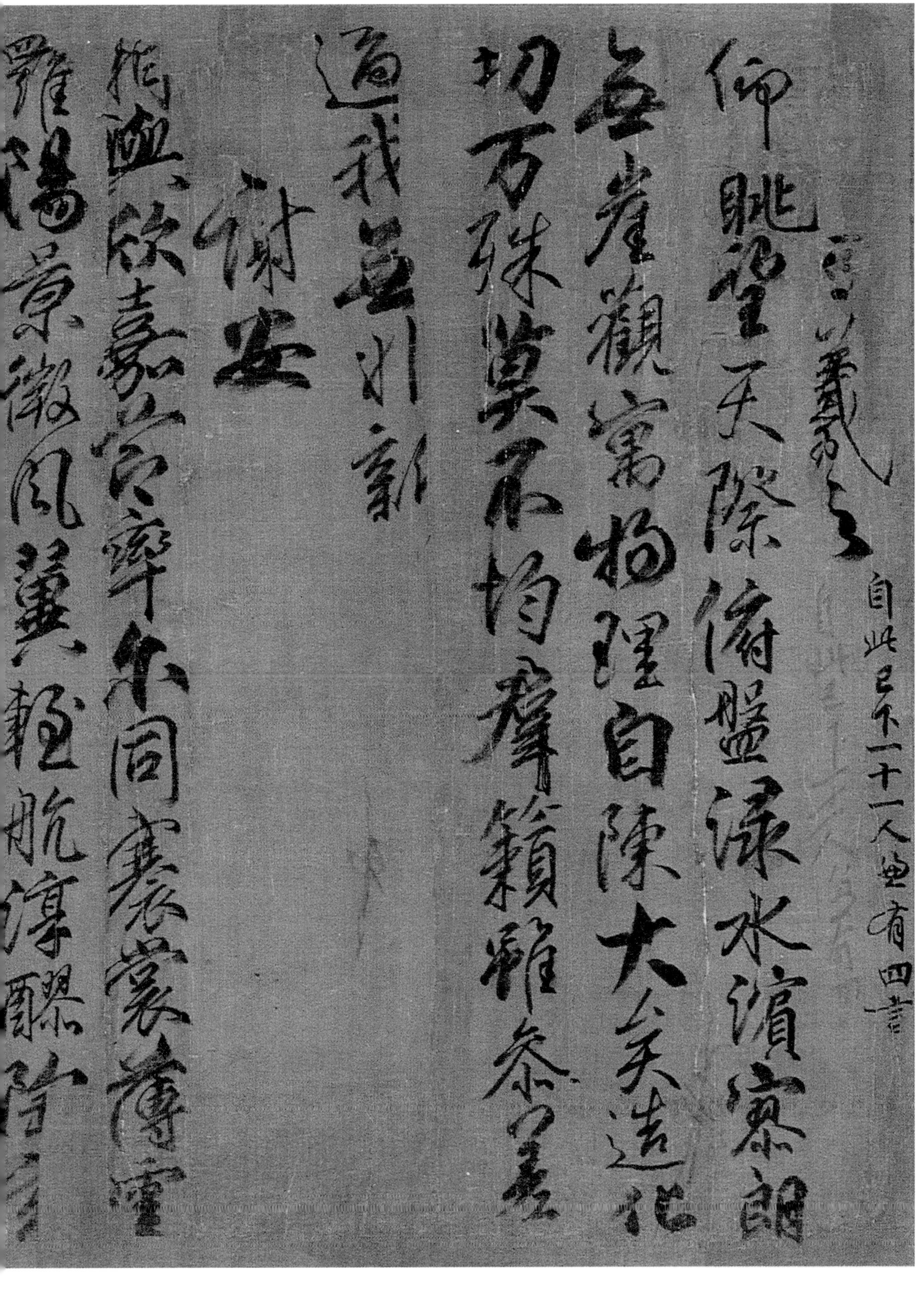
自此已下一十一人無有四言
羲之
仰眺望天際俯盤綠水濱寥朗
無崖觀寓物理自陳大矣造化
功萬殊莫不均群籟雖參差
適我無非新
謝安
相與欣嘉節率爾同褰裳薄雲
羅陽景微風翼輕航醇醪

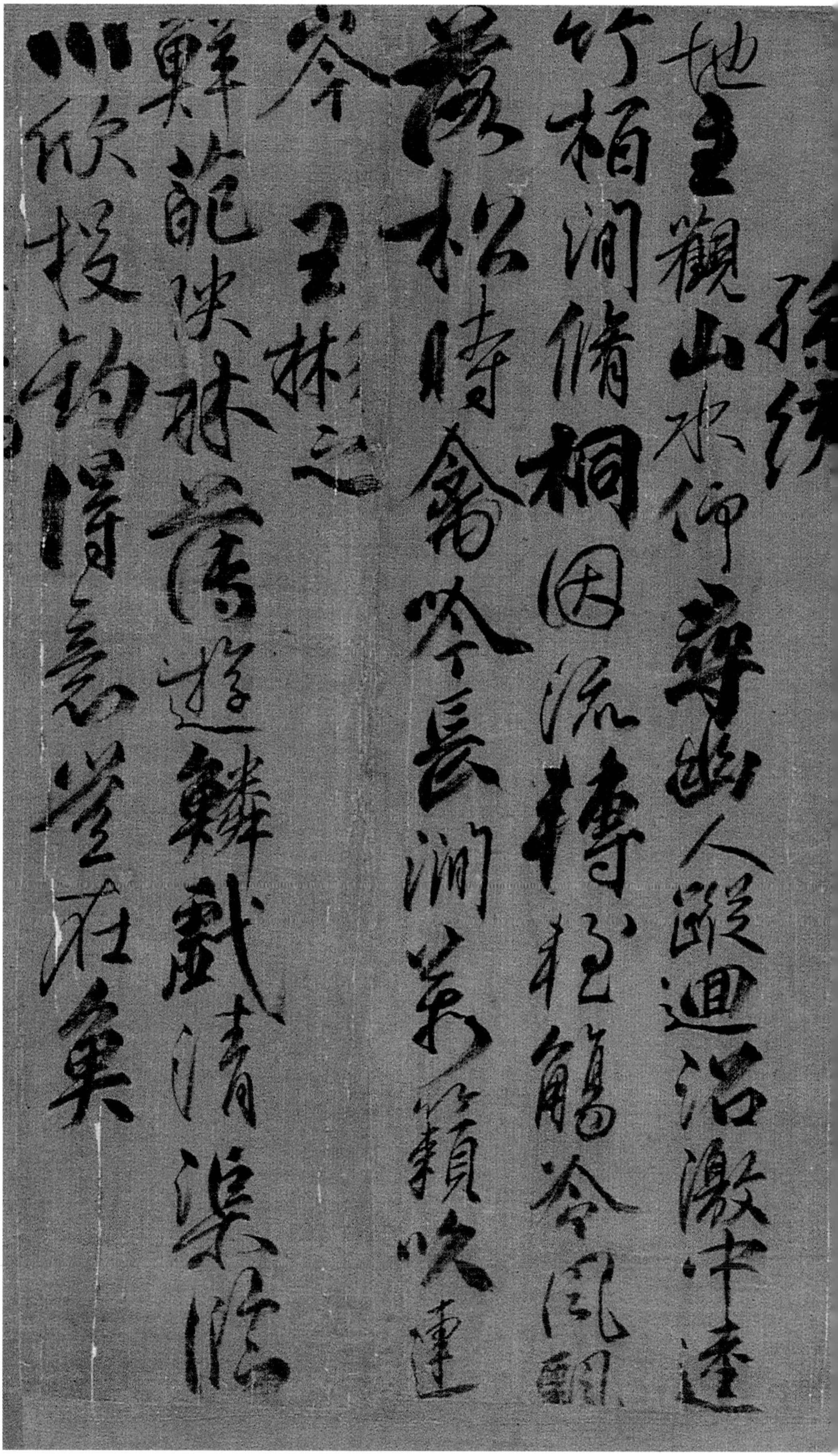

孫綽流風拂枉渚，亭雲蔭九皋。嚶羽吟修林，遊鱗戲瀾濤。攜筆落雲藻，微言剖纖毫。時珍豈不甘，忘味在聞韶。
徐豊之清響擬絲竹，班荊對綺疏。零觴飛曲水，歡然朱顏舒。
孫統地主觀山水，仰尋幽人蹤。迴沼激中逵，竹柏間修桐。因流轉輕觴，冷風飄落松。時禽吟長澗，萬籟吹連岑。
王彬之鮮葩映林薄，遊鱗戲清渠。臨川欣投釣，得意豈在魚。

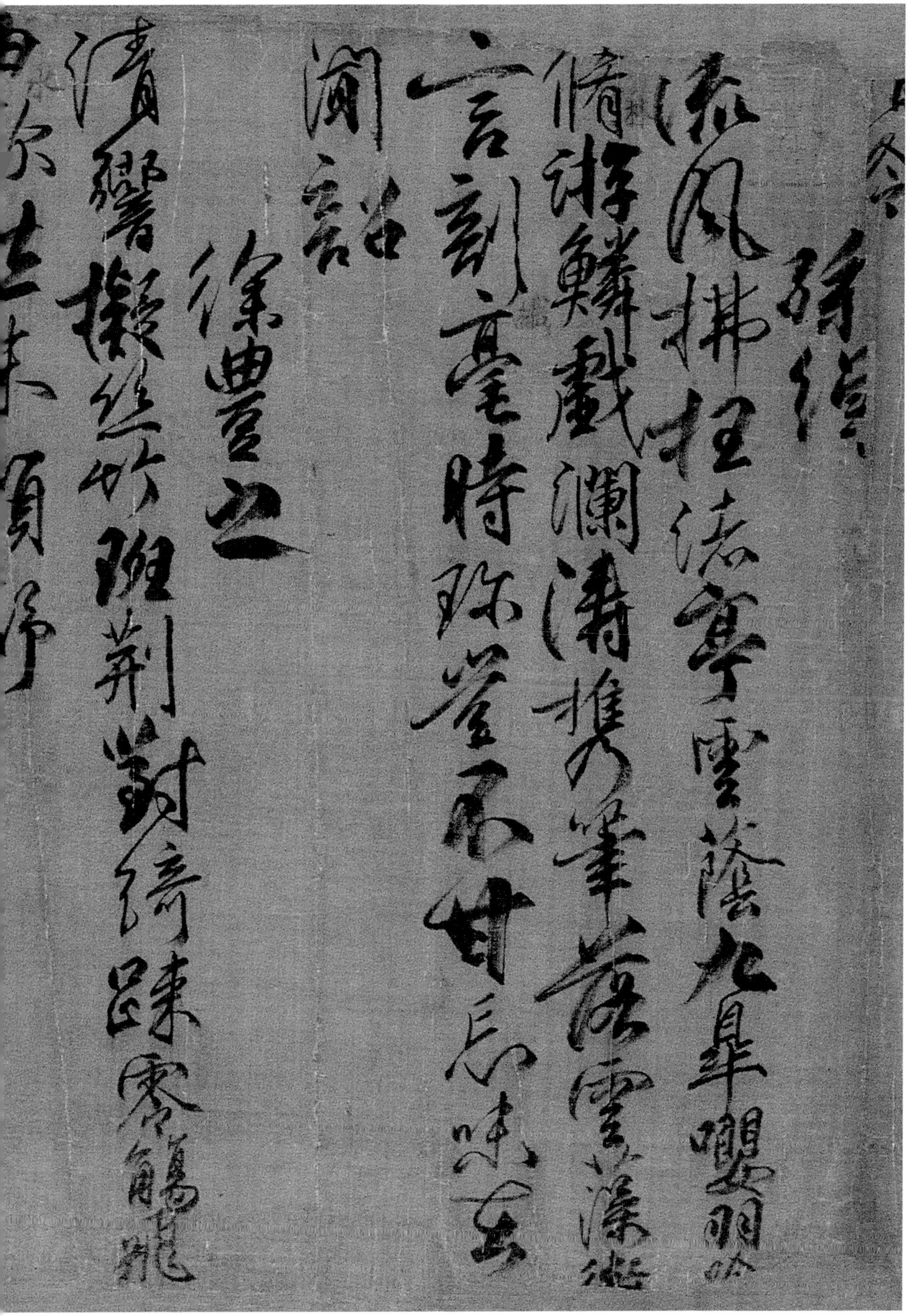

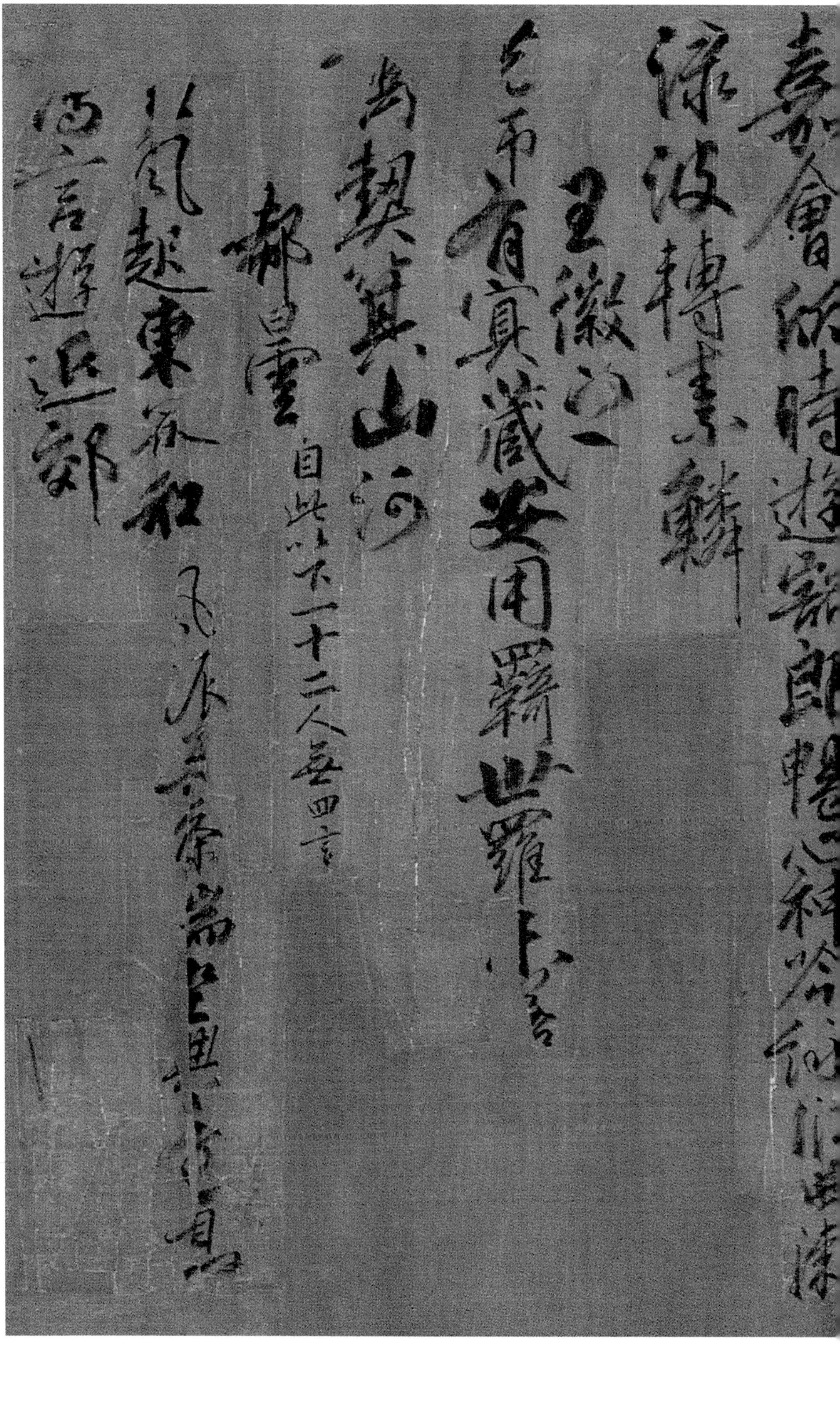

袁嶠之四眺華木茂，俯仰清川渙。激泉流芳醪，豁爾累心散。仰想逸民軌，遺旨良可玩。古人詠無雩，今也同斯歎。

王凝之煙熅柔風扇，熙怡和氣淳。駕言興時（缺一字），逍遙映通津。

王肅之嘉會欣時遊，豁朗暢心神。吟詠臨曲瀨，淥波轉素鱗。

王徽之先師有冥藏，安用羈世羅。□□□□□，齊契箕山河。

郗曇自此以下　十二人，無四言

□風起東□，和風□□□。端坐□□□，□言遊近郊。

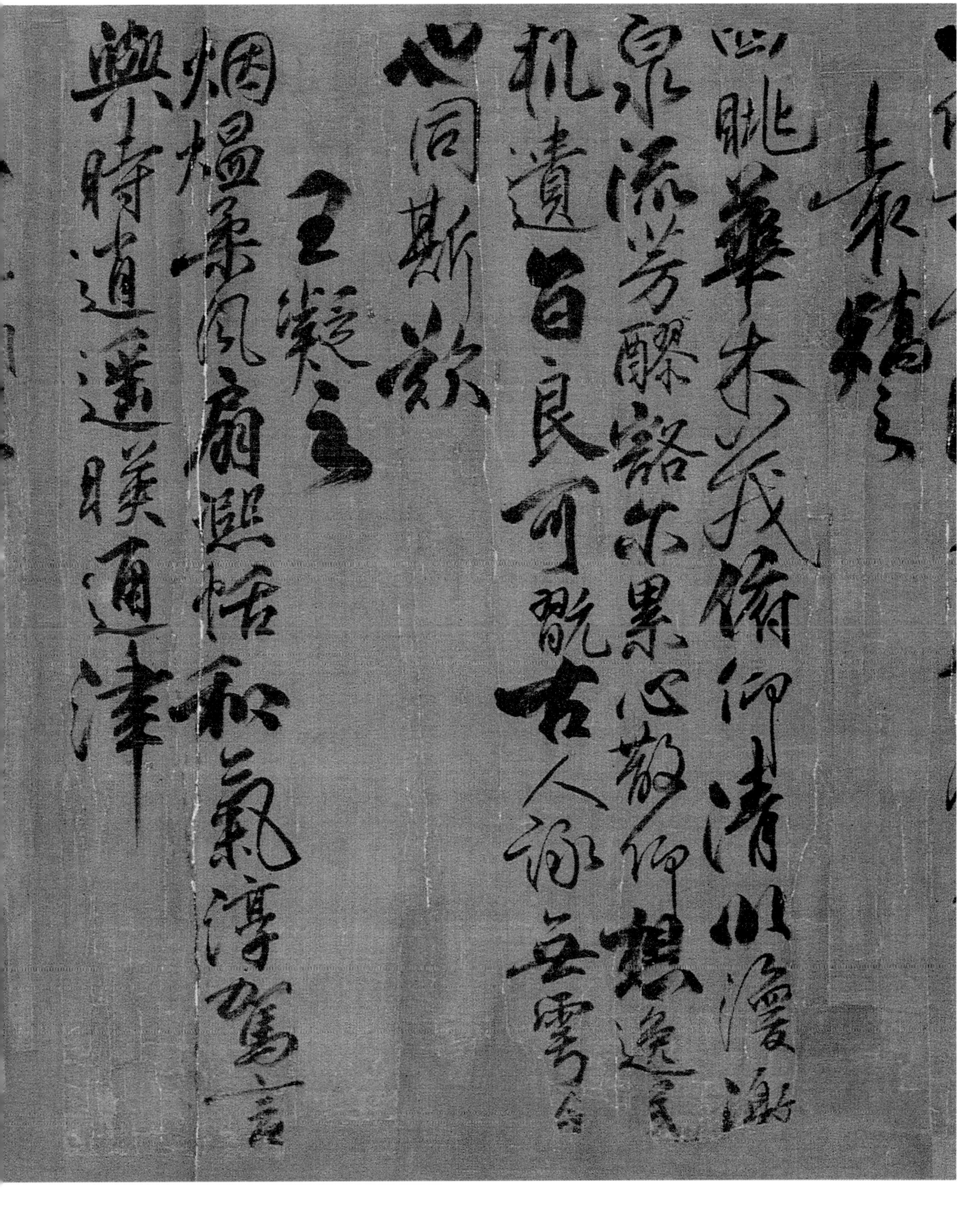

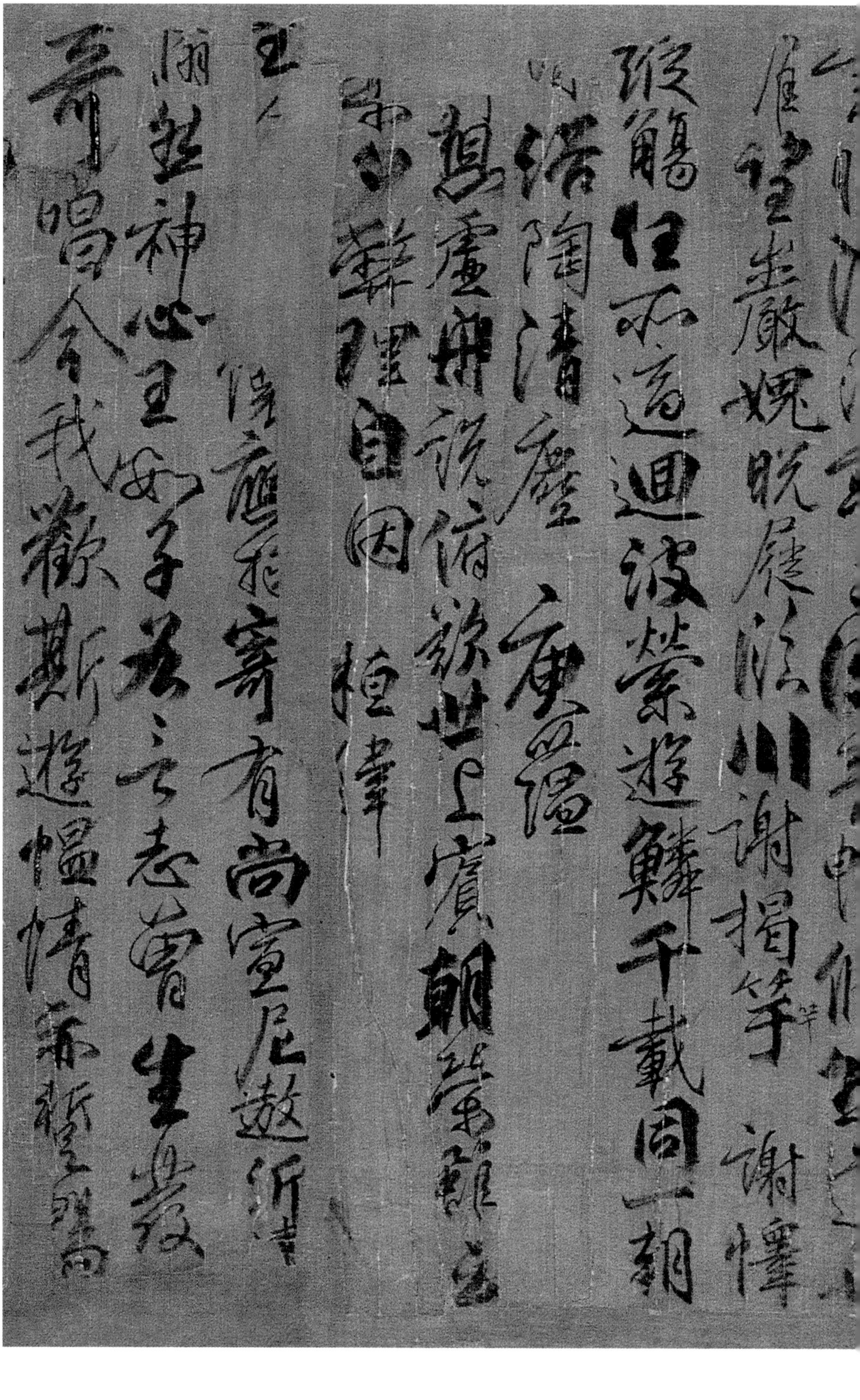

虞悅神散宇宙內，形浪濠梁津。□暢須臾歡，尚想味古人。

孫嗣□巖懷逸許，臨流想奇□。□□□□絕，千載挹遺芳。

曹茂之時來誰不懷，寄散山水間。尚想方外賓，超超有餘閒。

華平願異達人遊，解結遨濠梁。狷狂任所適，浪流無何鄉。

魏滂三春陶和氣，万象齊一歡。明後欣時和，駕言映清瀾。亹亹德音暢，翛然遺世□。望巖媿脫屣，臨川謝揭竿。

謝懌縱觴任所適，迴波縈遊鱗。千載同一朝，沐浴陶清塵。

庾蘊仰想虛舟說，俯嘆世上賓。朝榮雖云樂，夕弊理自因。

桓偉□□□□□，應物寄有尚。宣尼遨沂津，翛然神心王。數子各言志，曾生發奇唱。今我歡斯遊，慍情亦蹔暢。

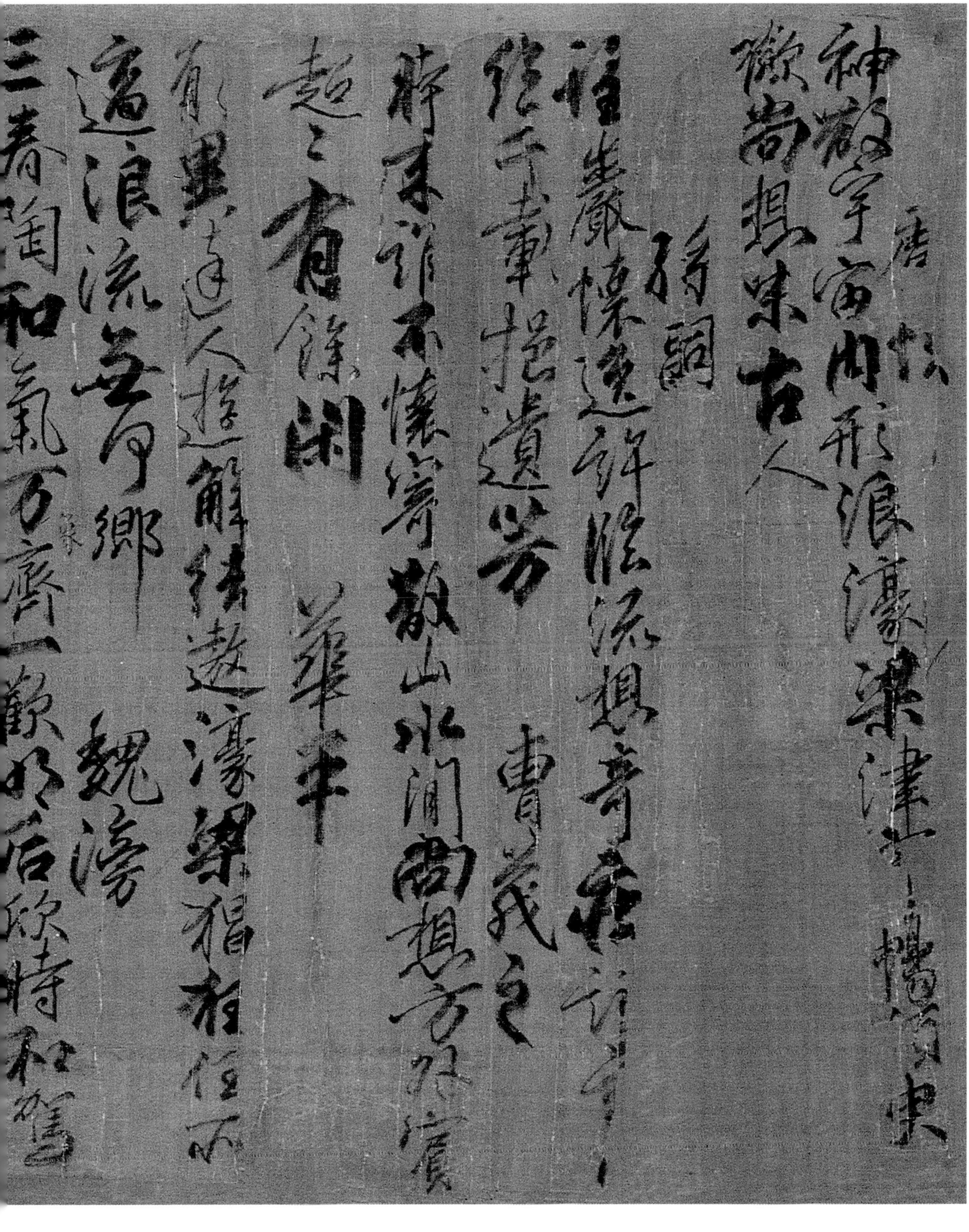

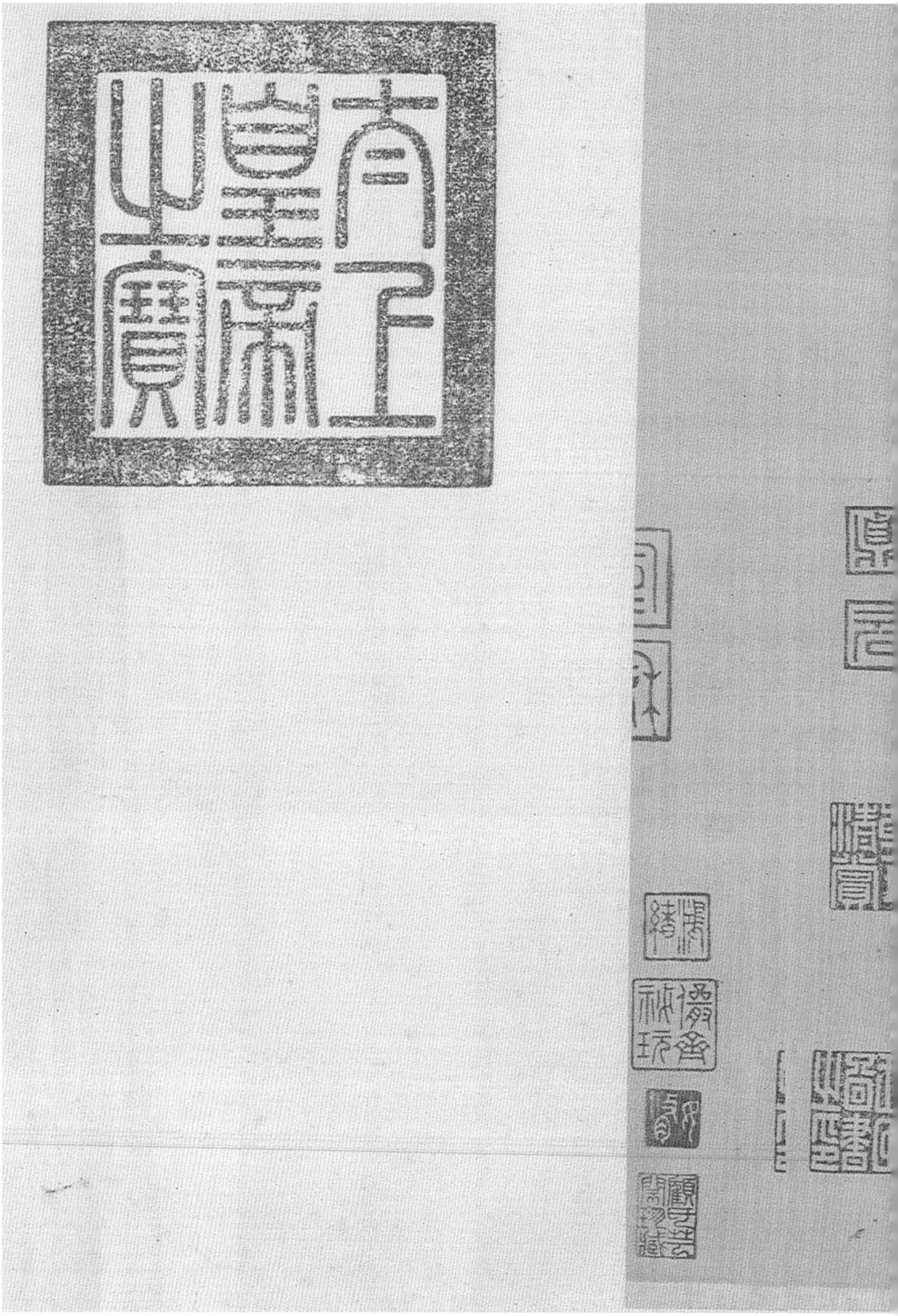

王玄之松竹挺玄崖，幽澗激清流。蕭散肆情志，酣觴豁滯憂。
王蘊散豁情志暢，塵纓忽以捐。仰詠挹遺芳，恬神味重玄。
王渙之去來悠悠子，披褐良足欽。超迹修獨往，（下缺失）

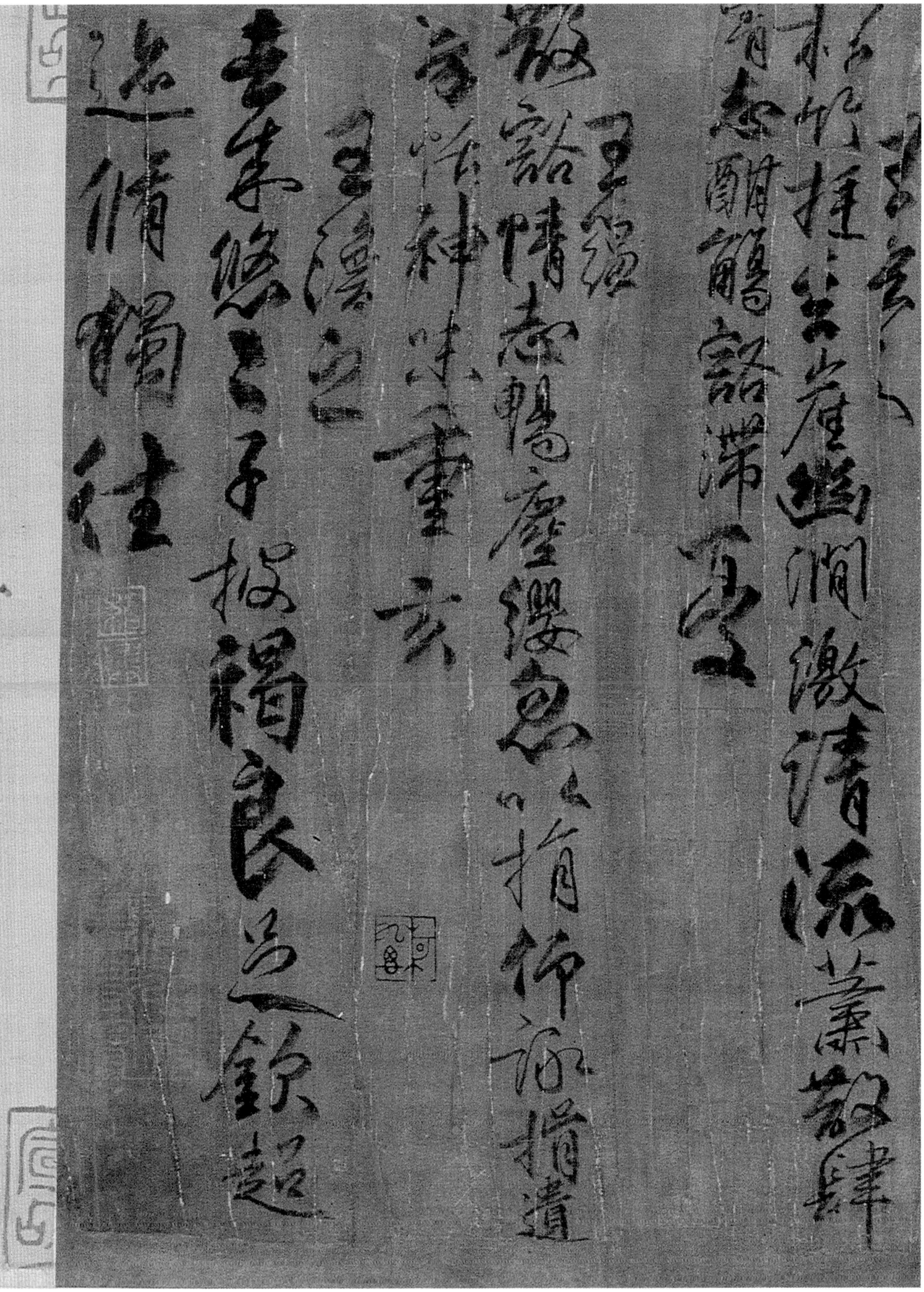

18

楊凝式　行草書神仙起居法帖

五代
紙本　行草書　8行
縱27厘米　橫21.2厘米
清宮舊藏

Shen Xian Qi Ju Fa Tie in running-cursive script
By Yang Ningshi, Five Dynasties
Ink on paper
H. 27cm　L. 21.2cm
Qing court collection

楊凝式(873－954年)，字景度，五代華陰(今陝西華陰)人。歷任後梁、後唐、後晉、後漢、後周五朝，居洛陽，官至太子少師，後人又稱“楊少師”。長於詩歌，擅於筆札，相傳他“遇山水勝概，輒流連賞詠，有垣牆圭缺處，顧視引筆，且吟且書。”因他為人放縱不羈，時人又稱他“楊瘋子”。其書法遒放，宗師歐陽詢、顏真卿，筆勢奇逸，常有意外之趣。《宣和書譜》云：“凝式喜作字，尤工顛草，筆迹雄強，與顏真卿行草相上下，自是當時翰墨中豪傑。”

書法由唐啟宋，楊凝式是一個轉折人物。蘇軾評曰：“自顏、柳沒，筆法衰絕。加以唐末喪亂，人物凋落，文采風流掃地盡矣。獨楊公凝式筆迹雄傑，有二王、顏柳之餘。此真可謂書之豪傑，不為時世所汩沒者。”

此幅小草書，似隨意點畫，不假思索，墨痕濃淡相間，時有枯筆飛白，盡得天真爛漫之趣。楊凝式喜歡在寺觀園林壁上題寫，都已毀沒。世間碑版，楊書竟無一石。宋刻叢帖，僅《汝帖》中留下八字：“雲駛月暈，舟行岸移”。幸有墨迹四種存世，除本卷所收兩種外，還有《韭花帖》和《盧鴻草堂圖》跋尾。

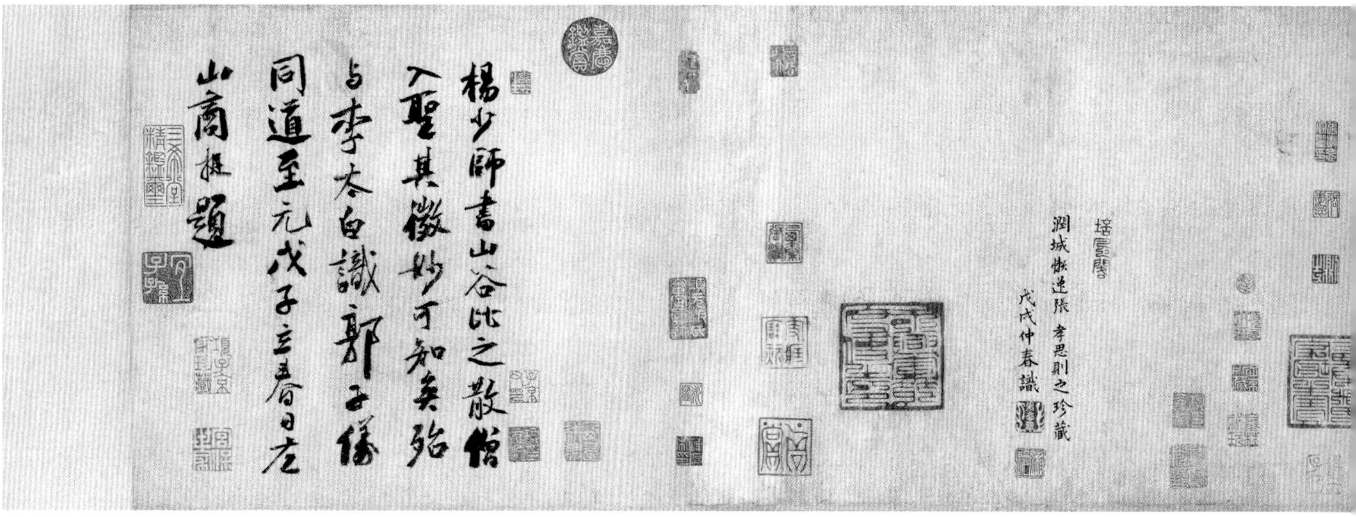

卷前右下有明項元汴"摩"字編號。卷後有宋代米友仁、元代商挺、清代張孝思題識及無名氏行書釋文五行。

鑑藏印記：宋代"紹興"（朱文連珠）、"希世藏"（朱文）、"內殿祕書之印"（朱文）、"內府書印"（朱文）、"副騏書符"（朱文）、"長"（朱文）、"悦生"（朱文葫蘆）、"永興軍節度使之印"（朱文）、"寓齋清玩"（朱文）、"真賞圖書"（朱文），"德有鄰堂"（白文）、"皮藏寶玩"（朱文）、"杜綰章"（白文）、"祁國之裔"（朱文）、"杜氏"（朱文半方）、"西秦張徵之印"（朱文）、"西秦張氏家藏之寶"（朱文）、"西秦張徵"（朱文）、"真賞"（朱文連珠），元代"趙"（朱文）、"趙孟頫印"（朱文）、"趙子昂氏"（朱文）、"松雪齋"（朱文），明代楊士奇、陳淳、項元汴、王永思，清代張孝思、陳定、嘉慶內府、宣統內府諸印。

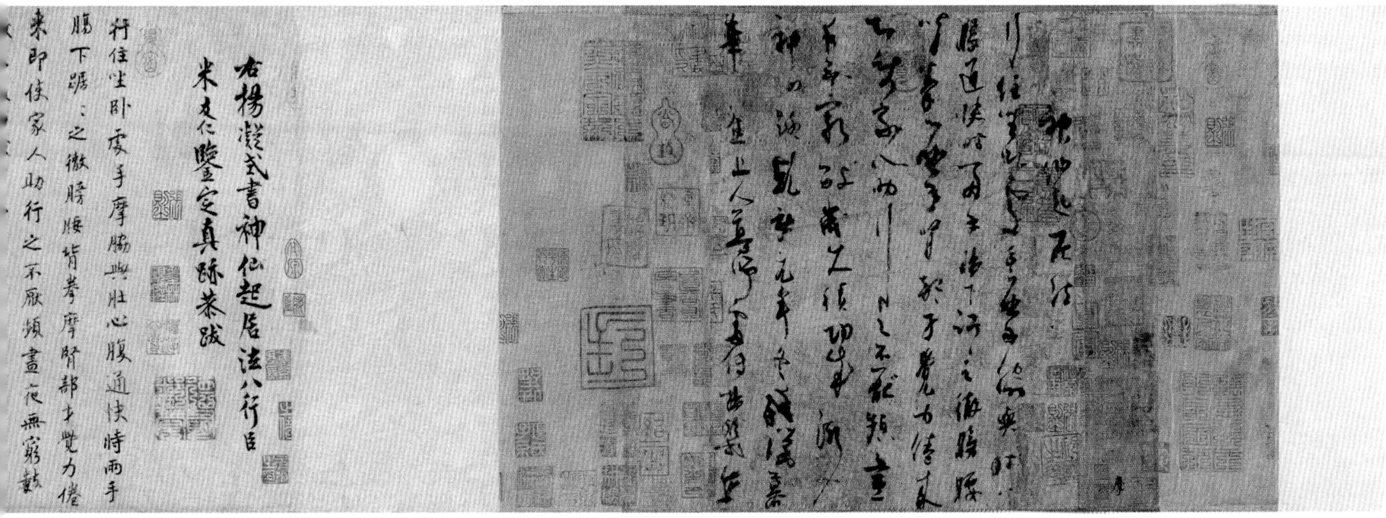

釋文：
神仙起居法
行住坐臥處，手摩脇與肚。心
腹通快時，兩手腸下踞。踞之徹膀腰，
背拳摩腎部。才覺力倦來，
即使家人助。行之不厭頻，晝
夜無窮數。歲久積功成，漸入
神仙路。乾祐元年冬殘臘暮
華陽焦上人尊師處傳　楊凝式
（下一草押）

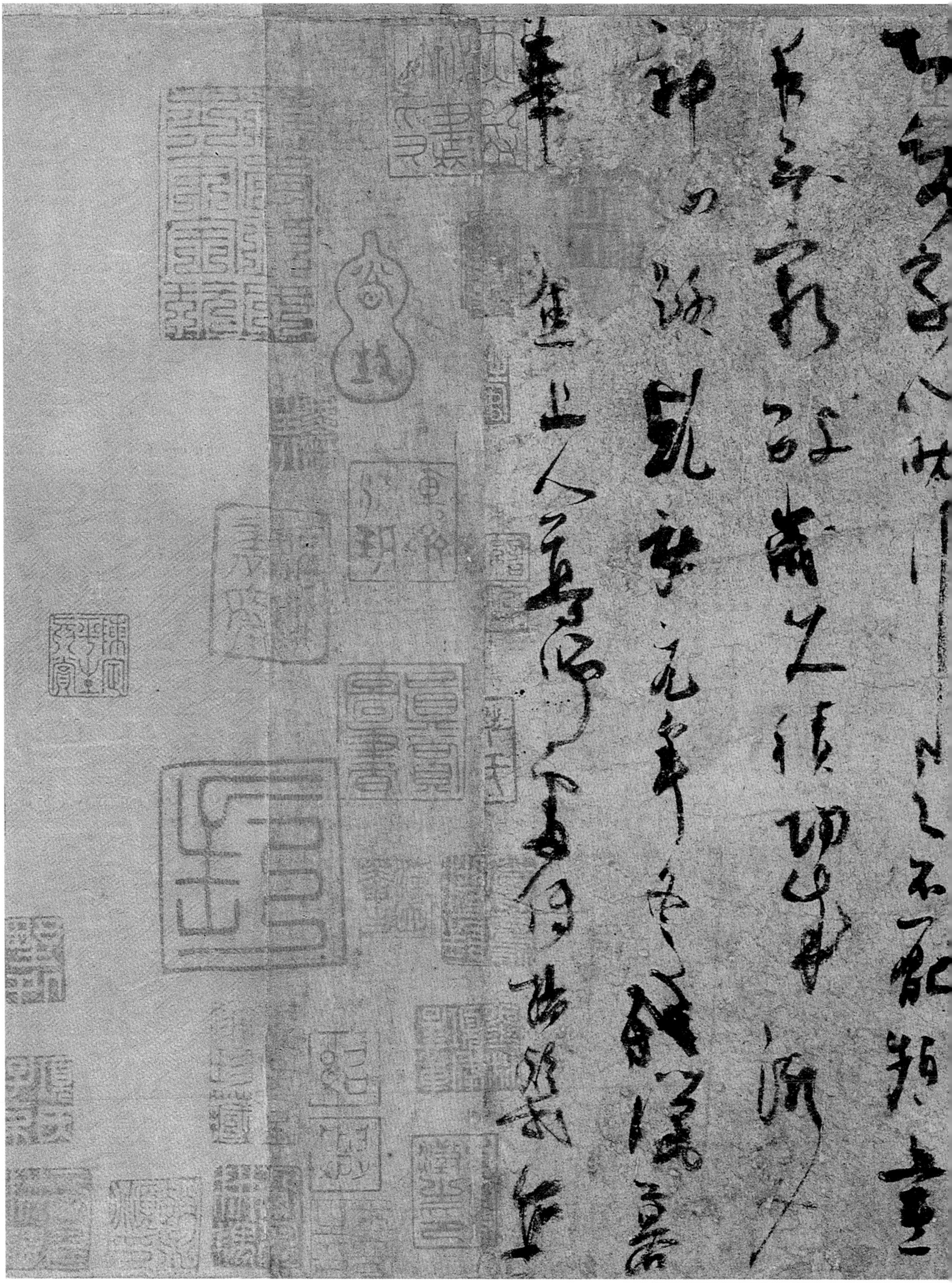

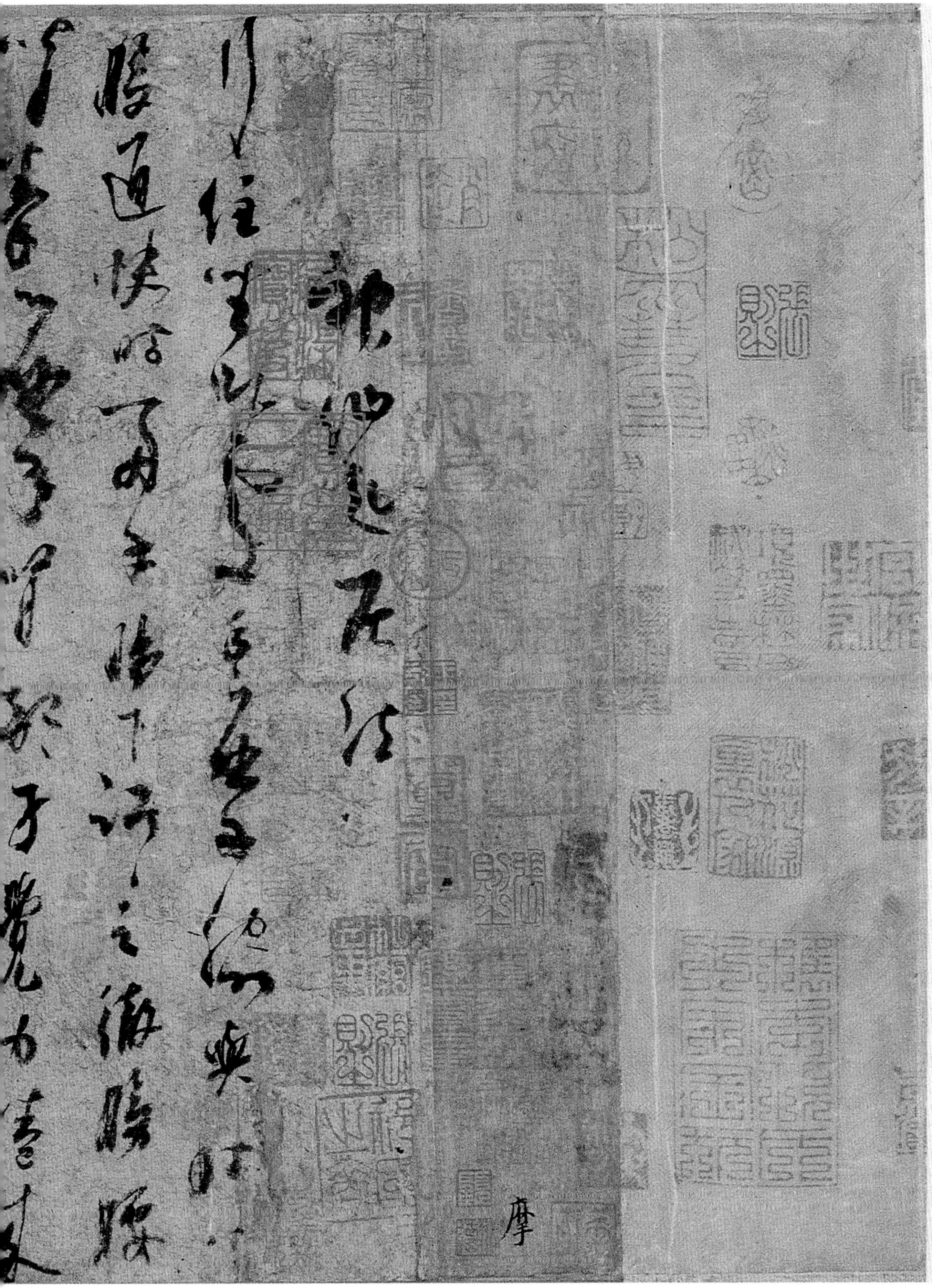

19

楊凝式　草書夏熱帖

五代
紙本　草書　信札　8行
縱23.8厘米　橫33厘米
清宮舊藏

Xia Re Tie in cursive script
By Yang Ningshi, Five Dynasties
Ink on paper
H. 23.8cm　L. 33cm
Qing court collection

唐代王方慶獻《萬歲通天帖》中收有東晉王氏“癤腫”、“得柏酒”、“尊體安和”諸草書帖，體勢雄奇險峻，運筆爽利挺拔，以《夏熱帖》並案比觀，可相頡頏。宋代王欽若跋稱此帖“字畫奇古”，即指得晉人草法。

由楊凝式於尺牘之上縱橫恣肆，變化無方，可想見他面對白壁任意揮灑，顛倒淋漓的情景。宋代書家李建中題詩：“枯杉倒檜霜天老，松煙麝煤陰雨寒。我亦生來有書癖，一回入寺一回看。”表達對楊書的傾慕。帖中已有數字磨損。

鑑藏印記：宋代“賢志堂印”（白文）、“瑞文”（朱文半方），元代“趙孟頫印”（朱文）、“松雪齋”（朱文）、“喬氏”（白文半方）、“春草堂圖書印”（朱文），明代項元汴，清代曹溶、納蘭成德、乾隆內府、嘉慶內府、宣統內府諸印，又數古印不辨。

卷後有宋代王欽若，元代鮮于樞、趙孟頫，清代張照題跋及乾隆帝釋文。

本幅頁為原大。

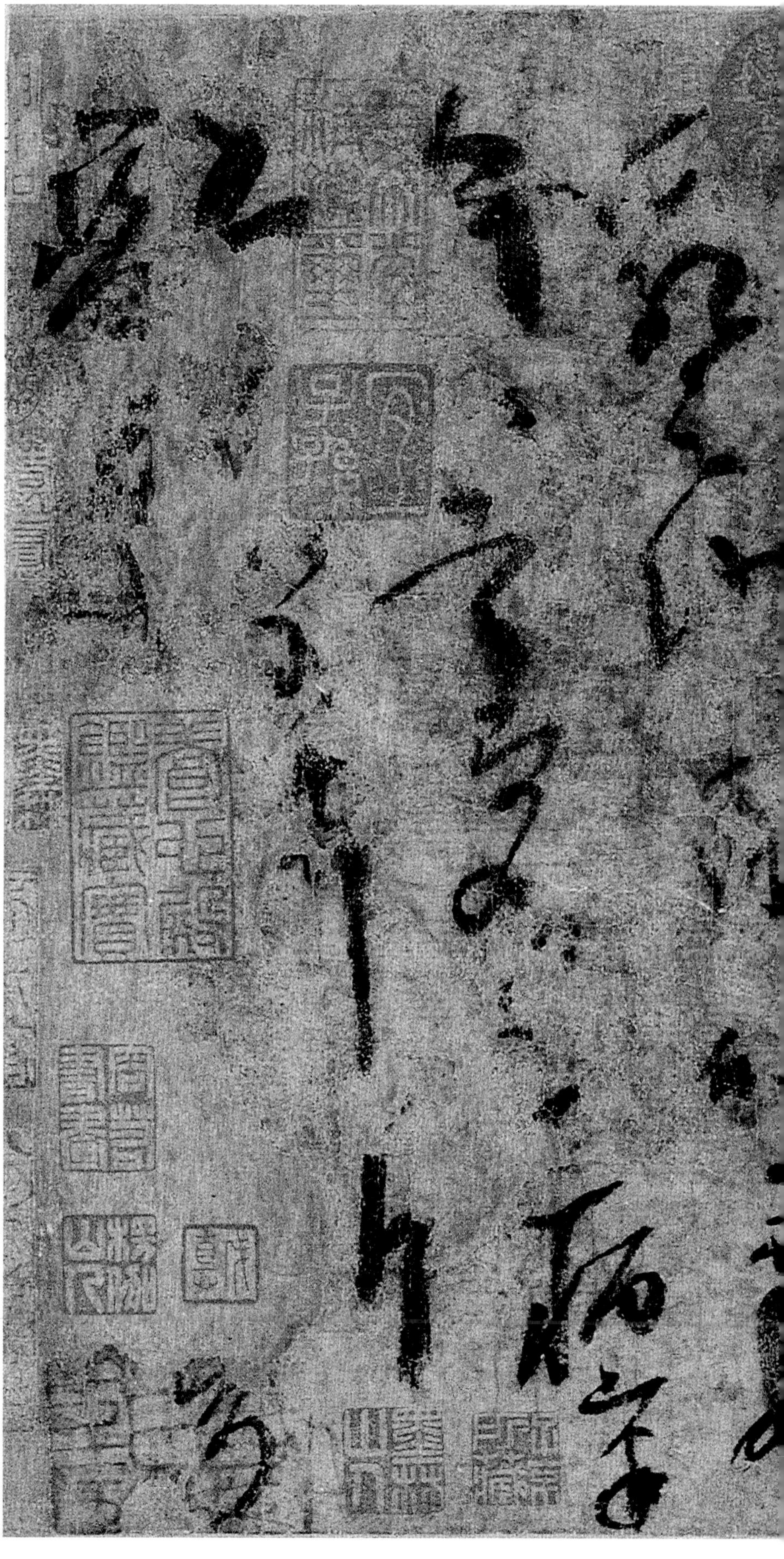

釋文：
凝式啟：夏熱體履佳宜，長飲酥蜜水，即欲致法席。若□□□乳之供，酥似不如也，（下數字殘損）病（下二行殘損）。

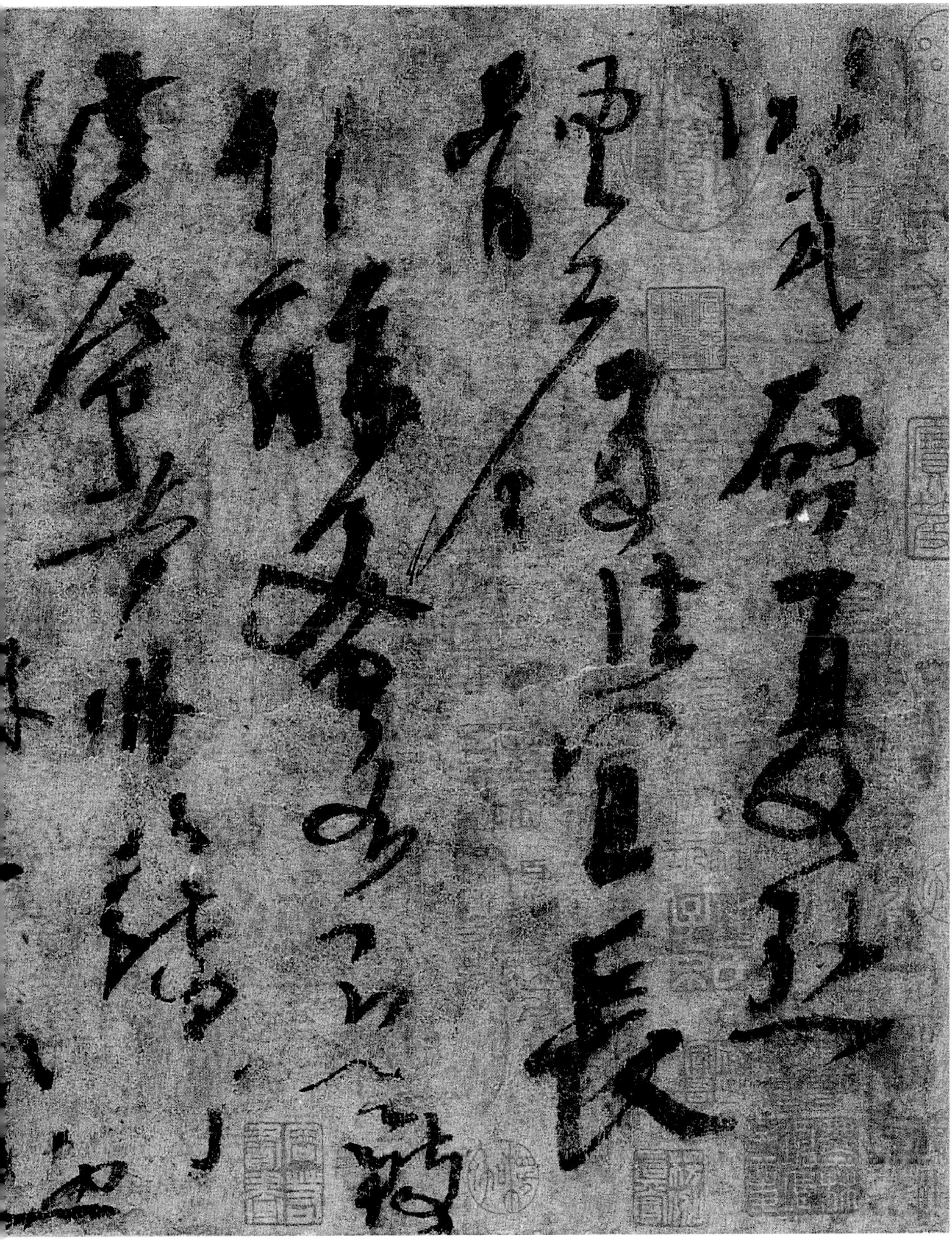

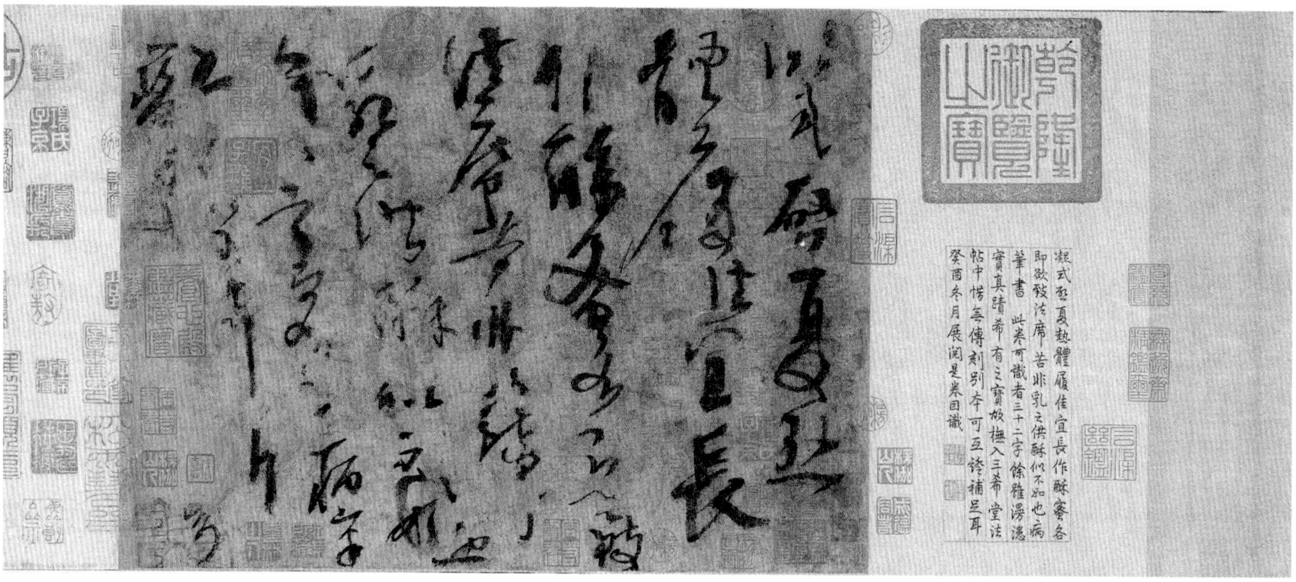

《夏熱帖》之一

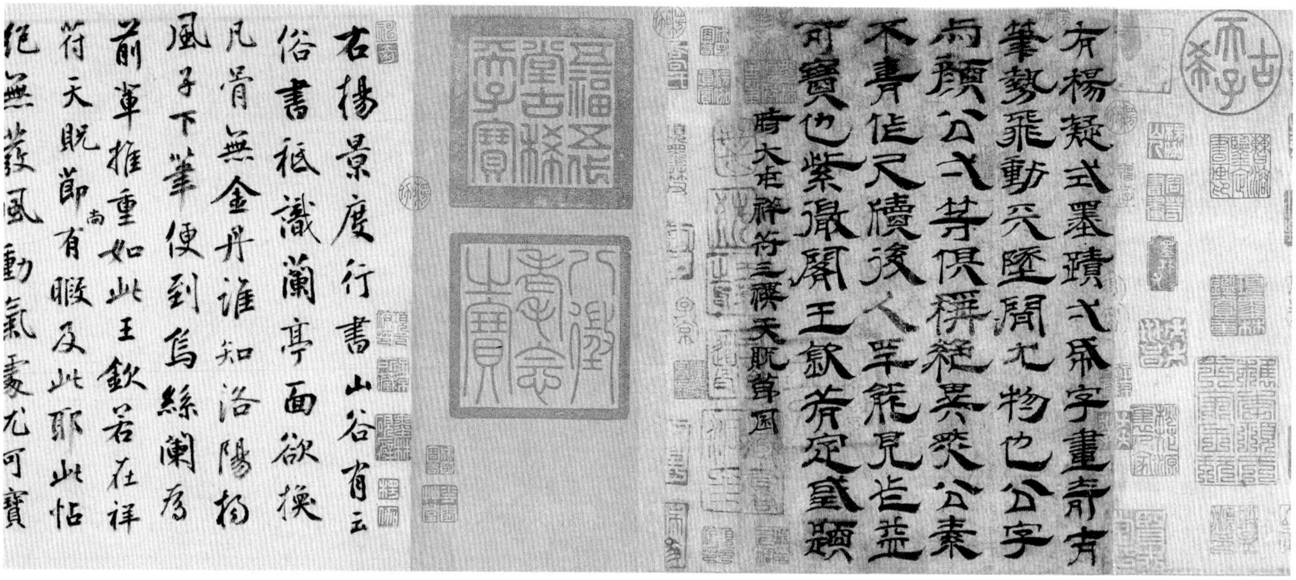

《夏熱帖》之二

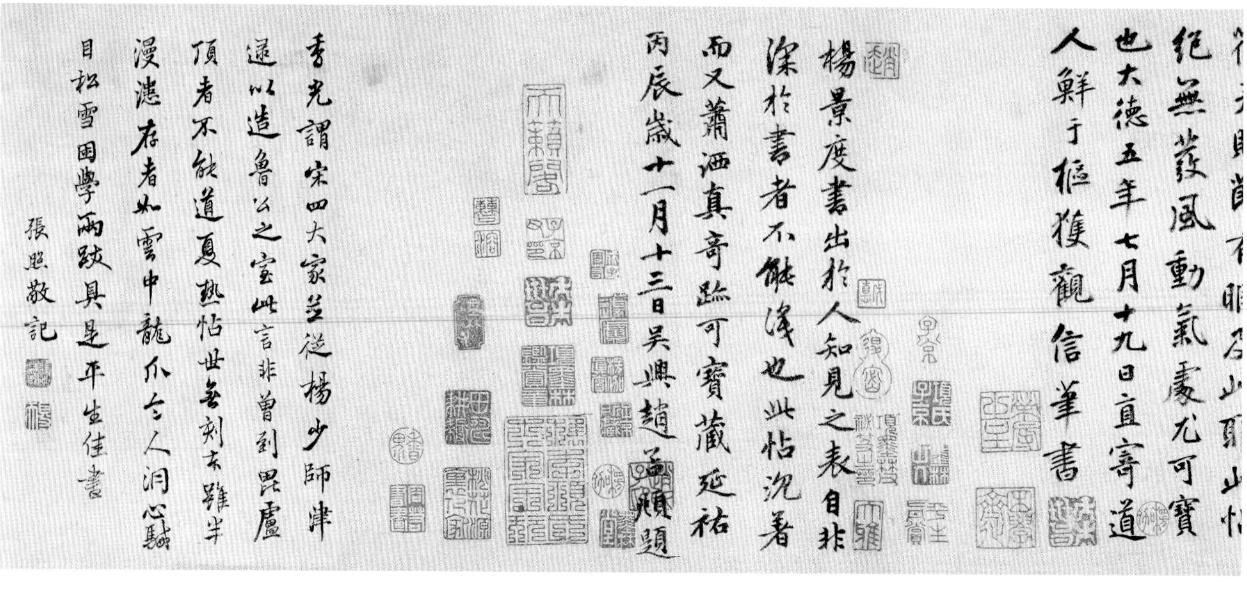

《夏熱帖》之三

寫經、寫本

Handwritten Sutras and Classics, Ancient Transcripts

20

安弘嵩　隸楷大智度論

北涼
紙本　隸楷
縱25.1厘米　橫342.5厘米

Da Zhi Du Lun (Mahapramita-paramita-sastra) in offical-regular script
By An Hongsong, Northen Liang Dynasty
Ink on paper
H. 25.1cm　L. 342.5cm

《大智度論》，略稱《智度論》、《智論》、《大論》，是論釋《大品般若經》的論書。古印度龍樹著，後秦鳩摩羅什譯，共一百卷，本卷僅是原著的一部分。是研究大乘佛教的重要資料。

本卷首殘，失標題。內容為五十五卷“釋幻人聽法品”的後半部分。尾題：“法師慧融，經比丘安弘嵩寫”。檢敦煌寫經S2942號“大智度論”卷第五十九第卅六品，筆迹是同一人，題記：“法師帛慧融　經比丘安弘嵩寫”。可知慧融姓帛。

帛氏即白氏，乃龜茲人，見於《晉書・龜茲傳》和《鳩摩羅什傳》。安弘嵩出武威安氏，本安息胡人，漢時來歸，以國為姓。漢晉時涼州、敦煌佛典譯寫多由西域僧從事，於此再得證明。

本經書法為隸楷體，每每有一橫畫特長，起筆出尖鋒，收筆無燕尾，中間有波勢。豎筆外拓，結體緊密，這類峻拔、獷悍書風，常見於張掖、敦煌地區的北涼、西涼書迹中（如《沮渠安周造像碑》），故被稱為“北涼體”。本卷及S2942雖無紀年，但據題記和書法可斷為四世紀末、五世紀初所寫，即該經早期漢譯寫本。

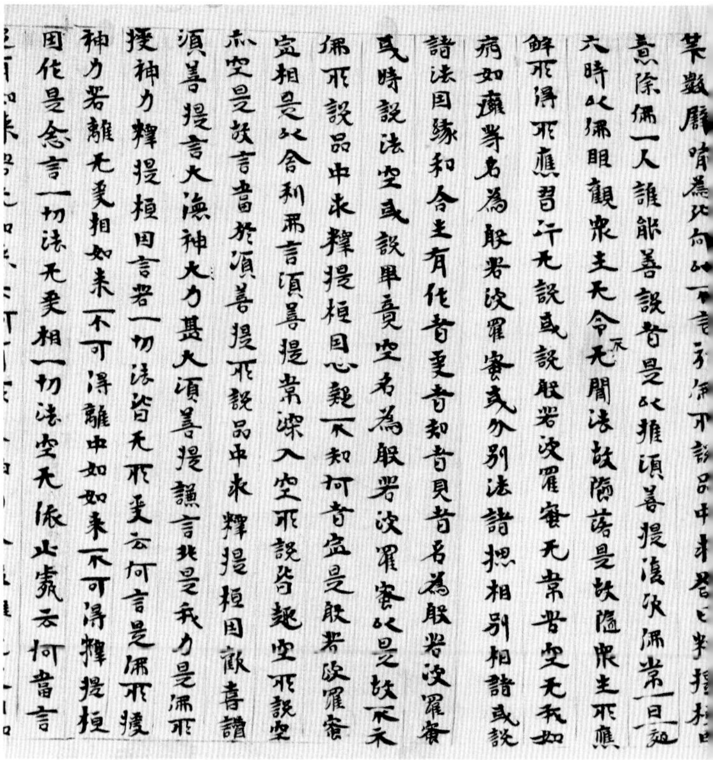

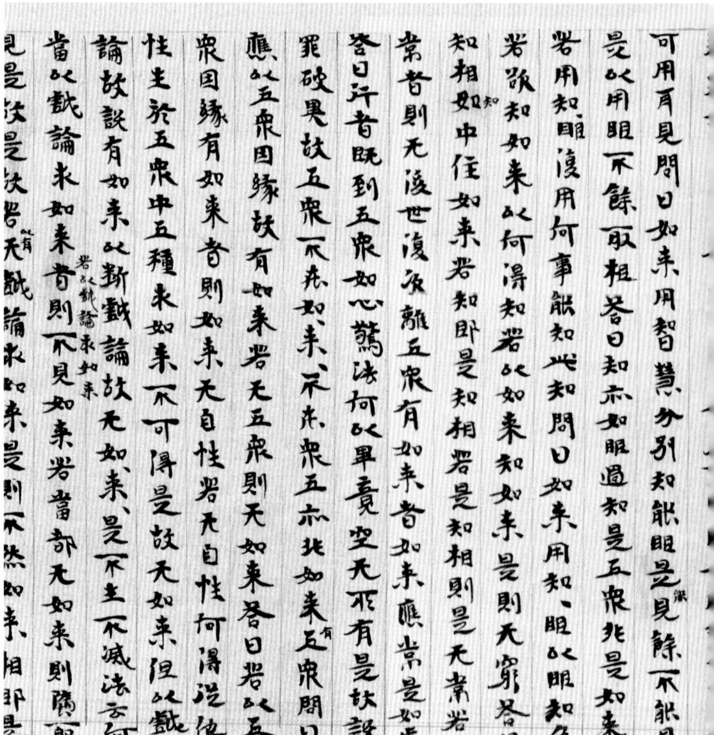

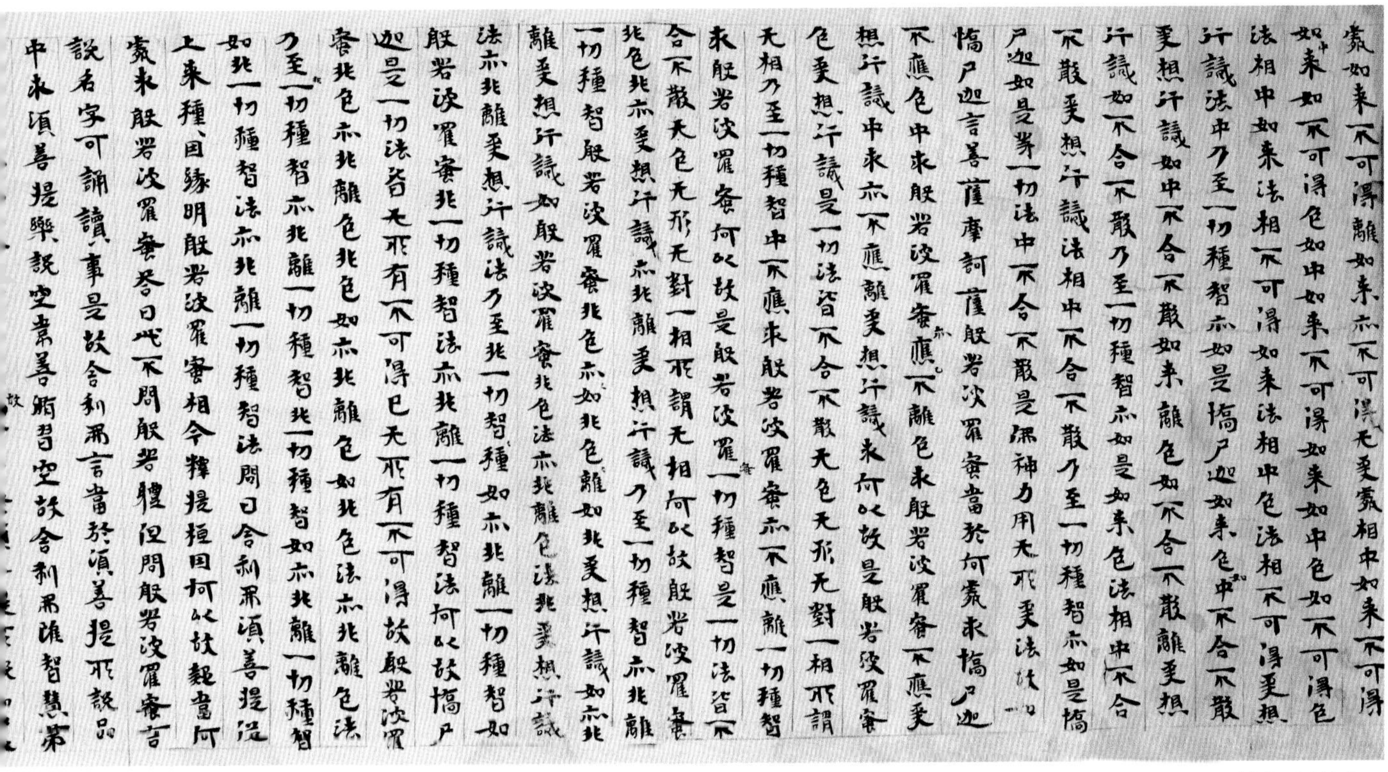

《大智度論》之一

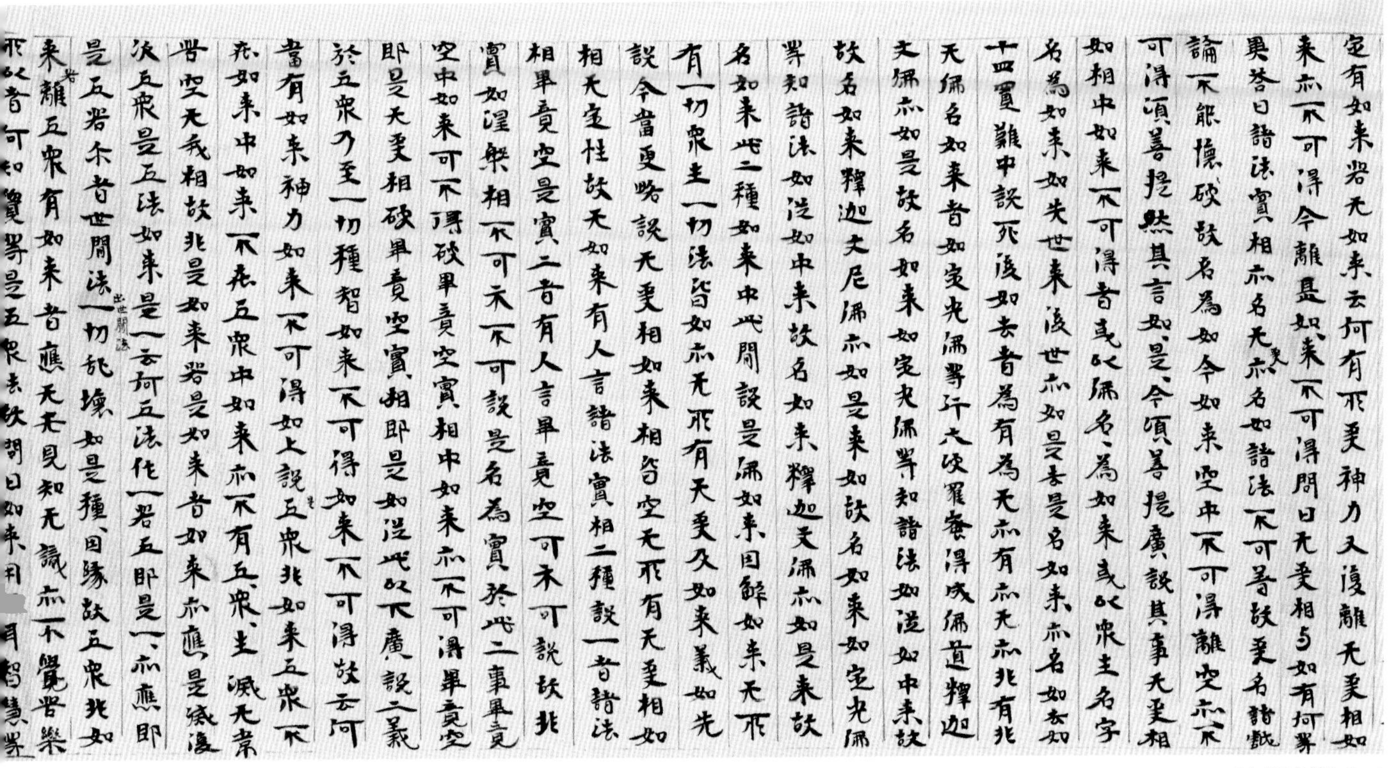

《大智度論》之二

般若波羅蜜中學戒乃至諸阿羅漢、果諸辟支、佛、道
諸菩薩摩訶薩皆從是般若波羅蜜中學戒、能眾生淨
佛世界得阿耨多羅三藐三菩提皆從是學戒須菩
提語釋提桓因言如、是、憍尸迦是摩訶波羅蜜是菩
薩摩訶薩般若波羅蜜無量波羅蜜無邊波
羅蜜是菩薩摩訶薩般若波羅蜜從是中學戒須
陀洹果乃至阿羅漢果辟支佛道諸菩（薩）摩訶薩從是
般若波羅蜜中學戒、能眾生淨佛世界得阿耨多羅
三藐三菩提已得今得當得勇憍尸子迦色大故
般若波羅蜜亦大何以故是色前際不可得後際不可
得中際不可得（受想行識大故）般若波羅蜜亦大何以故受想行識前
際不可得後際不可得中際不可得乃至一切種智
亦如是（以是）因緣故憍尸迦是摩訶波羅蜜是菩薩摩訶
薩般若波羅蜜憍尸迦（色）無量故般若波羅蜜無量不
可得故憍尸迦譬如虛空量不可得色亦如是量不可
得虛空故（無量）般若波羅蜜無量受想行識乃至一切智種
無量故般若波羅蜜無量何以故一切種智量不可得
譬如虛空量不可得一切種智亦如是量不可得虛空
無量故一切、種、智、無、量、故般若波羅蜜無量以是
因緣故是菩薩摩訶薩般若波羅蜜無量憍尸迦
色無邊故諸菩薩摩訶薩般若波羅蜜無邊何以
故憍尸迦色前際不可得後際不可得中際不可得
受想行識無邊故般若波羅蜜無邊何以故受行想
識前際後際中際皆不得故乃至一智切種智
無邊故般若波羅蜜無邊何以故一切種智前（後）際中不可
得故以是故因緣故憍尸迦是般若波羅蜜無邊色無
邊乃至一切種智無邊復次憍尸迦緣無邊故般若

彌山於諸山中雖大而有量所謂八万四千由旬無邊
者以五眾廣無量故言無邊亦以五眾有邊則有始、
則有言終即是無因無緣墮斷滅異種、過故復次
五眾三世中不可得故言無邊緣無邊去者所謂一
切四緣因緣生一切有為法次第緣過去現在心、數法
緣、增上緣一切法是四種緣一切處一切時皆有故說
緣、無、邊、故般若波羅蜜無邊復次緣無邊者
四緣法虛誑無實故無邊復次緣如法
性實際無邊故般若波羅蜜無邊如法性實際是
自然無為相無量無邊五眾無邊是觀力故强作無
邊復次眾生無邊者以眾生多故無量阿僧祇三世
十方眾生無人能知數故言無邊復次是中說眾生
空故言無邊但强為作名亦無所趣者以眾生無有
定法可趣向故如又定有所趣而眾生名無實眾生
可趣於汝意云何般若波羅蜜中頗說實有眾生
不、也大德若眾生實無云何有邊譬如諸佛是一切
實語人中第一於無量恒河沙劫壽說眾生名字
是眾生法不以說故有生有滅何況餘人顛倒虛
誑少時說主我心故當有眾生是眾生不以入般若
波羅蜜故中言無從本已來常清淨清無所有無
異戲論滅故是以說眾生無邊故般若波羅蜜
無邊問曰無邊中何以故廣說而大及無量何以略
說答曰以眾生因緣故一切凡夫起諸煩惱於五眾
中作諸一身行難破故是以廣說若破眾生相餘一切
易破

弓　第五十五　第廿八品

法沛慧融經比丘安和書寫

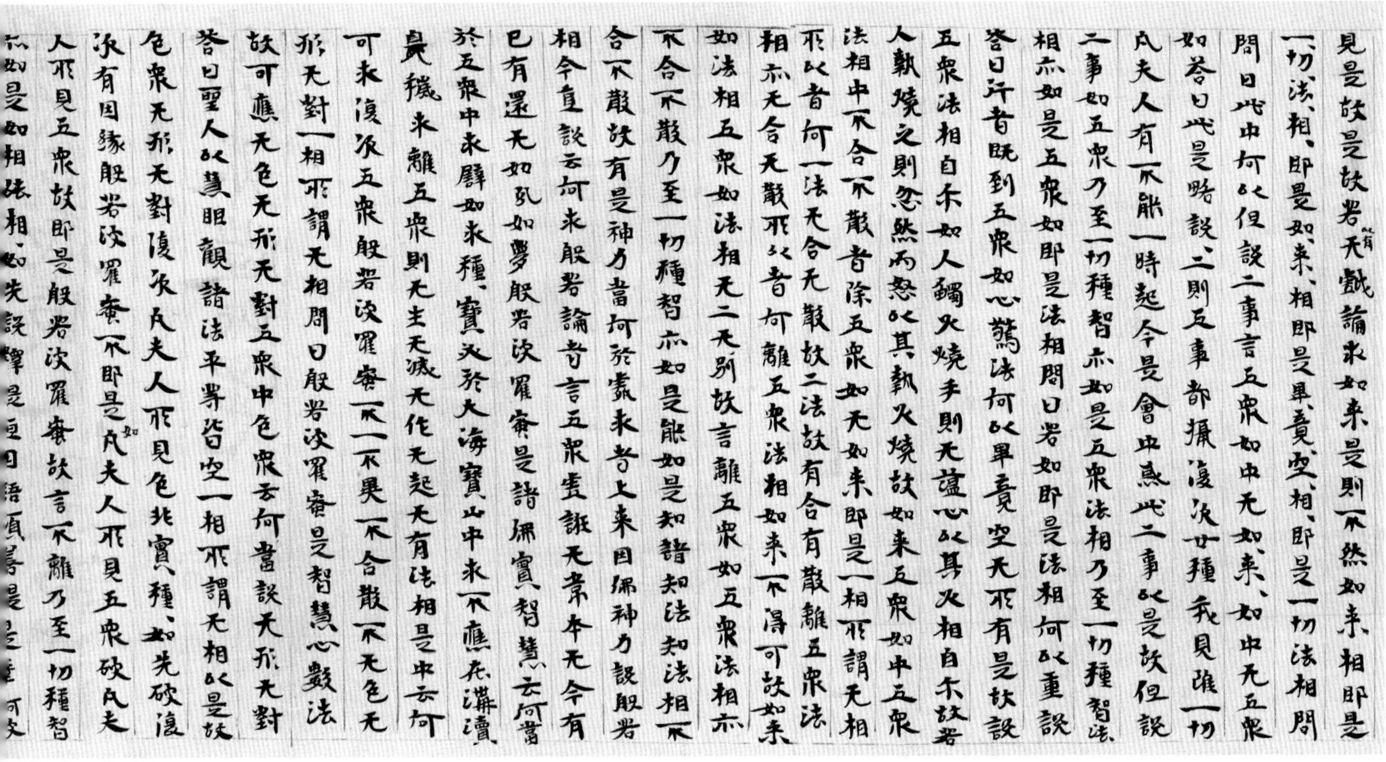

見是故是故若无戲論求如來是則不然如來相即是
一切法、相、即是如、來、相、即是畢、竟、空、相、即是一切法相問
問曰此中何以但說二事言五眾如中无如來、如中无五眾
如答曰此是略說、二則五事都攝復次廿種我見雖一切
凡夫人有不能一時起今是會中感此二事以是故但說
二事如五眾乃至一切種智亦如是五眾法相乃至一切種智法、
相亦如是五眾如即是法相問曰若如即是法相何以重說
答曰行者既到五眾如心驚法何以畢竟空无所有是故說
五眾法相自尓如人觸火燒手則无瞋心以其火相自尓故若
人熱燒之則忿然而怒以其熱火燒故如來五眾如中五眾
法相中不合不散者除五眾如无如來即是一相所謂无相
所以者何一法无合无散故二法故有合有散離五眾法
相亦无合无散所以者何離五眾法相如來不得可故如來
如法相五眾如法相无二无別故言離五眾如五眾法相亦
不合不散乃至一切種智亦如是能如是知諸知法知法相不
合不散故有是神力當何於處來者上來因佛神力說般若
相今直說云何來般若論者言五眾畫誑无常本无今有
已有還无如乳如夢般若波羅蜜是諸佛實智慧云何當
於五眾中來譬如來種、寶又於大海寶山中來不應在溝瀆
臭穢來離五眾則无生无滅无作无起无有法相是中云何
可來復次五眾般若波羅蜜不一不異不合不散不无色无
形无對一相所謂无相問曰般若波羅蜜是智慧心數法
故可應无色无形无對五眾中色眾云何當說无形无對
答曰聖人以慧眼觀諸法平等皆空一相所謂无相以是故
色眾无形无對復次凡夫人所見色非實種、如先破復
次有因緣般若波羅蜜不即是凡如夫人所見五眾破凡夫
人所見五眾故即是般若波羅蜜故言不離乃至一切種智
亦如是如相法相、如先說釋是亘因語真善是[illegible]可文

《大智度論》之三

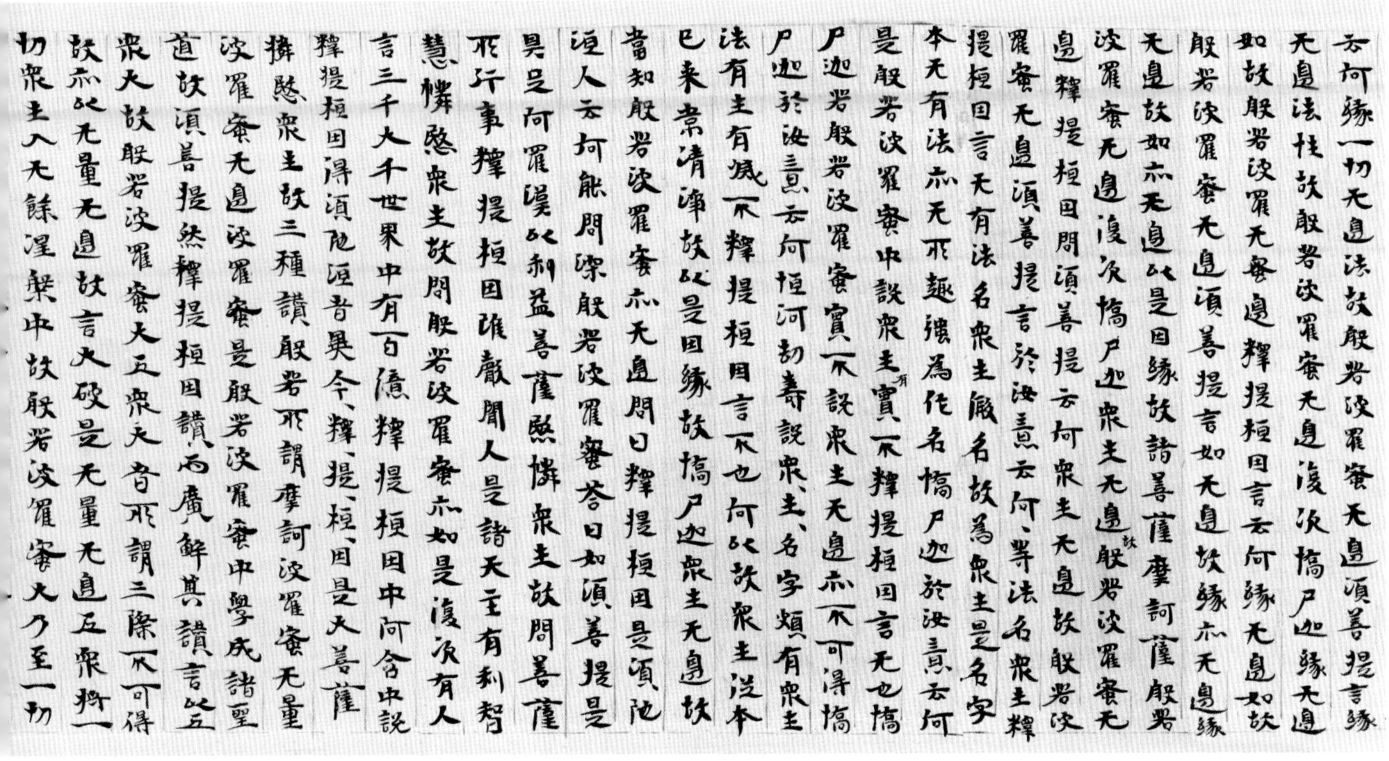

云何緣一切无邊法故般若波羅蜜无邊須菩提言緣
无邊法性故般若波羅蜜无邊復次憍尸迦緣无邊
如故般若波羅蜜无邊釋提桓因言云何緣无邊如故
般若波羅蜜无邊須菩提言如无邊故緣亦无邊緣
无邊故如亦无邊以是因緣故諸菩薩摩訶薩般若
波羅蜜无邊復次憍尸迦眾生无邊故般若波羅蜜无
邊釋提桓因問須菩提云何眾生无邊故般若波
羅蜜无邊須菩提言於汝意云何、等法名眾生釋
提桓因言无有法名眾生假名故為眾生是名字
本无有法亦无所趣強為作名憍尸迦於汝意云何
是般若波羅蜜中說眾生有實不釋提桓因言无也憍
尸迦若般若波羅蜜實不說眾生无邊亦不可得憍
尸迦於汝意云何恒河劫壽說眾生、名字頗有眾生
法有生有滅不釋提桓因言不也何以故眾生從本
已來常清淨故以是因緣故憍尸迦眾生无邊故
當知般若波羅蜜亦无邊問曰釋提桓因是須陁
洹人云何能問深般若波羅蜜答曰如須菩提是
昊是何羅漢以利益菩薩慈愍眾生故問菩薩
所行事釋提桓因雖斷聞人是諸天主有利智
慧憐愍眾生故問般若波羅蜜亦如是復次有人
言三千大千世界中有一百億釋提桓因中向含中說
釋提桓因得須陁洹昔異今、釋、提、桓、因是大菩薩
攝愍眾生故三種讚般若所謂摩訶波羅蜜无量
波羅蜜无邊波羅蜜是般若波羅蜜中學成諸聖
道故須菩提然釋提桓因讚而廣解其讚言以五
眾大故般若波羅蜜大五眾无音所謂三際不可得
故亦以无量无邊故言大破是无量无邊五眾將一
切眾生入无餘涅槃中故般若波羅蜜大乃至一切

《大智度論》之四

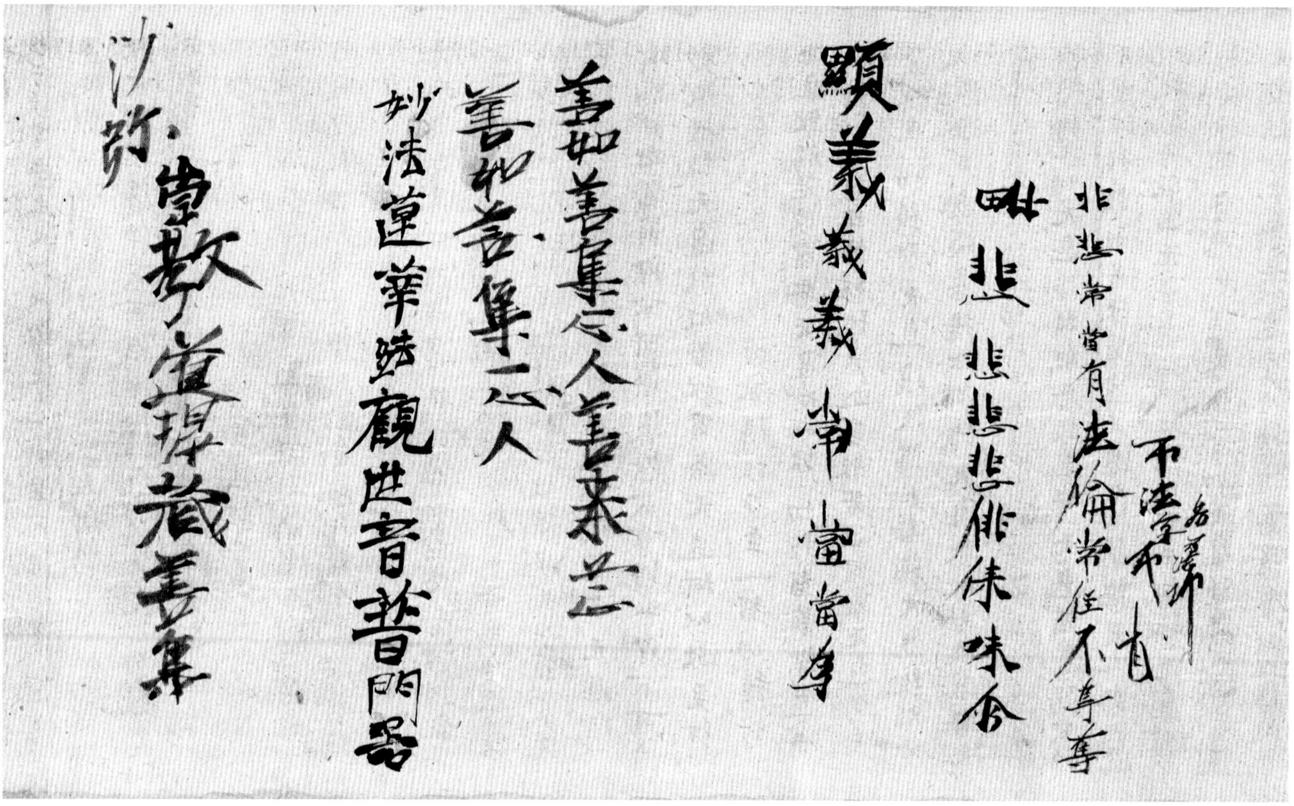

《大智度論》之五

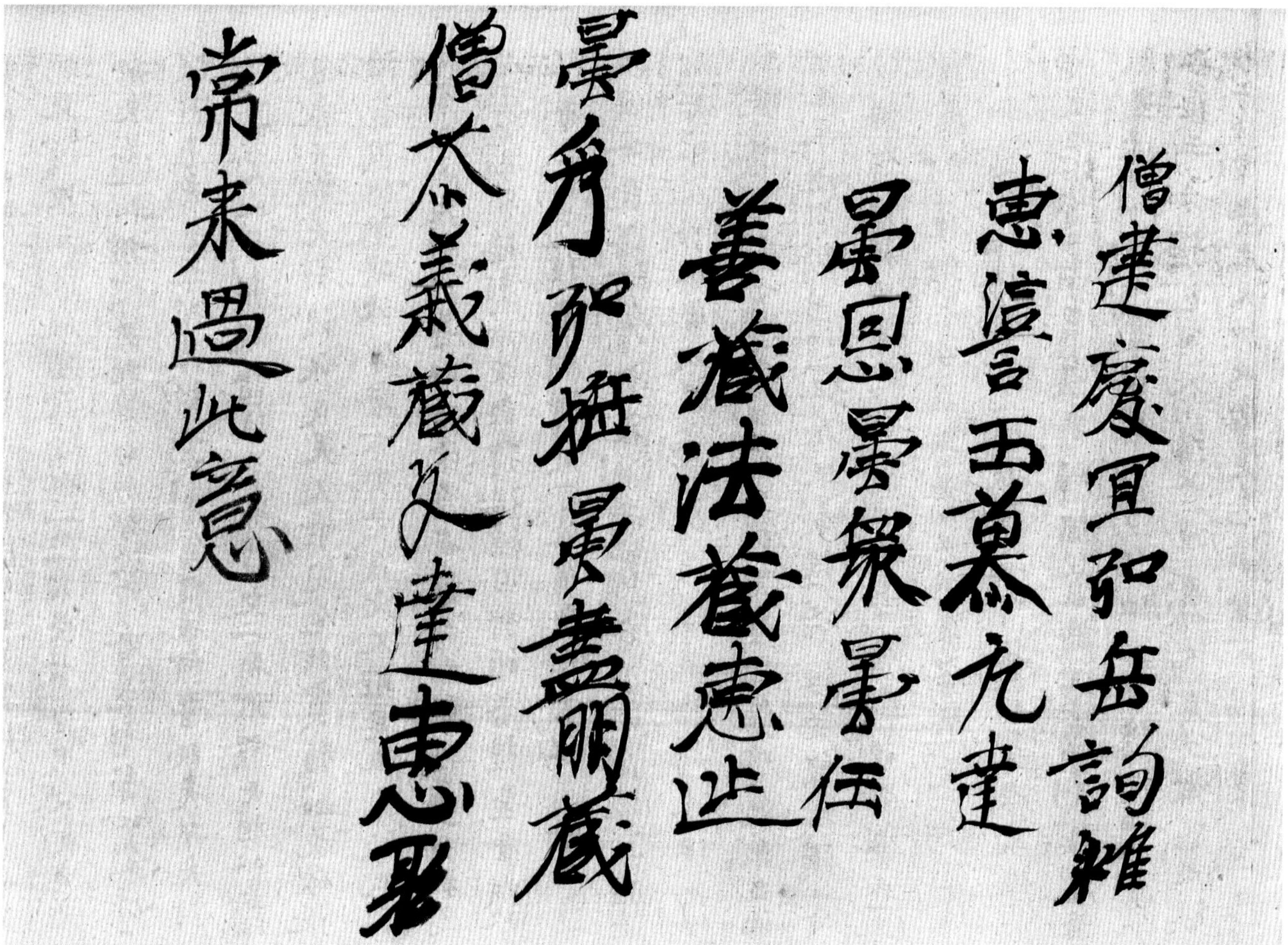

《大智度論》之六

21

曹法壽　楷書華嚴經

北魏
紙本　楷書
縱24.6厘米　橫817.5厘米

Hua Yan Jing (Buddhavatamsaka-mahavaipulya-sutra) in regular script
By Cao Fashou, Northern Wei Dynasty
Ink on paper
H. 24.6cm　L. 817.5cm

《華嚴經》，全稱《大方廣佛華嚴經》，是華嚴宗借以立宗的重要經典。有三種譯本，本卷為六十卷本，含三十四品，稱《六十華嚴》。東晉義熙十四年(418年)至劉宋永初二年(421年)間，佛陀跋陀羅所譯。

本卷有標題，為“法界品”第三十四卷第四十一，完整，尾題：“延昌二年(513年)歲次水(癸)巳四月十五日　敦煌鎮經生曹法壽所寫此經成訖　用紙廿三張　典經師令狐崇哲　校經道人”。卷末有“敦煌鎮印”。

曹法壽寫經除此本外還有數本，表明曹法壽是敦煌鎮經生，有時稱“官經生”，示其為官方授職。他的抄經起筆細而收筆飽滿，頓挫痕迹明顯，橫畫仍殘留隸捺餘波。體勢茂密，豐腴遒厚。自元魏遷洛至隋代以前，就結體而言，有兩種類型常見：斜橫緊結(橫劃斜出，結體緊縮)和平橫寬結(橫劃平出，結體寬鬆)。這裏的“斜”、“緊”、“平”、“寬”都相對於成熟的唐楷而言，本經當屬前者。其意態與洛陽龍門的孫秋生造像記(502年)、遼寧義縣的元景造像記(498年)極近。關山遠隔，氣息相通，此乃時代特點。

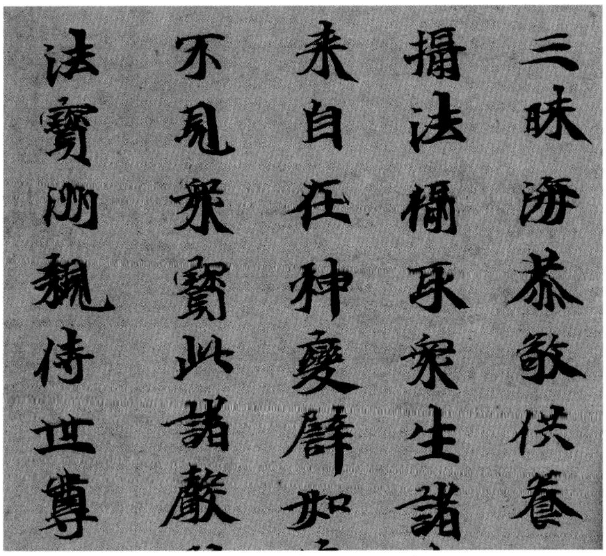

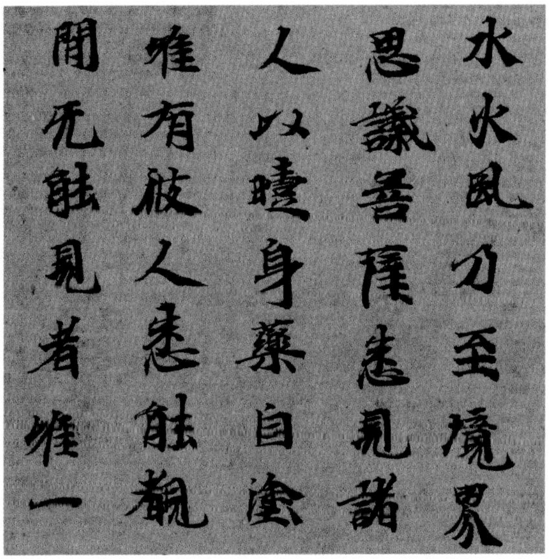

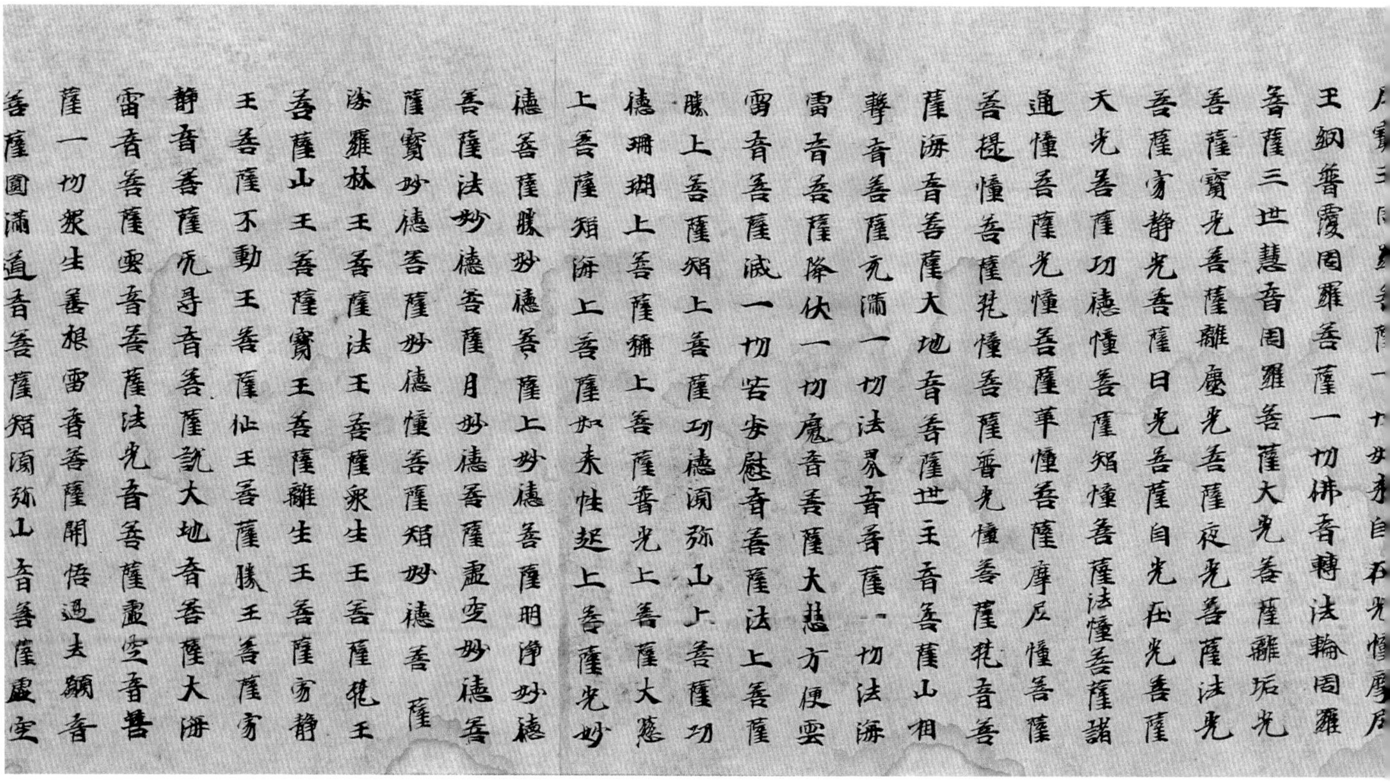
[illegible]
王網普覆因羅菩薩一切佛音轉法輪因羅
菩薩三世慧音因羅菩薩大光菩薩離垢光
菩薩寶光菩薩離塵光菩薩夜光菩薩法光
菩薩寂靜光菩薩日光菩薩自光在光菩薩
天光菩薩功德幢菩薩焰幢菩薩法幢菩薩諸
通幢菩薩光幢菩薩華幢菩薩摩尼幢菩薩
菩提幢菩薩梵幢菩薩普光幢菩薩梵音菩
薩海音菩薩大地音菩薩世主音菩薩山相
擊音菩薩无滿一切法界音菩薩一切法海
雷音菩薩降伏一切魔音菩薩大悲方便雲
雷音菩薩滅一切苦安慰音菩薩法上菩薩
勝上菩薩焰上菩薩功德須弥山上菩薩功
德珊瑚上菩薩獅上菩薩普光上菩薩大慈
上菩薩焰海上菩薩如來性起上菩薩光妙
德菩薩勝妙德菩薩上妙德菩薩明淨妙德
菩薩法妙德菩薩月妙德菩薩虛空妙德菩
薩寶妙德菩薩妙德幢菩薩焰妙德菩薩
涉羅林王菩薩法王菩薩眾生王菩薩梵王
菩薩山王菩薩寶王菩薩離生王菩薩寂靜
王菩薩不動王菩薩仙王菩薩勝王菩薩寂
靜音菩薩无尋音菩薩訖大地音菩薩大海
雷音菩薩雲音菩薩法光音菩薩虛空音菩
薩一切眾生善根雷音菩薩開悟過去願音
菩薩圓滿道音菩薩焰須弥山音菩薩虛空

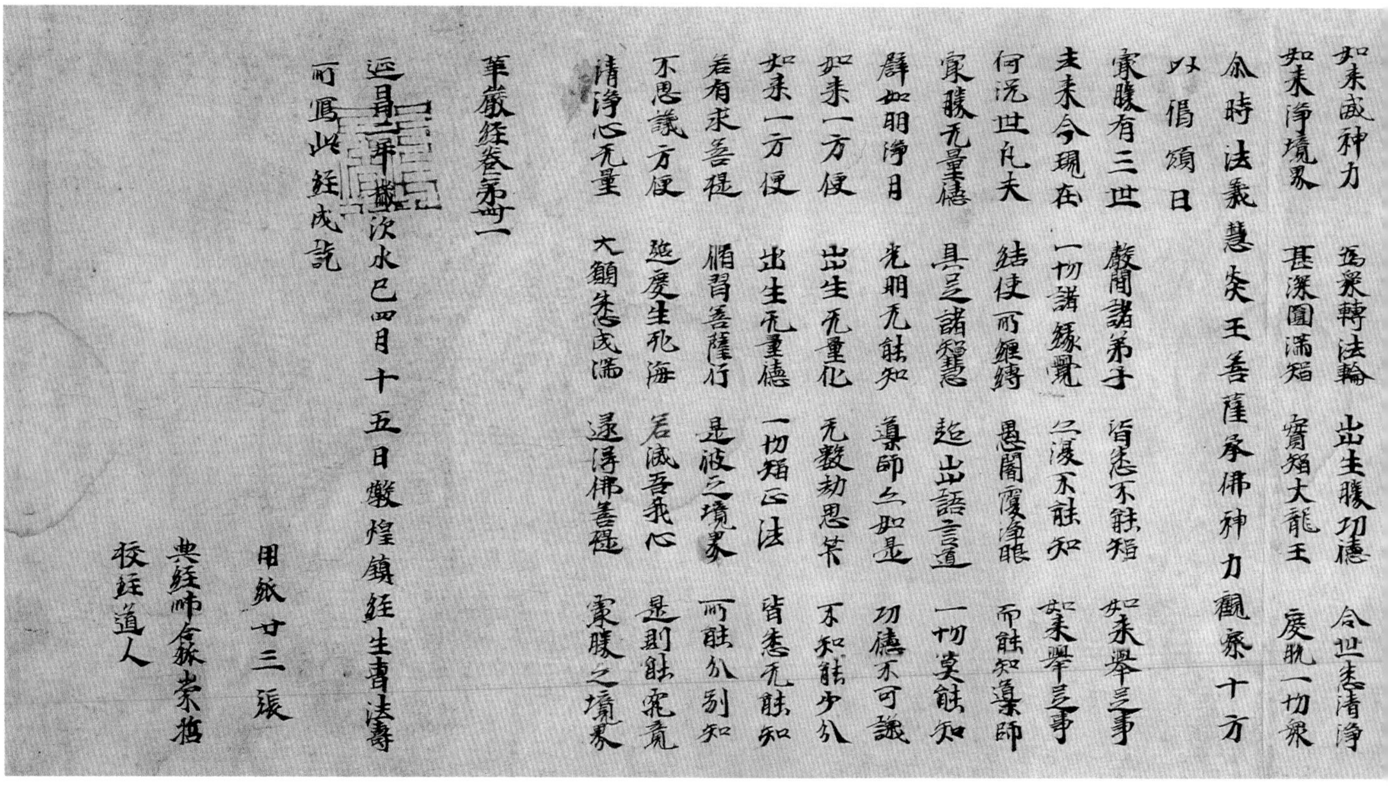
如來威神力　為眾轉法輪　出生勝功德　令世悉清淨
如來淨境界　甚深圓滿焰　寶焰大龍王　度脫一切眾
爾時法義慧炎王菩薩承佛神力觀察十方
以偈頌曰
最勝有三世　聲聞諸弟子　皆悉不能知　如來舉足事
未來今現在　一切諸緣覺　亦復不能知　如來舉足事
何況世凡夫　結使所纏縛　愚闇覆淨眼　而能知導師
最勝无量德　具足諸智慧　超出語言道　一切莫能知
譬如明淨月　光明无能知　導師亦如是　功德不可議
如來一方便　出生无量化　无數劫思惟　不知能少分
如來一方便　出生无量德　一切焰正法　皆悉无能知
若有求菩提　修習菩薩行　是彼之境界　所能分別知
不思議方便　超度生死海　若滅吾我心　是則能究竟
清淨心无量　大願悉成滿　逮淨佛菩提　最勝之境界

華嚴經卷第卅一

延昌二年歲次水巳四月十五日敦煌鎮經生曹法壽所寫此經成訖

用紙廿三張

典經師令狐崇哲

校經道人

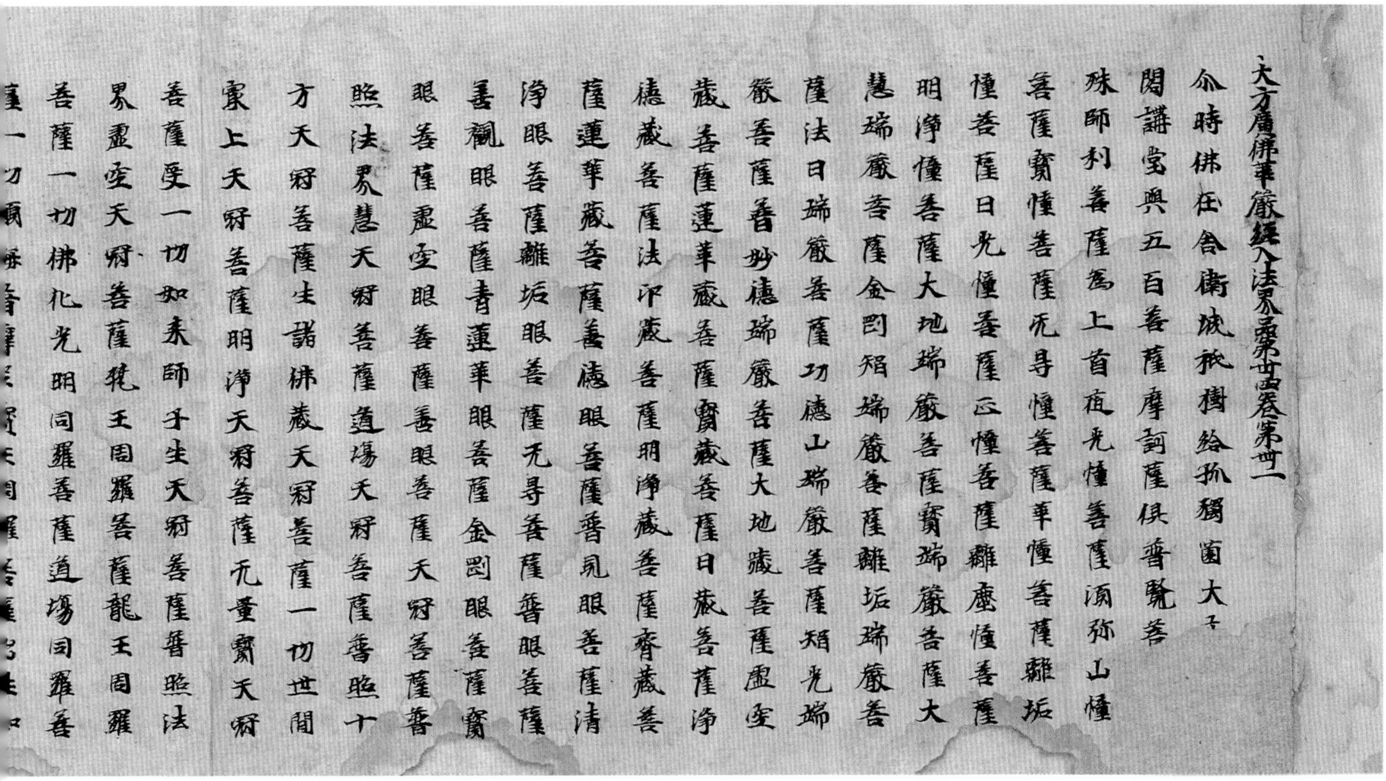
大方廣佛華嚴經入法界品第卅四卷第卌一
尒時佛在舍衛城祇樹給孤獨園大子
閣講堂與五百菩薩摩訶薩俱普賢菩
殊師利菩薩爲上首在光幢菩薩須弥山幢
菩薩寶幢菩薩无导幢菩薩華幢菩薩離垢
幢菩薩日光幢菩薩正幢菩薩離塵幢菩薩
明淨幢菩薩大地瑞嚴菩薩寶瑞嚴菩薩大
慧瑞嚴菩薩金剛焰瑞嚴菩薩離垢瑞嚴菩
薩法日瑞嚴菩薩功德山瑞嚴菩薩焰光瑞
嚴菩薩普妙德瑞嚴菩薩大地藏菩薩虛空
藏菩薩蓮華藏菩薩寶藏菩薩日藏菩薩淨
德藏菩薩法印藏菩薩明淨藏菩薩齊藏菩
薩蓮華藏菩薩善德眼菩薩普見眼菩薩清
淨眼菩薩離垢眼菩薩无导眼菩薩普眼菩薩
善觀眼菩薩青蓮華眼菩薩金剛眼菩薩寶
眼菩薩虛空眼菩薩善眼菩薩天冠菩薩普
照法界慧天冠菩薩道場天冠菩薩普照十
方天冠菩薩生諸佛藏天冠菩薩一切世間
最上天冠菩薩明淨天冠菩薩无量寶天冠
菩薩受一切如來師子生天冠菩薩普照法
界盡空天冠菩薩梵王周羅菩薩龍王周羅
菩薩一切佛化光明周羅菩薩道場周羅菩

《華嚴經》之一

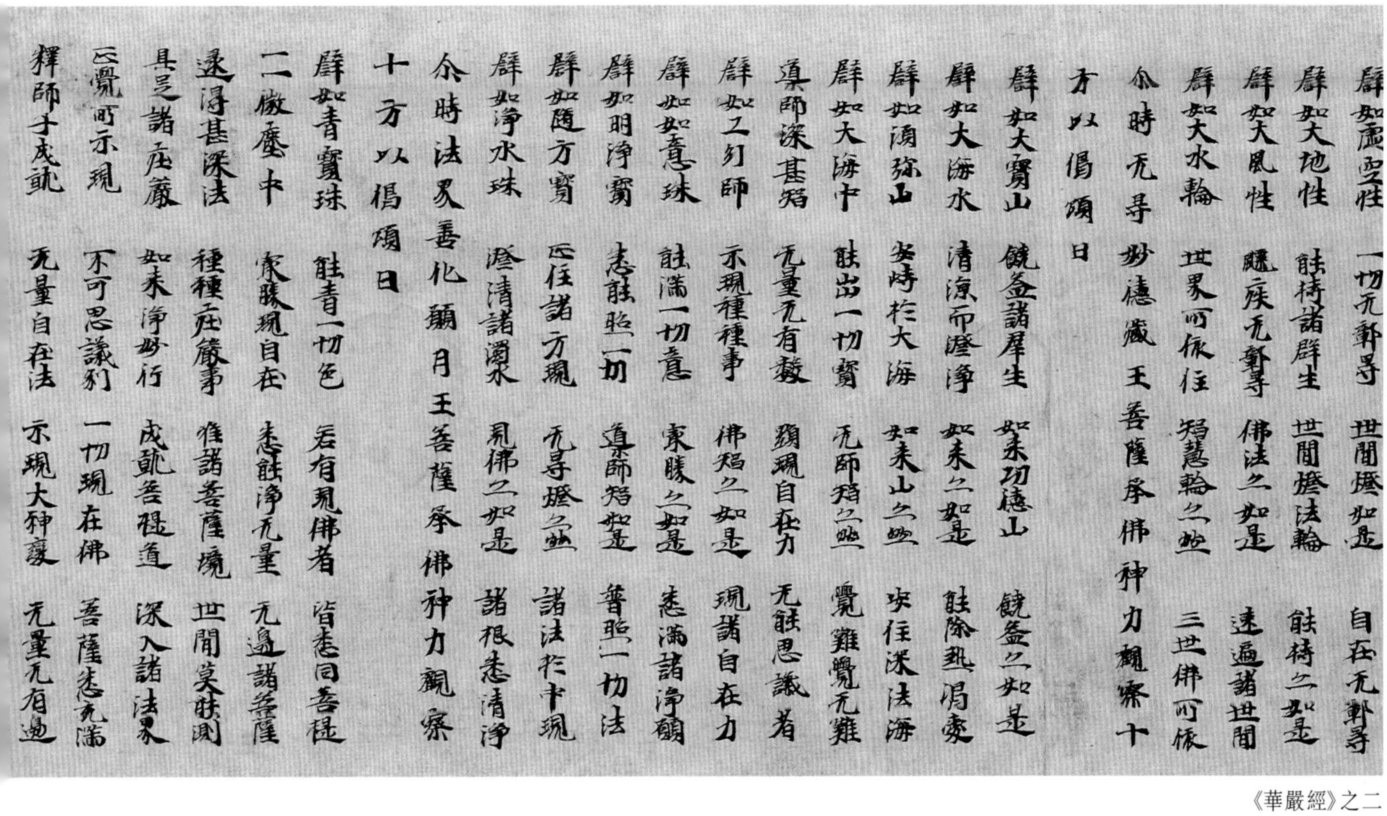
譬如虛空性　一切无鄣导　世間燈如是　自在无鄣导
譬如大地性　能持諸群生　世間燈法輪　能持亦如是
譬如大風性　駛疾无鄣导　佛法亦如是　速遍諸世間
譬如大水輪　世界所依住　智慧輪亦然　三世佛所依
尒時无导妙德藏王菩薩承佛神力觀察十
方以偈頌曰
譬如大寶山　饒益諸群生　如來功德山　饒益亦如是
譬如大海水　清涼而澄淨　如來亦如是　能除熱渴愛
譬如須弥山　安峙於大海　如來山亦然　安住深法海
譬如大海中　能出一切寶　无師智亦然　覺難覺无難
導師深甚智　无量无有數　顯現自在力　无能思議者
譬如工幻師　示現種種事　佛智亦如是　現諸自在力
譬如如意珠　能滿一切意　最勝亦如是　悉滿諸淨願
譬如明淨寶　悉能照一切　導師智如是　普照一切法
譬如隨方寶　正住諸方現　无导燈亦然　諸法於中現
譬如淨水珠　澄清諸濁水　見佛亦如是　諸根悉清淨
尒時法界善化願月王菩薩承佛神力觀察
十方以偈頌曰
譬如青寶珠　能青一切色　若有見佛者　皆悉同菩提
一一微塵中　最勝現自在　悉能淨无量　无邊諸菩薩
逮得甚深法　種種莊嚴事　唯諸菩薩境　世間莫能測
具足諸莊嚴　如來淨妙行　成就菩提道　深入諸法界
正覺所示現　不可思議刹　一切現在佛　菩薩悉充滿
釋師子成就　无量自在法　示現大神變　无量无有邊

《華嚴經》之二

22

無名氏　楷書大般涅槃經

北周
紙本　楷書
縱25.5厘米　橫571.9厘米

Da Ban Nie Pan Jing (Mahaparinirvana-sutra) in regular script
Anonymous, Northern Zhou Dynasty
Ink on paper
H. 25.5cm　L. 571.9cm

《大般涅槃經》，又稱《大涅槃經》，《涅槃經》、《大經》，凡十三品四十卷，北涼曇無讖譯。經文宣說如來常住，眾生悉有佛性，闡述成佛之大乘教義。本經譯出後，傳於南朝宋地，由慧嚴、慧觀、謝靈運等人對照法顯所譯六卷《泥洹經》，重修成二十五品三十六卷，後來稱之為"南本涅槃經"，曇無讖譯本稱為"北本涅槃經"。

本卷抄寫的"大般涅槃經卷第廿七"為南本涅槃經，亦見於北本涅槃經卷第二十九。尾題："建德二年(573年)歲次癸巳正月十五日，清信弟子大都督吐知勤明，發心普為法界眾生……"。

書寫甚工致，風神疏朗，體格圓整；呈峻爽之美，兼古厚未失，已開唐風。

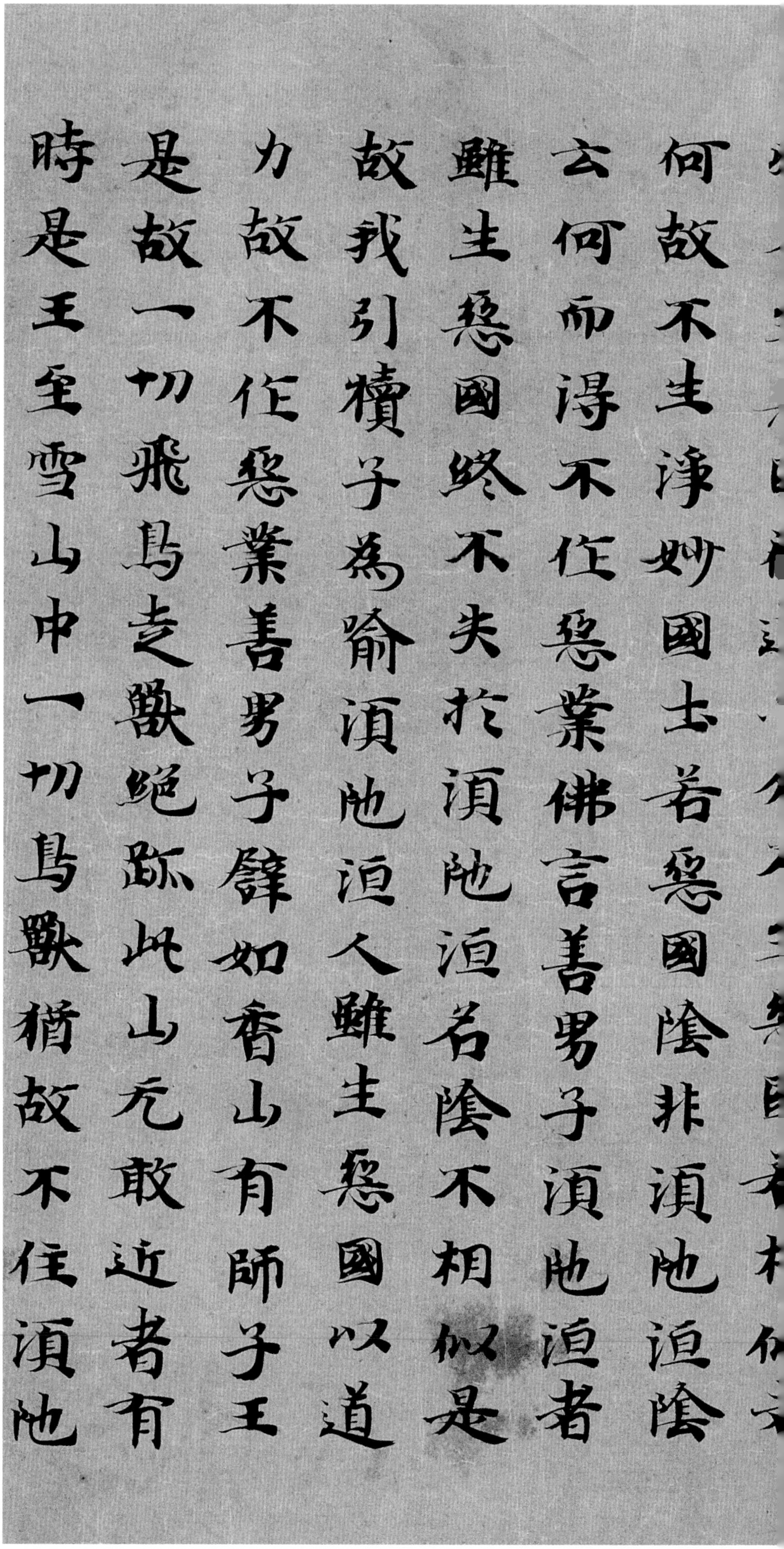
何故不生淨妙國土若惡國陰非須陁洹陰
云何而得不作惡業佛言善男子須陁洹者
雖生惡國終不失於須陁洹名陰不相似是
故我引犢子為喻須陁洹人雖生惡國以道
力故不作惡業善男子譬如香山有師子王
是故一切飛鳥走獸絕跡此山无敢近者有
時是王至雪山中一切鳥獸猶故不住須陁

如是善

二不生三雖念念滅而生千万眾生

復如是善男子如燈念念滅初滅之炎不教

後炎我滅汝生當破諸闇善男子譬如犢子

生便求乳求乳之智寶无人教雖念念滅而

初飢後飽是故當知不應相似若相似者不

應異生眾生循道之復如是初雖未增以久

循故則能破壞一切煩惱師子吼言世尊如

佛所說須陁洹人得果證已雖生惡國猶故

持戒不殺盜淫兩舌飲酒須陁洹陰即此處

《大般涅槃經》之一

菓須陁洹陰亦復如是善男子譬如有人貧
産臣富唯有一子先已終沒其子有子復在
他土其人忽然奄便終亡孫聞是已還收産
業雖知財貨非其所作然其收取无遮護者
何以故以姓一故須陁洹陰亦復如是
師子吼菩薩白佛言世尊如佛所說偈
比丘若脩集　戒定及智慧　當知是不退　親近大涅槃
世尊云何脩戒云何脩定云何脩慧佛言善
男子若有人受持禁戒但為自利人天受樂
不為度脫一切衆生不為護持无上正法但
為利養畏三惡道為命色力安无㝵辯畏懼

洹人亦復如是雖不脩道以道力故不作諸
惡善男子譬如有人服食甘露甘露雖減以
其力勢能令是人不生不死善男子如須弥
山有上妙藥名楞伽利有人服之雖念念減
以藥力故不遇患苦善男子如轉輪王所坐
之處王雖不在无人敢近何以故王威力故
須陁洹人亦復如是雖生惡國不脩集道以
道力故不作惡業善男子須陁洹陰於此而
滅雖生異陰猶故不失須陁洹陰善男子譬
如衆生為菓實故於種子中多役作業糞治

《大般涅槃經》之二

一阡雖有多人經由入出者无有能
者亦復无人破壞毀落而賷持去善男子辟
如橋梁行人所由亦无有人遮止鄣㝵毀壞
持去善男子辟如良醫遍療衆病亦无有能
遮止是醫治此捨彼聖道佛性亦復如是師
子吼言世尊所引諸喻義不如是何以故先
者在路於後則妨云何而言无有鄣㝵餘亦
皆尒聖道佛性若如是者一人脩時應妨餘
者佛言善男子如汝所說義不相應我所喻
道是少分喻非一切也善男子世間道者則
有鄣㝵此彼之異无有平等无漏道者則不
如是能令衆生无有鄣㝵平等无二无有方
處此彼之異如是正道能為一切衆生佛性
而作了因不作生因猶如明燈照了於物善
男子一切衆生皆同无明因緣於行不可說
言一人无明因緣行已其餘應无一切衆生
悉有无明因緣於行是故說言十二因緣一
切平等衆生所脩无漏正道亦復如是等斷
衆生煩惱四生諸界有道以是義故名為平
等其有證者彼此知見无有鄣㝵是故得名
薩婆若智師子吼言一切衆生身不一種或
有天身或有人身畜生餓鬼地獄之身如是
多身差別非一云何而言佛性為一佛言善

何而言邊地弊惡隘陋小城
善男子我念往昔過恒沙劫劫名善覺時有
聖王姓憍尸迦七寶成就千子具足其王始
初造立此城周迊從廣十二由延七寶莊嚴
土多有河其水清淨柔軟甘美所謂尼連禪
河伊羅跋提河熙連禪河伊槇末堤河毗婆
舍耶河如是等河其數五百河此彼岸樹木
繁茂華菓鮮潔尒時人民壽命无量時轉輪
聖王過百年已作是唱言如佛所說一切諸
法皆悉无常若能脩集十善法者能斷如是
无常大苦人民聞已咸共奉脩十善之法我
於尒時聞佛名字受持十善思惟脩集初發
阿耨多羅三藐三菩提心發是心已復以是
法轉教无量无邊衆生言一切法无常變壞
是故我今續於此處亦說諸法无常變壞唯
說佛身是常住法我憶往昔所行因緣是故
今來在此涅槃亦欲酬報此地往恩以是義
故我經中說我眷屬者受恩能報
復次善男子往昔衆生壽无量時尒時此城
名拘舍跋提周迊從廣五十由延時閻浮提
居民隣接鷄飛相及有轉輪王名曰善見七
寶成就千子具足王四天下第一太子思惟

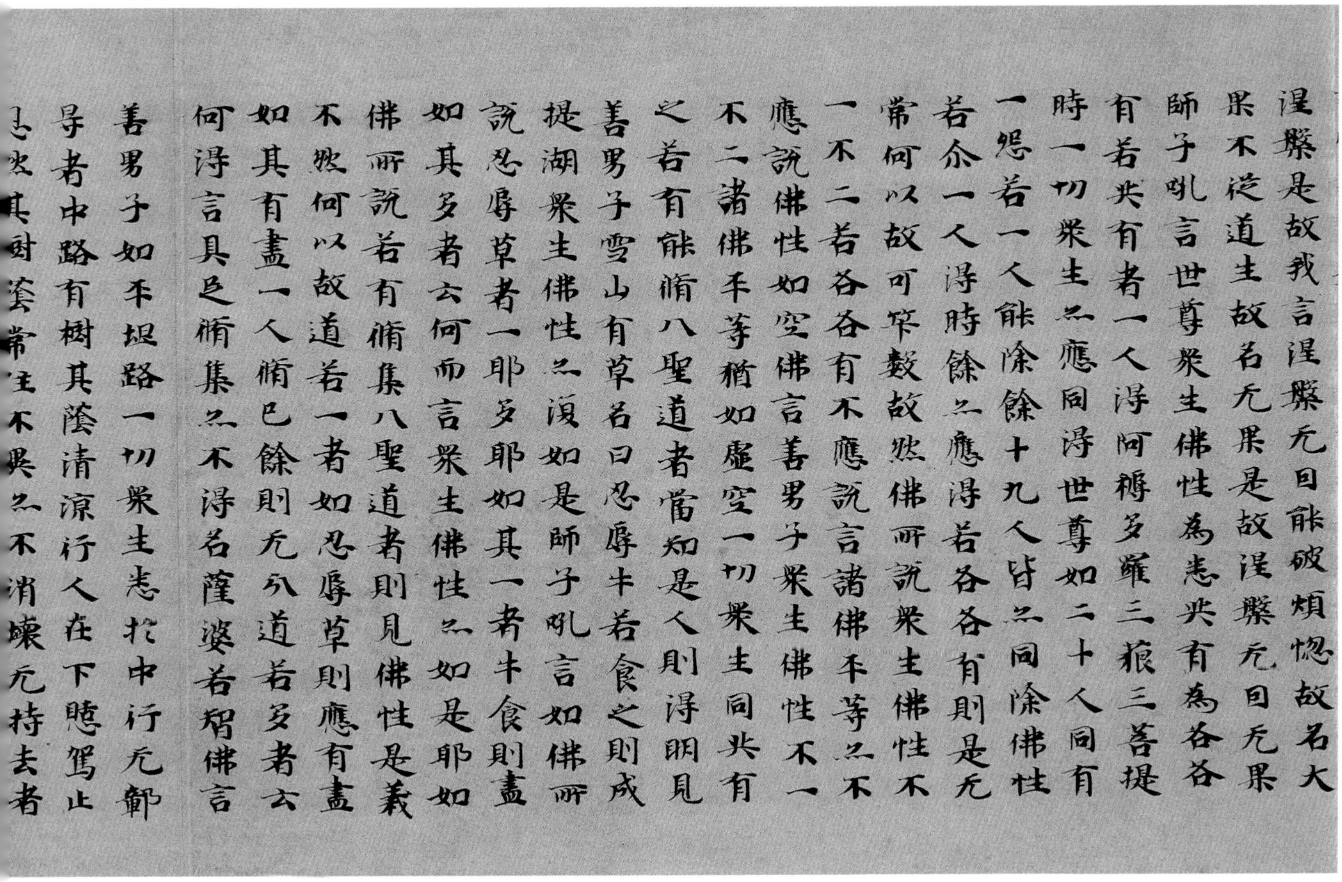

涅槃是故我言涅槃无因能破煩惱故名大
果不從道生故名无果是故涅槃无因无果
師子吼言世尊衆生佛性為悉共有為各各
有若共有者一人得阿耨多羅三藐三菩提
時一切衆生亦應同得世尊如二十人同有
一怨若一人能除餘十九人皆亦同除佛性
若尒一人得時餘亦應得若各各有則是无
常何以故可筭數故然佛所說衆生佛性不
一不二若各各有不應說言諸佛平等亦不
應說佛性如空佛言善男子衆生佛性不一
不二諸佛平等猶如虚空一切衆生同共有
之若有能脩八聖道者當知是人則得明見
善男子雪山有草名曰忍辱牛若食之則成
提湖衆生佛性亦復如是師子吼言如佛所
說忍辱草者一耶多耶如其一者牛食則盡
如其多者云何而言衆生佛性亦如是耶如
佛所說若有脩集八聖道者則見佛性是義
不然何以故道若一者如忍辱草則應有盡
如其有盡一人脩已餘則无分道若多者云
何得言具足脩集亦不得名薩婆若智佛言
善男子如平坦路一切衆生悉於中行无鄣
㝵者中路有樹其蔭清涼行人在下憩駕止
息然其樹蔭常住不異亦不消壞无持去者

《大般涅槃經》之三

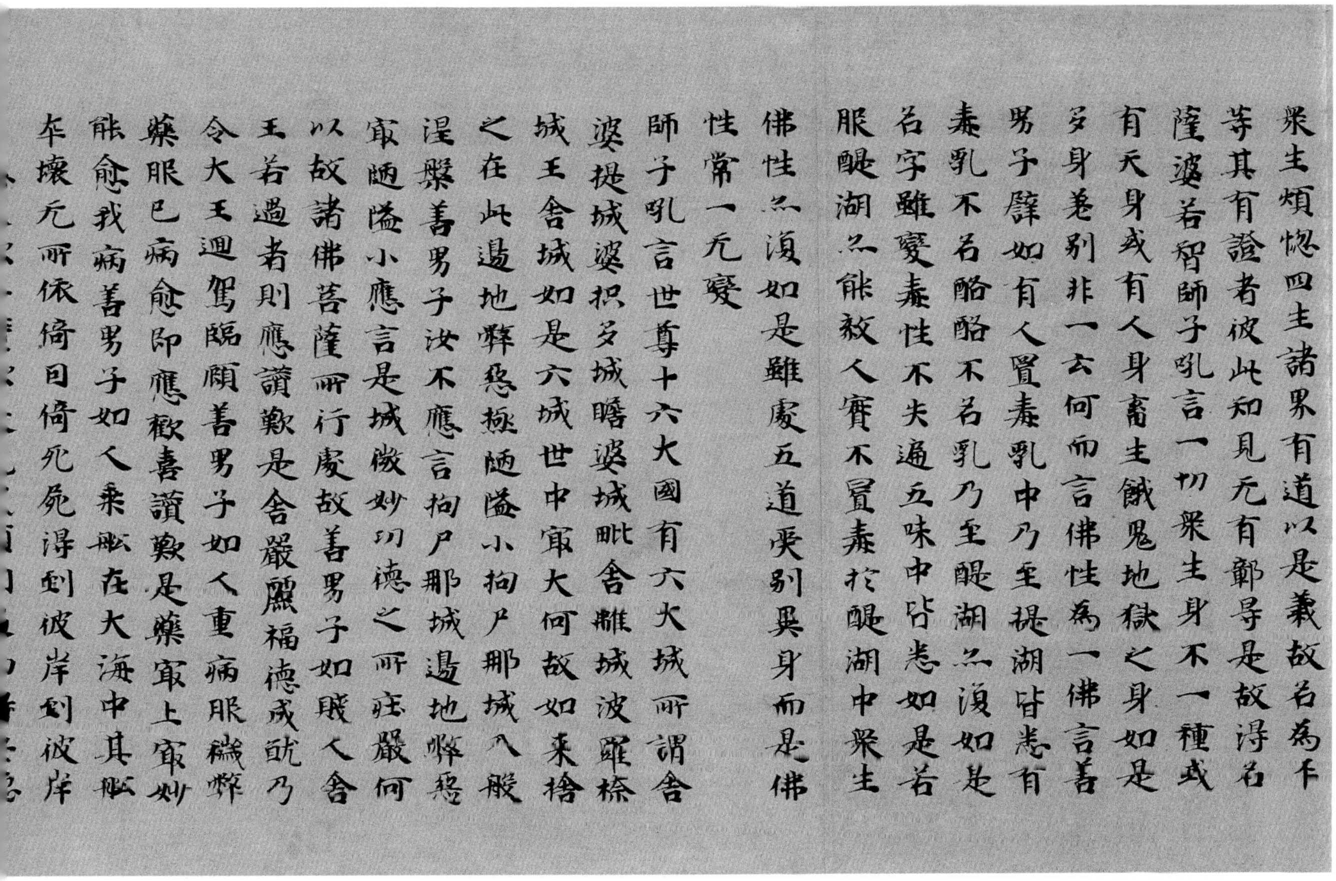

衆生煩惱四生諸界有道以是義故名為平
等其有證者彼此知見无有鄣㝵是故得名
薩婆若智師子吼言一切衆生身不一種或
有天身或有人身畜生餓鬼地獄之身如是
多身差別非一云何而言佛性為一佛言善
男子辟如有人置毒乳中乃至醍湖皆悉有
毒乳不名酪酪不名乳乃至醍湖亦復如是
名字雖變毒性不失遍五味中皆悉如是若
服醍湖亦能殺人實不置毒於醍湖中衆生
佛性亦復如是雖處五道受別異身而是佛
性常一无變
師子吼言世尊十六大國有六大城所謂舍
婆提城婆枳多城瞻婆城毗舍離城波羅㮈
城王舍城如是六城世中寬大何故如來捨
之在此邊地弊惡極陋隘小拘尸那城入般
涅槃善男子汝不應言拘尸那城邊地弊惡
冣陋隘小應言是城微妙功德之所莊嚴何
以故諸佛菩薩所行處故善男子如賤人舍
王若過者則應讚歎是舍嚴麗福德成就乃
令大王迴駕臨顧善男子如人重病服穢弊
藥服已病愈即應歡喜讚歎是藥冣上冣妙
能愈我病善男子如人乘船在大海中其船
卒壞无所依倚因倚死屍得到彼岸到彼岸

《大般涅槃經》之四

即語須達餘未遍者不復須金請以見與我
自為佛造立門樓常使如来經由出入祇陁
長者自造門坊須達長者七日之中成立大
房舍三百間禪坊靜處六十三所冬屋夏堂
各各別異廚坊浴室洗脚之處大小清廁无
不備足所設已訖即執香爐向王舍城遥住
是言所設已辦唯願如来慈哀憐愍為諸衆
生受是住處我時玄知是長者心即與大衆
發王舍城譬如壯士屈申臂頃至舍衛城祇
陁園林須達精舍我既到已須達長者以其
所設奉施於我我時受已即住其中

大般涅槃經卷第廿七

建德二年歲次癸巳正月十五日清信弟子大都督吐知勤
明發心普為法界衆生過去七世父母亡靈眷屬逮及亡
兒亡女并現在妻息親善知識敬造此大般涅槃經并
大品雜經等流通供養願弟子生生世世值佛聞法恒
念菩提心心不斷又願一切衆生同歸四流早成正覺

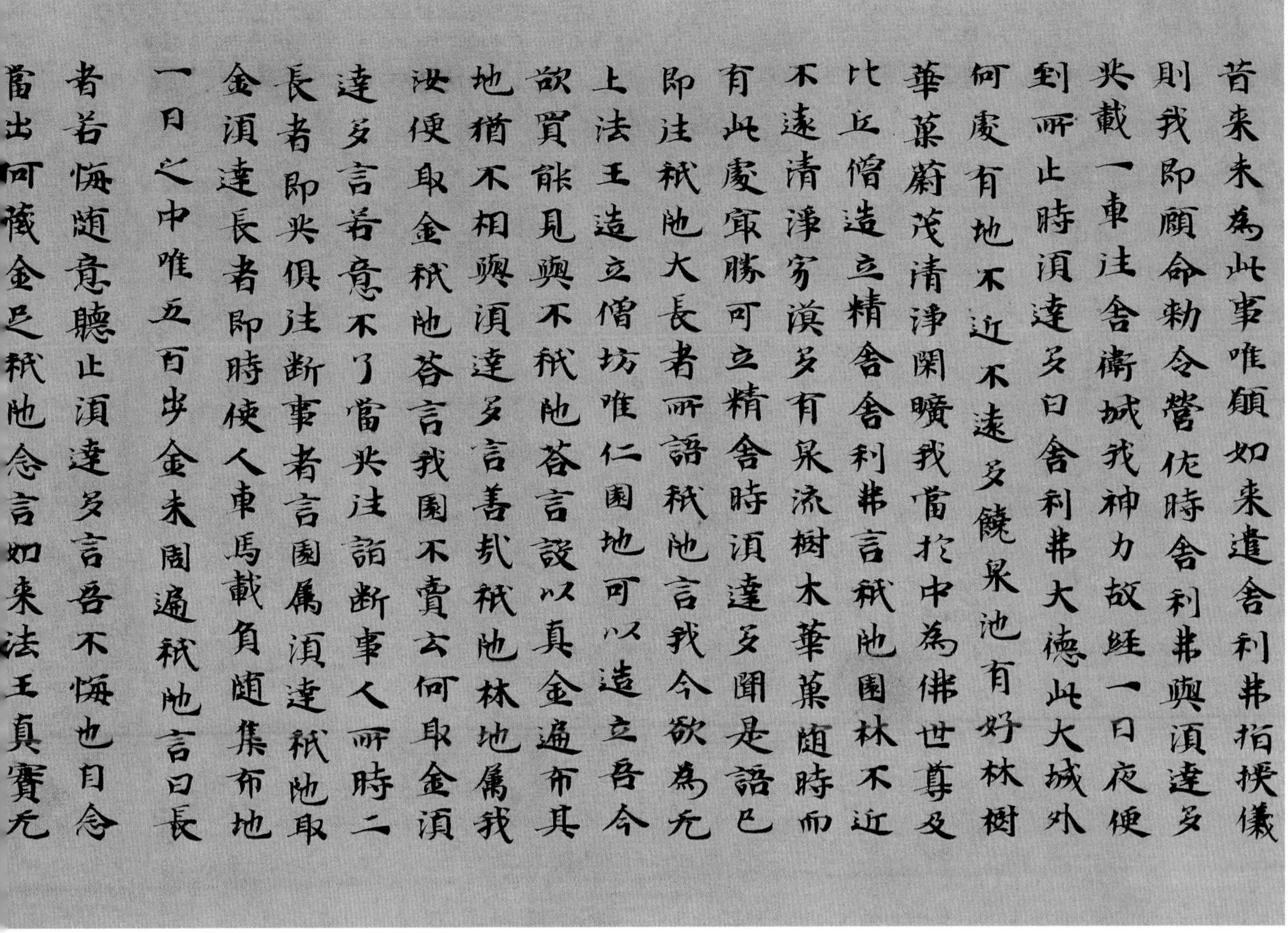
昔来未為此事唯願如来遣舍利弗指授儀
則我即顧命勑令營佐時舍利弗與須達多
共載一車往舍衛城我神力故經一日夜便
到所止時須達多白舍利弗大德此大城外
何處有地不近不遠多饒泉池有好林樹
華菓蔚茂清淨閑曠我當於中為佛世尊及
比丘僧造立精舍舍利弗言祇陀園林不近
不遠清淨窈漠多有泉流樹木華菓隨時而
有此處寂勝可立精舍時須達多聞是語已
即往祇陀大長者所語祇陀言我今欲為无
上法王造立僧坊唯仁園地可以造立吾今
欲買能見與不祇陀答言設以真金遍布其
地猶不相與須達多言善哉祇陀林地屬我
汝便取金祇陀答言我園不賣云何取金須
達多言若意不了當共往詣斷事人所時二
長者即共俱往斷事者言園屬須達祇陀取
金須達長者即時使人車馬載負隨集布地
一日之中唯五百步金未周遍祇陀言曰長
者若悔隨意聽止須達多言吾不悔也自念
當出何藏金足祇陀念言如来法王真實无

《大般涅槃經》之五

23

無名氏　楷書大方等大集經

隋

紙本　楷書

縱26.1厘米　橫849厘米

Da Fang Deng Da Ji Jing (Mahavaipulya-mahasannipata-sutra) in regular script

Anonymous, Sui Dynasty

Ink on paper

H. 26.1cm　L. 849cm

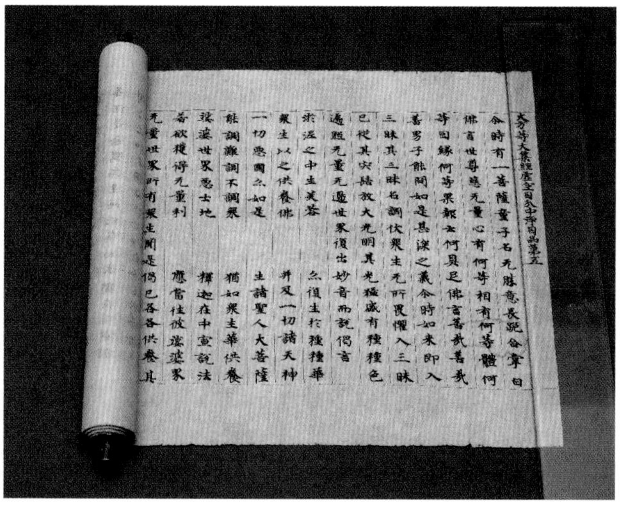

《大方等大集經卷》，略稱《大集經》。大集部諸經的彙編，據説是佛陀向四方菩薩所説的大乘佛法。全經六十卷，有十七分，由東漢安世高，北涼曇無讖，南朝宋智嚴，隋那連耶舍先後譯出不同部分。

本卷包括“虛空目分中淨目品”第五、“中聖日品”第六、“中辟支佛乘品”第七，皆屬第二十二卷。全卷用紙十三張，每張橫51.5厘米，有烏絲欄。

卷後尾題從筆迹看，與經文不是同一人書寫，而是經生抄寫，做功德的人再題記。

經文書法點畫清勁遒婉，結體方圓兼得，面目秀麗平和。筆鋒墨彩，纖毫可見，精能之至，反造疏淡。敦煌寫經中有隋朝名款的為數不少，究其筆法，多似從智永禪師門下所出。據載，隋僧智永曾“自臨《千字文》八百本，散與人間，江南諸寺各留一本。”唐時有一本流至東瀛，見於東大寺獻物帳，今成希覯，想來當初必有攜至西陲佛地者，垂范代代僧家書手。現遺書中有蔣善進本，精妙絕倫，又有《千字文》臨本殘紙多頁，雖結體生疏，非出自能手，亦可作為證明。

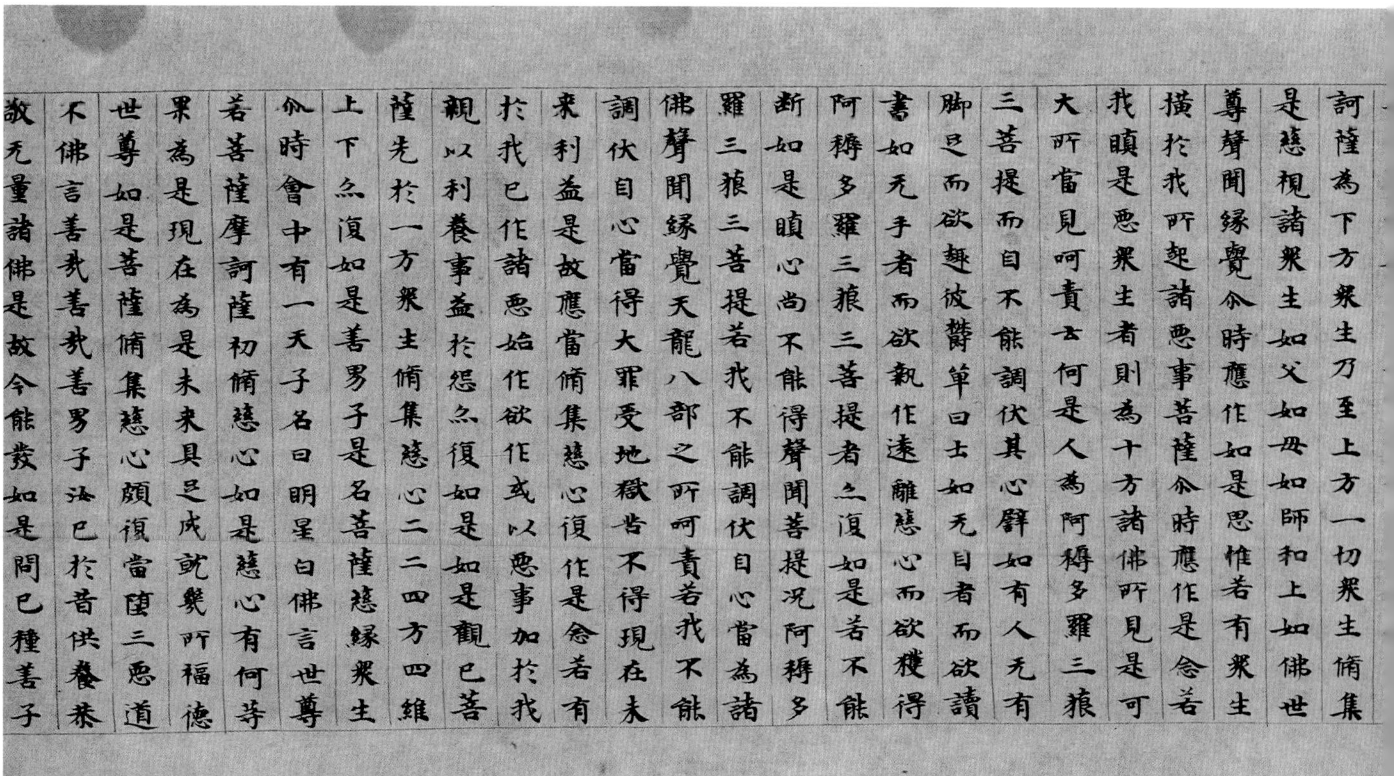

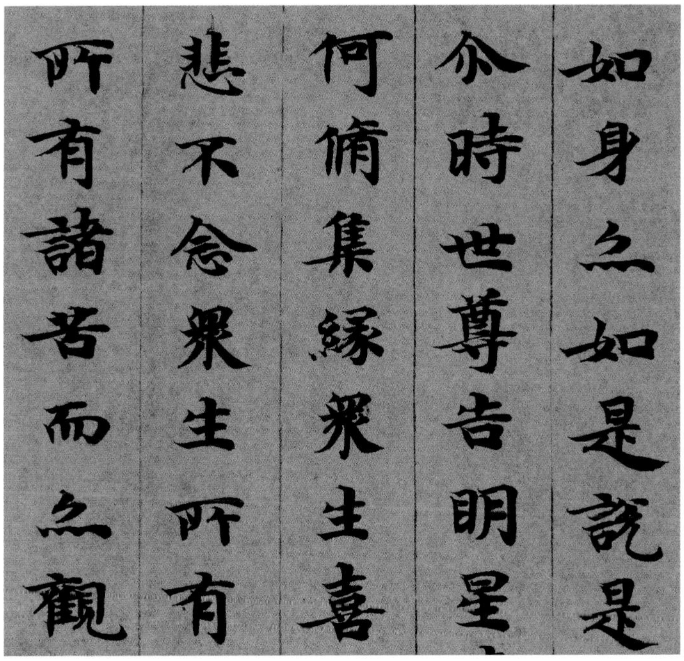

如身亦如是說是
尒時世尊告明星
何脩集緣衆生喜
悲不念衆生所有
所有諸苦而亦觀

《大方等大集經》局部原大

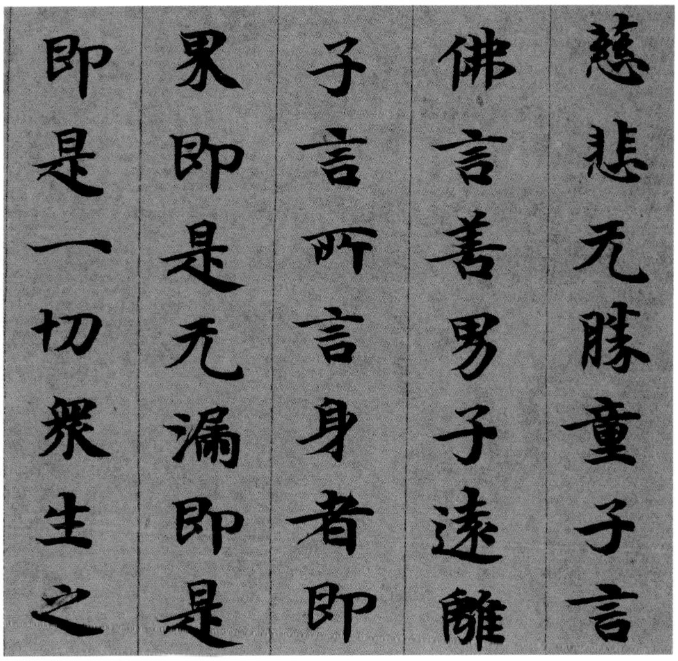

慈悲无勝童子言
佛言善男子遠離
子言所言身者即
界即是无漏即是
即是一切衆生之

《大方等大集經》局部原大

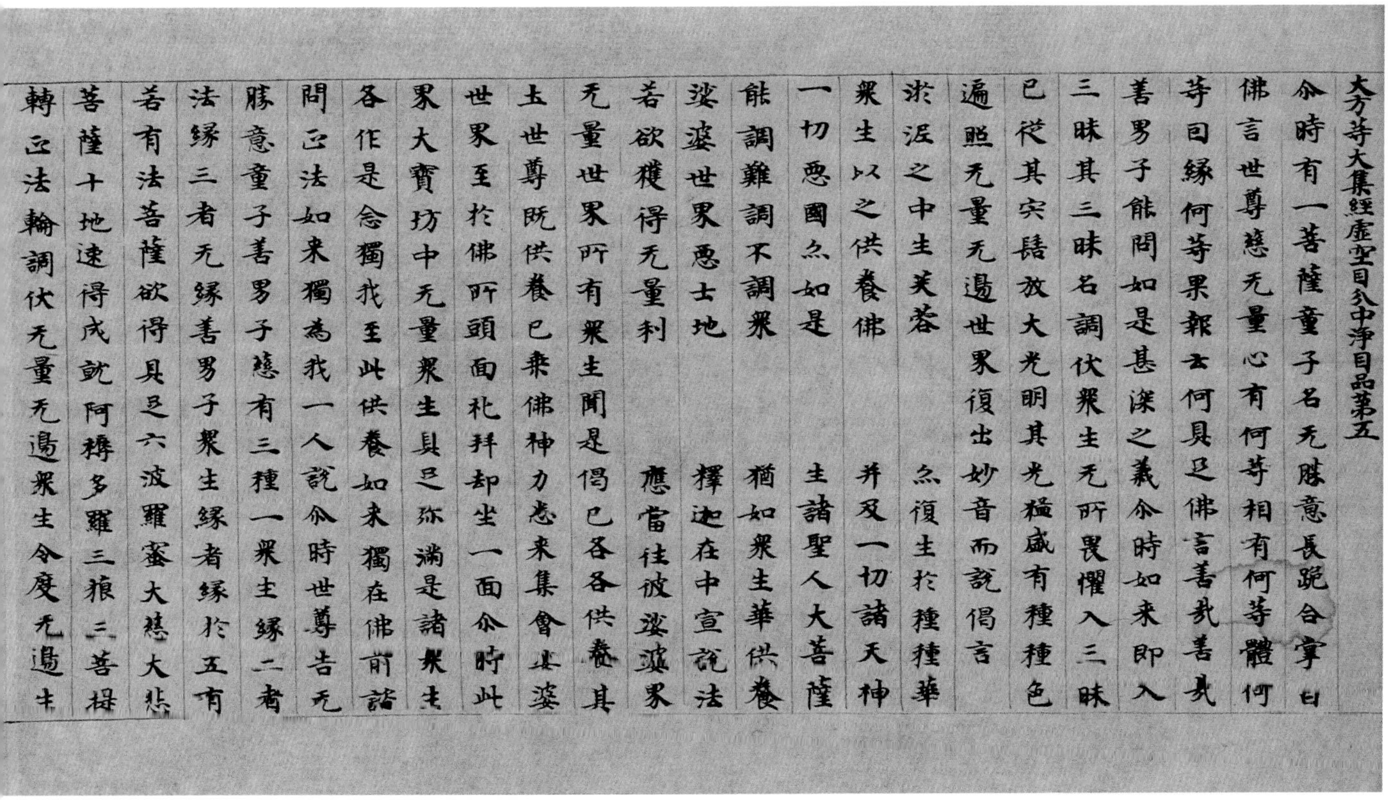

大方等大集經虛空目分中淨目品第五
尒時有一菩薩童子名无勝意長跪合掌白
佛言世尊慈无量心有何等相有何等體何
等因緣何等果報云何具足佛言善哉善哉
善男子能問如是甚深之義尒時如來即入
三昧其三昧名調伏衆生无所畏懼入三昧
已從其宍髻放大光明其光熾盛有種種色
遍照无量无邊世界復出妙音而說偈言
淤泥之中生芙蓉　亦復生於種種華
衆生以之供養佛　并及一切諸天神
一切惡國亦如是　生諸聖人大菩薩
能調難調不調衆　猶如衆生華供養
娑婆世界惡土地　釋迦在中宣說法
若欲獲得无量利　應當往彼娑婆界
无量世界所有衆生聞是偈已各各供養其
土世尊既供養已乘佛神力悉來集會娑婆
世界至於佛所頭面礼拜却坐一面尒時此
界大寶坊中无量衆生具足弥滿是諸衆生
各作是念獨我至此供養如來獨在佛前諮
問正法如來獨爲我一人說尒時世尊告无
勝意童子善男子慈有三種一衆生緣二者
法緣三者无緣善男子衆生緣者緣於五有
若有法菩薩欲得具足六波羅蜜大慈大悲
菩薩十地速得成就阿耨多羅三藐三菩提
轉正法輪調伏无量无邊衆生令度无邊生

《大方等大集經》之一

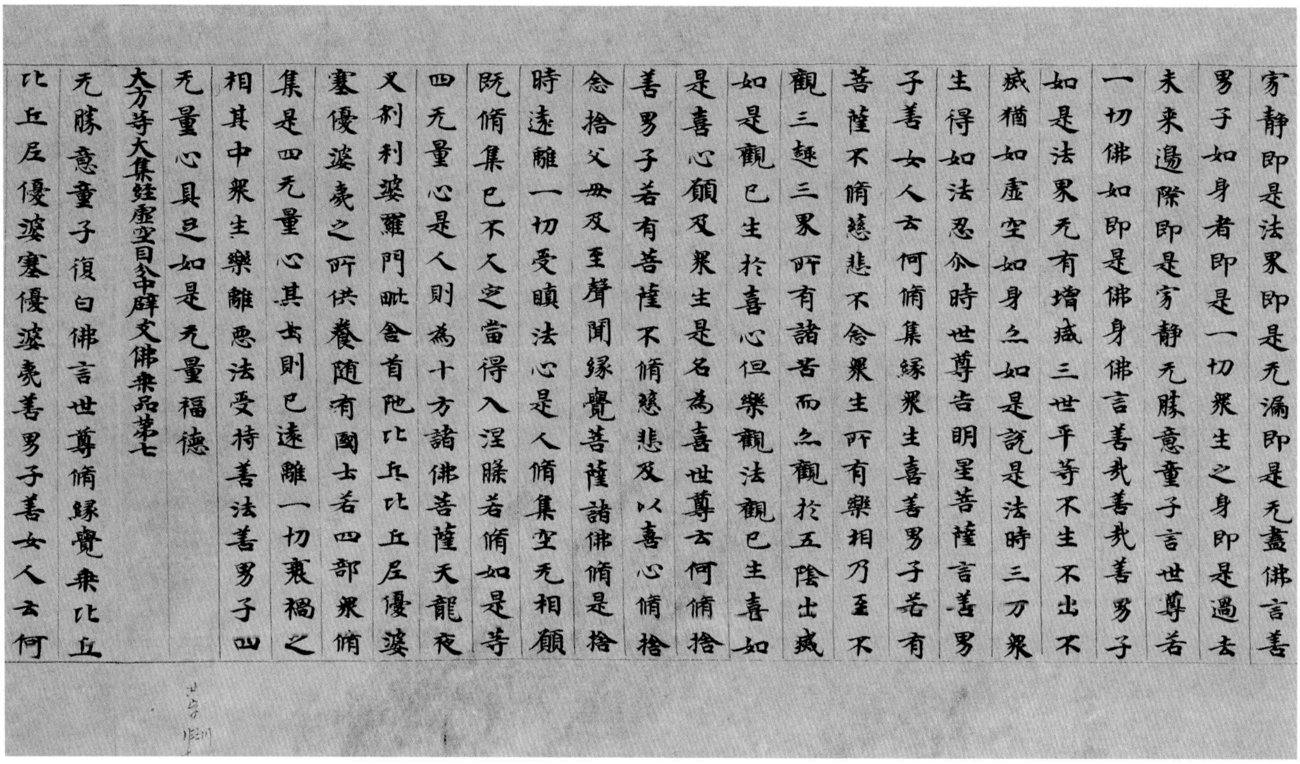
寂静即是法界即是无漏即是无盡佛言善
男子如身者即是一切衆生之身即是過去
未来過際即是寂静无勝意童子言世尊若
一切佛如即是佛身佛言善哉善哉善男子
如是法界无有增減三世平等不生不出不
滅猶如虛空如身亦如是說是法時三万衆
生得如法忍尒時世尊告明星菩薩言善男
子善女人云何脩集緣衆生喜善男子若有
菩薩不脩慈悲不念衆生所有樂相乃至不
觀三趣三界所有諸苦而亦觀於五陰出滅
如是觀已生於喜心但樂觀法觀已生喜如
是喜心願及衆生是名為喜世尊云何脩捨
善男子若有菩薩不脩慈悲及以喜心脩捨
念捨父母及至聲聞緣覺菩薩諸佛脩是捨
時遠離一切受瞋法心是人脩集空无相願
既脩集已不久之當得入涅槃若脩如是等
四无量心是人則為十方諸佛菩薩天龍夜
叉刹利婆羅門毗舍首陁比丘比丘尼優婆
塞優婆夷之所供養隨有國土若四部衆脩
集是四无量心其土則已遠離一切衰禍之
相其中衆生樂離惡法受持善法善男子四
无量心具足如是无量福德
大方等大集經虛空目分中辟支佛乘品第七
无勝意童子復白佛言世尊脩緣覺乘比丘
比丘尼優婆塞優婆夷善男子善女人云何

《大方等大集經》之二

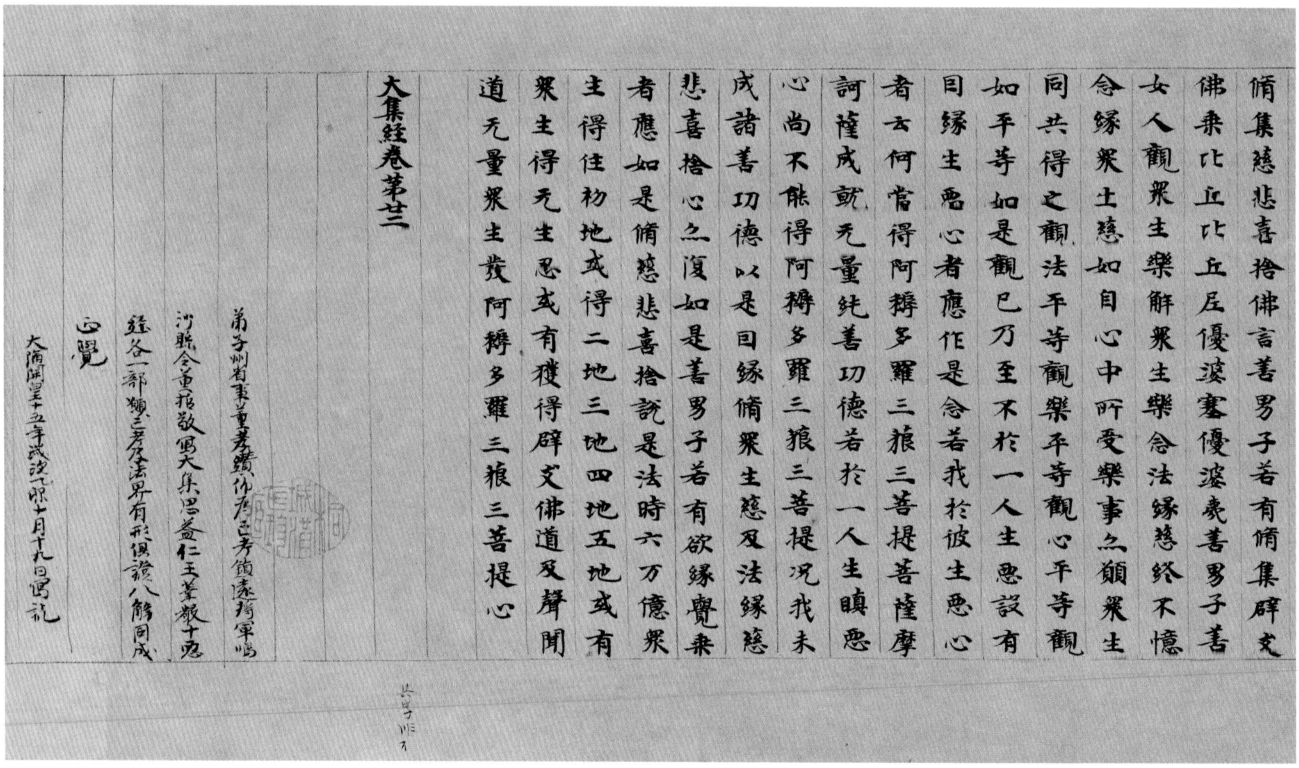
脩集慈悲喜捨佛言善男子若有脩集辟支
佛乘比丘比丘尼優婆塞優婆夷善男子善
女人觀衆生樂解衆生樂念法緣慈終不憶
念緣衆生慈如自心中所受樂事亦願衆生
同共得之觀法平等觀樂平等觀心平等觀
如平等如是觀已乃至不於一人生惡設有
因緣生惡心者應作是念若我於彼生惡心
者云何當得阿耨多羅三藐三菩提菩薩摩
訶薩成就无量純善功德若於一人生瞋惡
心尚不能得阿耨多羅三藐三菩提況我未
成諸善功德以是因緣脩衆生慈及法緣慈
悲喜捨心亦復如是善男子若有欲緣覺乘
者應如是脩慈悲喜捨說是法時六万億衆
生得住初地或得二地三地四地五地或有
衆生得无生忍或有獲得辟支佛道及聲聞
道无量衆生發阿耨多羅三藐三菩提心
大集經卷第廿三
弟子州省事董孝纘仰為亡考鎮遠將軍鳴
沙縣令董拔敬寫大集思益仁王般若十惡
經各一部願亡考及法界有形俱證八解同成
正覺
大隋開皇十五年歲次乙卯十月十九日寫訖

《大方等大集經》之三

24

國詮　楷書善見律

唐
紙本　楷書
縱22.6厘米　橫468.8厘米
清宮舊藏

Shan Jian Lu (Saman-tapasadika) in regular script
By Guo Quan, Tang Dynasty
Ink on paper
H. 22.6cm　L. 468.8cm
Qing court collection

《善見律毗婆沙》，亦稱《善見毗婆沙律》、《善見律》、《善見論》、《毗婆沙律》，是佛教戒律，小乘律部“五論”之一。《歷代三寶記》卷十載：某國三藏法師帶此律至廣州，授其弟子僧迦跋陀羅，僧迦跋陀羅與沙門僧猗於南朝齊永明六年（488年）在廣州竹林寺譯出。共十八卷，前四卷述說佛教的三次結集和阿育王時佛教向外傳播情況，其餘主要註釋《四分律》。

本卷標題為“善見律卷”，尾題：“貞觀廿二年（648年）十二月十日國詮寫”，並詳具校、裝、監各道工序人名。從中不僅能清晰了解此卷的前後完成過程，而且由於趙模、閻立本等著名書畫家參與監製，可能屬皇家所作功德。明代都穆《寓意編》記載：“國詮，太宗時人，唐貞觀經生。國詮奉敕作指頂許字，用硬黃紙本書善見律，末後諸臣有閻立本名。”

從書法上看，結體平正秀勁，承襲了陳、隋楷書傳統，其精熟勻淨的筆法，直接虞（世南）、褚（遂良）風規。

《善見律卷》歷代流傳有緒，曾入南宋皇家內府，鈐有高宗“紹”“興”（朱文）、理宗“緝熙殿寶”（朱文）。後代鈐“趙郡蘇氏”（朱文）、“嘉禾吳仲印”（白文）、“顏氏家藏”（朱文）、“史德珪印”（朱文）、“陳氏子子孫孫永保之”（白文）、“華夏”（白文）、“吳時芳印”（白文）、“雲間王鴻緒鑑定印”（朱文）及清內府諸印。

尾紙題跋觀款共九則，依次是元代趙孟頫、馮子振、倪瓚、趙巖，明代邢侗、陶初、徐霞、董其昌，清代魯臬。

《東圖玄覽》、《祕殿珠琳續編》著錄。

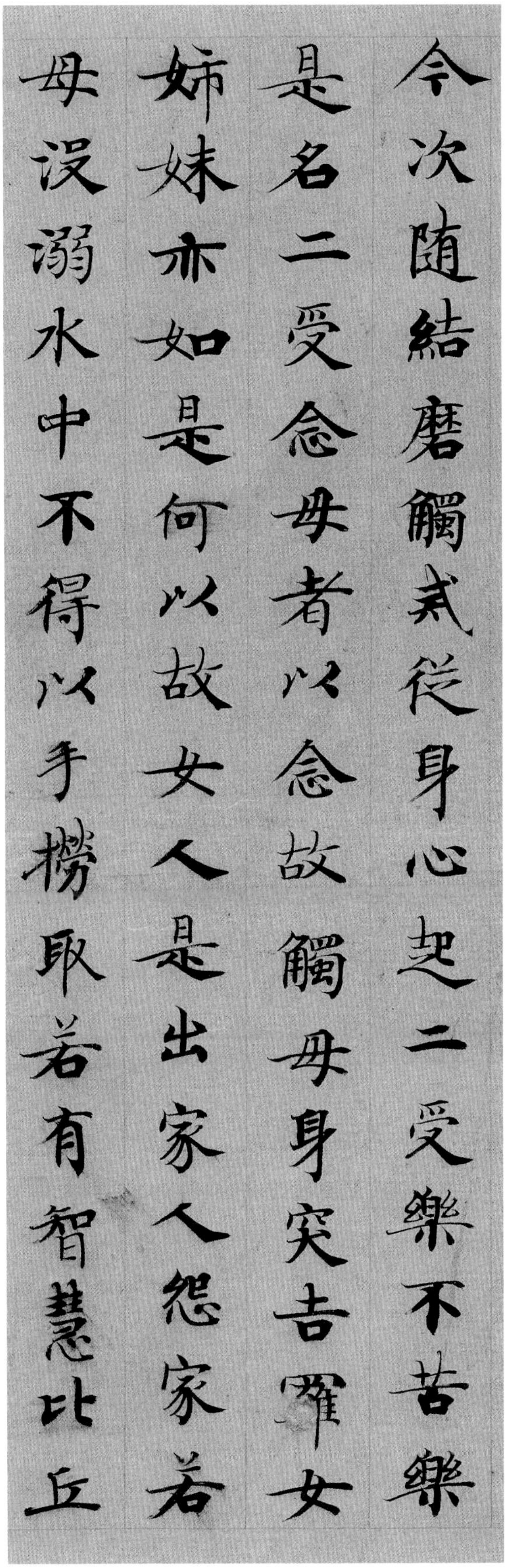

《善見律》局部原大

頼上上不作是念而眼色欲隂經是故弄出
不淨除夢中者法師曰律本說唯除夢中弄
與夢俱出不淨何以除夢荅曰佛結戒制身
業不制意業是以夢中无罪如律本中說佛
告諸比丘汝當作如是說戒若比丘故弄出
精僧伽婆尸沙出精者故出知精出以為適
樂无慚愧心精者律中七種毗婆沙廣解有
十何謂為十青黃赤白木皮色油色乳色酪
色蘇色精離本處本處以腰為處又言不然
舉體有精唯除髮爪及燥皮无精若精離本
處至道不至道乃出乃至飽一蠅得僧伽婆
尸沙罪若有熱作行来運動及病疾自出不
犯夢有四種一者四大不和二者先見三者
天人四者想夢問曰云何四大不和夢荅曰
四大不和夢者眠時夢見山崩或飛騰虛空
或見虎狼師子賊逐此是四大不和夢虛不
實先見而夢者或晝曰見或白或黑或男或
女夜夢見是名先見此夢虛不實天人夢者
有善知識天人有惡知識天人若善知識天
人現善夢令人得善惡知識者令人得惡想
現惡夢此夢真實想夢者此人前身或有福
德或有罪若福德者現善夢罪者現惡夢如
菩薩母夢菩薩初欲入母胎時夢見白象

名五種若欲時起男根便強堪用過此時不
起餘四亦如是復有朝中晡夜亦名為時為
除病者如是有十句青色為初亦有十故於
律本中說戶孔為初內色與外色觸即成堪
用虛空中動亦无內亦无外色自動故得罪
蟲者此蟲身有毛若觸痒而起即成堪用若
作藥或布施或祠祀或試或以生天或作栽
種若作如是者皆悉得罪若故出精離本處
得僧伽婆尸沙罪若故出精而不出不得罪
若自流出非故出者亦无罪法師曰次句易
解若比丘得罪往至毗尼師所毗尼師次第
問先勅勿覆藏語先勅我如醫師汝如病者
而實頭痛而假言脚痛醫師設藥病亦不差
即呵責言師无驗不解設藥是故汝可一一
向我說若重結重若輕結輕毗尼師先觀十
一欲十一方便問曰何謂為十一欲荅曰一
者樂二者正出樂三者已出樂四者欲樂五
者觸樂六者痒樂七者見樂八者坐樂九者
語樂十者家樂十一者折林也樂出樂者
若比丘欲時起心樂欲樂故出精精出得僧
伽婆尸沙若故出樂精不出得偷蘭遮罪若
比丘心想而眠先作方便以脚夾或以手握

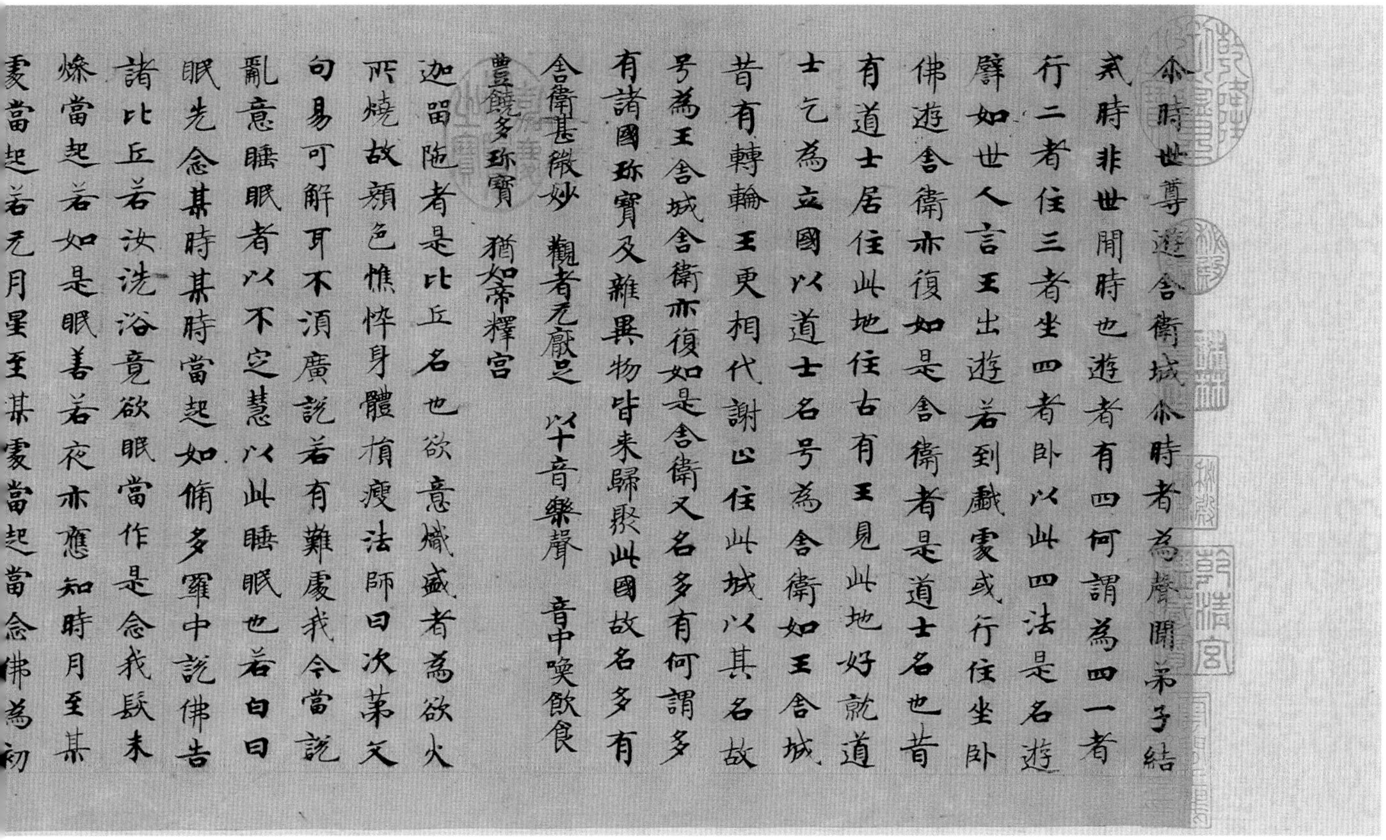
尒時世尊遊舍衛城尒時者爲聲聞弟子結
戒時非世間時也遊者有四何謂爲四一者
行二者住三者坐四者卧以此四法是名遊
譬如世人言王出遊若到戲處或行住坐卧
佛遊舍衛亦復如是舍衛者是道士名也昔
有道士居住此地住古有王見此地好就道
士乞爲立國以道士名号爲舍衛如王舍城
昔有轉輪王更相代謝心住此城以其名故
号爲王舍城舍衛亦復如是舍衛又名多有何謂多
有諸國珍寶及雜異物皆来歸聚此國故名多有
舍衛甚微妙　觀者无厭足　以十音樂聲　音中唤飲食
豐饒多珍寶　猶如帝釋宮
迦留陁者是比丘名也欲意熾盛者爲欲火
所燒故顔色憔悴身體損瘦法師曰次第文
句易可解耳不須廣説若有難處我今當説
亂意睡眠者以不定慧以此睡眠也若白曰
眠先念某時某時當起如脩多羅中説佛告
諸比丘若汝洗浴竟欲眠當作是念我卧未
燦當起若如是眠善若夜亦應知時月至某
處當起若无月星至某處當起當念佛爲初

《善見律》之一

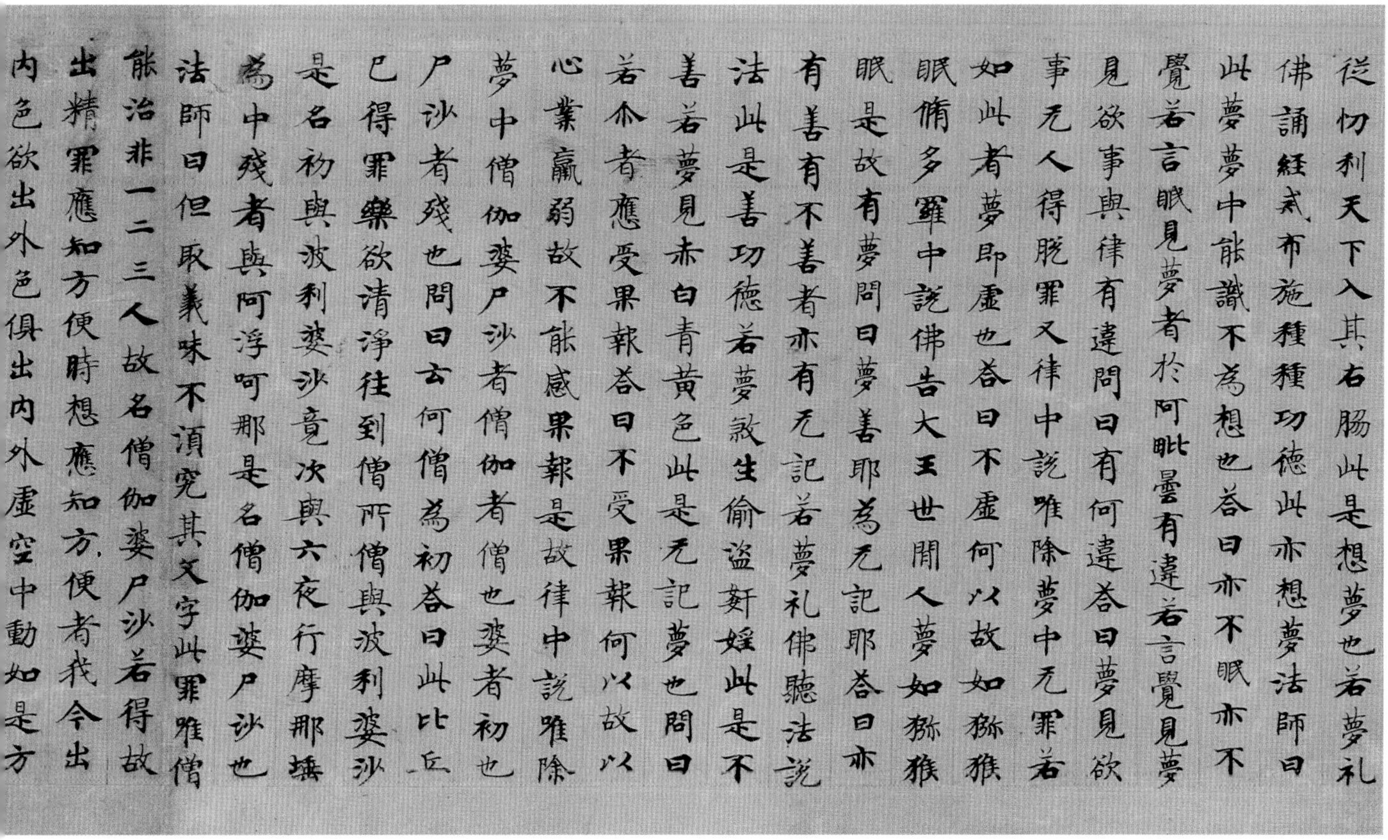
從忉利天下入其右脇此是想夢也若夢礼
佛誦經戒布施種種功德此亦想夢法師曰
此夢夢中能識不爲想也答曰亦不眠亦不
覺若言眠見夢者於阿毗曇有違若言覺見夢
見欲事與律有違問曰有何違答曰夢見欲
事无人得脱罪又律中説唯除夢中无罪若
如此者夢即虚也答曰不虚何以故如獼猴
眠脩多羅中説佛告大王世間人夢如獼猴
眠是故有夢問曰夢善耶爲无記耶答曰亦
有善有不善者亦有无記若夢礼佛聽法説
法此是善功德若夢殺生偷盗姧婬此是不
善若夢見赤白青黄色此是无記夢也問曰
若尒者應受果報答曰不受果報何以故以
心業羸弱故不能感果報是故律中説唯除
夢中僧伽婆尸沙者僧伽者僧也婆者初也
尸沙者殘也問曰云何僧爲初答曰此比丘
已得罪欲清淨往到僧所僧與波利婆沙
是名初與波利婆沙竟次與六夜行摩那埵
爲中殘者與阿浮呵那是名僧伽婆尸沙也
法師曰但取義味不須究其文字此罪唯僧
能治非一二三人故名僧伽婆尸沙若得故
出精罪應知方便時想應知方便者我今出
内色欲出外色俱出内外虚空中動如是方

《善見律》之二

抱精出不犯因觸故得突吉羅罪若摩婆故
出精犯罪是名樂家折林者男子與女結搪
或以香華檳榔更相往還餉致言以此結親
何以故香華檳榔者皆從林出故名折林若
女人荅餉善大德餉極香美我今荅後餉令
此大德令我比丘聞此已欲起精出不犯若
因便故出犯罪又因不出得偷蘭遮罪法師
曰是名為十一毗尼師善觀已有罪无罪若
輕若重輕言輕重者說重如律本所治者若
如是作善譬如醫師善觀諸病隨病投藥病
者得愈醫師得賞故出不淨者如是為初心
樂出而不弄不動若精出不犯若觸若痒无
出心无罪有出心有罪除夢中者若比丘夢
與女人共作婬事或夢共抱共眠如是欲法
次第汝自當知若精出无罪若已出而覺因
此樂出或以手捉或兩髀夾犯罪是故有智
慧比丘若眠夢慎莫動善若精出恐汙衣帶
以手捉往至洗處不犯若根有創病以油塗
之或種種藥磨不樂精出无罪若顛狂人精
出无罪最初未制戒不犯第一僧伽婆尸沙
說竟
尒時佛住舍衛國祇樹給孤獨園精舍法師

裝嚴亦名雜金銀若比丘捉如是鬘者皆得
僧伽婆尸沙若比丘言我捉雜鬘罪无得脫
若比丘或捉一鬘亦僧伽婆尸沙除鬘及手
餘處磨觸悉名細滑若比丘捉一一身分悉
僧伽婆尸沙此磨滑或若捉手若捉鬘若磨
觸細滑分別有十二種我今當現捉觸為初
律本中說捉者不磨觸者不捉不磨是名觸
也捉者取置一處是名捉餘句易可解耳此
諸文句今正廣說若女作女想比丘欲心以
身相觸律中已說若捉能得僧伽婆尸沙若
捉置更捉隨捉多少悉僧伽婆尸沙若比丘
以一手磨觸乃至一日僧伽婆尸沙何以故
為不觸手故觸亦如是下觸者從頭至脚底
捉不置亦得一僧伽婆尸沙若放已更捉隨
捉多少一一僧伽婆尸沙上觸者從脚至頭
亦如是但觸者先捉女鬘但頭而嗅隨其所
作不置得一僧伽婆尸沙摹者摹就其身盪
者盪離其身捉將者捉女人去一由旬不動
手得一僧伽婆尸沙若置更捉隨一一捉得
僧伽婆尸沙若障衣捉若障瓔珞捉偷蘭遮
若衣穿著肉僧伽婆尸沙人女作人女想僧
伽婆尸沙人女作男子想偷蘭遮人女疑偷

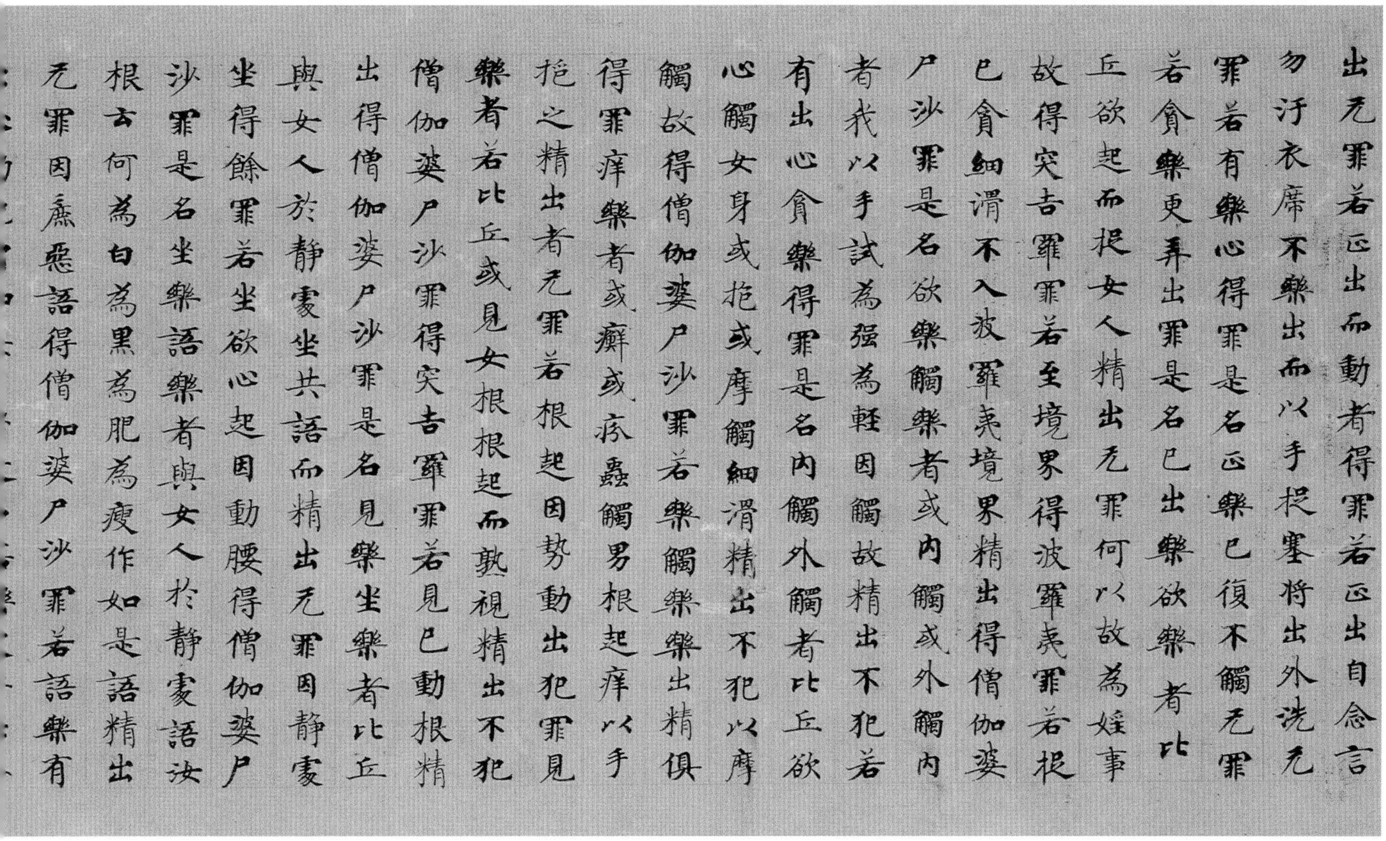

出无罪若正出自念言勿汙衣席不樂出而以手捉塞将出外洗无罪若有樂心得罪是名正樂已復不觸无罪若貪樂更弄出罪是名已出樂欲樂者比丘欲起而捉女人精出无罪何以故為婬事故得突吉羅罪若至境界得波羅夷罪若根已貪細滑不入波羅夷境界精出得僧伽婆尸沙罪是名欲樂觸樂者或内觸或外觸内者我以手試為强為輕因觸故精出不犯若有出心貪樂得罪是名内觸外觸者比丘欲心觸女身或抱或摩觸細滑精出不犯以摩觸故得僧伽婆尸沙罪若樂觸樂樂出精俱得罪痒樂者或癬或疥蟲觸男根起痒以手抱之精出者无罪若根起因勢動出犯罪見樂者若比丘或見女根根起而孰視精出不犯僧伽婆尸沙罪得突吉羅罪若見已動根精出得僧伽婆尸沙罪是名見樂坐樂者比丘與女人於静處坐共語而精出无罪因静處坐得餘罪若坐欲心起因動腰得僧伽婆尸沙罪是名坐樂語樂者與女人於静處語汝根古何為白為黑為肥為瘦作如是語精出无罪因麁惡語得僧伽婆尸沙罪若語樂有

《善見律》之三

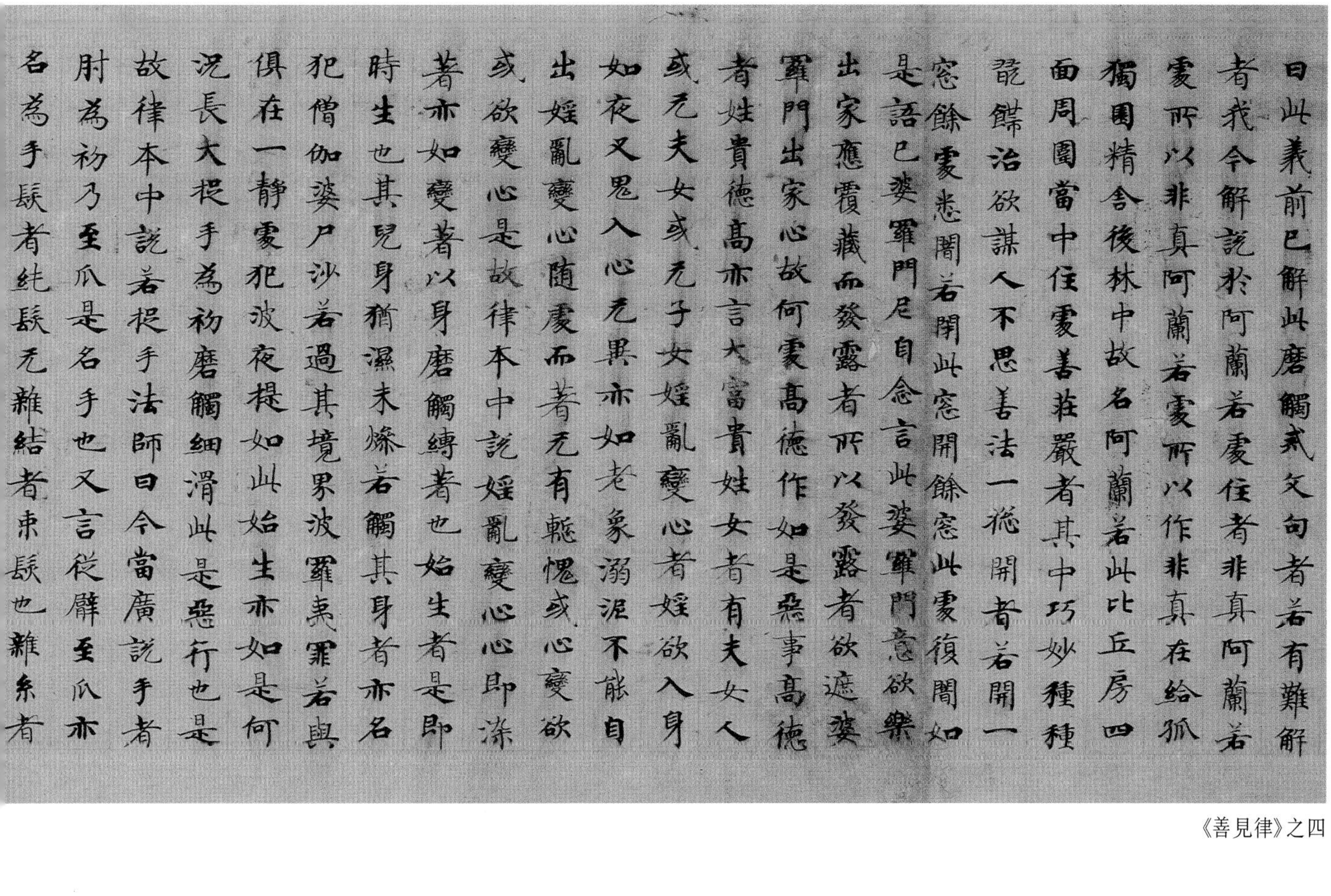

曰此義前已解此磨觸戒文句者若有難解者我今解說於阿蘭若處住者非真阿蘭若處所以非真阿蘭若處所以作非真在給孤獨園精舍後林中故名阿蘭若此比丘房四面周圍當中住處善莊嚴者其中巧妙種種彫鏤治欲謀人不思善法一牕開者若開一窓餘處悉闇若開此窓開餘窓此處復闇如是語已婆羅門尼自念言此婆羅門意欲樂出家應覆藏而發露者所以發露者欲遮婆羅門出家心故何處高德作如是惡事高德者姓貴德高亦言大富貴姓女者有夫女人或无夫女或无子女婬亂變心者婬欲入身如夜叉鬼入心无異亦如老象溺泥不能自出婬亂變心隨處而著无有慙愧或心變欲或欲變心是故律本中說婬亂變心心即染著亦如變著以身磨觸縛著也始生者是即時生也其兒身猶濕未燥若觸其身者亦名犯僧伽婆尸沙若過其境界波羅夷罪若與俱在一静處犯波夜提如此始生亦如是何況長大捉手為初磨觸細滑此是惡行也是故律本中說若捉手法師曰今當廣說手者肘為初乃至爪是名手也又言從髀至爪亦名為手髮者純髮无雜結者束髮也雜糸者

《善見律》之四

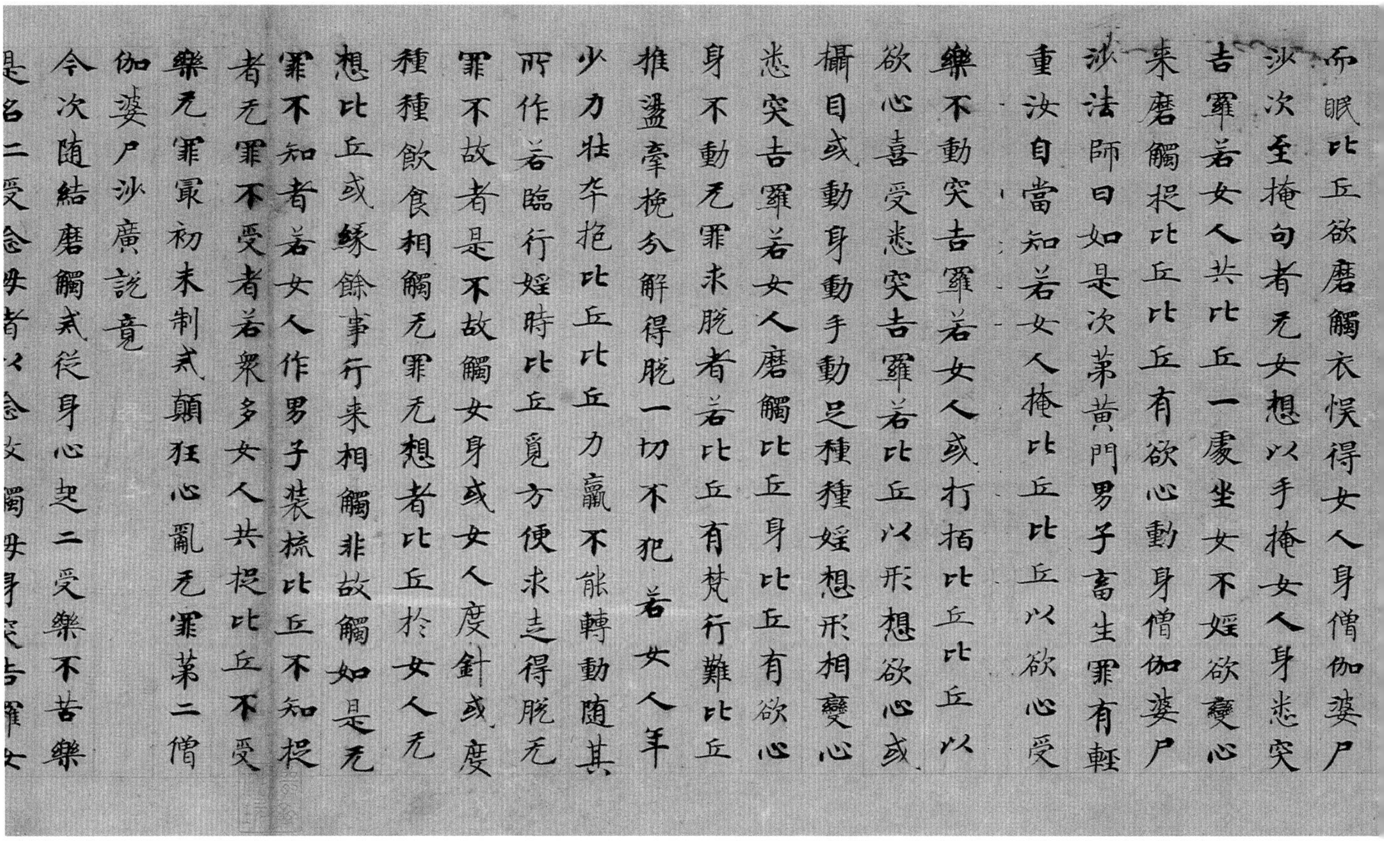

而眠比丘欲磨觸衣悞得女人身僧伽婆尸
沙次至捲句者无女想以手捲女人身突
吉羅若女人共比丘一處坐女不婬欲變心
来磨觸捉比丘比丘有欲心動身僧伽婆尸
沙法師曰如是次第黃門男子畜生罪有輕
重汝自當知若女人捲比丘比丘以欲心受
樂不動突吉羅若女人或打拍比丘比丘以
欲心喜受突吉羅若比丘以形想欲心或
攝目或動身動手動足種種婬想形相變心
突吉羅若女人磨觸比丘身比丘有欲心
身不動无罪求脫者若比丘有梵行難比丘
推盪牽挽分解得脫一切不犯若女人年
少力壯牟抱比丘比丘力羸不能轉動隨其
所作若臨行婬時比丘覓方便求走得脫无
罪不故者是不故觸女身或女人度針或度
種種飲食相觸无罪无想者比丘於女人无
想比丘或緣餘事行来相觸非故觸如是无
罪不知者若女人作男子裝梳比丘不知捉
者无罪不受者若衆多女人共捉比丘不受
樂无罪最初未制或顛狂心亂无罪第二僧
伽婆尸沙廣說竟
今次隨結磨觸或從身心起二受樂不苦樂
是名二受念婬者々念故觸婬身突吉羅女

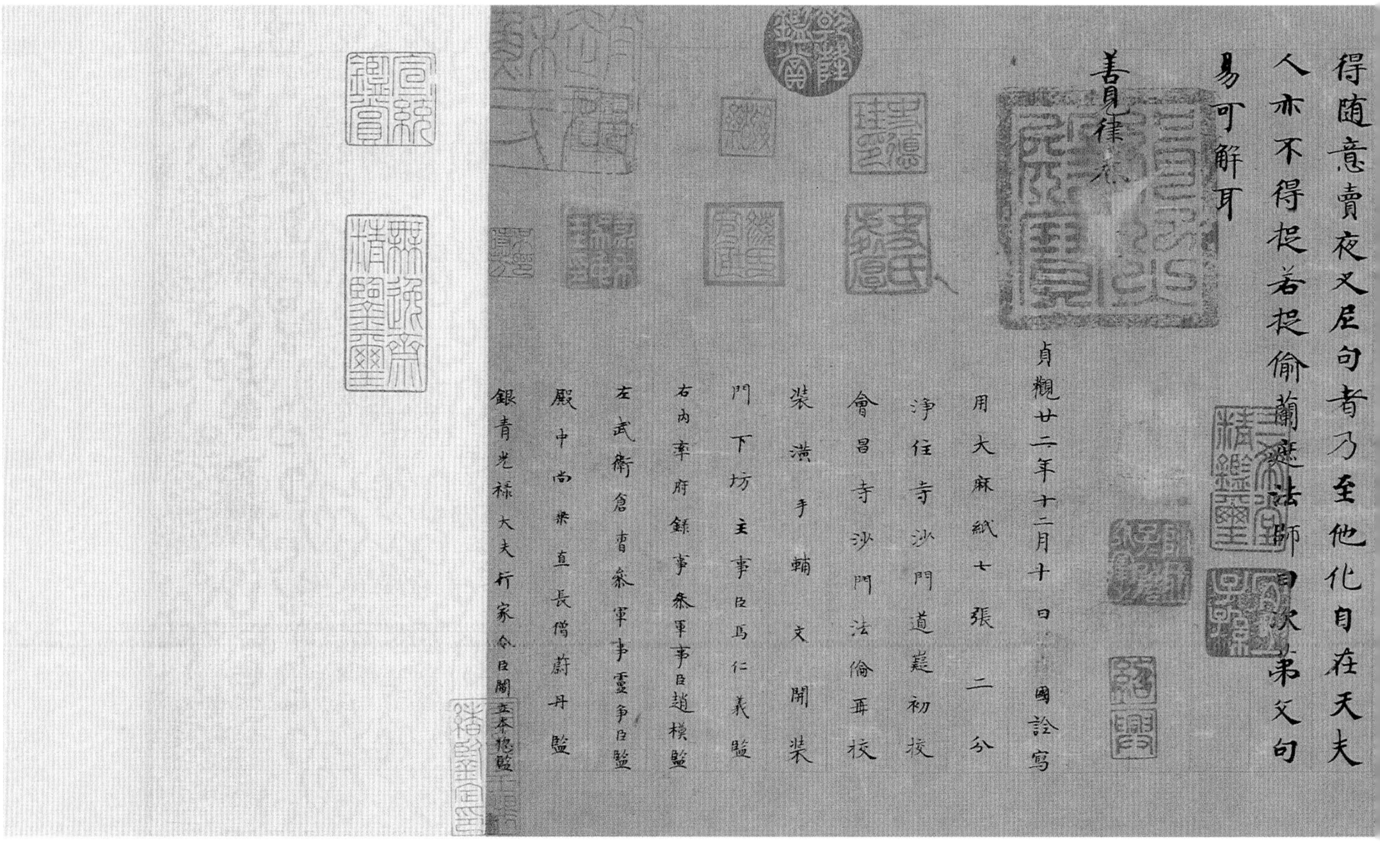

得隨意賣衣又屋句者乃至他化自在天夫
人亦不得捉若捉偷蘭遮法師曰次第文句
易可解耳
善見律

貞觀廿二年十二月十日國詮寫
用大麻紙七張二分
淨住寺沙門道㝎初校
會昌寺沙門法倫再校
裝潢手輔文開裝
門下坊主事臣馬仁義監
右內率府錄事參軍事臣趙模監
左武衛倉曹參軍事靈爭臣監
殿中尚乘直長僧蔚丹監
銀青光祿大夫行家令臣閻立本總監

偷蘭遮人女作畜生想偷蘭遮黃門作黃門想偷蘭遮黃門疑突吉羅男子畜生作黃門想突吉羅男子作男子想突吉羅男子疑突吉羅男子作人女想作畜生想突吉羅畜生作畜生想突吉羅二女者如是為初若捉二人二僧伽婆尸沙若捉眾多女眾多僧伽婆尸沙若眾多女聚在一處若摠捉計女多少一一僧伽婆尸沙若中央女不著偷蘭遮比丘以衣遶縛眾多女牽去偷蘭遮中央女不著衣突吉羅比丘以繩縛女人衣突吉羅若女人次第坐膝膝相著比丘捉著上頭第一女僧伽婆尸沙餘女突吉羅若合捉衣第一女偷蘭遮第二女突吉羅第三女以下无罪若磨觸女人麁厚衣偷蘭遮若女人細薄衣毛出磨觸僧伽婆尸沙若比丘與女人髮髮相著毛毛相著爪爪相著偷蘭遮何以故无覺觸故法師曰以髮相繫為得一罪為得眾多罪如赤身坐卧眾僧床随毛著一一突吉羅此女不然一偷蘭遮不得多羅今說往昔羅漢偈

處想及觸欲 真實无狐疑 如律本中說 重罪汝當知

處者女也想者是女想欲者磨觸細滑欲觸者知觸女人身具如此事得僧伽婆尸沙餘

《善见律》之五

是名二受念母者以念故觸母身突吉羅女姊妹亦如是何以故女人是出家人怨家若母没溺水中不得以手撈取若有智慧比丘以船接取若无竹木繩杖接取得若无竹木繩杖脫袈裟欝多羅僧接亦得若母捉袈裟已比丘以相牽袈裟而已若至岸母怖畏未已比丘向母言檀越莫畏一切无常令已得活何足追怖若母因此溺勢遂死比丘得以手捉殯斂无罪不得棄擲若母於泥井中没亦如是女人所用衣服一切不得捉若捉突吉羅唯除布施得取若泥木畫女像一切不得捉若捉突吉羅若人布施随處用一切穀不得捉唯除米若路邊穀田不犯真珠磨尼車渠馬瑙珊瑚虎珀金銀瑠璃珂此十種寶悉不得捉若真珠著內未洗得捉比丘若一切病人施比丘作藥若服塗創得取若珊瑚珂未磨洗得捉若金銀人合作藥得捉若以金銀合和銅錫无金銀色得捉若人以寶作堂以瑠璃為柱以銀為角子以金纏如此悉是真寶作堂比丘欲說法得上坐住无罪若一切器仗比丘悉不得捉朴未成者得捉若人施器仗與眾僧不得賣唯得打壞随處用若比丘往戰鬬處見此是棄掃器仗者打壞

《善见律》之六

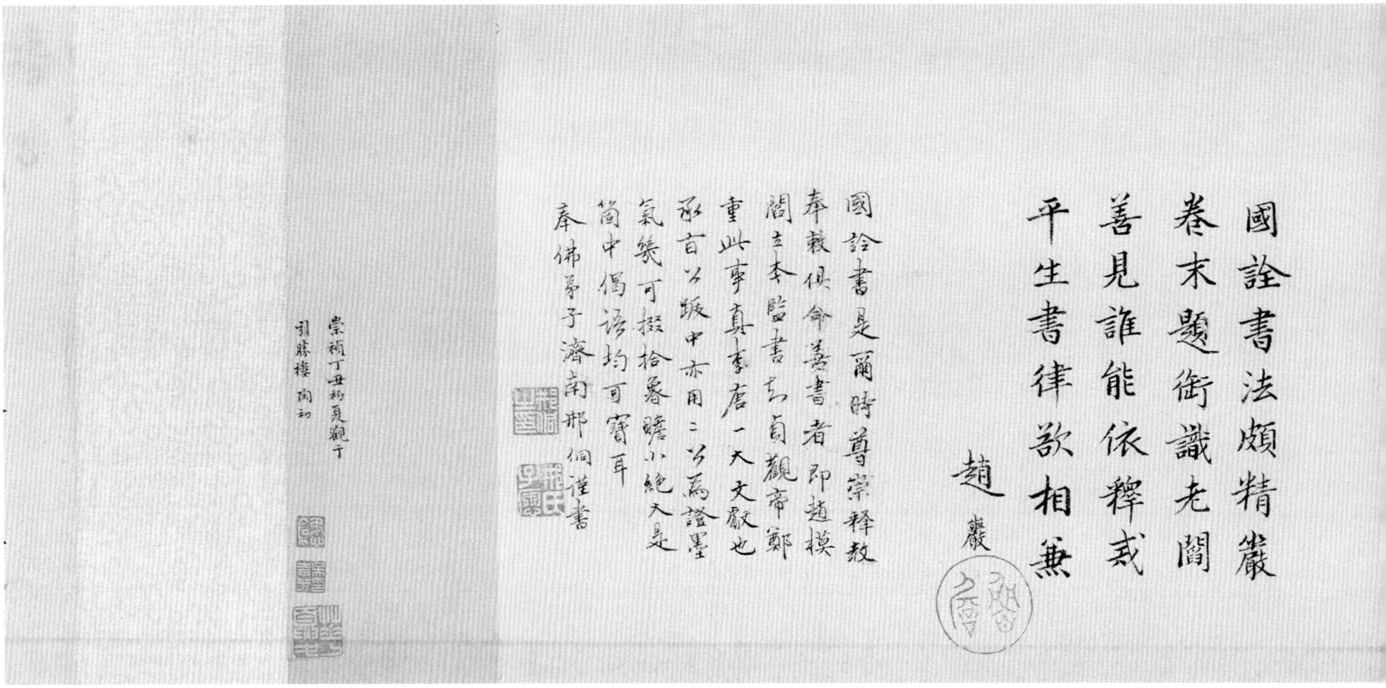
國詮書法頗精嚴
卷末題銜識老閹
善見誰能依釋戒
平生書律欲相兼
趙巖
國詮書是爾時尊崇釋教
奉勅俱命善書者即趙模
閻立本臨書古自觀帝鄭
重此事真李唐一大文獻也
𠄘旨以跋中亦用之以為證墨
氣幾可掇拾恭瞻小絕又是
篇中偶語均可寶耳
奉佛弟子濟南邢侗謹書
崇禎丁丑初夏觀于
翦勝樓

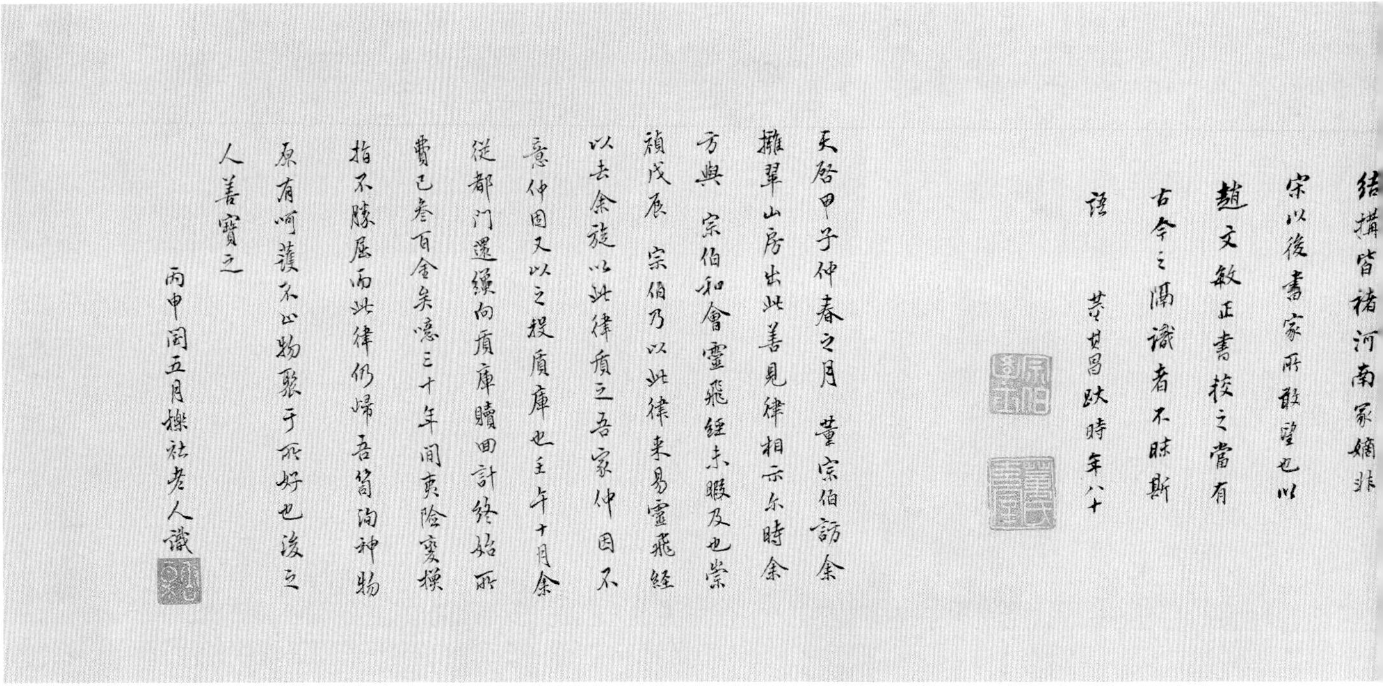
結構皆褚河南家嫡非
宋以後書家所敢望也以
趙文敏正書校之當有
古今之隔識者不昧斯
語 董其昌跋時年八十
天啟甲子仲春之月 董宗伯訪余
攤翠山房出此善見律相示余時
方輿 宗伯和會靈飛經未暇及也崇
禎戊辰 宗伯乃以此律來易靈飛經
以去余旋以此律質之吾家仲因不
意仲因又以之授質庫也壬午十月余
從都門還縝向質庫贖回計終始所
費已叁百金矣憶三十年間夷險變換
指不勝屈而此律仍歸吾笥洵神物
原有呵護不以物聚于所好也後之
人善寶之
丙申閏五月樂社老人識

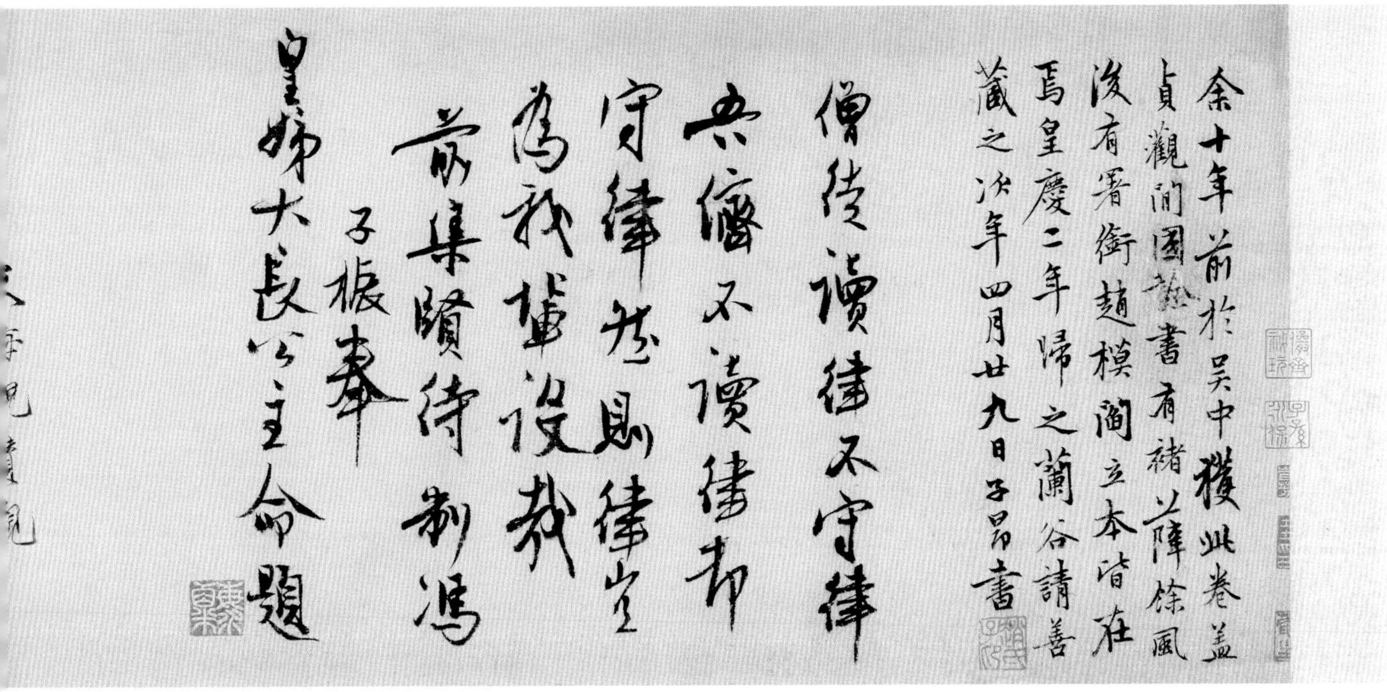
余十年前於吴中獲此卷蓋
貞觀間國詮書有褚薛徐風
後有署銜趙模簡立本皆在
焉皇慶二年歸之蘭谷請善
藏之次年四月廿九日子昂書
僧倩讀律不守律
失儀不讀律却
守律然則律豈
為我輩設哉
前集賢待制馮
子振奉
皇姊大長公主命題

《善見律》之七

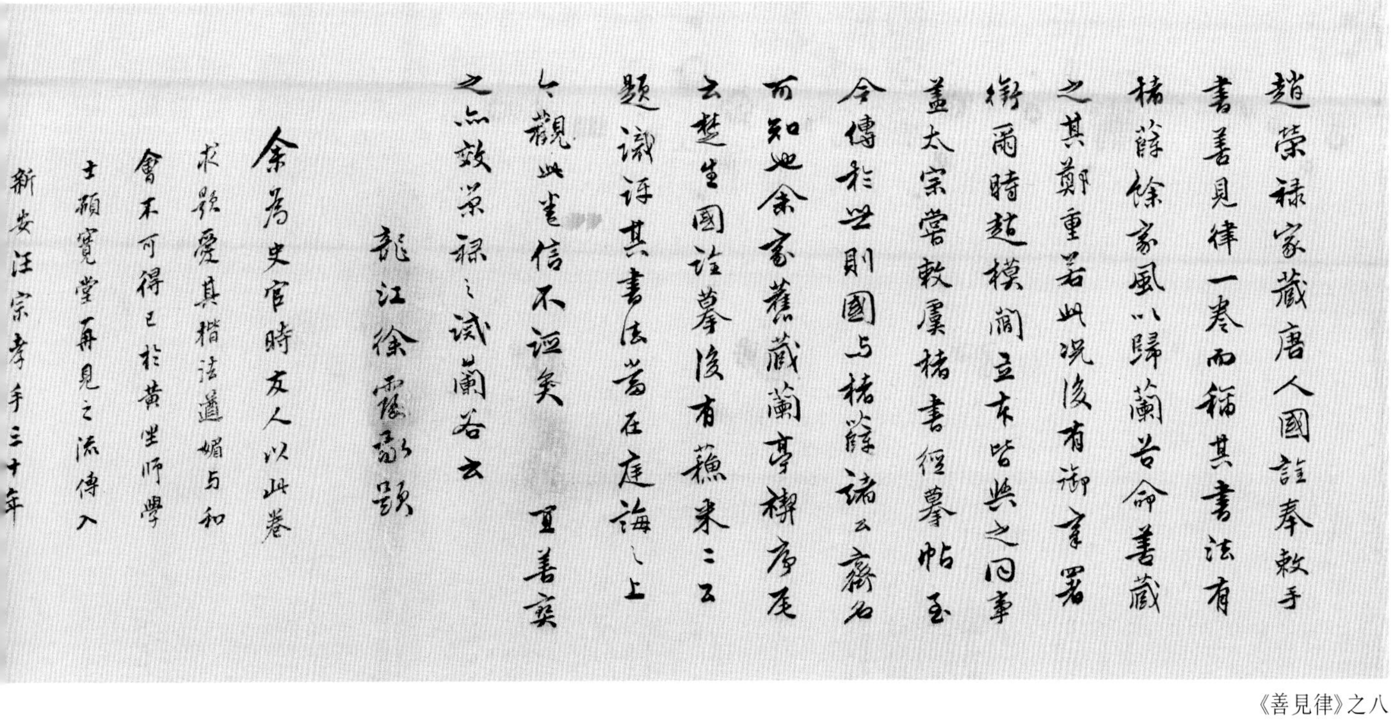
趙榮祿家藏唐人國詮奉敕手
書善見律一卷而稱其書法有
褚薛徐家風以歸蘭谷命善藏
之其鄭重若此況後有御前署
銜兩時趙模簡立本皆與之同事
蓋太宗嘗敕虞褚書經摹帖至
今傳於世則國與褚薛諸公齊名
可知也余家舊藏蘭亭禊序尾
云楚生國詮摹後有藕來二王
題識評其書法當在庭誨之上
今觀此卷信不誣矣
之亦竝榮祿之識蘭谷云
龍江徐霖題
余為史官時友人以此卷
求題愛其楷法遒媚与和
會不可得已於黃坐師學
士頫寬堂再見之流傳入
新安汪宗孝手三十年

《善見律》之八

25

白鶴觀　楷書報恩成道經

唐
紙本　楷書
縱25厘米　橫460.5厘米

Bao En Cheng Dao Jing (Classic of the Repaying Benevolengce and Getting the Way of the Taoist) in regular script
By Bai Heguan, Tang Dynasty
Ink on paper
H. 25cm　L. 460.5cm

《報恩成道經》，全稱《元始洞真慈善孝子報恩成道經》，屬道經洞真部本文類，九經同卷，共3 2 冊。此經假託無上大道元始天尊所述，宣示孝道，目的是為下世明王孝治天下，為諸孝子報父母恩，軌則家國，使天下太平，咸遵至孝。經文汲取了儒家孝道倫理及釋氏報應之說。

本卷為第一卷，款署："天寶十二載(7 5 3 年)六月日　白鶴觀為皇帝敬寫"。

除本卷之外，敦煌寫經中還收有白鶴觀抄寫的另二部經卷，即《太上大道玉清經卷二》(見《敦煌寶藏》)、《太上業報因緣經卷》(見《敦煌道經》)，此三件作品俱為道經，紀年均是天寶十二年為皇帝敬寫，時間在五月至六月之間。據此可以推測，白鶴觀是一位為皇帝抄寫道經的經生。

此卷書寫嚴整、嫻熟，點畫強調方切直折，其莊重感和裝飾效果使觀者有尋迹北碑曲徑通幽之樂。

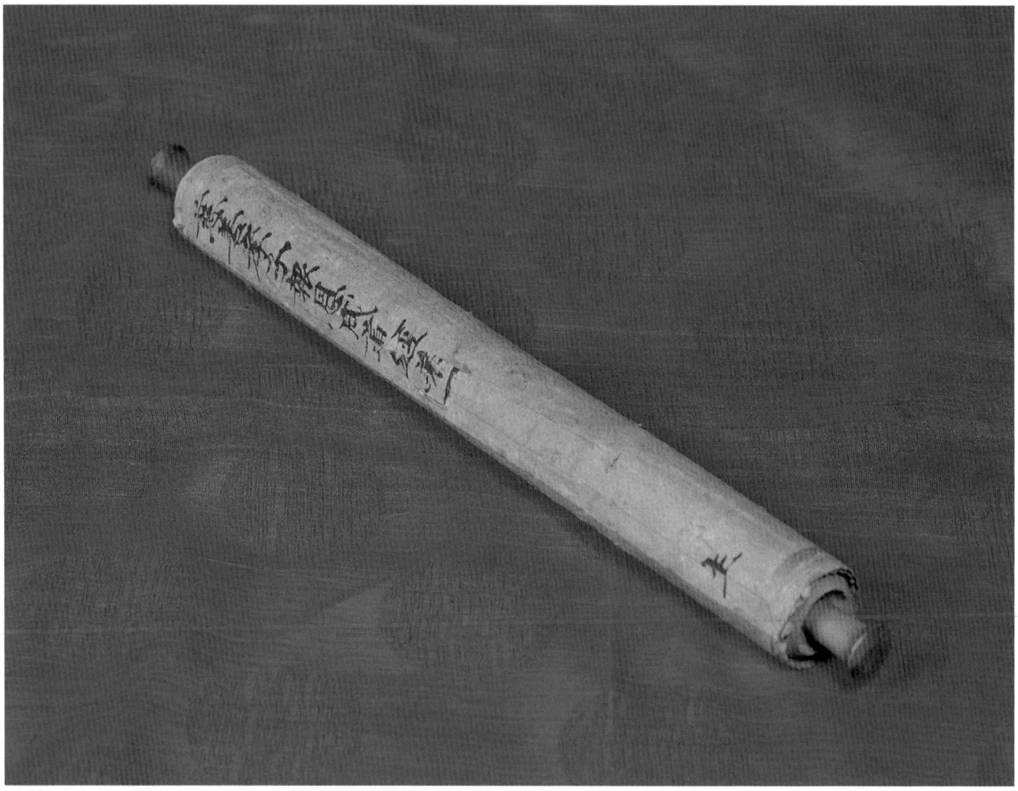

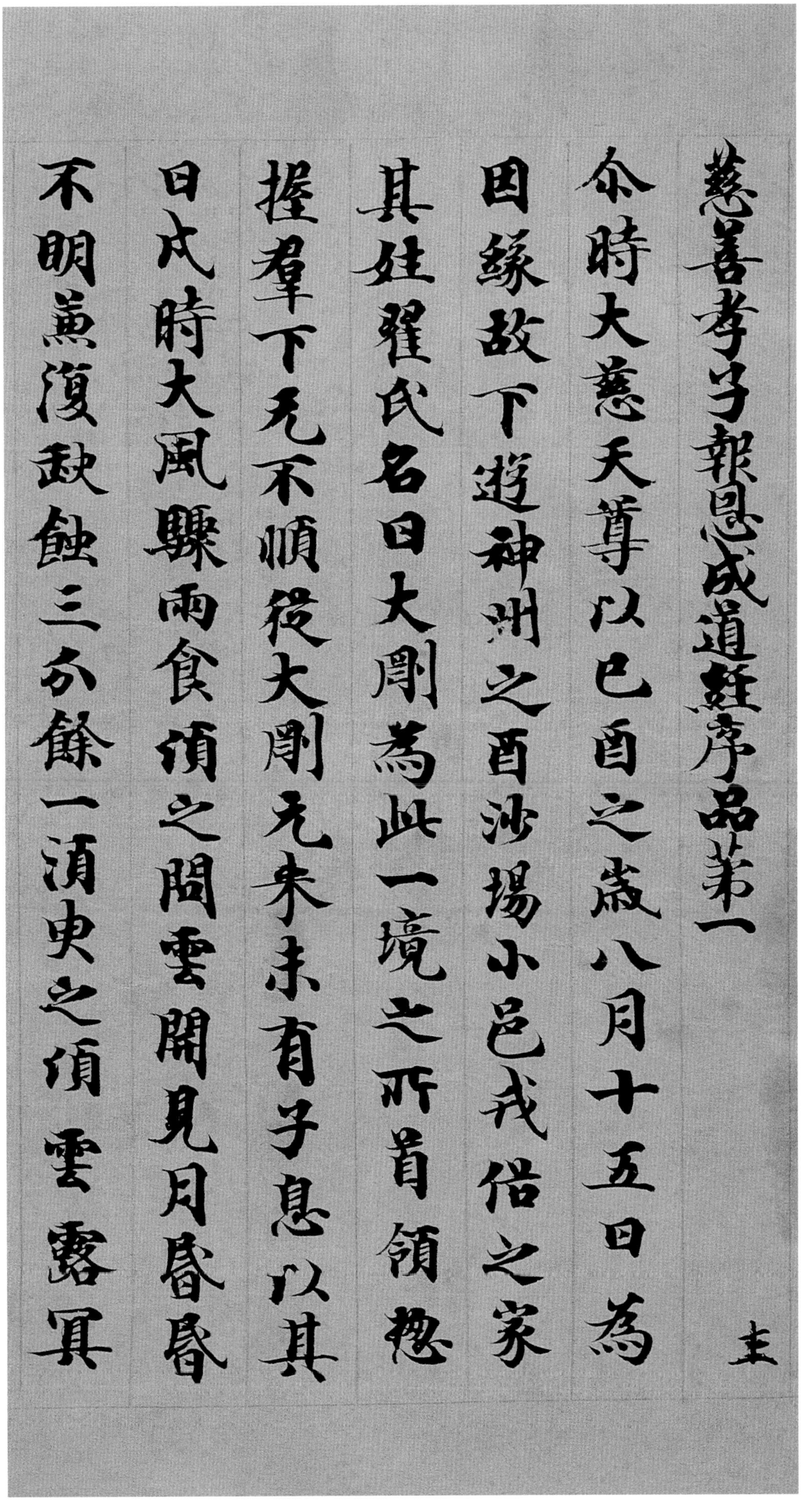
慈善孝子報恩成道經序品第一　主
尒時大慈天尊以巳酉之歲八月十五日為
因緣故下遊神州之酉沙場小邑戎佁之家
其姓翟氏名曰大剛為此一境之所首領揔
握羣下无不順從大剛无未有子息以其
日戌時大風驟雨食須之間雲開見月昏昏
不明薫復缺蝕三分餘一須臾之頃雲露冥

《報恩成道經》局部原大

兒主悪逆爲臣不忠爲子不孝我去已後未
年五月十五日黄昏之時第三夫人果生男
子字曰阿善性急聲雄其啼如吼及至三歲
齧斷母乳母因致死兒年七歲伺其父睡手
執利刀刺其父眼左右見此恐兒長大害及
他人因尒逃遁家資日減生道漸窮兒年十
八形皃奇異殊於衆人肩背二處皆生逆毛
其色紅赤齊長八寸犲聲狼顧虎踞鵄視目
圓珠出張露四白口齒尖利哆脣褰鼻形像
獸皃及年二十氣力壯盛常執兵仗斷路殺
人鳩集悪黨六千餘衆謀爲天下破掠衆生
殺戮无數猶有老父其年八十无人供養飢
寒困苦託附鄰里朝夕繼命父聞其子反逆
狼狽寄言訶罵其子大怒還殺其父利刀支
解五裂其體鄉人聞之驚走入草无敢當者
尒時大慈天尊託作隱士寒棲山林時出人
閒以是因緣鄰近長老尒時人者來白我言
恐畏狂賊來見侵逼合境恐怖身心不寧我
即荅言長者无慮此名逆賊殺害君父其年
三藏齧斷母乳母因致死殺父害母逆不過

百氣力不裏弃拜受命辭别天尊出見長老
長老見之歡喜无量而向順義説賊因緣順
義荅言我在山中聞我天師具説上事勅語
我説故我速出與汝相見汝欲攘彼逆賊當
選國内孝順之士並性慈善度量知大隨得
少多何故選覓孝順之子彼賊逆故殺害君
父天必咎之是故我等當用孝順大慈之士
擊其反逆天必助我不煩多人叢難之衆是
諸長老騁報國王王聞大喜而作是言此人
何在我欲見之中有大臣而荅王言无上大
士慈善孝順道德高妙不可召來輕失殊敬
王爲大事欲見賢者車駕詣之是時大王從
臣忠言便即動駕躬到山門尒時順義箸
冠草褐杖藥而來以謁天子而作是言老
臣不忠无德廷政枉勞車駕臨夅山門寒
林變春慈光曲照尒時大王拱手斂足而
荅順言寡人无道濫當高位視聽踈失仁
德不備遂與賢者君臣道乖今得相見宜
人之年世即爲邊戎擾動北虜无寧敢從大
賢乞以良計是時順義而荅王言戎狄无知
體多野性變其心

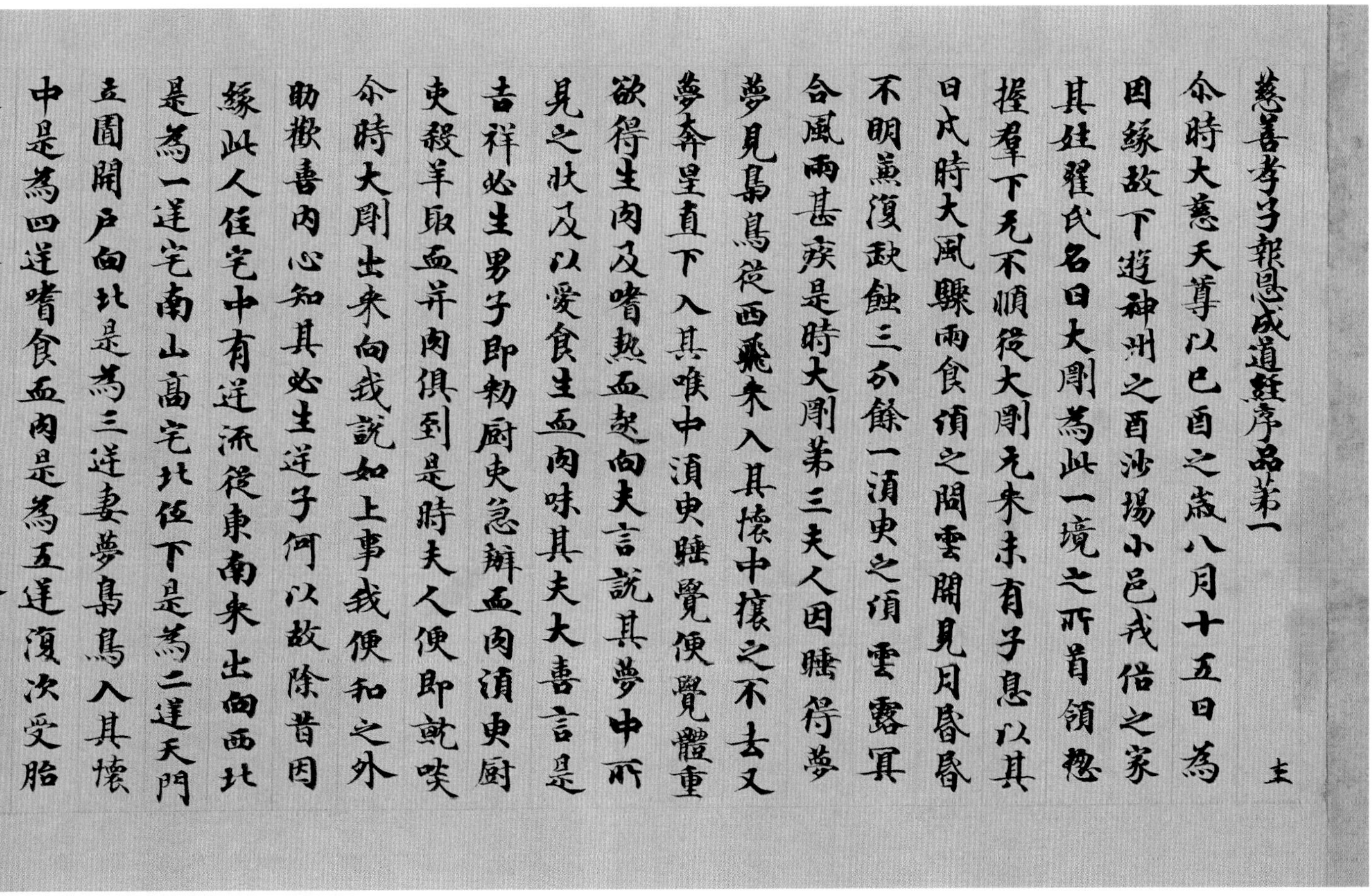
慈善孝子報恩成道經序品第一　主
尒時大慈天尊以巳酉之歲八月十五日為
因緣故下遊神州之西沙揚小邑我俗之家
其姓翟氏名曰大剛為此一境之所首領總
握羣下无不順從大剛无來未有子息以其
日夕時大風驟雨食頃之間雲開見月昏昏
不明兼復缺蝕三分餘一須臾之頃雲露冥
合風雨甚疾是時大剛第三夫人因睡得夢
夢見梟鳥從西飛來入其懷中懷之不去又
夢奔星直下入其喉中須臾睡覺便覺體重
欲得生肉及嗜熱血起向夫言說其夢中所
見之狀及以愛食生血肉味其夫大喜言是
吉祥必生男子即勑廚吏急辦血肉須臾廚
吏殺羊取血并肉俱到是時夫人便即噉喫
尒時大剛出來向我說如上事我便和之外
助歡喜內心知其必生逆子何以故除昔因
緣此人住宅中有逆流從東南來出向西北
是為一逆宅南山高宅北低下是為二逆天門
立閣開戶向北是為三逆妻夢梟鳥入其懷
中是為四逆嗜食血肉是為五逆復次受胎

《報恩成道經》之一

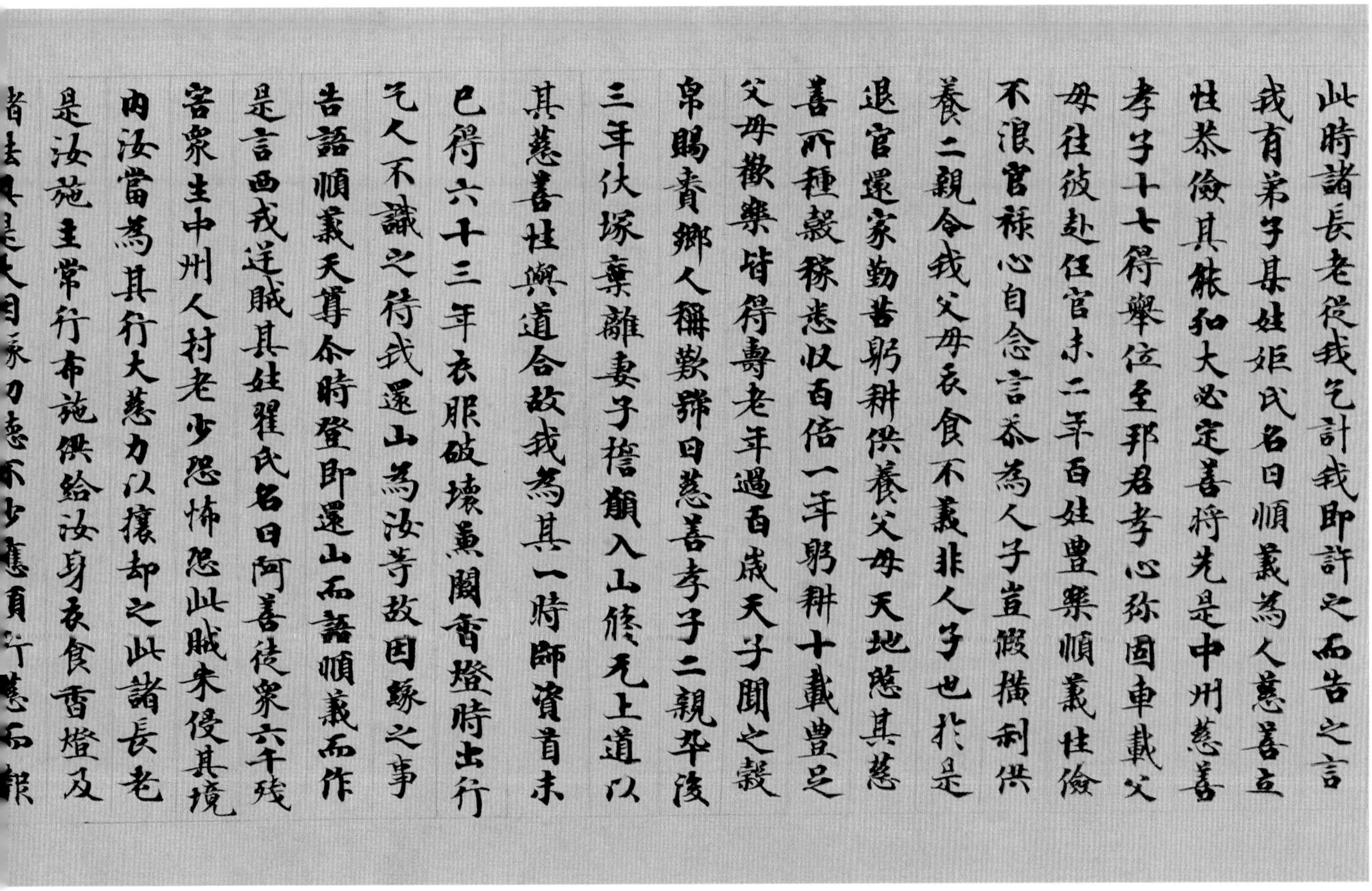
此時諸長老從我乞計我即許之而告之言
我有弟子其姓姬氏名曰順義為人慈善立
性恭儉其能和大必定善將先是中州慈善
孝子十七得舉位至邦君孝心彌固車載父
母往彼赴任官未二年百姓豐樂順義性儉
不浪官祿心自念言吾為人子豈假橫利供
養二親令我父母衣食不義非人子也於是
退官還家勤苦躬耕供養父母天地感其慈
善所種穀稼悉收百倍一年躬耕十載豐足
父母歡樂皆得壽老年過百歲天子聞之穀
帛賜賚鄉人稱歎號曰慈善孝子二親卒後
三年伏塚棄離妻子捨離入山修无上道以
其慈善性與道合故我為其一時師資首末
巳得六十三年衣服破壞兼闕香燈時出行
乞人不識之待我還山為汝等故因緣之事
告語順義天尊尒時登即還山而語順義而作
是言西戎逆賊其姓翟氏名曰阿善徒衆六千殘
害衆生中州人村老少恐怖怨此賊來侵其境
內汝當為其行大慈力以攘却之此諸長老
是汝施主常行布施供給汝身衣食香燈及
者去其是大目緣力恵不少焦負行慈而報

《報恩成道經》之二

竟通信剋期時加逕中兩敵相望用去一里
賊不敢進是時安國大將以慈力故上徹冥
助天地感動神靈府會三刑噴吹塵蒙賊眼
奔星墜石陷賊之營是時大將震威雷駭躍
武追電一攬四夫空中勇捉是時群逆覩此
奇異不敢當敵恐懼戰慄驚怛沸亂自省釁
咎思退不暇飲丹舉白赤身束仗銜駭屈伏
心腦塗地身无生氣猶如死虵尒時大將善
明玄很知賊无能高聲命賊急令前進是諸
逆賊匍匐肘行流汗負水頓顙叩搏面目青
腫尒時大將抗聲勃色誠語數罪而作是言
天生於人居物之首深思所由忠孝君父教
親弑主阿名臣子罪當極法必為天咎何有
茲顔食穀飲水汝諸逆賊急當自死高聲喝
之一時俱癈氣絶良久又更少蘇遍體失色
血壅脉滯尒時大將雖執利器而不用之以
其慈力不戰而勝是時沙戎聞賊歸首遠近
俱萃齋持牢醴大會軍士老少拜謝喜得再
生上勞君父光臨隅藪冒罪伏死輒薦丹誠
願君流念以暢愚懷言畢再拜歡喜儛蹈是
時順義而語之言我奉名今行集行為而來

清才俊士孝義之人一百五十侍從順義又
度内吏六十人供給薪水又度孝子六十人
以為内外通事出入山門還往家國使不斷
絶因果之路是時國王大備車駕威設威儀
燒香薰天撞鍾擊磬前後皆奏天鈞大樂
金貨王餌以禮順義送到山門王與順義執
手躊躇良久辭別王作是言唯願大德存念
寡人朝礼之次餘香見及因緣既重願不相
忘言畢灑淚迴駕而歸尒時順義與諸侍從
捨王賜衣草服而去老少觀者感恋悲啼還
山礼師趣居行道
尒時天尊語諸道士而作是言人恩彌重信
施難銷若聖若凡无不報德汝當自念因父
母生飲食衣服身得長成又得王度以為道
士今當孝順慈悲行道以報君父无極之恩
普願十方世界一切衆生人及非人同登道
果學道之士常當願念行道報恩莫造衆惡
故遠非法流通此經開悟道俗何名行道以
報施主若諸道士得他信施應為施行功德
之用燒香礼念齋潔蔬素恒願君王父母施

賢乞以良計是時順義而答王言我狄无知
體多野性度其心力計亦无能伏願大王勿
以為慮還國安坐王當給臣慈兵駿馬器仗
衣粮成辦即行更无疑惑王大歡喜左右卿
士咸稱万歳即拜順義以為慈勇安國大將
軍封邑三万賜金六車請順西行泯敵必逆
王與順義同車還國勑下天下選覓孝子唯
得一千三百六十八人是時順義上白大王而
作是言以順擊逆如石下山人衆已足王當給
臣上精寶馬金光寶鎧百鍊鉤鑲五錘車鉞
金剛寶箭紫柘鳴弧昆吾寶劍四丈霜戈龍
虎大旌金華寶角衣粮支料必使盈餘尒時
大王即備前件所須之物皆是上精第一國
寶龍馬兵器以給大將尒時大將受命執斧
以十月辛酉之日時加於申把王而出王及
卿士百里相送鳴鼓秉節昇駕西征是時天
氣中和清飈飛旗紫雲陰從龍氣從遊暈
闔右門雲張左陣神扶東把日鍾西缺所以之
處地涌石城以周大將三日三夜行至沙戎
結幕施威震鐸張旗雷火前輪天鳴後雷
龍馬騰跳嘶吼喧喧後晨清旦士馬食竟束帶

《報恩成道經》之三

時順義而語之言我奉君命行真行為而來
至此故我終身持不殺誡身口未曾饗諸血
肉常用慈悲玄天善神助我滅逆我當潔淨
以報冥恩賊且殄滅子當自度醜竟勿停各
復生業是時諸人歡喜受命飽醉而去尒時
大將經停三日驅賊而歸國王聞之車駕百
里大設音樂盡備威儀合國父老俱來慶賀
還國之後大殺天下遠近歡樂无復憂患謳
歌太平頌聲滿路是時天子大出珍奇以賜
軍士醼會言笑視將如子尒時順義不受君
賜而作是言臣雖盡忠實无功効承君之威
用君之德問罪不戰西戎自束以是義故臣
實无勲不合加賞大王答言卿德義清高上
合玄天忠孝慈仁淳善厚地家國安寧卿之
德也寡人无道不合天心敢欲思退卿為知
之順義答言臣負天釁早喪二親稽顙出家
以酬父母罔極之恩首末山居六十餘載在
國之南修心學道歲月經久闕少衣粮法具
香燈每聽行乞奉師教勑令建徽功酬報施
主驅役既畢請放還山於是大王不違其意

《報恩成道經》之四

行慈悲之道不樂孝順供養父母不樂懷道
酬報人恩是其罪深心不歸道永无信根初
雖安隱後必无終定為惡鬼恒伺其便漸向
凶衰必不无吉如此惡人猶如草木其根浮
浅微風拔之傾倒摧折无道之人亦復如是
微細禍害便能殺之大善之人信力堅固雖
逢大害身命不殘猶如松栢其根牢雖被
霜雪轉加蔚茂大慈之士亦復如是心力弘
大万福寘扶雖處悪世其身光顯為物依止
善男子當知慈悲孝順不可思議以是義故
慈善道士孝養二親天感其德一種百倍十
載豊足父母卒後入山修道晨夕勤苦燒香
礼念飢寒切已不暇飽煖身臨成道猶建大
功為一天下銷滅凶悪以報君父施主之恩
以其慈力自天助之寘能伐衆悪酸首伏不
勞兵刃豈非神力而能如此向使順義不
孝父母不行大道心无慈悲志求名利将此
寘衆深入賊境必定碎身於凶逆之手善男
子善女人若有衆生貪利忘義害必及之忘
利存道天必生之建功於國道來助之立德
於家天神祐之[illegible]

[illegible]
足丹烏翔集室内從此已後所履之處烏輒
從之日入便去夜有白兔又入其家隨逐寶
珠還往出入其夜三更復有香氣滿宅而薰
神光如晝光中有人通身玉色口吐金光照
其父子夜夜如此後年正月十五日日中之
時上元太霊慈善真人駕以飈輪迎其父
母并子三人上登太霄浮雲上觀賜以上道
六通秘要報其父子行孝之道永離生死此
皆幽驗効在目前人不能行良可悲歎善男
子慈孝之道其来久遠大道所珎真仙所重
故我說之以開後學脫有脩行獲斯果報而
不霊也尒時天尊說此經已慈善順義登證
六通成无上道号曰慈善真人會中法衆進
入五通到不退地一切善神空中彈指放光
稱善天地震動霊空雨花山霊墳香煙氣成
雲當知脩道行孝報恩其德廣大不可思議

報恩成道經卷第一

天寶十二載六月　日白鶴觀為　皇帝敬寫

主生死開度因入无為成无上道若諸道士
或為因緣功德之事出遊人間道場俗舍得
他供養應生慙愧燒香洗漱懺念彈指行大
慈悲正坐調聲緩唱是經令諸道俗心生慈
悲歡喜恭敬如見天尊存亡獲福以此功德
奉報施主一時供養福德无量不可思議若
有道俗男女聞見是經則為見道聞法若復
有人聞見是經心念書寫受持讀誦為他人
說開悟其心令其捨惡行慈悲道此人七祖
父母在八難者應時觧脫生天受樂若復有
人書寫是經百卷千卷流通供養使不斷絕
此人現世得大果報所生男女聡明端正万
願成就一切善神空中影衛必无橫夭亂得
无吉若復有人聞見是經以此名義教未聞
者令其信受慈悲孝順報父母恩行无上道
此人現身已入道位諸天記名上聖稱歎神
明守門不遭凶橫九玄七祖因其善功悉皆
觧脫若復有人聞見是經不生恭敬存亡二
世失大果報得欺慢罪若復有人受持是經
行慈悲道人神見之如見天尊礼拜供養生

《報恩成道經》之五

於家天神祐之建心普善万物慶之建德報
道得道之心建道報德得人之心聖凡讙念
誰能害之如此之人不求无吉无吉自来不
求生道生道自至不求得道身自成真不求
福利福利自至不權禍害禍害自吉順義立
身具德如此以是義故不戰而勝彼此不失全
生之道若有衆生戰得勝者損益不均是清
高慈悲之士非是无上大道之士名為片人片
德片功片善非是全仁全德全功全善道德
不備智慧不具是名為片不名為具如此之人
或吉或凶或進或退不能堂堂得至无為无
上道果
道男子劫初有人其姓因氏名曰果生神州
之東海隅人也唯生一子字曰寶珠其年七
歲孝養父母住近道場晨夕常聞鍾磬之聲
寶珠尋常掃拭父母坐卧之處恒以燒香向
親作礼年至十七常辦果供如人建齋以養
父母父母憐慜自生慙愧減割口味不食魚
肉恒以長齋施食放生一日三時向山作礼
願其寶珠長居膝下父子㫁給如此願念卅

《報恩成道經》之六

26

無名氏　楷書古今譯經圖記

唐
紙本　楷書
縱22.6厘米　橫745厘米
清宮舊藏

Gu Jin Yi Jing Tu Ji (Illustrated notes to the Sutra-translation, Ancient and Present) in regular script
Anonymous, Tang Dynasty
Ink on paper
H. 22.6　L. 745cm
Qing court collection

圖記凡四卷，唐代靖邁根據隋代費長房《歷代三寶記》修改撰成。列記自漢明帝時迦葉摩騰至唐玄奘三藏為止，共117人所譯經論的名目、卷數及譯經人小傳。據開元十八年(730年)智升《續古今譯經圖記》講，唐初長安大慈恩寺譯經堂內牆壁上繪古今譯經圖變，此記便是靖邁為圖變寫的解說。

該寫本四卷完整，共十八張半紙，足資校勘，敦煌遺書中未見此記留存。其書法勁媚遒峭，整飭謹嚴。如果說顏真卿《多寶塔碑》(752年，是顏氏四十五歲時寫)反映出與經生書的聯繫，那麼本卷可與顏碑映帶生輝。

昔日經堂譯經圖變及文字久已湮沒，唯此唐人抄卷得以珍惜長存，上有清乾隆、嘉慶、宣統內府諸印為證。

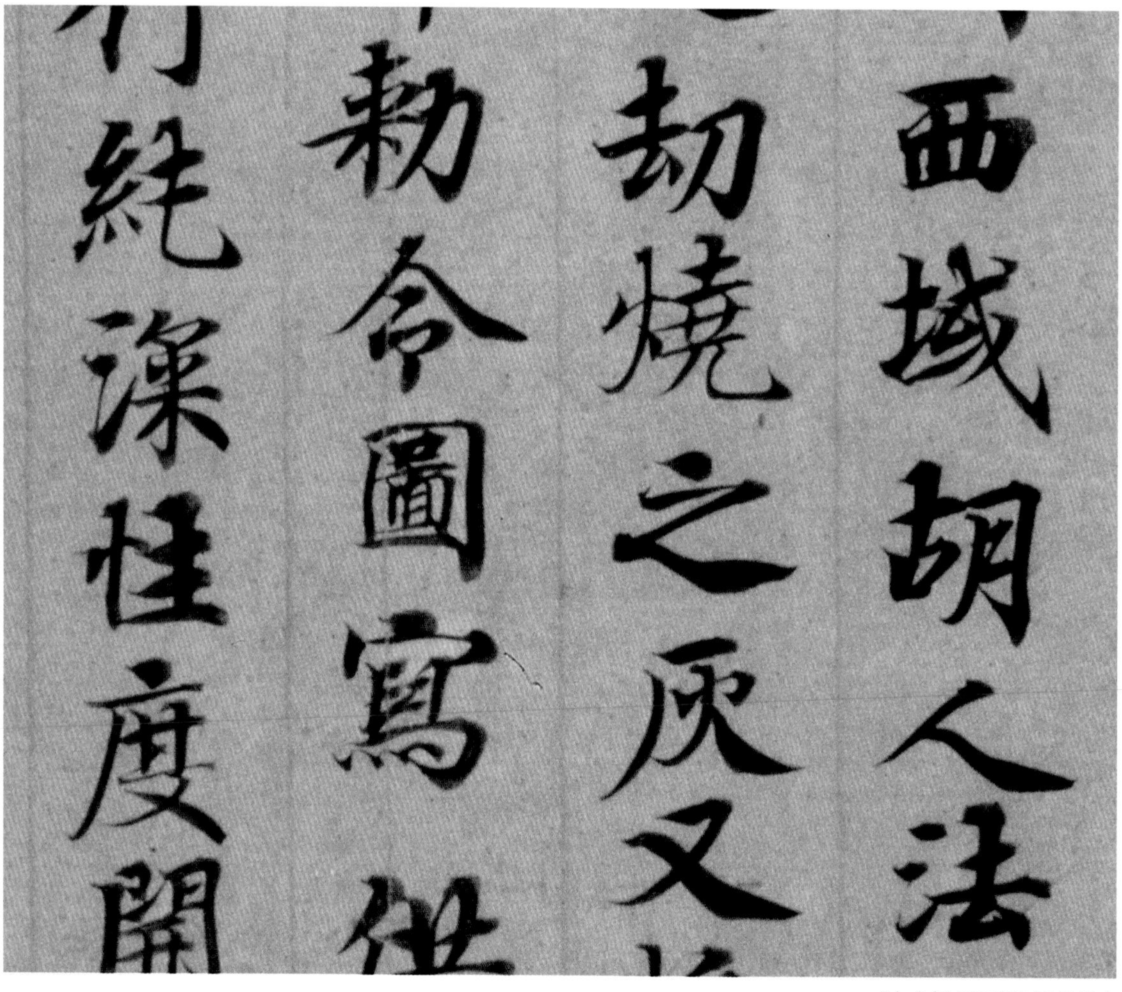

《古今譯經圖記》局部放大

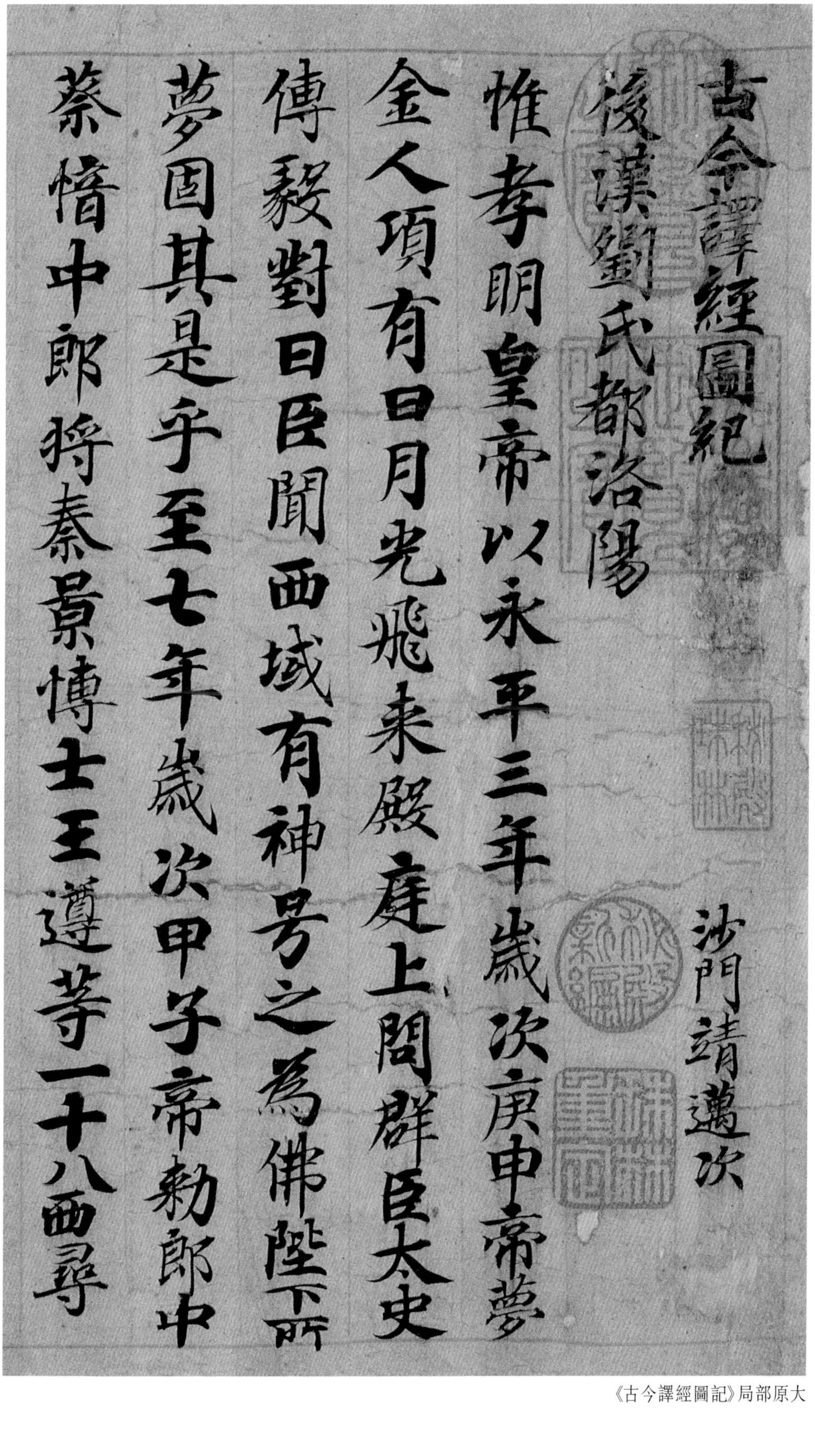

古今譯經圖紀　沙門靖邁次

後漢劉氏都洛陽

惟孝明皇帝以永平三年歲次庚申帝夢
金人項有日月光飛來殿庭上問群臣太史
傅毅對曰臣聞西域有神号之為佛陛下所
夢固其是乎至七年歲次甲子帝勅郎中
蔡愔中郎將秦景博士王遵等一十八西尋

《古今譯經圖記》局部原大

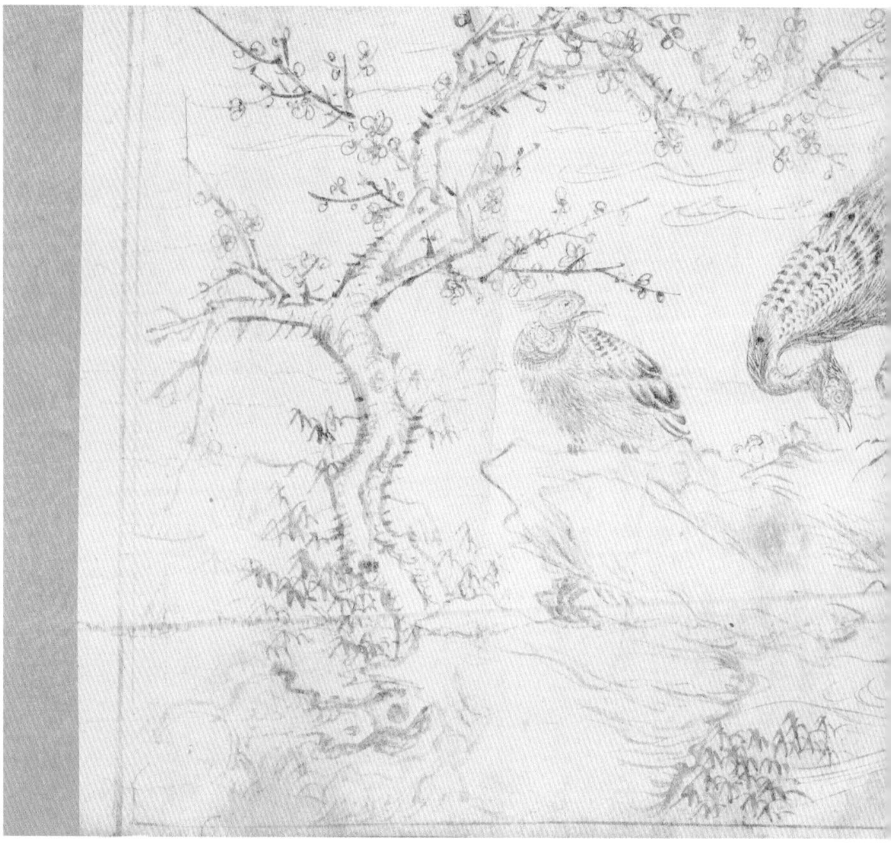

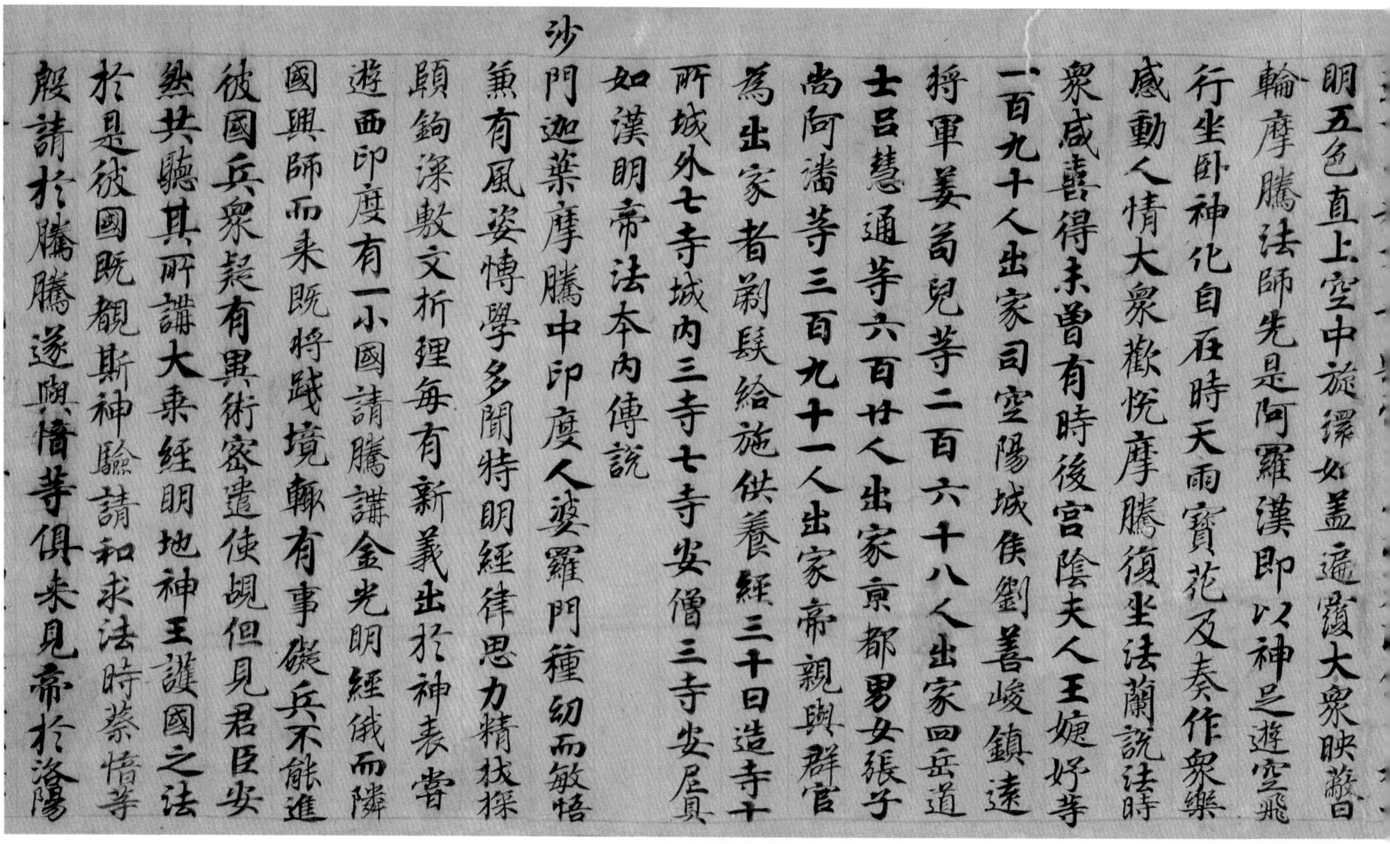

明五色直上空中旋環如蓋遍覆大衆映蔽日
輪摩騰法師先是阿羅漢即以神足遊空飛
行坐卧神化自在時天雨寶花及奏作衆樂
感動人情大衆歡悅摩騰復坐法蘭說法時
衆咸喜得未曾有時後宮陰夫人王婕妤等
一百九十人出家司空陽城侯劉善峻鎮遠
將軍姜苟兒等二百六十八人出家四岳道
士呂慧通等六百廿人出家京都男女張子
尚阿潘等三百九十一人出家帝親與群官
為出家者剃髮給施供養經三十日造寺十
所城外七寺城內三寺七寺安僧三寺安尼衆
如漢明帝法本內傳說
沙門迦葉摩騰中印度人婆羅門種幼而敏悟
兼有風姿博學多聞特明經律思力精扶探
賾鉤深敷文析理每有新義出於神表嘗
遊西印度有一小國請騰講金光明經俄而隣
國興師而來既將踐境輒有事礙兵不能進
彼國兵衆疑有異術密遣使覘但見君臣安
然共聽其所講大乘經明地神王護國之法
於是彼國既覩斯神驗請和求法時蔡愔等
般請於騰騰遂與愔等俱來見帝於洛陽

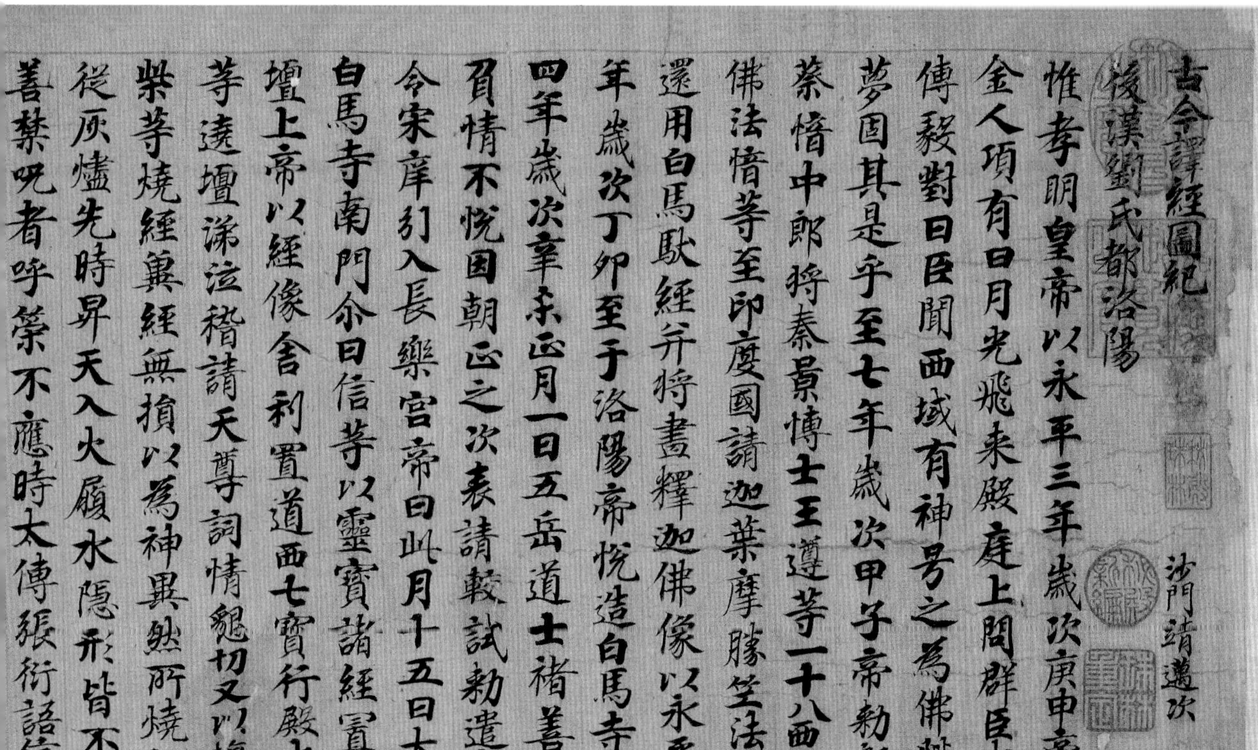

古今譯經圖紀

後漢劉氏都洛陽　　沙門靖邁次

惟孝明皇帝以永平三年歲次庚申帝夢金人項有日月光飛來殿庭上問群臣太史傅毅對曰臣聞西域有神號之為佛陛下所夢困其是乎至七年歲次甲子帝勅郎中蔡愔中郎將秦景博士王遵等一十八西尋佛法愔等至印度國請迦葉摩騰竺法蘭共還用白馬馱經并將畫釋迦佛像以永平十年歲次丁卯至于洛陽帝悅造白馬寺至十四年歲次辛未正月一日五岳道士褚善信等負情不悅因朝正之次表請較試勅遣尚書令宋庠引入長樂宮帝曰此月十五日大集白馬寺南門爾日信等以靈寶諸經置道東壇上帝以經像舍利置道西七寶行殿上信等遶壇涕泣稽請天尊詞情懇切又以栴檀柴等燒經冀經無損以為神異然所燒經並從灰燼先時昇天入火履水隱形皆不復能善禁呪者呼策不應時太傅張衍語信曰所

《古今譯經圖記》之一

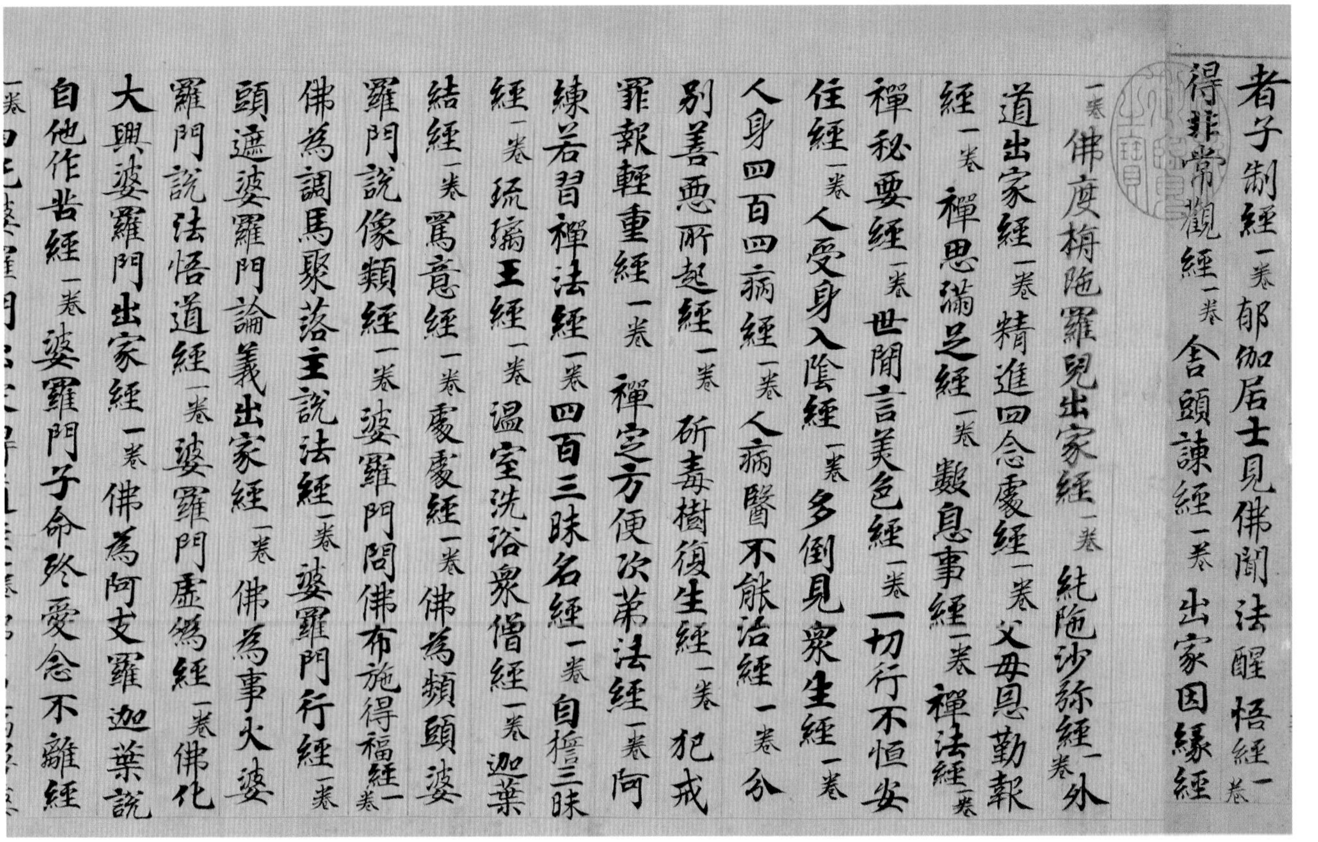

者子制經一卷 郁伽居士見佛聞法醒悟經一卷
得非常觀經一卷 含頭諫經一卷 出家因緣經
一卷 佛度栴陀羅兒出家經一卷 純陀沙彌經一卷 外
道出家經一卷 精進四念處經一卷 父母恩勤報
經一卷 禪思滿足經一卷 數息事經一卷 禪法經一卷
禪秘要經一卷 世間言美色經一卷 一切行不恒安
住經一卷 人受身入陰經一卷 多倒見衆生經一卷
人身四百四病經一卷 人病醫不能治經一卷 分
別善惡所起經一卷 斫毒樹復生經一卷 犯戒
罪報輕重經一卷 禪定方便次第法經一卷 阿
練若習禪法經一卷 四百三昧名經一卷 自誓三昧
經一卷 琉璃王經一卷 溫室洗浴衆僧經一卷 迦葉
結經一卷 罵意經一卷 處處經一卷 佛為頻頭婆
羅門說像類經一卷 婆羅門問佛布施得福經一卷
佛為調馬聚落主說法經一卷 婆羅門行經一卷
頭遮婆羅門論義出家經一卷 佛為事火婆
羅門說法悟道經一卷 婆羅門虛僞經一卷 佛化
大興婆羅門出家經一卷 佛為阿支羅迦葉說
自他作苦經一卷 婆羅門子命終愛念不離經
一卷

《古今譯經圖記》之三

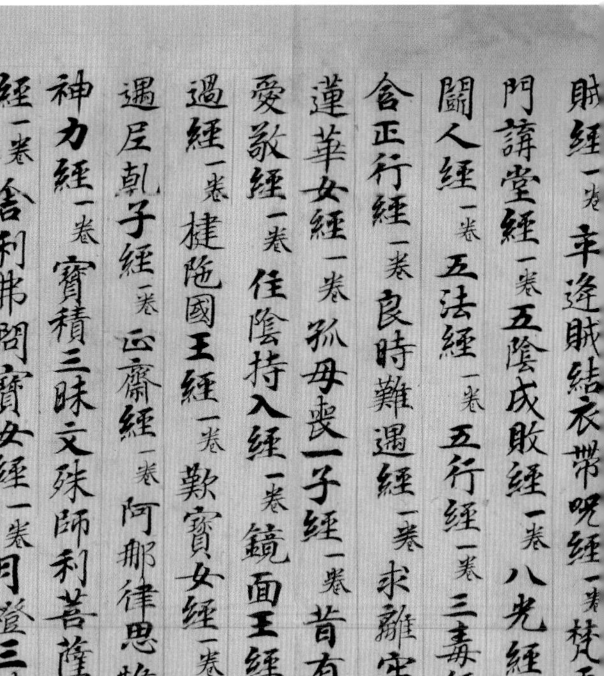

賊經一卷 辛逆賊結衣帶呪經一卷 梵天詣婆羅
門講堂經一卷 五陰成敗經一卷 八光經一卷 五戰
鬪人經一卷 五法經一卷 五行經一卷 三毒經一卷 阿
含正行經一卷 良時難遇經一卷 求離牢獄經一卷
蓮華女經一卷 孤母喪一子經一卷 昔有二人相
愛敬經一卷 住陰持入經一卷 鏡面王經一卷 子命
過經一卷 揵陀國王經一卷 歎寶女經一卷 大迦葉
遇尼乾子經一卷 正齋經一卷 阿那律思惟目連
神力經一卷 寶積三昧文殊師利菩薩問法身
經一卷 舍利弗問寶女經一卷 月燈三昧經一卷 阿
難惑經一卷 佛印三昧經一卷 迦葉詰阿難經一卷
大乘方等要慧經一卷 空淨天感應三昧經
一卷 情離有罪經一卷 藥王藥上菩薩觀經一卷 義
決律一卷 凡譯一百七十六部合一百九十七卷
沙門竺佛朔印度人識性明敏博綜多能以靈
帝熹平元年歲次壬子於洛陽譯道行經一卷
至光和六年歲次癸亥譯般舟三昧經二卷 支
讖譯語孟福張蓮筆受弃文存質深得經旨
優婆塞都尉安玄亦号安侯騎都尉安息國人
志性貞白深有理致博誦群經並通幽旨以

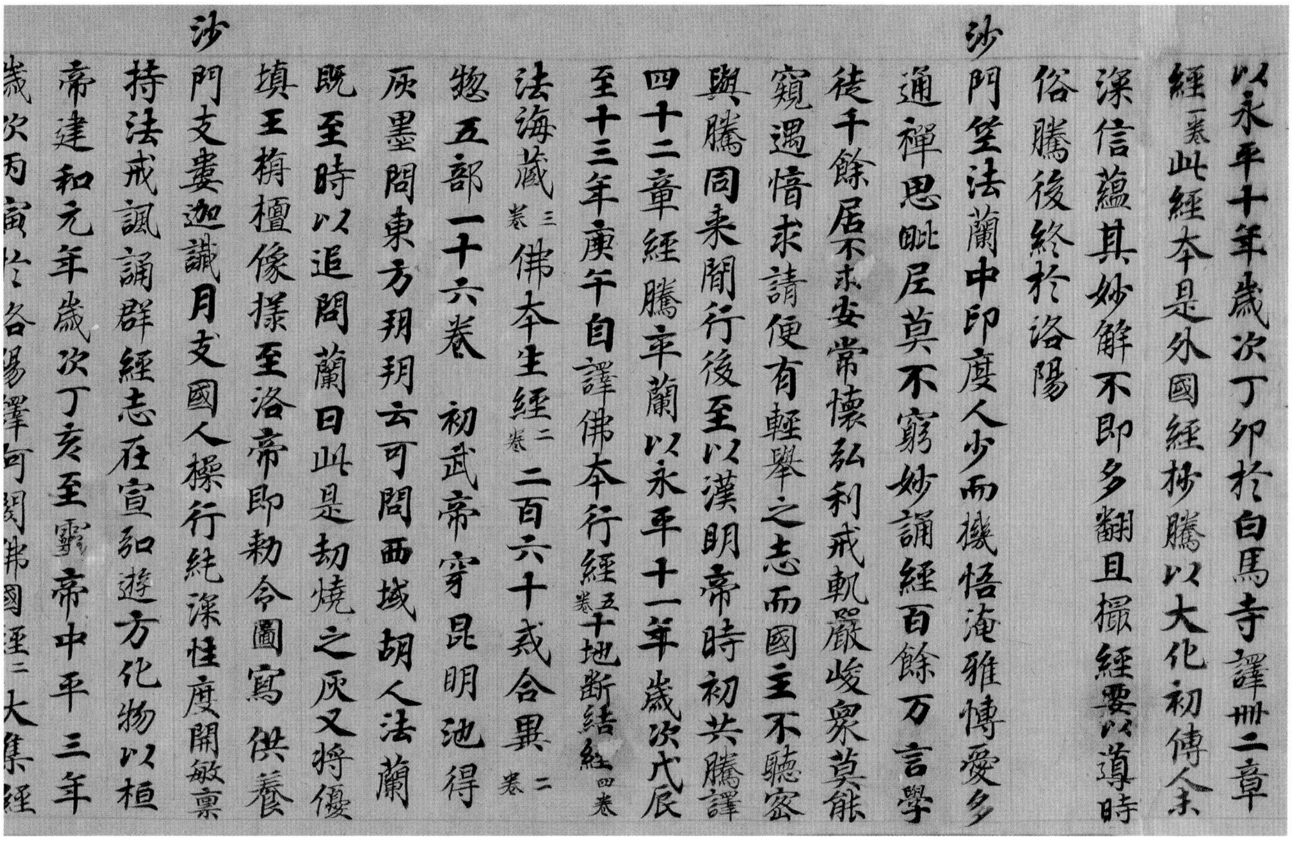
以永平十年歲次丁卯於白馬寺譯卌二章
經一卷此經本是外國經抄騰以大化初傳人未
深信蘊其妙解不即多翻且撮經要以導時
俗騰後終於洛陽
沙門竺法蘭中印度人少而機悟淹雅博愛多
通禪思毗尼莫不窮妙誦經百餘万言學
徒千餘居不求安常懷弘利戒軌嚴峻衆莫能
窺遇愔求請便有輕舉之志而國王不聽密
與騰同来閑行後至以漢明帝時初共騰譯
四十二章經騰卒蘭以永平十一年歲次戊辰
至十三年庚午自譯佛本行經五卷十地斷結經四卷
法海藏三卷 佛本生經二卷 二百六十戒合異二卷
惣五部一十六卷 初武帝穿昆明池得
灰墨問東方朔朔云可問西域胡人法蘭
既至時以追問蘭曰此是劫燒之灰又將優
填王栴檀像摸至洛帝即勅令圖寫供養
沙門支婁迦讖月支國人操行純深性度開敏稟
持法戒諷誦群經志在宣弘遊方化物以桓
帝建和元年歲次丁亥至靈帝中平三年
歲次丙寅於洛陽譯阿閦佛國經二大集經

《古今譯經圖記》之二

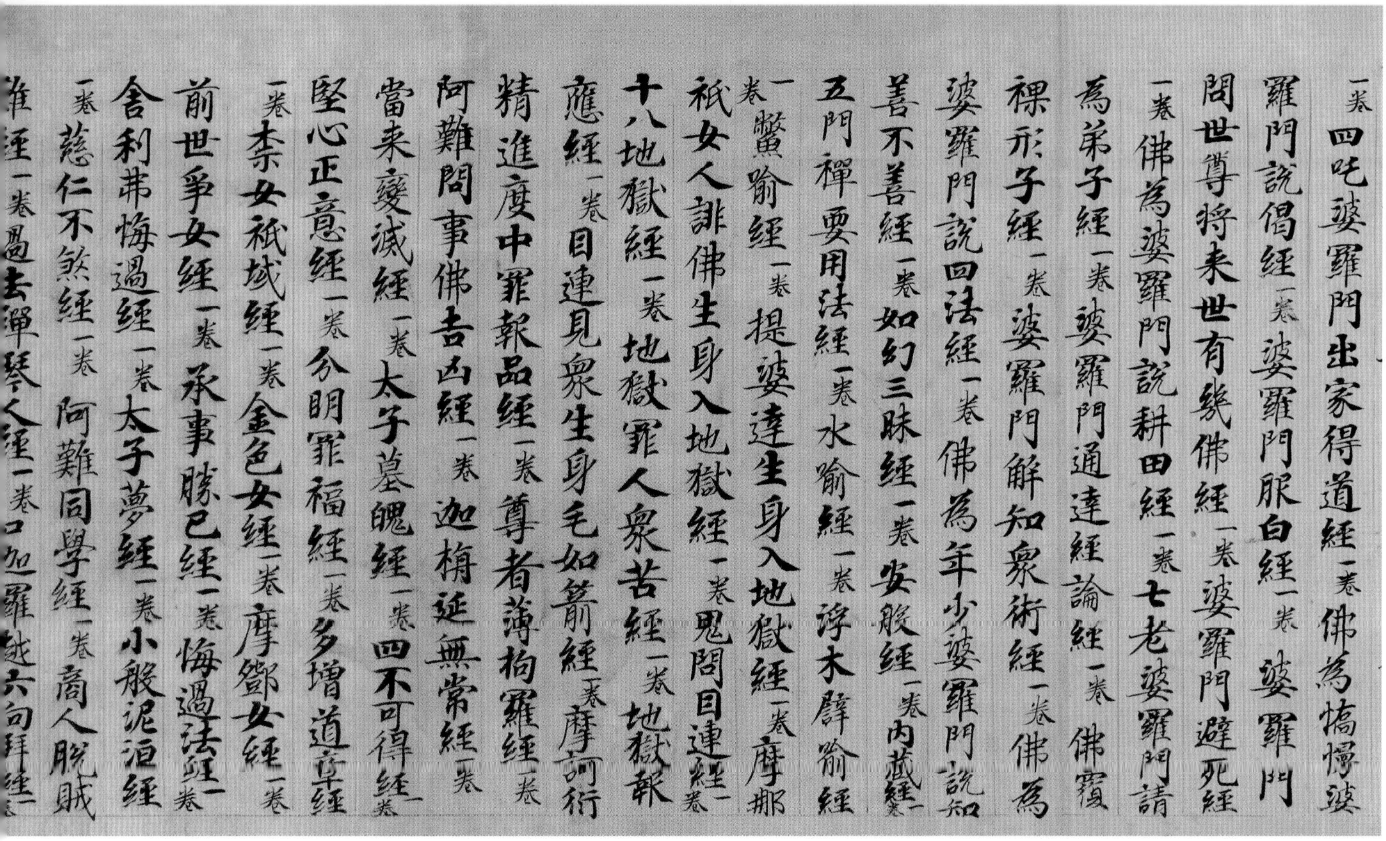
一卷 四吒婆羅門出家得道經一卷 佛為憍慢婆
羅門說偈經一卷 婆羅門服白經一卷 婆羅門
問世尊將来世有幾佛經一卷 婆羅門避死經
一卷 佛為婆羅門說耕田經一卷 七老婆羅門請
為弟子經一卷 婆羅門通達經論經一卷 佛寤
裸形子經一卷 婆羅門解知衆術經一卷 佛為
婆羅門說四法經一卷 佛為年少婆羅門說知
善不善經一卷 如幻三昧經一卷 安般經一卷 內藏經一卷
五門禪要用法經一卷 水喻經一卷 浮木譬喻經
一卷 螢喻經一卷 提婆達生身入地獄經一卷 摩那
祇女人誹佛生身入地獄經一卷 鬼問目連經一卷
十八地獄經一卷 地獄罪人衆苦經一卷 地獄報
應經一卷 目連見衆生身毛如箭經一卷 摩訶衍
精進度中罪報品經一卷 尊者薄拘羅經一卷
阿難問事佛吉凶經一卷 迦栴延無常經一卷
當来變滅經一卷 太子墓魄經一卷 四不可得經一卷
堅心正意經一卷 分明罪福經一卷 多增道章經
一卷 柰女祇域經一卷 金色女經一卷 摩鄧女經一卷
前世爭女經一卷 承事勝己經一卷 悔過法經一卷
舍利弗悔過經一卷 太子夢經一卷 小般泥洹經
一卷 慈仁不殺經一卷 阿難同學經一卷 商人脫賊
進經一卷 過去彈琴人經一卷 □迦羅越六向拜經一

《古今譯經圖記》之四

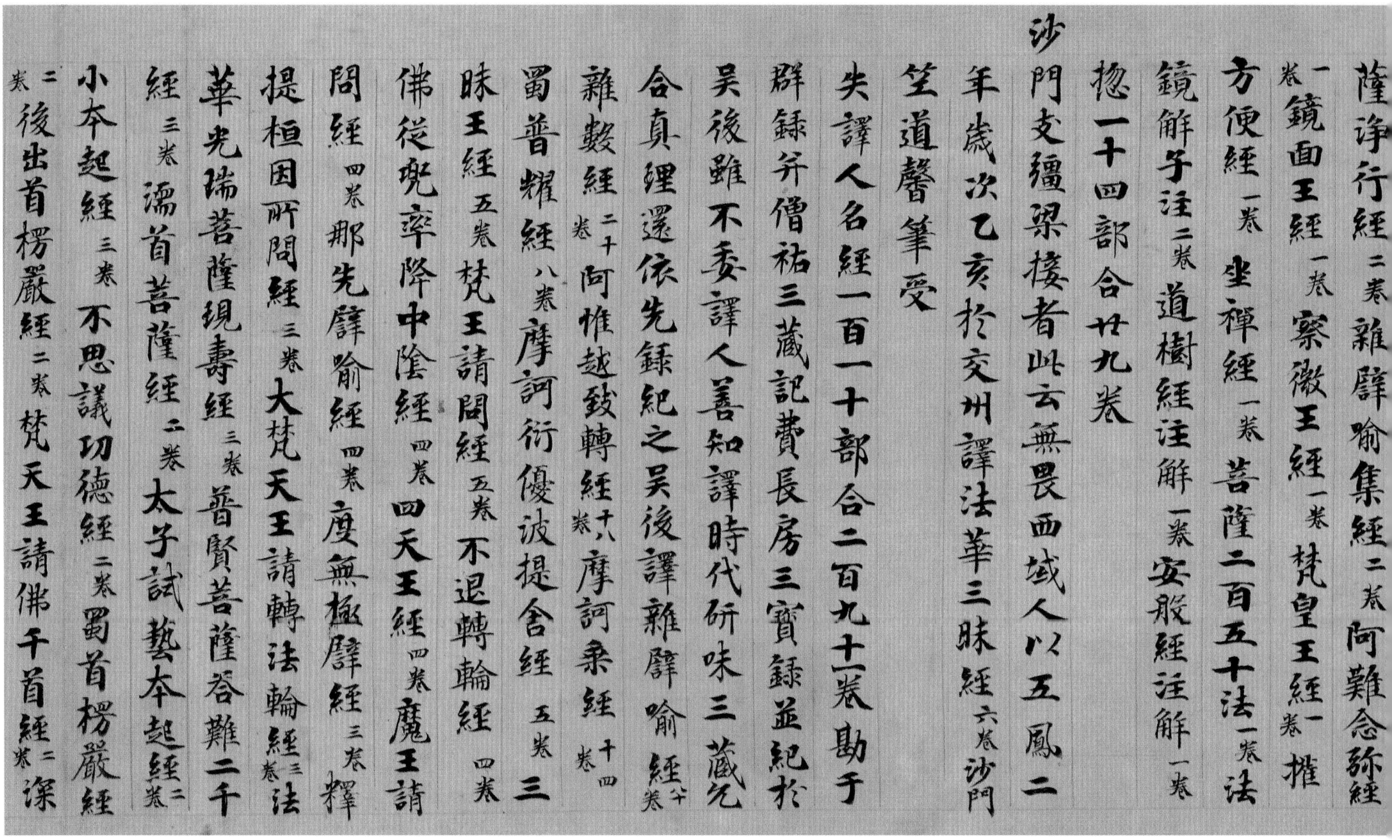

薩淨行經二卷 雜譬喻集經二卷 阿難念弥經
一卷 鏡面王經一卷 察微王經一卷 梵皇王經一卷 摧
方便經一卷 坐禪經一卷 菩薩二百五十法一卷 法
鏡解子注二卷 道樹經注解一卷 安般經注解一卷
揔一十四部合廿九卷
沙門支疆梁接者此云無畏西域人以五鳳二
年歲次乙亥於交州譯法華三昧經六卷 沙門
竺道馨筆受
失譯人名經一百一十部合二百九十一卷 勘于
群錄并僧祐三藏記費長房三寶錄並紀於
吳後雖不委譯人善知譯時代研味三藏允
合真理還依先錄紀之吳後譯雜譬喻經六卷
雜數經二十卷 阿惟越致轉經十八卷 摩訶衆經十四卷
蜀普耀經八卷 摩訶衍優波提舍經五卷 三
昧王經五卷 梵王請問經五卷 不退轉輪經四卷
佛從兜率降中陰經四卷 四天王經四卷 魔王請
問經四卷 那先譬喻經四卷 度無極譬經三卷 釋
提桓因所問經三卷 大梵天王請轉法輪經三卷 法
華光瑞菩薩現壽經三卷 普賢菩薩答難二千
經三卷 濡首菩薩經二卷 太子試藝本起經二卷
小本起經三卷 不思議功德經二卷 蜀首楞嚴經
二卷 後出首楞嚴經二卷 梵天王請佛千首經二卷 深

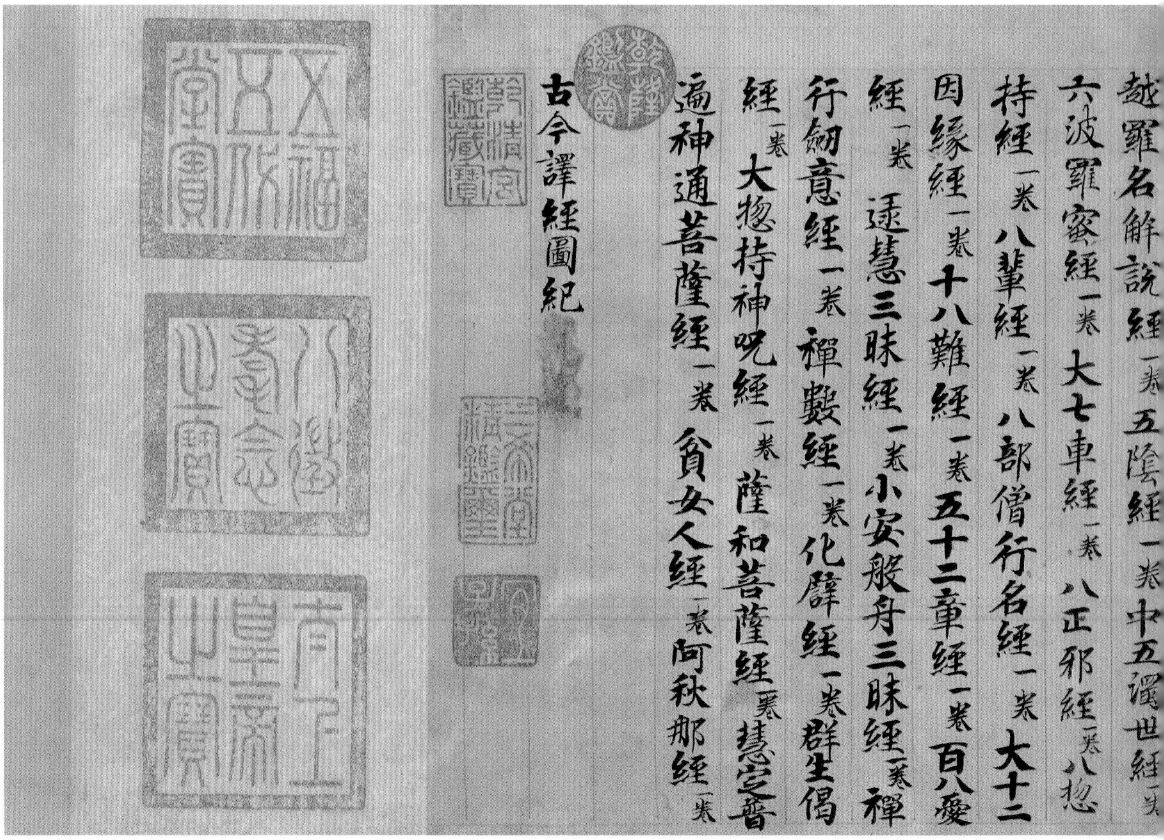

越羅名解說經一卷 五陰經一卷 中五濁世經一卷
六波羅蜜經一卷 大七車經一卷 八正邪經一卷 八揔
持經一卷 八輩經一卷 八部僧行名經一卷 大十二
因緣經一卷 十八難經一卷 五十二章經一卷 百八愛
經一卷 逮慧三昧經一卷 小安般舟三昧經一卷 禪
行劒意經一卷 禪數經一卷 化譬經一卷 群生偈
經一卷 大揔持神呪經一卷 薩和菩薩經一卷 慧定普
遍神通菩薩經一卷 貧女人經一卷 阿秋那經一卷
古今譯經圖紀

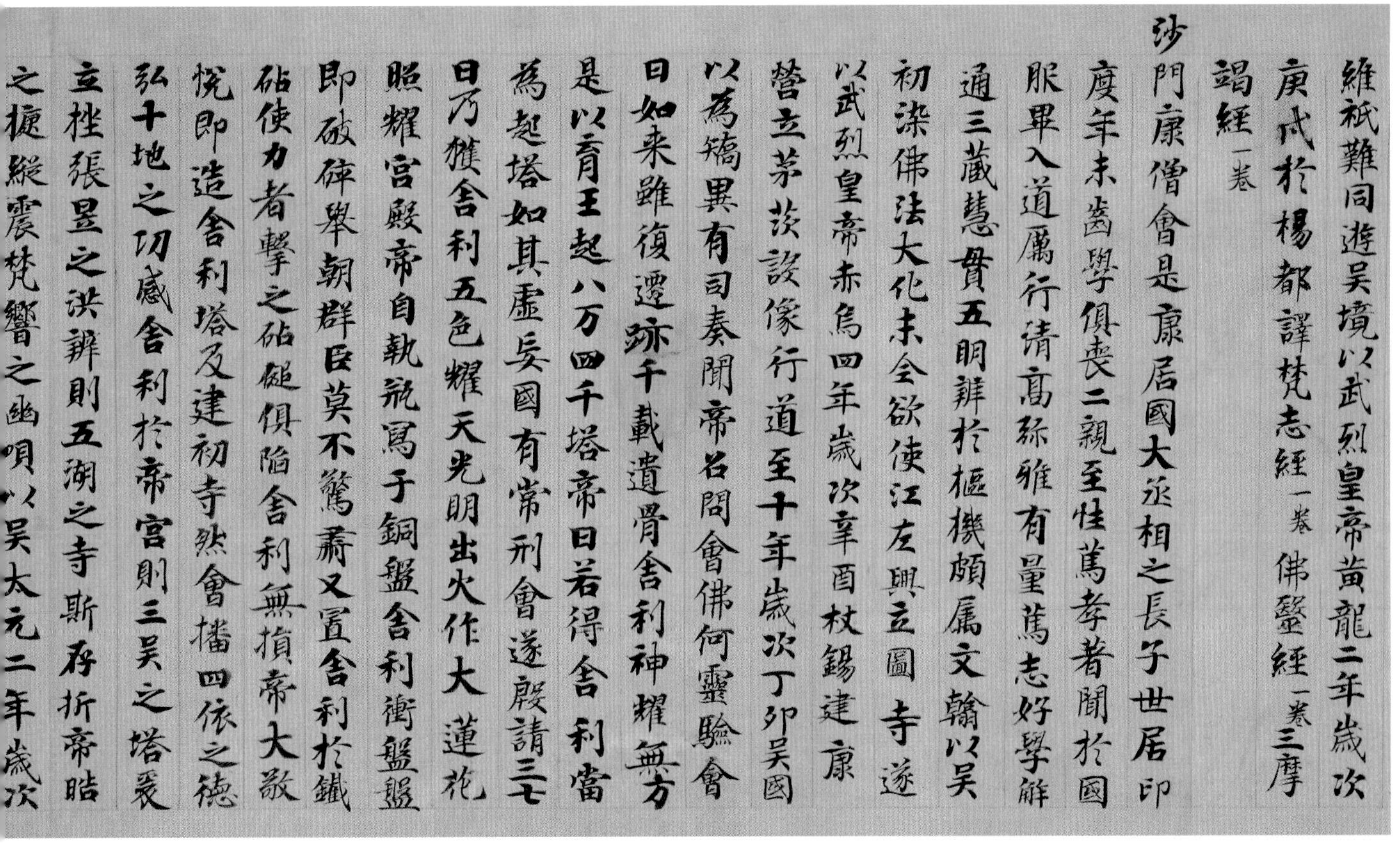
維祇難同遊吳境以武烈皇帝黃龍二年歲次
庚戌於楊都譯梵志經一卷 佛醫經一卷 三摩
竭經一卷
沙門康僧會是康居國大丞相之長子世居印
度年未齒學俱喪二親至性篤孝著聞於國
服畢入道厲行清高弘雅有量篤志好學解
通三藏慧貫五明辯於樞機頗屬文翰以吳
初染佛法大化未全欲使江左興立圖寺遂
以武烈皇帝赤烏四年歲次辛酉杖錫建康
營立茅茨設像行道至十年歲次丁卯吳國
以為矯異有司奏聞帝召問會佛何靈驗會
曰如來雖復遷跡千載遺骨舍利神耀無方
是以育王起八万四千塔帝曰若得舍利當
爲起塔如其虛妄國有常刑會遂殷請三七
日乃獲舍利五色耀天光明出火作大蓮花
照耀宮殿帝自執瓶寫于銅盤舍利衝盤盤
即破碎舉朝群臣莫不驚嘆又置舍利於鐵
砧使力者擊之砧鎚俱陷舍利無損帝大歎
悅即造舍利塔及建初寺然會播四依之德
弘十地之功感舍利於帝宮則三吳之塔袤
立挫張昱之洪辯則五湖之寺斯存折帝晧
之瘧縱震梵響之幽唄以吳太元二年歲次

《古今譯經圖記》之五

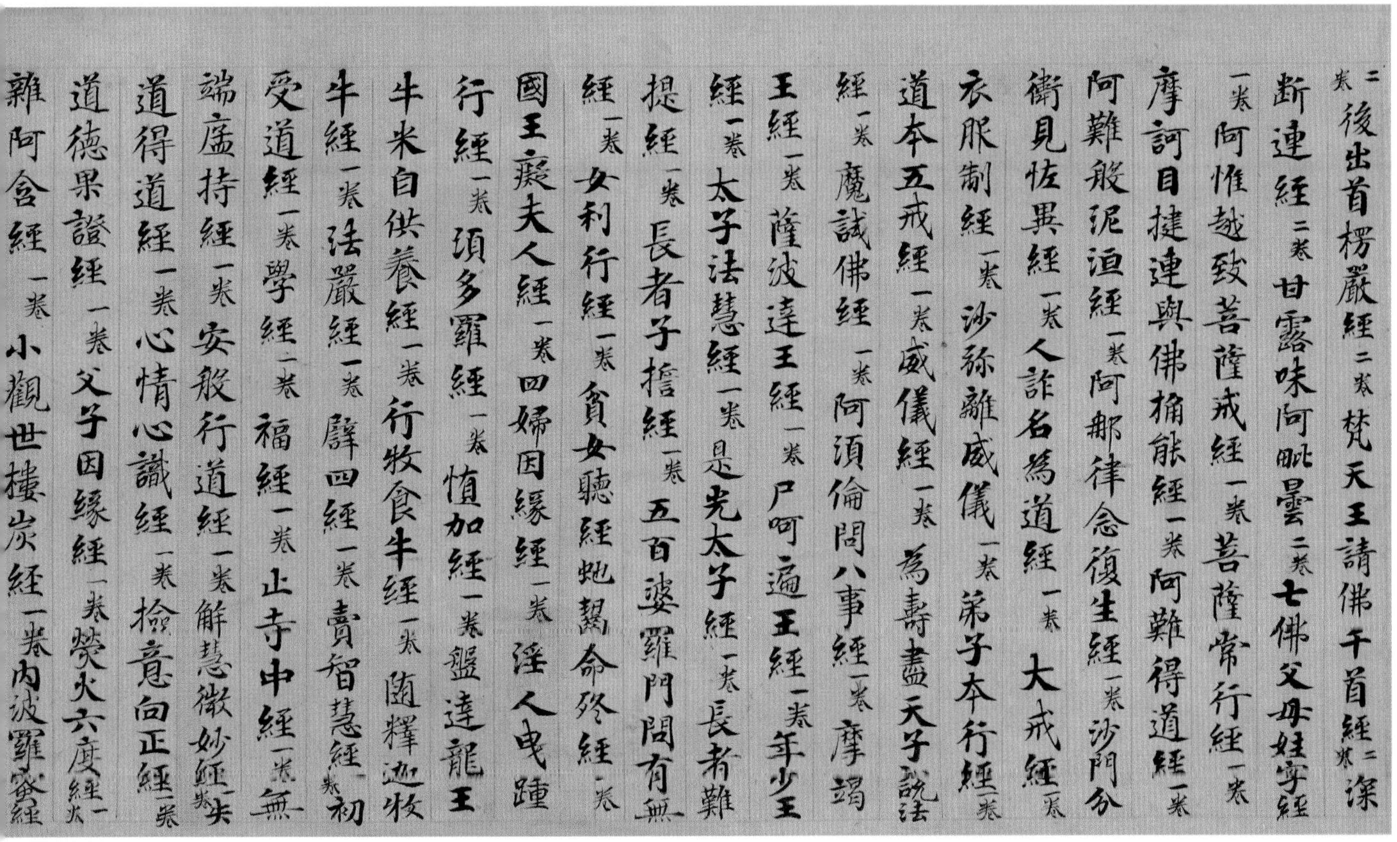
二卷 後出首楞嚴經二卷 梵天王請佛千首經二卷 深
斷連經二卷 甘露味阿毗曇二卷 七佛父母姓字經
一卷 阿惟越致菩薩戒經一卷 菩薩常行經一卷
摩訶目揵連與佛捔能經一卷 阿難得道經一卷
阿難般泥洹經一卷 阿那律念復生經一卷 沙門分
衛見佐異經一卷 人詐名為道經一卷 大戒經一卷
衣服制經一卷 沙弥離威儀一卷 弟子本行經一卷
道本五戒經一卷 威儀經一卷 爲壽盡天子說法
經一卷 魔誠佛經一卷 阿須倫問八事經一卷 摩竭
王經一卷 薩波達王經一卷 尸呵遍王經一卷 年少王
經一卷 太子法慧經一卷 是光太子經一卷 長者難
提經一卷 長者子懵經一卷 五百婆羅門問有無
經一卷 女利行經一卷 貧女聽經蛇囓命終經一卷
國王癡夫人經一卷 四婦因緣經一卷 淫人曳踵
行經一卷 須多羅經一卷 慎加經一卷 盤達龍王
牛米自供養經一卷 行牧食牛經一卷 隨釋迦牧
牛經一卷 法嚴經一卷 辟四經一卷 貴智慧經一卷 初
受道經一卷 學經一卷 福經一卷 止寺中經一卷 無
端座持經一卷 安般行道經一卷 解慧微妙經一卷
道得道經一卷 心情心識經一卷 撿意向正經一卷
道德果證經一卷 又子因緣經一卷 熒火六度經一卷
雜阿含經一卷 小觀世樓炭經一卷 內波羅蜜經

《古今譯經圖記》之六

27

無名氏　草書法華經玄讚

唐
紙本　草書
縱28.4厘米　橫373.2厘米

Fa Hua Jing Xuan Zan (Buddhist Work) in cursive script
Anonymous, Tang Dynasty
Ink on paper
H. 28.4cm　L. 373.2cm

《法華經玄讚》，又稱《妙法蓮華經玄讚》、《玄讚》。凡十卷，唐玄奘弟子、慈恩法師窺基(632－682年)撰。內容首先敘述《法華經》興起原因，其次闡明經之宗旨、經品得名，最後解釋經文。《玄讚》註釋本有《法華玄讚義決》一卷、《法華玄讚攝釋》四卷、《法華玄讚決擇記》八卷等。

此卷首尾缺，有烏絲界欄。鈐"羅振玉印"、"羅叔言"、"康生看過"、"夢郼草堂"等。

草書抄經，這是較為少見的。其書法流暢爽健，婉勁秀潤，也常流露出隸意與章草體式，今古相濟。《玄讚》草書寫本尚有幾卷，如北京圖書館藏新910、上海博物館藏傳世本卷六等。

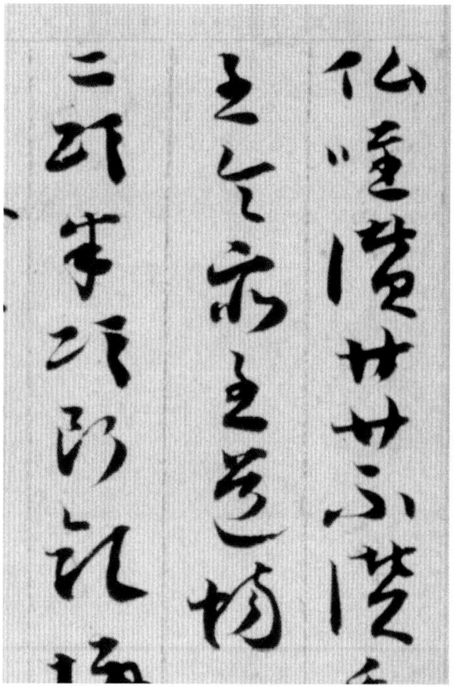

《法華經玄讚》局部放大

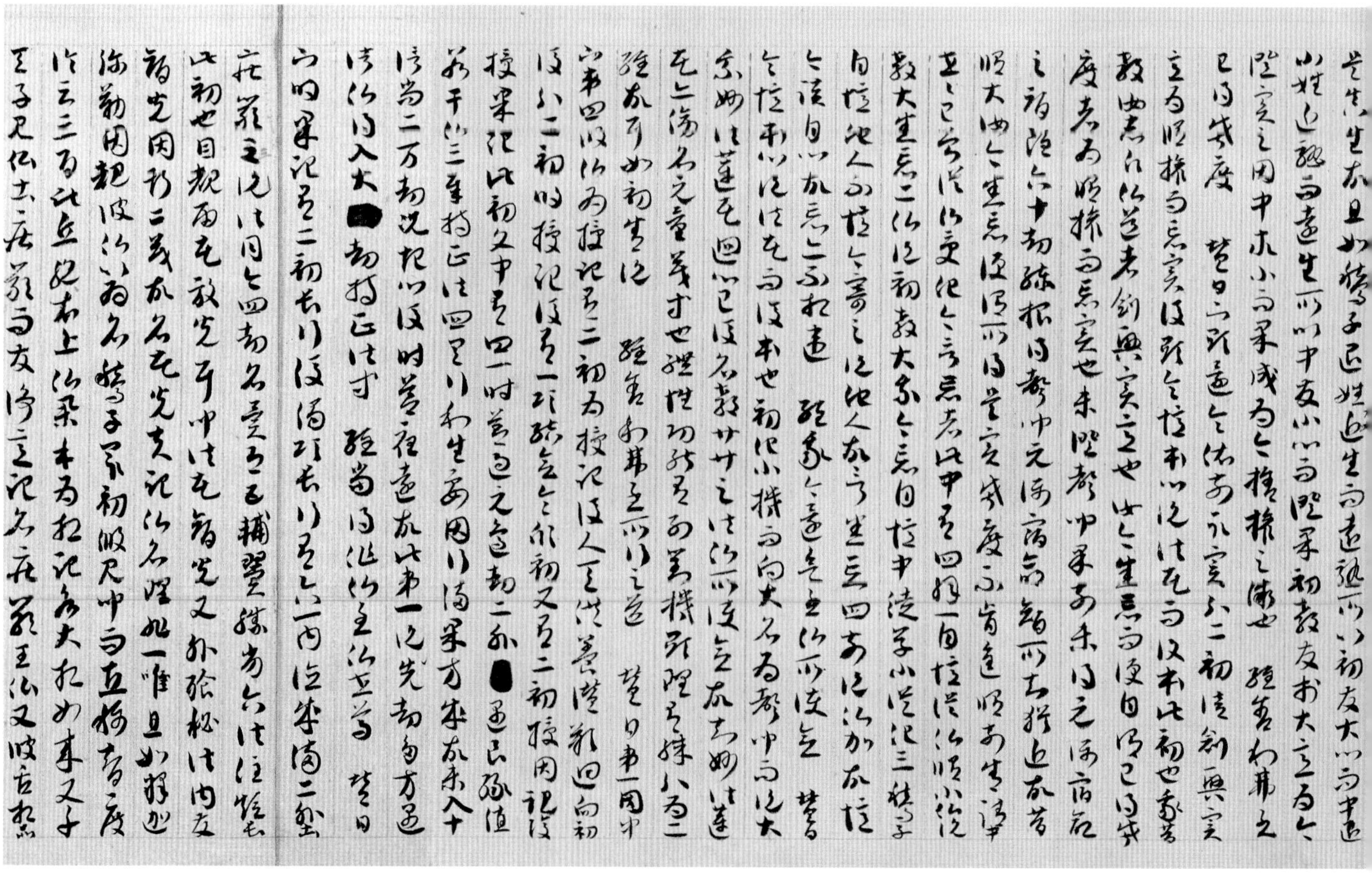

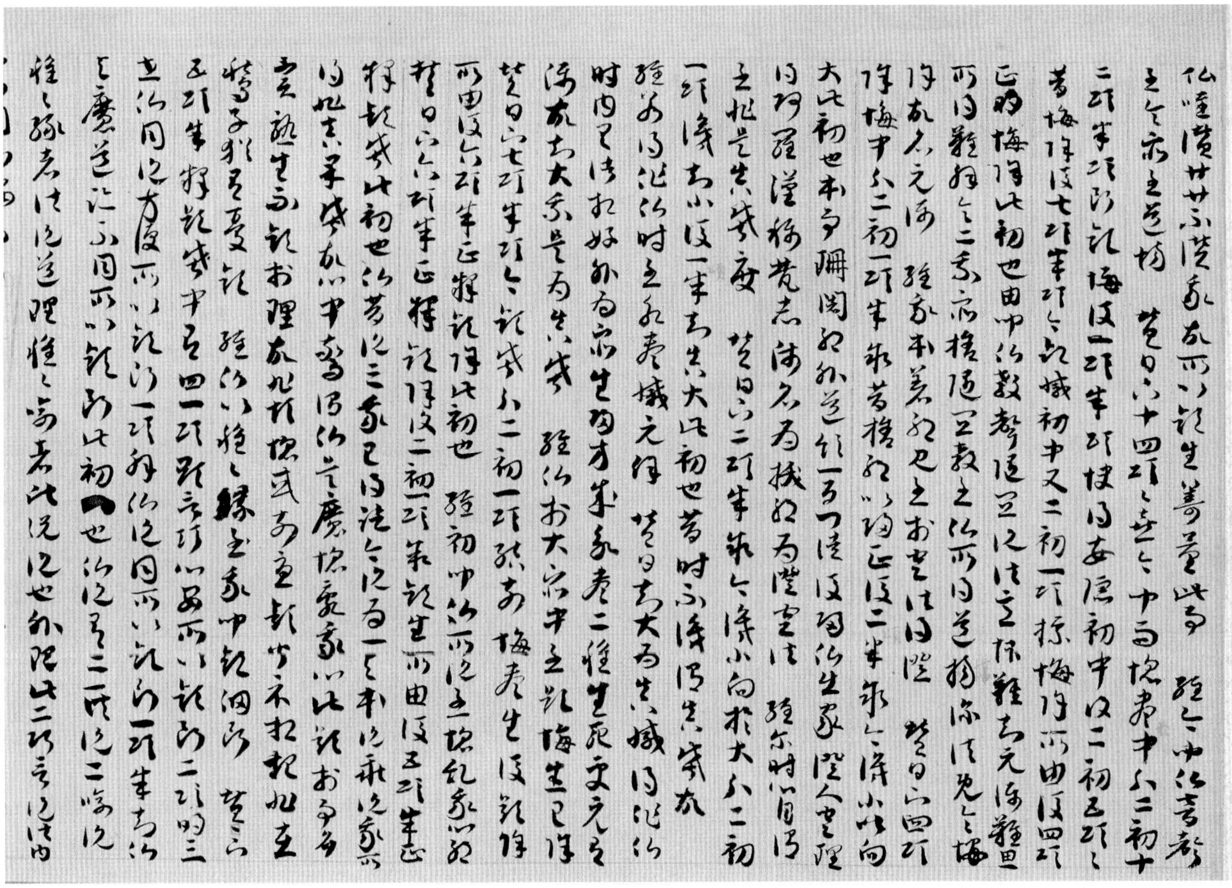

《法華經玄讚》之一

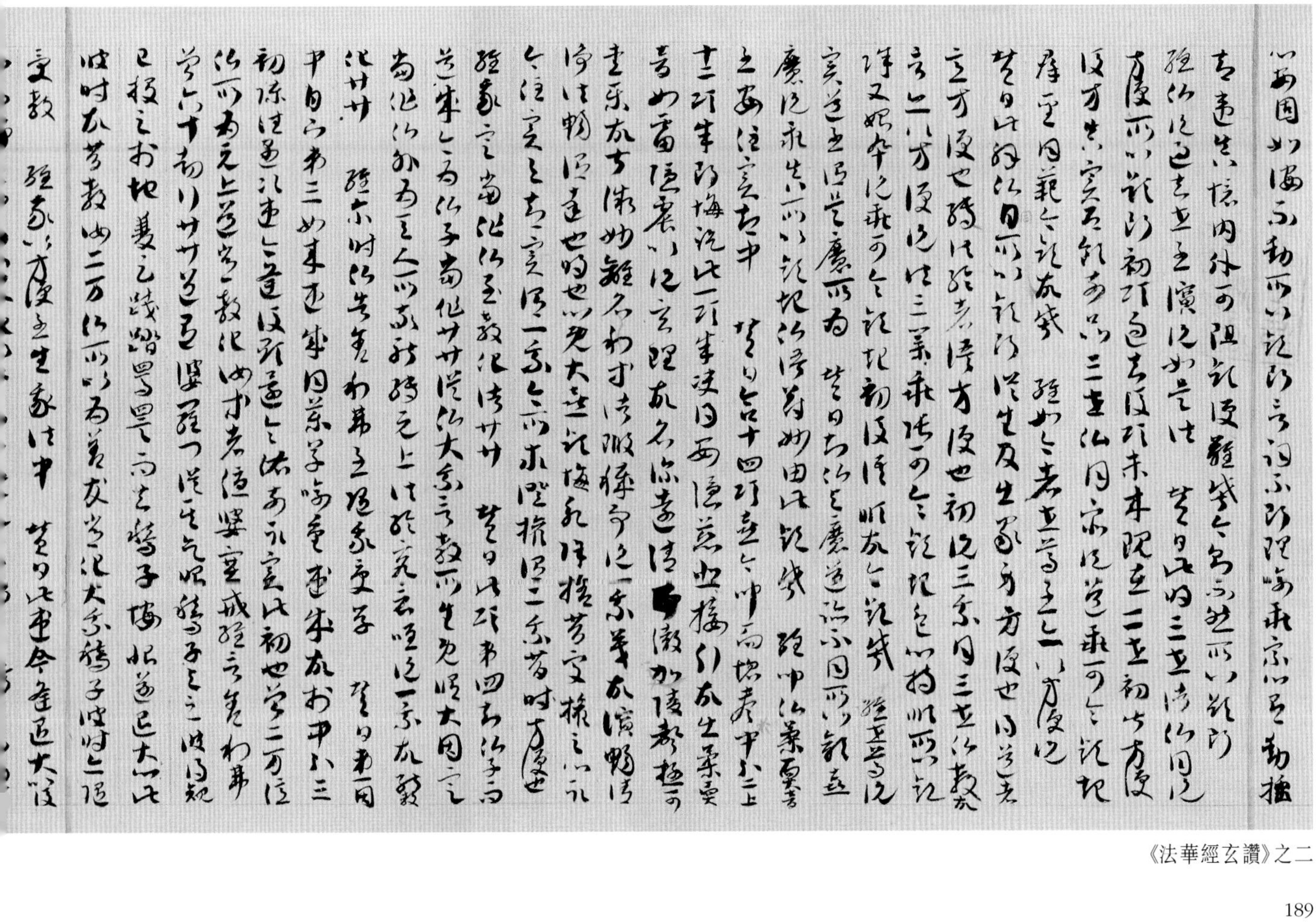

《法華經玄讚》之二

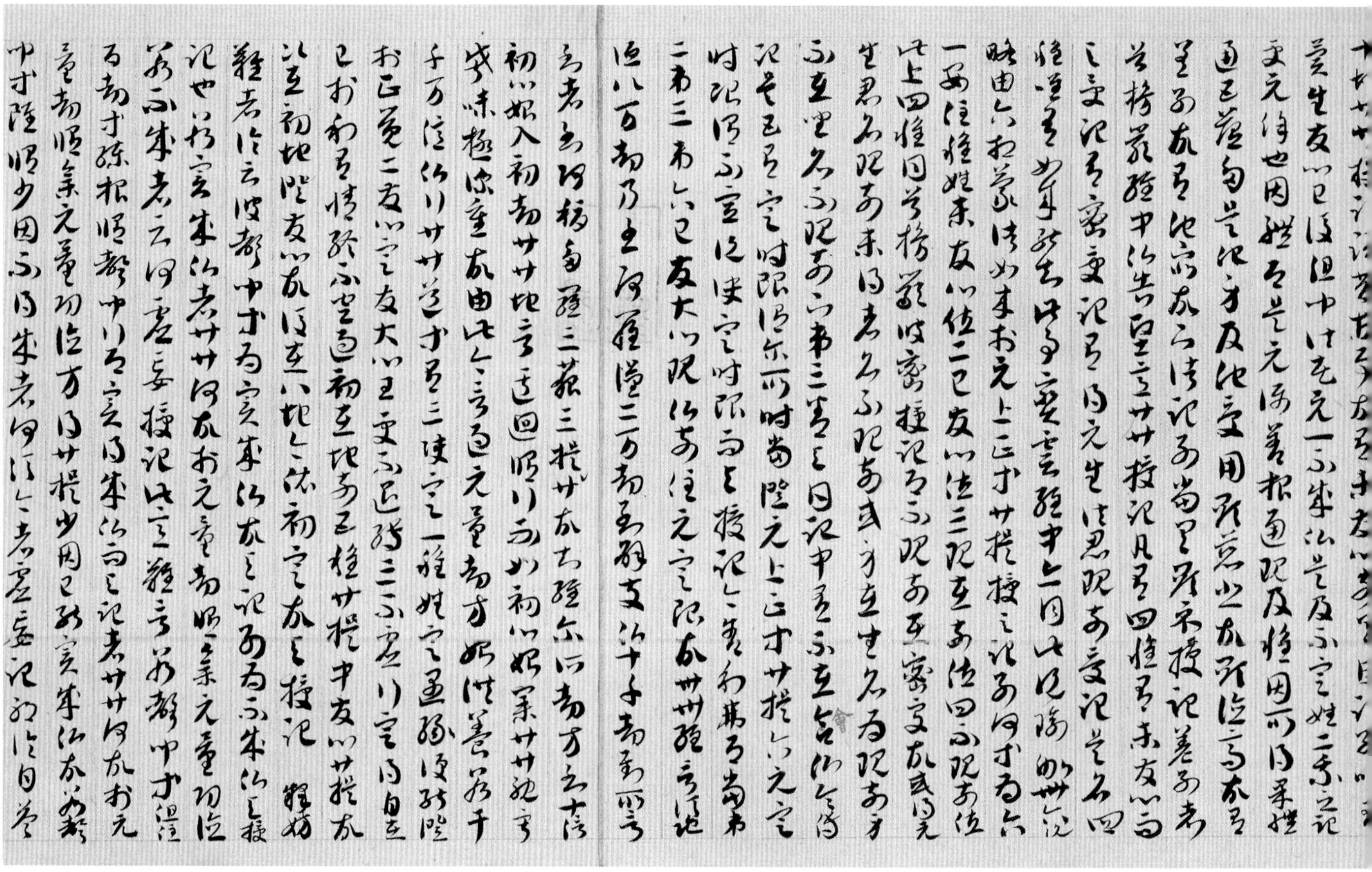

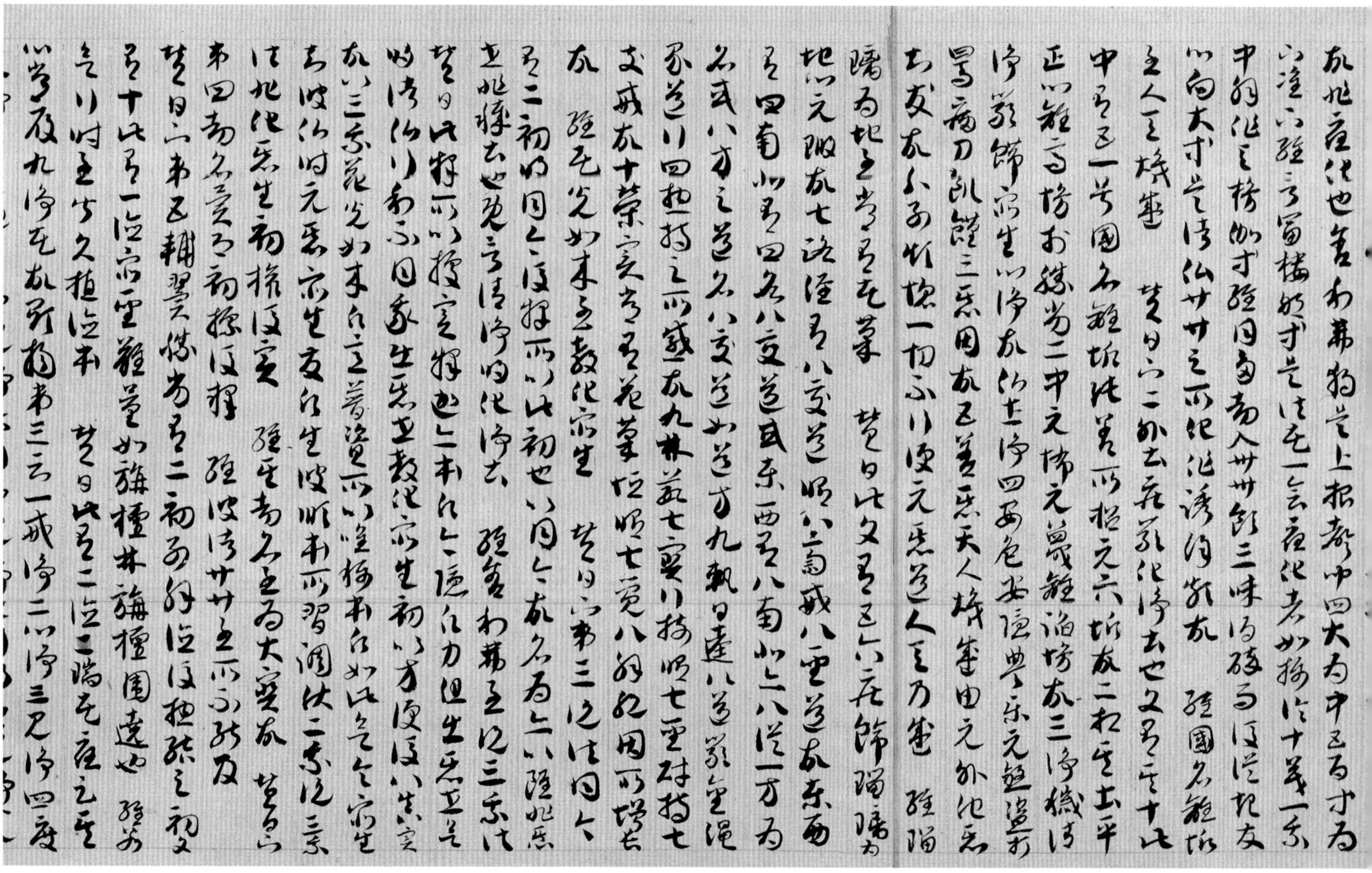

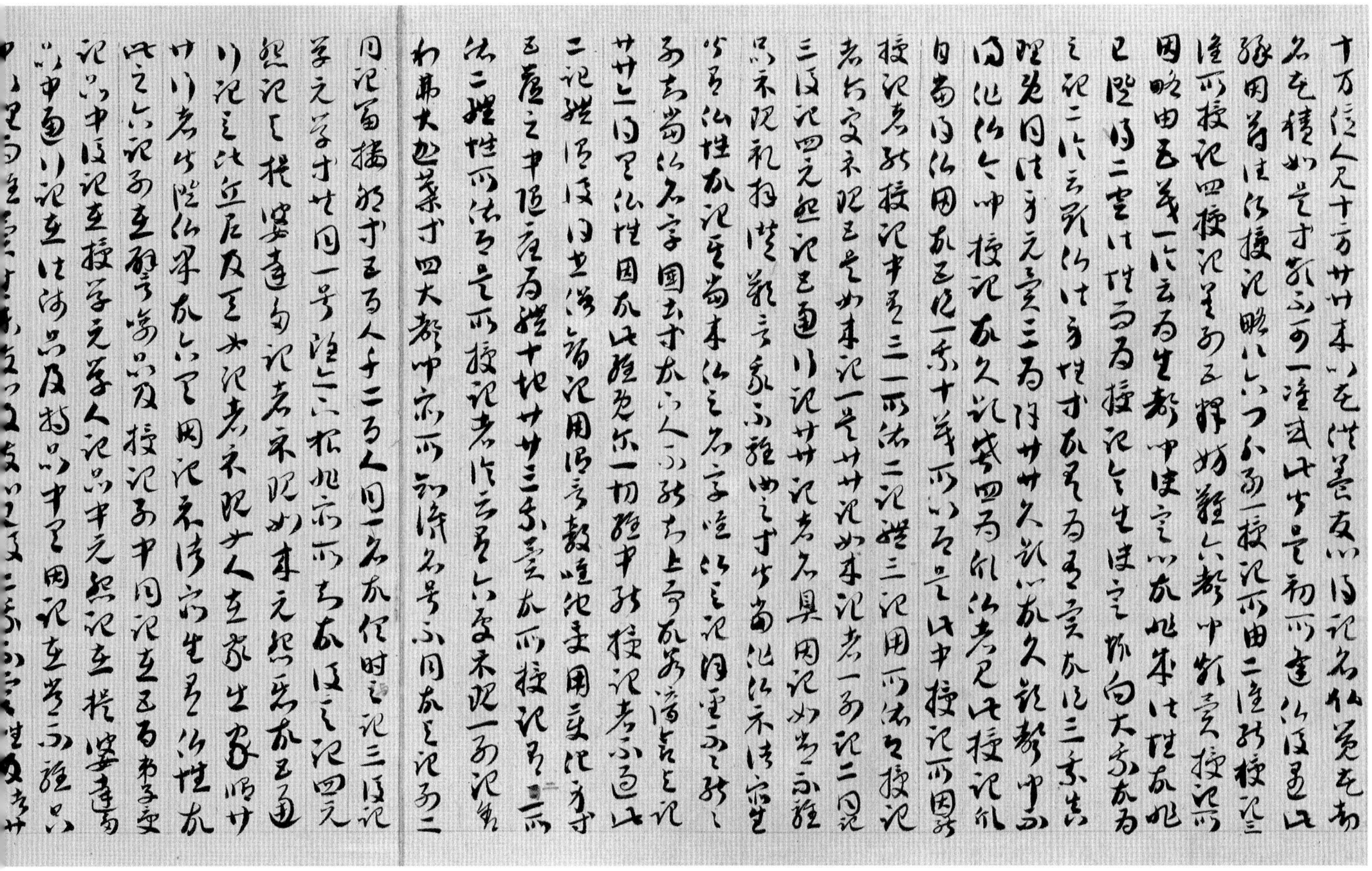

《法華經玄讚》之三

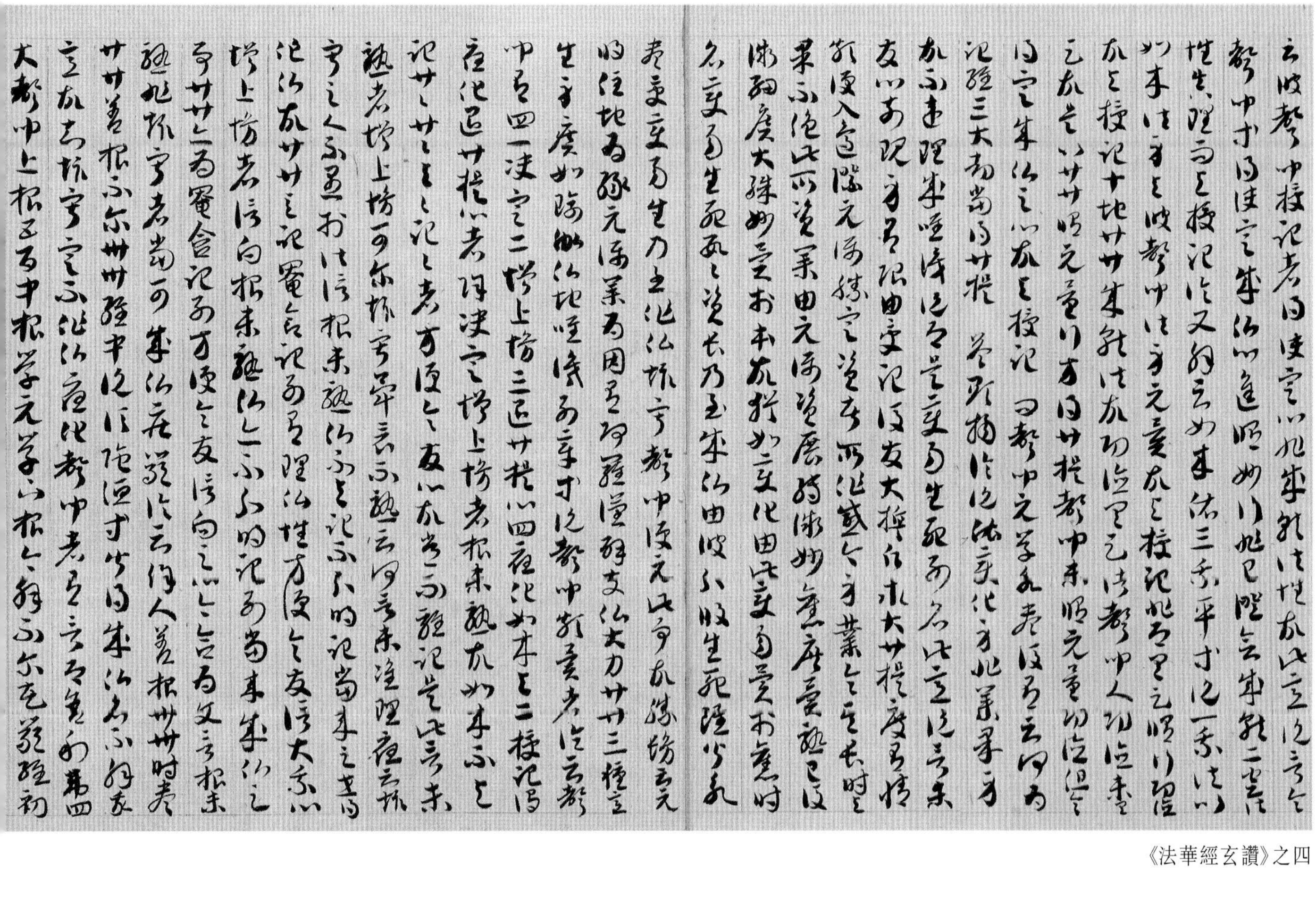

《法華經玄讚》之四

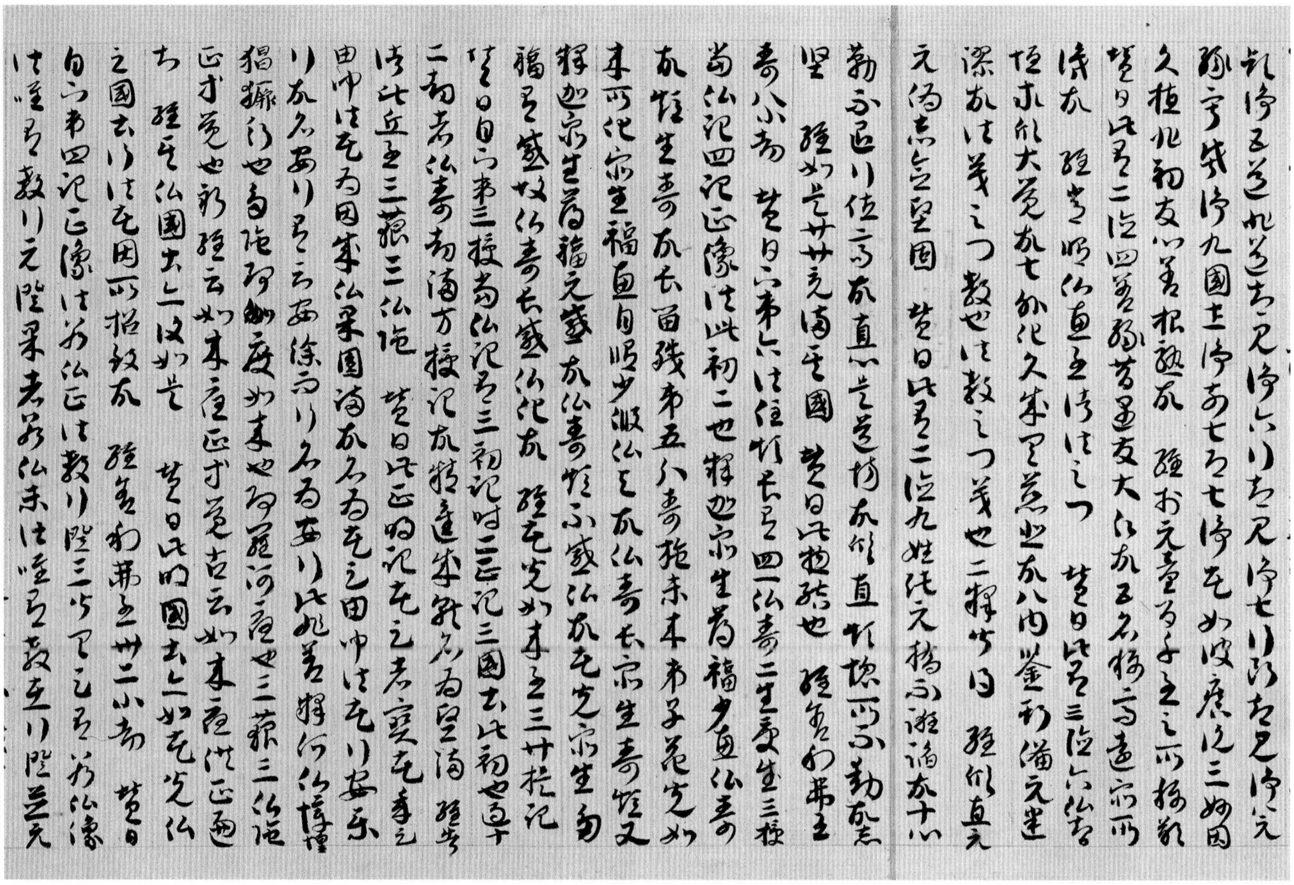

《法華經玄讚》之五

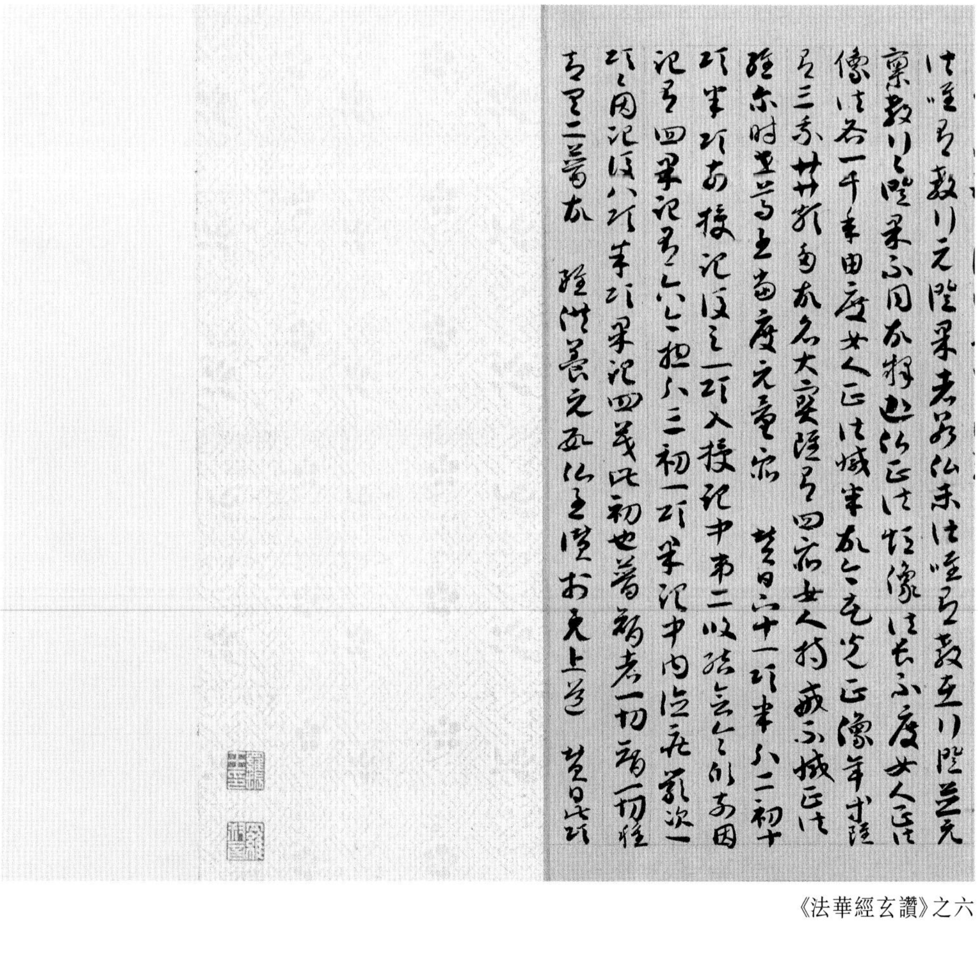

《法華經玄讚》之六

28

吳彩鸞　楷書刊謬補缺切韻

唐
紙本　楷書
葉縱26.1厘米　橫47.3厘米不等
清宮舊藏

Kan Miu Bu Que Qie Yun (Corrigenda and Addenda for the Rules of Rhyming) in regular script

By Wu Cailuan, Tang Dynasty
Ink on paper
H. 26.1cm　L. 47.3cm
Qing court collection

凡二十四葉，除首葉外皆兩面書寫，共四十七面，每面三十五行，自"四十耕"韻起為三十六行。二十四葉裱於一卷內，每葉相去約一厘米，鱗次相積，疊為一卷，稱"魚鱗裱"或"龍鱗裝"。如此裝潢，傳世古籍僅此一卷。

撰書者是朝議郎行衢州信安縣尉王仁昫，字德新，其事迹無考。據書中"顯"字下注"今上諱"，知王氏當為唐中宗李顯時人。自孫緬《唐韻》盛行，王韻遂微。唐人用韻書猶如今人用字典，新編既出，舊書遂廢。宋陳彭年《廣韻》以前韻書傳世皆為殘本，獨此卷宋宣和時已入內府，藉以保存全帙。清代原藏御書房，後溥儀以此卷賞溥傑，故散佚在外。1947年故宮博物院購回。

此卷託吳彩鸞書。吳彩鸞，唐豫章武寧人。自言西山吳真君之女，以抄書為業。文宗大和中嫁進士文蕭。蕭拙於為生，彩鸞以小楷書《唐韻》一部，市五千錢為糊口計，不出一日間能寫十數萬字，非人力可為也。《宣和書譜》卷五謂御府藏彩鸞正書《唐韻》十三帖："字畫雖小而寬綽有餘，全不類世人筆，當於仙品中別有一種風氣。"

王刊切韻約撰於唐神龍年間(705－707年)(據周祖謨《唐代韻書集存》)，又鑑於字型基本用正體和通體字，可知抄寫時間在盛唐或中唐前期。

本幅無署款，末尾有一草押。明代宋濂題跋："右吳彩鸞所書刊謬補缺《切韻》……其為真迹無疑"。前隔水有"洪武三拾壹年肆月初玖日重裝"十三字，及"裱褙匠曹觀"五字。

鑑藏印記：宋"政和"(朱文連珠)、"宣和"(朱文連珠)、"內府圖書之印"(朱文)、"文府寶傳"(朱文葫蘆)，清乾隆、嘉慶、宣統內府諸印，又"明德執中"(朱文)、"橫河精舍"(朱文)、"吳俊仲傑"(白文)等。

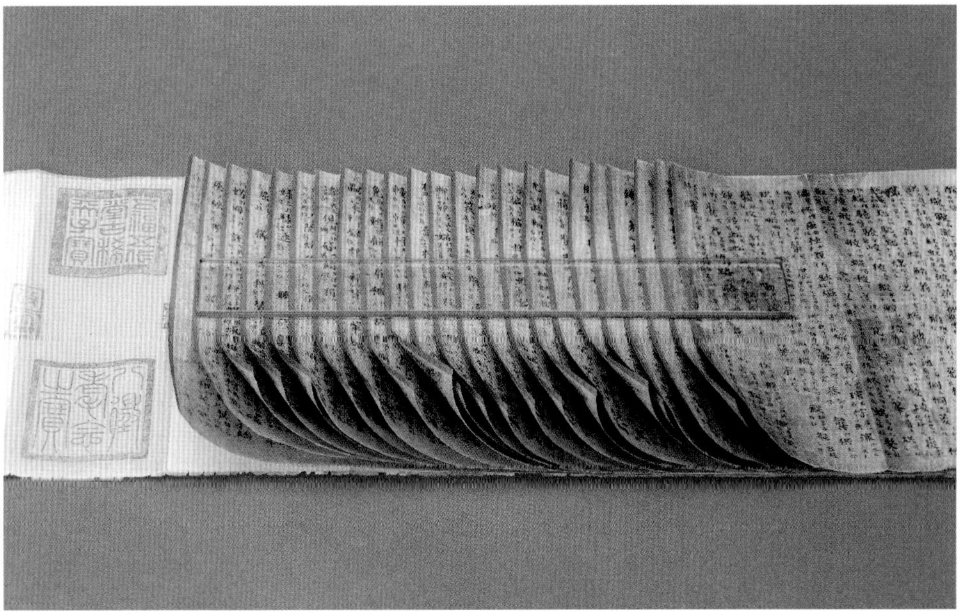

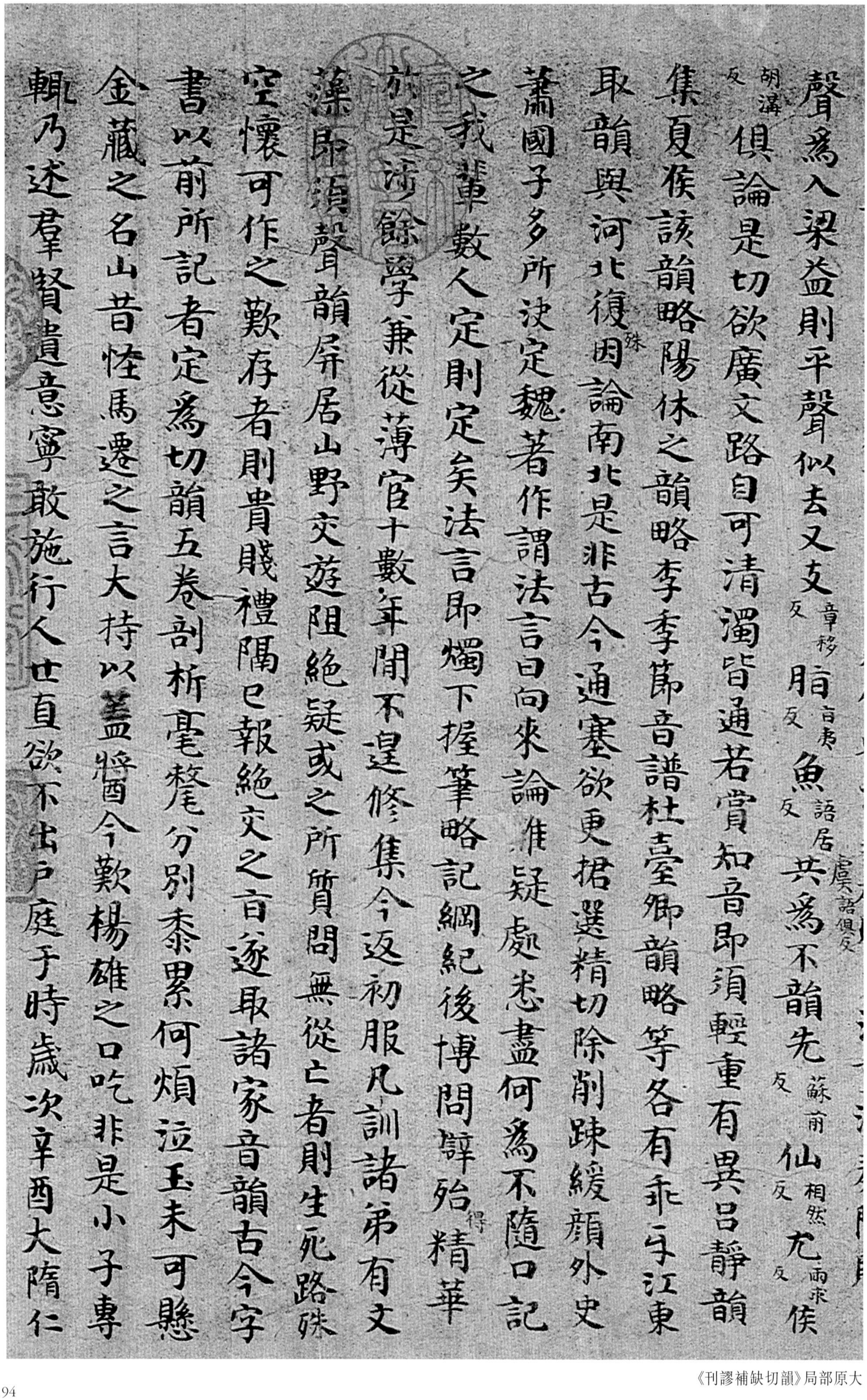
聲爲入梁益則平聲似去又支（章移反）脂（旨夷反）魚（語居反）虞（語俱反）共爲不韻先（蘇前反）仙（相然反）尤（雨求反）侯
（胡溝反）俱論是切欲廣文路自可清濁皆通若賞知音即須輕重有異呂靜韻
集夏侯該韻略陽休之韻略李季節音譜杜臺卿韻略等各有乖互江東
取韻與河北復殊因論南北是非古今通塞欲更捃選精切除削踈緩顏外史
蕭國子多所決定魏著作謂法言曰向來論難疑處悉盡何爲不隨口記
之我輩數人定則定矣法言即燭下握筆略記綱紀後博問辯殆得精華
於是涉餘學兼從薄宦十數年間不遑修集今返初服凡訓諸弟有文
藻即須聲韻屏居山野交遊阻絕疑或之所質問無從亡者則生死路殊
空懷可作之歎存者則貴賤禮隔已報絕交之旨遂取諸家音韻古今字
書以前所記者定爲切韻五卷剖析毫氂分別黍累何煩泣玉未可懸
金藏之名山昔怪馬遷之言大持以蓋醬今歎楊雄之口吃非是小子專
輒乃述羣賢遺意寧敢施行人世直欲不出戶庭于時歲次辛酉大隋仁

《刊謬補缺切韻》局部原大

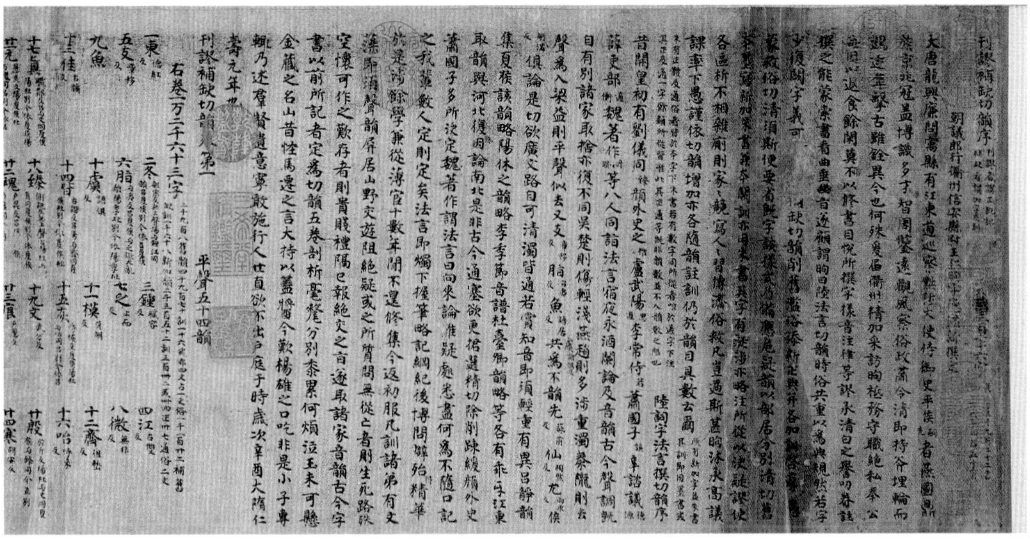

《刊謬補缺切韻》之一

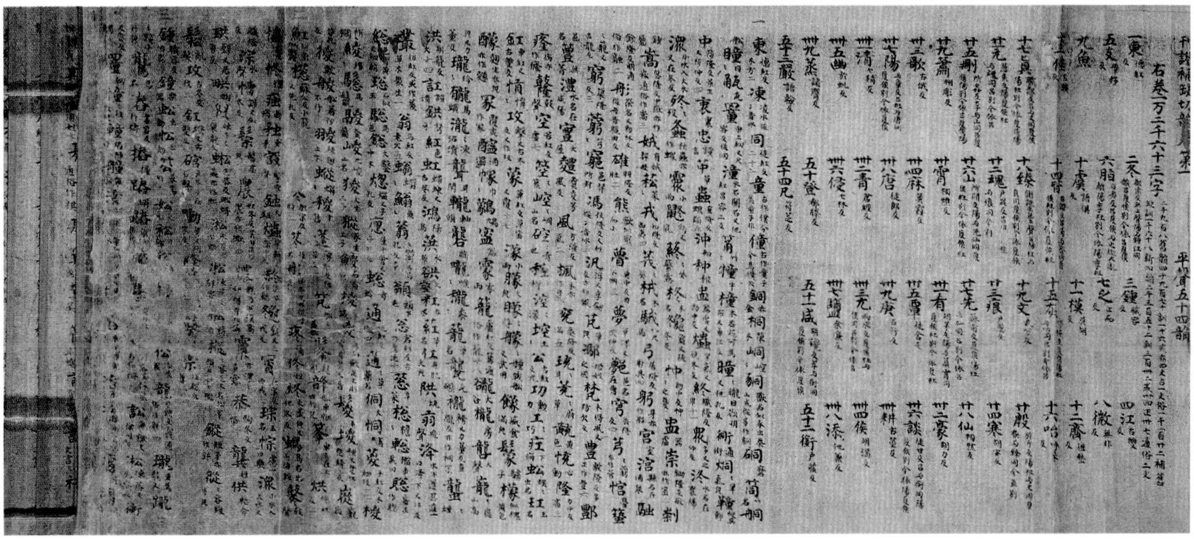

《刊謬補缺切韻》之二

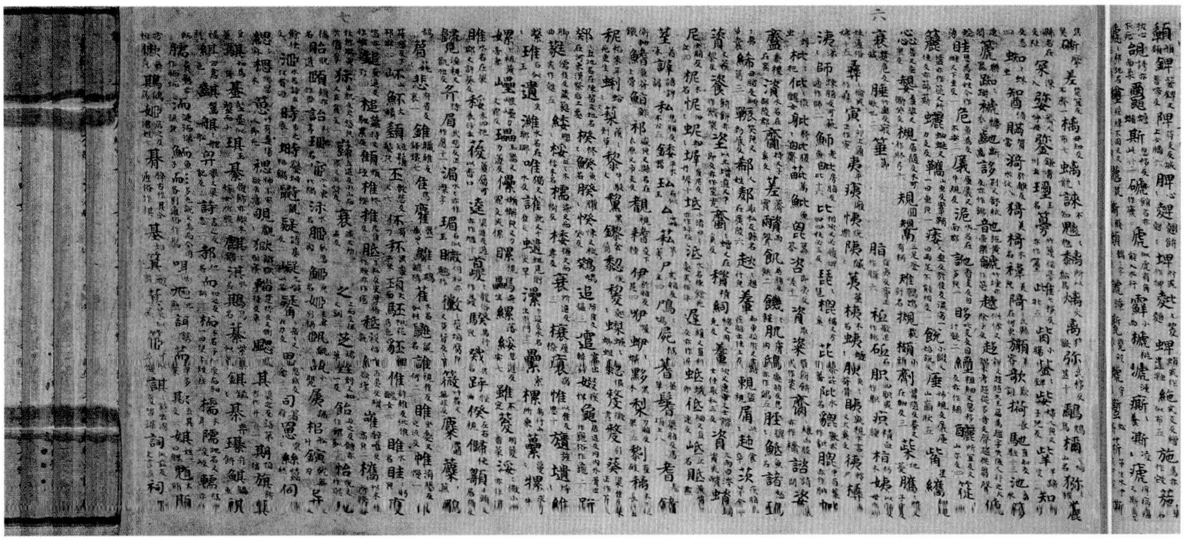

《刊謬補缺切韻》之三

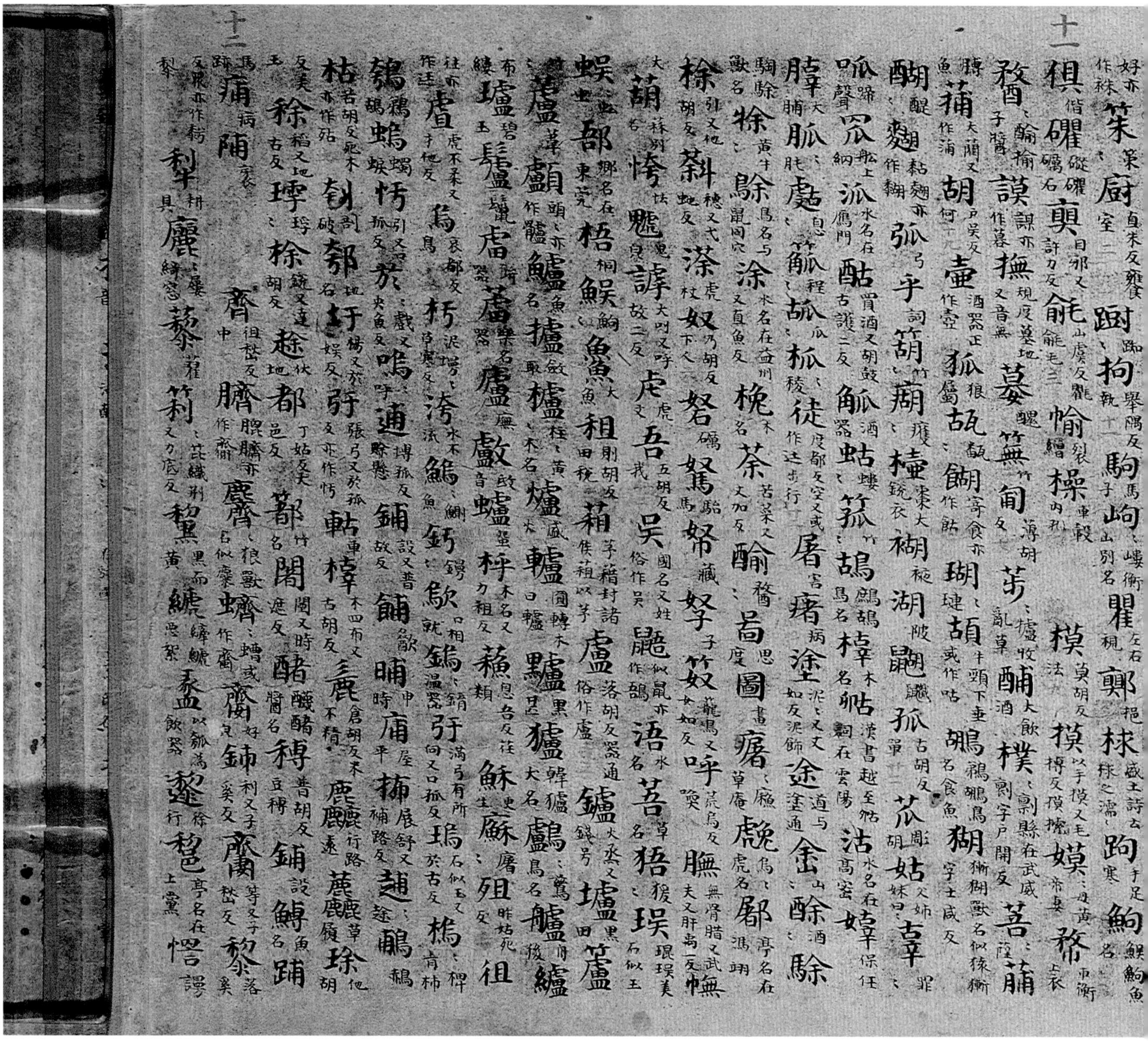

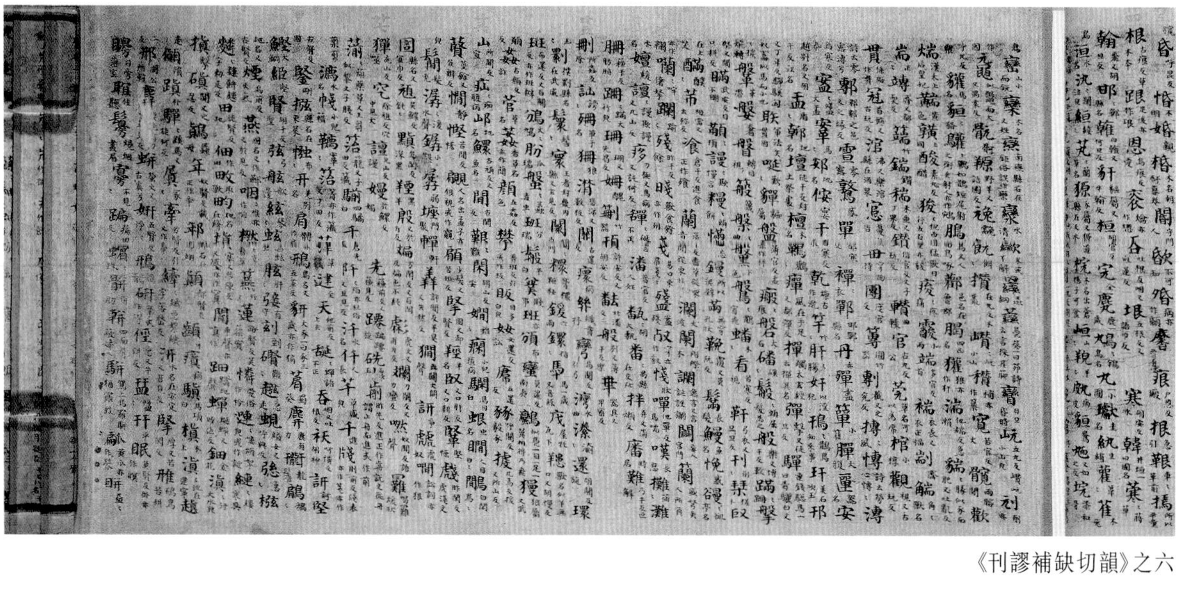

《刊謬補缺切韻》之六

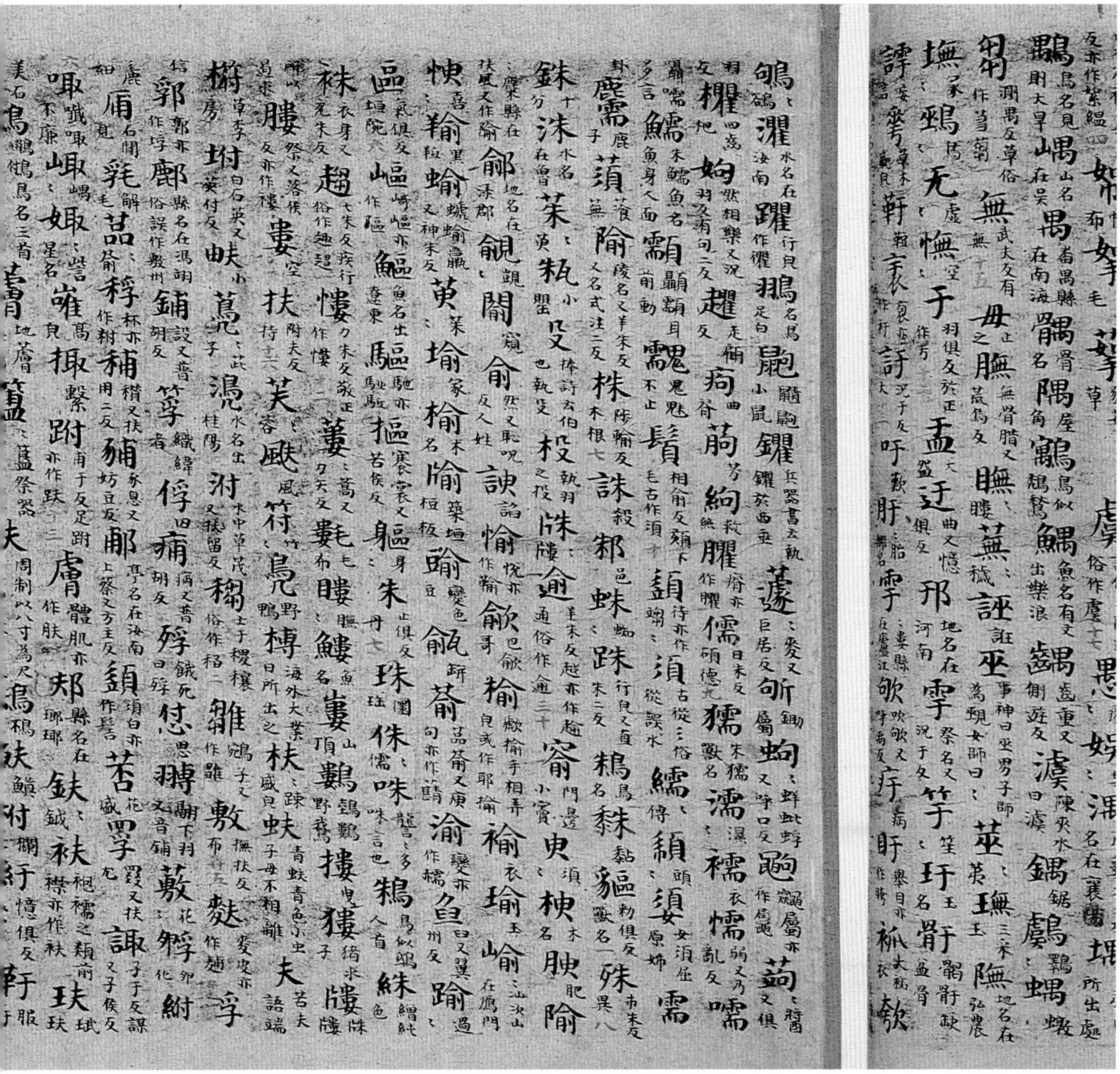

《刊謬補缺切韻》之四

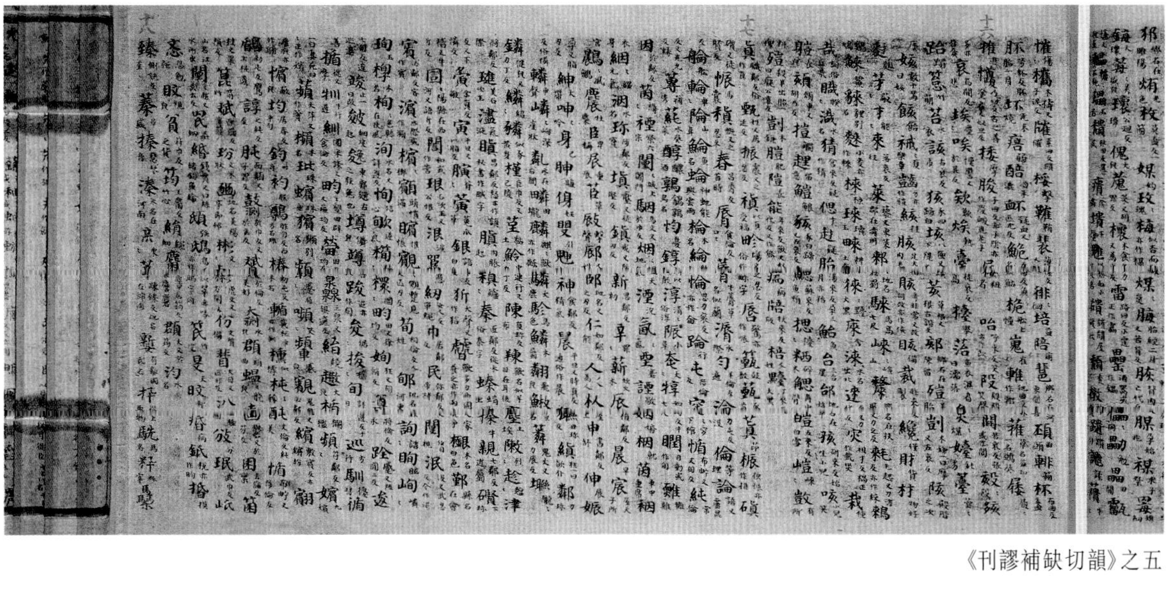

《刊謬補缺切韻》之五

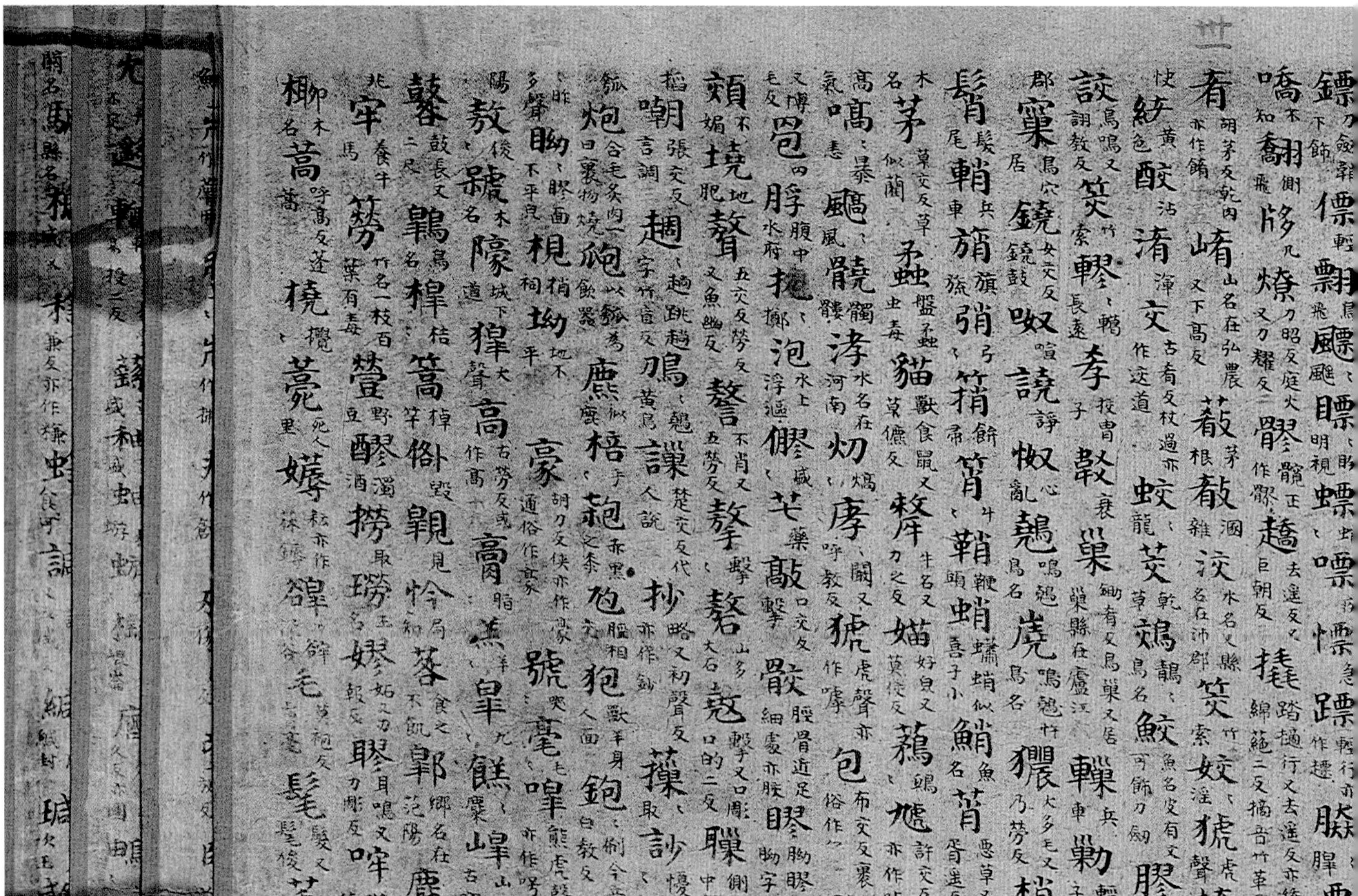

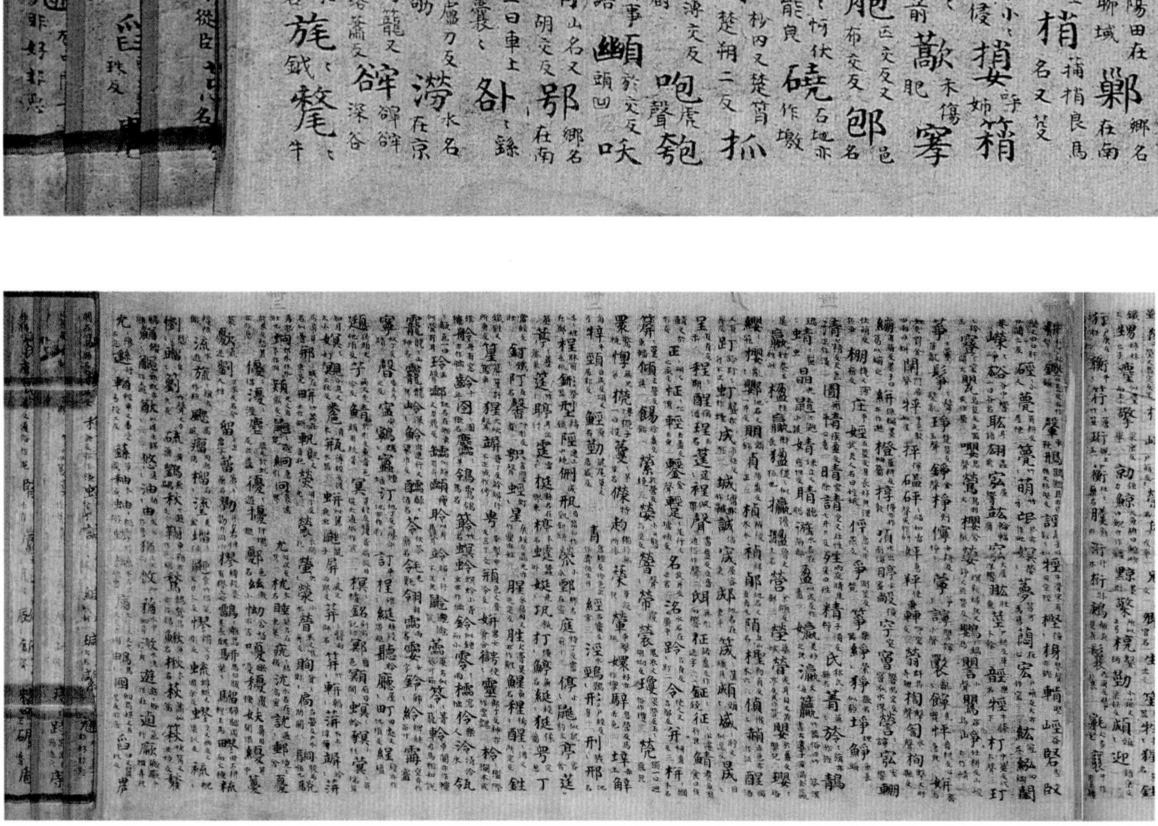

《刊謬補缺切韻》之九

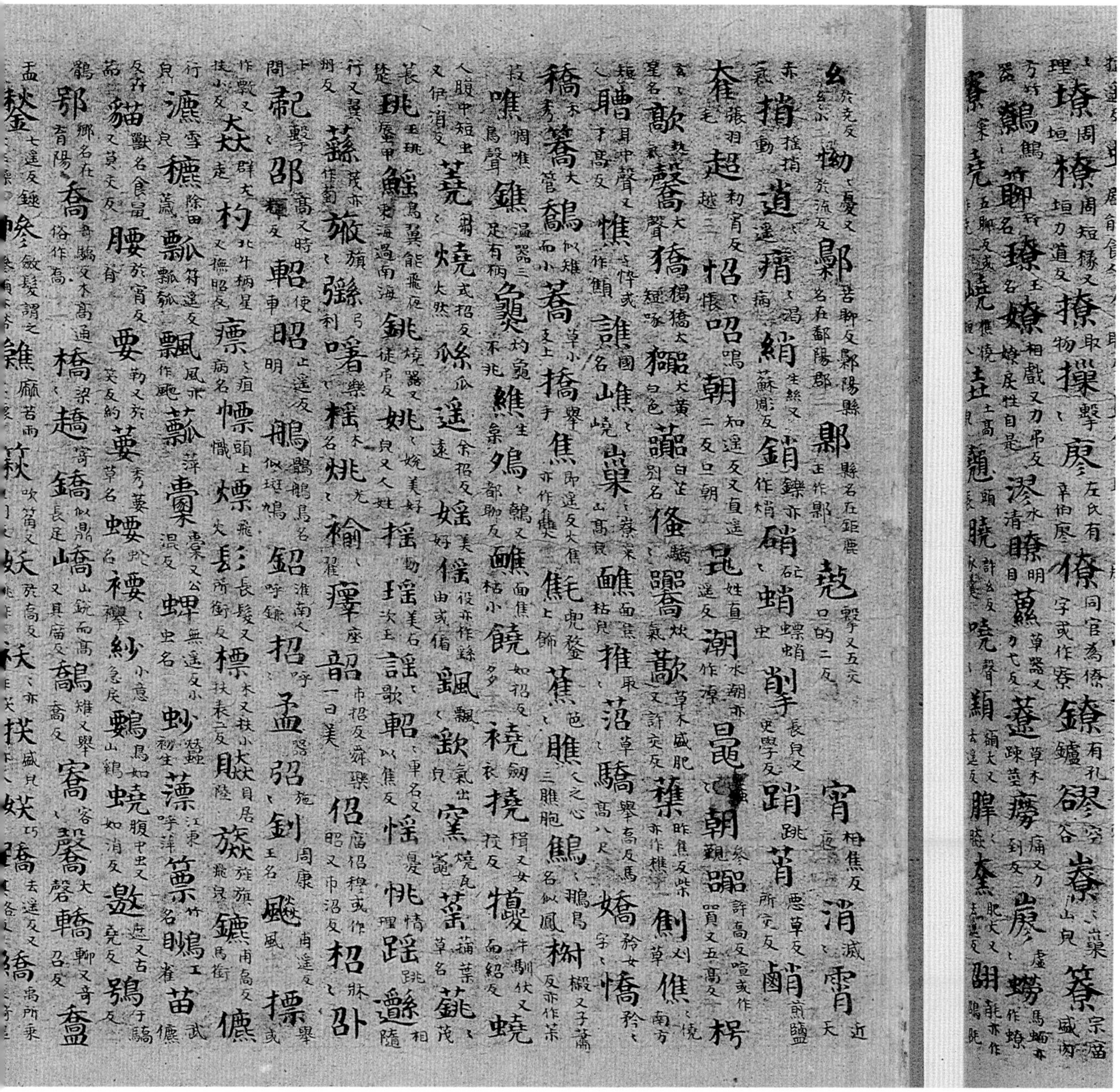

《刊謬補缺切韻》之七

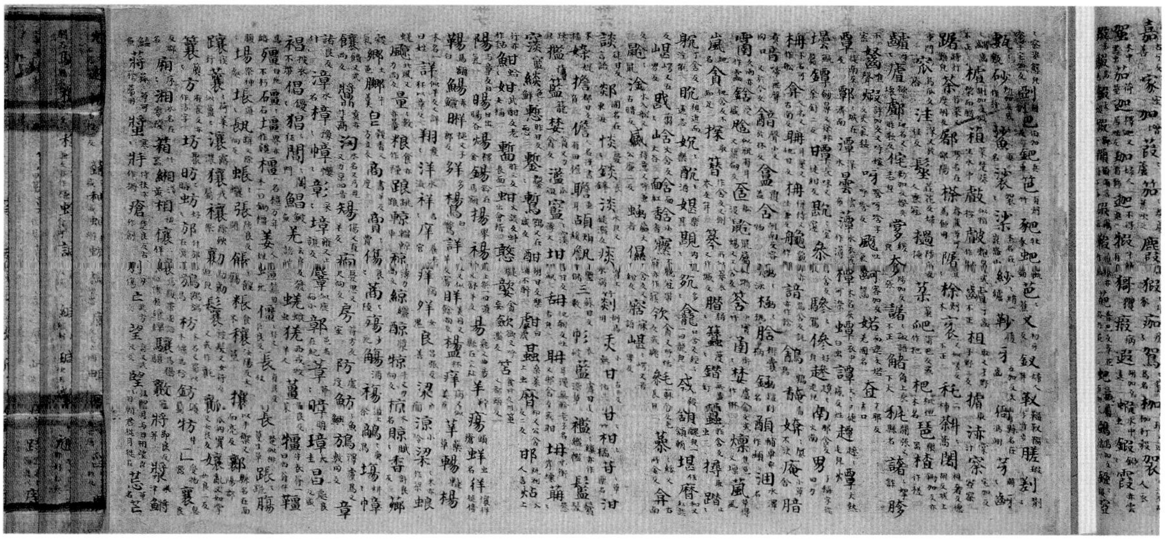

《刊謬補缺切韻》之八

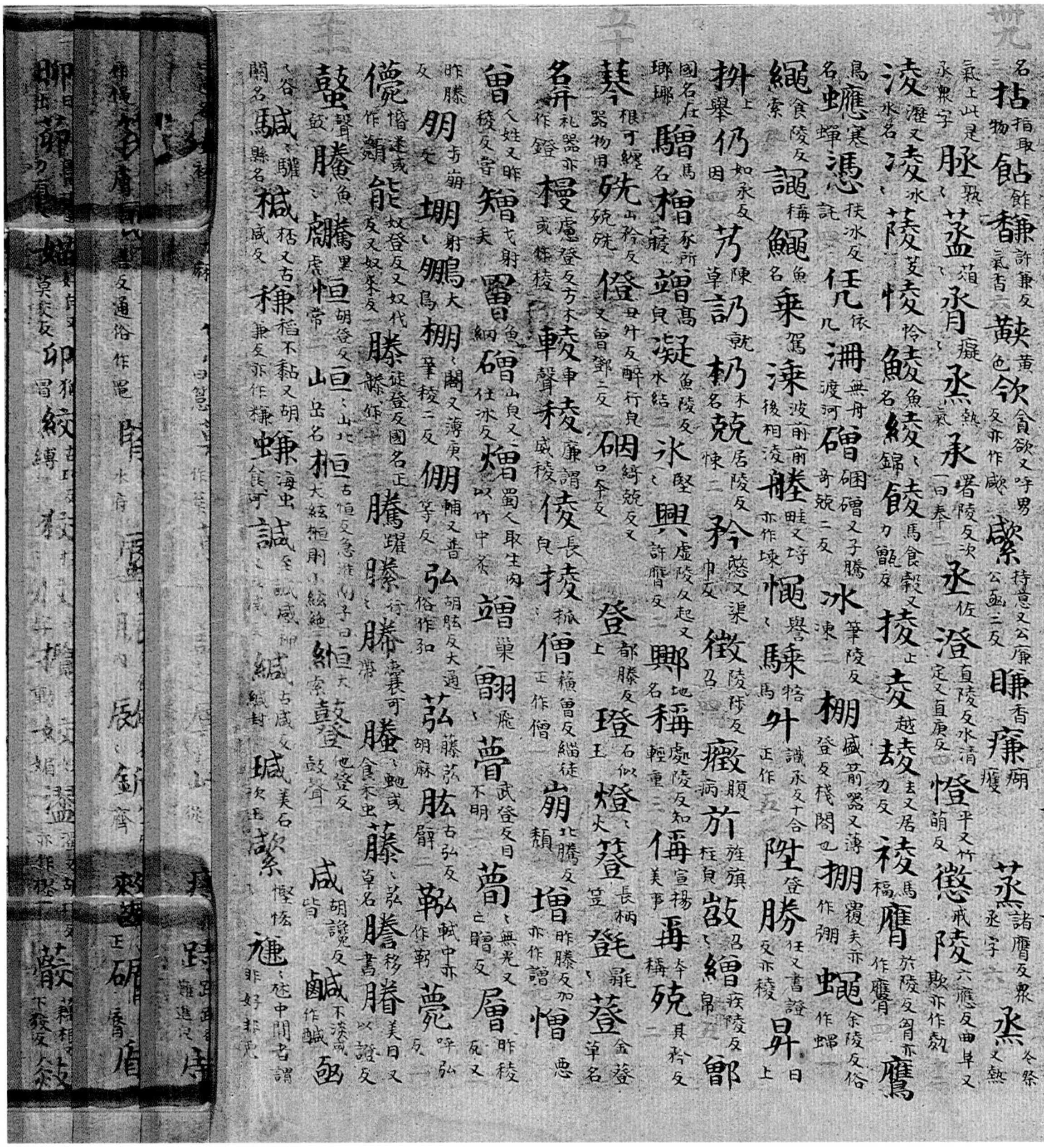

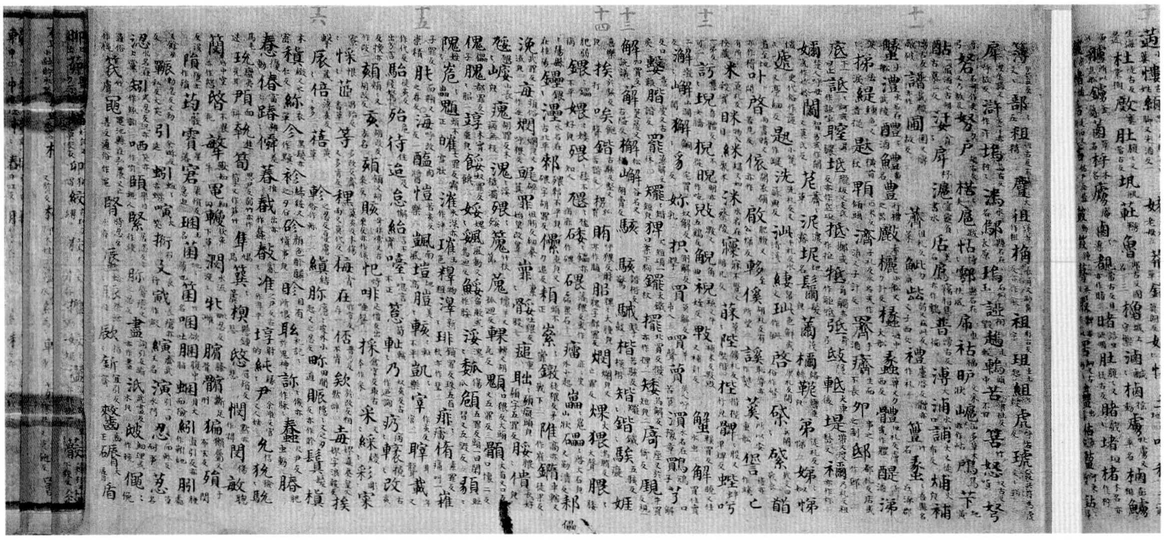

《刊謬補缺切韻》之十二

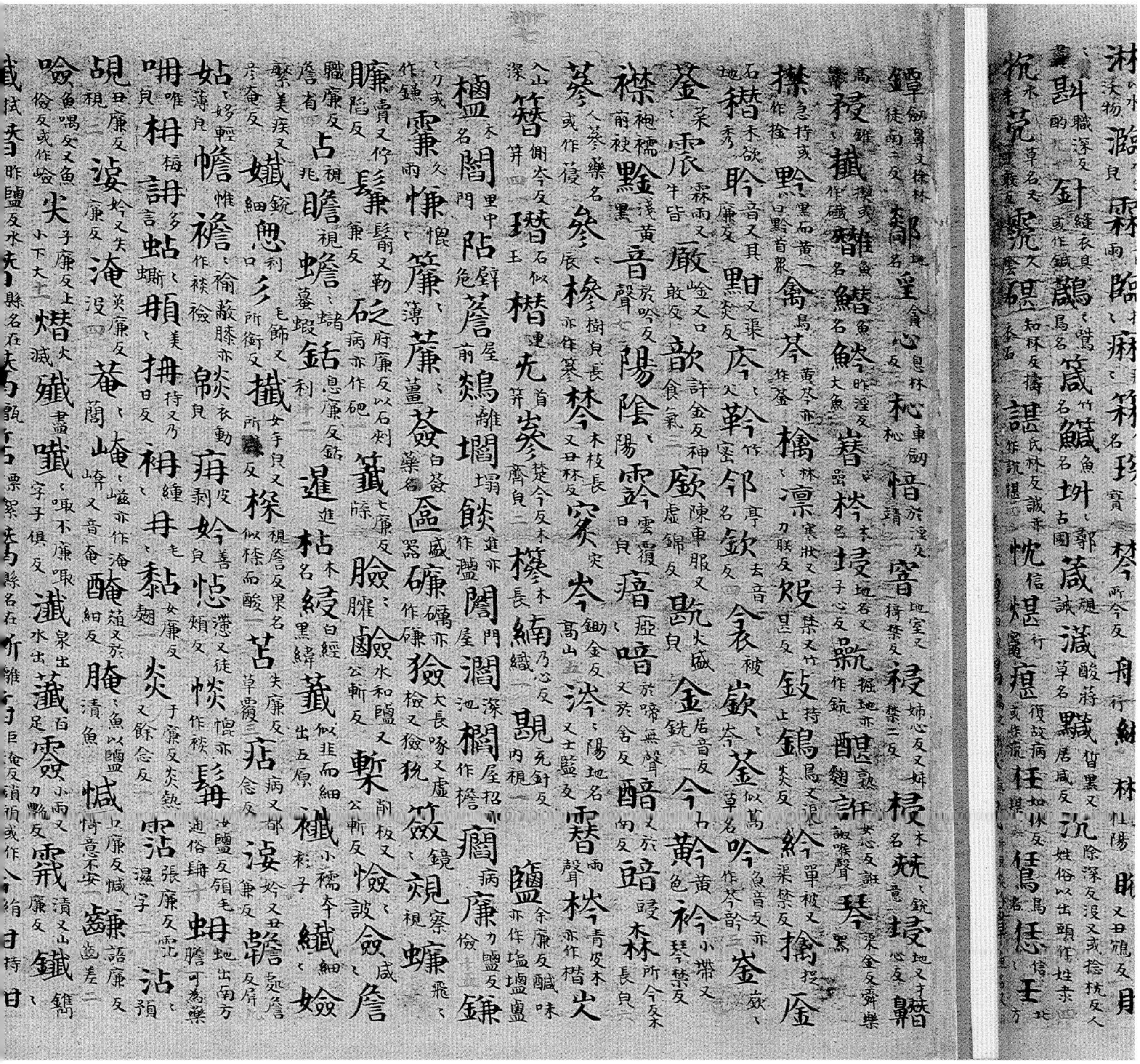

《刊謬補缺切韻》之十

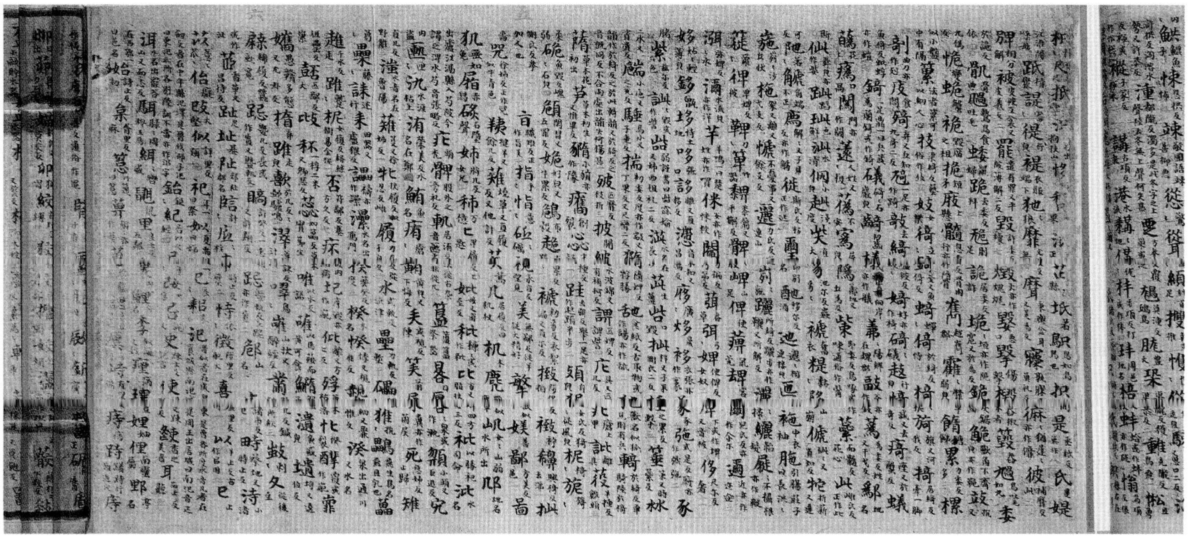

《刊謬補缺切韻》之十一

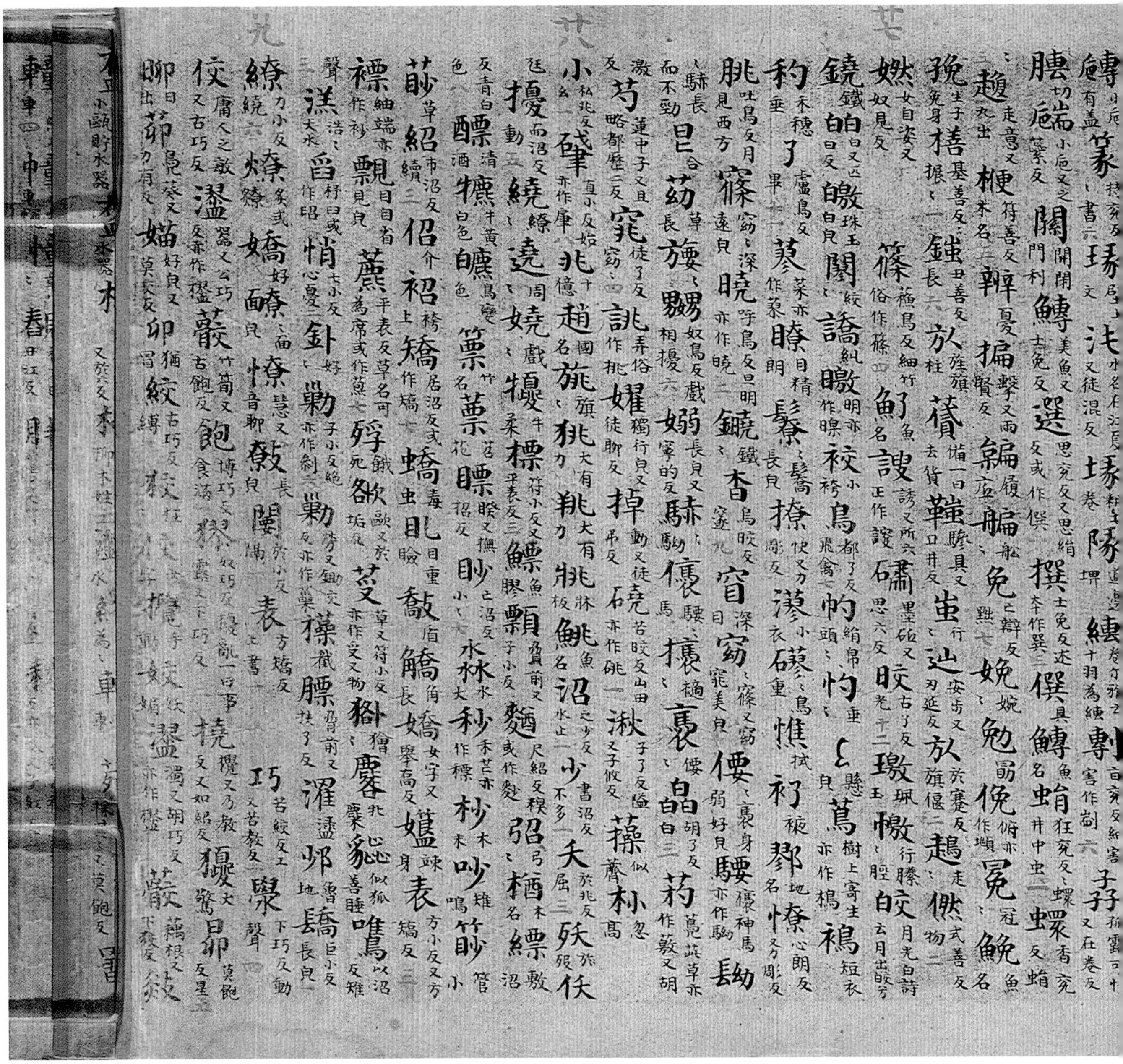

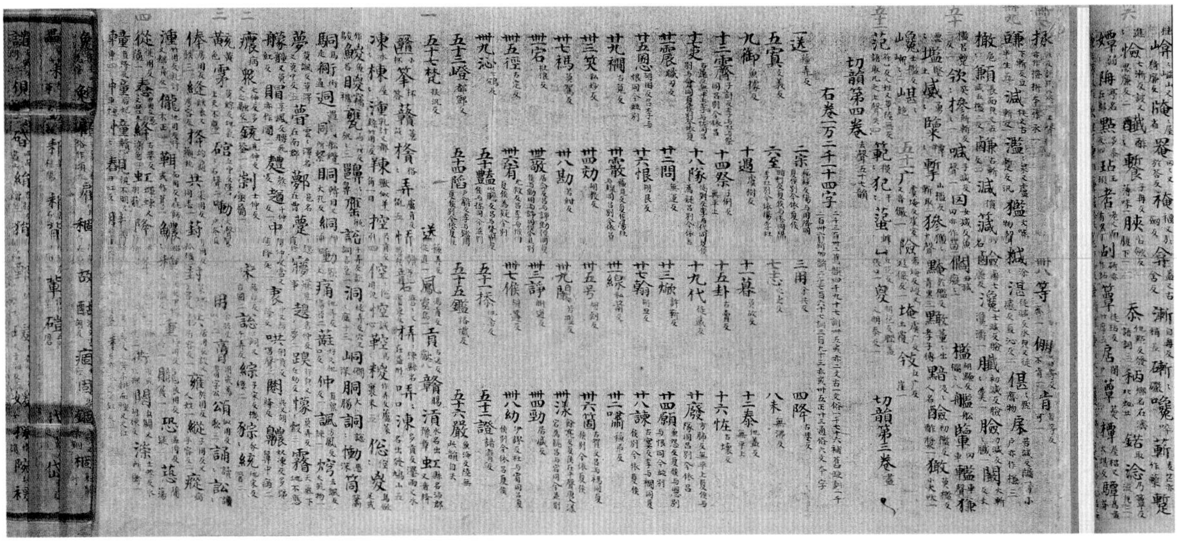

《刊謬補缺切韻》之十五

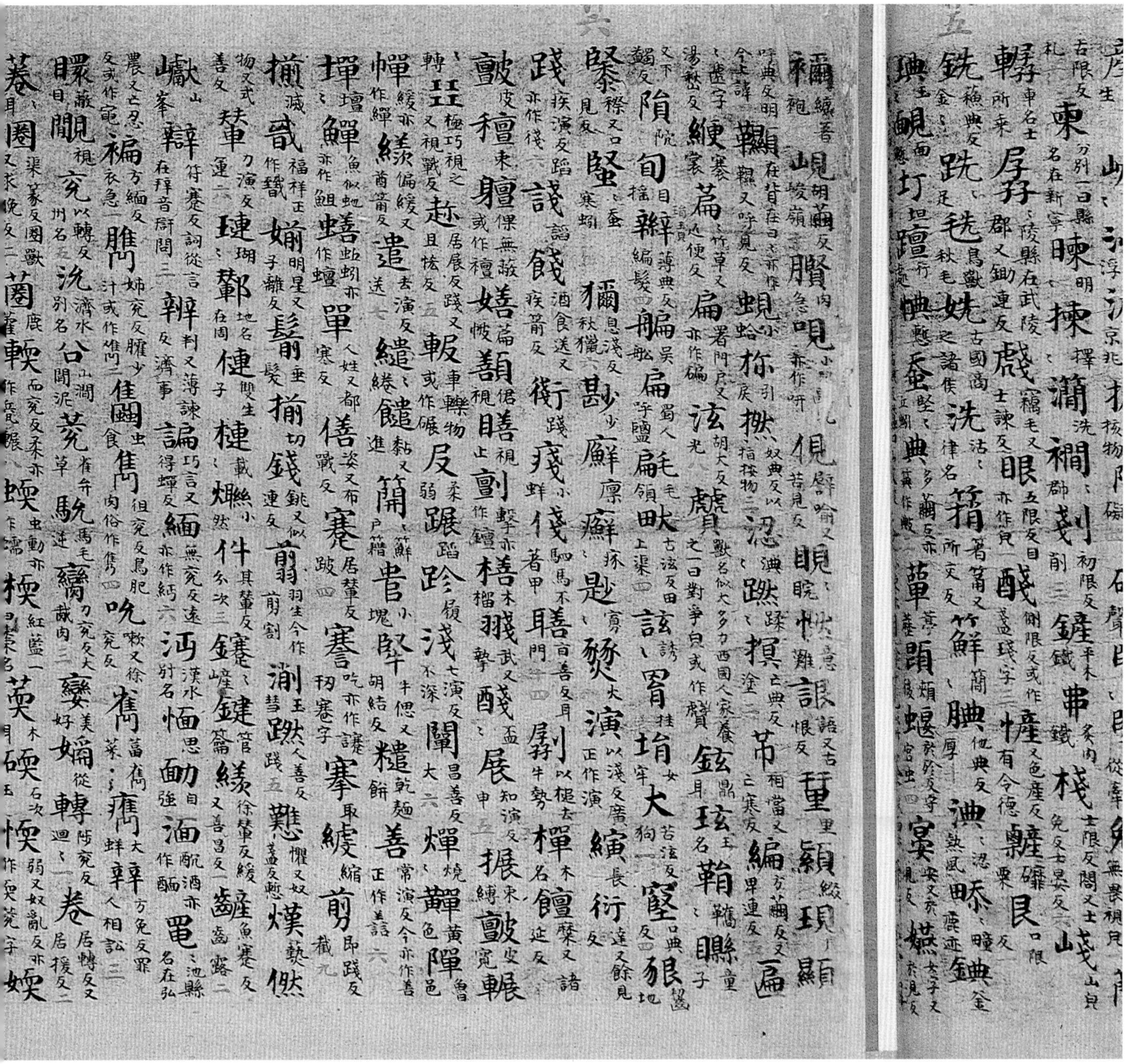

《刊謬補缺切韻》之十三

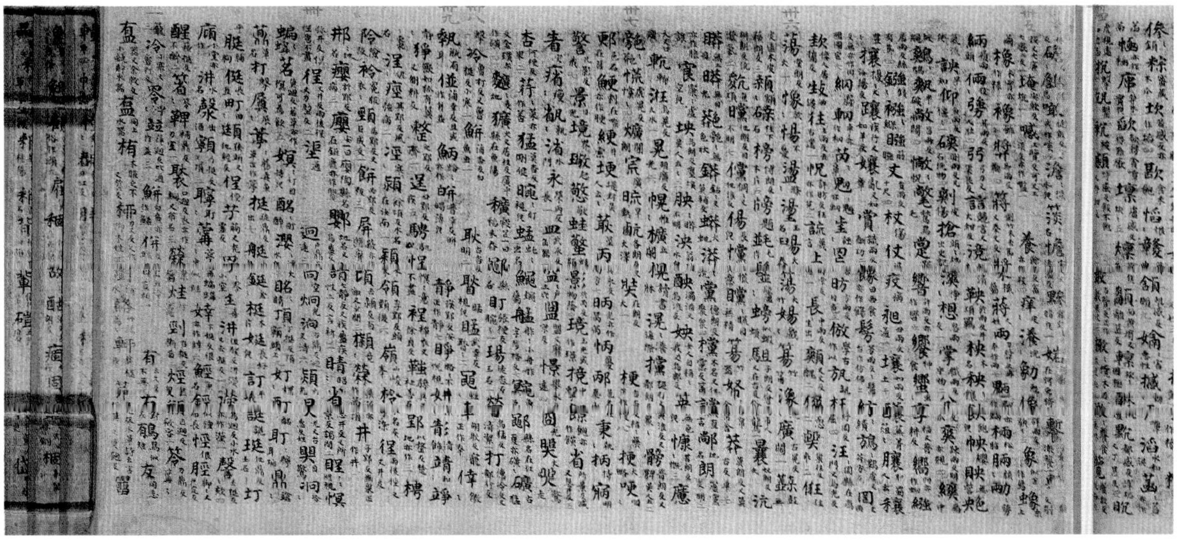

《刊謬補缺切韻》之十四

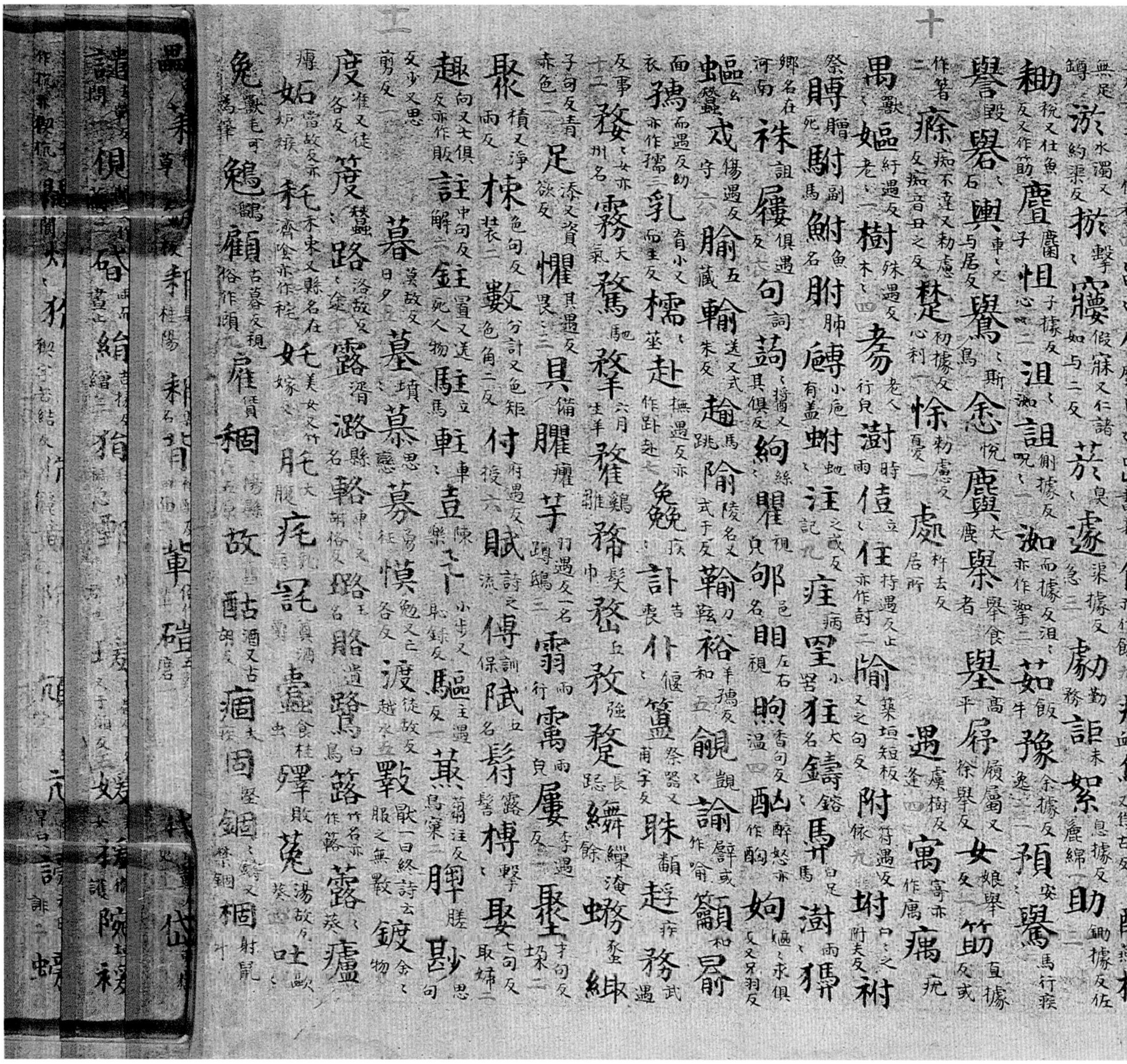

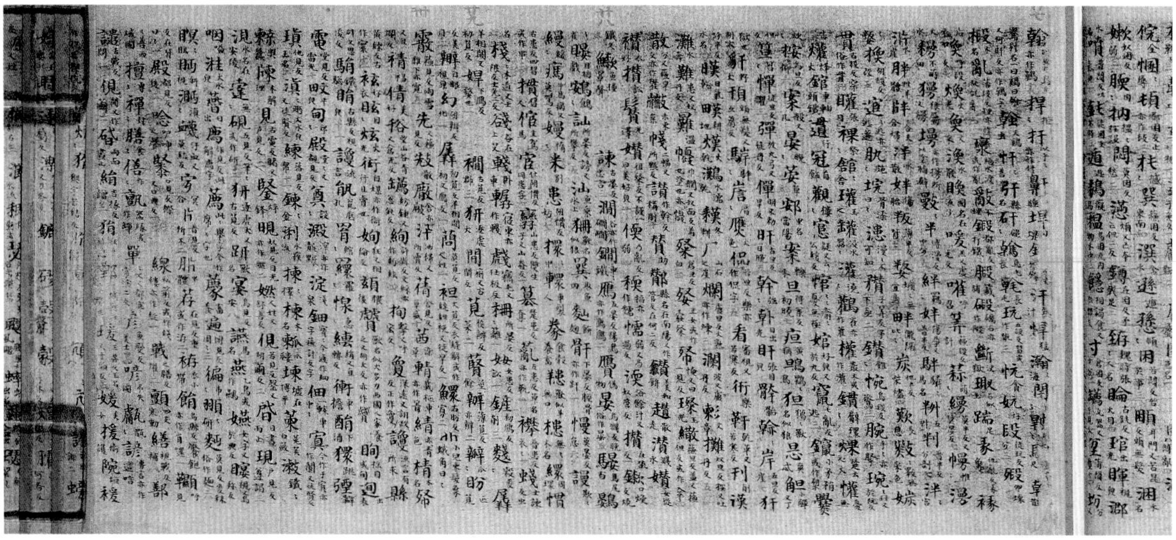

《刊謬補缺切韻》之十八

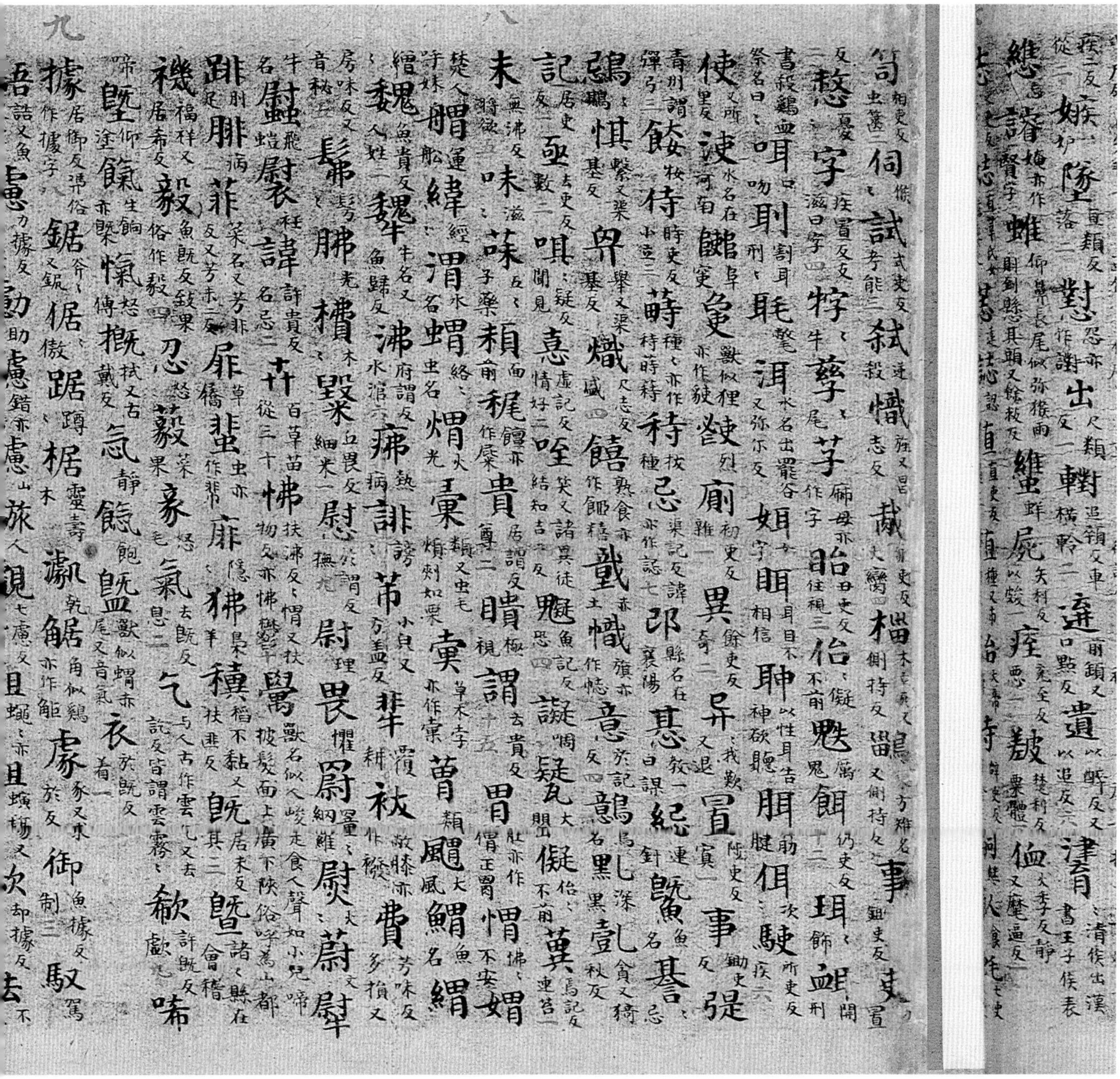

《刊謬補缺切韻》之十六

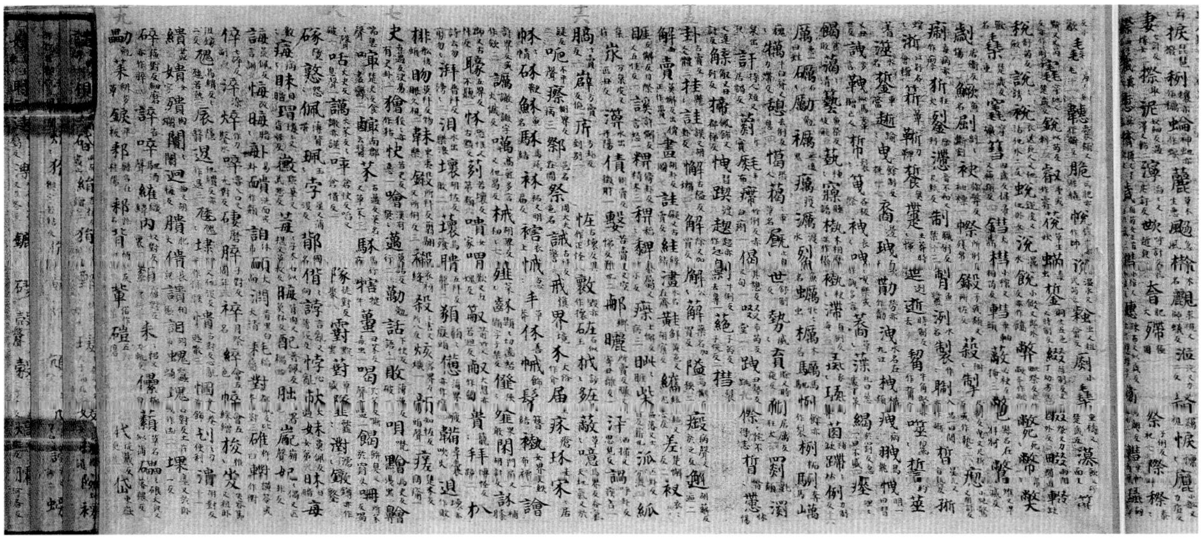

《刊謬補缺切韻》之十七

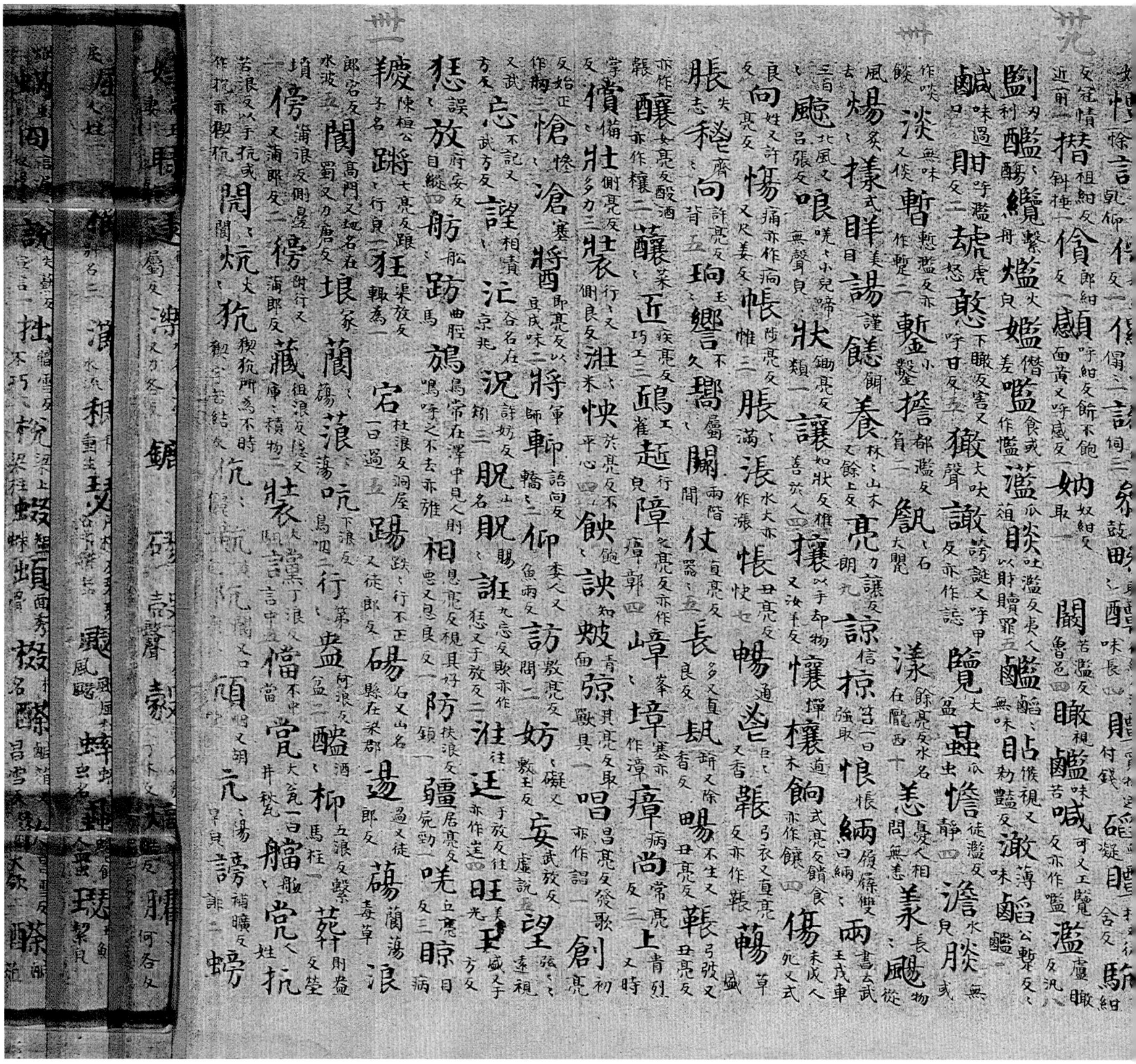

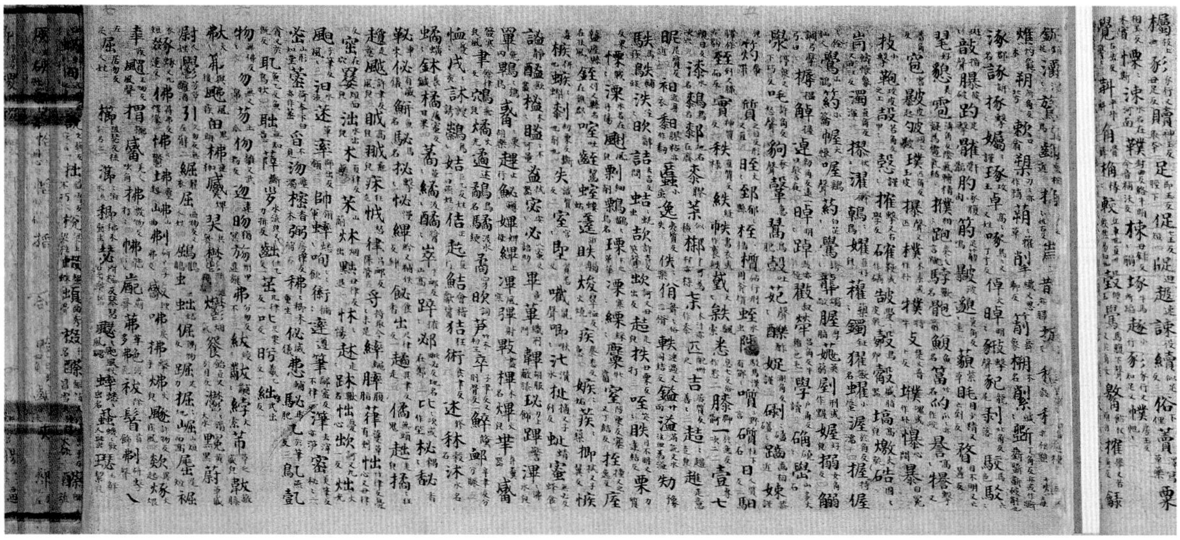

《刊謬補缺切韻》之二十一

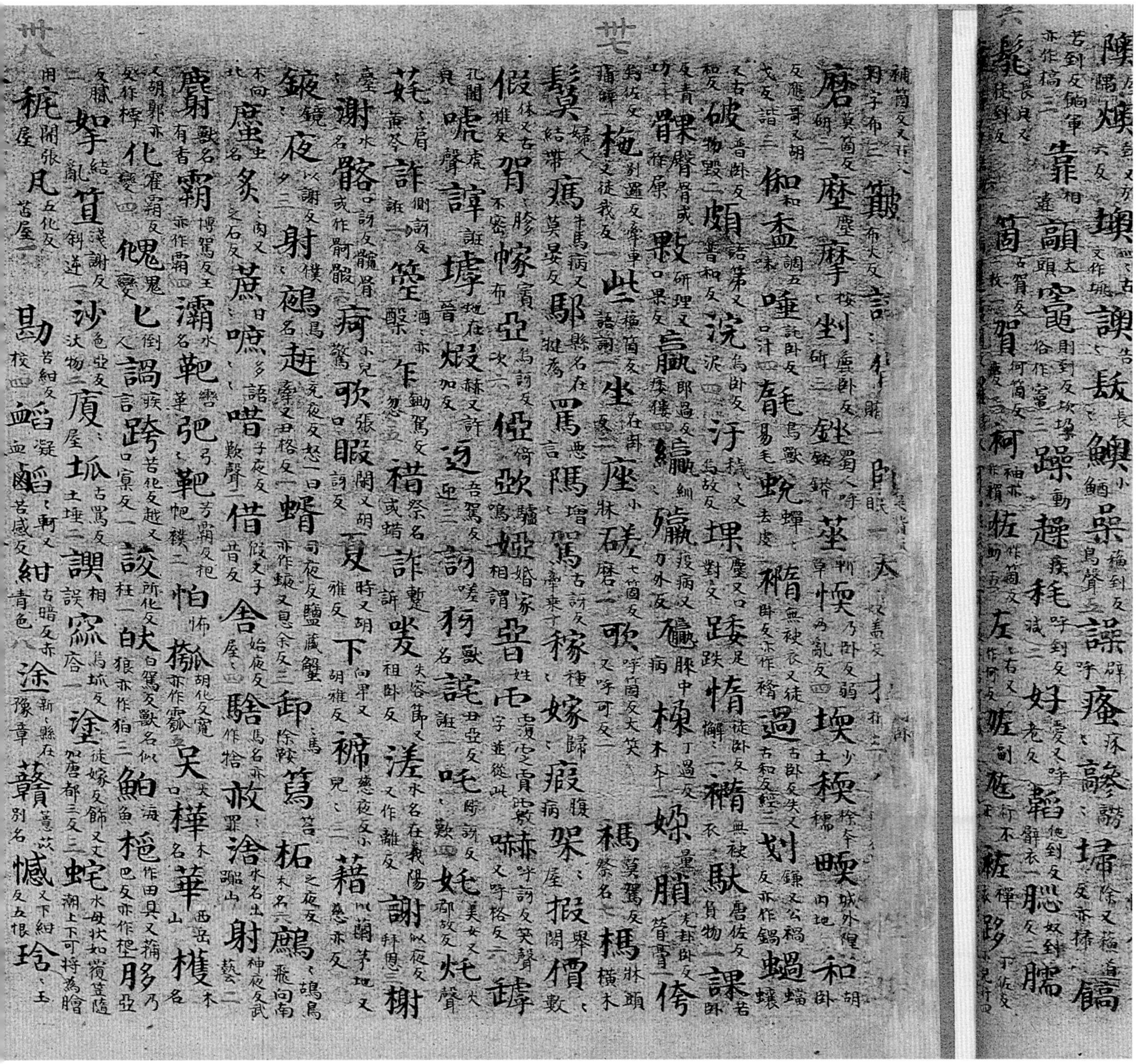

《刊謬補缺切韻》之十九

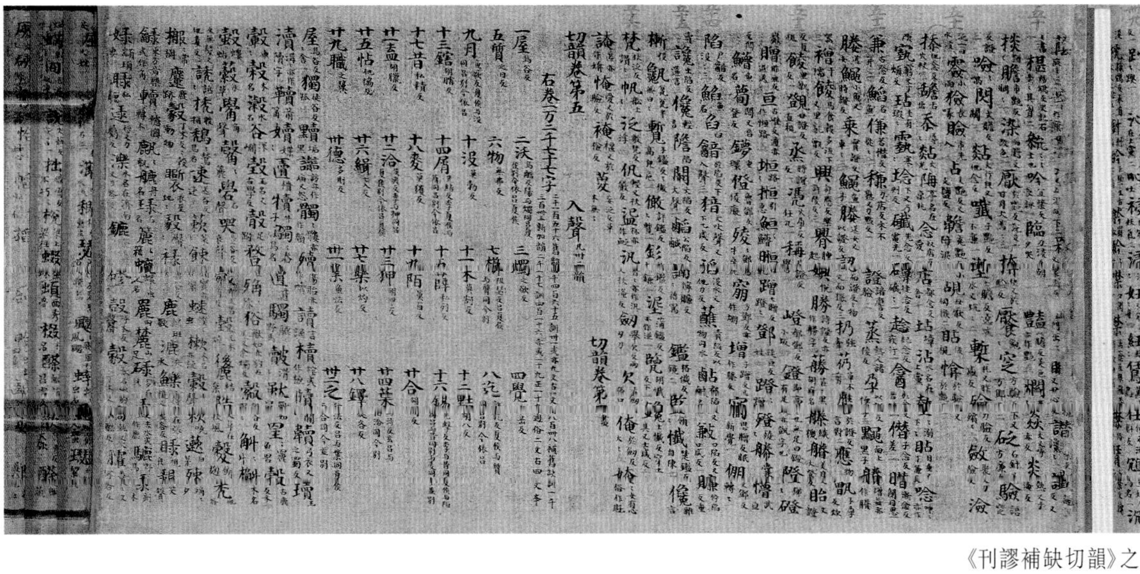

《刊謬補缺切韻》之二十

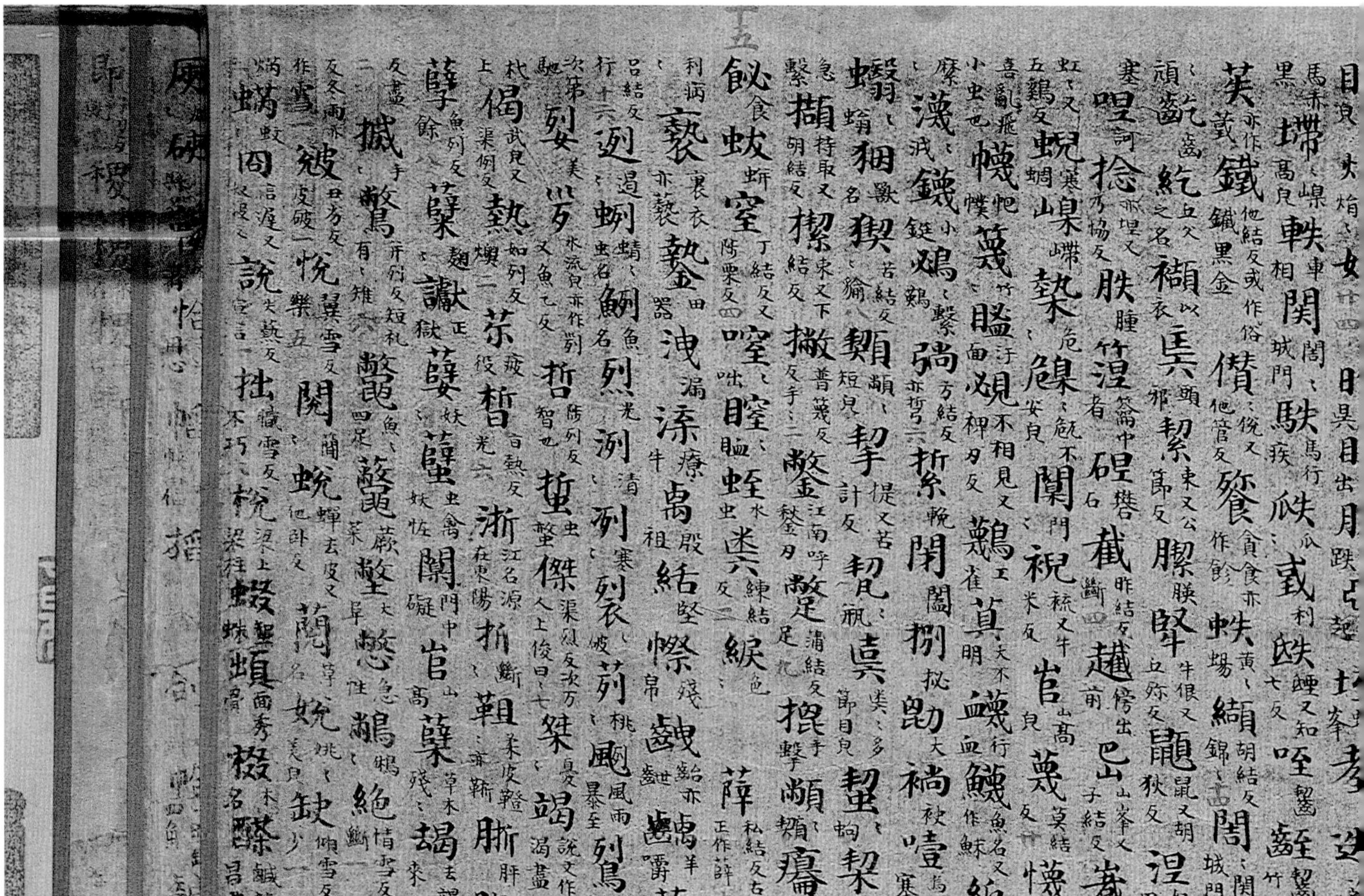

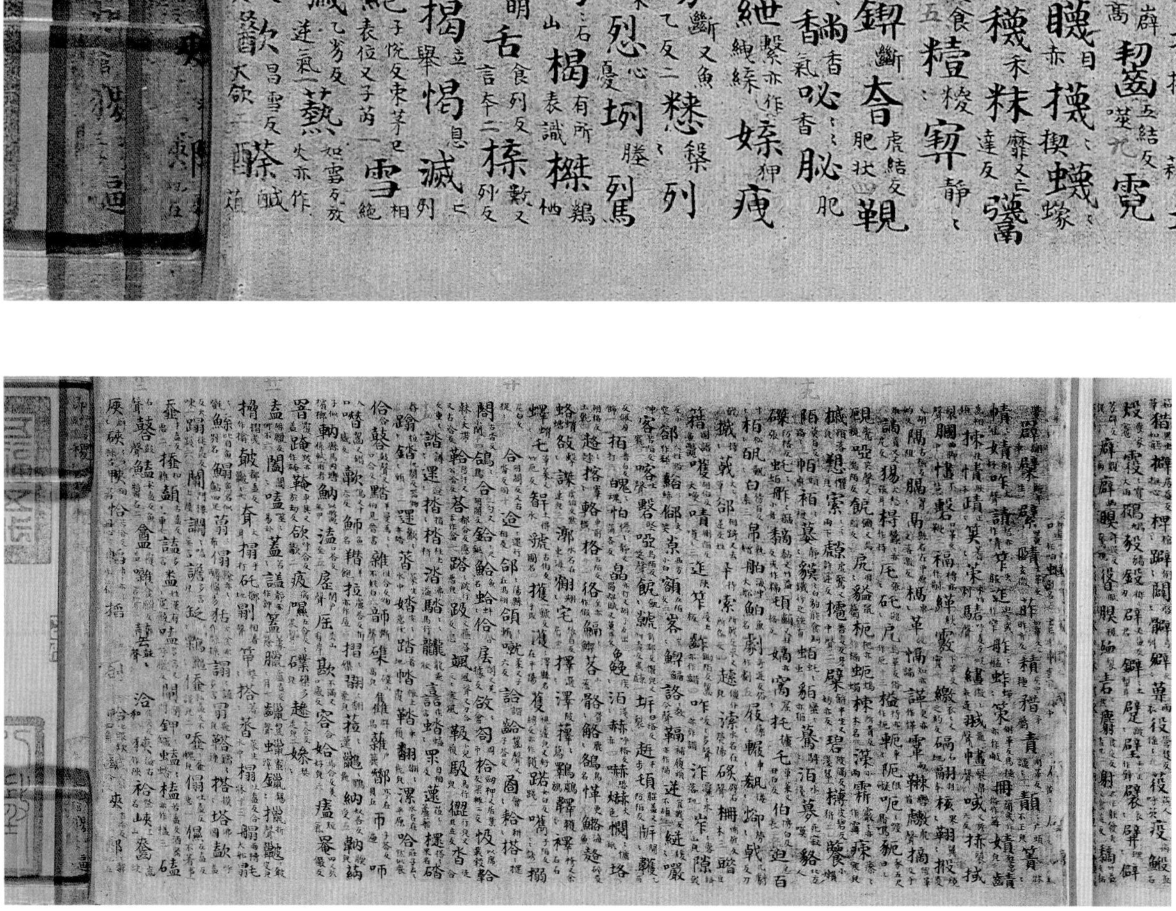

《刊謬補缺切韻》之二十四

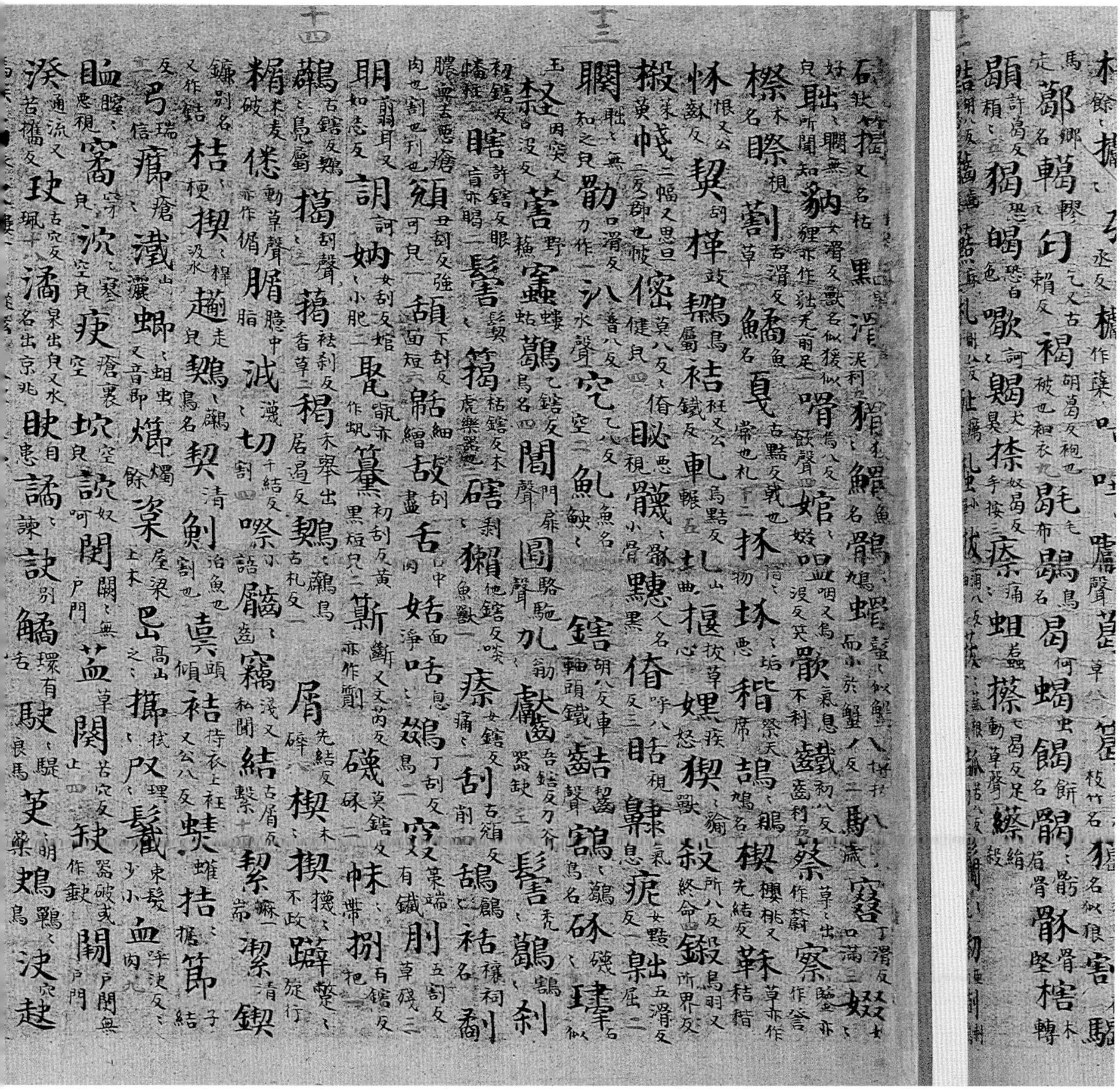

《刊謬補缺切韻》之二十二

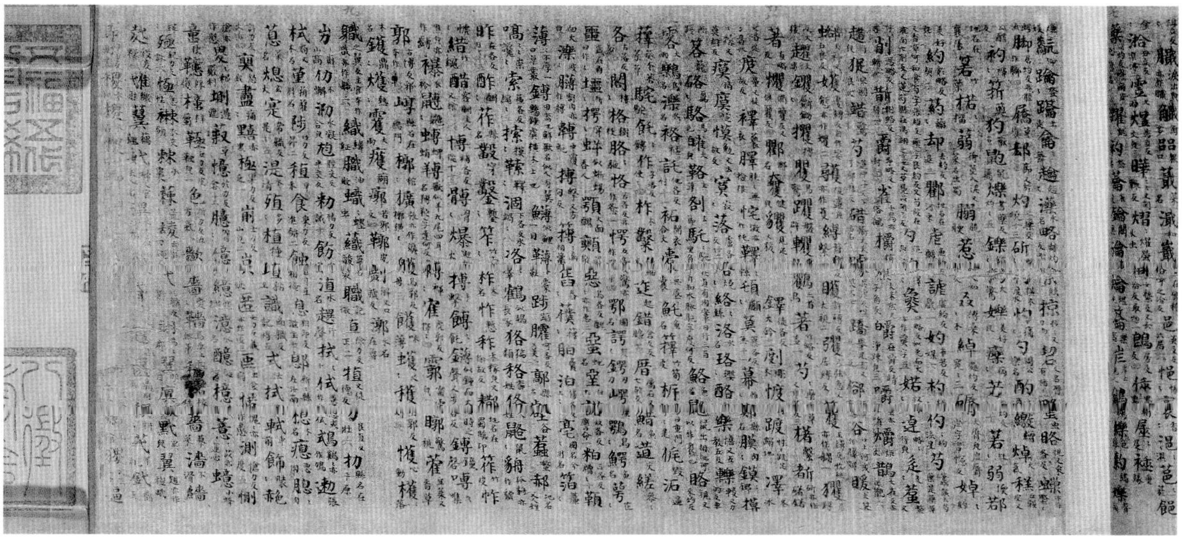

《刊謬補缺切韻》之二十三

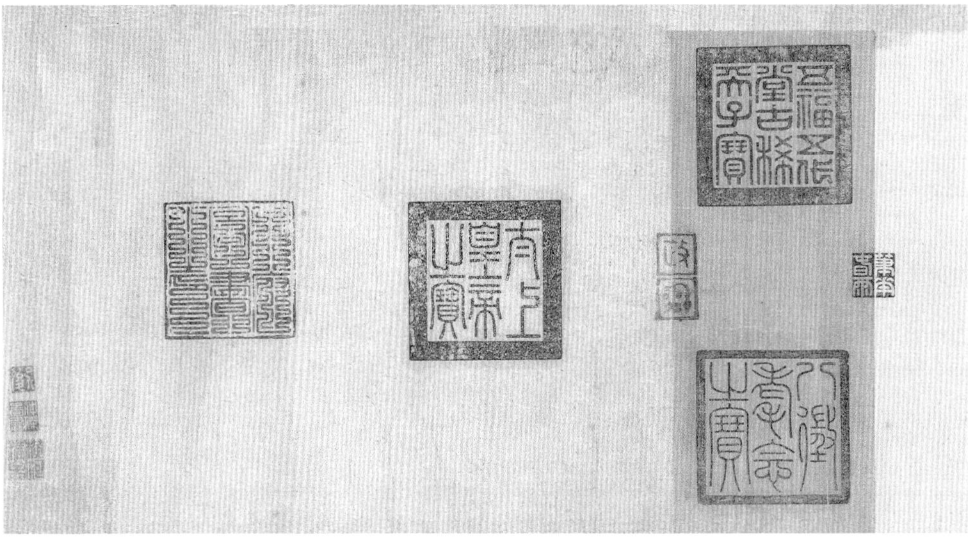

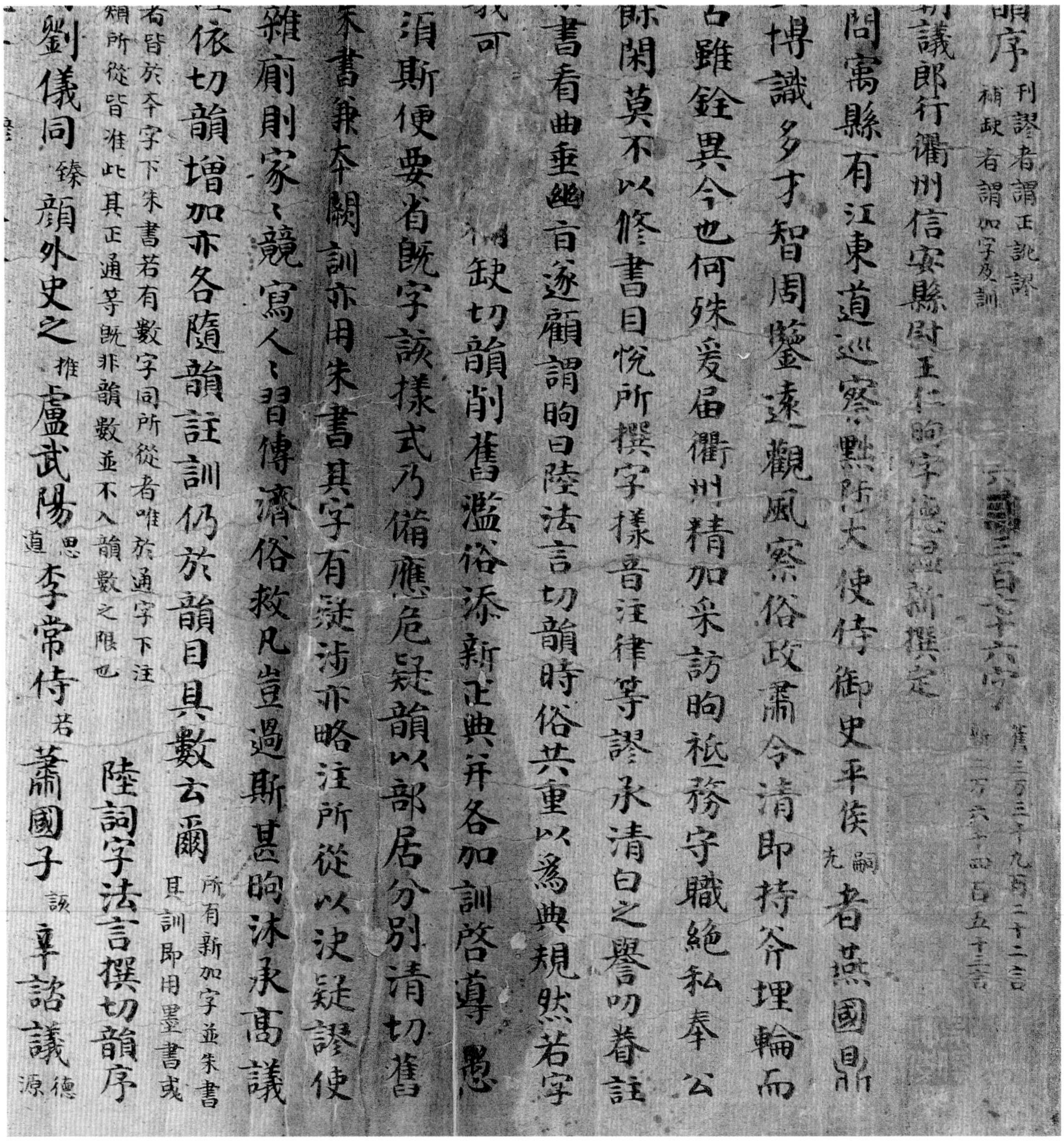

韻序 刊謬者謂正訛謬 補缺者謂加字及訓 [illegible]三百七十六字 舊三万三千九百二十二言 新二万六千四百五十三言

[illegible]議郎行衢州信安縣尉王仁昫字德[illegible]新撰定

[illegible]問寓縣有江東道巡察黜陟大使侍御史平侯（嗣先）者燕國鼎

[illegible]博識多才智周鑒遠觀風察俗政肅令清即持斧埋輪而

[illegible]雖銓異今也何殊爰屆衢州精加采訪昫祗務守職絕私奉公

[illegible]餘閑莫不以修書自悅所撰字樣音注律等謬承清白之譽叨眷註

[illegible]書看曲垂幽旨遂顧謂昫曰陸法言切韻時俗共重以為典規然若字

[illegible]可 補缺切韻削舊濫俗添新正典并各加訓啓導愚

[illegible]須斯便要省既字該樣式乃備應危疑韻以部居分別清切舊

[illegible]本書兼本闕訓亦用朱書其字有疑涉亦略注所從以決疑謬使

[illegible]雜肩削家家競寫人人習傳濟俗救凡豈過斯甚昫沐承高議

[illegible]依切韻增加亦各隨韻註訓仍於韻目具數云爾（所有新加字並朱書 其訓即用墨書或者皆於本字下朱書若有數字同所從者唯於通字下注 類所從皆准此其正通等既非韻數並不入韻數之限也）

陸詞字法言撰切韻序

[illegible]劉儀同（臻） 顏外史之（推） 盧武陽（思道） 李常侍（若） 蕭國子（該） 辛諮議（德源）

29

僧智　行書瑜伽師地論

唐
紙本　行書
縱30.5厘米　橫411厘米

Yu Jia Shi Di Lun (Yogacara-bhumi-sastra) in running script
By Seng Zhi, Tang Dynasty
Ink on paper
H. 30.5cm　L. 411cm

《瑜伽師地論》，彌勒講述，無著者，簡稱《瑜伽論》，係瑜伽行學派基礎論書，也為法相宗最重要的典籍。內容記錄作者聞彌勒自兜率天降至中天竺阿踰陀國之講堂說法的經過，詳述瑜伽行觀法。由於本論廣釋瑜伽師所依所行之十七地，故又稱《十七地論》，十七地之中，其中又以"菩薩地"為重要。本書漢譯本有數種，以唐玄奘所譯《瑜伽論》一百卷最為著名。全書分為五分，前五十卷為"本地分"，廣說瑜伽禪觀境界十七地之義，乃本論之主體。

標題："瑜伽師地論卷第卌 本地分中菩薩地第十五初持瑜伽處戒品第十之一　彌勒菩薩說　三藏法師玄奘奉詔譯"。款署："大中十年(856年)六月十六日　沙門僧智惠山隨聽學書記"。釋氏寫經，字多草率，非經生抄寫的整飭精熟的經卷可比。但其左右翻側，筆法古厚，別有風致。字多異體，反映了中晚唐時期字形演變的情況。

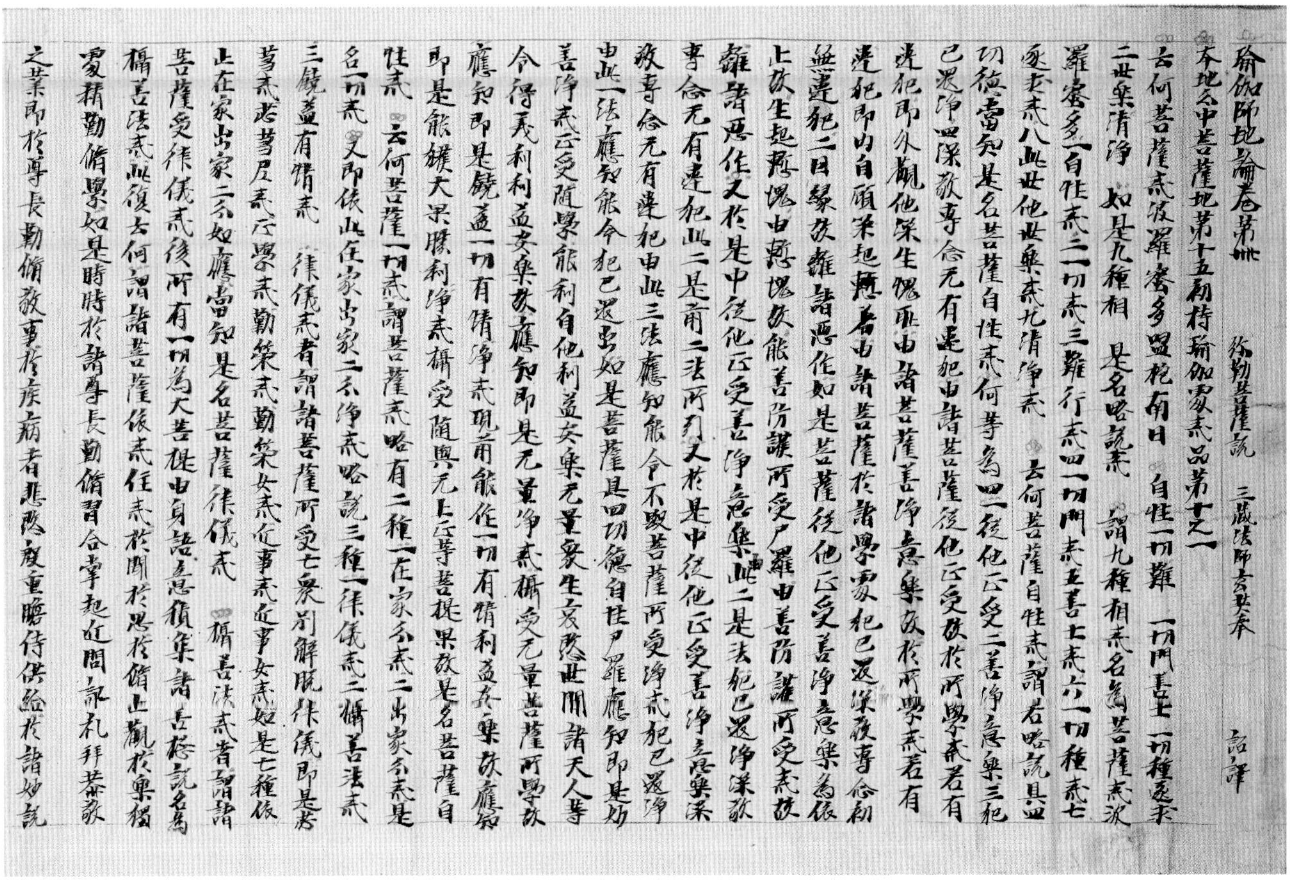

《瑜伽師地論》之一

覺令現行尋便發起猛利悔愧深見其過數數悔愧深見過故雖復
暫起不正言論諸惡尋思而能速疾安住正念於彼勝得无復作由
此因緣則能拘檢習拘檢故漸能如昔於彼現行深生喜樂於今安住
彼不現行喜樂亦尒又能遂逞令不現起又諸菩薩於諸菩薩一切學處
及聞已入大地菩薩廣大无量不可思議長時最極難行學處心无驚懼
亦不謗毀唯作是念彼既是人漸次修學於諸菩薩一切學處廣大无量
不可思議淨身語等諸律儀戒成就圓滿我亦是人漸次修學決定无疑
當得如彼淨身語等諸律儀戒成就圓滿又諸菩薩住律儀戒常察
己過不伺他非善於一切暴惡犯戒諸有情所无損害心无瞋恚心菩薩
於彼由懷上品法大悲故現前發起慈悲愍心饒益心又諸菩薩住律儀
戒雖復還他手足塊石刀杖等觸之所加害於彼尚无少恚恨心况當於彼
欲出惡言反行加害况復發言毀辱訶責以少苦觸作不饒益又諸
菩薩住律儀戒具足成就五支所攝不放逸行一前際俱行不放逸行二
後際俱行不放逸行三中際俱行不放逸行四先時所作不放逸行五俱時
隨行不放逸行謂諸菩薩於菩薩學正修學時若於過去已所違犯如
法悔除是名菩薩前際俱行不放逸行若於未來當所違犯如法悔除是
名菩薩後際俱行不放逸行若於現在正所違犯如法悔除是名菩薩中
際俱行不放逸行若諸菩薩先於後時當所違犯發起猛利自誓欲樂
謂我定當如如所應行如如所應住如是如是行如是如是住令无所犯是
名菩薩先時所作不放逸行若諸菩薩即以如是先時所作不放逸行為
所依止如如所應行如如所應住如是如是行如是如是住不起毀犯是名菩薩
住時隨行不放逸行又諸菩薩住律儀戒覆藏自善發露己惡少欲喜足
堪忍眾苦性无憂感不掉不躁威儀寂靜離矯詐等一切能起邪命之
法菩薩成就如是十支名住律儀戒善護律儀戒謂不顧戀過去諸欲
又不希求未來諸欲又不耽著現在諸欲又樂遠離不生喜足又能摒除
不正言論諸惡尋思又能於己不自輕蔑又性柔和又能堪忍又不放逸又能
具足軌則淨命 ◎又諸菩薩已能安住攝善法戒若於身財少生顧戀
尚不忍受何况其多又於一切犯戒因緣根本煩惱少分煩惱忿恨等纏亦
不忍受又於他所發生恚害怨恨等心亦不忍受又於所起懈怠懶惰亦
不忍受又於所起等至味著等至煩惱亦不忍受又於五處如實了知謂
如實知善果勝利又能如實了知善因又能如實知善因果倒與无倒又
如實知攝善法障是諸菩薩能於善果見大勝利尋求善因為攝善故
[illegible]

令離憂惱由是因緣諸有情類生下中上三品憂苦菩薩皆能正為開解
又諸菩薩備資生具隨有來求即皆施與謂諸有情求食與食求飲與飲
求乘與乘求衣與衣求莊嚴具施莊嚴具求諸什物施以什物求塗香施
塗香求正趣處施正趣處求諸光明施以光明又諸菩薩性好攝受諸
有情類如法御眾方便饒益以无染心先與依止以憐愍心現作饒益然後
給施如法衣服飲食臥具病緣醫藥資身什物若自无有應從淨信長
者居士婆羅門等求索與之於己以法所獲如法衣服飲食諸坐臥具病緣醫
藥資身什物與眾同用无隱費於時時間以其隨順八種教授而正教授五
種教誡而正教誡此中所說教授教誡當知如前力種性品已廣分別又諸
菩薩於有情心性便隨轉隨心轉時先知有情若體若性知體性已隨諸有
情所應共住即應如是與其共住隨諸有情所應同行即應如是與彼
同行若諸菩薩欲隨所化有情心轉當審觀察若於如是如是相事現
行身語生他憂苦如是憂苦若不令其出不善處安立善處菩薩尒時
於如是事現行身語護彼心故方便思擇勵力遮止令不現行如是憂苦
若能令其出不善處安立善處菩薩尒時於如是事現行身語住哀愍
不隨如是有情心轉方便思擇勵力策發要令現行復審觀察若於如
是他有情事現行身語令餘有情發生憂苦如是憂苦若不令他或餘
有情或不令二出不善處安立善處菩薩尒時於如是事現行身語護
餘心故方便思擇勵力遮止令不現行如是憂苦若能令他或餘有情或
能令二出不善處安立善處菩薩尒時於如是事現行身語住哀愍心
不隨如是有情心轉方便思擇勵力策發要令現行復審觀察若於
如是菩薩自事現行身語生他憂苦如是現行身語二業非諸菩薩學
處所攝不順福德智慧資糧如是憂苦不能令他出不善處安立善處
菩薩尒時於如是事現行身語護他心故方便思擇勵力遮止令不現行
與此相違現行身語如前應知如生憂苦如是應說生於喜樂隨其所
應當知亦尒又隨他心而轉菩薩知他有情忿纏所纏現前忿纏難可
捨離尚不讚嘆何况毀呰即於尒時亦不諫誨又隨他心而轉菩薩他雖
不來談論慶慰尚應自往談論慶慰何况彼來而不酬報又隨他心
而轉菩薩終不故意惱觸於他唯除訶責諸犯過者起慈悲心諸根
寂靜如應訶責令其調伏又隨他心而轉菩薩終不蚩誚輕弄於他令其
羞愧不安隱住亦不令其心生憂悔雖能摧伏得勝於彼而不彰其墮
在負處彼雖希信生於謙下然不現相而起自高又隨他心而轉菩薩於
諸有情非不親近不極親近亦不非時而相親近又隨他心而轉菩薩終

他以善意於有功德補特伽羅真誠讚美於十方界一切有情一切福業以
勝意樂起淨信心發言隨喜於他作一切違犯思擇安忍以身語意已
作未作一切善根迴向無上正等菩提時時發起種種正願以一切種上妙供
具供佛法僧於諸善品恒常勇猛精進修習於身語意住不放逸於
諸學處正念正知正行防守密護根門於食知量初夜後夜常修覺寤
親近善士依止善友於自愆犯審諦了知深見過已
其未犯者專意護持其已犯者於佛菩薩同法者所至心發露如法悔除
如是等類所有引攝護持增長諸善法戒是名菩薩攝善法戒
云何菩薩饒益有情戒當知此戒略有十一相何等十一謂諸菩薩於諸
有情能引義利彼彼事業與作助伴於諸有情隨所生起疾病等苦
瞻侍病等亦作助伴又諸菩薩依世出世種種義利能為有情說諸法
要先方便說先如理說後令獲得彼彼義利又諸菩薩於先有恩諸有
情所善守知恩隨其所應現前酬報又諸菩薩於墮種種師子虎狼
鬼魅王賊水火等畏諸有情皆能救護令離如是諸怖畏處又諸
菩薩於諸喪失財寶親屬諸有情類善為開解令離愁憂又諸菩
薩於有匱乏資生眾具諸有情類施與一切資生眾具又諸菩薩隨順
道理正與依止如法御眾又諸菩薩隨順世間事務言說呼召來談
論慶慰隨時往赴從他受取飲食等事以要言之遠離一切能引無義
違意現行於所餘事心皆隨轉又諸菩薩若隱若露顯示所有真實
功德令諸有情歡喜進學又諸菩薩於有過者內懷親昵利益安樂
增上意樂調伏訶責治罰驅擯為欲令其出不善處安置善處又
諸菩薩以神通力方便示現那落迦等諸趣等相令諸有情厭離不
善方便引令入佛聖教歡喜信樂生希有心勤修正行 ○云何菩薩
住律儀戒住攝善法戒住饒益有情戒善護律儀戒善修攝善法
戒善行一切種饒益有情戒 謂諸菩薩住別解脫律儀戒時捨
轉輪王而出家已不顧王位如棄草穢如有貧庶為活命故棄下劣
家而出家已不顧眷屬不如菩薩清淨意樂捨輪王位而出家已不顧
一切人中最勝轉輪王位又諸菩薩住律儀戒於未來世天魔王宮所有妙欲
不生喜樂亦不願求彼諸妙欲修行梵行於彼妙欲尚如寶觀猶如趣
入廣大種種惡見稠林況餘諸欲又諸菩薩既出家已於現在世尊貴
有情種種上妙利養恭敬正慧審觀尚如變吐曾不味著何況於餘卑
賤有情所有下劣利養恭敬又諸菩薩常樂遠離若獨靜處若在
眾中於一切時心專遠離亦常而住唯於尸羅律儀而生喜足依

《瑜伽師地論》之二

如實知攝善法障是諸菩薩能於善果見大勝利尋求善因為攝善故
如實了知倒與無倒由此菩薩速得善果不於無常妄見為常不於苦
妄見為樂不於不淨妄見為淨不於無我妄見為我如實了知攝善法
障為攝善故速疾遠離菩薩由此十種相故名住攝善法戒速能攝善
一切種相謂施波羅蜜多若戒波羅蜜多若忍精進靜慮波羅蜜多若五
種慧又諸菩薩由十一相名住一切種饒益有情戒於一一相中成就一切種謂
諸菩薩於諸有情彼彼事業皆為助伴謂於思量所作事業及於功
用所作事業悉能與彼而作助伴或於道路若往若來或於無倒事業
加行或於守護所有財物或於和合展轉乖離或於義會或於修福皆
為助伴於諸救苦亦為助伴謂於遭遇疾疫有情瞻侍供給盲者啓導
聾者撝義手代言者曉以想像迷方路者示以路途支不具者惠以荷乘
其愚騃者誨以勝慧為貪欲纏所苦有情開解令離貪欲纏苦如是
若為瞋恚惛沈睡眠掉舉惡作疑纏所苦有情開解令離疑纏等苦欲
尋思纏所苦有情開解令離欲尋思苦如欲尋思恚害親里國土不死輕
侮相應族姓相應所有尋思當知亦爾他勝所苦有情開解令離彼
勝苦行路疲乏之所苦有情施座施處調身按摩令其止息勞倦衆苦又
諸菩薩為諸有情如理宣說謂於樂行惡行有情為欲令斷諸惡行故
以相應文句助伴隨順清亮有用相稱應順常委分資糧法而為宣
說或復方便善巧宣說如於樂行惡行有情為欲令斷諸惡行故如
是於行慳行有情為欲令彼斷慳行故於現法中求財寶者為欲令彼正
勤功力集多財寶守護無失於佛聖教懷憎嫉者為欲令彼得清淨
信證清淨見超諸惡趣盡一切結越一切苦應知亦爾又諸菩薩於其有恩
諸有情所深知恩惠常思酬報現見申敬讚言善來怡顏歡慰[illegible]
謹存當設座正迎令坐若等若增財利供養現前酬答非以下劣於彼事
業雖不求請尚應伴助況乎有命如於事業如是於苦於如理說於方便說
於濟怖畏於喪失憂開解愁憂於惠資具於與依止於隨心轉於顯實
德令深歡悅於懷親愛方便調伏於現神通驚恐引攝如應廣說當
知亦爾又諸菩薩於遭怖畏諸有情類能為救護謂於種種禽獸水火王
賊怨敵家主宰官不活惡名大眾威德非人起屍魍魎等畏皆能救護令
得安隱又諸菩薩於處喪失諸有情類能善開解令離愁憂或依親
屬有所喪亡所謂父母兄弟妻子奴婢僮僕宗長朋友內外族因親教軌
範及餘尊重時有喪亡善為開解令離憂惱或依財寶有所喪失謂或王

《瑜伽師地論》之三

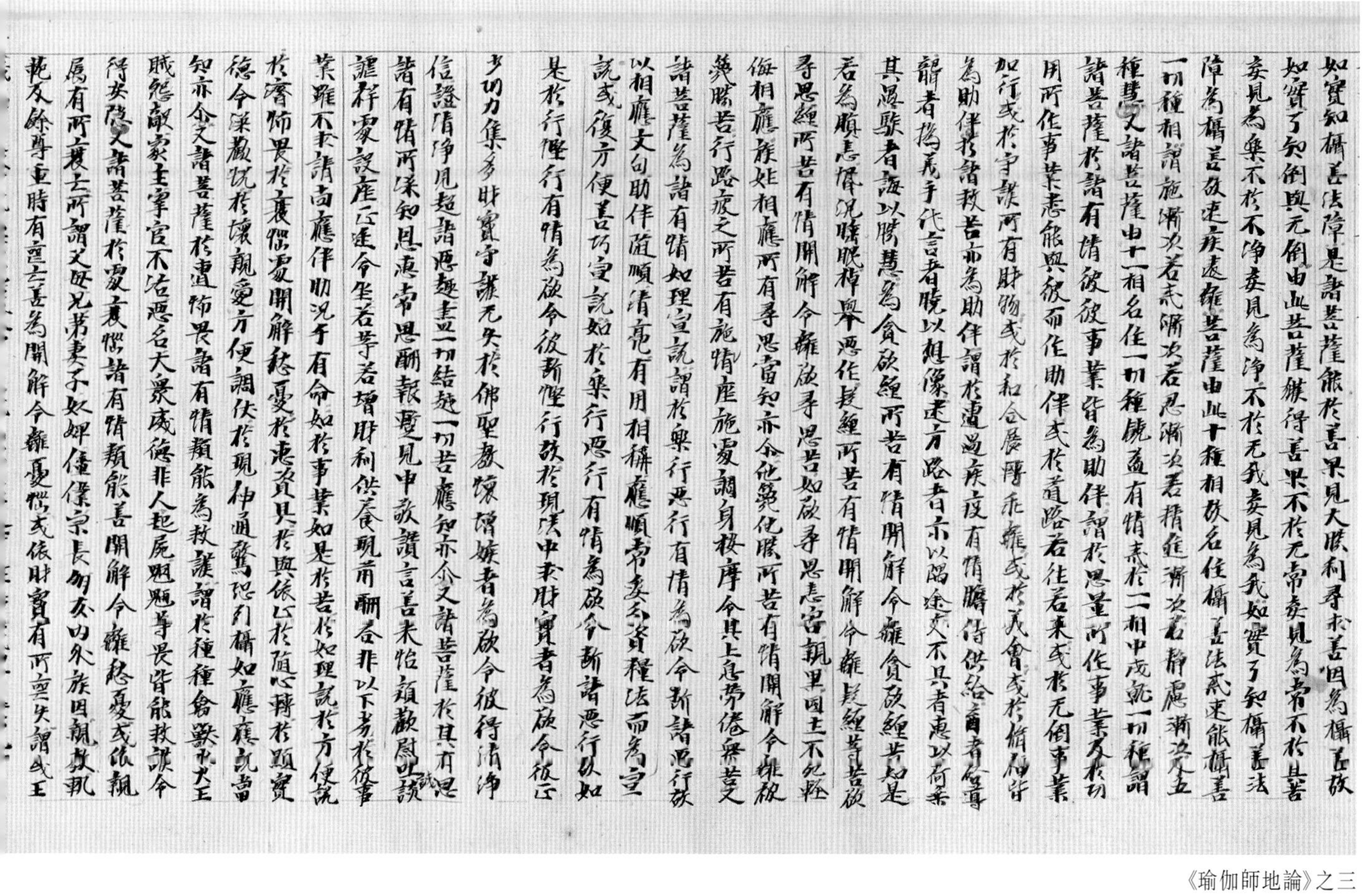

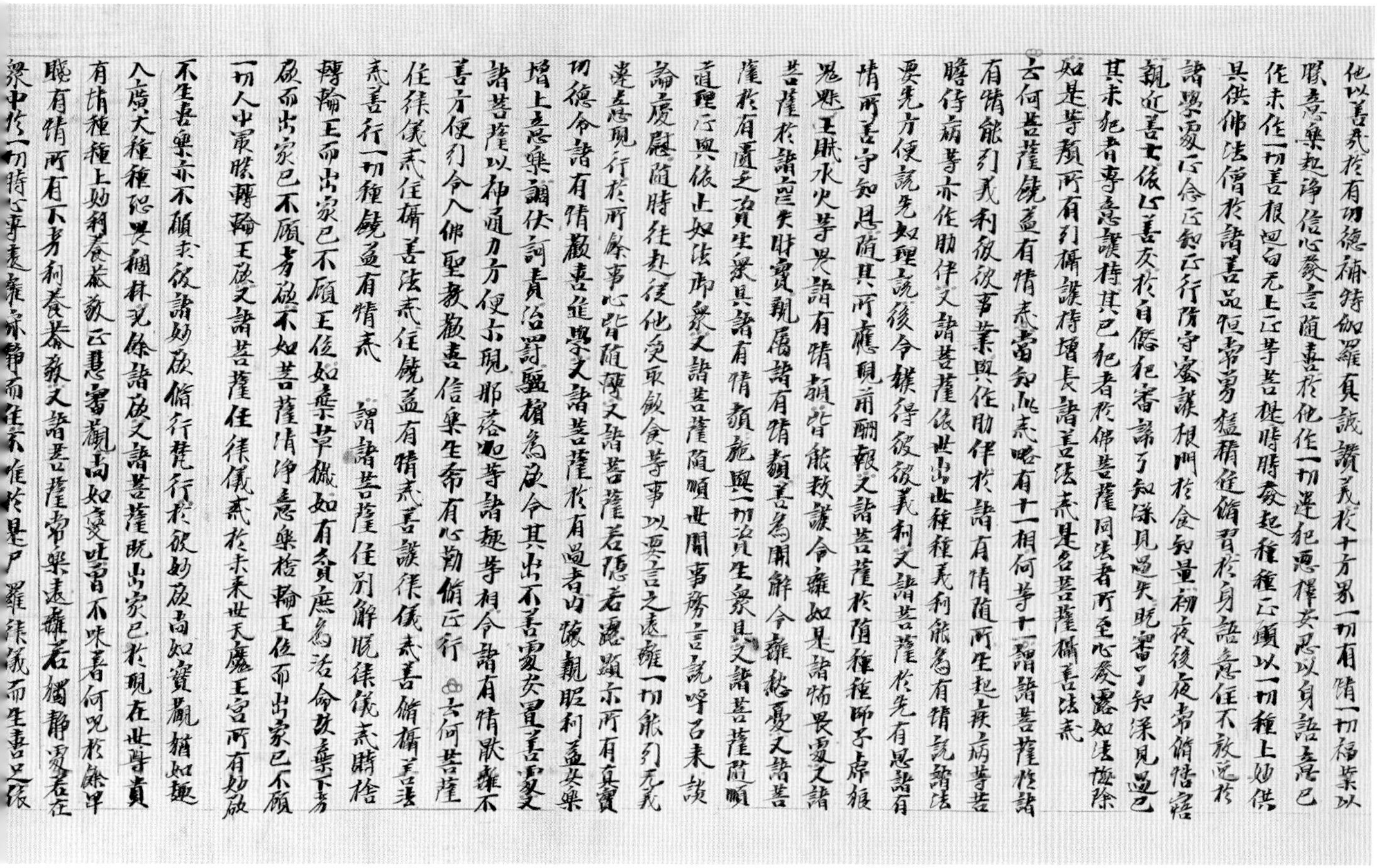

十方三世諸佛世尊已入大地得大智慧得大神力證菩提[illegible]
諸切德隨其所有切能因力生殷淨心或少淨心有智有力勝菩薩所謙下恭
敬膝輪據地或蹲危坐對佛像前作如是請唯願大德或言長老或言善男
子哀愍授我菩薩淨戒如是請已專念一境長養淨心我今不久當得无量
无量无上大功德藏即隨思惟如是事義默然而住尒時有智有力菩薩於
彼能行正行菩薩以无亂心若坐若立而作是言汝如是名善男子聽或法
弟聽汝是菩薩不彼應荅言是發菩提願未應荅言已發自此已後應
作是言汝如是名善男子或法弟欲於我所受諸菩薩一切學處受諸菩
薩一切淨戒謂律儀戒攝善法戒饒益有情戒如是學處如是淨戒過去
一切菩薩已具未來一切菩薩當具普於十方現在一切菩薩今具於是學處
於是淨戒過去一切菩薩已學未來一切菩薩當學現在一切菩薩今學汝
能受不荅言能受能授菩薩第二第三亦如是說能受菩薩第二第三亦
如是荅能授菩薩作如是問乃至第三授淨戒已能受菩薩作如是荅乃
至第三受淨戒已能受菩薩不起于座能授菩薩對佛像前普於十方
現住諸佛及諸菩薩恭敬供養頂禮雙足作如是白某名菩薩今已於
我某菩薩所乃至三說受菩薩戒我某菩薩已為某名菩薩作證唯願
十方无量无際諸世界中諸佛菩薩第一真聖於現不現一切時處一切有情
皆現覺者於此某名受戒菩薩亦為作證第二第三亦如是說如是受戒
羯磨畢竟從此无間普於十方无邊无際諸世界中現住諸佛已入大地
諸菩薩前法尒相現由此表示如是菩薩已受菩薩所受淨戒時十方諸佛
菩薩於是菩薩法尒之相生起憶念由憶念故正智見轉由正智見如實
覺知某世界中某名菩薩某菩薩所正受菩薩所受淨戒一切於此受戒菩
薩如子如弟生親善意眷念憐愍由佛菩薩眷念憐愍令是菩薩希
求善法倍復增長无有退減當知是名受菩薩戒啓白請證 ◎如是已
作受菩薩戒羯磨菩薩俱起供養於十方无邊无際諸世
界中諸佛菩薩頂禮雙足恭敬而退 ◎如是菩薩所受律儀戒於餘一
切所受律儀戒最勝无上无量无邊大功德藏之所隨逐第一最上善心意樂
之所發起普能對治於一切有情一切種惡行一切別解脫律儀於此菩薩
律儀戒百分不及一千分不及一數分不及一計分不及一筭分不及一喻分不及
一鄔波尼殺曇分亦不及一攝受一切大功德故 ◎又此菩薩安住如是菩薩
淨戒先自數數專諦思惟此是菩薩正所應作此非菩薩正所應作
既思惟已然後為成正所作業當勤修學又應專勵聽聞菩薩素怛纜

現行上品纏犯他勝處法若諸菩薩雖復轉身遍十方界在在生處不捨
菩薩淨戒律儀由是菩薩不捨无上菩提大願亦不現行上品纏犯他勝
處法若諸菩薩轉受餘生忘失本念值遇善友為欲覺悟菩薩戒律
雖數重受而非新受亦不新得

瑜伽師地論卷第卌

大中十年六月十六日沙門僧智惠山隨聽學書記

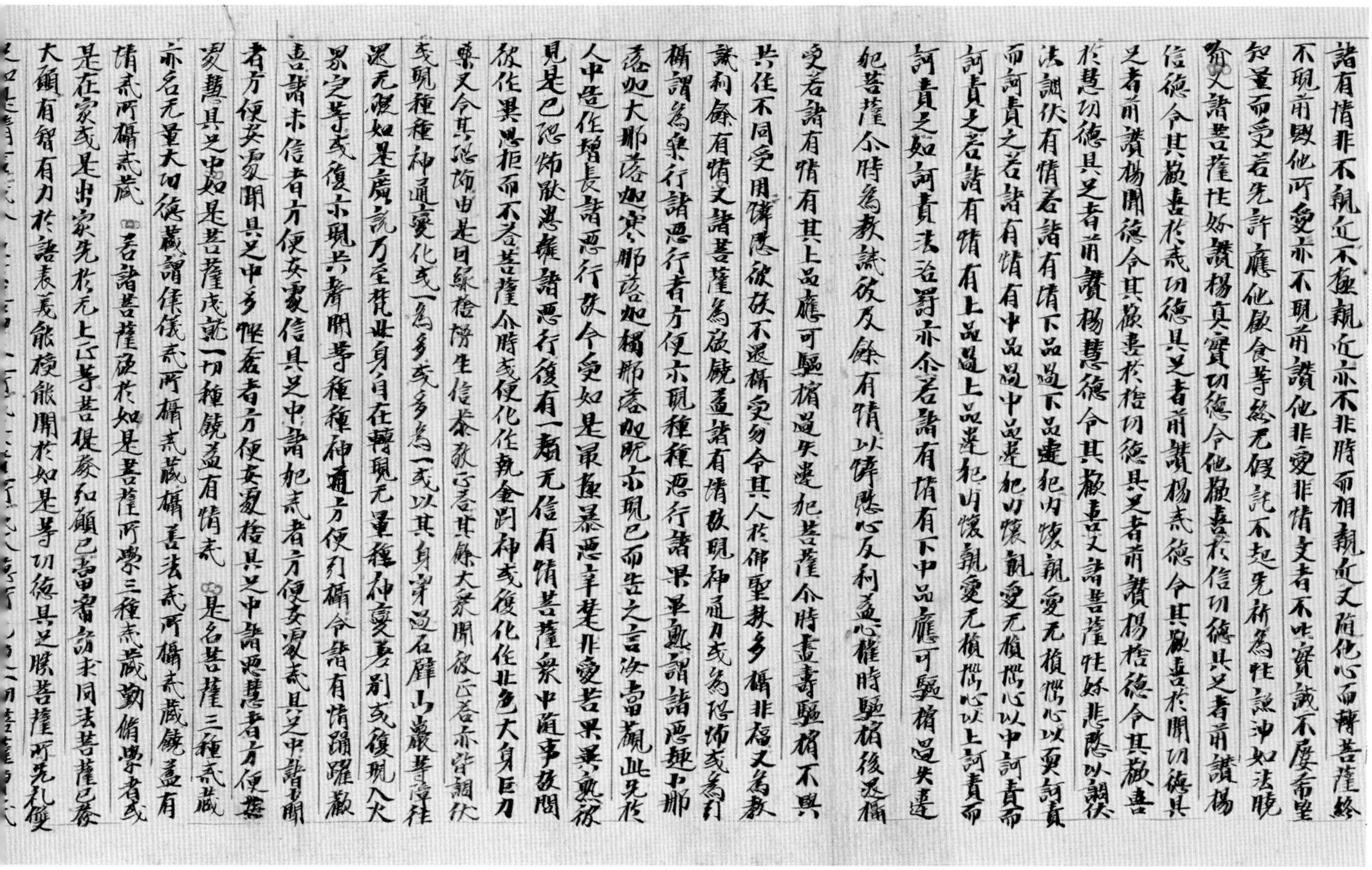

《瑜伽師地論》之四

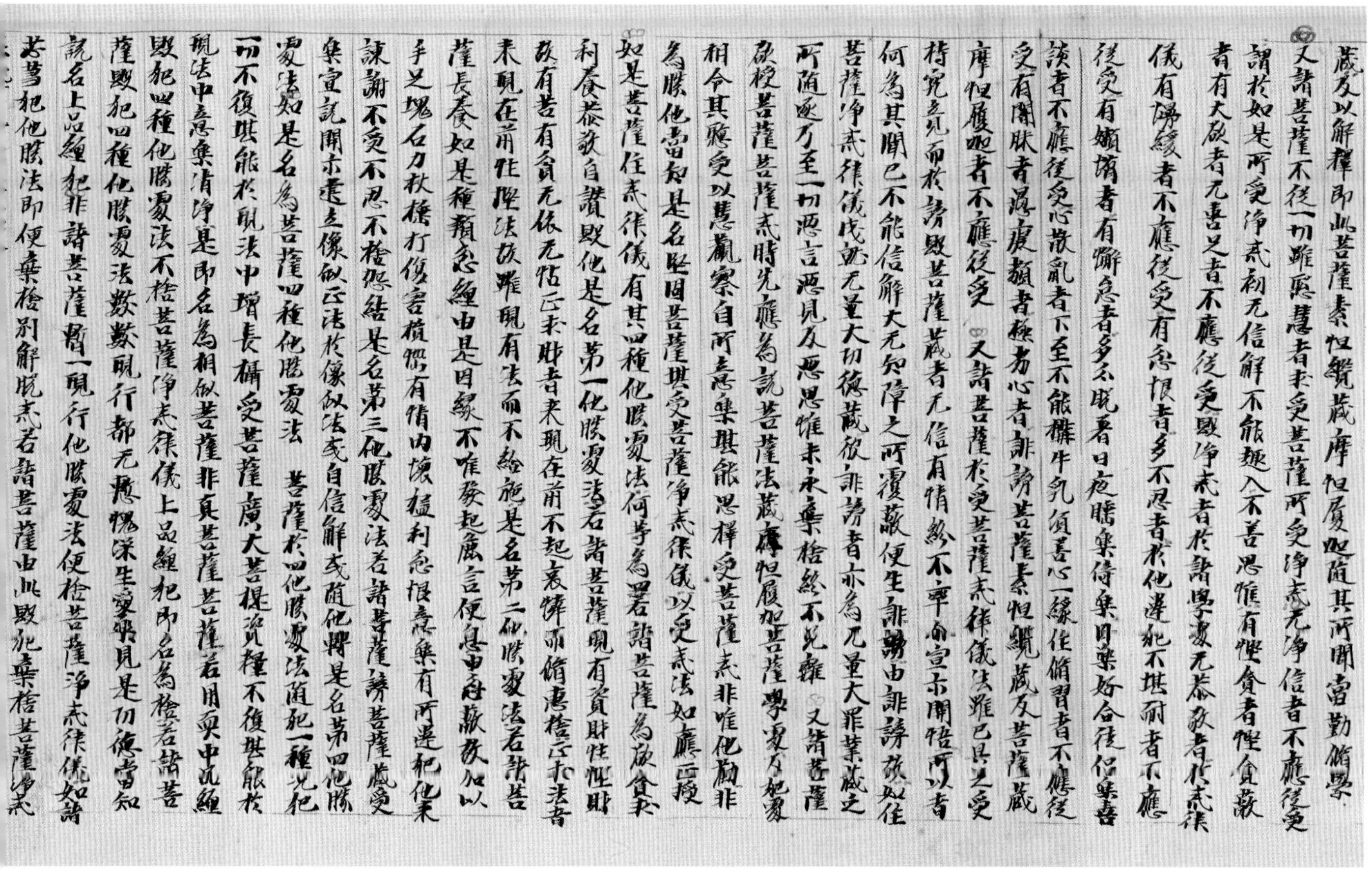

《瑜伽師地論》之五

30

無名氏　楷書黃庭經

唐
紙本　楷書
縱26.3厘米　橫106.3厘米
清宮舊藏

Huang Ting Jing (Classic of the Lower Elixir Field〈 Exterior Aspect〉) in regular script
Anonymous, Tang Dynasty
Ink on paper
H. 26.3cm　L. 106.3cm
Qing court collection

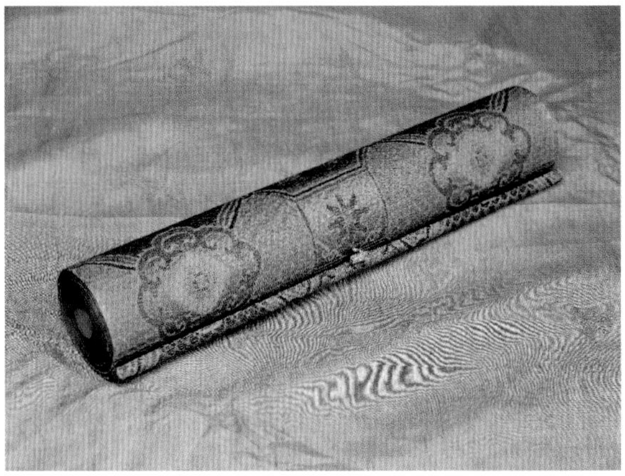

《黃庭經》是道教經典，有兩種，即《上清黃庭內景經》和《上清黃庭外景經》。《外景經》早於《內景經》，在晉人葛洪《抱朴子．遐覽》中已有記載。《內景經》不見於《唐書．藝文志》，故其成書應晚於《外景經》。兩經均以七言歌訣講養生修煉原理和方法，為歷代道教徒及修身養性者所重視，全真派更以其為重要講習功課之一。《內景經》分三十六章，有諸真合注本和蔣國祚注本。《外景經》有梁丘子和務成子注本。

此卷《黃庭經》當為《外景經》。有關《黃庭經》寫本，唐褚遂良《右軍書目》列此經為王羲之書與山陰道士；歐陽修《集古錄》也記錄其親見永和十二年《黃庭經》石本，世傳王羲之書。唐宋人已如是觀。

本卷為硬黃紙，書法峭快，多骨而少血肉，字也較大，與所見石刻宋拓不同。宋代滕仲嘉題寫謂紹興御府舊物。經文有數字缺。

此卷歷代流傳有緒，曾入宋高宗御府，鈐有雙龍形圓璽、“紹”“興”(朱文)、“內府圖書”(朱文)，又經明代吳廷、韓逢禧，清代安岐及乾隆、嘉慶、宣統內府鑑藏。卷後依次有宋代滕仲嘉，明代董其昌，元代陳繹曾、管皞，明代吳廷諸跋。

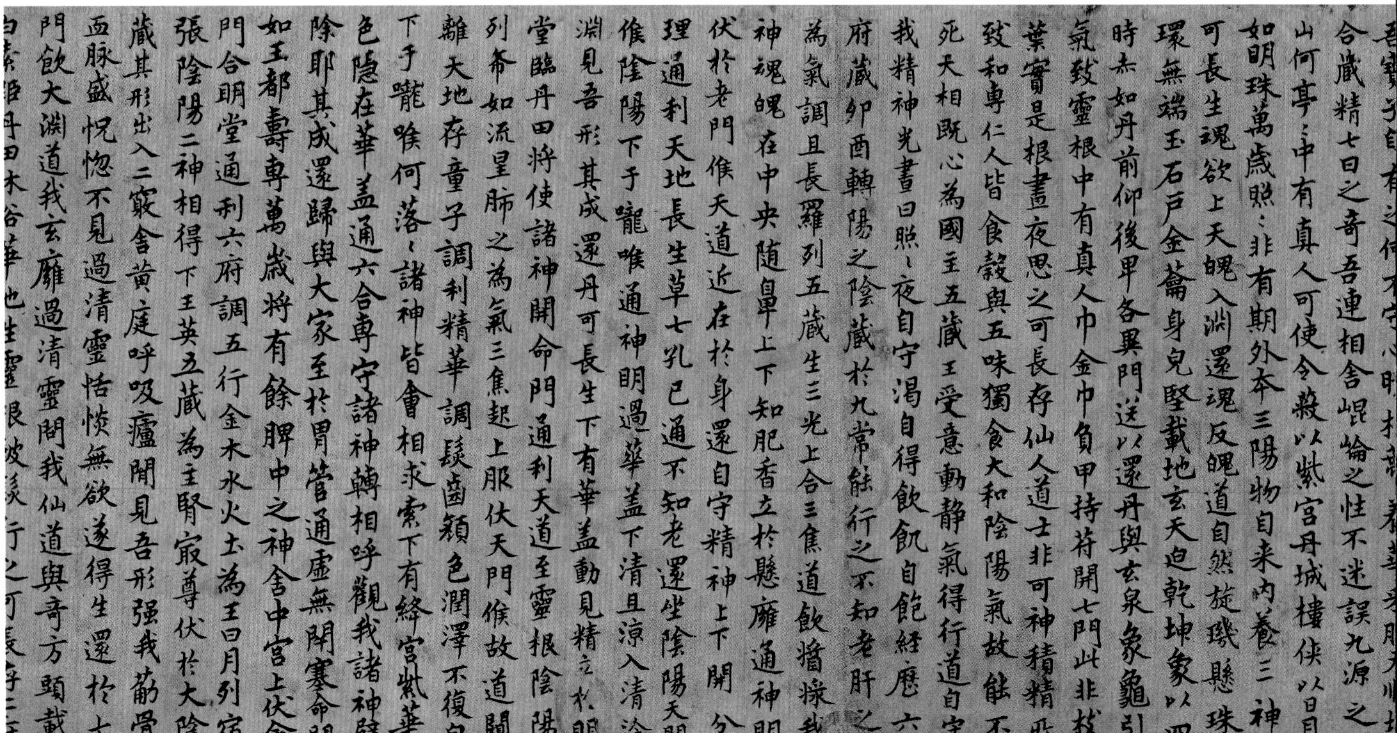

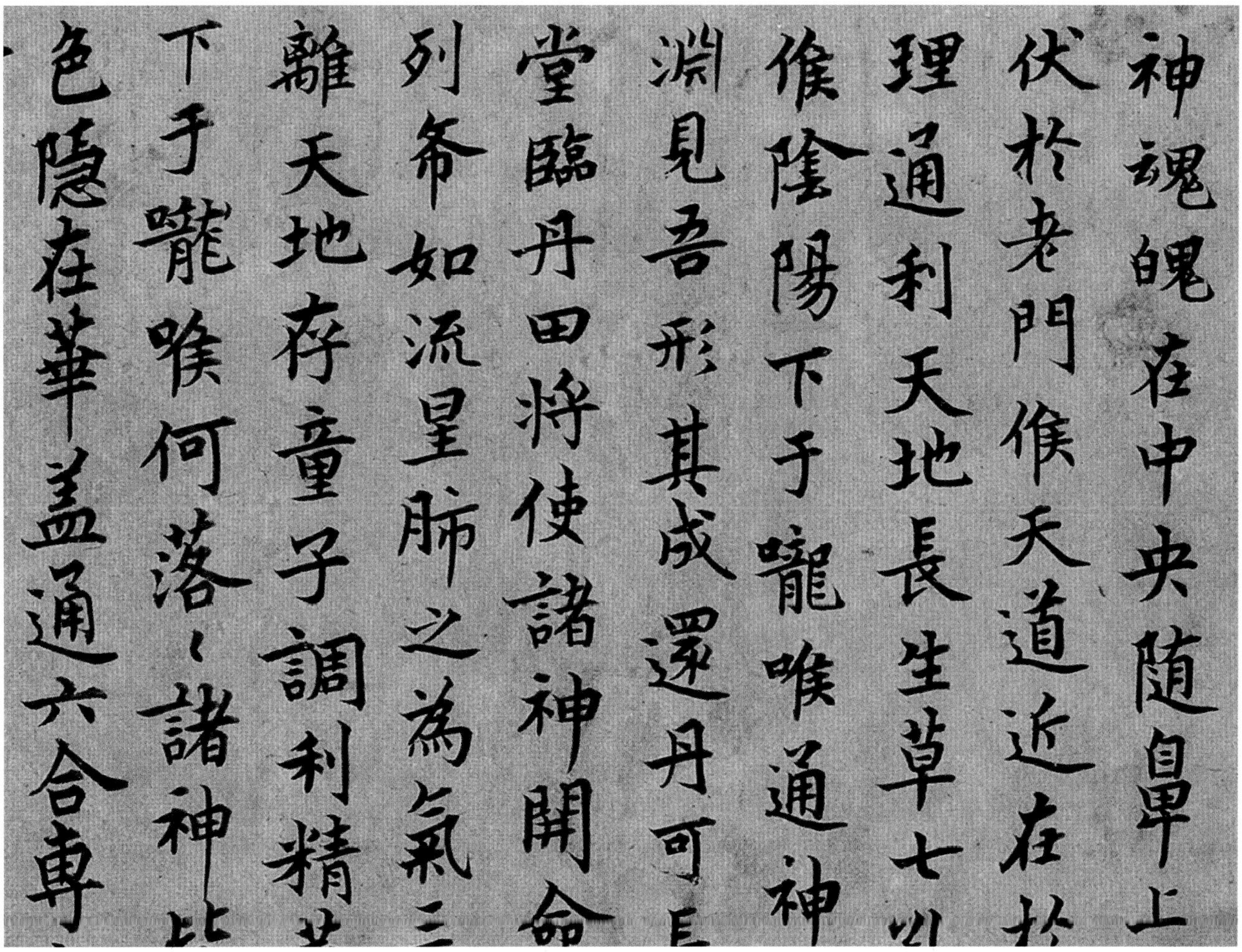

《黃庭經》局部放大

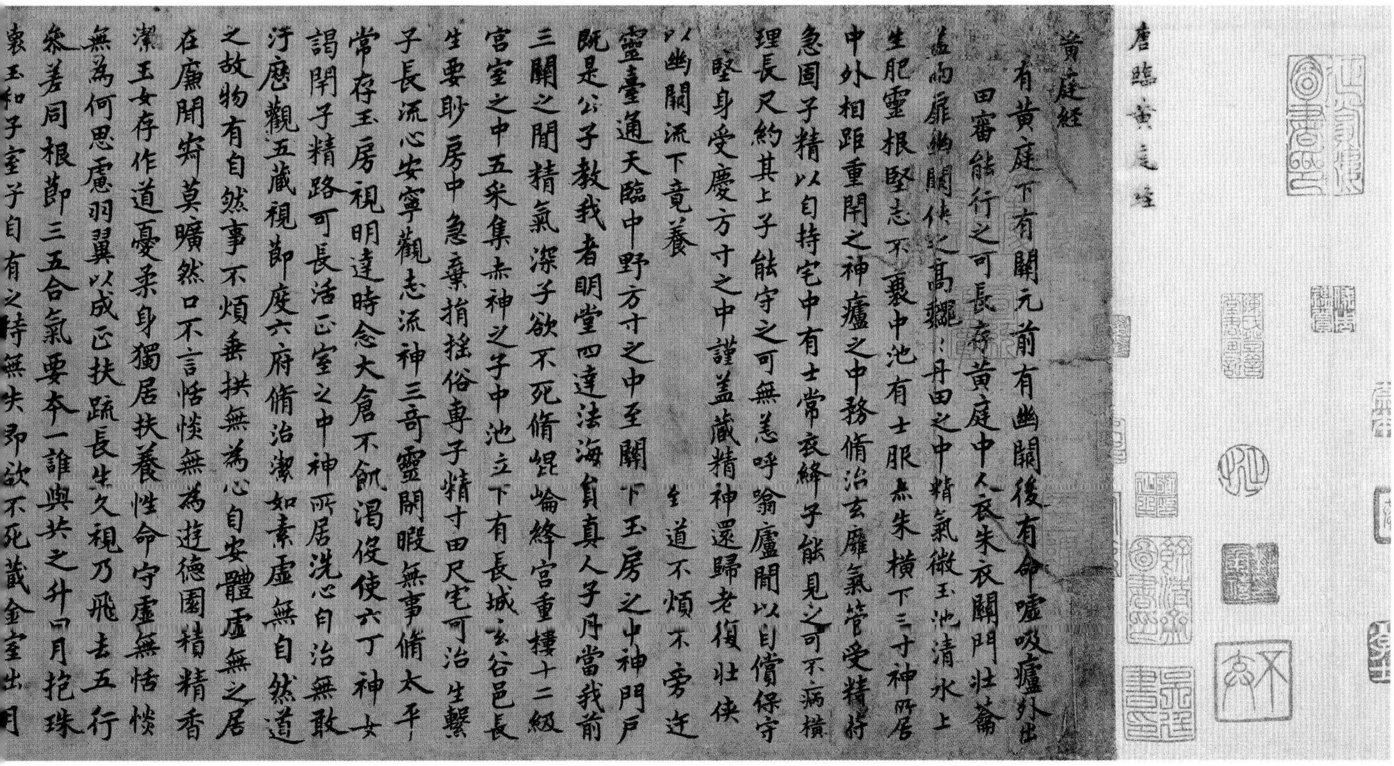

《黃庭經》之一

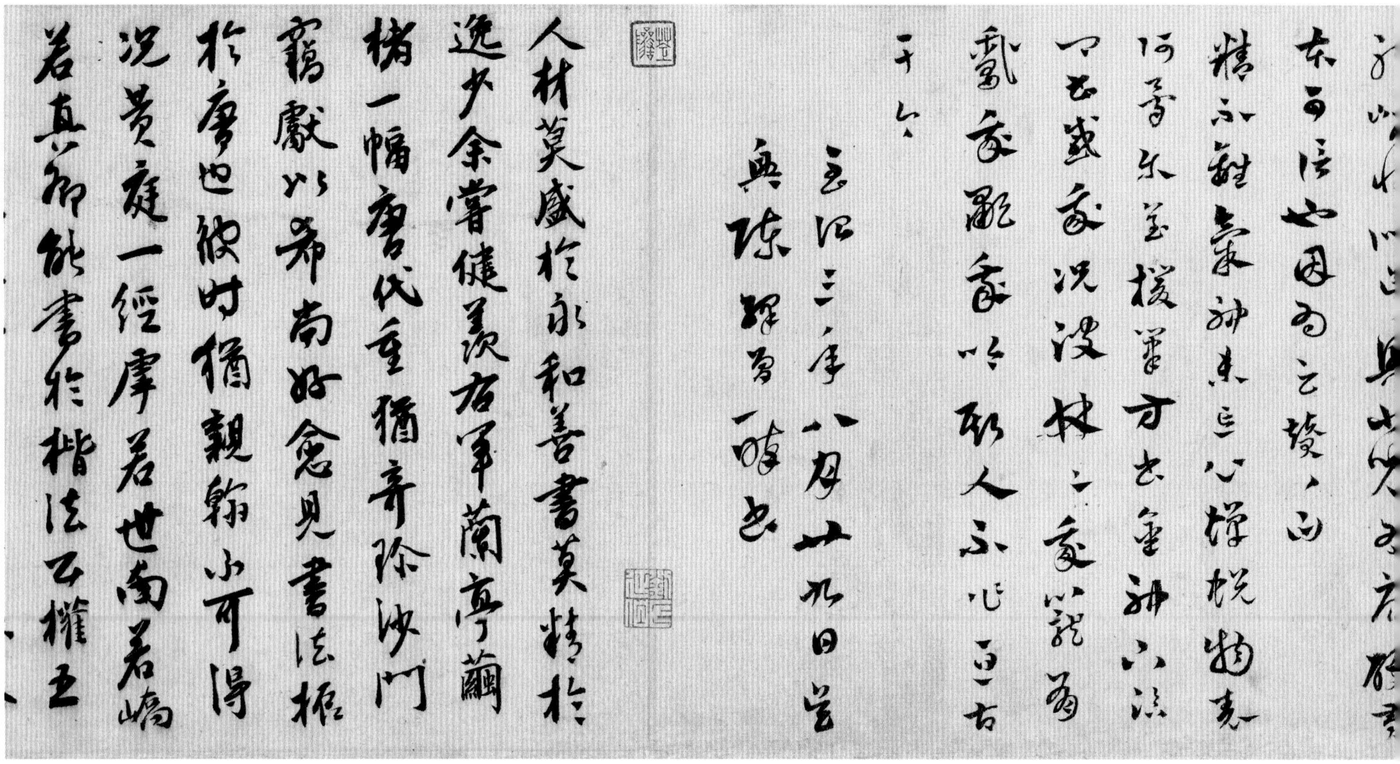

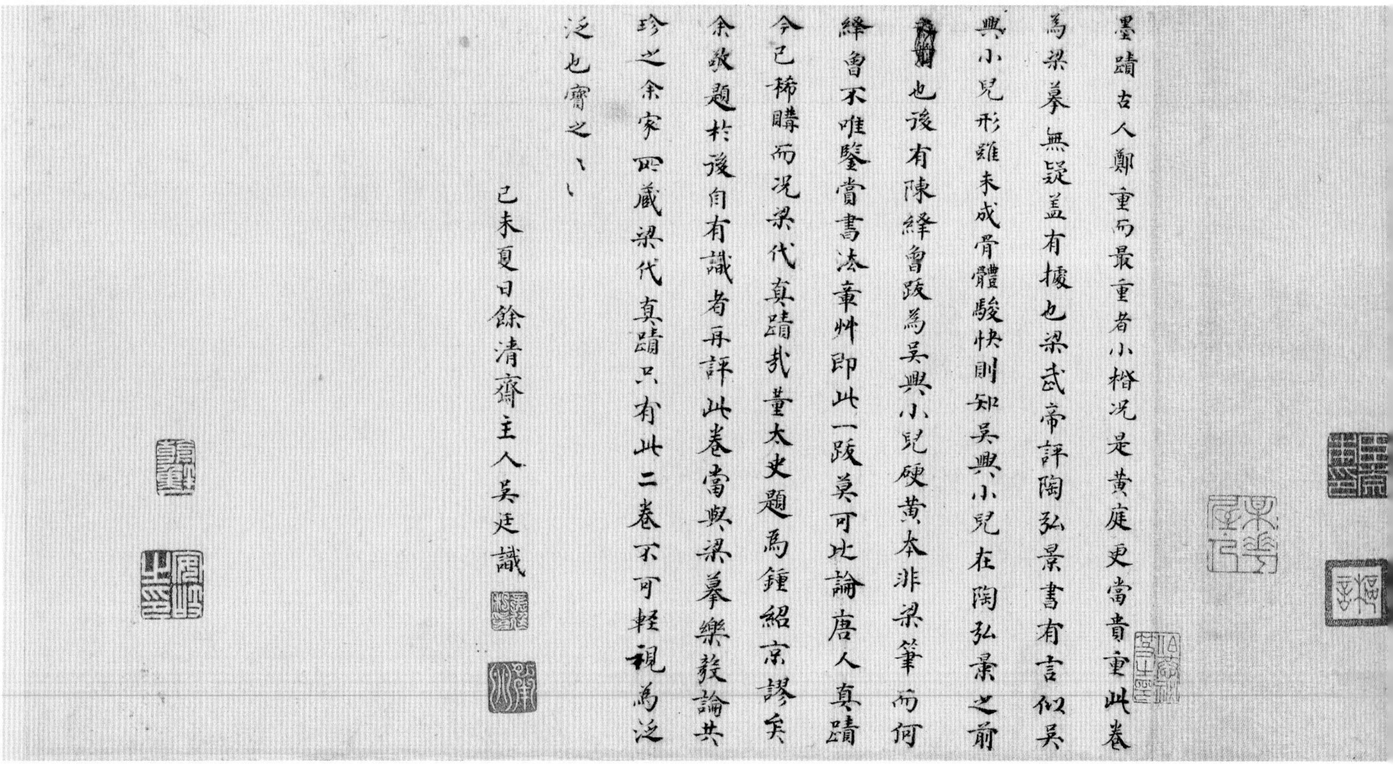
墨蹟古人鄭重而最重者小楷況是黃庭更當貴重此卷
為梁摹無疑蓋有據也梁武帝評陶弘景書有言似吳
興小兒形雖未成骨體駿快則知吳興小兒在陶弘景之前
也後有陳繹曾跋為吳興小兒硬黃本非梁筆而何
繹曾不唯鑒賞書法章草即此一跋莫可比論唐人真蹟
今已稀覯而況梁代真蹟哉董太史題為鍾紹京謬矣
余敢題於後自有識者再評此卷當與梁摹樂毅論共
珍之余家所藏梁代真蹟只有此二卷不可輕視為泛
泛也齊之ヽヽ
己未夏日餘清齋主人吳廷識

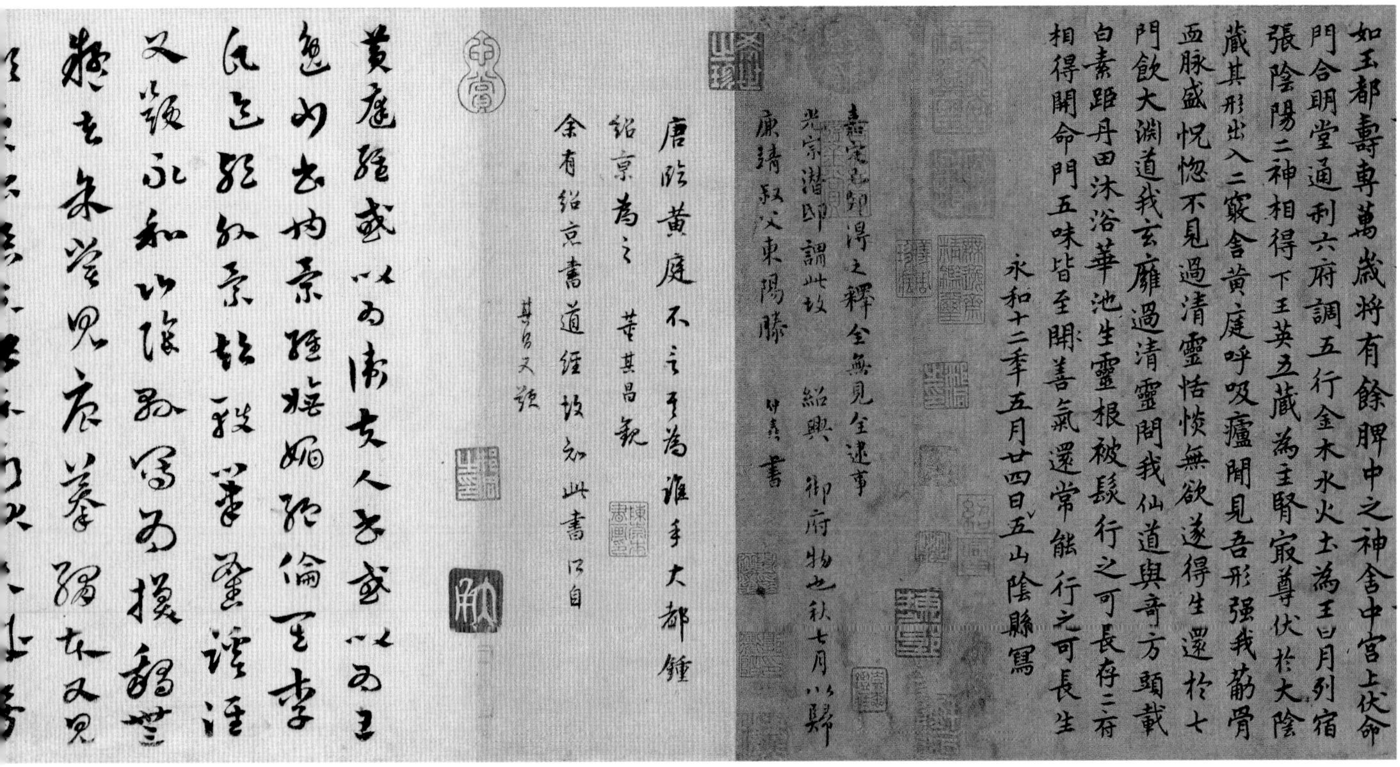

《黃庭經》之二

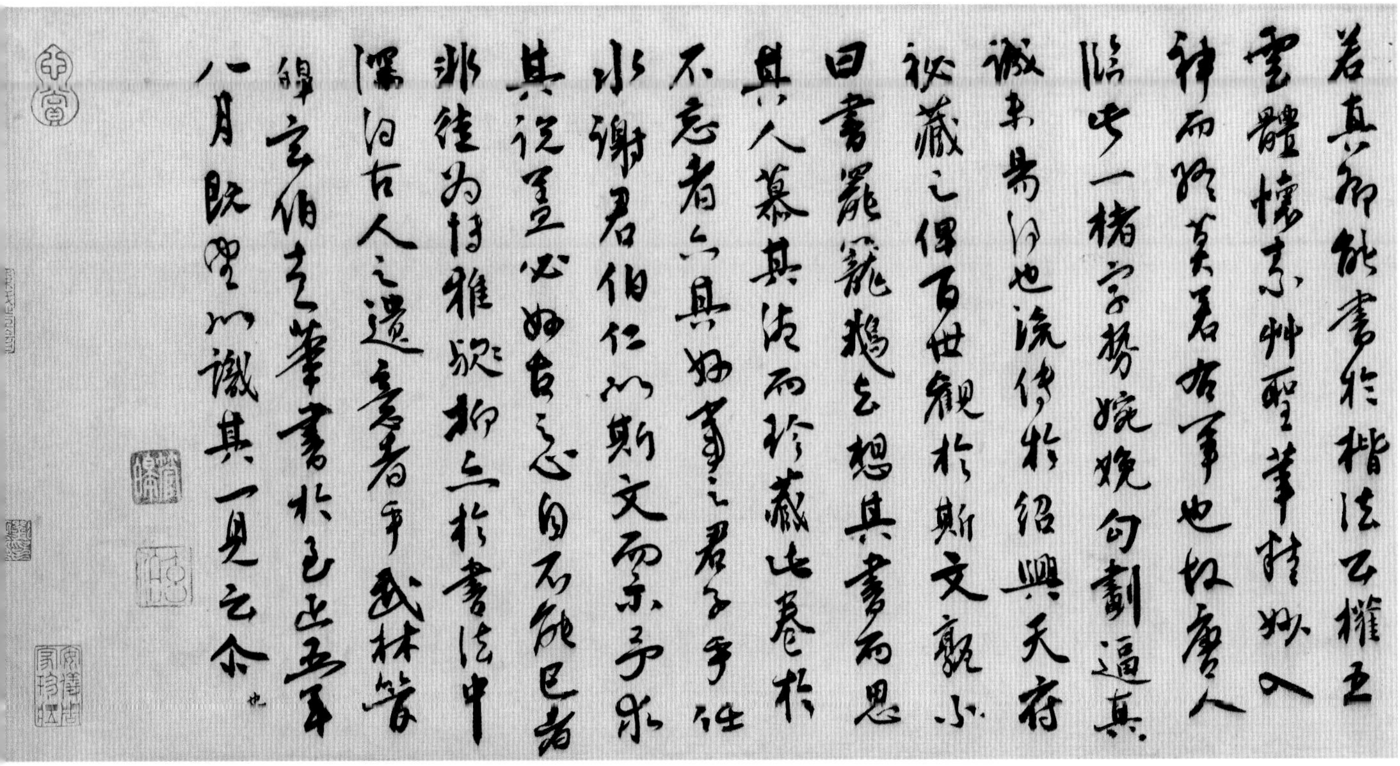

《黃庭經》之三

31

無名氏　楷書兜沙經
唐
紙本　楷書
每頁（半開）縱24厘米　橫10厘米

Dou Sha Jing (Buddhist sutra) in regular script
Anonymous, Tang Dynasty
Ink on paper
H. 24cm　L. 10cm

《兜沙經》，後漢支婁迦讖譯，意譯為“行業經”，全一卷。其內容相當於《華嚴經》中“如來名號品”與“光明覺品”部分。

本卷冊裝共十二開，標題：“兜沙經　靈山寺藏　後漢月支三藏支婁迦讖譯”，署“天祐四年七月日　主持藏經僧師覺簽檢添善（以下殘）”殘款。

天祐四年（907年）乃唐祚之末五代之始，其書法與唐代楷書主流一脈相承，謹嚴有法，骨體挺拔，具北碑風規。

本幅首頁下端鈐“趙氏子昂”（朱文）、“松雪齋印”（朱文），知曾經趙孟頫鑑藏。明清經項元汴、汪昉、李善蘭等鑑藏。

題跋觀款有吳倓、方輔、程步矩、巴慰祖、畢應辰、匡源、朱益藩、奎濂、朱汝珍、徐宗浩、商衍瀛、胡嗣瑗、傅增湘、許寶蘅、恩華、惲寶惠、寶熙等。

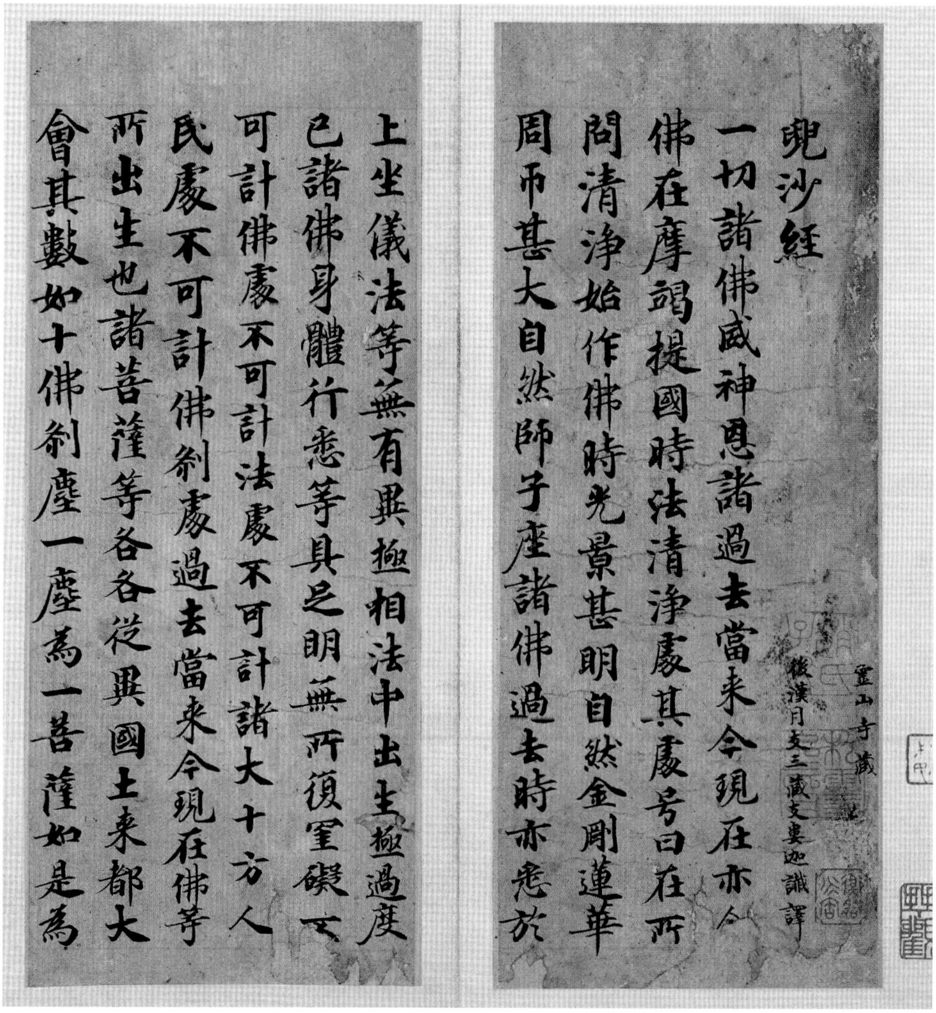

《兜沙經》之一

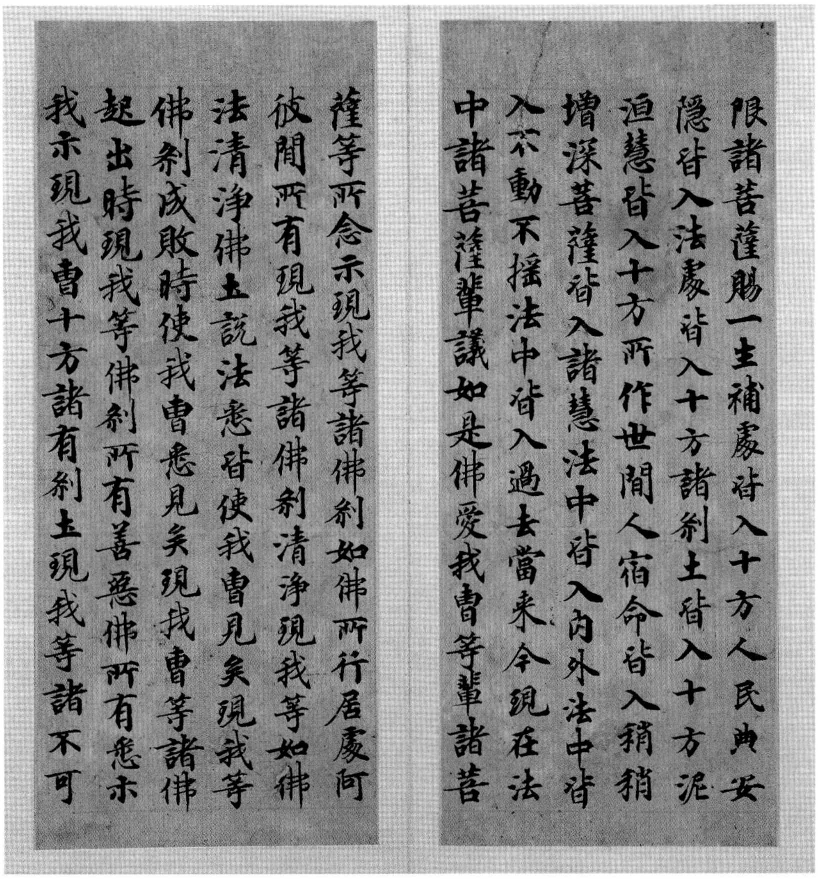
限諸菩薩賜一生補處皆入十方人民典安
隱皆入法處皆入十方諸剎土皆入十方泥
洹慧皆入十方所作世間人宿命皆入稍稍
增深菩薩皆入諸慧法中皆入內外法中皆
入不動不搖法中皆入過去當来今現在法
中諸菩薩輩議如是佛愛我曹等輩諸菩
薩等所念示現我等諸佛剎如佛所行居處阿
彼閒所有現我等諸佛剎清淨現我等如佛
法清淨佛土說法悉皆使我曹見矣現我等
佛剎成敗時使我曹悉見矣現我曹等諸佛
起出時現我等佛剎所有善惡佛所有悉亦
我亦現我曹十方諸有剎土現我等諸不可

《兜沙經》之二

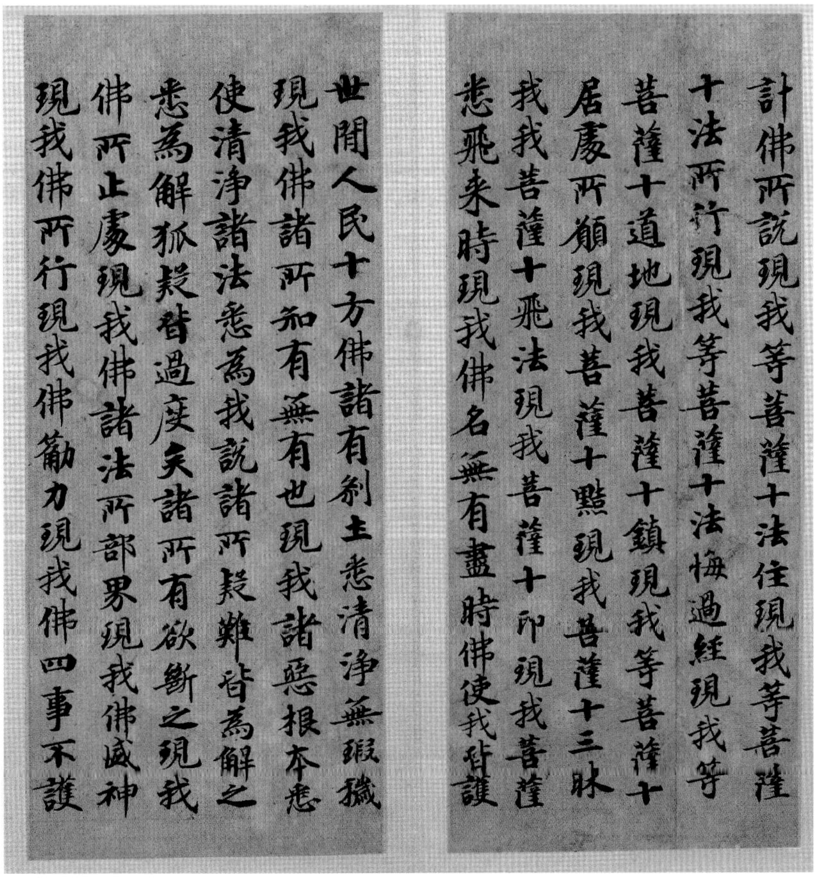
計佛所說現我等菩薩十法住現我等菩薩
十法所行現我等菩薩十法悔過經現我等
菩薩十道地現我菩薩十鎮現我等菩薩十
居處所願現我菩薩十黠現我菩薩十三昧
我我菩薩十飛法現我菩薩十印現我菩薩
悉飛来時現我佛名無有盡時佛使我皆護
世間人民十方佛諸有剎土悉清淨無瑕穢
現我佛諸所知有無有世現我諸惡根本悉
使清淨諸法悉為我說諸所疑難皆為解之
悉為解狐疑皆過度矣諸所有欲斷之現我
佛所止處現我佛諸法所部界現我佛威神
現我佛所行現我佛勸力現我佛四事不護

《兜沙經》之三

現我佛三昧所入處現我佛所變化在所為
現我佛無有過勝者現我佛所有尊号無有
能及逮者現我佛所根現我佛飛現我佛光
明現我佛智慧現我佛四事無所畏佛悉知
諸菩薩心所念佛悉現光明威神
東方極遠不可計佛刹有佛佛名阿逝墮其
刹名訖連桓文殊師利菩薩從是刹来與諸
菩薩俱數如十方刹塵皆前為佛作礼各各
於自然師子座交露帳中坐
南方極遠不可計佛刹有佛佛名阿泥羅墮
羅其刹名摟耆桓佛陁師利菩薩從是刹来
與諸菩薩俱其數如十佛刹塵皆前為佛作

《兜沙經》之四

礼各各於自然師子座交露帳中坐
西方極遠不可計佛刹有佛名阿閦斯墮陁
其刹名波頭洹羅隣師利菩薩從是刹来與
諸菩薩俱其數如十佛刹塵皆前為佛作礼
各各於自然師子座交露帳中坐
北方極遠不可計佛刹有佛佛名阿閦墮其
刹名占倍洹檀那師利菩薩從是刹来與諸
菩薩俱其數如十佛刹塵皆前為佛作礼各
各於自然師子座交露帳中坐
東北方極遠不可計佛刹有佛佛名阿輪那
墮國陁其刹名優披洹犀那師利菩薩從是
刹来與諸菩薩俱其數如十佛刹塵皆前為

《兜沙經》之五

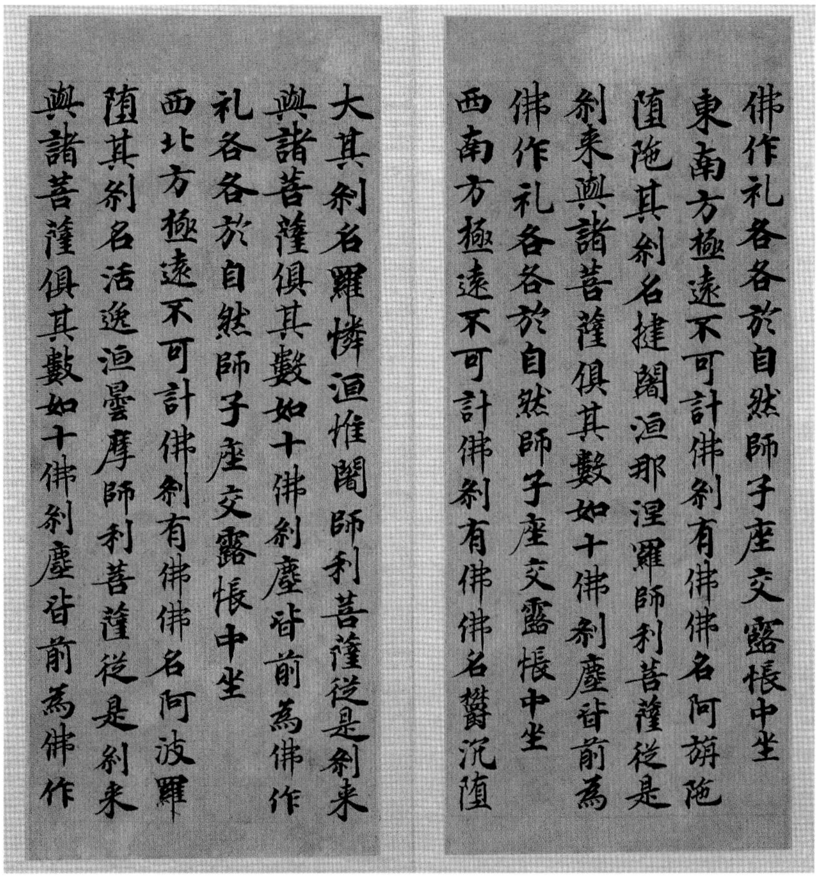
佛作礼各各於自然師子座交露帳中坐
東南方極遠不可計佛剎有佛佛名阿旃陀
隨陁其剎名揵闍洹那涅羅師利菩薩從是
剎来與諸菩薩俱其數如十佛剎塵皆前為
佛作礼各各於自然師子座交露帳中坐
西南方極遠不可計佛剎有佛佛名鬱沉隨
大其剎名羅憐洹惟闍師利菩薩從是剎来
與諸菩薩俱其數如十佛剎塵皆前為佛作
礼各各於自然師子座交露帳中坐
西北方極遠不可計佛剎有佛佛名阿波羅
隨其剎名活逆洹曇摩師利菩薩從是剎来
與諸菩薩俱其數如十佛剎塵皆前為佛作

《兜沙經》之六

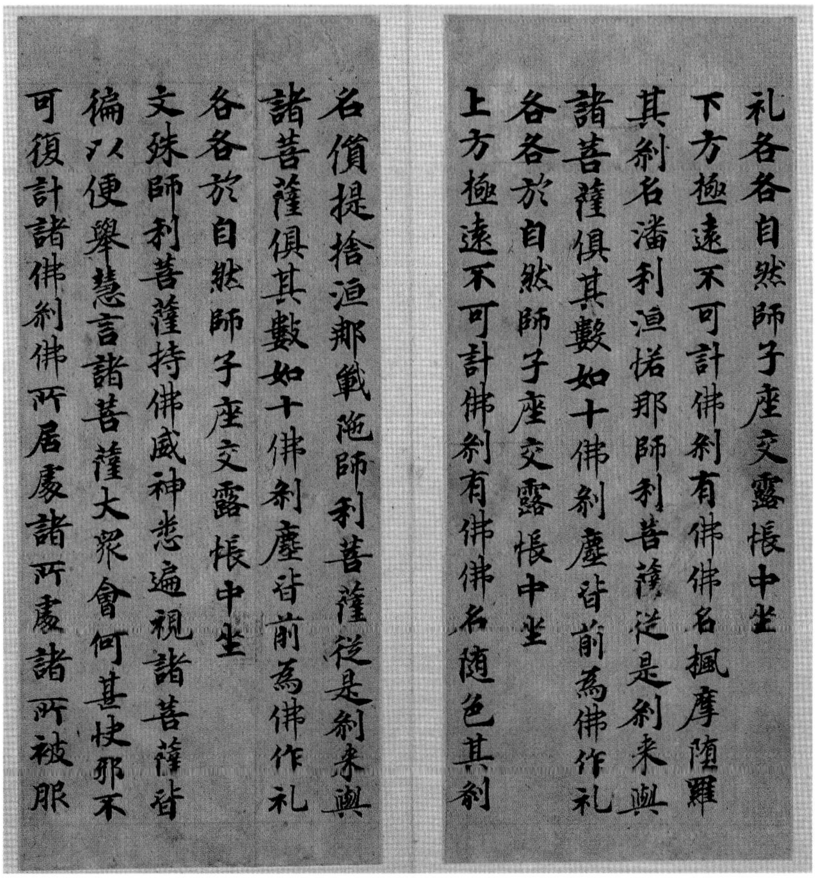
礼各各自然師子座交露帳中坐
下方極遠不可計佛剎有佛佛名楓摩隨羅
其剎名潘利洹惒那師利菩薩從是剎来與
諸菩薩俱其數如十佛剎塵皆前為佛作礼
各各於自然師子座交露帳中坐
上方極遠不可計佛剎有佛佛名隨色其剎
名憒提捨洹鄰軷陁師利菩薩從是剎来與
諸菩薩俱其數如十佛剎塵皆前為佛作礼
各各於自然師子座交露帳中坐
文殊師利菩薩持佛威神悲遍視諸菩薩皆
徧以便舉慧言諸菩薩大衆會何甚快那不
可復計諸佛剎佛所居處諸所處諸所被服

《兜沙經》之七

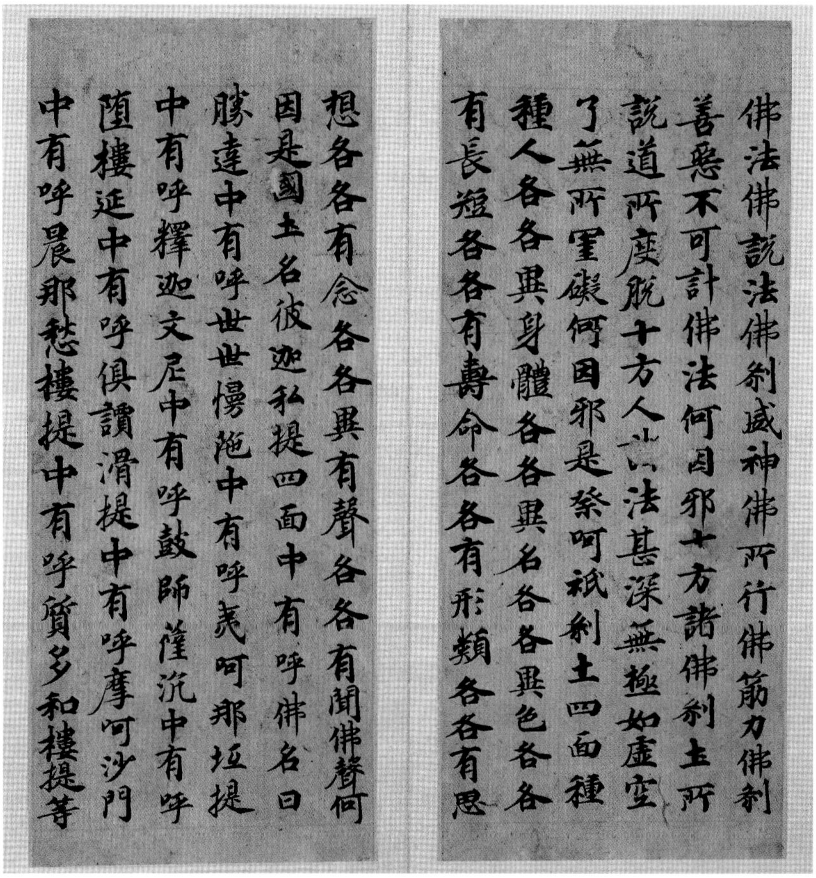
佛法佛說法佛剎威神佛所行佛筋力佛剎
善惡不可計佛法何因邪十方諸佛剎土所
說道所度脫十方人出心法甚深無極如虛空
了無所罣礙何因邪是祭呵祇剎土四面種
種人各各異身體各各異名各各異色各各
有長短各各有壽命各各有形類各各有思
想各各有念各各異有聲各各有聞佛聲何
因是國土名彼迦私提四面中有呼佛名曰
勝達中有呼世世惕陀中有呼羌呵那坻提
中有呼釋迦文尼中有呼鼓師薩沉中有呼
隨樓延中有呼俱讀滑提中有呼摩呵沙門
中有呼晨那愁樓提中有呼質多和樓提等

《兜沙經》之八

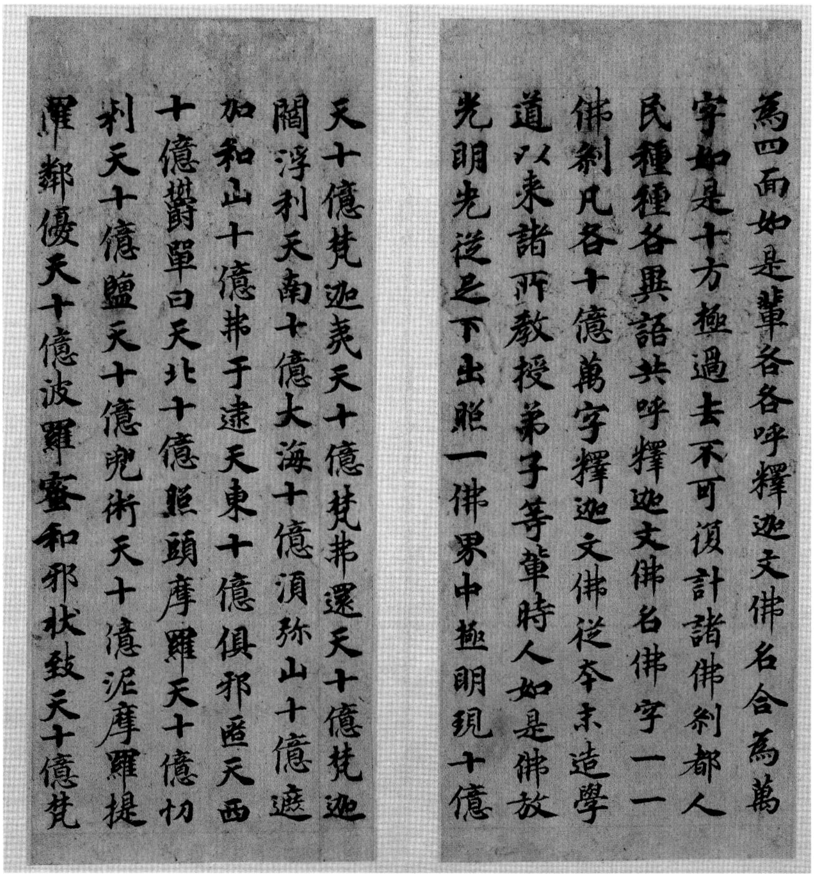
爲四面如是輩各各呼釋迦文佛名合爲萬
字如是十方極過去不可復計諸佛剎都人
民種種各異語共呼釋迦文佛名佛字一一
佛剎凡各十億萬字釋迦文佛從本末迹學
道以來諸所教授弟子等輩時人如是佛放
光明光從足下出照一佛界中極明現十億
天十億梵迦夷天十億梵弗還天十億梵迦
閻浮利天南十億大海十億須彌山十億遮
如和山十億弗于逮天東十億俱邪匿天西
十億欝單曰天北十億照頭摩羅天十億忉
利天十億鹽天十億兜術天十億泥摩羅提
羅鄰優天十億波羅蜜和邪拔致天十億梵

《兜沙經》之九

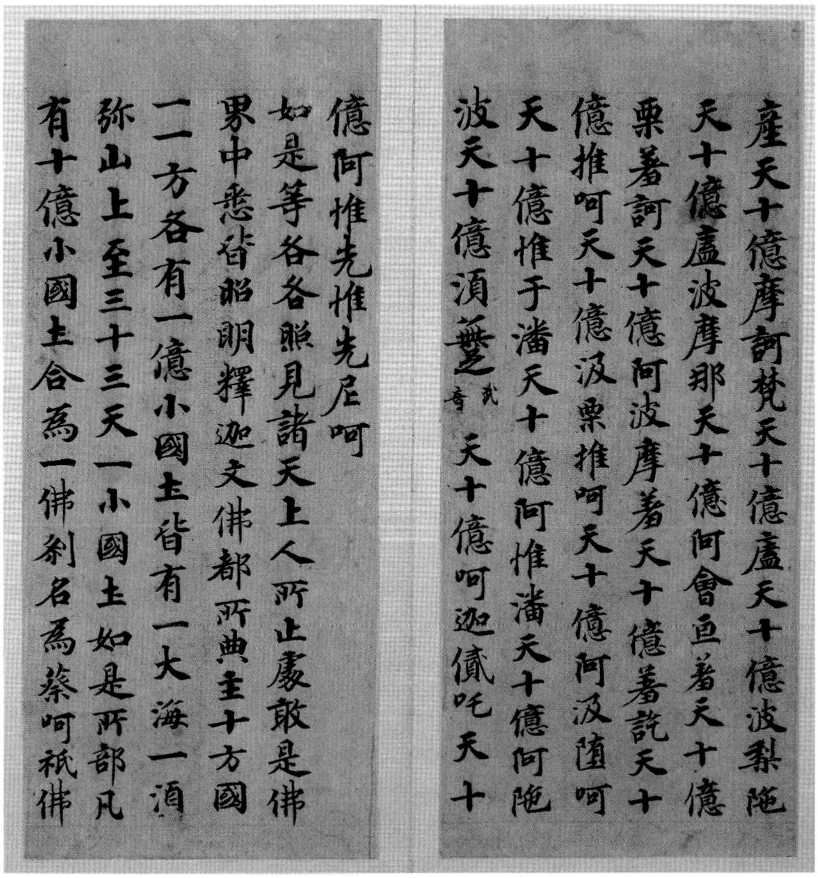
產天十億摩訶梵天十億盧天十億波梨陁
天十億盧波摩那天十億阿會亘著天十億
栗著訶天十億阿波摩著天十億著說天十
億推呵天十億汲栗推呵天十億阿汲隨呵
天十億惟于潘天十億阿惟潘天十億阿陁
波天十億須鞞音武天十億呵迦儨吒天十
億阿惟先惟先尼呵
如是等各各照見諸天上人所止處敢是佛
界中悉皆昭明釋迦文佛都所典至十方國
一一方各有一億小國土皆有一大海一須
弥山上至三十三天一小國土如是所部凡
有十億小國土合爲一佛剎名爲蔡呵祇佛

《兜沙經》之十

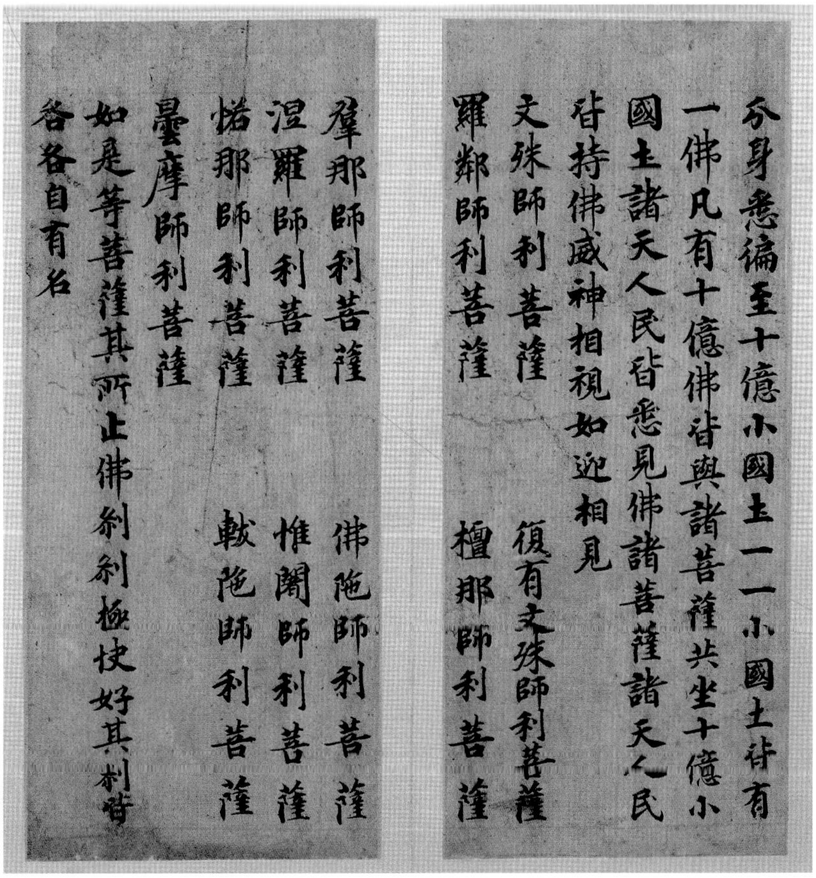
分身悉徧至十億小國土一一小國土皆有
一佛凡有十億佛皆與諸菩薩共坐十億小
國土諸天人民皆悉見佛諸菩薩諸天人民
皆持佛威神相視如迎相見
文殊師利菩薩　復有文殊師利菩薩
羅鄰師利菩薩　檀那師利菩薩
犁那師利菩薩　佛陁師利菩薩
涅羅師利菩薩　惟闍師利菩薩
惒那師利菩薩　軟陁師利菩薩
曇摩師利菩薩
如是等菩薩其所止佛剎剎極快好其剎皆
各各自有名

《兜沙經》之十一

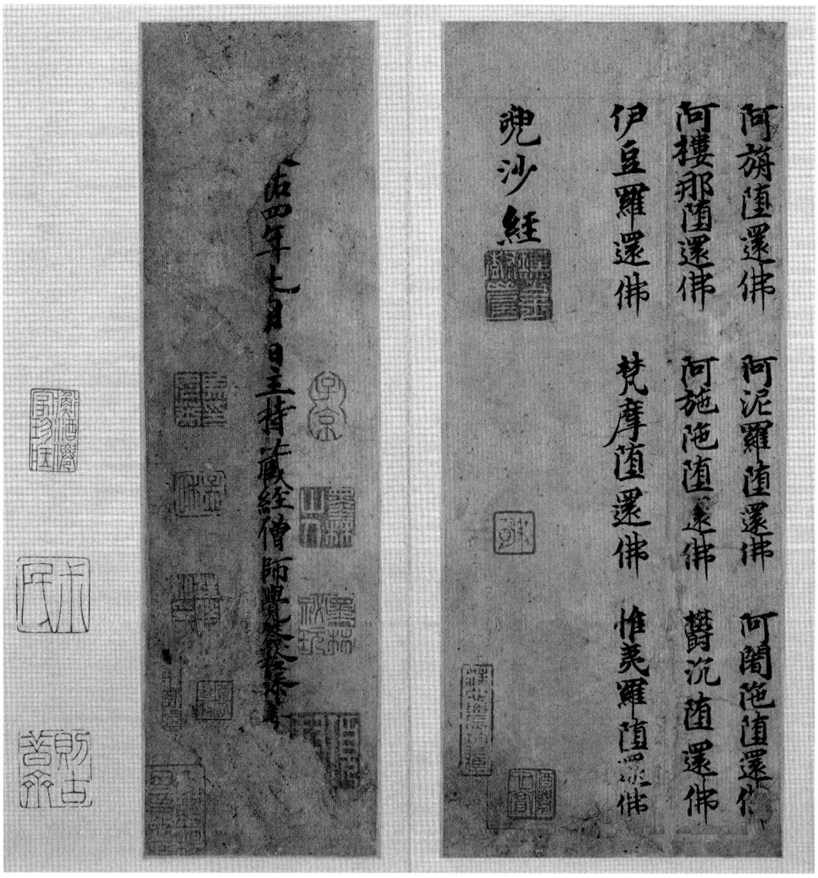

《兜沙經》之十二

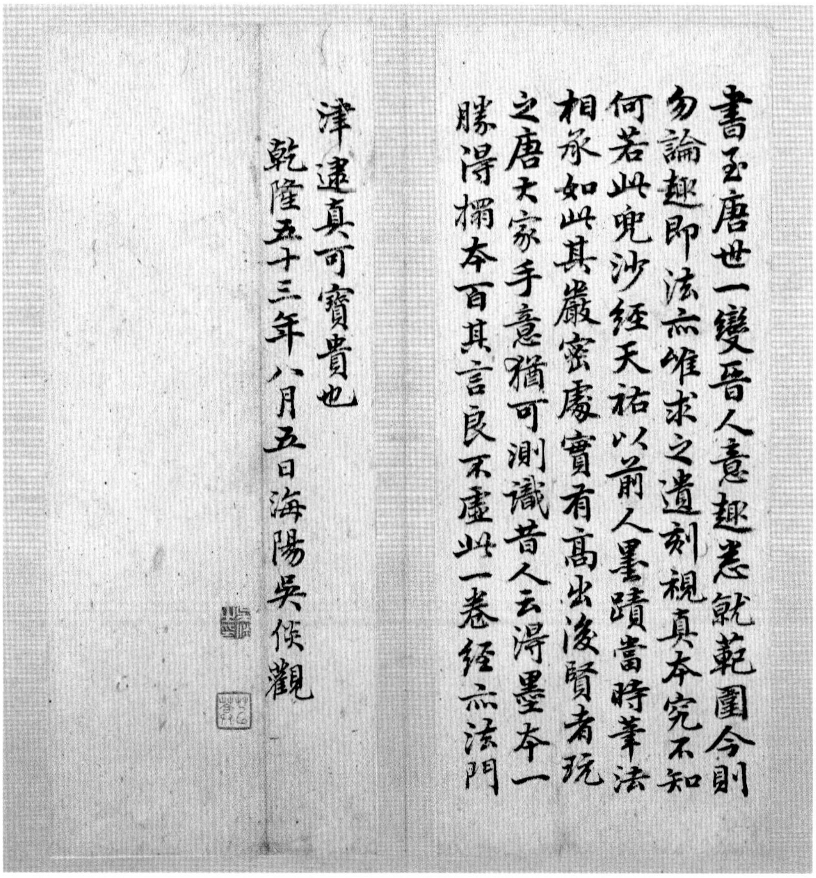

《兜沙經》之十三

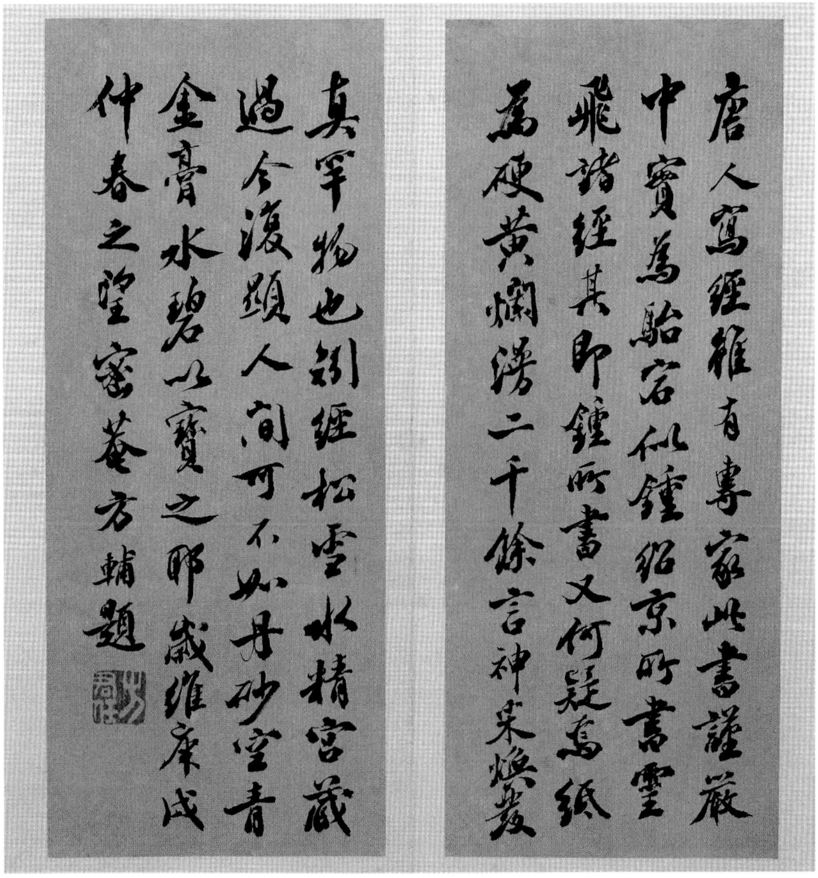

《兜沙經》之十四

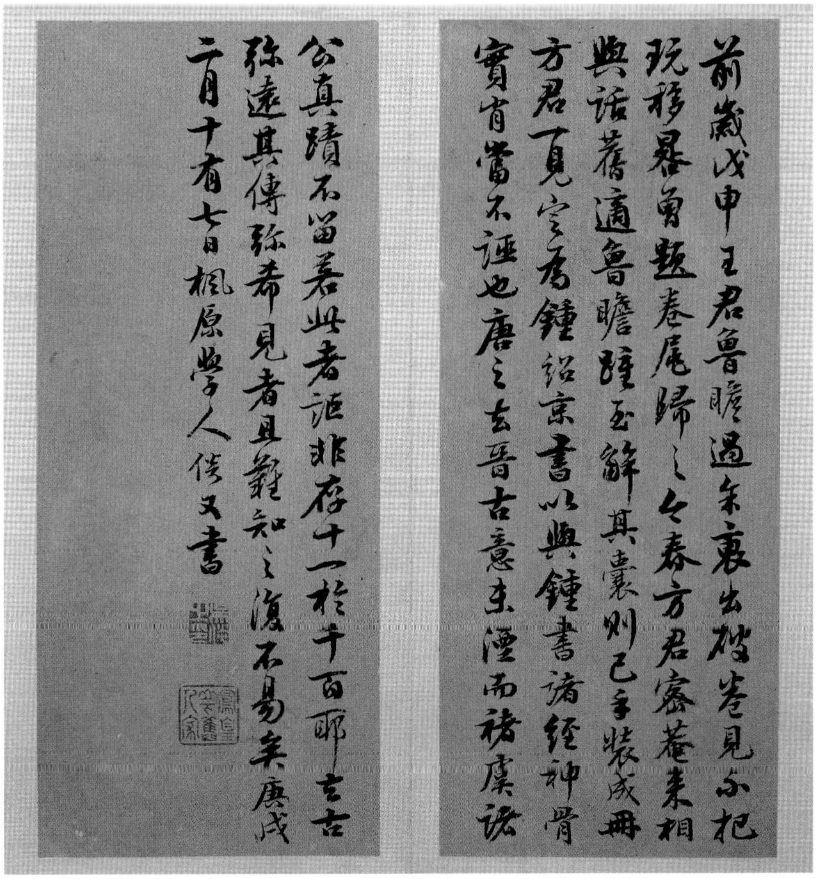

《兜沙經》之十五

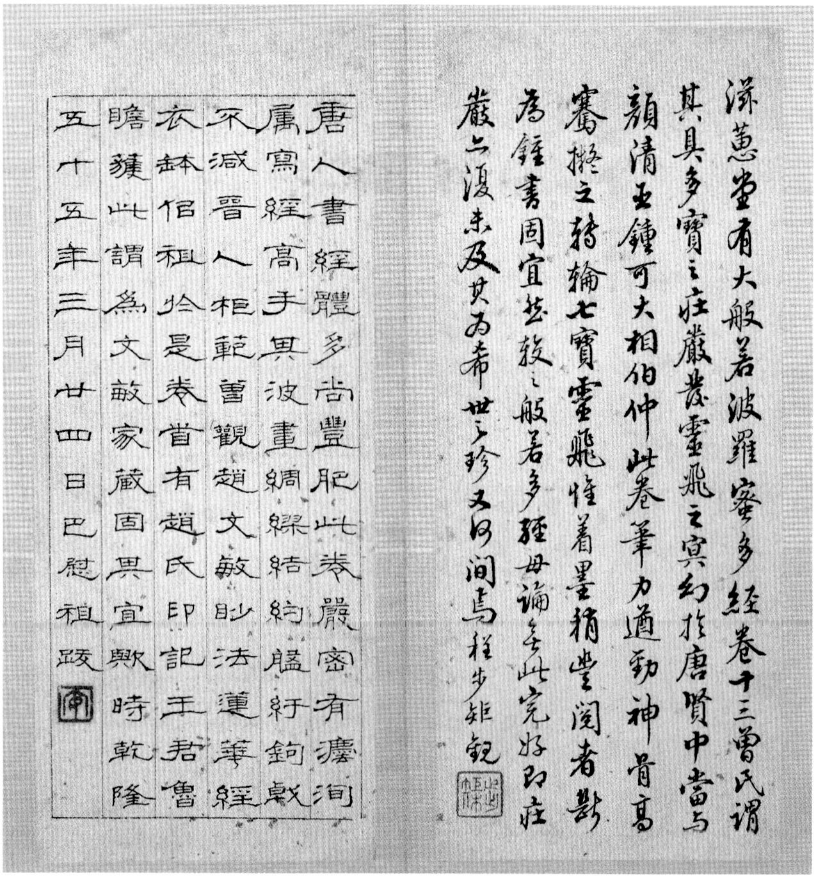
唐人書經體多尚豐肥此卷嚴密有瀟洒
屬寫經高手其波畫綢繆結約盤紆鉤戟
不減晉人矩範曾觀趙文敏臨法蓮華經
衣缽似祖於是卷首有趙氏印記王君魯
瞻獲此謂為文敏家藏固其宜歟時乾隆
五十五年三月廿四日巴慰祖跋

滌蕙堂有大般若波羅蜜多經卷十三曾氏謂
其具多寶之莊嚴發靈飛之冥約於唐賢中當與
顏清臣鍾可大相伯仲此卷筆力遒勁神骨高
騫擬之於輪七寶靈飛惟着墨稍豐閱者斟
為鍾書固宜然般若多經毋論矣此完好印莊
嚴亦復未及其為希世之珍又何間焉程步雉觀

《兜沙經》之十六

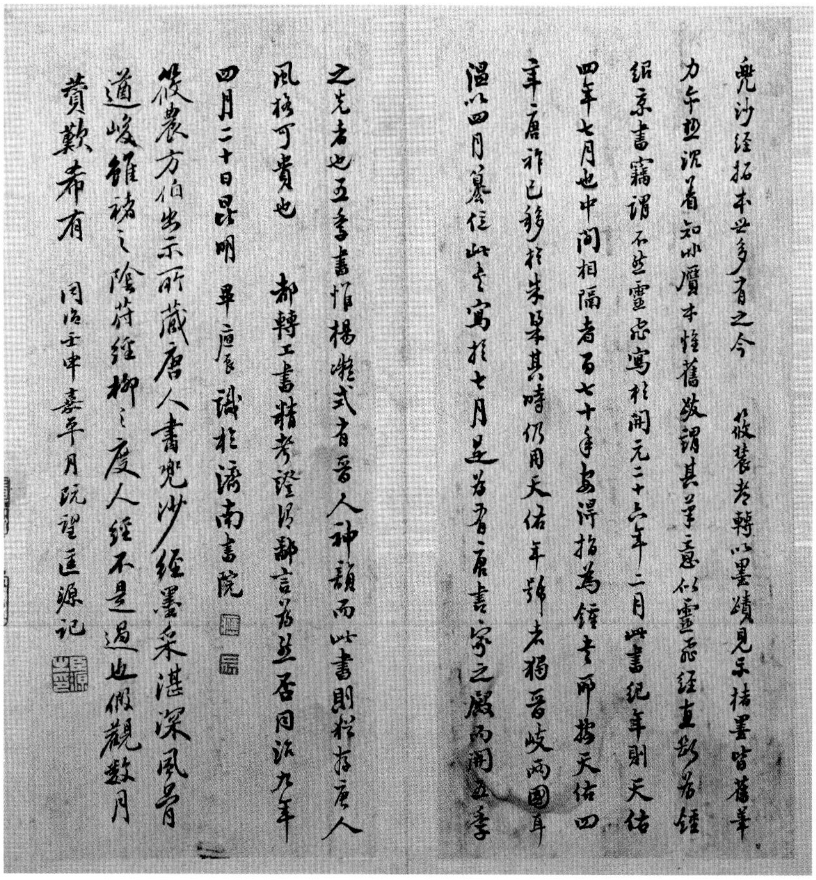
兜沙經拓本世多有之今　筱裳老轉以墨蹟見示楮墨皆舊筆
力卓然況着知此歷本惟舊跋謂其筆意似靈飛經直欲為鍾
紹京書竊謂不然靈飛寫於開元二十六年二月此書紀年則天佑
四年七月也中間相隔者百七十年安得指為鍾書耶按天佑四
年唐祚已移於朱梁其時仍用天佑年號者獨晉岐兩國耳
溫以四月篡位此書寫於七月是為晉唐書家之殿而開五季

之先者也五季書推楊凝式有晉人神韻而此書則猶存唐人
風格可貴也　都轉工書精考證得斯言為然否同治九年
四月二十日昆明 畢應辰 識於濟南書院
筱裳方伯出示所藏唐人書兜沙經墨采湛深風骨
遒峻雖褚之陰符經柳之度人經不是過也假觀數月
贊歎希有　同治壬申嘉平月既望匯源記

《兜沙經》之十七

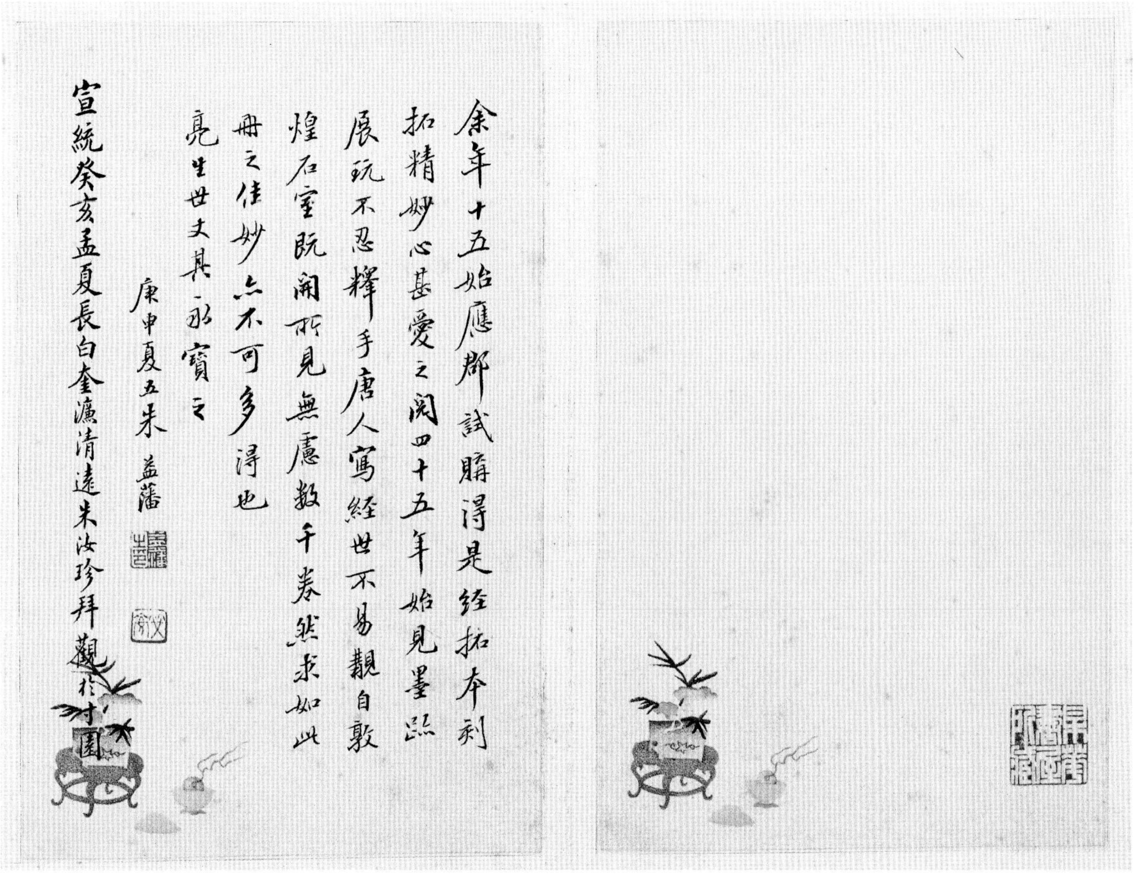
余年十五始應郡試購得是經拓本刹
拓精妙心甚愛之閱四十五年始見墨跡
展玩不忍釋手唐人寫經世不易覯自敦
煌石室既開所見無慮數千卷然求如此
冊之佳妙亦不可多得也
亮生世丈其永寶之
庚申夏五朱益藩
宣統癸亥孟夏長白奎瀛清遠朱汝珍拜觀於寸園

《兜沙經》之十八

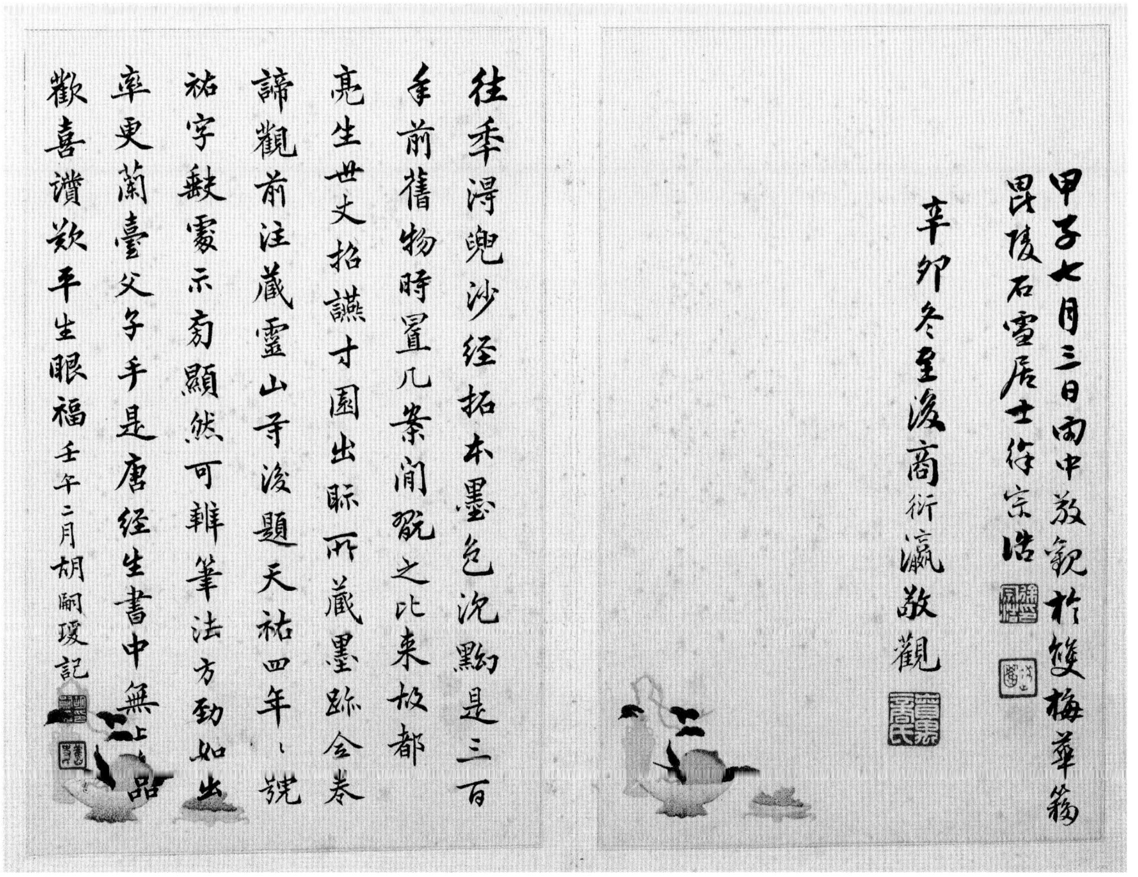
甲子七月三日雨中敬觀於雙梅華簃
毘陵石雪居士符宗浩
辛卯冬至後商衍瀛敬觀
往年得兜沙经拓本墨色沉黝是三百
年前舊物時置几案間翫之比來故都
亮生世丈招讌寸園出眎所藏墨跡全卷
諦觀前注藏靈山寺後題天祐四年〻號
祐字缺處示旁顯然可辨筆法方勁如出
率更蘭臺父子手是唐经生書中無上品
歡喜讚歎平生眼福
壬午二月胡嗣瑗記

《兜沙經》之十九

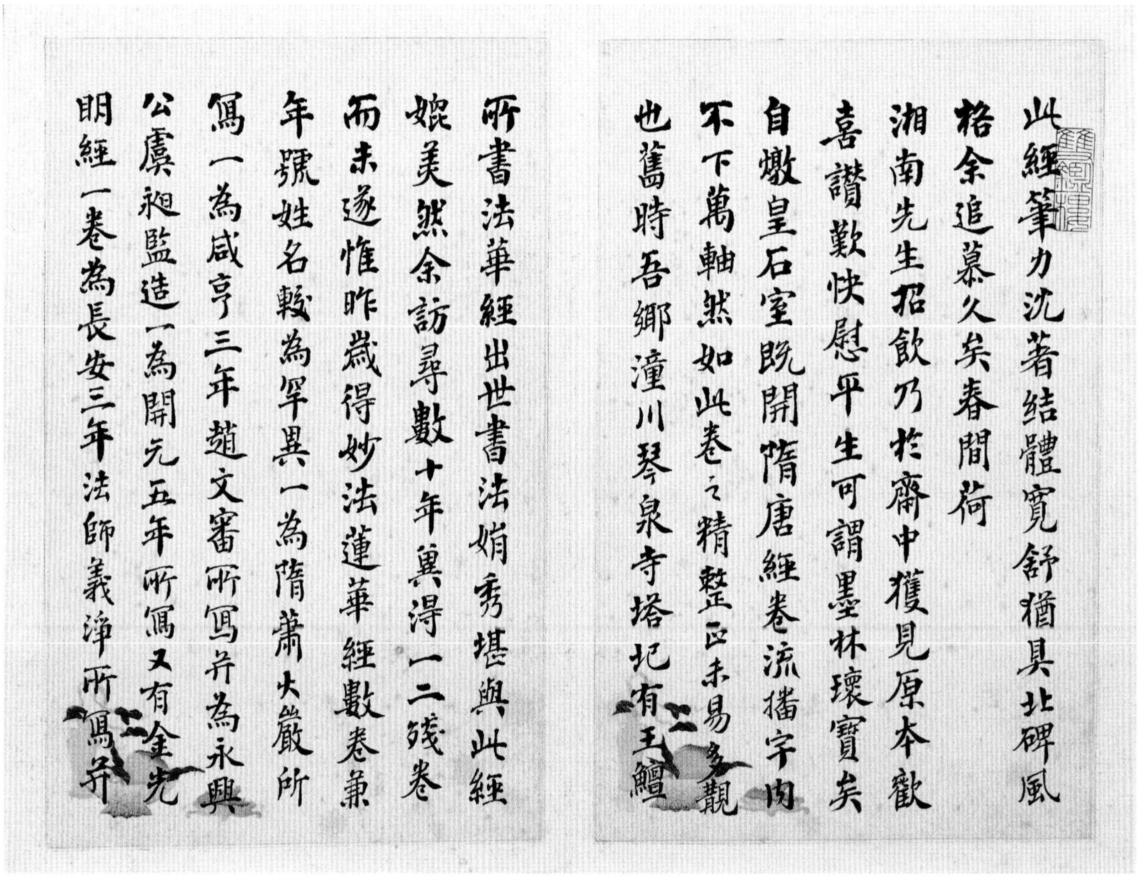

此經筆力沉着結體寬舒猶具北碑風
格余追慕久矣春間荷
湘南先生招飲乃於齋中獲見原本歡
喜讚歎快慰平生可謂墨林瓌寶矣
自燉皇石室既開隋唐經卷流播宇內
不下萬軸然如此卷之精整正未易多覯
也舊時吾鄉潼川琴泉寺塔圮有王鱣
所書法華經出世書法娟秀堪與此經
媲美然余訪尋數十年冀得一二殘卷
而未遂惟昨歲得妙法蓮華經數卷兼
年號姓名較為罕異一為隋蕭大嚴所
寫一為咸亨三年趙文審所寫并為永興
公虞昶監造一為開元五年所寫又有金光
明經一卷為長安三年法師義淨所寫并

《兜沙經》之二十

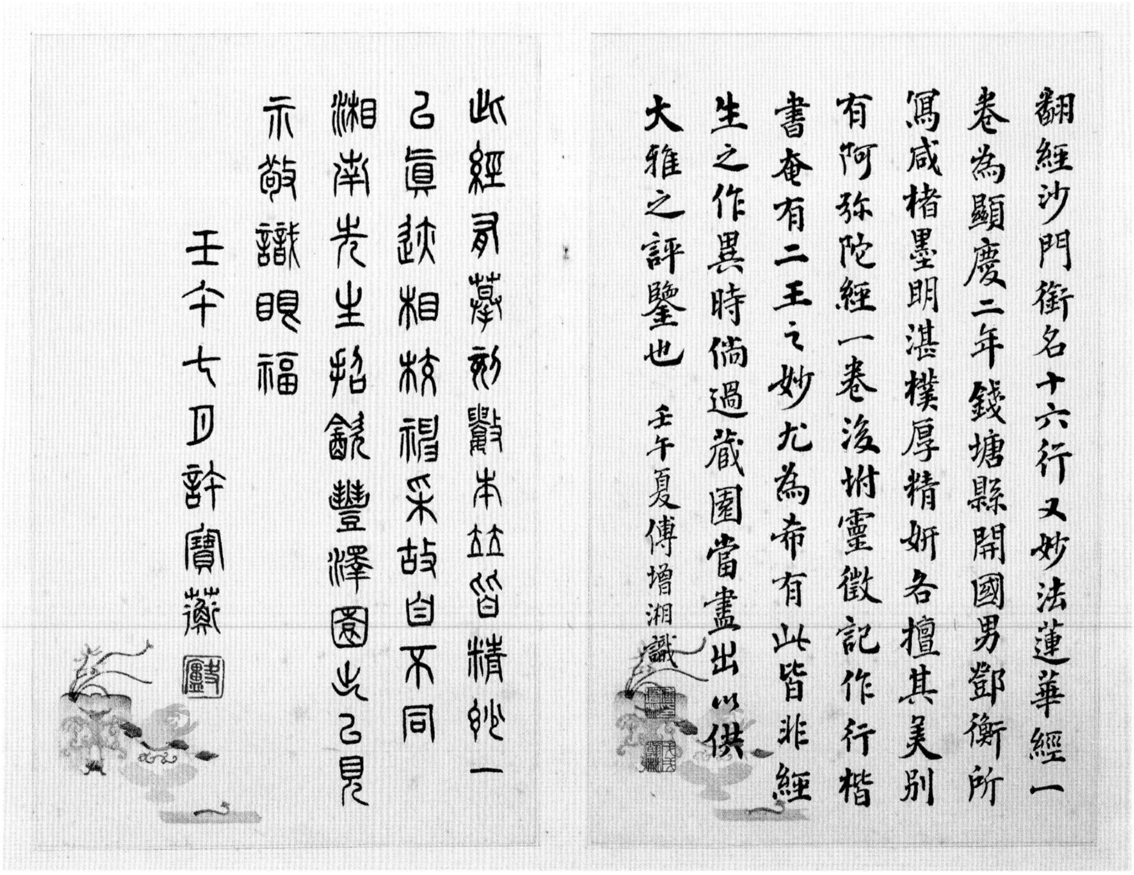

翻經沙門銜名十六行又妙法蓮華經一
卷為顯慶二年錢塘縣開國男鄧衡所
寫咸楮墨明湛樸厚精妍各擅其美別
有阿彌陀經一卷後附靈徵記作行楷
書奄有二王之妙尤為希有此皆非經
生之作異時倘過藏園當盡出以供
大雅之評鑒也　壬午夏傅增湘識

此經有摹刻敦本並皆精妙一
以真跡相校神采故自不同
湘南先生招飲豐澤園出以見
示敬識眼福
壬午七月許寶蘅

《兜沙經》之二十一

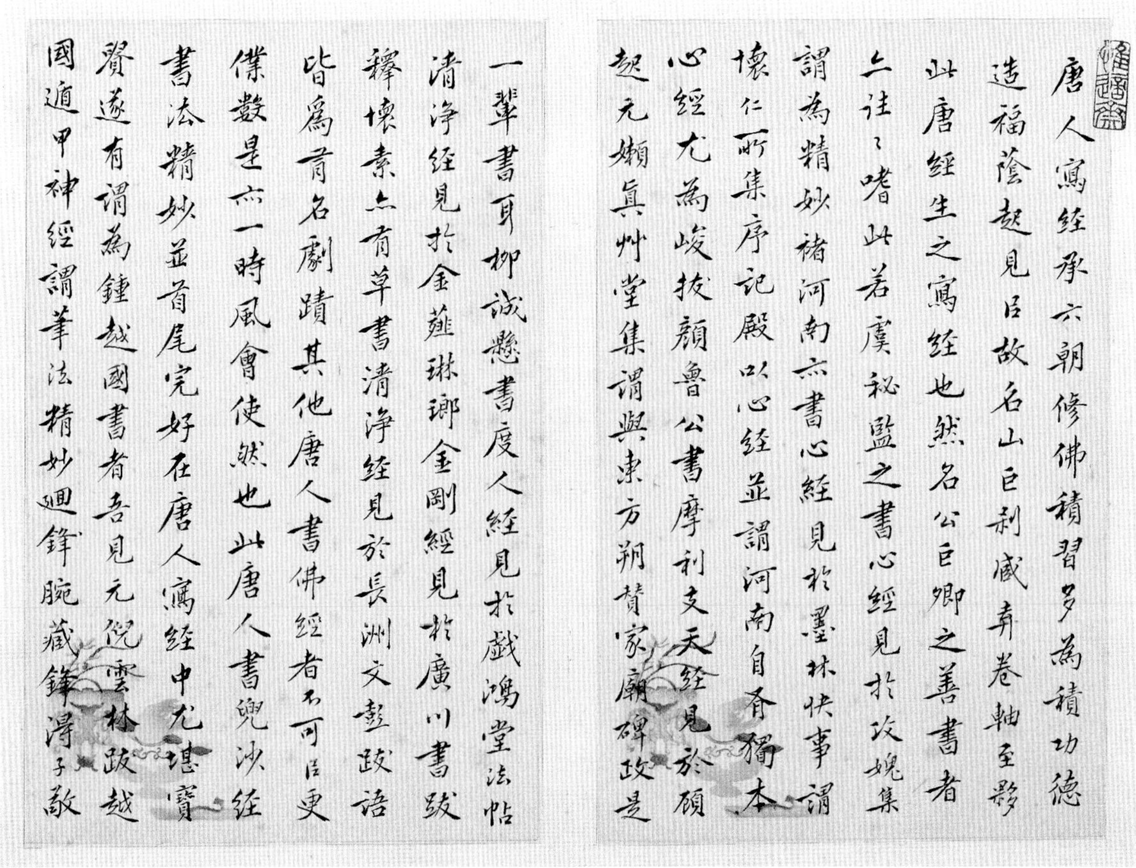
唐人寫經承六朝修佛積習多為積功德
造福蔭起見故名山巨剎咸有卷軸至夥
此唐經生之寫經也然名公巨卿之善書者
亦往往嗜此若虞秘監之書心經見於攻媿集
謂為精妙褚河南亦書心經見於墨林快事謂
懷仁所集序記殿以心經並謂河南自有獨本
心經尤為峻拔顏魯公書摩利支天經見於頤
起元嬾真州堂集謂與東方朔贊家廟碑政是
一輩書耳柳誠懸書度人經見於戲鴻堂法帖
清淨經見於金薤琳瑯金剛經見於廣川書跋
釋懷素亦有草書清淨經見於長洲文嘉跋語
皆為有名劇蹟其他唐人書佛經者不可以更
僕數是亦一時風會使然也此唐人書兜沙經
書法精妙並首尾完好在唐人寫經中尤堪寶
貴遂有謂為鍾越國書者吾見元倪雲林跋越
國道甲神經謂筆法精妙廻鋒腕藏鋒得子敬

《兜沙經》之二十二

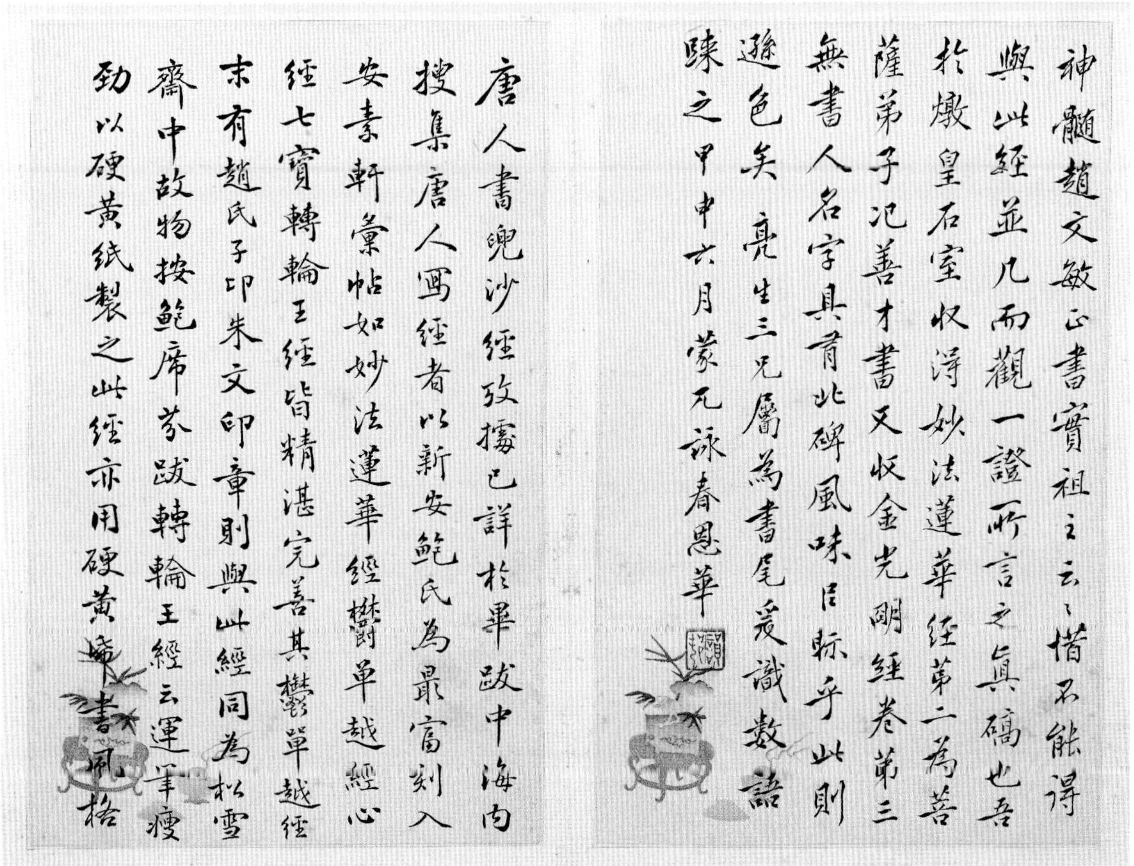
神髓趙文敏正書實祖之云云惜不能得
與此經並几而觀一證所言之真確也吾
於燉皇石室收得妙法蓮華經第二為菩
薩弟子氾善才書又收金光明經卷第三
無書人名字具有北碑風味以較乎此則
遜色矣　亮生三兄屬為書尾爰識數語
跋之甲申六月蒙兄詠春恩華
唐人書兜沙經攷據已詳於畢跋中海內
搜集唐人寫經者以新安鮑氏為最富刻入
安素軒彙帖如妙法蓮華經鬱單越經心
經七寶轉輪王經皆精湛完善其鬱單越經
末有趙氏子卬朱文印章則與此經同為松雪
齋中故物按鮑席芬跋轉輪王經云運筆瘦
勁以硬黃紙製之此經亦用硬黃書風格

《兜沙經》之二十三

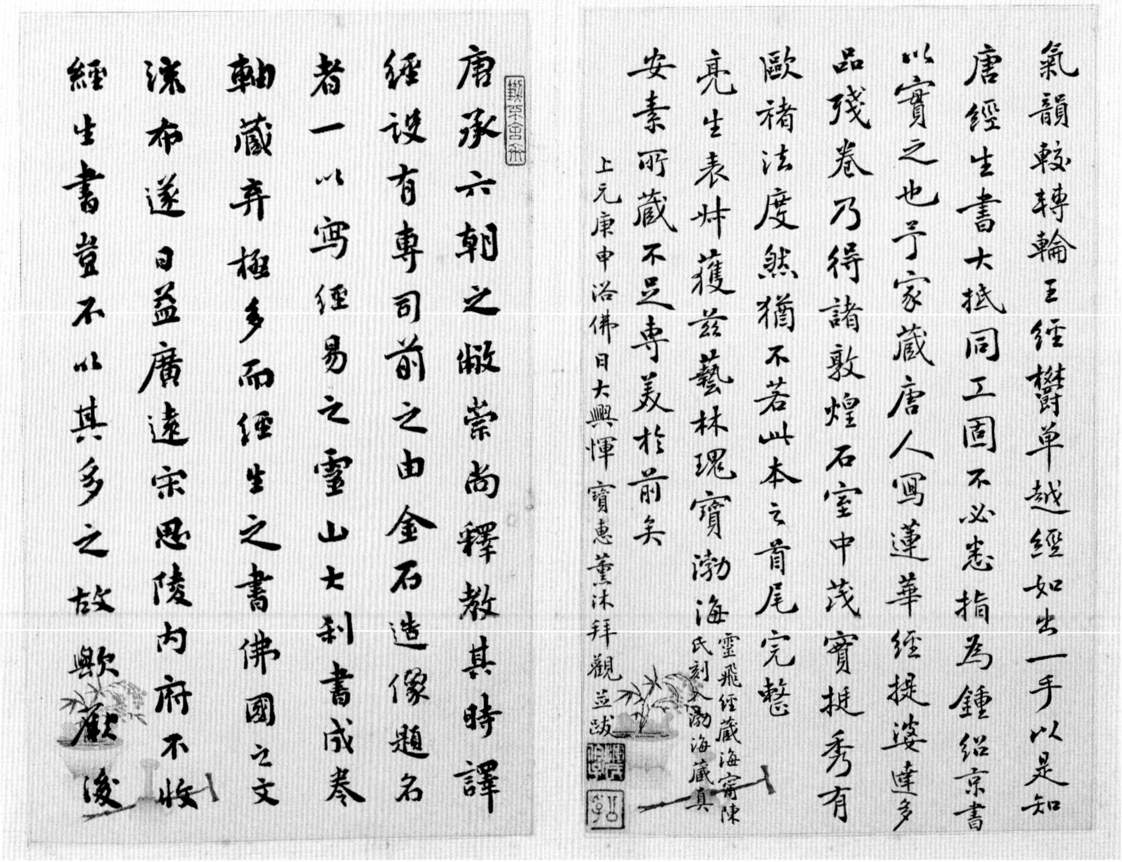

氣韻較轉輪王經鬱單越經如出一手以是知
唐經生書大抵同工固不必悉指為鍾紹京書
以寶之也予家藏唐人寫蓮華經提婆達多
品殘卷乃得諸敦煌石室中茂寶挺秀有
歐褚法度然猶不若此本之首尾完整
亮生表妹獲茲藝林瑰寶渤海靈飛經藏海寧陳氏刻入渤海藏真
安素所藏不足專美於前矣
上元庚申浴佛日大興惲寶惠董沐拜觀並跋

唐承六朝之後崇尚釋教其時譯
經設有專司前之由金石造像題名
者一以寫經易之靈山七刹書成卷
軸藏弆極多而經生之書佛國之文
流布遂日益廣遠宋思陵內府不收
經生書豈不以其多之故歟厥後

《兜沙經》之二十四

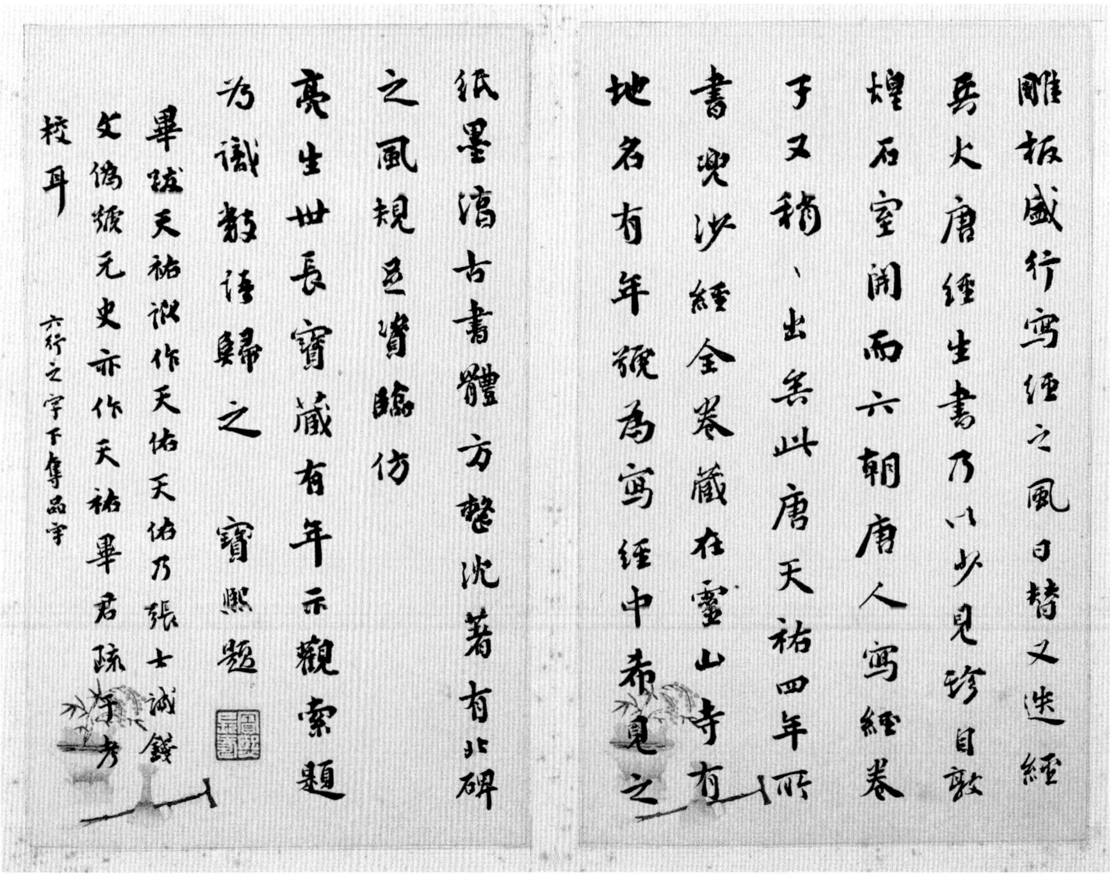

雕板盛行寫經之風日替又迭經
兵火唐經生書乃少見珍自敦
煌石室開而六朝唐人寫經卷
子又稍稍出矣此唐天祐四年所
書兜沙經全卷藏在靈山寺有
地名有年號為寫經中希見之

紙墨渲古書體方整沈著有北碑
之風規已皆臨仿
亮生世長寶藏有年示觀索題
為識數語歸之　寶熙題

畢跋天祐誤作天佑天佑乃張士誠
文偽號元史亦作天祐畢君疏于考
校耳
六行之字下奪品字

《兜沙經》之二十五

32

無名氏　行書黃巢起義記殘片

唐

紙本　行書

縱25.5厘米　橫31厘米

Huang Chao Qi Yi Ji Can Pian (Stray Fragments of the Text of Huang Chao Uprising) in running script

Anonymous, Tang Dynasty

Ink on paper

H. 25.5cm　L. 31cm

殘片原為雙層白麻紙，現已揭裱裝冊。正面抄寫的是《妙法蓮花經》中“觀世音普門品”，殘剩十五行。背面首起有殘剩的一行經文。中間六行依次書寫了從唐高祖到唐僖宗共十八位皇帝的廟號。後緊接三行便記黃巢起義事件。

這段文字使我們確切得知了黃巢起義的時間是在唐乾符元年（874年）七月，從而糾正和補充了新舊《唐書》、《資治通鑑》、《平巢事迹考》諸書的錯誤和不足，對研究黃巢起義具有重要而可靠的史料價值。

從書法風格上分析，正面經文為初唐人手迹；背面十行文字筆迹較潦草，似不經意，但具有晚唐特徵，如結體瘦長緊結，轉折處多硬折。兩相比較，其時代差異是較為明顯的。

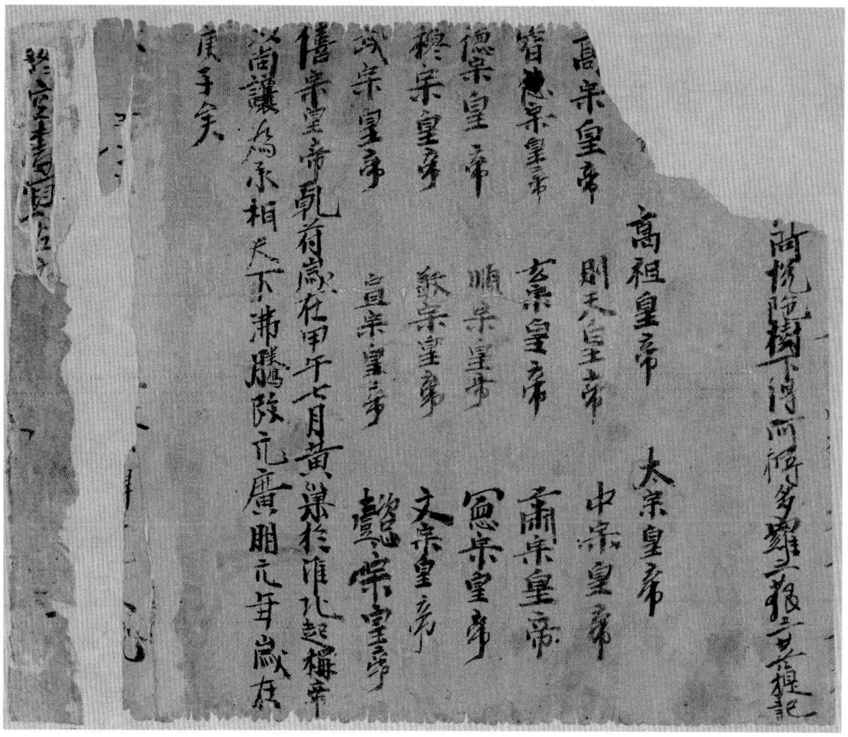

釋文：乾符歲在甲午七月，黃巢於淮北起稱帝，以尚讓為承相，天下沸騰，改元廣明元年，歲在庚子矣。

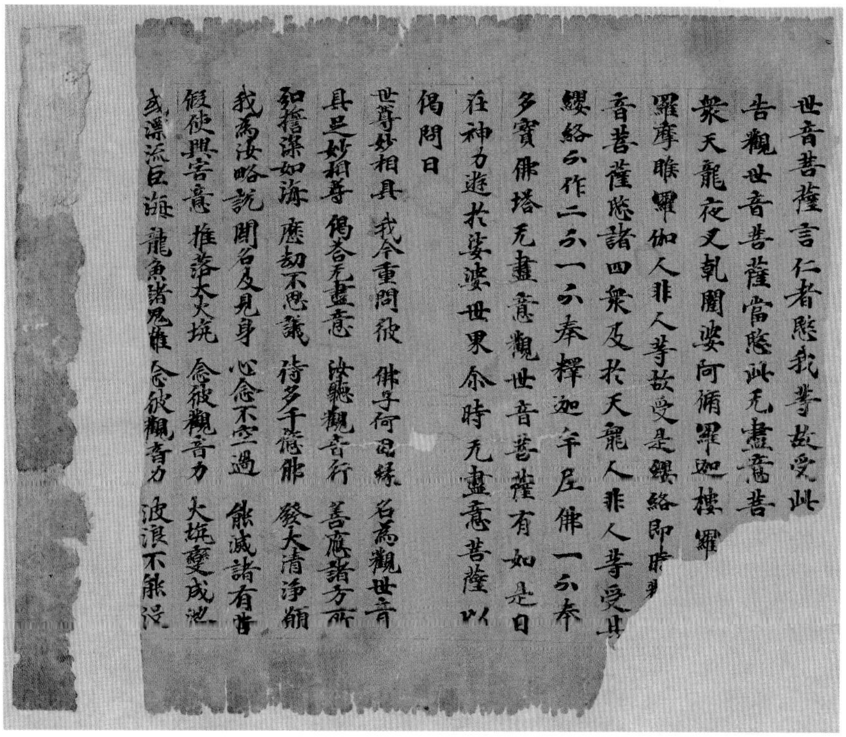

33

淨光　楷書佛說大乘稻杆經

五代
紙本　楷書
縱26.3厘米　橫186厘米

Fo Shuo Da Cheng Dao Gan Jing (Salistambha-sutra) in regular script
By Jing Guang, Five Dynasty
Ink on paper
H. 26.3cm　L. 186cm

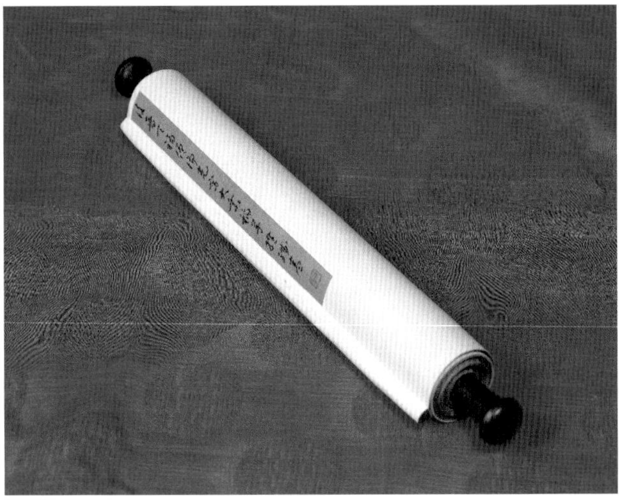

此經是大乘佛教經典，失譯者名，全一卷。歷代經錄中未見著錄，但在敦煌遺書中發現多本，現已收入《大正藏》第十六卷。

卷首殘，只存後半卷，末行題“佛說大乘稻杆經”，款署：“天福年（此字點去）四年歲次癸亥四月十五日，大雲寺僧淨光敬寫大乘經一卷，得福無量，罪滅福生善心莫”。

尾紙有周肇祥題跋一則，稱此卷乃陳季侃從甘肅攜回所贈，想來應是敦煌石室流失之物。其文如下：

“此陳季侃自甘肅回京贈我者，彼以其字劣而忽之。方外人書固不若經生之精熟也。石晉距今千年矣，片言寸牒皆當寶之，況所寫大乘經卷耶！”

從書法上看，字的結體縱長，格式與章法上不甚規範，更多質樸與生拙。

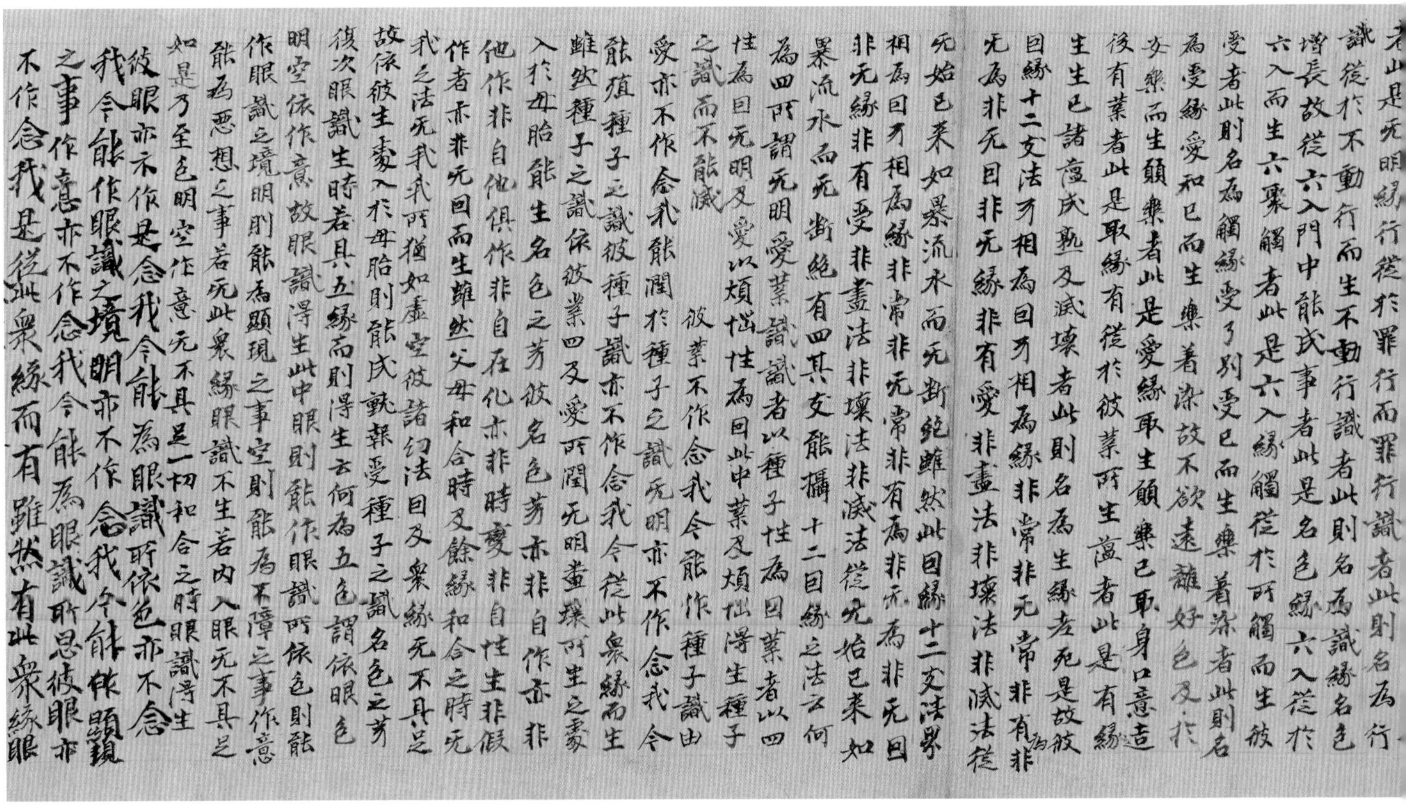

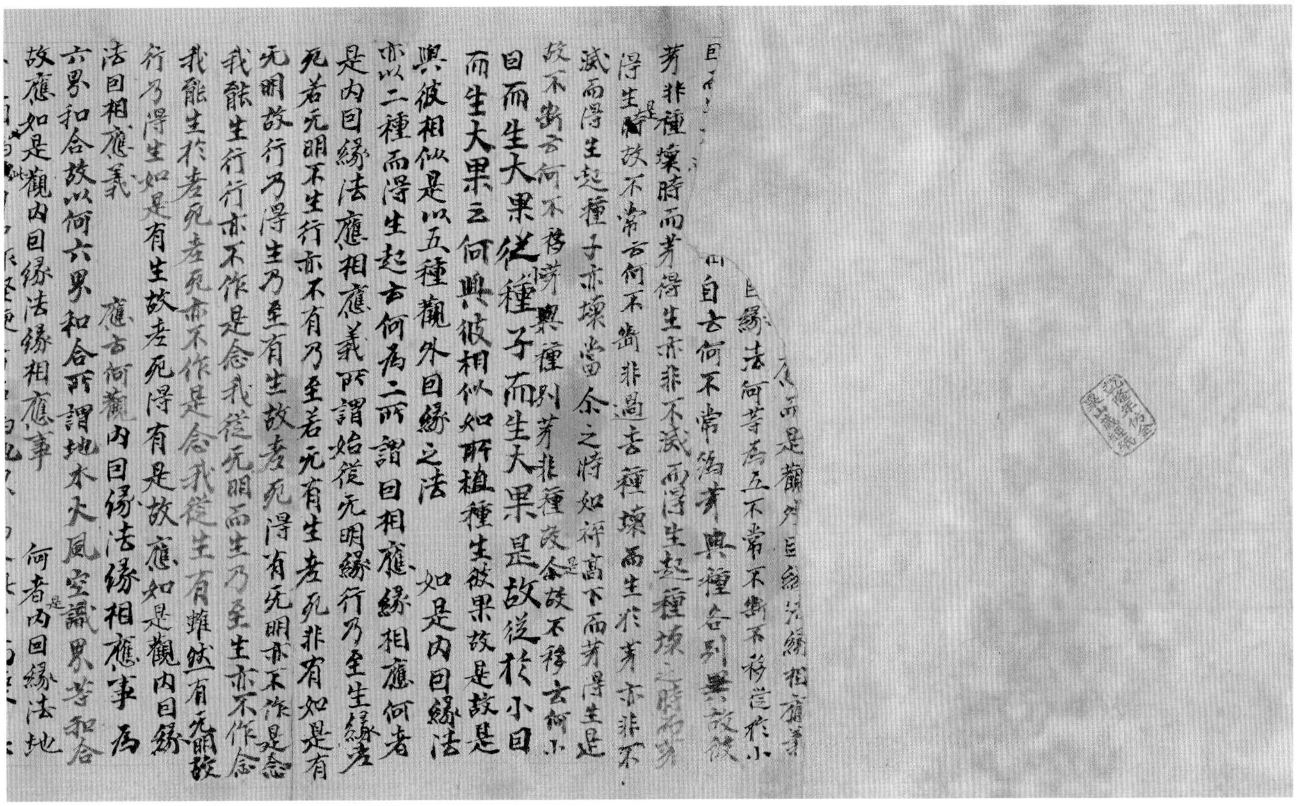

《佛說大乘稻杆經》之一

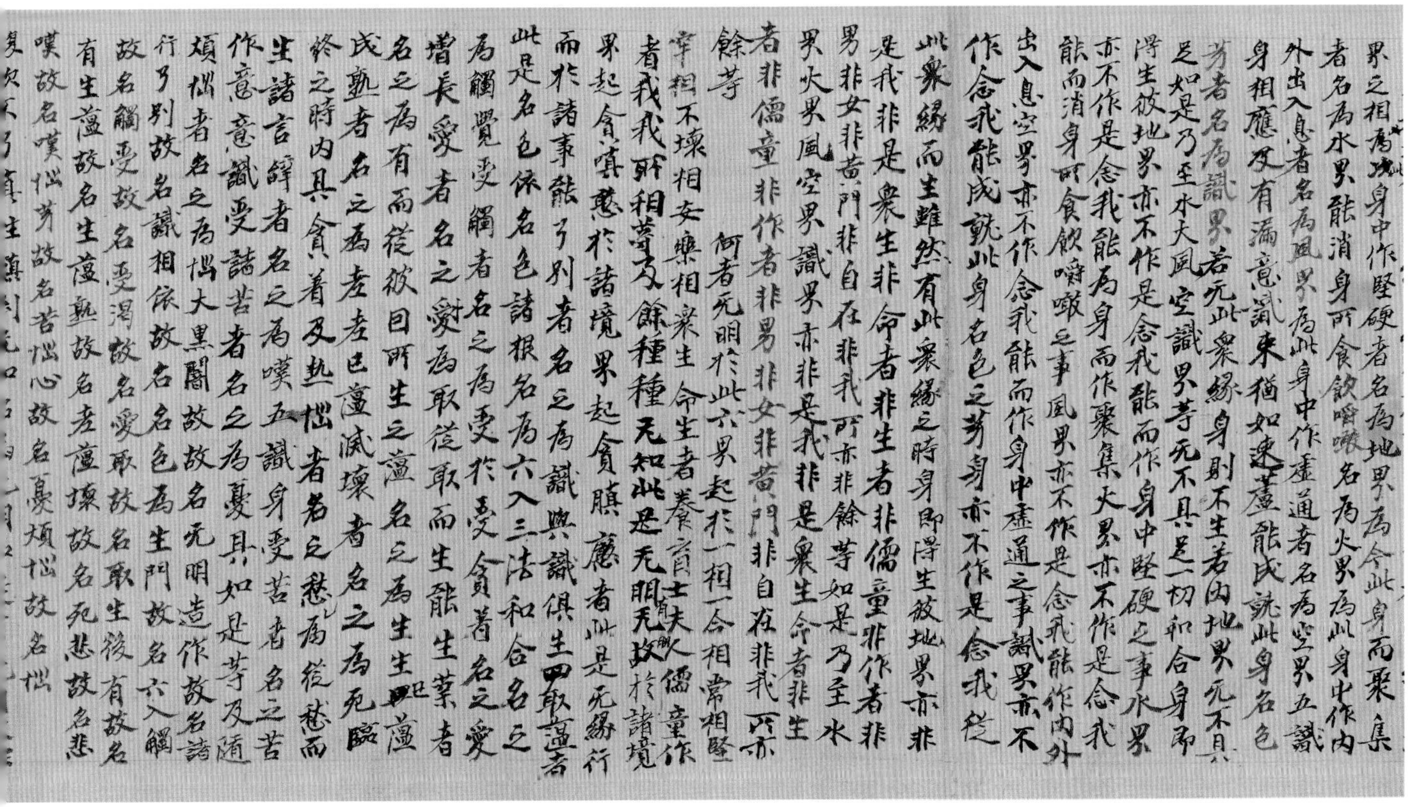

《佛說大乘稻杆經》之二

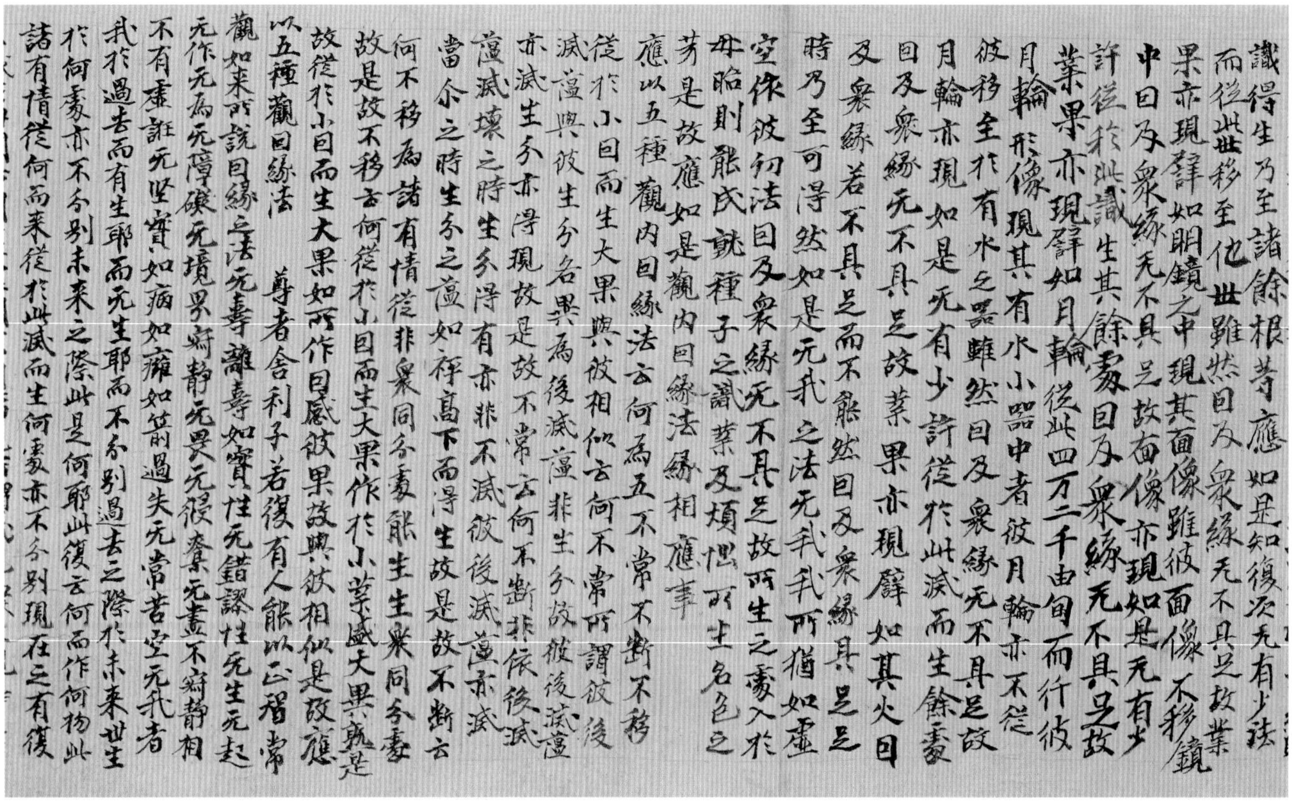

《佛說大乘稻杆經》之三

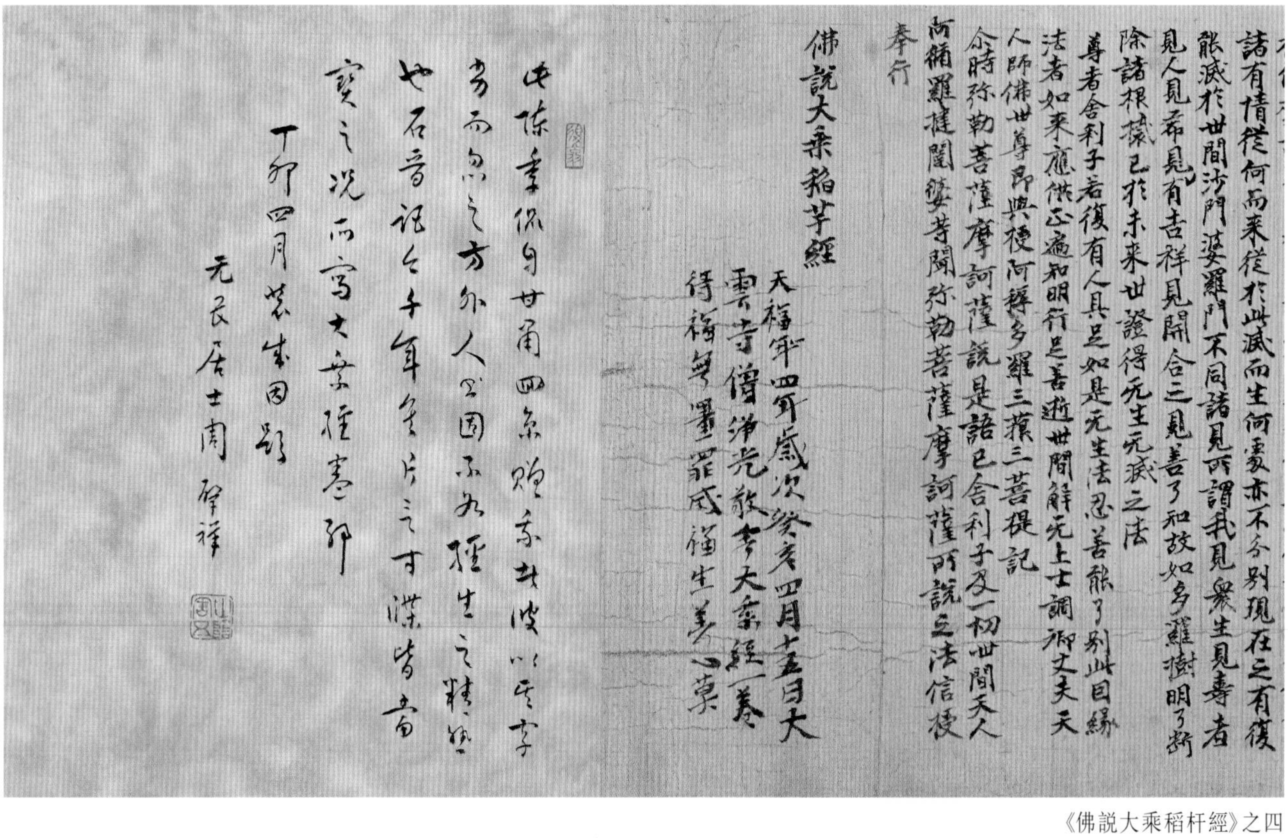

《佛說大乘稻杆經》之四

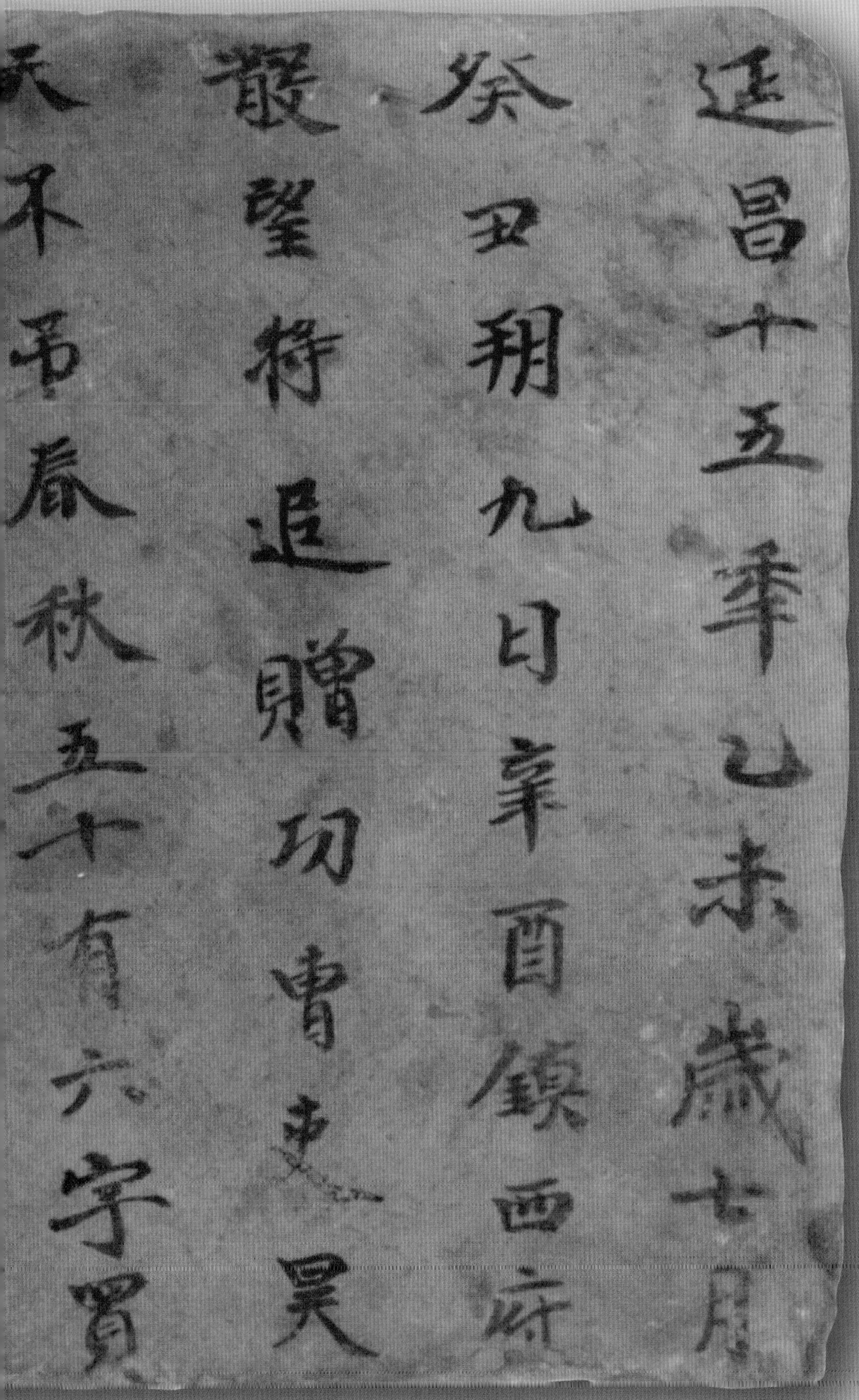

延昌十五年乙未歲七月
癸丑朔九日辛酉鎮西府

高昌磚

Tomb Bricks of Qoco (Ancient Gaochang State)

34

畫承及夫人張氏墓表

磚　墨筆

縱46厘米　橫44.6厘米　厚3.3厘米

Epitaph for Hua Cheng and his wife, nee Zhang

H. 46cm　L. 44.6cm　T. 3.3cm

高昌章和十六年（西魏大統十二年，546年），前五行刻字填朱，後二行朱書，96字。

書法方勁峭拔，如見折刀之筆，使人聯想到《爨寶子碑》和《爨龍顏碑》，渾美有異態。後三行，是四年以後張氏合葬時所續寫，未刻，筆體也不同。別的合葬墓表也往往如此。

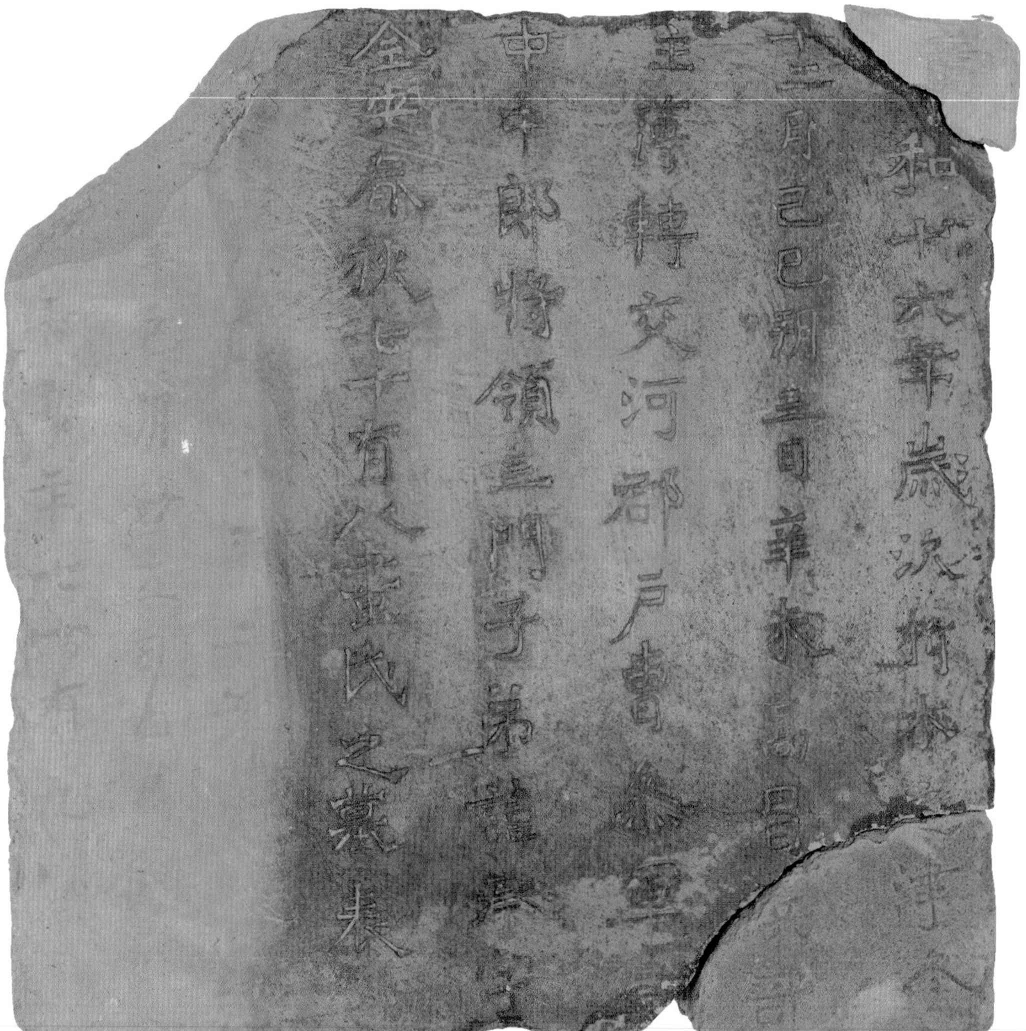

釋文：

章和十六年歲次析

木之津冬，十二月

己巳朔三日辛未，

高昌兵部主簿轉交

河郡戶曹參軍、殿

中中郎將、領三門

子弟，諱承字全

安，春秋七十有

八，畫氏之墓表。

夫人張氏，永平二

年歲在鶉火，二月

辛巳朔廿五日乙巳

合葬，上天愍善，

享年七十有八。

35

趙榮宗妻韓氏墓表

磚　墨筆

縱35厘米　橫35厘米　厚3.7厘米

Epitaph for Zhao Rongzong's wife, nee Han

H. 35cm　L. 35cm　T. 3.7cm

高昌建昌元年（西魏恭帝二年，555年），墨書，6行，45字。

墓磚有刻字填朱和直接墨書或朱書兩類，後一類往往先塗一層粉堊使磚面平滑易寫。粉堊吸水性強，提、按、轉、折，濃、淡、燥、潤的痕迹歷歷在目。

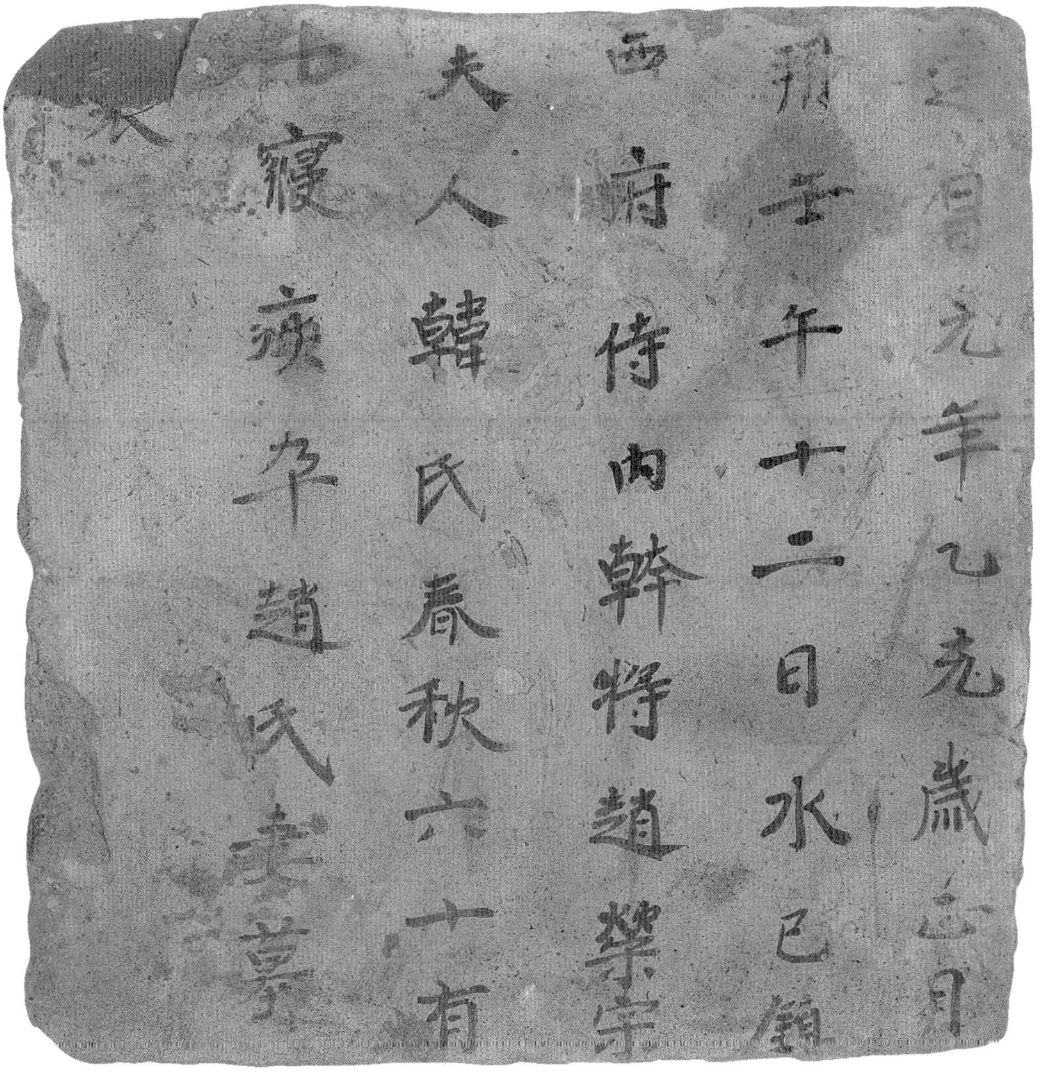

釋文：
建昌元年乙亥歲正
月朔壬午十二日水
（癸）巳，鎮西府侍
內幹將趙榮宗夫人
韓氏，春秋六十有
七，寢疾卒。趙氏
妻墓表。

36

田紹賢墓表
磚　墨筆
縱34.3厘米　橫34.3厘米　厚3厘米

Epitaph for Tian Shaoxian
H. 34.3cm　L. 34.3cm　T. 3cm

高昌建昌五年（北周武成元年，559年），墨書，5行，44字。

北朝後期墓誌書法峭厲，此表和趙榮宗妻韓氏墓表則已趨圓美。墓文與佛經的書寫都應鄭重、工整，然而佛經要求更加嚴謹、整飭，於是在特定的時期和地區內形成有特色的經生體，這又是二者的差異。

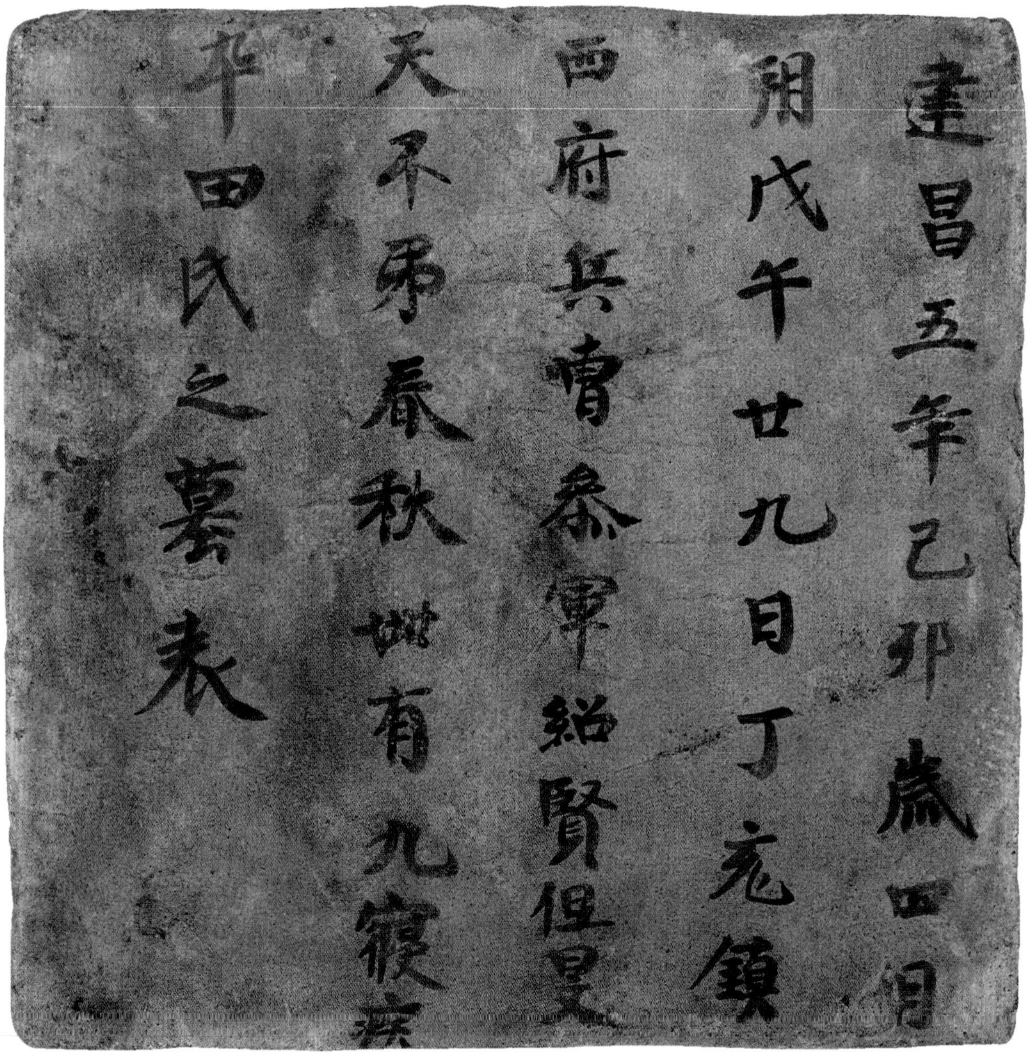

釋文：
建昌五年己卯歲四月
朔戊午廿九日丁亥，
鎮西府兵曹參軍紹
賢，但旻天不弔，春
秋卌有九，寢疾卒。
田氏之墓表。

37

任氏及夫人袁氏墓表

磚　墨筆

縱40厘米　橫40厘米　厚4.3厘米

Epitaph for Ren Shuda and his wife, nee Yuan

H. 40cm　L. 40cm　T. 4.3cm

高昌延昌元年（北周保定元年，561年），墨書，5行，46字。

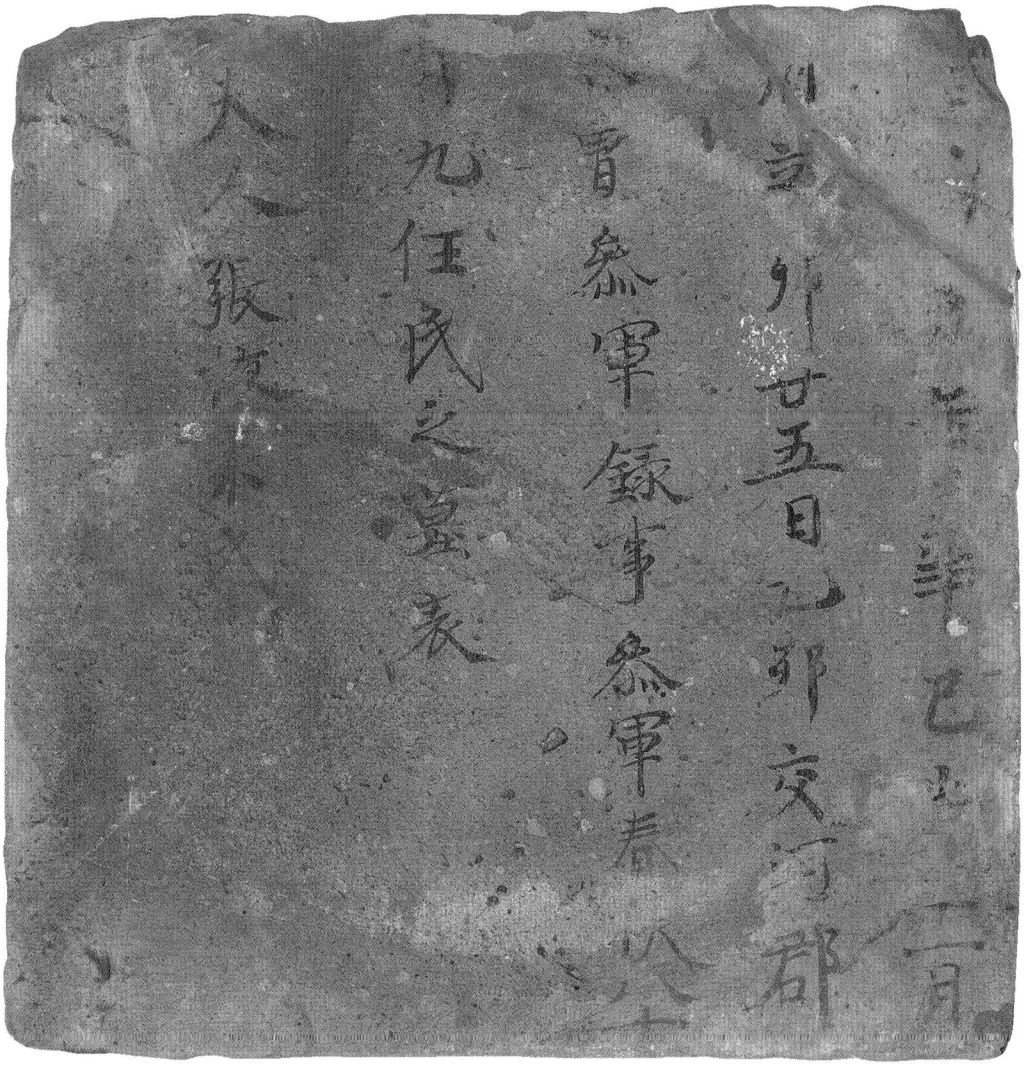

釋文：
延昌元年辛巳歲十
一月朔辛卯廿五日
乙卯，交河郡客曹
參軍、錄事參軍，
春秋八十有九。任
氏之墓表。夫人張
掖袁氏。

38

令狐天恩墓表

磚　墨筆

縱41.6厘米　橫41厘米　厚4.7厘米

Epitaph for Linghu Tian'en

H. 41.6cm　L. 41cm　T. 4.7cm

高昌延昌十一年（北周天和六年，571年），墨書，有界格，6行，48字。

書法甚得北魏《高貞碑》筋骨，又得《馬鳴寺碑》用筆取勢，功力深厚無寒險氣。如此妙筆神韻，於石經洞中萬卷遺書也難遇見。

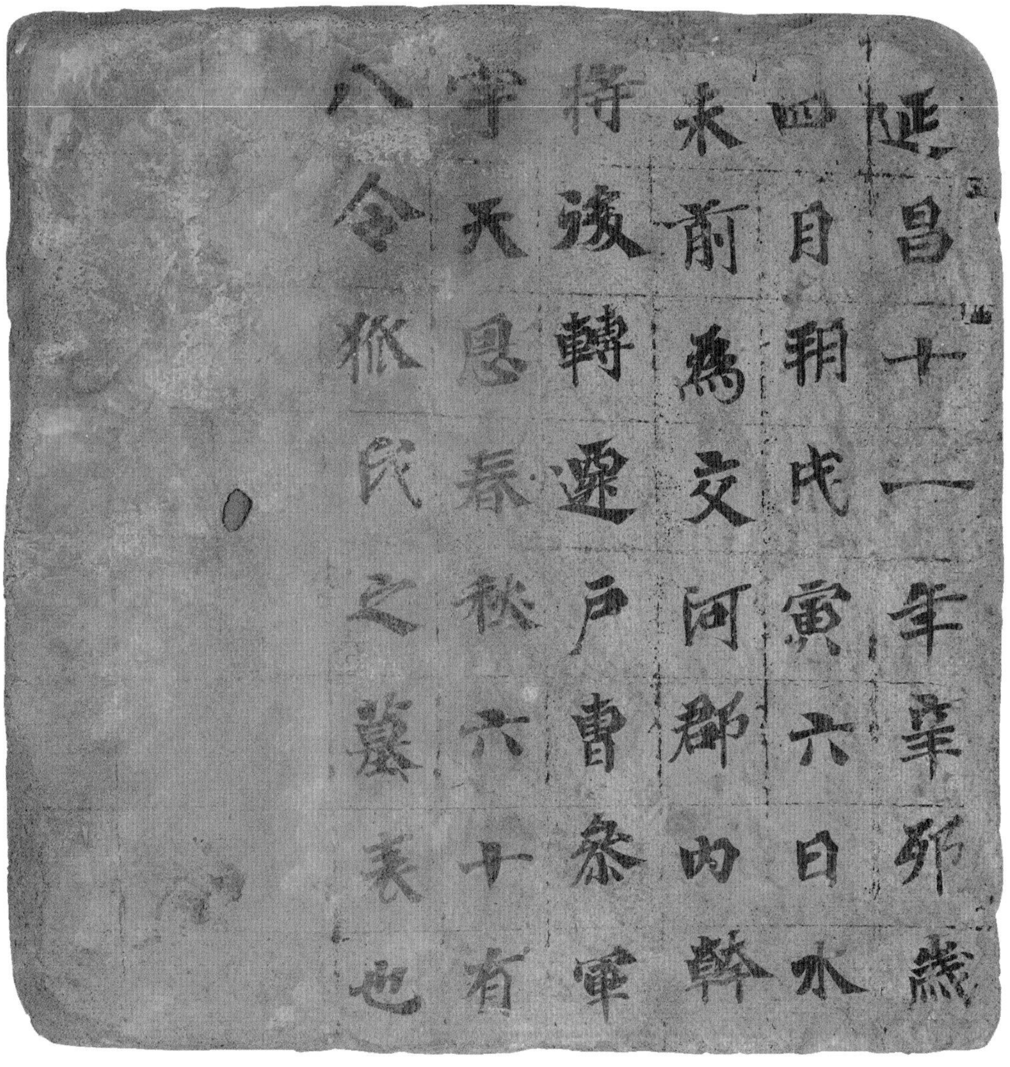

釋文：延昌十一年辛卯歲四月朔戊寅六日水（癸）未，前為交河郡內幹將，後轉遷戶曹參軍，字天恩，春秋六十有八，令狐氏之墓表也。

39

張買得墓表

磚　墨筆

縱35.6厘米　橫36.3厘米　厚4.3厘米

Epitaph for Zhang Maide

H. 35.6cm　L. 36.3cm　T. 4.3cm

高昌延昌十五年(北周建德四年，575年)，墨書，5行，46字。

寫經畫烏絲欄，碑志有界格，每行字數相等。高昌磚分有界格與無界格兩式。無界格時，楷書兼行，短長俯仰，左右參差，各隨其體。本表和麴彈那及夫人墓表即如此。靈秀健拔，與《張猛龍碑》筆意同趣。

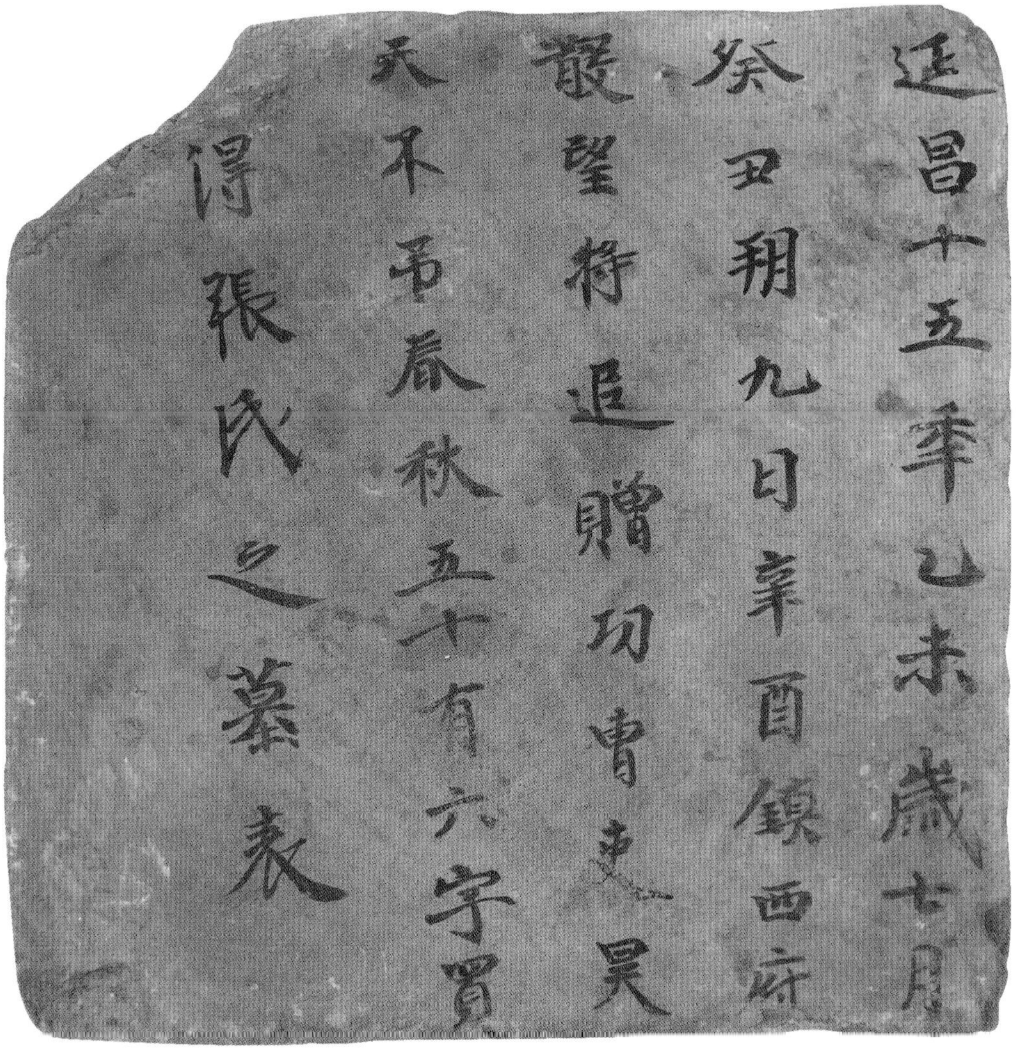

釋文：
延昌十五年乙未歲
七月癸丑朔九日辛
酉，鎮西府散望
將，追贈功曹吏，
昊天不弔，春秋五
十有六，字買得，
張氏之墓表。

40

麴彈那及夫人張氏墓表

磚　墨筆

縱35.6厘米　橫35.6厘米　厚4厘米

Epitaph for Ju Tanna and his wife, nee Zhang

H. 35.6cm　L. 35.6cm　T. 4cm

高昌延昌十七年（北周建德六年，577年），墨書，5行，55字。

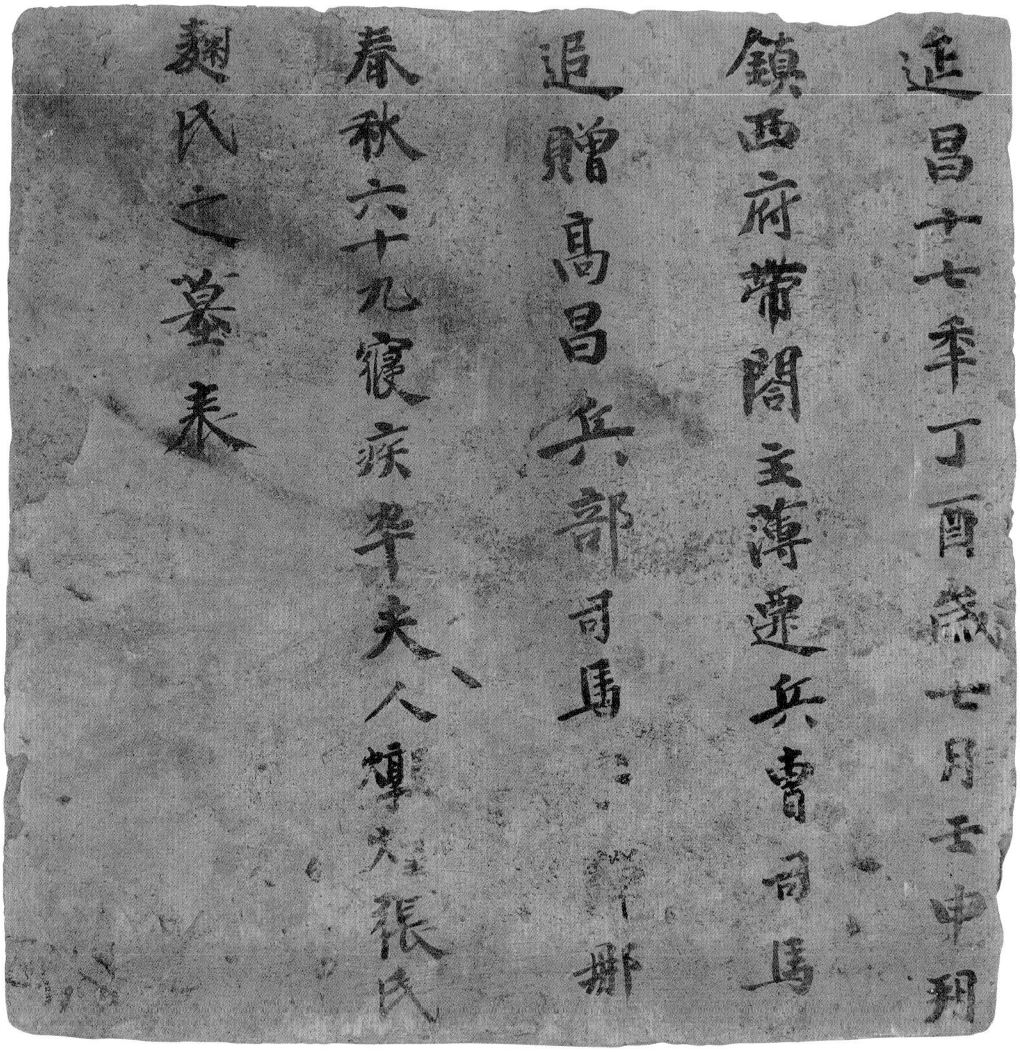

釋文：

延昌十七年丁酉歲七月壬申朔，鎮西府帶閣主簿，遷兵曹司馬，追贈高昌兵部司馬，字彈那，春秋六十九，寢疾卒，夫人敦煌張氏，麴氏之墓表。

41

麴懷祭妻王氏墓表

磚　朱筆

縱38厘米　橫38厘米　厚3.7厘米

Epitaph for Ju Huaiji's wife, nee Wang

H. 38cm　L. 38cm　T. 3.7cm

高昌延昌廿九年(隋開皇九年，589年)，刻字填朱，有界格，6行，42字。

筆法和令狐墓表同調。差別在於此表刻字，兼有挺銛之美。鐫刻而不失毫厘，神情俱足，戈壁灘上也不乏邙洛的巧匠。

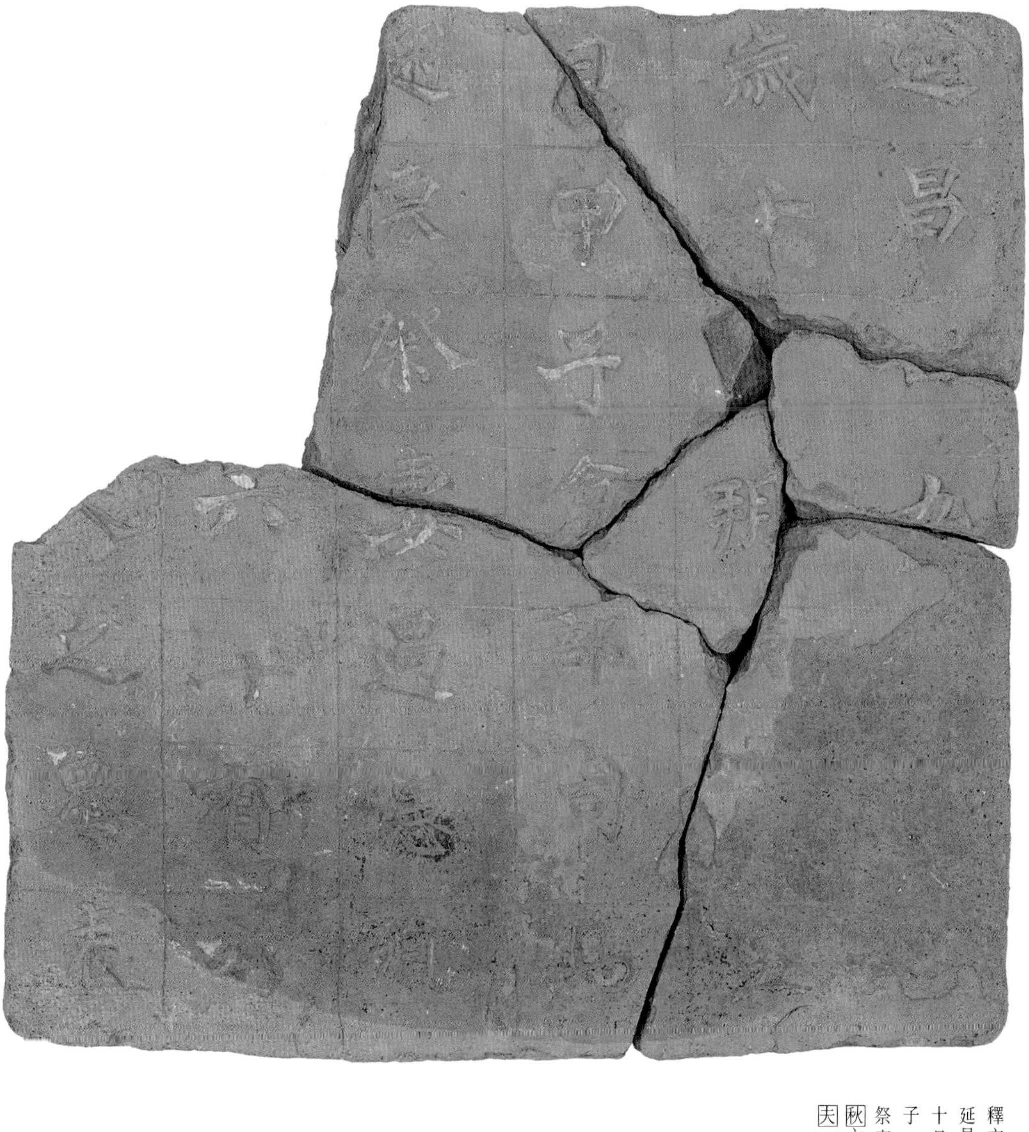

釋文：

延昌廿九年己酉歲

十月朔庚申五日甲

子，倉部司馬麴懷

祭妻遇患殞喪，春

秋六十有六，王氏

夫人之墓表。

42

任顯文墓表

磚　朱筆

縱38.6厘米　橫38厘米　厚4.3厘米

Epitaph for Ren Xiangwen

H. 38.6cm　L. 38cm　T. 4.3cm

高昌延昌三十年(隋開皇十年，590年)，刻字填朱，5行，48字。

刻碑和墓誌先要書丹，墓表鐫字也應是這樣。但此表不同，由工匠直接刻畫成文，漢代的刑徒磚銘多數如此。無筆法可言，有稚鈍拙趣。

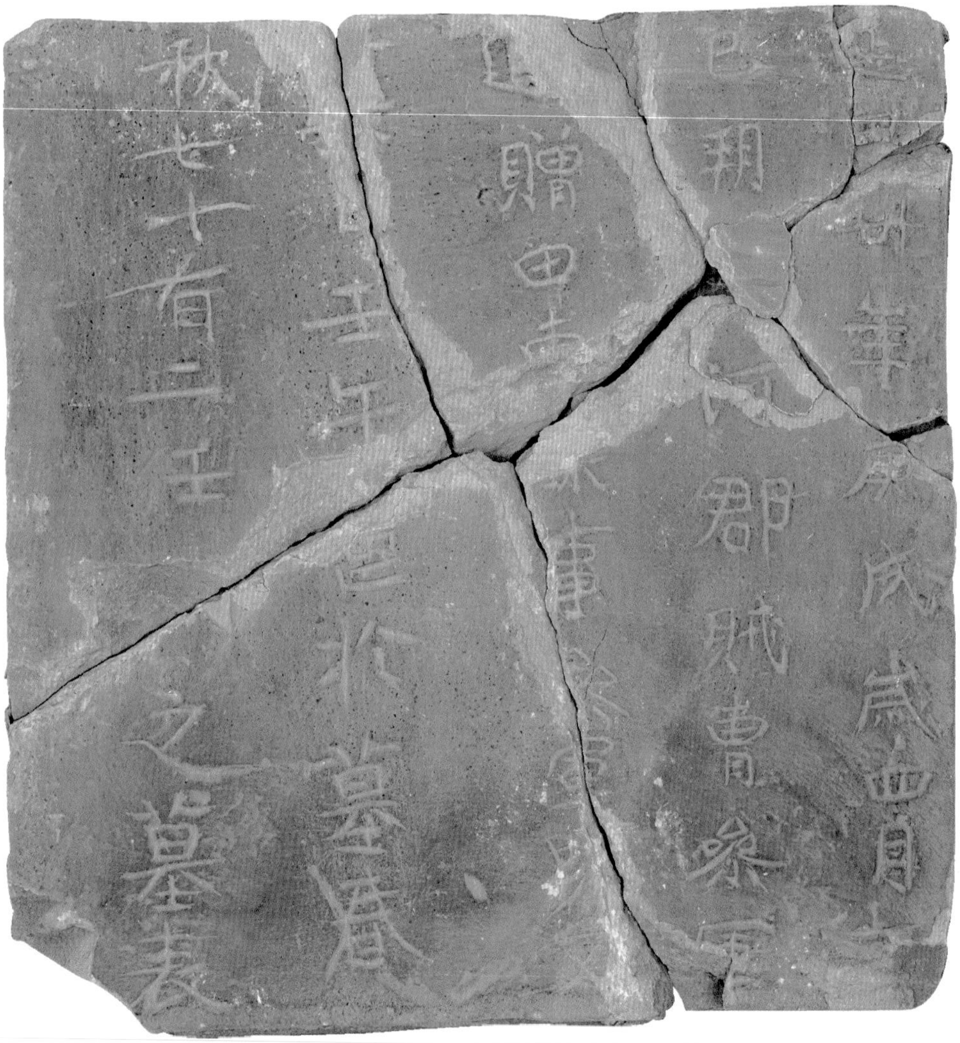

釋文：
延昌卅年庚戌歲四
月丁巳朔，交河郡
賊曹參軍，追贈田
曹錄事參軍，顯文
廿六日壬午喪於
墓，春秋七十有
二，任氏之墓表。

43

畫伯演墓表

磚　墨筆

縱34.6厘米　橫34.6厘米　厚4厘米

Epitaph for Hua Boyan

H. 34.6cm　L. 34.6cm　T. 4cm

高昌延昌三十一年（隋開皇十一年，591年），墨書，5行，48字。

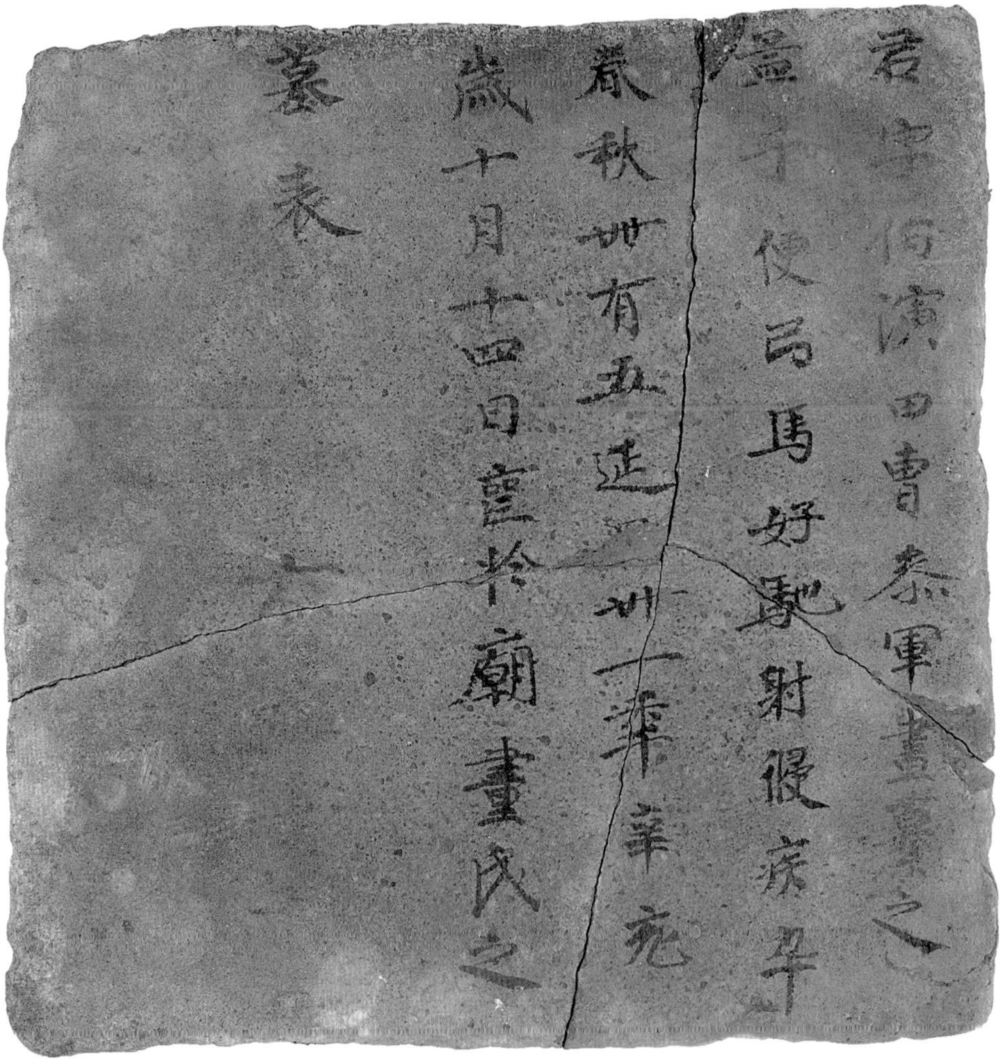

釋文：

君字伯演，田曹參軍，畫纂之孟子，便弓馬，好騎射，寢疾卒，春秋卌有五，延昌卌一年辛亥歲十月十四日喪於廟，畫氏之墓表。

44

張保守墓表

磚　朱筆

縱33.3厘米　橫33.3厘米　厚3.3厘米

Epitaph for Zhang Baoshou

H. 33.3cm　L. 33.3cm　T. 3.3cm

高昌重光二年(唐武德四年，621年)，朱書，6行，48字。

表文"虬"寫作"剅"，"靈"寫作"靀"，"葬"寫作"垄"，均別體。"墓"誤寫為"暮"。高昌磚多別體字，故黄文弼先生在《高昌磚集》中編出別體字譜。敦煌寫本多見別體字(或稱俗字，異體字)，吐魯番文書也多見別體，兩地之別體有的相通，有的不相通。這是漢字歷史演變在不同地區的表現。

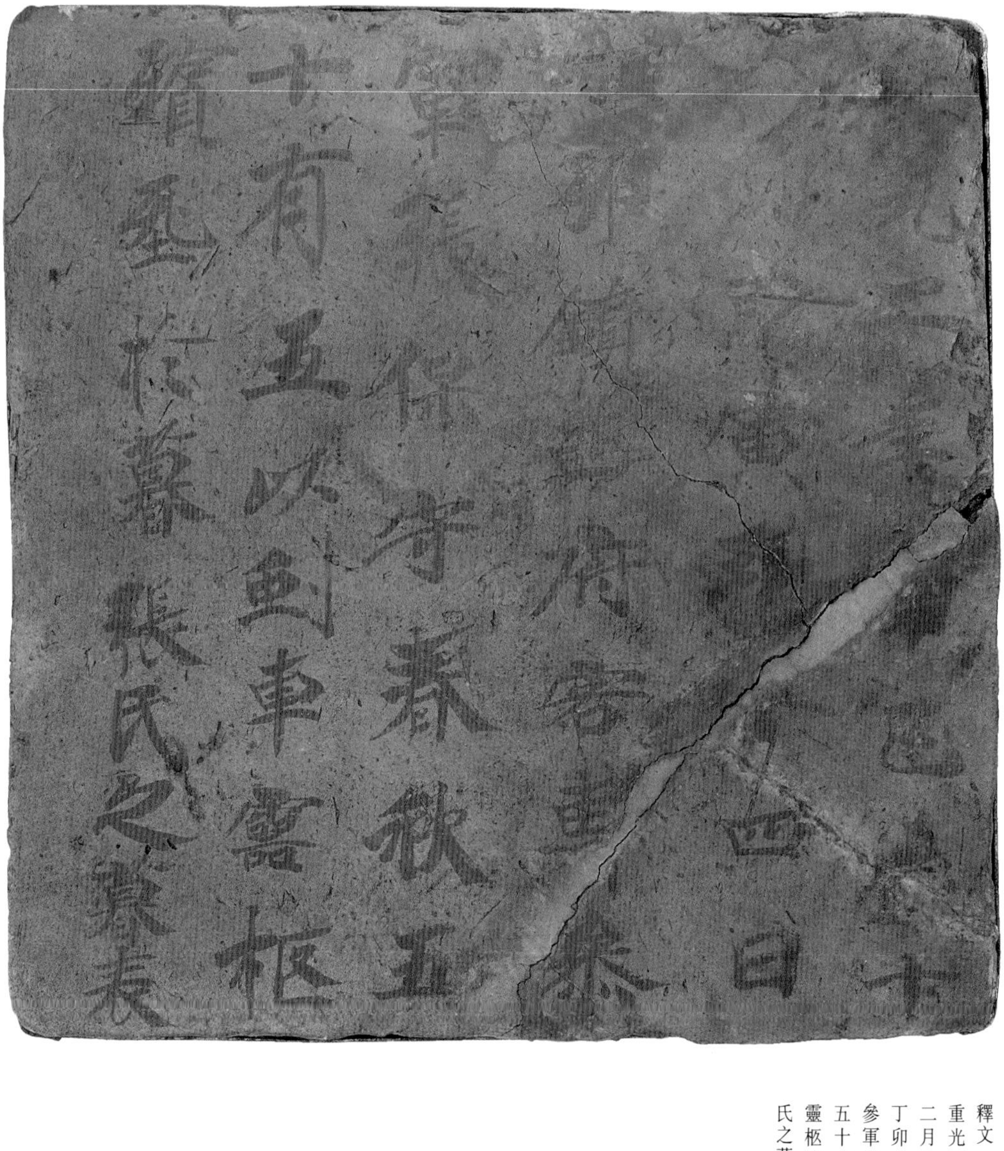

釋文：

重光二年辛巳歲十
二月甲寅朔十四日
丁卯，鎮西府客曹
參軍張保守，春秋
五十有五，以虬車
靈柩殯葬於墓。張
氏之墓表。

45

范法子墓表

磚　朱筆

縱40厘米　橫40厘米　厚3.3厘米

Epitaph for Fan Fazi

H. 40cm　L. 40cm　T. 3.3cm

高昌重光三年（唐武德五年，622年），朱書，6行，37字。

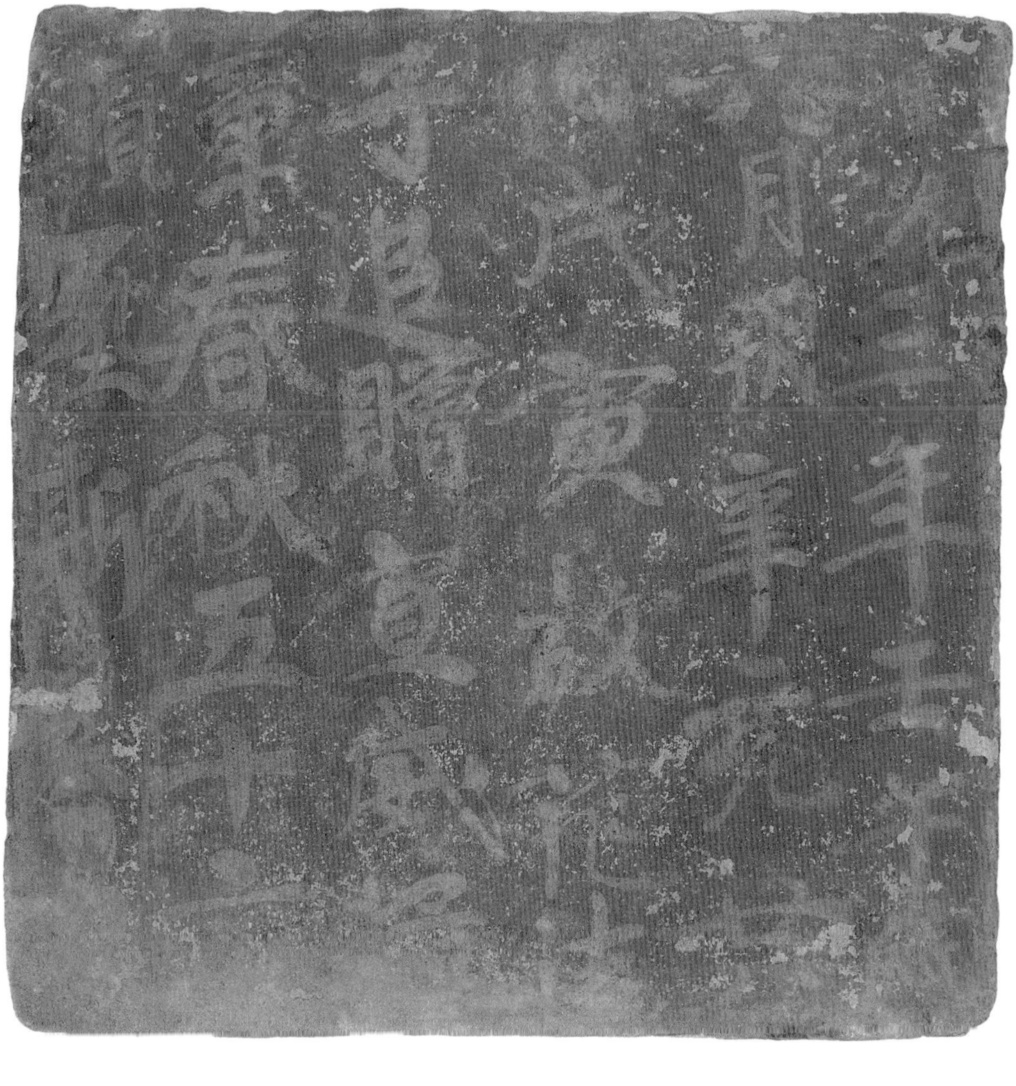

釋文：

重光二年壬午歲六

月朔辛亥廿八日戊

寅，故范法子追贈

宣威將軍，春秋五

十六，殯葬斯墓

也。

46

王闍桂墓表

磚　朱筆

縱35.3厘米　橫36厘米　厚3.7厘米

Epitaph for Wang Dugui

H. 35.3cm　L. 36cm　T. 3.7cm

高昌延壽十三年（唐貞觀十年，636年），朱書，6行，54字。

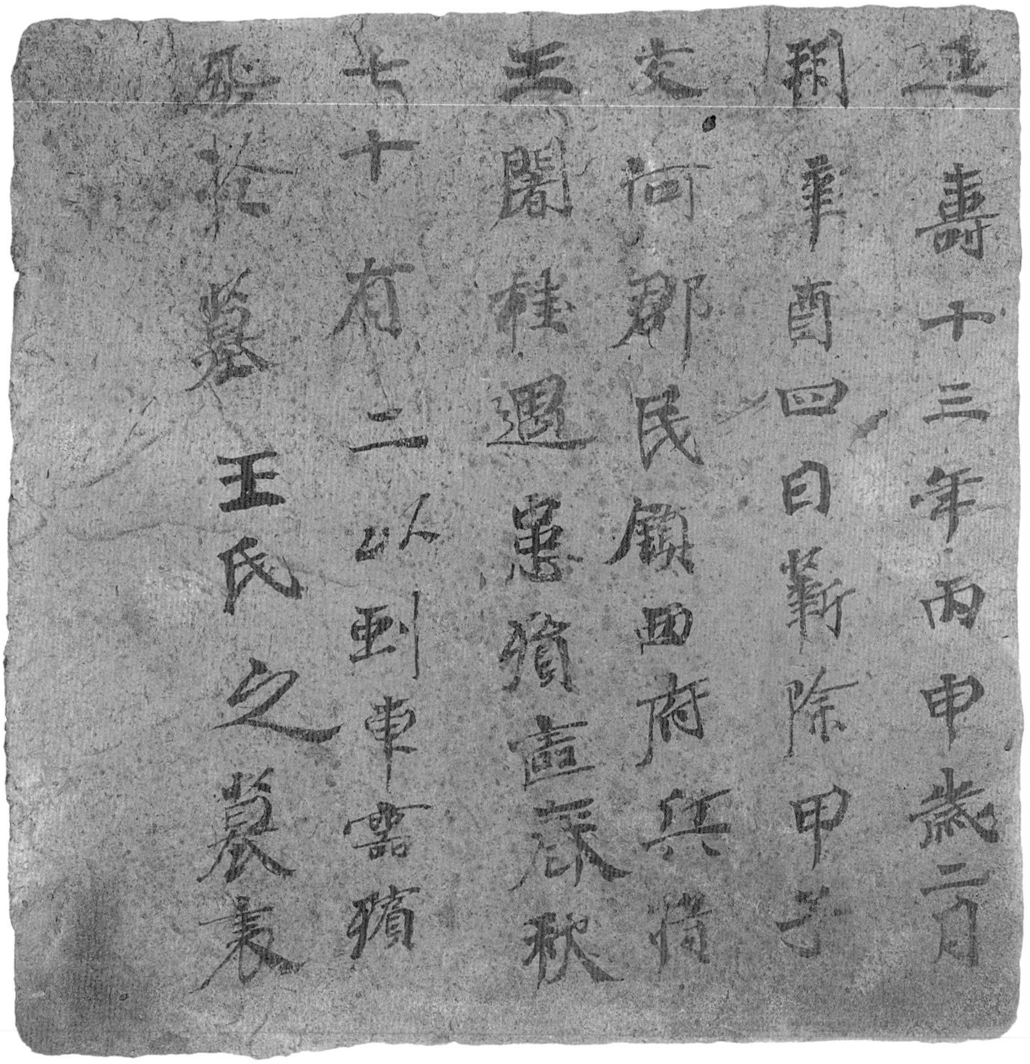

釋文：

延壽十三年丙申歲

二月朔辛酉四日薪

除甲子，交河郡民

鎮西府兵將王闍桂

遇患殞喪，春秋七

十有二，以虬車靈

殯葬於墓。王氏之

墓表。

47

王朋顯墓表

磚　朱筆

縱35厘米　橫35.6厘米　厚4.3厘米

Epitaph for Wang Pengxian

H. 35cm　L. 35.6cm　T. 4.3cm

唐貞觀二十二年(648年)，朱書，7行，65字。

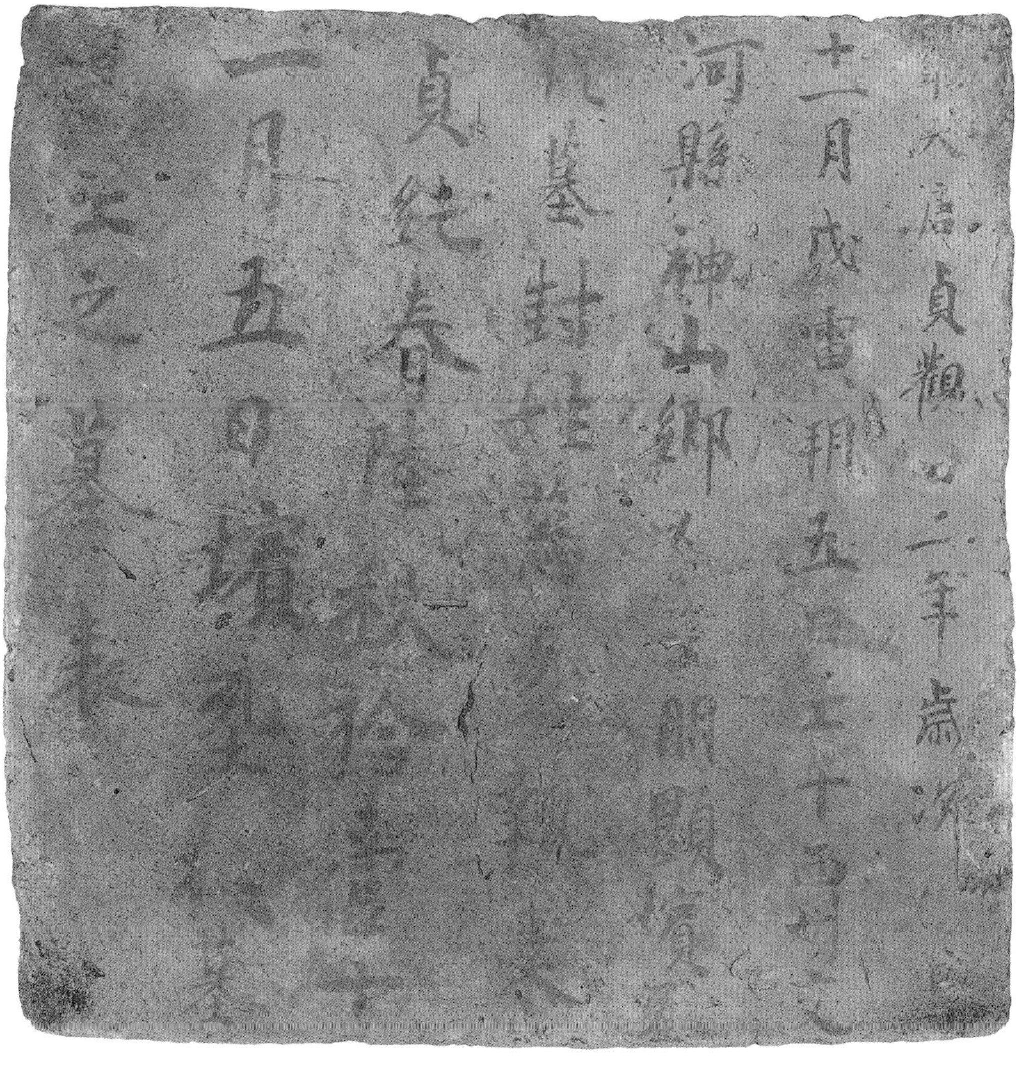

釋文：

維大唐貞觀廿二年
歲次戊申｜一月戊
寅朔五日壬午，西
州交河縣神山鄉人
王朋顯殯葬於墓，
封姓蓝易，執棗貞
純，春秋陸拾壹，
十一月五日殯葬於
墓，帚王之墓表。

48

劉土恭墓誌銘

磚　朱筆

縱39厘米　橫39.6厘米　厚4.7厘米

Epitaph for Liu Tugong

H. 39cm　L. 39.6cm　T. 4.7cm

唐乾封元年(666年)，朱書，界格，11行，158字。

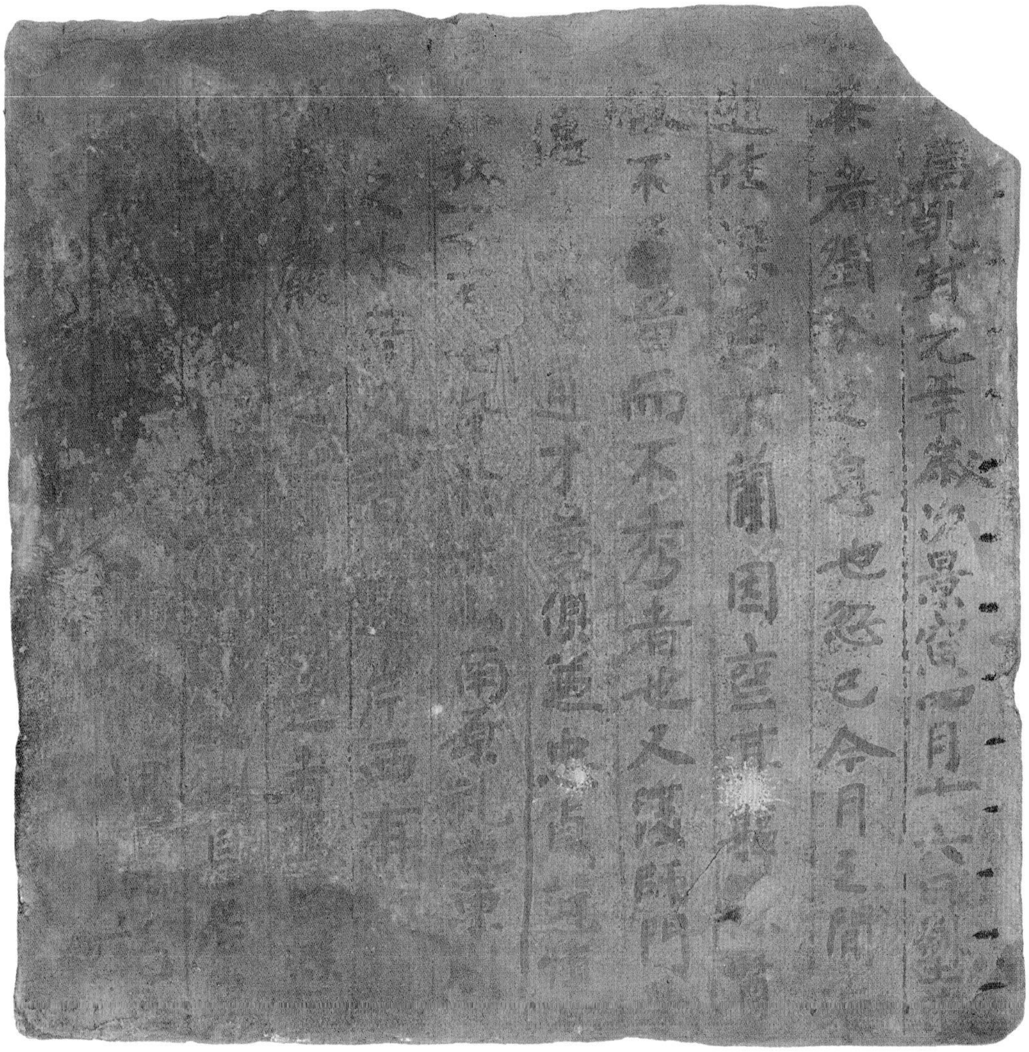

釋文：

維大唐乾封元年歲次景(丙)寅四月十六日，劉恭土恭者，劉氏之息也。忽已今月之間，淹形逝往，染患不簡，因喪其軀，□醫扶救不存，苗而不秀者也。又複師門學道，德業盡通，才藝具兼，忠貞尅慎，有可春秋一十有七，卒於赤山南原禮也。東則洋洋之水，南及香香遐岸，西有赫赫諸□，北帝巖巖之嶺。但願亡者，駕駒僕使，□淹魂歸，塚下移眠，□□幽側。長居泉下，永扇清風。寂寂孤墳，攸魂往託。嗚呼哀哉，葬於斯墓。

49

汜建墓誌銘

磚　朱筆
縱37.6厘米　橫36厘米　厚4.3厘米

Epitaph for Si Jian
H. 37.6cm　L. 36cm　T. 4.3cm

唐垂拱二年(686年)，朱書，界格，14行，176字。

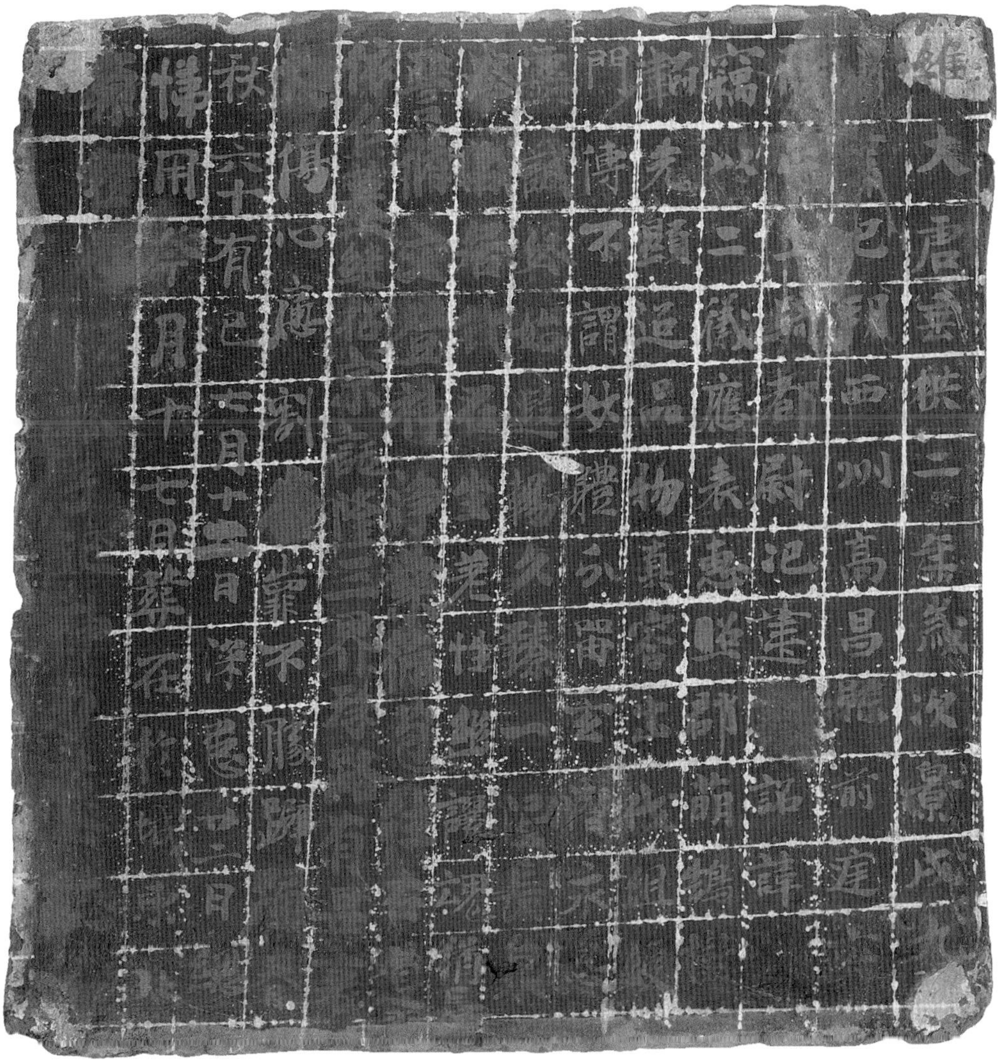

釋文：
維大唐垂拱二年歲次
景(內)戌九月辛巳
朔，西州高昌縣前庭
府隊正上騎都尉汜建
□銘諱□，竊以二儀
應表，惠照郡萌，鵠
樹輛光，顯迢品物，
真容出代，組綬門
傳，不謂妙體，分留
玄濟，永息靈誠，終
始遐暢久臻。一沒長
泉，令名居代，在生
養性幽，讓魂猶長，
誓循文登，神淨業
德，包往右道，習依
仁墓，繼招宗托隆三
界，姝路有異，哀灼
傷心，痛割崩崋，不
勝辟踴，春秋六十有
巳七月十二日深患廿
二日緦悌用今月十七
日，葬在於城東北原
禮也，孤子汜神力墓
誌。

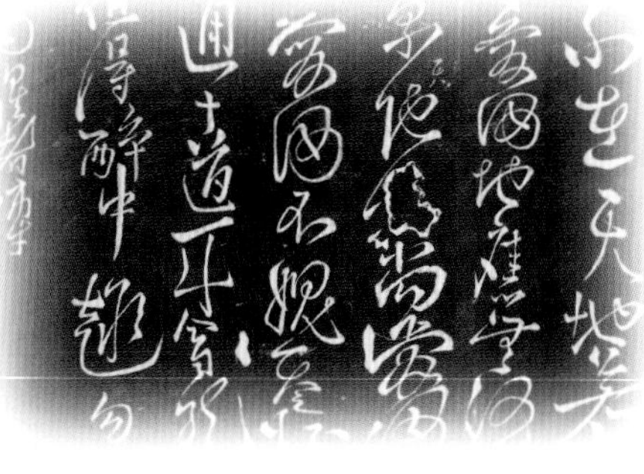

附錄

刻帖

謝安　《每念帖》(《淳化閣帖》二卷)

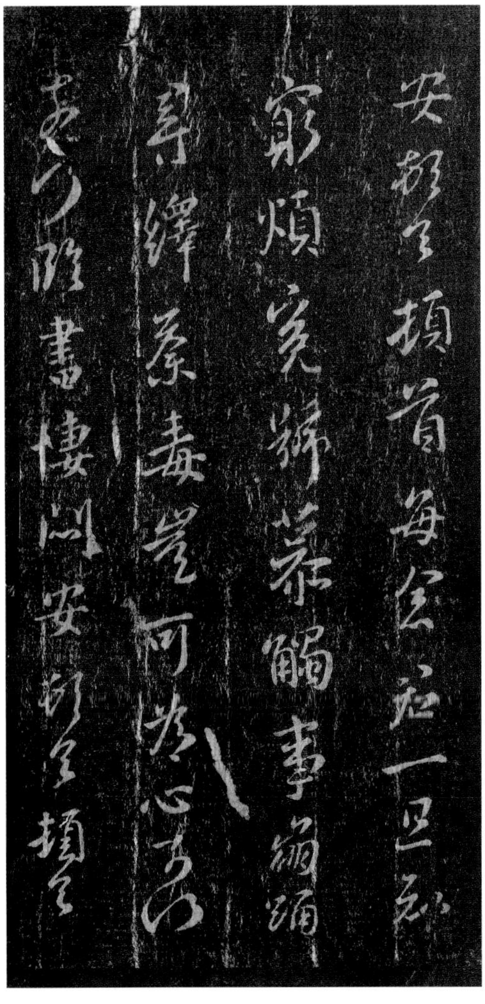

歐陽詢　《靜思帖》(《淳化閣帖》卷四)

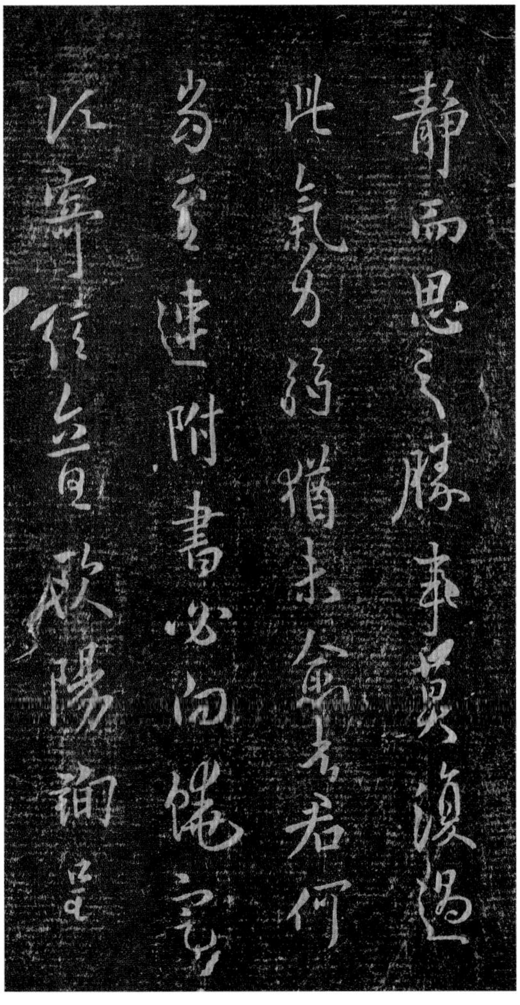

歐陽詢　　《蘭惹帖》(《淳化閣帖》卷四)

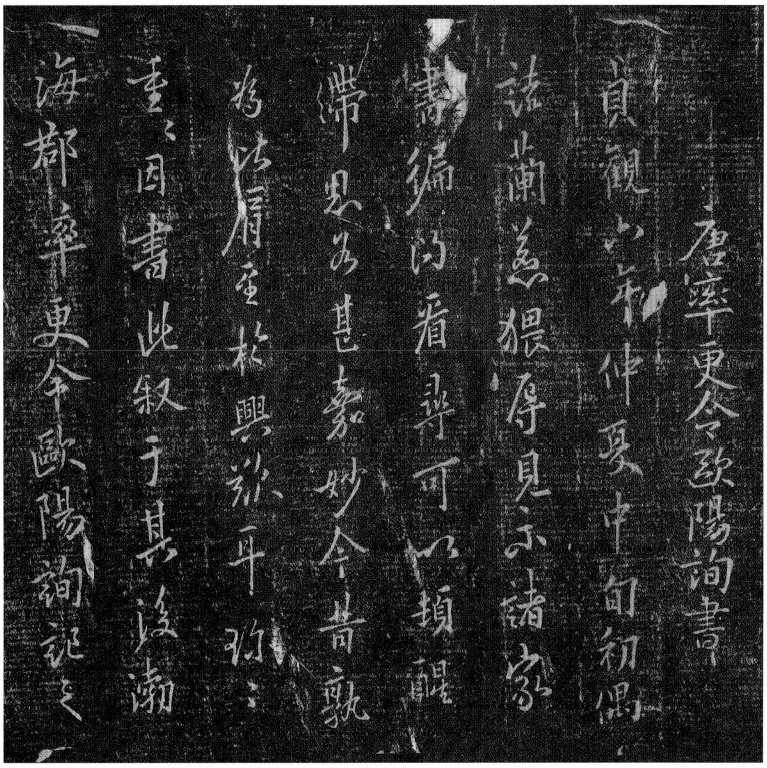

李白　　《天若不愛酒詩帖》(《翰香館法帖》卷五)

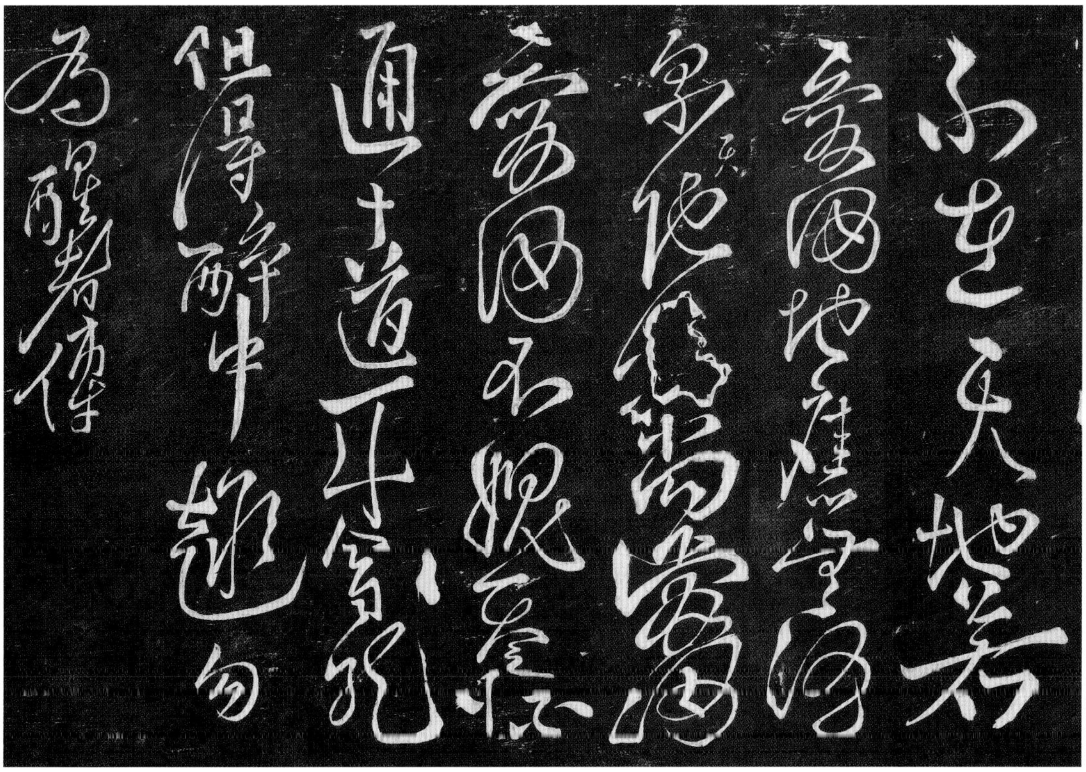

柳公權　　《聖慈帖》(《淳化閣帖》卷四)

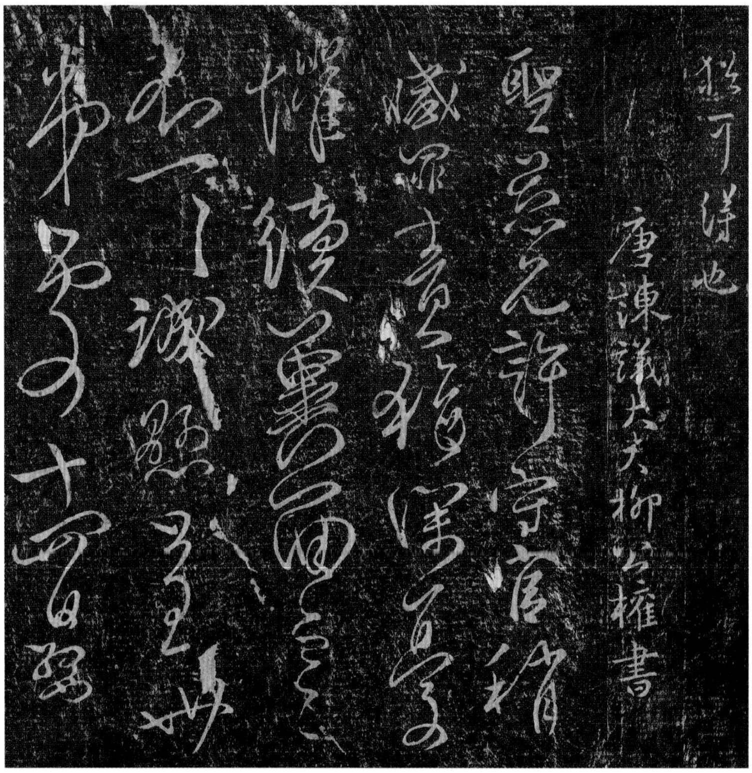

柳公權　　《秦榮帖》(《淳化閣帖》四卷)

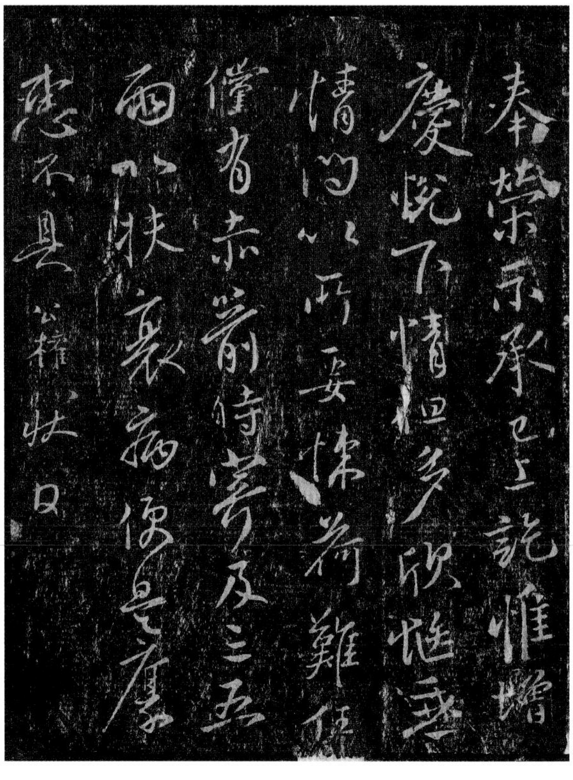

歷代著錄情況表

書法家	法帖名稱	書體	歷代著錄情況
陸　機	平復帖	草隸	米芾《書史》、宋內府《宣和書譜》、詹景鳳《東圖玄覽》、陳繼儒《妮古錄》、張丑《清河書畫舫》、張丑《真迹日錄》、張丑《南陽法書表》、吳其貞《書畫記》、顧復《平生壯觀》、卞永譽《式古堂書畫彙考》、吳升《大觀錄》、安岐《墨緣彙觀》、徐康《前塵夢影錄》、完顏景賢《三虞堂書畫目》
謝　安	中郎帖	行書	《宣和書譜》、周密《雲煙過眼錄》、《東圖玄覽》、《清河書畫舫》、《平生壯觀》、《式古堂書畫彙考》，《大觀錄》、《墨緣彙觀》、清內府《石渠寶笈》
王羲之	雨後帖	行書	《書畫記》、《平生壯觀》、《墨緣彙觀》、《石渠寶笈》
王獻之	東山松帖	行書	《宣和書譜》、董其昌《容台集》、《真迹日錄》、孫承澤《庚子消夏記》、《墨緣彙觀》、完顏景賢《三虞堂書畫目》
	中秋帖	行書	《書史》、《宣和書譜》、《清河書畫舫》、張丑《法書名畫見聞表》、汪砢玉《珊瑚網》、《式古堂書畫彙考》、《大觀錄》、《石渠寶笈》
王　珣	伯遠帖	行書	《宣和書譜》、《書畫記》、《墨緣彙觀》、《石渠寶笈》
虞世南	摹蘭亭序帖	行書	董其昌《畫禪室隨筆》、《南陽法書表》、《珊瑚網》、《式古堂書畫彙考》、《大觀錄》、《墨緣彙觀》、《石渠寶笈》、阮元《石渠隨筆》
褚遂良	臨蘭亭序帖	行書	《容台集》、《真迹日錄》、《平生壯觀》、《式古堂書畫彙考》、《大觀錄》、《墨緣彙觀》、《石渠寶笈》、《石渠隨筆》
馮承素	摹蘭亭序帖	行書	《珊瑚網》、《書畫記》、《平生壯觀》、《式古堂書畫彙考》、《大觀錄》、《石渠寶笈》、《石渠隨筆》
歐陽詢	張翰帖	行楷書	《宣和書譜》、《式古堂書畫彙考》、《大觀錄》、《墨緣彙觀》
	卜商讀書帖行	楷書	《宣和書譜》、《雲煙過眼錄》、《式古堂書畫彙考》、《大觀錄》、《墨緣彙觀》
李　白	上陽臺帖	草書	《墨緣彙觀》、《石渠寶笈》
顏真卿	湖州帖	行書	《式古堂書畫彙考》、《墨緣彙觀》
	竹山堂連句	楷書	孫鑛《書畫跋跋》、《東圖玄覽》、《平生壯觀》、《式古堂書畫彙考》、《墨緣彙觀》
杜　牧	張好好詩	行書	《宣和書譜》、賈似道《悅生所藏書畫別錄》、《容台集》、《法書名畫見聞表》、《珊瑚網》
柳公權	蒙詔帖	行書	《東圖玄覽》、《墨緣彙觀》
	蘭亭詩	行書	《東圖玄覽》、《平生壯觀》、《式古堂書畫彙考》、高士奇《江邨銷夏錄》、《大觀錄》、《石渠寶笈》
楊凝式	神仙起居法	行草書	朱存理《鐵網珊瑚》、郁逢慶《書畫題跋記》、都穆《寓意編》、《清河書畫舫》、《平生壯觀》、《式古堂書畫彙考》、《大觀錄》、《石渠寶笈》、胡敬《西清札記》
	夏熱帖	草書	《珊瑚網》、《書畫記》、《平生壯觀》、《式古堂書畫彙考》、《石渠寶笈》

編者註：

1．此表主要依據徐邦達《古書畫過眼要錄》、《古書畫偽訛考辯》、朱家溍《歷代著錄法書目》、余紹宋《書畫書錄題解》等著作，並參照故宮博物院藏品檔案編寫，謹為讀者深入研究提供一些線索。

2．古法帖常見一帖多名或一名多帖，各家著錄中凡涉及與本卷帖名相出入而其內容相吻合者，一律採納，部分內容相符者亦收錄。

存世晉唐名家墨迹簡錄（編外）

故宮博物院收藏的晉唐名家墨迹已見本書上篇，這裏將院藏以外晉唐名家墨迹選編為簡目，以供參考。總計五十三件，其中晉代二十六、南朝六、隋代二、唐代十七、五代二件。

朝代	書法家	法帖名稱	書體	規格	收藏及著錄情況
晉	王羲之	行穰帖	草書	兩行　無款　紙本 縱24.4、橫8.9厘米 唐摹本	美國普林斯頓大學附屬美術館藏 《歐米收藏中國法書名迹集》
		瞻近帖 龍保帖	草書 草書	八行（殘損）　無款 兩行　無款　二帖一紙 紙本　縱25、橫37.5厘米　唐摹本　敦煌莫高窟出	英國大英博物館收藏 《歐米收藏中國法書名迹集》
		旃罽帖	草書	四行（殘損）　無款 藍紙　縱25.5、橫20.6厘米　唐人臨寫　敦煌莫高窟出	巴黎國立圖書館收藏 《法藏敦煌西域文獻》
		長風帖	草書	十一行　無款　硬黃紙本　縱27.5、橫40.9厘米　唐摹本	台灣故宮博物院收藏 《故宮歷代法書全集》
		平安帖 何如帖 奉橘帖	行書 行書 行書	四行　無款 三行　無款 二行　無款 三帖共一紙　硬黃紙 縱24.7、橫46.8厘米 唐摹本	台灣故宮博物院收藏 《故宮歷代法書全集》
		七月帖 都下帖	行書 行書	六行　無款　麻紙　縱27.7、橫25.8厘米　唐摹本 五行半　無款　麻紙 縱27.9、橫25.2厘米 唐摹本 二帖合裝一卷	台灣故宮博物院收藏 《故宮歷代法書全集》
		大道帖	行書	二行　無款　硬黃紙 縱27.7、橫79厘米　古摹本	台灣故宮博物院收藏 《故宮歷代法書全集》
		遠宦帖	草書	六行　無款　縱24.8、橫21.3厘米　紙本　唐摹本	台灣故宮博物院收藏 《故宮歷代法書全集》
		快雪時晴帖	行書	四行　有款　紙本　縱23、橫14.8厘米　唐摹本	遼寧省博物館收藏 《唐摹萬歲通天帖》
		姨母帖	草書	六行　有款　硬黃紙 唐摹本	遼寧省博物館收藏 《唐摹萬歲通天帖》

朝代	書法家	法帖名稱	書體	規格	收藏及著錄情況
晉	王羲之	初月帖	草書	八行　有款　硬黃紙　唐摹本　二帖屬《萬歲通天帖》前二帖	遼寧省博物館收藏　《唐摹萬歲通天帖》
		寒切帖	草書	五行　有款　紙本　縱26、橫21.5厘米　唐摹本	天津藝術博物館收藏　《天津藝術博物館》
		上虞帖	草書	七行　無款　麻紙本　縱23、橫26厘米　唐摹本	上海博物館收藏　《中國美術全集》
		喪亂帖	草書	八行　有款　白麻紙　唐摹本	日本皇室收藏
		二謝帖	草書	五行　有款　白麻紙　唐摹本	
		得示帖	草書	四行　有款　白麻紙　唐摹本　三帖裝一紙　縱28.7、橫63厘米	
		孔侍中帖	草書	六行　有款　麻紙本　唐摹本	日本前田育德會收藏　《書道全集》
		頻有哀禍帖	草書	三行　有款　麻紙本　唐摹本　二帖連寫一紙縱24.8、橫41.8厘米	
	王獻之	鴨頭丸帖	草書	二行　無款　絹本　縱26.1、橫26.9厘米　唐摹本	上海博物館收藏　《中國美術全集》
		廿九日帖	行草書	三行　有款　硬黃紙　唐摹本　《萬歲通天帖》之一	遼寧省博物館收藏　《唐摹萬歲通天帖》
	王薈	癤腫帖	草書	四行　有款　麻紙　唐摹本	
	王徽之	新月帖	行楷書	六行　有款　麻紙　唐摹本	
南齊	王僧虔	太子舍人帖	楷書	四行　有款　麻紙　唐摹本	
	王慈	得柏酒帖	草書	四行　有款　麻紙　唐摹本	
		汝比帖	草書	六行　無款　麻紙　唐摹本	
		翁尊體安和帖	草書	三行　無款　麻紙　唐摹本	
		郭桂陽帖	草書	九行　無款　麻紙　唐摹本	

朝代	書法家	法帖名稱	書體	規格	收藏及著錄情況
南梁	王志	一日無申帖	草書	六行　無款　麻紙　唐摹本 八帖均在《萬歲通天帖》中，全卷合十一帖 縱26.3、橫253.8厘米	遼寧省博物館收藏 《唐摹萬歲通天帖》
隋	智永	真草千字文	真、草書	202行　紙本　無款　真迹	日本東大寺獻物帳記載，小川為次郎收藏 《書道全集》
		真草千字文	真、草書	三十四行　有款　麻紙 縱25.3、橫102厘米　唐臨本　敦煌莫高窟出	巴黎圖書館收藏 《法藏敦煌西域文獻》
唐	歐陽詢	夢奠帖	行書	九行　無款　紙本　縱25.5、橫16.5厘米　唐摹本	遼寧省博物館收藏 《遼寧省博物館》
	褚遂良	蘭亭序帖	行書	二十八行　無款　藏經紙本　縱28、橫96.8厘米　傳褚遂良書	台灣故宮博物院收藏 《故宮歷代法書全集》
		倪寬贊	真書	五十行　有款　白麻紙本　縱24.6、橫170.1厘米　傳褚遂良書	台灣故宮博物院收藏 《故宮歷代法書全集》
	陸柬之	文賦	行楷書	144行　無款　素箋本 縱25.7、橫365.2厘米	台灣故宮博物院收藏 《故宮歷代法書全集》
	孫過庭	書譜	草書	351行　有款　紙本　縱26.5、橫900.8厘米	台灣故宮博物院收藏 《故宮歷代法書全集》
	賀之章	孝經	草書	無款　紙本　縱26.2厘米	日本皇室收藏 《書道全集》
	李隆基	鶺鴒頌	行書	四十四行　無款　白麻紙本　縱24.5、184.9厘米　傳李隆基書	台灣故宮博物院收藏 《故宮歷代法書全集》
	鍾紹京	靈飛經	小楷	四十三行　無款　紙本 傳鍾紹京書	美國翁萬戈收藏 《中國美術全集》
	顏真卿	祭侄文稿	行草書	二十三行　有年款　紙本　縱28.8、橫75.5厘米	台灣故宮博物院收藏 《故宮歷代法書全集》
		瀛州帖（劉中使帖）	行草書	八行　紙本　縱29.4、橫43.5厘米	台灣故宮博物院收藏 《故宮歷代法書全集》
		自書告身帖	楷書	三十三行　有款　紙本 縱29.7厘米	日本中村不折書道博物館 《書道全集》
	徐浩	朱巨川告身帖	行楷書	三十二行　無款　紙本 縱27、橫185.8厘米 傳徐浩書	台灣故宮博物院收藏 《故宮歷代法書全集》
	懷素	苦筍帖	草書	二行　有款　絹本　縱25.1、橫12厘米	上海博物館收藏 《上海博物館》

朝代	書法家	法帖名稱	書體	規格	收藏及著錄情況
唐	懷素	食魚帖	草書	八行　有款　紙本　縱29、橫51.5厘米　古摹本	《中國美術全集》
		自敘帖	草書	126行　有款　紙本　縱28.3、橫75厘米　古摹本	台灣故宮博物院收藏 《故宮歷代法書全集》
		論書帖	草書	九行　無款　紙本　縱38.5、橫40.5厘米　傳懷素書	遼寧省博物館收藏 《遼寧省博物館》
	高閑	千字文	草書	有款　紙本　縱30.8、311.3厘米	上海博物館收藏 《上海博物館》
五代	楊凝式	韭花帖	行楷書	七行　有款　紙本　縱27.9、橫28厘米	原本存處不明 《中國美術全集》
		盧鴻草堂十志圖跋	行草書	八行　無款　紙本　縱30、橫33厘米	台灣故宮博物院收藏 《故宮歷代法書全集》
		神仙起居帖	行草書	八行　紙本　縱28、橫25.3厘米　古摹本	日本中村不折書道博物館收藏